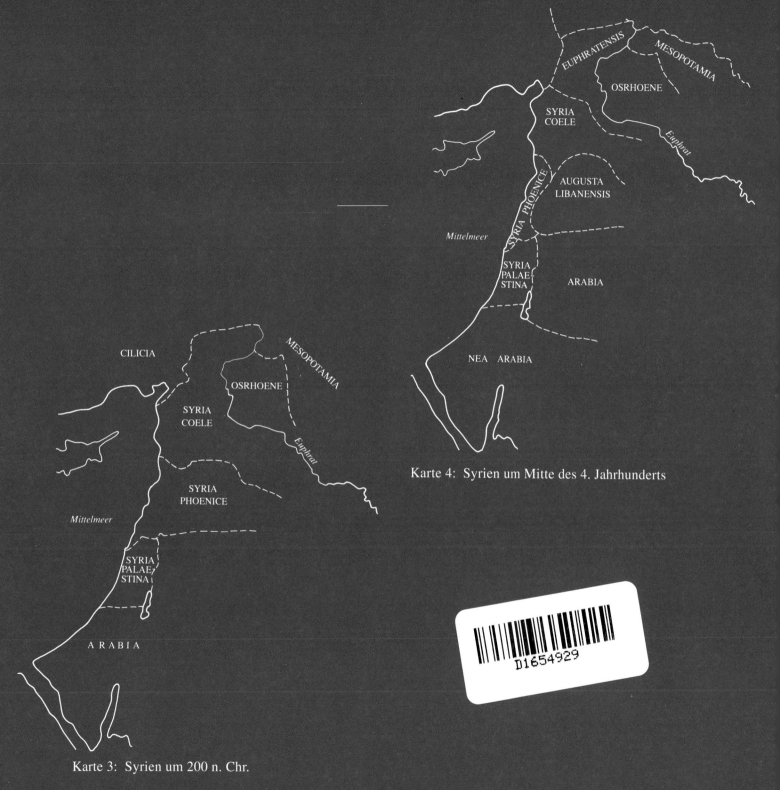

Karte 4: Syrien um Mitte des 4. Jahrhunderts

Karte 3: Syrien um 200 n. Chr.

SYRIEN
Von den Aposteln zu den Kalifen

VERLAG PHILIPP VON ZABERN · MAINZ

LINZER
ARCHÄOLOGISCHE
FORSCHUNGEN
BAND 21

520 Seiten mit
70 Farb- und
460 Schwarzweißabbildungen

AUSSTELLUNG
STADTMUSEUM
LINZ – NORDICO
3. Dezember 1993 bis
4. April 1994

SCHLOSS
SCHALLABURG
30. April 1994 bis
30. Oktober 1994

BERGBAUMUSEUM
KLAGENFURT
2. Dezember 1994 bis
1. April 1995

VORARLBERGER LANDESMUSEUM
BREGENZ
29. April 1995 bis 25. Juni 1995

SYRIEN
Von den Aposteln zu den Kalifen

WISSENSCHAFTLICHE LEITUNG UND REDAKTION
ERWIN M. RUPRECHTSBERGER

STADTMUSEUM NORDICO

LINZ 1993

EHRENSCHUTZ

Dr. Nadjah al-Attar
Ministra für Kultur und nationale Angelegenheiten
der Arabischen Republik Syrien

Dr. Erhard Busek
Bundesminister
für Wissenschaft und Forschung

Komm.-Rat Nabil Kuzbari
Generalkonsul der Arabischen Republik Syrien

Dr. Franz Dobusch
Bürgermeister der Landeshauptstadt Linz

Dr. Robert A. Karas
Botschafter der Republik Österreich in Syrien

ORGANISATIONSKOMITEE

Dr. Sultan Muhesen
Generaldirektor der Antikenverwaltung und
Museen Syriens

Mag. Dr. Reinhard Dyk
Kulturreferent der Stadt Linz

Adnan Joundi
Direktor für museale Angelegenheiten

Univ.-Doz. Dr. Erich M. Ruprechtsberger
Stadtmuseum Linz – Nordico

Dr. Adnan Bounni
Direktor für das Ausgrabungswesen

Univ.-Prof. Dr. Thilo Ulbert
Direktor des Deutschen Archäologischen Instituts
in Damaskus

Kassem Toueir
Direktor für archäologische Studien

Dr. Willibald Katzinger
Direktor des Stadtmuseums Linz – Nordico

Dr. Jawdat Chehade
Konservator und Leiter der Abteilung für Klassische Altertümer im Nationalmuseum Damaskus

Dr. Karl Princic
Leiter der Kulturabteilung
der Landeshauptstadt Klagenfurt

Michael Maqdissi
Direktor-Stellvertreter
für das Ausgrabungswesen

Franz Strohmeier
Geschäftsführer
des Ausstellungszentrums Schallaburg

AUTOREN

Khaled Ass'ad (Palmyra) · Beat Brenk (Basel) · Burchard Brentjes (Berlin)
Jawdat Chehade (Damaskus) · Jean-Marie Dentzer (Paris) · Herbert Eisenstein (Wien)
Josef Engemann (Bonn) · Sabine Fick (Innsbruck) · Heinrich G. Franz (Graz)
Michal Gawlikowski (Warschau) · Kurt Gschwantler (Wien) · Wolfgang Hahn (Wien)
Peter W. Haider (Innsbruck) · Hermann Harrauer (Wien) · Peter Hofrichter (Salzburg) · Ulrike Horak (Wien)
Muhammad el-Kholi · Michael Meinecke (Berlin) · Stefan Nebehay (Wien) · Stephan Procházka (Wien)
Erwin M. Ruprechtsberger (Linz) · Nassib Saliby (Damaskus) · Andreas Schmidt-Colinet (Bern)
Walter Selb (Wien) · Jean-Pierre Sodini (Paris) · Wilhelm Sydow (Innsbruck) · Kassem Toueir (Damaskus)
Thilo Ulbert (Damaskus) · François Villeneuve (Damaskus) · Hilde Zaloscer (Wien)
Bachir Zouhdi (Damaskus)

Die Deutsche Bibliothek – CIP-Einheitsaufnahme

Syrien : von den Aposteln zu den Kalifen ;
[Ausstellung Stadtmuseum Linz – Nordico, 3. Dezember 1993 bis 4. April 1994 ;
Schloß Schallaburg, 30. April 1994 bis 30. Oktober 1994 ;
Bergbaumuseum Klagenfurt, 2. Dezember 1994 bis 1. April 1995]
Stadtmuseum Nordico, Linz.
Wiss. Leitung und Red. Erwin M. Ruprechtsberger. –
Mainz : von Zabern, 1993
(Linzer Archäologische Forschungen ; 21)
ISBN 3-8053-1609-7
ISBN 3-8053-1597-X (Museumsausg.)
NE: Ruprechtsberger, Erwin M. [Hrsg.] ; Stadtmuseum <Linz>; GT

IMPRESSUM

HERAUSGEBER UND VERANSTALTER Stadtmuseum Linz – Nordico, Bethlehemstraße 7, A-4020 Linz
AUSSTELLUNGSKONZEPT UND PROJEKTLEITUNG Erwin M. Ruprechtsberger
ORGANISATION Jawdat Chehade, Willibald Katzinger, Erwin M. Ruprechtsberger
VERWALTUNG Renate Maier
SEKRETARIAT Franziska Neißl, Martha Habel, Eva Heiml, Sylvia Narzt

MODELLE Bernd Seifert, Gerald Lengauer
AUFBAU Horst Schneider, Alfred Seyr, Hermann Ratzenböck, Rudolf Draxler
AUSSTELLUNGSGESTALTUNG Waltraud Pichler

PLAKAT Waltraud Pichler, Bildcomposing Art & Publishing
LAYOUT UND DRUCKORGANISATION Dietmar R. Eder

© bei den Autoren und beim Herausgeber

GESAMTHERSTELLUNG Gutenberg-Werbering Gesellschaft m. b. H., 4020 Linz, Anastasius-Grün-Straße 6

Printed in Austria / Imprimé en Autriche

INHALTSVERZEICHNIS

Willibald Katzinger – Erwin M. Ruprechtsberger
VORWORT 9

Sultan Muhesen (Damaskus)
VORWORT 10

Gerhard Pfanzelter (Wien)
ZUR GENESE DER AUSSTELLUNG 11

Peter Hofrichter (Salzburg)
PAULUS UND DIE ANFÄNGE DER KIRCHE
IN SYRIEN 13

Sabine Fick (Innsbruck)
DIE VERBREITUNG DES CHRISTENTUMS
VON DEN ANFÄNGEN
BIS ZU DEN KALIFEN 32

Peter W. Haider (Innsbruck)
SPÄTANTIKE UND CHRISTENTUM
IN SYRIEN 48

Beat Brenk (Basel)
FRÜHES MÖNCHTUM IN SYRIEN
AUS ARCHÄOLOGISCHER SICHT 66

Jean-Marie Dentzer (Paris)
SIEDLUNGEN UND KIRCHEN
IN SÜDSYRIEN 82

François Villeneuve (Damaskus)
WOHN- UND SIEDLUNGSSTRUKTUREN
ZUR ZEIT DES FRÜHEN CHRISTENTUMS
IN SÜDSYRIEN 102

Thilo Ulbert (Damaskus)
RESAFA-SERGIUPOLIS –
ARCHÄOLOGISCHE FORSCHUNGEN
IN DER NORDSYRISCHEN PILGERSTADT 112

Jean-Pierre Sodini (Paris)
QAL'AT SEM'AN – EIN ZENTRUM
DES PILGERWESENS 128

Erwin M. Ruprechtsberger (Linz)
DIE „GROSSE MOSCHEE" (OMAJJADEN-
MOSCHEE) VON DAMASKUS – ETAPPEN
IHRER GESCHICHTE IM ÜBERBLICK 144

Michal Gawlikowski (Warschau)
EINE NEUENTDECKTE FRÜH-
CHRISTLICHE KIRCHE IN PALMYRA 150

Wilhelm Sydow (Innsbruck)
EIN SPÄTANTIKES KAISERPORTRÄT
AUS NORDSYRIEN 158

Josef Engemann (Bonn)
SYRISCHE BUCHMALEREI 161

Josef Engemann (Bonn)
KLEINKUNST AUS SYRIEN 169

Kurt Gschwantler (Wien)
DER SILBEREIMER VON KUCZURMARE –
EIN MEISTERWERK FRÜH-
BYZANTINISCHER TOREUTIK 175

Hilde Zaloscer (Wien)
ÄGYPTISCHE TEXTILKUNST 180

Ulrike Horak (Wien)
EIN AMULETT AUS DEM 7. JAHR-
HUNDERT MIT DER DARSTELLUNG
DES HL. SERGIUS 194

Wolfgang Hahn (Wien) – Stefan Nebehay (Wien)
DIE ENTWICKLUNG DES MÜNZWESENS
IM SYRISCHEN RAUM VON FRÜH-
BYZANTINISCHER ZEIT BIS ZU DEN
OMAIJADEN 196

Erwin M. Ruprechtsberger (Linz)
ASPEKTE DER SPÄTANTIKEN UND FRÜH-
ISLAMISCHEN ZEIT IN SYRIEN ANHAND
AUSGEWÄHLTER ZEUGNISSE 201

Jawdat Chehade (Damaskus)
DIE ZEIT DER GHASSANIDEN
IN SYRIEN –
GRUNDZÜGE IHRER GESCHICHTE 256

Erwin M. Ruprechtsberger (Linz)
ZUR MOSAIKDARSTELLUNG
EINES GHASSANIDISCHEN SOLDATEN .. 261

Nassib Saliby (Damaskus)
DIE KATAKOMBEN
VON EMESA/HOMS (HIMS) 265

Jawdat Chehade (Damaskus) –
Erwin M. Ruprechtsberger (Linz)
ZU BYZANTINISCHEN
UND FRÜHISLAMISCHEN LAMPEN
IN SYRIEN 274

Erwin M. Ruprechtsberger (Linz) –
Bachir Zouhdi (Damaskus)
SYRISCHES GLAS
AUS BYZANTINISCHER ZEIT 278

Kassem Toueir (Damaskus)
DIE OMAJJADISCHEN DENKMÄLER
IN SYRIEN 282

Stephan Procházka (Wien)
ENTSTEHUNG UND AUSBREITUNG
DES ISLAM BIS ZUM 9. JAHRHUNDERT .. 294

Herbert Eisenstein (Wien)
FRÜHARABISCHE GESCHICHTS-
SCHREIBUNG 303

Walter Selb (Wien)
CHRISTEN IN FRÜHISLAMISCHER ZEIT
(BIS ZUM 9. JAHRHUNDERT) 312

Heinrich G. Franz (Graz)
GRUNDTENDENZEN
DER ENTWICKLUNG
EINER FRÜHISLAMISCHEN KUNST 315

Burchard Brentjes (Berlin)
ZUR REFLEXION
DER HERRSCHAFTSIDEE
IN DER FRÜHISLAMISCHEN KUNST 336

Burchard Brentjes (Berlin)
EIN „SYRISCHES WÜSTENSCHLOSS"
DER UMAIYADENZEIT IN TALAS
IN KASACHSTAN 347

Kassem Toueir (Damaskus)
SYRIEN UNTER ISLAMISCHER
HERRSCHAFT 350

Michael Meinecke (Berlin) –
Andreas Schmidt-Colinet (Bern)
PALMYRA UND DIE FRÜHISLAMISCHE
ARCHITEKTURDEKORATION
VON RAQQA 352

Khaled Ass'ad (Palmyra)
PALMYRA IN ISLAMISCHER ZEIT 360

Hermann Harrauer (Wien)
PAPYRI, PERGAMENTE UND PAPIERE
ALS ZEUGNISSE DES ALLTAGS 365

KATALOG DER
AUSGESTELLTEN OBJEKTE 391

KATALOG DER
AUSGESTELLTEN PAPYRI 465

Muhammad el-Kholi (Damaskus)
NEUE ASPEKTE ZU ARABO-BYZANTINI-
SCHEN MÜNZEN MIT KAISERBILD 501

KATALOG DER
AUSGESTELLTEN MÜNZEN 510

KATALOG FRÜHISLAMISCHER OBJEKTE
(Ergänzung) 512

LITERATUR- UND ABKÜRZUNGS-
VERZEICHNIS 519

VORWORT

In der Reihe der vom Stadtmuseum Linz–Nordico organisierten Ausstellungen, die seit etwa einein-halb Dezennien hier stattfinden, beanspruchen die antiken Hochkulturen des Vorderen Orients das besondere Interesse des Besucherpublikums. Die im Laufe der letzten Jahre intensivierten kulturellen Kontakte mit der Syrischen Arabischen Republik ließen die Idee reifen, einen für die Religionsgeschichte des Morgen- und Abendlandes äußerst wichtigen Zeitabschnitt als thematischen Schwerpunkt zu setzen: Die Epoche des frühen Christentums und des ihm folgenden Islams, eine Epoche, die in geistes- und kulturgeschichtlicher Hinsicht – zumindest in Europa – noch zu wenig Berücksichtigung im allgemeinen Geschichtsbild, wie wir meinen, gefunden hat. Anhand ausgesuchter archäologischer Objekte aus Syrien wird die Frühzeit der beiden monotheistischen Religionen lebendig. In Ergänzung dazu werden für den dargestellten Zeitabschnitt Originaltexte (Papyri) gezeigt, die ursprünglich aus Ägypten stammen und nunmehr in der Papyrussammlung der Österreichischen Nationalbibliothek aufbewahrt sind. Viele davon werden erstmals der Öffentlichkeit präsentiert. Ebenso verhält es sich mit den koptischen Textilien und Funden, die kürzlich als Stiftung an unser Museum gelangt sind. Ihr Bezug zum Thema der Ausstellung ist naheliegend. Daß diese zum gegenseitigen Verständnis und zu befruchtender intellektueller Auseinandersetzung führen möge, darf als ein ehrlicher Wunsch zum Ausdruck gebracht werden.

Diesem durch materielle und ideologische Unterstützung entsprochen zu haben, ist das Verdienst verschiedener Persönlichkeiten und Institutionen, von denen die Kulturministra Syriens, I. E. Frau Dr. Najah Attar, die Herren der Syrischen Antikenverwaltung, an ihrer Spitze Generaldirektor Dr. Sultan Muhesen, der seinerzeitige Botschafter der Republik Österreich in Syrien, Dr. Gerhard Pfanzelter, Botschaftssekretär Dr. Michael Linhart sowie der nunmehrige Österreichische Botschafter in Syrien, Dr. Robert Karas, samt Mitarbeitern (besonders Mag. Michael Rendi) zu nennen sind. Zusammen mit Dr. Jawdat Chehade, Nationalmuseum Damaskus, wurde die Auswahl der Ausstellungsobjekte vorgenommen, anhand deren die Zeit von den Aposteln bis zu den Kalifen ausschnittweise illustriert und faktisch belegt werden soll: Daß es sich dabei nicht um „Schätze" im eigentlichen Sinn, sondern meist um Alltagsgegenstände handelt, entsprach durchaus den Intentionen des Ausstellungskonzeptes. Dessen Realisierung verdanken wir außer den vorhin angeführten Personen auch den Ausstellungspartnern in der Kulturabteilung der Niederösterreichischen Landesregierung (Dr. Gottfried Stangler) und im Schloß Schallaburg (Franz Strohmeier), der Kulturabteilung des Magistrats der Landeshauptstadt Klagenfurt/Kärnten (Dr. Karl Princic). Den am Zustandekommen dieser Ausstellung Beteiligten – sie alle namentlich zu erwähnen, wäre hier unmöglich – gilt unser herzlichster Dank. Gemeinderat und Stadtsenat der Landeshauptstadt Linz, vertreten durch Bürgermeister Dr. Franz Dobusch und Kulturstadtrat Dr. Reinhard Dyk, haben das Ausstellungsprojekt von Anfang an persönlich gefördert und unterstützt. An der Entstehung des die Exposition begleitenden Katalog-Handbuches sind zahlreiche in- und ausländische Wissenschafter, international angesehene Fachleute auf ihrem Gebiet, beteiligt. Ihnen allen gilt der besondere Dank der Veranstalter. Möge diese Ausstellung dazu beitragen, Orient und Okzident näher zueinanderzubringen.

Willibald Katzinger	Erwin M. Ruprechtsberger
Direktor	Ausstellungsleiter

VORWORT

Es wird nichts Neues ausgesagt, wenn sich Syrien einen einmaligen Platz in der kulturellen und archäologischen Welt einräumt. In Syrien ist die Präsenz des Menschen seit hunderttausenden Jahren bezeugt und aus Syrien kamen jene hervorragenden Erfindungen, die als Grundsteine unserer modernen Kultur in all ihren Facetten angesehen werden können. Auf syrischem Boden und im Alten Arabischen Orient etablierten sich die ersten seßhaften Gesellschaften, die sich mit Landwirtschaft, Tierhaltung und Hauswirtschaft beschäftigten, um Kunst und Glauben zu kreieren, bis hin zur Erfindung der Schrift, der Gründung eines ersten Staates mit all seinen wirtschaftlichen und sozialen Leistungen.

Die kulturelle Entwicklung unseres Altarabischen Orients wurde vom Aufkommen der monotheistischen Religionen, vor allem des Christentums und des Islams gekrönt. Als Beweis dafür möge das vorliegende Buch dienen. Die von uns präsentierten antiken Exponate aus den ersten Epochen des Austausches und der Zusammenarbeit zwischen Christen und Moslems bestätigen, daß die nationale und geschichtliche Identifikation stets sehr ausgeprägt war. Unsere Länder haben alle kreativen Gedanken ausgeformt und die Wiege für alle positiven Strömungen zwischen allen Glaubensrichtungen gebildet.

Der erste arabisch-islamische Staat war auf diese Kreativität und auf Toleranz aufgebaut. Er hat alle Tore offengehalten für sämtliche Neuerungen, die – weit entfernt von jeglichem Fanatismus – der Sache, dem Menschen und der Kultur dienten. Unsere arabische Nation gab der Menschheit sehr viel, war aber im Laufe der Geschichte mehr als einer Verschwörung, mehr als einer Prüfung ausgesetzt. Dennoch hat sie stets ihre Originalität, ihre Identifikation und ihre historische und nationale Standhaftigkeit bewiesen.

Diese Ausstellung ist nicht unsere erste in Österreich und in Europa. Wir sind sehr froh über die Fortsetzung dieser Aktivitäten und die Zusammenarbeit mit dem uns befreundeten österreichischen Volk, was durch die Vermittlung unserer Kultur an dieses befreundete Volk, das unsere Geschichte in der Ausstellung sieht, garantiert wird.

Ich möchte allen jenen, die zur Verwirklichung dieser wichtigen kulturellen Demonstration beigetragen haben, herzlich danken.

Dr. Sultan Muhesen
Generaldirektor der Antikenverwaltung und Museen der Syrischen Arabischen Republik

ZUR GENESE DER AUSSTELLUNG

Damaskus liegt hinter uns, die heutige Autobahn in Richtung Norden wird linker Hand vom Gebirgszug des Antilibanons begleitet. Nach einigen Kilometern fahren wir ab, um nach Osten abzuschwenken: Ein Khan erinnert, daß hier noch vor einem Jahrhundert Karawanen auf dem Weg durch die Wüstensteppe Rast machten.

Jahrtausendealte Schrifttäfelchen sprechen davon, daß vom Euphrat bis Qatna eine Karawane etwa zehn Tage benötigte. Und wir: Beinahe lautlos gleitet der Wagen über den Asphalt, der seit einigen Jahren die uralte Steppenroute überdeckt. Wieder begleiten uns Berge, Nachmittagssonne läßt ihr Relief plastisch hervortreten. Sie dienten bei der Durchquerung der Wüste als Wegweiser für Beduinen, Händler, Krieger, Stämme und Völker: Hethiter, Assyrer, Babylonier, Aramäer, Araber, Perser, Hellenen, Römer, Byzantiner, Muslime, Kreuzritter.

Unwillkürlich kommt der Gedanke, die Schönheit dieser Landschaft, ihre Geschichtsträchtigkeit, ihre Monumente, ihre Bedeutung für die Entwicklung Europas und Österreichs in einer Ausstellung darzustellen und dabei eine besonders interessante Epoche syrischer, orientalischer und europäischer Geschichte herauszugreifen: Jene Zeit, in der das Christentum seinen Anfang nahm, um nach mehr als einem halben Jahrtausend vom Islam überschichtet zu werden.

Der Plan einer Ausstellung war damit geboren – die „Genese" einer Ausstellung, um uns der Diktion der Wissenschaftler anzugleichen, die auf dem Weg nach Palmyra bis vor wenigen Jahrzehnten die Strapazen einer Wüstendurchquerung auf sich zu nehmen hatten.

Daß unser Plan schließlich doch realisiert werden konnte, darf rückschauend mit Genugtuung festgestellt werden. Viele haben daran mitgewirkt – die maßgeblichen Vertreter des Gastlandes Syrien wie ein Team von österreichischer Seite, das offiziell vertreten zu haben, mich als den damaligen Botschafter der Republik Österreich in Damaskus mit freudiger Rückerinnerung erfüllt.

Hoffen wir, daß die Realisierung des von Syrien nach Österreich transportierten Gedankens die Geschichte des Orients und Okzidents intensiver erleben läßt und zum gemeinsamen Verständnis beiträgt.

Gerhard Pfanzelter

Peter Hofrichter

PAULUS UND DIE ANFÄNGE DER KIRCHE IN SYRIEN

1. SYRIEN IM ERSTEN JAHRHUNDERT

Als Jesus auf Golgotha gekreuzigt wurde, stand Syrien bereits seit mehr als einem Jahrhundert unter römischer Verwaltung. 64 vor unserer Zeitrechnung hatte Pompeius die Reste des Seleukidenreiches für Rom erobert und als Provinz Syria dem Römischen Imperium eingegliedert. Lokale Fürstentümer und autonome Gebiete bestanden weiter. Sie erleichterten den Römern die Verwaltung und bildeten in den Randgebieten halbsouveräne Pufferzonen. So stellte sich Syrien trotz der römischen Oberherrschaft als eine ziemlich bunte politische Landschaft dar. Kilikien mit der Hauptstadt Tarsus im Nordwesten war als eigene Provinz eingerichtet worden, im Norden war die Kommagene vorübergehend selbständig, im Nordosten lag das Kleinkönigtum Osroene mit der Hauptstadt Edessa, den Westen und Süden säumten die Tetrarchien Abilene und Chalkis und ein Bund griechisch verfaßter Städte, die Dekapolis, im Südosten befand sich das Nabatäer-Reich mit dem Zentrum Petra und im Südwesten mit starkem Eigenleben und wechselndem Schicksal das Gebiet des späteren Palästina.

Verwaltungszentrum war die ehemalige Hauptstadt des Seleukidenreiches geblieben, Antiocheia am Orontes, das heute türkische Antakiya. Antiochien war nach Rom und Alexandrien die drittgrößte Stadt des Römischen Reiches.

Die Provinz Syrien des ersten Jahrhunderts deckt sich nur ungefähr mit dem heutigen Staatsgebiet. Ihre einst berühmte Hauptstadt liegt heute in der Türkei, ebenso Edessa, das jetzige Urfa, sowie ein Großteil der Kommagene. Auf dem Gebiet der syrischen Landschaft Phönizien erstreckt sich der Libanon, ein Teil der Dekapolis und das Nabatäerreich bilden heute Jordanien. Die Betrachtung des antiken Syrien muß diese Gebiete einschließen. Die Bevölkerung Syriens war vielfältig und stark gemischt. Die große Mehrheit gehörte verschiedenen Gruppen der semitischen Sprach- und Völkerfamilie an. Bauern in Lehmziegeldörfern bestellten das Land, das zum Teil fruchtbarer war als heute. An den Rändern des Kulturlandes lebten arabische Hirten und Nomaden. Die kulturelle Führung lag jedoch bei den hellenistischen Städten mit ihrer griechisch-makedonischen oder doch hellenisierten Oberschicht. In den meisten Städten gab es wie überall in der antiken Welt jüdische Gemeinden.

Händler und Karawanenführer schufen eine orientalische Atmosphäre. Amtssprache war bis zum Ende des Perserreiches das Aramäische gewesen. An seine Stelle war mit der Eroberung durch Alexander den Großen das Griechische getreten, dessen sich auch die Römer weiterhin bedienten. In den drei Jahrhunderten seither war das Land zweisprachig geworden. Das Griechische hatte sich neben dem Aramäischen – oder „Syrischen" – als zweite Verkehrssprache durchgesetzt. Außerdem hielten und entwickelten sich unter der hellenistisch geprägten Oberschicht weiterhin die lokalen semitischen Dialekte.

Ähnlich vielfältig wie die Bevölkerung waren die religiösen Vorstellungen. Die alten semitischen Wetter-, Fruchtbarkeits- und Astralgötter und ihre Kulte lebten weiter unter der Oberfläche der interpretatio graeca des offiziellen hellenistisch-römischen Staatskultes. Das Judentum in der Diaspora war viel weniger orthodox als in den jüdischen Kernländern Judäa und Galiläa und neigte eher zum Synkretismus mit jeweils bodenständigen Ideen und Bräuchen. Über alles legte sich die Decke einer allgemeinen mittelplatonischen Weltanschauung. Insgesamt ein fruchtbarer Nährboden für allerlei religionsphilosophische Spekulationen.

Trotz der politischen, ethnischen und religiösen Vielfalt herrschten in Syrien wie im gesamten Römischen Reich Bewegungsfreiheit, freier Austausch von Menschen, Waren, Informationen und Ideen. Das römische Straßennetz und die öffentliche Sicherheit im ganzen Reich gehörten zu den wichtigsten Voraussetzungen dieser Mobilität.

2. DIE JESUSBEWEGUNG BREITET SICH NACH SYRIEN AUS

Als Quellen für die älteste Mission in Syrien stehen uns vor allem die neutestamentlichen Schriften selbst zur Verfügung, näherhin der Brief des Paulus an die Galater und seine in zwei Lehrbriefen gesammelte Korrespondenz mit Korinth, dann die Apostelgeschichte seines Schülers Lukas und mittelbar die Evangelien. Auch die Briefe, die der antiochenische Bischof Ignatios zu Beginn des 2. Jahrhunderts auf seiner Gefangenschaftsreise nach Rom geschrieben hat, sind noch aufschlußreich. Schwieriger ist die Auswertung von anonymen Schriften und Legenden aus oft viel späterer Zeit. Die angebliche Chronik von Arbela, die vieles aus der apostolischen Zeit zu wissen vorgibt, ist leider eine moderne Fälschung. Daß Jesus selbst schon die Grenzen Palästinas auf seinen Lehrwanderungen überschritten hätte, ist unwahrscheinlich. Markus berichtet zwar um 70 in seinem Evangelium, daß Jesus in das Gebiet von Tyrus und Sidon – heute Sur und Sayda im Libanon – und „mitten" in die Dekapolis (Mk 7, 24.31) gekommen sei und dort gewirkt habe. Aber seine konkreten Anhaltspunkte waren offenbar nur die Tradition von der Heilung der Tochter einer „Syrophönizerin" (Mk 7, 26) und die Tatsache, daß der See Gennesaret, der mit dem Wirken Jesu so eng verbunden war, mit seinem Ostufer an die Dekapolis grenzte, etwa an das Territorium von Gadara, der heutigen Ruinenstätte Umm Qais auf jordanischem Gebiet (Abb. 1). Markus kann daher schreiben, daß Jesus über den See in das Gebiet der Gerasener gekommen sei – wobei er allerdings Gadara mit der bedeutenderen aber weiter südlich gelegenen Stadt Gerasa, dem noch heute eindrucksvollen Jerasch, verwechselt (Mk 5, 1; vgl. Lk 8, 26.37) – und daß der dort Geheilte in der Dekapolis verkündete, was Jesus Großes an ihm getan hatte. Offensichtlich wollte Markus die spätere Heidenmission schon bei Jesus selbst festmachen und damit rechtfertigen.

Wie sehr dieses aktuelle Interesse hier die Darstellung des Markusevangeliums bestimmt, zeigt auch die Verdoppelung der Brotvermehrung, die symbolisch auf die Eucharistiefeier der Kirche bezogen ist. Markus läßt eine Brotvermehrung am Westufer des Jordan und später nochmals eine zweite am hellenistischen Ostufer, also in der Dekapolis geschehen. Das entspricht den getrennten Tischgemeinschaften von Judenchristen und Heidenchristen. Wenn der Paulusschüler Lukas in seinem Evangelium diese zweite Brotvermehrung streicht und stattdessen eine zweite Jüngeraussendung durch Jesus bringt, dann zeigt dies, daß es hier nicht um Geschichte geht, sondern um aktuelle Kirchenpolitik. Denn Paulus vertrat die gemeinsame Mahlfeier von Juden- und Heidenchristen. Andererseits bestand er auf getrennten Kompetenzen für die Judenmission der Urapostel und für die von ihm geführte Heidenmission.

Man wird also der Darstellung des Markus hinsichtlich eines Wirkens Jesu in Syrien – außer am See Gennesaret – kein großes historisches Vertrauen schenken. Allerdings deutet seine Erzählung darauf hin, daß zu der Zeit, als er sein Evangelium schrieb, also um das Jahr 70, im Gebiet von Tyrus und Sidon und in der Dekapolis längst christliche Gemeinden bestanden haben. Mehr über die Anfänge der Jesusbewegung in Syrien erfahren wir aber aus der Apostelgeschichte des Lukas.

Lukas führt die erste Mission auf die Steinigung des Stephanus und die Flucht der hellenistischen Jesusgemeinde aus Jerusalem zurück. Die hellenistischen – das heißt griechischsprachigen – Juden hatten in Jerusalem eine Synagoge, die „Synagoge der Libertiner, Cyrenäer, Alexandriner, Kilikier und Asier" (Apg 6, 9). Die Jesusgläubigen unter ihnen bildeten eine eigene Gruppe mit einem Siebenerkollegium an der Spitze, den sogenannten Diakonen. Diese waren entgegen der Darstellung des Lukas nicht Sozialarbeiter, sondern eben die Führer der griechisch sprechenden Gemeinde (Apg 6, 1 – 7). Zwischen konservativen Synagogenmitgliedern und Jesusanhängern kam es bald zu tumultartigen Auseinandersetzungen, in deren Verlauf Stephanus gesteinigt wurde und viele Jesusgläubige Jerusalem fluchtartig verließen. An der Verfolgung war Paulus an führender Stelle beteiligt. In erster Linie scheinen die Hellenisten betroffen gewesen zu sein, weniger die mit dem Zwölferkollegium verbundene aramäischsprechende Kirche. Die Flüchtlinge verbreiteten ihren Glauben nun überall, wo sie Aufnahme fanden, in Palästina, aber natürlich auch in den benachbarten Gebieten Syriens, in Phönizien – also im Gebiet von Tyrus und Sidon – und in Antiochien (Apg 8, 1 – 4; 11, 19 f.) (vgl. Abb. 1).

Für Damaskus ist eine Gemeinde von Jesusjüngern gleichzeitig oder noch früher anzusetzen. Ihre Existenz war ja schon Anlaß und Voraussetzung für das geplante Einschreiten des Paulus in Damaskus und für seine Bekehrung auf der Reise dorthin. Wieder ist Lukas unser Gewährsmann. Paulus läßt sich bald nach der Steinigung des Stephanus und der Verfolgung in Jerusalem von den Hohenpriestern Vollmachten geben, um auch in den Synagogen von Damaskus gegen die Jesusjünger – oder „die Anhänger des Weges", wie Lukas sie hier nennt – vorzugehen (9, 1 f.). Wenn es sich dabei nicht nur um gerade erst angekommene Flüchtlinge handelt, müssen die Anfänge der Gemeinde von Damaskus noch weiter zurückliegen. Die Jesusbewegung hat sich also vielleicht schon unmittelbar nach den Osterereignissen von Palästina in die benachbarten syrischen Gebiete verbreitet, spätestens nach der Steinigung des Stephanus.

3. DIE „VORCHRISTLICHE" JESUSMISSION IN SYRIEN

Eine Gründung von Leuten, die nach der Steinigung des Stephanus aus Jerusalem geflohen waren, war nach dem Bericht des Lukas jedenfalls die Gemeinde von Antiochien. In diese Gemeinde wurden auch bald „Hellenen", also Nichtjuden, aufgenommen. Lukas schreibt, daß einige jesusgläubige Juden, die aus Zypern und Kyrene stammten, auch den Hellenen das Evangelium vom Herrn Jesus verkündeten (Apg 11, 20). In Jerusalem war man über diese Entwicklung erfreut, vielleicht auch besorgt, und schickte Barnabas nach Antiochien, der sich zu seiner Unterstützung Paulus aus Tarsus holte (Apg 11, 22 – 25). Lukas berichtet von einer einjährigen sehr erfolgreichen Tätigkeit der beiden Apostel und schließt diesen Abschnitt mit der Bemerkung: „In Antiochien wurden die Jünger zum ersten Mal Christen genannt" (Apg 11, 26).

Aus dieser wichtigen und vielbeachteten Mitteilung des Lukas geht freilich auch umgekehrt hervor, daß die Jesusgläubigen eben bis dahin weder hier noch sonstwo als „Christen" bezeichnet worden waren. Dementsprechend nennt Lukas auch die Jesusgläubigen in Damaskus nicht Christen, sondern „Anhänger des Weges" (Apg 9, 2). Wahrscheinlich hatte sich für Jesus der Titel „Messias" oder auf Griechisch „Christus" zur Zeit dieser ersten Glaubensverbreitung noch nicht allgemein durchgesetzt. Dies gilt insbesondere für die Hellenisten. Denn anders als den Petrus (Apg 2, 31.36) läßt Lukas den Hellenistenführer Stephanus nicht von „Christus" reden, sondern vom „Menschensohn" (Apg 7, 56). Die von Lukas hervorgehobene Christus-Verkündigung des Philippus in Samaria war wohl zunächst die bemerkenswerte Ausnahme (Apg 8, 4 f.).

Zu erwägen ist daher, ob in einer allerersten Phase der Mission die Wurzeln verschiedener Gruppen in Syrien liegen, bei denen die Deutung Jesu als „Messias" nicht erfolgt ist. Sie sind mit einer einzigen Ausnahme nur mehr in ihrer Literatur zu fassen. Solche Schriften, in denen Jesus nie als Messias oder Christus bezeichnet wird und deren Ursprung im ersten Jahrhundert in Syrien vermutet werden kann, sind die aus dem Matthäus- und Lukasevangelium erschließbare sogenannte Logien- oder Spruchquelle, das Thomasevangelium und die Zwölf-Apostel-Lehre. Wir werden darauf noch zurückkommen. Eine gnostische Gruppe dieser Art, die sich bis in die Gegenwart erhalten hat, sind die Mandäer. Diese alte und rätselhafte syrische Glaubensgemeinschaft kennt Jesus als göttlichen Offenbarer und als urbild-

Abb. 1: Karte mit den im Text genannten Örtlichkeiten im Vorderen Orient.

lichen und vollkommenen Menschen, lehnt aber „Christus" als einen von ihm verschiedenen Lügenpropheten ab. Da die Mandäer Jesus eben gerade nicht als Messias oder Christus bekennen, können sie im strengen Sinn auch nicht als Christen gelten. Sie haben vielleicht eben jene Entwicklung nicht mehr mitgemacht, die in Antiochien die Bezeichnung der Jesusjünger als „Christen" zur Folge hatte. Die Literatur der Mandäer ist größtenteils späten Ursprungs und schwer zu deuten. Sie selbst bilden heute nur mehr eine kleine Religionsgemeinschaft von einigen tausend Leuten im Süden des Irak und im Iran, in den Sümpfen des Schatt el Arab, im Mündungsgebiet von Euphrat und Tigris.

Von ungewissem Wert ist die legendäre Lokaltradition des damals syrischen Edessa, der heutigen türkischen Grenzstadt Urfa (Abb. 2). Von ihr weiß erstmals zu Beginn des 4. Jahrhunderts Eusebius von Cäsarea in seiner Kirchengeschichte (1, 13) zu berichten. Er beruft sich dabei auf syrische Quellen im dortigen Stadtarchiv, die er wörtlich übersetzt. Der Apostel Thomas aus dem Zwölferkreis habe gleich nach dem Tod und der Auferstehung Jesu einen Thaddäus aus dem weiteren Jüngerkreis zu König Agbar nach Edessa gesandt. Gemeint ist Agbar V., der von 13 bis 50 n. Chr. regierte. Dieser Thaddäus, der bei einem gewissen Tobias Wohnung nahm, habe den König von seiner Krankheit geheilt, viele andere Wunder gewirkt und auf Wunsch des Königs den Bürgern der Stadt gepredigt.

Unglaubwürdig ist der vorausgehende Briefwechsel zwischen dem König und Jesus, in dem schon Jesus die Sendung eines Jüngers verspricht. Sprachliche Anleihen aus den Evangelien nach Lukas und Johannes sind offensichtlich. Er fehlt übrigens in einer jüngeren syrischen Darstellung, der sogenannten „Lehre Addais" (= des Thaddäus). Auf das frühe Wirken eines Missionars dieses Namens scheint auch eine unter den Namen „Addai und Mari" überlieferte altertümliche syrische Liturgie hinzuweisen. Addais Nachfolger soll ein gewisser Aggai gewesen sein, der unter dem zweiten Sohn des Agbar, der die junge Gemeinde zunächst wieder vernichtete, einen gewaltsamen Tod gefunden habe. Nach Edessa

Abb. 2: Edessa/Urfa. Blick auf den sog. Abrahams-Teich, in dessen unmittelbarer Nähe einst der Artagatis-Tempel und später die Kathedrale von Edessa standen.

führen vielleicht auch Spuren des Turiner Grabtuchs. Im Falle der Echtheit könnten Nachrichten über ein Bild von Jesus, das Thaddäus mitgebracht hätte, und über die Entdeckung des eingemauerten „Mandylions" und seine Übertragung nach Konstantinopel im 6. Jahrhundert einen wahren Kern enthalten. Auf nüchternem historischen Boden steht die Vermutung, daß in Edessa das schon erwähnte Thomasevangelium gelesen wurde, das direkt oder indirekt ins erste Jahrhundert zurückreicht.

4. DIE BEKEHRUNG DES PAULUS IN DAMASKUS

Von den vorpaulinischen Anfängen des Jesusglaubens in Damaskus war bereits die Rede. Unter den Mitgliedern der dortigen jüdischen Gemeinde gab es offenbar schon einen bedeutenden Anteil von „Anhängern des Weges". Einen Ananias stellt Lukas namentlich vor. Wahrscheinlich war er auch der Führer dieser Gruppe. Gegen sie hatte sich Paulus von den Hohenpriestern in Jerusalem strafrechtliche Vollmachten geben lassen. Auf dem Weg, kurz vor Damaskus, habe Paulus – so berichtet Lukas – plötzlich ein Licht vom Himmel gesehen, das ihn zu Boden warf, und eine Stimme gehört: „Saulus, Saulus, warum verfolgst du mich?" Lukas referiert dieses Ereignis in seiner Apostelgeschichte insgesamt dreimal, einmal in unmittelbarer Erzählung und zweimal indirekt im Munde des Paulus (Apg 9, 3 – 9; 22, 6 – 11; 26, 12 – 18). Aber auch Paulus selbst bezieht sich im Galaterbrief auf dieses Erlebnis (Gal 1, 11 f.): „Denn ich gebe euch die Versicherung, Brüder: die von mir verkündete Heilsbotschaft ist nicht nach

Menschenart. Denn ich habe sie nicht von einem Menschen empfangen oder bin darin unterwiesen worden, sondern durch eine Offenbarung Jesu Christi." Den Korinthern bekennt er, daß der Auferstandene als einem verspäteten Zeugen auch ihm erschienen sei (1 Kor 15, 8). Als sich Paulus erhob, konnte er nichts mehr sehen und mußte von seinen Begleitern geführt werden. Er nahm in Damaskus Quartier in der „Geraden Straße", der heute noch erkennbaren Hauptstraße der Stadt, im Hause des Judas.

Die Bekehrung des Paulus in Damaskus hat der weiteren Entwicklung der Kirche die Richtung gewiesen, ohne dieses Ereignis wäre nicht nur die Kirchengeschichte, sondern auch die Weltgeschichte ganz anders verlaufen. Der sprichwörtliche Wandel des Saulus zum Paulus ist allerdings Legende, denn der Jude Schaul aus Tarsus in Kilikien war römischer Bürger (Apg 22, 3.25 f.) und führte als solcher eben den ähnlich klingenden lateinischen Beinamen Paulus – der Kleine oder der Geringe.

Drei Tage nach der Ankunft des Paulus erhält Ananias in einer Vision den Auftrag, den erblindeten Paulus in seinem Quartier aufzusuchen, ihm die Hände aufzulegen und damit die Augen zu öffnen. Trotz seiner Bedenken gegen Paulus, dessen gefährliche Absichten er kennt, macht sich Ananias auf den Weg. Paulus wird tatsächlich wieder sehend und läßt sich taufen. Sein anschließendes Wirken in Damaskus beschreibt Lukas in wenigen, sorgfältig gewählten Worten:

„Einige Tage blieb er bei den Jüngern in Damaskus, und sogleich verkündete er Jesus in den Synagogen und sagte: Er ist der Sohn Gottes. Alle, die es hörten, gerieten in Aufregung und sagten: Ist das nicht der Mann, der in Jerusalem alle vernichten wollte, die diesen Namen anrufen? Saulus aber trat umso kraftvoller auf und brachte die Juden in Damaskus in Verwirrung, weil er ihnen bewies, daß Jesus der Messias ist. So verging einige Zeit. Da beschlossen die Juden ihn zu töten. Doch ihr Plan wurde dem Saulus bekannt. Sie bewachten sogar Tag und Nacht die Stadttore. Aber seine Jünger nahmen ihn und ließen ihn bei Nacht in einem Korb die Stadtmauer hinab." (Apg 19 b – 25).

Abb. 3: Plan der Innenstadt von Damaskus: 1. Osttor/Bab Sharqi (Abb. 4) 2. Die „Gerade Straße" mit dem römischen Torbogen (Abb. 5) 3. Stadtmauer mit mittelalterlichem Tor, in dem sich die St.-Pauls-Kapelle befindet (Abb. 7) 4. Haus des Ananias (Abb. 6) 5. Tempel des Jupiter Damascenus, an dessen Stelle die Omajjadenmoschee errichtet wurde.

Wir erfahren also, daß es in Damaskus mehrere Synagogen gab und daß Paulus hier längere Zeit lehrte. Während er zunächst mit dem Bekenntnis zu Jesus als Sohn Gottes nur Verwunderung über seinen Sinneswandel auslöste, erregte seine spätere Argumentation, daß Jesus der Messias sei, Streit und heftige Aggressionen. Der Bericht des Lukas läßt deutlich erkennen, daß es in der Jesusbewegung damals zwei verschiedene Tendenzen gab und daß Paulus noch während seines Aufenthaltes in Damaskus zu jener dynamischeren Richtung wechselte, die den auferweckten Jesus als den Messias – auf griechisch „Christus" – verkündete (Apg 2, 36).

Seine abenteuerliche Flucht aus Damaskus erwähnt Paulus im 2. Korintherbrief auch selbst: „In Damaskus ließ der Statthalter des Königs Aretas die Stadt der Damaszener bewachen, um mich festzunehmen. Aber durch ein Fenster wurde ich in einem Korb die Stadtmauer hinuntergelassen, und so entkam ich ihm" (2 Kor 11, 32 f.).

Wieso Aretas IV., der König des Nabatäerreiches mit Residenz in der Felsstadt Petra (vgl. Abb. 1) – er regierte von 9 v. bis 39 n. Chr. – damals Zugriff auf Damaskus hatte, das doch zur Dekapolis gehörte, ist unklar. Möglicherweise sollte Paulus aber auch gar nicht in der Stadt selbst, sondern draußen bei ihrem Verlassen festgenommen werden. In Petra war vielleicht bekannt geworden, daß Paulus die Absicht hatte, auch im Nabatäerreich für seine neue Überzeugung zu werben. Daß der König Schwierigkeiten mit seinen jüdischen Bürgern vermeiden wollte, ist verständlich. Tatsächlich konnte er Paulus aber nicht von seinem Gebiet fernhalten. Im Galaterbrief schreibt Paulus über die Zeit nach seiner Bekehrung: „. . . ich ging auch nicht gleich nach Jerusalem hinauf, zu denen, die vor mir Apostel waren, sondern zog nach Arabien und kehrte dann wieder nach Damaskus zurück. Drei Jahre später ging ich nach Jerusalem hinauf . . ." (Gal 2, 17 f.) Wenn Arabien das Nabatäerreich bedeutet, dann hielt sich Paulus somit insgesamt drei Jahre lang im Machtbereich von Petra und in Damaskus auf. Welche Städte dieses weiten Raumes er aufsuchte, ob er nach dem Abklingen der ersten Aufregung vielleicht bis nach Petra selbst gelangte, ob er überhaupt missionierte oder sich nur verborgen hielt, das alles wissen wir leider nicht.

5. ERINNERUNGEN AN PAULUS IN DAMASKUS HEUTE

Damaskus ist heute eine moderne Großstadt, die Hauptstadt des syrischen Staates. Aber vom Szenarium der Ereignisse, die im Neuen Testament erzählt werden, ist in der Altstadt immer noch erstaunlich viel zu sehen (Abb. 3). Da ist zunächst das Stadttor,

Abb. 4: Das Osttor/Bab Sharqi von Damaskus mit mittelalterlicher Überbauung (Minarett) und neuzeitlichen Ergänzungen (weißer Quaderbestand).

Abb. 5: Der römische Torbogen an der „Geraden Straße". Blick in Richtung Westen.

Abb. 6: Kapelle im Haus des Ananias.

durch das Paulus nach alter Tradition die Stadt betreten hat, der „Bab Scharki" am östlichen Ende der Geraden Straße (Abb. 4). Wahrscheinlich durchschritt Paulus den Vorgänger des schlichten römischen Bauwerks aus dem zweiten Jahrhundert. Dann ist da die Gerade Straße, die heute noch von Westen nach Osten, zum Teil als Basar, durch die Altstadt führt, an deren südlicher Straßenseite nach der Tradition das Haus eines gewissen Judas stand (Abb. 5). Im Nordost-Eck der Altstadt stand das Haus des Ananias (Abb. 6). Daneben ist diesem ersten prominenten Christen von Damaskus, der den bekehrten Paulus geheilt und getauft hat, ein Kirchlein geweiht. Es ist auf den Fundamenten eines römischen Tempels errichtet, steht heute unter der Erde und stammt schon aus frühchristlicher Zeit.

Sicherlich hat Paulus den großen Tempel für den syrischen Gott Haddat oder Jupiter Damascenus gesehen, der sich damals an der Stelle der großen Omajjaden-Moschee erhob (Abb. 3/5, Abb. Seite 148). Die Stadtmauer ist außer im Westen noch weitgehend erhalten. Mit einem mittelalterlichen Tor im Südosten, dem Bab Kisan, verbindet die Lokaltradition die Flucht des Paulus. Dieses Tor aus dem 14. Jahrhundert soll an der Stelle stehen, wo Paulus durch ein Fenster in einem Korb hinuntergelassen wurde. Ein zugemauertes Fenster über dem Tor wird als Nachbildung eben jenes Fensters gezeigt. Im Tor selbst ist eine Paulus-Kapelle eingerichtet und außerhalb der Mauer, wird das Grab der Torwächters Georg verehrt, der nach der Legende im Verdacht stand, bei der Flucht geholfen zu haben, und gesteinigt wurde (Abb. 7).

Über die Stelle der Bekehrungsvision des Paulus gibt es drei verschiedene Traditionen entlang der römischen Straße, die vom Bab Kisan nach Süden führt. Die nächstgelegene Lokalisierung hängt an einem alten Baufundament beim christlichen Friedhof. Pilgerberichte aus frühchristlicher Zeit bezeugen hingegen einstimmig beim zweiten Meilenstein ein entsprechendes Kloster. Seit der Kreuzfahrerzeit gilt Kaukab, 15 km südöstlich von Damaskus, als Ort der Bekehrung.

6. ÜBER JERUSALEM UND TARSUS NACH ANTIOCHIEN

Drei Jahre nach seiner Bekehrung verließ Paulus Damaskus in Richtung Jerusalem, um dort mit Simon zusammenzutreffen. Simon, der auch Petrus genannt wurde, war der Führer jener kirchlichen Richtung, die Jesus als den Messias bekannte. Paulus hatte sich im Laufe seines Aufenthaltes in Damaskus dieser biblisch orientierten Richtung der Jesusbewegung angeschlossen und wollte nun mit ihrer Spitze in Kontakt treten. Ein gewisser Josef, ein Levit aus Zypern (Apg 4, 36) mit dem Beinamen Barnabas, übernahm die Vermittlung. Der Gedankenaustausch mit Petrus scheint Paulus in seinem Glaubensverständnis bestätigt zu haben. Außer Petrus selbst und Jakobus will er niemanden gesehen haben. Nach Lukas hätte er auch in Jerusalem gepredigt und die Feindseligkeit der Hellenisten – vielleicht der jüdischen wie der jesusgläubigen – zu spüren bekommen. Jedenfalls zog er sich nach dieser Kontaktnahme von Jerusalem über Cäsarea in seine Heimatstadt Tarsus zurück. (Gal 12, 18 – 24; Apg 9, 26 – 30). Dort ereilte ihn der Ruf nach Antiochien (vgl. Abb. 1).

Antiochien am Orontes war eine Weltstadt mit etwa einer halben Million Einwohnern (Abb. 8 – 10). Unter Kaiser Tiberius (14 – 37) hatte sie eine prächtige Hauptstraße erhalten. Der Schaden, den ein schweres Erdbeben am 9. April 37 anrichtete, wurde durch die großzügige Hilfe des Kaisers Caligula (37 – 41) wettgemacht. Der Charakter der Stadt war hellenistisch, die Bevölkerung bunt gemischt, mehr als in anderen Städten des Reiches. Die Juden waren seit der Gründung der Stadt den Griechen gleichgestellt und hatten hier eine lange und ehrwürdige Tradition. In Antiochien verehrte man die Gräber der Makkabäer, der sieben Brüder und ihrer Mutter, die unter Antiochos IV. Epiphanes für ihren jüdischen Glauben das Martyrium erlitten hatten. Die beiden ältesten Stadtteile waren von den Nachkommen von Athenern und Makedonen sowie von Juden und einheimischen Syrern bewohnt. Ein neues Stadtviertel mit griechischer Bevölkerung und die Stadt des Epiphanes an den Hängen des Silpios waren im 3. und 2. Jahrhundert dazugekommen. Syrische Bevölkerung siedelte auch in mehreren Vororten. Es war ganz unvermeidlich, daß die Jesus-Gemeinde, die in den frühen dreißiger Jahren von den Flüchtlingen aus Jerusalem hier begründet wurde, auch Nicht-Juden in ihren Bann zog.

Nach Lukas war es dieser Zustrom von Nichtjuden, der den Kreis um Petrus und Jakobus in Jerusalem veranlaßte, einen Emissär nach Antiochien zu schicken, den weltgewandten Leviten Barnabas aus Zypern. Wahrscheinlich wollte man vor allem theologisch in Antiochien eingreifen, obwohl Lukas das nicht ausdrücklich erwähnt. Die dynamische Entwicklung der Gemeinde war weder rückgängig zu machen noch aufzuhalten. Eher sollte die Gemeinde von einer spekulativen hellenistischen Tradition, die wahrscheinlich schon merkwürdige, später als gnostisch bezeichnete Züge anzunehmen begann, in die biblisch orientierten Bahnen der messianischen Petrus-Richtung umgelenkt werden. Barnabas holte sich daher als Mitarbeiter den griechisch wie pharisäisch gebildeten Gesinnungsgenossen Paulus aus Tarsus, den er in Jerusalem schon mit Petrus zusammengebracht hatte und dessen solide Bildung und Argumentation er nun einsetzen wollte. Der byzantinische Chronist Johannes Malalas weiß im 6. Jahrhundert noch zu berichten, wo in Antiochien Paulus und Barnabas ihre Verkündigungsarbeit aufnahmen, nämlich in der Singo-Gasse in der Nähe des Pantheons (PG 97, 372 AB), also im Zentrum der Stadt, am Fuße des Silpios-Berges (vgl. Abb. 9 – 10).

Binnen einem Jahr gelang es Barnabas und Paulus, die messianische Richtung in Antiochien so erfolgreich zur Geltung zu bringen, daß die ursprüngliche Richtungsbezeichnung „Messianer" oder „Christen" hier bei den Außenstehenden zum Begriff für die gesamte Jesusbewegung wurde. Als ein Prophet aus Judäa eine bevorstehende Hungersnot ankündigte, nahmen Barnabas und Paulus dies zum Anlaß, um in Antiochien eine Sammlung für die notleidenden Brüder in Judäa durchzuführen. Dieses Geld brachten sie nun persönlich nach Jerusalem (Apg 11, 27 –

Abb. 7: Mittelalterliches Tor mit der St.-Pauls-Kapelle im Inneren.

Abb. 8: Antiochia. Blick von der Zitadelle auf die heutige Stadt Antakiya.

30). Lukas erwähnt zwar kein Treffen mit den Aposteln, Paulus selbst betont aber im Zusammenhang mit entscheidenden Verhandlungen in Jerusalem, daß er seit seinem ersten Zusammentreffen mit Petrus nicht mehr dort gewesen sei (Gal 2, 1). Genau das trifft hier zu. Folgt man seiner Darstellung, dann haben damals die „Säulen" Jakobus, Petrus und Johannes dem Paulus für seine Heidenmission ohne weitere Bedingungen grünes Licht gegeben (Gal 2, 9). Das Ergebnis war die Freigabe der Mission von Nichtjuden ohne Beschneidung und Verpflichtung auf das jüdische Ritualgesetz. Paulus und Barnabas bekamen von ihren Autoritäten freie Hand für eine Mission, die die Grenzen des Judentums hinter sich ließ. Damit waren auch die Weichen gestellt für den Siegeszug der messianischen Richtung der Jesusbewegung, die Petrus und mit ihm Jakobus und Johannes vertraten, des „Christentums" im eigentlichen Sinne.

Als Vertrauensmann der „Säulen" nehmen Barnabas und Paulus einen gewissen Johannes mit Beinamen Markus, wohl den späteren Evangelisten, mit nach Antiochien (Apg 12, 25). Der Mitarbeiterkreis des Paulus dort war international: In der Kirche von Antiochien gab es Propheten und Lehrer: Barnabas und Simon, genannt Niger, Lucius von Zypern, Manaen, ein Jugendgefährte des Tetrarchen Herodes, und Saulus" (Apg 13, 1). Es sind Juden verschiedenster Herkunft. Barnabas stammt aus Zypern (Apg 4, 36). Aus Cyrene kommt der nicht näher bekannte Lucius. Simeon ist Schwarzafrikaner, Paulus Kilikier. Manaen kommt als Jugendgefährte Agrippas aus Rom. Die Gemeindestruktur in Antiochien ist übrigens nicht die der Hellenisten unter der Leitung von Diakonen, sondern jene, die später noch in der „Lehre der Zwölf Apostel" oder „Didaché" bezeugt wird, in der die Amtsträger Propheten und Lehrer heißen.

Im Einvernehmen mit den übrigen brechen Barnabas und Paulus in Begleitung des Markus zu einer ausgedehnten Missionsreise durch ihre Heimatländer auf. Von der Hafenstadt Seleucia (Abb. 11) aus schiffen sie sich nach Zypern ein und werden sich später von dort nach Kilikien begeben. Markus verläßt die beiden aber unterwegs im Unfrieden in Richtung Jerusalem (Apg 13, 2.13; 14, 37 – 39), wahrscheinlich um Klage zu führen, daß Paulus und Barnabas sich nicht an das Gesetz hielten und von den bekehrten Nichtjuden keine Beschneidung verlangten. Als Paulus und Barnabas nach Antiochien zurückgekehrt waren, kamen auch schon Leute aus Palästina an und bestanden auf der Notwendigkeit der Beschneidung: „Wenn ihr euch nicht nach dem Brauch des Mose beschneiden laßt, könnt ihr nicht gerettet werden" (Apg 15, 1). Was Lukas hier nicht erwähnt, ist, daß Petrus selbst nach Antiochien gekommen war. Dies geht aber aus dem authentischen Bericht des Paulus hervor.

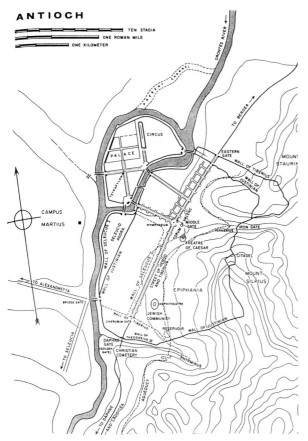

Abb. 9: Antiochia. Rekonstruierter Plan der antiken Stadt (vgl. auch Abb. 10).

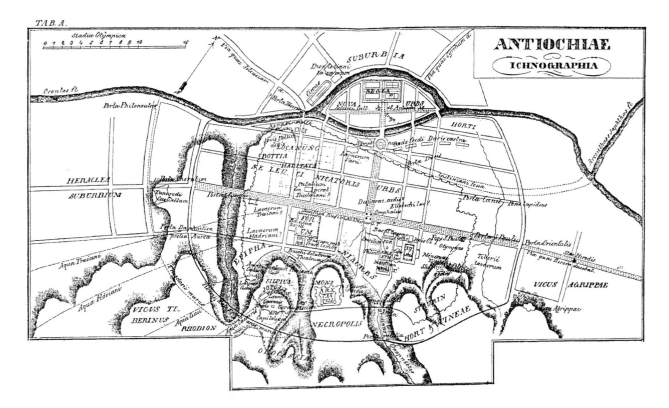

Abb. 10: Von K. O. Müller nach der Beschreibung in spätantiken Schriftquellen rekonstruierter Plan von Antiochia.

7. PAULUS „WIDERSTEHT PETRUS INS ANGESICHT"

Petrus war nach Antiochien gekommen und hatte nach einiger Zeit die Trennung von Juden und Heiden beim Essen wieder eingeführt. Abgesandte des Herrenbruders Jakobus aus Jerusalem hatten darauf bestanden und darüber hinaus wieder die alte Forderung erhoben, daß die bekehrten Heiden die Beschneidung und das gesamte jüdische Gesetz anzunehmen hätten. Petrus, übrigens auch Barnabas und viele andere, hatten sich dieser Auffassung angeschlossen. Paulus muß ziemlich isoliert gewesen sein. Eine Konfrontation der beiden Männer war unausweichlich. Sie scheint äußerst dramatisch und dissonant verlaufen zu sein. Paulus schildert sie aus seiner Sicht:

„Als aber Kephas nach Antiochien gekommen war, trat ich ihm von Angesicht entgegen, denn er hatte sich schuldig gemacht. Bevor nämlich Leute aus dem Kreis um Jakobus eintrafen, pflegte er zusammen mit den Heiden zu essen. Nach ihrer Ankunft aber zog er sich von den Heiden zurück und trennte sich von ihnen, weil er die Beschnittenen fürchtete. Ebenso unaufrichtig verhielten sich die anderen Juden, so daß auch Barnabas durch ihre Heuchelei verführt wurde. Als ich aber sah, daß sie von der Wahrheit des Evangeliums abwichen, sagte ich zu Kephas in Gegenwart aller: Wenn du als Jude nach Art der Heiden und nicht nach Art der Juden lebst, wie kannst du dann die Heiden zwingen, wie Juden zu leben? Wir sind zwar von Geburt Juden und nicht

Abb. 11: Das Gelände der antiken Hafenstadt Seleucia.

Abb. 12: Aus dem Felsen gearbeiteter Kanal in Antiochia, durch den Kaiser Vespasian den Orontes umleiten ließ.

Sünder wie die Heiden. Weil wir aber erkannt haben, daß der Mensch nicht durch Werke des Gesetzes gerecht wird, sondern durch den Glauben an Jesus Christus, sind auch wir dazu gekommen, an Christus Jesus zu glauben, damit wir gerecht werden durch den Glauben an Christus, und nicht durch Werke des Gesetzes; durch die Werke des Gesetzes wird niemand gerecht." (Gal 2, 11 – 17). Damit war eigentlich der Bruch mit dem Judentum radikal vollzogen. Die einfache und logische Begründung, mit der Paulus schließt, lautet „. . . denn käme die Gerechtigkeit durch das Gesetz, so wäre Christus vergeblich gestorben".

Die Parteigänger des Petrus und Jakobus waren bald in die paulinischen Missionsgemeinden im Süden Kleinasiens eingedrungen, um die von Paulus und Barnabas gewonnenen Heiden auf das jüdische Gesetz zu verpflichten. Unter dem Eindruck dieser Vorgänge schrieb Paulus wohl seinen leidenschaftlichen Brief „an die Galater", ein Zirkularschreiben, in dem er seine Position darlegt und theologisch begründet. Der Galaterbrief – und nicht, wie meist angenommen wird, der 1. Thessalonicherbrief – dürfte daher das älteste Schreiben sein, das von ihm erhalten ist. Johannes Malalas hat die kirchlichen Ereignisse des ersten Jahrhunderts mit der Profangeschichte durchwegs falsch synchronisiert und den „antiochenischen Zwischenfall" viel zu früh angesetzt, nämlich in das Jahr 35 statt 47 oder 48 (PG 97, 372 A), dennoch entspricht die Einordnung vor der Griechenlandmission des Paulus und nicht nachher neuesten Auffassungen.

Petrus muß Antiochien nach etwa einem Jahr wieder verlassen haben. Wie Johannes Malalas berichtet, empfing als Nachfolger des Petrus ein gewisser Euodius die Handauflegung, der den Namen „Christen" erstmals auch als Selbstbezeichnung für seine Gemeinde gebrauchte (PG 97, 377 A). Der Konflikt zwischen Paulus und seinen konservativen Gegnern konnte in Antiochien selbst nicht gelöst werden. „Nach großer Aufregung und heftigen Auseinandersetzungen zwischen ihnen und Paulus und Barnabas beschloß man, Paulus und Barnabas und einige andere von ihnen sollten wegen dieser Streitfragen zu den Aposteln und den Ältesten nach Jerusalem hinaufgehen" (Apg 15, 2). Das war wahrscheinlich im Jahre 49. Möglicherweise verbirgt sich hinter den „einigen anderen von ihnen" auch Petrus.

In Jerusalem einigte man sich mit Petrus und Jakobus auf eine Minimalforderung für Nichtjuden: Enthaltung von Götzenopferfleisch, Blut, Ersticktem und Unzucht. Lukas zitiert auch einen entsprechenden Brief an die Gemeinde von Antiochien (Apg 15, 23 – 29). Die Bedingungen betrafen in der Praxis die Ehedisziplin und vor allem das, was mit einem Sättigungsmahl verbunden war. Nur wenn diese Mindestforderungen eingehalten wurden, durften christliche Juden, die ihr Judentum nicht verraten wollten, an gemeinsamen Mahlfeiern teilnehmen. Paulus konnte einen solchen Kompromiß eigentlich nicht vertreten. Er tat es auch nur sehr eingeschränkt, wie aus seiner späteren Korrespondenz mit Korinth hervorgeht (1 Kor 8; 10, 23 – 32).

Dieser Auffassungsunterschied dürfte der Grund dafür gewesen sein, daß es nach dem Apostelkonzil in Antiochien zu einer schweren Auseinandersetzung zwischen Paulus und Barnabas um die Mitarbeit des treuen Petrus-Anhängers Markus kam. Paulus weigerte sich entschieden, Markus auf eine neue Missionsreise mitzunehmen, und brach deshalb auch mit Barnabas (Apg 15, 36 – 39). Markus sollte später noch die Trennung der Eucharistiefeier und Tischgemeinschaft von Judenchristen und Heidenchristen in seinem Evangelium propagieren, indem er Jesus die Brotvermehrung nochmals am heidnischen Ostufer des Sees Gennesaret wiederholen ließ (Mk 8, 1 – 10; vgl. 6, 30 – 44). Davon war oben bereits die Rede. Markus ging mit Barnabas wieder nach Zypern. Paulus fand in Sivanus oder Silas einen neuen Mitarbeiter, der ihn nun bis nach Griechenland begleiten sollte (Apg 15, 40 f.).

Wir dürfen annehmen, daß Paulus in Antiochien kein Verständnis mehr fand. Im Frühjahr des Jahres 52 kehrte er nochmals nach Antiochien zurück. Lukas läßt ihn nur einige Zeit bleiben und wieder abreisen (Apg 18, 22 f.). Paulus wirkt nun drei Jahre lang in Ephesus. Von dort kämpft er in seinen Briefen an die Korinther sowohl gegen Hellenisten als auch gegen Parteigänger des Petrus und Jakobus, die in sein Missionsgebiet eindringen und Unruhe stiften. Paulus sollte Antiochien nicht wiedersehen. In der Absicht, Jerusalem zu besuchen und dort Unterstützungsgelder abzuliefern, nimmt er ein Schiff nach Phönizien. Er hält sich eine Woche lang in Tyrus auf, wo das Schiff die Ladung löscht, und findet dort in der alten und angesehenen Gemeinde (Apg 11, 19; Mk 8, 24.31) herzliche Aufnahme (Apg 16, 3 – 6). Über Ptolemais (Akko) und Cäsarea reist er nach Jerusalem. Seine Gefangennahme dort führt ihn schließlich nach Rom, wo er das Martyrium erleiden wird.

In Antiochien waren die Auseinandersetzungen zwischen den verschiedenen Gruppen der Gemeinde keineswegs beendet. Zwar fehlen uns direkte historische Nachrichten. Aber eine reiche literarische Produktion in Antiochien und Syrien spiegelt den Gang der Entwicklung auf indirekte Weise wider.

8. DAS NEBENEINANDER VERSCHIEDENER SYRISCHER TRADITIONEN

Die vorpaulinische und im strengen Sinne „nichtchristliche" Jesusbewegung war weiterhin lebendig. Sie hatte die Deutung Jesu als Messias und seines Kreuzestodes als Erlösung der Glaubenden von ihren Sünden nicht mitgemacht. Die hellenistische Richtung begann einerseits zur Gnosis zu verwildern. Dagegen formierte sich andererseits eine „christliche" Opposition, die sich auf Andreas und Philippus berief. Als ein gemeinsamer Bezugstext läßt sich die Vorlage des späteren Prologs zum Johannesevangelium vermuten, ein Text, der vielleicht schon bei den Hellenisten in Jerusalem entstanden war. Literatur, deren Ursprung durchwegs nach Syrien weist, läßt die aramäische Richtung erkennen. Im „Thomasevangelium" wird Jesus als der „Herr" und „Sohn" des Vaters, aber nie als Messias oder Christus bezeichnet, auch vom Kreuz ist kaum die Rede. Zu derselben Richtung gehört bereits die sogenannte Logienquelle, die man nur erschließen kann, weil sowohl der Verfasser des Matthäusevangeliums als auch Lukas ihren Inhalt in ihre Evangelien aufgenommen haben.

Wahrscheinlich muß nochmals unterschieden werden zwischen einer Richtung, die besonders die Lehre Jesu betonte und seine Aussprüche sammelte, der die Redenquelle und das Thomasevangelium zuzurechnen sind, und einer mehr spekulativen Richtung, die mehr über die kosmische Rolle von Jesus als Gott reflektierte, repräsentiert durch die Vorlage des Johannesprologs. Innerhalb dieser spekulativen Richtung tendierte wiederum ein extremer Zweig dazu, die Schöpfung und den Schöpfergott der Bibel abzuwerten und ihm Jesus als Künder eines anderen und besseren Gottes gegenüberzustellen. Ein früher Zweig dieser dualistischen Richtung, der die Verbindung zur übrigen Entwicklung schon bald ganz verloren hatte, waren wahrscheinlich die schon erwähnten und heute noch existenten Mandäer. Parallele jüngere Zweige werden im zweiten Jahrhundert als Anhänger der „fälschlich sogenannten Gnosis" greifbar. Sowohl „Mandäer" als auch „Gnostiker" bedeutet Leute, die ihr Heil in der „Erkenntnis" verborgener Wahrheiten suchen.

Die führende Rolle spielten seit dem Auftreten von Paulus und Barnabas in Antiochien die „Messianer" – zu griechisch „Christen". Sie waren nun ihrerseits in die unterlegene Richtung des Paulus und die führende Petruspartei gespalten. Der Unterschied lag nicht nur in der Stellung zum Gesetz. Paulus verband seinen Glauben an Jesus als den Messias und an den Loskauf der Menschen von der Knechtschaft der Sünde durch seinen Kreuzestod durchaus mit kosmischen Spekulationen über Jesus als den Sohn Gottes und den Herrscher über das Weltall. Solche Ideen waren der Petrus-Richtung fremd und müssen dort als Anleihen von den gnostisierenden Hellenisten gewertet worden sein. Eine ähnliche Tradition bezeugen auch die späteren „Oden Salomons", die ihren Ursprung ebenfalls in Syrien haben. Zweifellos sind die zahlreichen Briefe des Paulus an seine Missionsgemeinden rund um das ägäische Meer und nach Rom und Galatien auch in Antiochien bekannt geworden und haben dort für weitere Auseinandersetzungen gesorgt. Petrus begab sich nach einigen Jahren der Wirksamkeit in Antiochien nach Rom, wo er schließlich wie sein Kontrahent Paulus unter Nero für seinen Glauben hingerichtet werden sollte. Wie Paulus hinterließ auch er eine treue Anhängerschaft.

Die „messianisch" orientierten Hellenisten hatten in Abwehr der kosmologischen Spekulationen der Gnosis eine Schrift erstellt, in der sie das Logosbekenntnis wörtlich zitierten, um es dann aber gegen seinen ursprünglichen Sinn von Anfang bis zum Ende auf den irdischen Jesus hin zu interpretieren und ihm selbst die Deutung der einzelnen Motive in fiktiven Reden in den Mund zu legen. Als Erzählstoff bot sich eine Sammlung sieben einfacher Wundergeschichten oder „Zeichen" an, dazu eine ebenfalls bereits vorhandene Darstellung des Prozesses und der Kreuzigung Jesu. Als die führenden Jünger erscheinen Andreas und Philippus. Mit dieser Urform des späteren „Johannesevangeliums" war die literarische Gattung „Evangelium" geboren, bevor noch der Begriff dafür geprägt war.

Nach diesem attraktiven literarischen Muster dürfte Markus unmittelbar nach dem Tod seines Lehrers Petrus dessen theologisches Testament veröffentlicht haben. Schon die Überschrift war ein Programm: Nicht das Evangelium, das Paulus oder sonst ein Missionar gepredigt hat (Gal 1f.), sondern das „Evangelium Jesu Christi, des Sohnes Gottes" selbst. Seine Theologie unterscheidet sich aber nicht nur von der des Paulus, sondern auch von jener der Hellenisten. Markus interessiert weder der hellenistische Bekenntnis-Hymnus noch dessen Interpretation, sondern nur der irdische Jesus selbst und die Legitimation der eigenen kirchlichen Richtung. In die Mitte seiner Schrift stellt Markus das Bekenntnis des Petrus, daß Jesus der Messias ist (8, 29). Mit der zweimaligen Brotvermehrung rechtfertigt er die Trennung von Judenchristen und Heidenchristen. Als Führungsgruppe stellt er in Anspielung an die „Säulen" die Apostel Petrus, Jakobus und Johannes in den Vordergrund.

Auf der Grundlage der echten Paulusbriefe, des Hellenistenevangeliums und des Markusevangeliums ist zwischen 70 und 90 fast die gesamte neutestamentliche Literatur entstanden, ein guter Teil davon wahrscheinlich in Antiochien, auch wenn sich dies in keinem Fall zwingend nachweisen läßt.

Pella im heutigen Jordanien und die Zerstörung der Stadt, in der die Jesusbewegung begonnen hatte, führt dazu, daß sich das Zentrum nun ganz in die syrische Hauptstadt verlagerte. Pella jenseits des Jordans war wohl nur eine Zwischenstation. Die Großstadt Antiochien war von den Wirkungen des jüdischen Krieges verschont geblieben. Kaiser Vespasian hatte eine Austreibung der jüdischen Bürger untersagt. In den folgenden Jahrzehnten kam es zum endgültigen Ausschluß der Jesus-Leute aus den Synagogen. Auf sich allein gestellt war die Jesusbewegung nun zu internen theologischen Abklärungen gezwungen.

9. LITERARISCHE RIVALITÄT UND KIRCHLICHE EINIGUNG IN ANTIOCHIEN

Es folgten nun subtile literarische Auseinandersetzungen zwischen den verschiedenen kirchlichen Gruppen. Die Hellenisten stellten dem Messias-Bekenntnis des Petrus im Markus-Evangelium durch eine nachträgliche Ergänzung ihrer Schrift das Bekenntnis des Thomas zu Jesus als Herrn und Gott gegenüber. Spätere umfangreiche Ergänzungen reagieren bereits auf Lukas und stehen neuerlich in Auseinandersetzung mit der Petrus-Richtung. Die Endgestalt kennen wir als das sogenannte „Johannesevangelium". Wie es zu diesem Namen gekommen ist und wo es entstanden ist, wissen wir nicht. Die Überlieferung meint in Ephesus, die Kommunikation mit den Konkurrenzschriften legt Syrien nahe, am ehesten wieder Antiochien.

Ziemlich sicher in Antiochien erschien schon in den achtziger Jahren die Schrift des Markus in zweiter und vermehrter Auflage. Diese Neuauflage ist bekannt als das „Evangelium nach Matthäus". Die literarischen Erweiterungen dokumentieren teils die Einbeziehung anderer Traditionen, teils auch deren Abwehr. Die Einarbeitung der Spruchquelle, die aus einer weisheitlichen Richtung der nichtmessianischen Jesusbewegung stammt, zeigt vielleicht, daß man sich inzwischen mit einem Teil dieser Gruppe geeinigt hatte. Mit der Rahmung am Anfang durch die Kindheitsgeschichte und am Ende durch Erscheinungsgeschichten des Auferstandenen scheint der Verfasser auf „Prolog" und Erscheinungen des Hellenistenevangeliums zu reagieren. Gegenüber der Paulusrichtung betont er hingegen die Geltung des Gesetzes bis zum Ende der Welt (Mt 5, 17 – 19). Den Anspruch der eigenen Richtung erweitert er und steigert ihn ins Absolute: Petrus bekennt Jesus nicht nur als Messias, sondern auch als Gottessohn, und Jesus überträgt ihm dafür die universale Kirchenführung (Mt 16, 16 – 18).

Eine nächste Schrift, die wohl ebenfalls in Syrien entsteht, die „Lehre der Zwölf Apostel" oder „Didaché", macht schon vom Matthäusevangelium Gebrauch, hält aber sonst zur Petrus-Richtung deutliche Distanz. Es ist eine Moral- und Kirchenordnung, die Jesus „den Herrn", aber nicht „Christus" nennt, vor „Christen" als „Messias-Agenten" warnt (12, 4 f.) und – anders als die Petrus- und Paulustradition – die Feier der Eucharistie nicht mit dem letzten Abendmahl begründet. Darin stimmt sie übrigens mit dem Hellenisten- bzw. Johannesevangelium, mit legendären Apostelgeschichten und mit der Tradition von Edessa überein. Auch die apokryphen Apostelakten des Johannes und des Thomas aus dem zweiten Jahrhundert kennen bei der Eucharistie keinen Einsetzungsbericht, auch nicht die spätere Liturgie nach Addai und Mari in Edessa. Bemerkenswert ist schließlich, daß die Didaché erstmals ausdrücklich die Abtreibung verurteilt.

An welchem Ort die Briefe des Paulus gesammelt wurden, ist unbekannt; auch wo Lukas die Apostelgeschichte und sein Evangelium geschrieben hat. Denkbar ist neben anderen Möglichkeiten sicherlich auch Antiochien. Die Paulus-Richtung dürfte hier durchaus aktiv geblieben sein. Einen Hinweis gibt die antike Lokaltradition. Die älteste Kirche von Antiochien, die „Palaia" oder „Apostolika" in der Singo-Gasse, soll von jenem Theophilus erbaut gewesen sein, dem Lukas die Apostelgeschichte und sein Evangelium gewidmet hat. Ob die Kirche vielleicht wirklich an der Stelle seines Hauses stand, in dem Paulus und Barnabas gelehrt hatten, oder etwa nur der Name eines späteren Stifters die Legende ausgelöst hat, muß wie stets in solchen Fällen offen bleiben. Falls der Theophilus des Lukas tatsächlich in Antiochien beheimatet war, könnte sein Haus ein Treffpunkt der Paulusrichtung gewesen sein.

Der Erfolg des Matthäus-Evangeliums ließ sich nur durch eine noch bessere Darstellung auf denselben Grundlagen, eben das Lukasevangelium, parieren. Die im Markus- und Matthäusevangelium propagierte Führungsrolle des Petrus relativierte und konterte Lukas mit seiner Apostelgeschichte, in der er Paulus als Begründer der Weltkirche und Petrus als dessen Vorläufer und Wegbereiter präsentierte.

In der Zeit nach 70 dürfte es in Antiochien nebeneinander zumindest vier Kirchenorganisationen gegeben haben: die Gruppe der späteren Zwölfapostellehre, geführt von Lehrern und Propheten, die Hellenisten unter der Leitung eines Diakons, die Petrus-Kirche mit einem Kollegium von Presbytern und die Pauliner geführt von einem Bischof. Um die Jahrhundertwende gelang dem Bischof Ignatios die ökumenische Einigung der drei bedeutendsten Organisationen unter seiner Führung. Das Ergebnis war die heute noch bestehende Hierarchie von Bischöfen, Priestern und Diakonen und die Geburt der „katholischen", das heißt „gesamtheitlichen" Kirche. Ignatios propagierte auf seiner Gefangenschaftsreise durch Kleinasien diese Lösung in mehreren Briefe auch dort, und zwar – wie wir nachträglich sagen können – mit nachhaltigem Erfolg.

Die Geschichte der Jesusbewegung in Antiochien und Syrien war nun vorerst abgeschlossen, die apostolische Zeit zu ihrem Ende gekommen. Der Schwerpunkt des Christentums hatte sich schon nach Rom verlagert. Dort in der Hauptstadt des Reiches, wo die feinen Unterschiede ihre Bedeutung verloren, berief man sich auf die Martyrien beider Schulhäupter Petrus und Paulus gemeinsam. Die anderen Richtungen hatten ebenfalls zusätzliche Zentren entwickelt, in Ephesus und Smyrna, in Edessa, in Alexandrien. Feinde der Einigung arbeiteten noch lange im zweiten Jahrhundert an ihrer je eigenen Literatur. Am aktivsten blieben die unnachgiebigen Petriner im Umkreis von Antiochien. Von ihnen zeugen besonders die Petrusapokalypse, die Petrusakten und die Pseudoklementinen. Syrische Hellenisten und Gnostiker spekulierten in Schriften wie der „Epistula Apostolorum" oder der „Pistis Sophia" über besondere Offenbarungen des Auferstandenen. In Edessa entstand eine eigene Thomas-Literatur. Die Mandäer hatten die Verbindung mit den anderen Gruppen längst im Zweistromland verloren.

10. BLEIBENDE ZEUGNISSE DER APOSTOLISCHEN MISSION IN SYRIEN

Was in Damaskus noch an Paulus und seine Zeit erinnert, ist – wie wir gesehen haben – beachtlich. Darüber hinaus ist allerdings sehr weniges auf uns gekommen. Für Edessa haben wir mit allem Vorbehalt das Turiner Grabtuch genannt. Weiter im Osten sind auch die letzten syrisch sprechenden Christen im türkischen „Tur abdin" nödlich von Nusaybin, dem alten Nisibis, zu erwähnen. Ihre Geschichte reicht zweifellos in früheste Zeit zurück. Syrisch sprechende Christen leben auch noch in Syrien selbst, und zwar in Maalula, in den Hängen des Antilibanons nahe bei Damaskus. Auch wo die Sprache zugunsten des Arabischen verlorengegangen ist, kann mit einer geschichtlichen Kontinuität der christlichen Gemeinden vom ersten Jahrhundert an gerechnet werden: in Damaskus, in Tyrus, in Antakiya. Von anderen Stätten der apostolischen Mission zeugen beachtliche, wenn auch wesentlich jüngere christliche Ruinen, etwa von Gerasa, Gadara und Pella in Jordanien (vgl. Abb. 1).

Besonders interessant wären natürlich direkte Zeugnisse vom Wirken der Apostel in Antiochien und im angrenzenden syrischen Hinterland. Doch in Antakiya ist so gut wie nichts erhalten, und für das Hinterland gibt es nicht einmal einschlägige Traditionen, außer der allgemeinen Bemerkung des Lukas, daß Paulus eben mit Silas zusammen durch Syrien und Kilikien gezogen ist und dort „die Gemeinden gestärkt" hat. Das heutige Antakiya ist eine verschlafene Provinzstadt am äußersten Rand der Türkei. Der wirtschaftliche Niedergang und mehrere

Erdbeben noch in der Spätantike haben Antiochien so gründlich ruiniert und zerstört, daß man viel Phantasie benötigt, um sich die Größe, den Glanz und die Lebendigkeit einer Großstadt hier vorzustellen (vgl. Abb. 8 – 10).

Die fortgesetzte Besiedelung von Antiochien hat ein übriges getan, daß hier kein Stein auf dem anderen geblieben ist. Die Verbauung erlaubt auch keine nennenswerten Ausgrabungen. Dennoch läßt sich die erste apostolische Mission – oder jedenfalls die spätere Apostel-Kirche – ungefähr lokalisieren. Die Nähe zum Pantheon bezeichnet das Stadtzentrum am Fuße des Silpios-Berges, wo an dessen steilem Hang das Theater lehnte und elegante Wohnterrassen sich emporzogen. Christen dürfen besonders in dem syrischen Viertel in der Ebene vermutet werden, in den Vorstädten, sicherlich auch in dem eleganten Villenvorort Daphne, dessen prächtige Mosaiken – allerdings aus späterer Zeit – heute das Museum von Antakiya füllen, und in der Hafenstadt Seleucia (Abb. 11) bei dem heutigen Ort Samandag, von der sich aus späterer Zeit die christliche Fels-Nekropole erhalten hat. Die Christen von Antiochien und Seleucia haben die Umleitung des Orontes durch Kaiser Vespasian mit Hilfe jüdischer Kriegsgefangener erlebt (Abb. 12), die ausgezeichneten Straßenverbindungen der Stadt genützt und sich kritisch mit den lockeren Sitten und dem überschäumenden gesellschaftlichen Leben der Metropole auseinandergesetzt. Welche Bewandtnis es mit der sogenannten „Petrus-Grotte" hat, die heute noch in Antakiya oberhalb des Ausgangs der Engen Straße gezeigt wird und deren Verehrung in die Kreuzfahrerzeit zurückreicht, ist unbekannt.

Christliches Leben gibt es im türkischen Antakiya heute kaum mehr. Die große frühkirchliche Tradition, die mit Antiochien verbunden war, hat in der modernen syrischen Hauptstadt Damaskus eine neue Heimat gefunden. Hier hat der syrisch-orthodoxe Patriarch von Antiochien, der sein Amt auf Petrus und Ignatios von Antiochien zurückführt, heute seinen Sitz.

Die Jesusbewegung war zwar von Palästina ausgegangen, aber das petrinisch-paulinische Christentum und die katholische Kirche des Altertums haben ihren Ursprung in Syrien. Hier hat das Christentum jene endgültige Gestalt gewonnen, die heute in allen christlichen Konfessionen und Kirchen fortlebt. Spuren der untergegangenen „vor- und außerchristlichen" Jesusbewegung in diesem Raum finden sich noch bei den Mandäern und im Islam. Auch der Islam – im heutigen Syrien die vorherrschende Religion – hat einzelne Versatzstücke aus dieser Tradition bewahrt. So wird der Kreuzigung Jesu im Koran nicht nur die Heilsrelevanz abgesprochen, sondern – wie schon in älterer gnostischer Literatur – überhaupt die Historizität. Die Kirche, die zur Zeit Mohammeds schon in Nestorianer, Monophysiten und Chalzedonenser zerfallen war, hatte sich in Arabien und Syrien bis dahin nicht vollständig durchgesetzt.

IM TEXT GENANNTE ANTIKE SCHRIFTEN UND AUTOREN

Apostelgeschichte, verfaßt von dem Evangelisten Lukas, enthalten im Neuen Testament.
Didaché: „Lehre der Zwölf Apostel", anonyme Kirchenordnung, entstanden zwischen 80 und 100 in Syrien.
Epistula Apostolorum: Evangelium in Form einer Offenbarungsrede Jesu nach seiner Auferstehung, entstanden um 130 in Syrien.
Eusebius: etwa 265 – 339/40, gelehrter Bischof von Cäsarea in Palästina, Verfasser der ersten Kirchengeschichte.
Galaterbrief: Brief des Apostels Paulus an seine Missionsgemeinden in Galatien in der heutigen Zentral- und Südtürkei, enthalten im Neuen Testament.
Ginza: „Der Schatz", Heilige Schrift der Mandäer.
Ignatios: 117, Bischof von Antiochien und Märtyrer, Verfasser von sieben Briefen an verschiedene kleinasiatische Gemeinden, an den Bischof Polykarp von Smyrna und nach Rom, erster Zeuge der kirchlichen Hierarchie von Bischöfen, Priestern und Diakonen.
Johannes Malalas „der Redner": Syrer und Verfasser einer Chronographie oder Weltgeschichte im 6. Jahrhundert.

Koran, Heilige Schrift des Islam, entstanden im 7. Jahrhundert.

Logienquelle: neben dem Markusevangelium hypothetische Vorgängerschrift der Evangelien nach Matthäus und Lukas, Sammlung von Aussprüchen Jesu.

Oden Salomons: Sammlung von 42 syrisch überlieferten christlich-gnostischen Hymnen aus dem späten 1. oder frühen 2. Jahrhundert.

Petrus-Apokalypse: Offenbarungsschrift über die Hölle aus dem 2. Jahrhundert.

Pistis Sophia: gnostische Schrift in Form einer Offenbarungsrede Jesu nach seiner Auferstehung.

Pseudoklementinen: Judenchristliche Literatur, entstanden im 3. Jh. in Syrien, vorgeblich verfaßt von Klemens von Rom (1. Jh.).

Thomasevangelium: Sammlung von 114 Aussprüchen Jesu. Gefunden 1945 in Nag Hammadi in Oberägypten innerhalb einer Sammlung von gnostischer Offenbarungsliteratur.

LITERATUR

Auf die fachwissenschaftliche Begründung für einige unkonventionelle Optionen und Thesen mußte in diesem Rahmen verzichtet werden. Die ausgewiesene Literatur gibt Einblick in den Stand der bisherigen Forschung.

W. BAUER, Rechtgläubigkeit und Ketzerei im ältesten Christentum, hg. von G. Strecker (Tübingen 21964).

R. E. BROWN – J. P. MEIER, Antioch and Rome. New Testament Cradles of Catholic Christianity (Ramsey – New York 1983).

J. DRAHNE, Paulus. Das Leben und die Briefe des Apostels (Gießen 1978).

G. DOWNEY, Ancient Antioch (Princeton – New Jersey 1963).

H. J. W. DRIJVERS, East of Antioch. Studies in Early Syriac Christianity (London 1984).

H. J. W. DRIJVERS, Hatra, Palmyra und Edessa, in: ANRW II. 8 (1977) 799/906.

A. v. HARNACK, Die Mission und Ausbreitung des Christentums in den ersten drei Jahrhunderten (Leipzig 41924).

E. HAENCHEN, Die Apostelgeschichte (Kritisch-Exegetischer Kommentar zum Neuen Testament) (Göttingen 61968).

P. HOFRICHTER, Von der zweifachen Speisung des Markus zur zweifachen Aussendung des Lukas, und ders., Das Johannesevangelium in der religionsgeschichtlichen Forschung und die Literarkritik des Prologs, in: J. Hainz (Hg.), „Theologie im Werden" (Paderborn – München – Wien – Zürich 1992) 143/155 und 219/246.

E. HONIGMANN, Syria, in: RE4A2 (1932) 1549/1727.

L. JALABERT, Damas: Dictionnaire d'archéologie chrétienne et de liturgie 4/1 (Paris 1920) 119/145.

J. LASSUS, La ville d'Antioche à l'époque romaine d'après l'archéologie, in: ANRW II. 8 (1977) 54/102.

H. LECLERCQ, Antioche (Archéologie): Dictionnaire d'archéologie chrétienne et de liturgie 1/2 (Paris 1924) 2359/2427.

G. LÜDEMANN: Das frühe Christentum nach Traditionen der Apostelgeschichte. Ein Kommentar. Göttingen 1987.

F. MUSSNER, Der Galaterbrief (Herders Theologischer Kommentar zum Neuen Testament 9) (Freiburg – Basel – Wien 1974).

K. NIEDERWIMMER, Die Didache, Kommentar zu den Apostolischen Vätern 1 (Göttingen 1989).

F. W. NORRIS, Antiochien, I, Neutestamentlich, Theologische Realenzyklopädie III (Berlin – New York 1978) 9/103.

E. PETERSEN, Christianus, in ders., Frühkirche, Judentum und Gnosis. Studien und Untersuchungen, (Darmstadt 1982) 64 – 87.

K. RUDOLPH, Die Gnosis, Wesen und Geschichte einer spätantiken Religion (UTB 1577) (Göttingen 31990).

W. SCHNEEMELCHER, Neutestamentliche Apokryphen, 5. Auflage, I. Evangelien, II. Apostolisches, Apokalypsen und Verwandtes (Tübingen 1989).

J. B. SEGAL, Edessa „The Blessed City" (Oxford 1970).

N. TAYLOR, Paul, Antioch and Jerusalem. A Study in Relationships and Authority in Earliest Christianity.

(Journal of the Study of the New Testament. Suppl. Ser. 66.), Sheffield 1992.

M. F. UNGER, Archaeology and the New Testament (Grand Rapids/Michigan 131975 = 1966).

C. TRESMONTANT, Paulus in Selbstzeugnissen und Bilddokumenten (Rowohlt Monographien 23) (Reinbek bei Hamburg 1959 ff.).

I. WILSON, Eine Spur von Jesus. Herkunft und Echtheit des Turiner Grabtuches (Freiburg – Basel – Wien 1980).

ABBILDUNGSNACHWEISE

Abb. 1: Nach den Ausführungen des Verf. bearbeitet von Erwin M. Ruprechtsberger. – Abb. 2: Gerold Schneider. – Abb. 3 – 4: Erwin M. Ruprechtsberger. – Abb. 5 – 7: Nach Ansichtskarten. – Abb. 8, 11 – 12: Verfasser. – Abb. 9: Nach G. Downey, Fig. 5. – Abb. 10: Nach J. Lassus, 57 Plan B.

Sabine Fick

DIE VERBREITUNG DES CHRISTENTUMS VON DEN ANFÄNGEN BIS ZU DEN KALIFEN

Als die christliche Predigt auf syrischen Boden traf, begann sich ihr Gesicht zu verändern. Dies lag daran, daß so mancher Zuhörer mit den verschiedensten philosophischen oder religiösen Strömungen vertraut war, und der syrische Raum zu den geistig führenden Gebieten des Römischen Imperiums zählte. Hier machte die neue Religion wichtige Schritte auf ihrem Weg von einer ‚Sekte' innerhalb der jüdischen Glaubensgemeinschaft zur mächtigen katholischen Kirche. Hier lief sie aber auch am meisten Gefahr, in eine Vielzahl von ‚Christentümern' zu zerfallen, und hier liegen die Wurzeln so manchen dogmatischen Kampfes.

Im politischen Zentrum, Antiochia, einer pulsierenden Großstadt, die zu den schönsten des ganzen Reiches zählte, bildete sich die erste christliche Gemeinde mit nicht-jüdischen Mitgliedern. Hier wirkten die frühen großen Missionare Barnabas und Paulus. Der Apostel Paulus fühlte sich in ganz besonderer Weise dazu berufen, die Botschaft auch der nicht-jüdischen Welt zu bringen, und von Anfang an war er dabei die beherrschende Gestalt.[1]) Seine große Leistung war, daß er die Anerkennung und Gleichberechtigung der ‚Unbeschnittenen', der sogenannten Heidenchristen forderte und in seinem Einflußbereich auch durchsetzte. So wurde die syrische Metropole zum Ausgangspunkt für eine Christenheit, die griechisch sprach und ‚griechisch' dachte. Sogar die Bezeichnung Christ verdanken wir der Bevölkerung von Antiochia, wo jemand auf die Idee kam, diesen Leuten, die in Jesus Christus den von Gott gesandten Erlöser sahen, den Spitznamen „Christen" zu geben.

In seinen Anfängen war das christliche Leben mit dem jüdischen noch eng verflochten. Aber in heftigen Auseinandersetzungen um Glaubensfragen begann es sich mehr und mehr vom Judentum zu emanzipieren und seine Eigenständigkeit zu betonen. Als Folge davon wurde die Synagoge als Versammlungsort aufgegeben. Nun trafen sich die Christen zum Gottesdienst in geeigneten Privathäusern. Diese nächtlichen Zusammenkünfte beflügelten die Phantasie der Andersgläubigen. So erzählte man sich von geheimnisvollen Feiern, bei denen es zu Inzest und Kannibalismus kommen soll. (Da hatte wohl jemand christliche Nächstenliebe und Jesu Worte: Esset mein Fleisch und trinket mein Blut zu wörtlich verstanden.) Jedenfalls war es für Nichtchristen sehr verdächtig, wenn man einem Gott nicht – wie gewohnt – in einem Heiligtum huldigte, sondern sich dazu immer in Wohnräume zurückzog.

Trotz der Abkopplung vom Judentum blieben im syrischen Raum, zum Beispiel in Aleppo oder Kabun, bis in die Spätantike hinein kleine judenchristliche Gemeinden bestehen. Allerdings führten sie ein Außenseiterdasein, denn die Juden konnten ihnen genauso wenig ihr Christ-Sein vergeben, wie die ‚Heidenchristen' ihnen das Festhalten an jüdischer Tradition. Sie selbst fühlten und bezeichneten sich als „die Armen" (Ebioniten).

In den ersten Jahrzehnten bestand die syrische Christenheit aus kleinen und kleinsten Gruppen von Gläubigen, die in den Städten lebten. Ein wichtiger Bestandteil des religiösen Lebens waren die umherziehenden Apostel, die Propheten und die Wanderlehrer. Sie waren geachtete und beliebte Gäste, denn aus ihrem Mund hörte man Geschichten aus dem Leben Jesu und die von Gott gesandte Botschaft. In der „Unterweisung für Apostel", der wichtigsten Quelle für den Zeitraum zwischen 70 und 110, Didache genannt, zeichnet sich bereits der nächste Entwicklungsschritt ab: Das Wachsen der Gemeinden verlangte nun nach Organisation durch ortsansässige Geistlichkeit. Die Gläubigen wurden aufgefordert:

„Wählt euch Bischöfe und Diakone, würdig des Herrn, sanftmütige, nicht geldgierige, aufrichtige und bewährte Männer. Denn auch sie leisten euch den Dienst der Propheten und Lehrer. Verachtet sie nicht!" (Did. 15, 1 f.).

Schon bald darauf entstand das Bild vom beamteten Bischof, der alle Macht in sich vereinigt und Streitfragen, als oberste Instanz, endgültig entscheidet. Die Autorität der Führer von christlichen Gemeinden wurde besonders von Ignatius, dem Bischof von Antiochia (um 110), betont: „Folgt alle dem Bischof wie Jesus Christus dem Vater und dem Presbyterium wie den Aposteln; die Diakone aber haltet in Ehren wie das Gebot Gottes" (Ign., Smyrn. 8, 1.). So wurden innerhalb eines kurzen Zeitraumes aus wandernden Aposteln monarchische Bischöfe.

Mit der Warnung: Wer in seiner Erkenntnis über die vom Bischof gesetzte Grenze hinausgeht, der ist verloren, versuchte Ignatius offensichtlich die im jungen Christentum auseinanderstrebenden Kräfte zu bannen. Aus seinem Mund hören wir auch zum ersten Male den Begriff „katholische Kirche" (Smyrn. 8, 2).

Bischof Ignatius, der im Abendmahl ein „Heilmittel zur Unsterblichkeit" sah, war von einer leidenschaftlichen Frömmigkeit ergriffen. Sein Herzenswunsch war: „Vergönnt mir, ein Nachahmer des Leidens meines Gottes zu sein" (Röm. 6, 3). Er suchte geradezu das Martyrium – das er letztlich auch fand. Im Angesicht der bevorstehenden Qualen fühlte er sich als „der Weizen Gottes. Ich muß von den Zähnen der wilden Tiere zermahlen werden, um zum unbefleckten Brot Christi zu werden" (Röm. 4, 2). Zu solch einem Glaubensbekenntnis, das keinen Einzelfall darstellt, meinte Kaiser Marc Aurel, daß man Selbstmord mit „Stil" begehen solle, „nicht in theatralischer Gebärde ... wie die Christen" (M. Aurel. 11, 3).

Ein Märtyrer genoß in seiner Gemeinde maßlose Verehrung. Durch sein Bekenntnis war er zu Gott entrückt, und sein Blut wurde als genauso sündentilgend angesehen wie das des ‚Herrn'. Zu seinem Ruhm sang man Hymnen, und der Tag, an dem er sein Leben für den Heiland hingegeben hatte, wurde als sein Geburtstag feierlich begangen. Das alles galt aber nur für Märtyrer aus den eigenen Reihen. Ließ ein Angehöriger einer anderen Kirchenpartei im Namen Jesu Christi sein Leben, dann fehlte es auch aus christlichem Mund nicht an gehässigen Bemerkungen.

Die Gemeinden wuchsen weiter, und ihre Mitglieder fielen auf, denn sie sonderten sich ab. Schon immer wurde – und wird – wer sich von der Norm unterscheidet, argwöhnisch beobachtet, und diese „obskure, lichtscheue Gesellschaft" entwickelte sich zum Ärgernis. Was war das nur für ein Glaube, in dessen Mittelpunkt „ein für seine Verbrechen mit dem Tode bestrafter Mensch samt den Kreuzeshölzern" stand. Diese Lehre mit ihren „Trübseligkeiten" und ihren fanatischen Ansprüchen galt eines freien, gebildeten Mannes für unwürdig. (Min. Fel., Oct. 8, 4; 9, 4; Tertull., Scorp. 7).

Was die Volksseele aber am meisten erzürnte, war, daß die Christen den großen religiösen Festveranstaltungen fernblieben. In den Augen so manchen Bürgers war es nicht nur eine „unfaßliche Dummheit" sondern auch eine „unglaubliche Frechheit ... Sturm gegen die Götter zu laufen ... und allen Dingen den Untergang anzudrohen" (Min. Fel., Oct. 10, 5; 11, 3 f.). Es war gefährlich, die Religion der Väter zu verteufeln, denn dadurch wurden die Christen für jedes Unglück, das die Stadt heimsuchte, verantwortlich gemacht. Wenn eine Seuche ausbrach, wenn eine Dürre die Ernte bedrohte, wenn ein Erdbeben Häuser einstürzen ließ, dann waren diese ‚Gottlosen' schuld, denn sie hatten die Götter erzürnt, deren Gnade man soviel verdankte. Die öffentliche Meinung war gegen die Christen, und bei den Behörden stapelten sich die Anzeigen; diesen mußte nachgegangen werden.

Aber die Situation als generelle Christenverfolgung zu bezeichnen, hieße die Realität zu verzerren. Bis zur Mitte des 3. Jahrhunderts gab es keinen diesbezüglichen kaiserlichen Erlaß. Ein Christ wurde nicht wegen seines Glaubens hingerichtet, sondern weil er mit der Römischen Staatsordnung in Konflikt geraten war. Man stelle sich nur einen höheren Beamten vor, der aus religiösen Gefühlen die Teilnahme am

Kaiserkult verweigerte. Wie leicht konnte das als gefährliche politische Unzuverlässigkeit aufgefaßt werden.

Wer von einem ‚lieben Nachbarn' denunziert worden war, wurde zunächst befragt und dann aufgefordert, vor den Bildern der Staatsgötter und dem des Kaisers Weihrauch und Wein zu opfern. Nicht jeder Christ weigerte sich. Für so manchen Gläubigen stellte der gewünschte Gottesdienst kein Problem dar, denn er sah darin eine reine Formalität, die seine innere Frömmigkeit nicht berührte. Unter den Christen, die mit Jesus im Herzen zu den römischen Göttern beteten, waren auch Angehörige sogenannter Randgruppen.

Solche Gruppen hatten sich schon seit den 80er Jahren vom entstehenden Christentum gelöst oder waren in seinem Umkreis gewachsen. Ihre Zahl wurde immer größer, und die junge Religion lief ernstlich Gefahr zu zersplittern. Obwohl die einzelnen Lehren stark voneinander abwichen, hatten sie doch eines gemeinsam: Ihre Anhänger besaßen über den Glauben hinaus eine ganz besondere „Erkenntnis" (Gnosis). Durch Offenbarung war ihnen Antwort auf die großen, in der Menschheitsgeschichte nie endenden Fragen gegeben. Diese ‚Erwählten' wußten, warum es in der göttlichen Schöpfung das Böse gibt; sie kannten die Bedeutung der Materie im Heilsplan, und die Probleme um göttliche Gerechtigkeit und menschliche Willensfreiheit waren für sie gelöst.

Der Eingeweihte fühlte sich einem ‚nur' Gläubigen weit überlegen, denn ihm war der richtige Weg zur Erlösung offenbart worden, und nur ihm, als Geistesmenschen, war das Heil gewiß. Besonders intellektuelle Kreise fühlten sich von den philosophischen Gedankengängen angezogen. Die einzelnen Lehren waren bemüht, die jüdische Tradition gänzlich abzuschütteln. Gleichzeitig wurde aber so manche Vorstellung aus den verschiedensten Mythen oder Mysterien entlehnt und der Glaube durch Philosophie vertieft. In anschaulichen Schöpfungsgeschichten wurden Wesen und Bestimmung des Menschen gezeigt, und im Glaubensgut der Gruppen, die dem Christentum am nächsten standen, spielte Jesus als Erlöser eine entsprechende Rolle.

In den religiösen Vorstellungen des Antiocheners Satornilos (um 110) war Jesus erschienen, um den bösen Judengott mit all den anderen schlechten Mächten zu stürzen und die guten Menschen, das heißt die, die den Funken des Lebens in sich tragen, zu retten. „Die Welt aber und alles, was in ihr ist, ist von sieben bestimmten Engeln gemacht worden, und ebenso ist der Mensch ein Gebilde der Engel ... Aber wegen der Schwäche der Engel konnte sich dies Gebilde nach seiner Erschaffung nicht aufrichten, sondern es kroch wie ein Wurm daher. Da erbarmte sich seiner die Kraft von oben (der eine unbekannte Vater) und entsandte einen Funken des Lebens; dieser richtete den Menschen auf, gab ihm die Glieder und das Leben. Nach dem Tode aber kehrt der Lebensfunke zu seiner Art wieder zurück und die übrigen Bestandteile zerfallen." (Iren., Haer. 24, 1 f.).

Andere gnostische Strömungen hatten sich noch weiter vom christlichen Glauben entfernt; so zum Beispiel die „Schlangenverehrer" (Ophiten). In ihren Vorstellungen spielte nicht nur der Schöpfergott eine untergeordnete Rolle, sondern auch sein Sohn Jesus, denn beide waren von der Paradiesschlange überlistet worden. In dieser Schlange sah man ein gutes Wesen, denn ihr verdankten Adam und Eva die Erkenntnis von Gut und Böse.

Im syrischen Raum war seit der ersten Hälfte des 2. Jahrhunderts das unterschiedlichste gnostische Gedankengut verbreitet und jeder, ob er Anhänger des Satornilos, des Basilides, des Theodas oder des Kerdon war, ob er Ophit oder Barbeliot genannt wurde, jeder war davon überzeugt, den einzig wahren Glauben zu besitzen.

In dieser bunten Szenerie trat nun ein Mann auf, dessen einziges Bestreben es war, die ganze Christenheit ihres Irrtums zu überführen und durch Reformation zum wahren Glauben zurückzuleiten. Der Mann, dessen Lehre schon bald „in dem ganzen Menschengeschlecht" verbreitet sein wird (Justin, Apol. I, 26), war der reiche Reeder Marcion (ca. 85 – 160) aus der Handelsstadt Sinope am Schwarzen Meer. Den Hauptvorwurf an die Christenheit formulierte er in dem Bild: sie haben den neuen Wein in die alten Schläuche gegossen und das Evangelium in das Alte Testament transponiert.

In einer Gegenüberstellung von Altem Testament und Evangelium bewies er, daß hier zwei verschiedene Götter zu unterscheiden sind. Denn der Schöpfergott der Juden hat eine schlechte Welt geschaffen, in der ‚Auge um Auge, Zahn um Zahn' gelte, und nicht Liebe und Barmherzigkeit, wie sie Jesus Christus lehrte. Wie sich herausstellte, ist der Weltschöpfer boshaft und verlogen. Auch seine Unwissenheit stellt er immer wieder zur Schau; man denke nur daran, daß er Adam erst fragen mußte, wo er sei. Manche seiner Forderungen sind äußerst unwürdig; die nach Beschneidung war für Marcion ein besonderer Stein des Anstoßes. Er tadelte nicht nur den Wankelmut, einen Körperteil erst zu schaffen und dann wieder entfernen zu lassen, sondern er betonte auch die Geschmacklosigkeit des Schöpfergottes, sein Bundeszeichen an eine so ‚obszöne' Stelle zu setzen. Da Marcion, im Gegensatz zu den gnostischen Gruppen, jede Form von Bibelerklärung oder theologischer und philosophischer Spekulation ablehnte, gab es für ihn nur einen Weg. Er verwarf das Alte Testament als Heilige Schrift der Christen und vollzog auf diese Weise einen radikalen Bruch mit der jüdischen Tradition.

Nun stand Marcion vor dem Problem, daß die Christenheit außer dem Alten Testament nur mündliche Überlieferungen und Bücher von unsicherer Autorität besaß. So machte er sich daran, eine neue ‚Bibel' zu schaffen. Dabei ging er von der Annahme aus, daß einerseits die 12 Apostel nicht in der Lage waren, die Verkündigung Jesu wirklich zu erfassen, und daß andererseits die Texte von jüdischer Hand verfälscht worden seien. Nach eingehender Prüfung der vier Evangelien stellte sich für ihn als die wahre, von Christus stammende Botschaft das sogenannte Lukas-Evangelium heraus. Aus diesem ‚Gotteswort' und zehn gereinigten Paulusbriefen schuf Marcion nun sein „Evangelium", dem er seine „Antithesen" als Erklärung zur Seite stellte. Damit war der Grundstein für eine einheitliche, das römische Reich umspannende marcionitische Kirchenorganisation gelegt.

Man kann sich wohl kaum einen größeren Zwiespalt vorstellen als den, in dem ein Mitglied dieser Kirche lebte. Auf der einen Seite wußte es sich erlöst; denn aus purer Liebe war Christus, der Sohn des guten Gottes vom Himmel herabgestiegen, um diese ganze jämmerliche Schöpfung zu retten. Mit seinem Kreuzestod hatte er dem bösen Schöpfergott die gesamte Menschheit abgekauft. Alle Furcht war damit beseitigt, denn der gute Gott straft auch nicht – eine Vorstellung, die ganz im Gegensatz zur herkömmlichen christlichen Moral stand. Aber auf der anderen Seite war der Gläubige während seines Erdendaseins dem Weltenschöpfer mit Haut und Haaren ausgeliefert, und dieser rachsüchtige Gott ließ sich keine Gelegenheit entgehen, ihn, den Abtrünnigen, mit all seinem Haß zu verfolgen und zu quälen.

Wichtig war, einer weiteren Vergrößerung seines Machtbereiches mit allen zur Verfügung stehenden Mitteln entgegenzuwirken. So verbot Marcion seinen Gemeindemitgliedern, die er aufgrund ihrer Lage mit „Elende und Gehaßte" anredete (Tert., ad. Marc. IV, 9, 3), jeglichen Geschlechtsverkehr. Der Schöpfergott hatte mit dieser Welt ein ‚armseliges Loch' geschaffen, und die „Auswürflinge" (Orig., contr. Cels. VI, 53) versuchten, sich davon so weit wie möglich zu distanzieren. Speise und Trank wurden auf das Allernotwendigste eingeschränkt. Theodoret wußte von einem neunzigjährigen Marcioniten, den er persönlich kannte, daß er sich jeden Morgen, um nur ja nichts mit den Produkten des Schöpfers zu tun zu haben, mit seinem eigenen Speichel wusch. (Die Entscheidung, ob es sich hier um eine Übertreibung des Autors oder um praktizierten Glauben handelt, bleibe dem geneigten Leser überlassen.)

Die Anhänger Marcions haben sich nie sektenhaft abgeschlossen, sondern immer versucht, auf die katholische Kirche missionierend einzuwirken. Da ihr Religionsstifter Geheimnistuerei ablehnte, standen die Gemeindegottesdienste jedermann, auch den ‚Heiden', offen. Eine ihrer zahlreichen Kirchen, Synagogen genannt, wurde im Jahr 318/19 von der Gemeinde „des marcionitischen Dorfes Lebaba" bei Damaskus „zur Ehre des Herrn und Erlösers Jesus

Christus" errichtet (Inscr. Grec. et Lat ... Grèce ... Asie Min. III, 2558).

Schon gegen Ende des 2. Jahrhunderts war die marcionitische Lehre im syrischen Christentum stark vertreten. Sie entwickelte sich zu einer Gegenkirche, und diese Bedrohung erhitzte die katholischen Gemüter. Man hat den Eindruck, daß jeder Kirchenlehrer, der eine Feder zu führen imstande war, gegen das „faulende Krebsgeschwür der Irrlehre der Marcioniten" wetterte (Overbeck [ed.], S. Ephr. Syr., Rabb ... op. sel., 193). Dessenungeachtet feierte die marcionitische Kirche ihren Religionsstifter, der sich als berufener Nachfolger des Apostels Paulus gesehen hatte. In den Augen der Gläubigen saßen Paulus und Marcion zur Rechten und zur Linken des thronenden Christus.

Erst im Laufe des 4. Jahrhunderts setzte im griechisch sprechenden Syrien ein Rückgang dieser Bewegung ein. Im ostsyrischen Gebiet blieben Marcion und seine Lehren bis in die Mitte des 5. Jahrhunderts hinein weiter von Bedeutung.

Marcion war aber nicht der einzige Christ, dem es keine Ruhe ließ, die Botschaft Gottes auf vier, noch dazu widersprüchliche, Evangelien verteilt zu wissen. In der Zeit um 180 machten es sich neuerlich zwei Gläubige zur Aufgabe, eine einheitliche Heilige Schrift zu verfassen. Der eine war Theophilus, Bischof von Antiochia, der andere Tatian, ein Philosoph aus Nordost-Mesopotamien. Tatian hatte mit seiner Arbeit viel Erfolg, denn seine Fassung fand im ganzen syrischen Raum großen Anklang. Dieser Mann, der im Christentum eine Philosophie, älter als alle griechische Weisheit, sah, verlangte vom Gläubigen vor allem, daß er „arm und bedürfnislos" sei (Tatian, Orat. 11). Seine Schrift, Diatessaron genannt, war bis ins 5. Jahrhundert hinein weit verbreitet. Dann wurde sie, nicht selten zwangsweise, von der Peschitta, der syrischen Normalübersetzung, abgelöst. So hat, zum Beispiel, Bischof Theodoret von Cyrrhus, in seiner Diözese nicht weniger als 200 Exemplare von Tatians Evangelienharmonie beschlagnahmt.

Auch die christliche Gemeinde in Dura Europos vernahm die Botschaft Gottes aus dem Diatessaron. In dieser Stadt am Euphrat hatte ein Glaubensbruder sein Haus für den Gottesdienst umgebaut. So war im Jahre 232 die älteste, heute noch erhaltene Hauskirche entstanden. Hier konnten sich die Angehörigen der christlichen Gemeinde treffen. Ihre sonntäglichen Versammlungen gestalteten sich folgendermaßen: „Man liest, solange die Zeit es erlaubt, aus den Erinnerungen der Apostel und den Schriften der Propheten. Dann hört der Vorleser auf, und der Gemeindeleiter übernimmt das Wort, um uns zu ermahnen, den schönen, eben verlesenen Beispielen zu folgen. Daraufhin erheben sich alle zum Gebet. Schließlich, wenn das Gebet beendet ist, bringt man ... Brot, Wein und Wasser. Der Gemeindeleiter betet und dankt nach bestem Vermögen. Das Volk antwortet mit ‚Amen'... Man teilt jedem seinen Anteil am eucharistischen Mahl aus und schickt ihn den Abwesenden durch die Diakone." (Justin, 1. Apol. 67). Die christliche Kirche in Dura Europos, von außen ein Haus wie jedes andere, stand ganz im Schatten der benachbarten großen, prächtigen Synagoge.

Die Botschaft Jesu Christi hatte sich inzwischen immer weiter verbreitet und war bis an die Grenzen des osrhoenischen Königreiches gelangt. Um das Jahr 140 wurde dann auch die Bevölkerung der Hauptstadt Edessa mit der christlichen Lehre, vorwiegend in markionitischer Form, bekannt. Für diesen ‚neuen' Glauben interessierte sich besonders ein Mann namens Bardaisan (154 – 222). Er war hochgebildet und galt als persönlicher Vertrauter der Monarchenfamilie. Auch ihn ließen die brennenden Fragen rund um Gott und die Welt nicht mehr los. Marcions Sicht der Dinge lehnte er aber zutiefst ab. Indem er aus seinem reichen Wissen schöpfte und sich Erkenntnissen aus der Stoa, der platonischen Tradition, aus dem Zurvanismus und nicht zuletzt aus dem alten, einheimischen Sternenglauben bediente, kam er zu ganz anderen Einsichten: Am Anfang waren fünf Elemente, nämlich Lichtäther, Feuer, Wind, Wasser und Finsternis. Durch einen Zufall wurde ihre göttliche Harmonie erschüttert, und sie vermischten sich. Da sandte Gott seinen Logos aus und ließ ihn die Elemente beruhigen. Nun entstand als neue Ordnung der Kosmos, der aber nicht mehr dem ursprünglichen Zustand entsprach, sondern eine Mischung der Elemente darstellte. Weil nun allem etwas von der Finsternis beigemengt ist, gibt es in unserer Welt die Möglichkeit des Bösen.

Das Böse an sich ist aber passiv. Es zum Leben zu erwecken oder nicht, liegt ganz in unserer Hand, denn Gott schenkte dem Menschen den freien Willen und machte ihn so den Engeln gleich. Das von Gott bestimmte Schicksal, das sich uns im Lauf der Gestirne offenbart, regiert nur die äußeren Lebensumstände eines Menschen. Freiheit, Schicksal und Natur entsprechen in uns dem Geist, der Seele und dem Körper, gleichzeitig aber auch Gott, den Gestirnen und der Materie.

Mit seiner Lehre hatte Bardaisan von Gott den Makel genommen, für das Böse in der Welt verantwortlich zu sein, denn er hatte gezeigt, daß es unabhängig vom göttlichen Wirken entstanden war. Aber gleichzeitig hatte er damit den Allmächtigen degradiert. Mit diesem ganzen anspruchsvollen, philosophischen Gedankengebäude konnte ein ‚Rechtgläubiger' nicht viel anfangen. Im geistigen Vater dieser religiösen Vorstellungen sah Ephraem ein gefährliches Genie. Die einsetzende Polemik hat soviel halb Wahres oder ganz Falsches über Bardaisan verbreitet, daß sich im Laufe der Zeit das Bild dieses Mannes, der sich zutiefst als Christ fühlte, völlig verzerrte. Trotzdem wurden Bardaisans religiös-philosophische Hymnen noch lange gesungen, und seine Anhänger blieben bei ihrem Glauben bis ins späte 7. oder gar 8. Jahrhundert.

Um solche „erwählten Meinungen" (Häresien) zu bekämpfen und die osrhoenische Christenheit zum ‚wahren Glauben' zu bekehren, wurde um das Jahr 200 der edessenische ‚Rechtgläubige' Palut eingesetzt. Die erwünschte Missionierung blieb er aber schuldig. Markioniten, Anhänger des Bardaisan, verschiedene gnostische Gruppen beherrschten weiterhin die Szene und nahmen auch die Bezeichnung „Christen" für sich allein in Anspruch. Die katholische Gemeinde wurde hier nur als Sekte angesehen, die man nach ihrem Haupt als Palutianer bezeichnete.

Zu dieser Zeit gab es natürlich auch in Edessa ein Gebäude, in dem sich Christen zum Gottesdienst trafen. Diese Kirche, die wahrscheinlich östlich des Königspalastes stand, wurde bei der großen Überschwemmung in einer Novembernacht des Jahres 201 von den Wassermassen verwüstet.

Im Jahre 249 brach über alle Christen, egal ob sie sich untereinander als Rechtgläubige oder als Ketzer ansahen, eine schwere Zeit herein. Kaiser Decius verlangte von jedermann den Besitz einer Bescheinigung, aus der hervorging, daß in Anwesenheit der zuständigen Behörde vor den Göttern vorschriftsmäßig geopfert worden war. Diese Forderung gestaltete sich zu einem massiven Angriff auf das Christentum. Scharenweise strömten die Anhänger Jesu Christi zu den Kultstätten, um vor den römischen Göttern zu opfern. Andere flohen in die Berge oder in die Wüste und hielten sich dort versteckt. Manche setzten auf Bestechung und ‚kauften' sich die Opferbescheinigung. Aber es fehlte auch nicht an Standhaften, wie Babylas, dem Bischof von Antiochia, der für seinen Glauben ums Leben kam. Mit dem Erlaß des Kaisers Valerian setzte sich die Notlage der Christen weiter fort. Jetzt waren ihnen sogar die Zusammenkünfte verboten.

Doch das Römische Reich war in dieser Zeit schwerst bedroht. So richtete sich die ganze Aufmerksamkeit nach außen, auf die angreifenden Sasaniden, und innenpolitische Maßnahmen wurden weder systematisch noch anhaltend durchgeführt. 260/61 machte Kaiser Gallienus die Anordnungen seines Vaters rückgängig. Die Kirche nahm in Syrien ihre ‚Abgefallenen' meistens großmütig wieder auf, und die Christen konnten sich zunächst eines ungestörten Friedens erfreuen.[2]

Antiochia war im Jahre 260 von den Sasaniden zerstört worden. Bald danach leitete die dortige Christengemeinde ein Mann aus Samosata, namens Paulus. Er entwickelte sich zu einem kirchlichen Oberhaupt, das selbst die kühnsten Vorstellungen eines Ignatius von der Macht des Bischofs weit in den Schatten stellte. Paulus war eine eindrucksvolle, stadtbekannte Persönlichkeit, was von Eusebius argwöhnisch registriert wurde: Wenn „er stolz auf den Marktplätzen einherschreitet", ist er „von zahlreichem Gefolge umgeben, das ihm teils vorangeht, teils nachfolgt." Dabei „liest und diktiert (er) Briefe öffentlich im Gehen ... Auch hat er wie die weltlichen Beamten ein sogenanntes Sekretum (Kabinett)". (Euseb., h. e. VII, 30, 8 f.).

Paulus hatte sich nicht nur das Auftreten eines hohen Staatsbeamten angeeignet, er besaß tatsächlich politischen Einfluß. Als christlicher Bischof bekleidete er gleichzeitig das Amt eines kaiserlichen Ducenarius und hatte dazu noch beste Verbindungen zum palmyrenischen Herrscherhaus.

Auch in seiner Kirche riß er nicht wenige Gläubige „zur Bewunderung hin. Er ließ sich nämlich eine Tribüne und einen hohen Thron errichten." So manche seiner Predigten muß fulminant gewesen sein, denn wir hören, daß Gläubige während des Gottesdienstes „aufspringen", ihm „Beifall spenden" und ihm „wie in den Theatern mit Tüchern zuwinken". (Euseb., h. e. VII, 30, 9.).

In der Gestalt ihres Bischofs spielte nun die christliche Gemeinde von Antiochia bereits eine politische Rolle in der Stadt. Sie war sich aber auch der zentralen Stellung innerhalb des syrischen Christentums bewußt, denn ihr Einfluß in kirchlichen Angelegenheiten reichte weit, und alle großen Synoden waren seit der Mitte des 3. Jahrhunderts hier abgehalten worden.

Antiochia und Edessa bildeten die Stützpunkte des syrischen Christentums; und von beiden Metropolen aus setzte ab dem 3. Jahrhundert eine Missionierung der weiten dazwischen liegenden Gebiete ein. Vom Westen her verbreitete sich dabei eine hellenistisch-christliche Propaganda, während vom Osten aus mehr syrisch geprägtes Glaubensgut einwirkte. Zur Zeit der Verfolgungen seit Kaiser Decius floh so mancher Gläubige aufs Land und trug damit wohl auch zur weiteren Ausbreitung der christlichen Botschaft bei. Nach und nach begann das Christentum in den Landgemeinden Fuß zu fassen.

Im Zusammenhang mit Verhaltensregeln, die wahrscheinlich schon zu Beginn des 3. Jahrhunderts für wandernde Asketen aufgestellt worden waren, teilte man Ortschaften in fünf Kategorien ein: nämlich in solche mit Asketen und mehreren verheirateten Brüdern – solche mit verheirateten Brüdern, aber ohne Asketen – Ortschaften, in denen es nur christliche Frauen und Mädchen gibt – solche, in denen nur eine gläubige Frau wohnt – und natürlich solche, in denen überhaupt keine Christen leben. Diese Aufstellung zeigt nicht nur das geringe Ausmaß der Christianisierung außerhalb der städtischen Zentren, sondern sie führt uns auch vor Augen, daß sich Frauen von der Botschaft Jesu ganz besonders angesprochen fühlten.

Von Missionierung der ‚Heiden' hielt der Verfasser dieser Verhaltensregeln allerdings nicht viel: „Wir werfen nicht das Heilige vor die Hunde und die Perlen vor die Säue ... Wir feiern keinen Gottesdienst dort, wo die Heiden sich betrinken und bei ihren Gastmählern in ihrer Ruchlosigkeit unreine Reden und Lästereien ausstoßen. Deshalb singen wir vor den Heiden keine Psalmen und lesen ihnen die Schriften nicht vor, damit wir nicht den Pfeifern und Sängern oder Weissagern gleichen, wie viele, die also wandeln und dies tun, damit sie sich mit einem Brocken Brotes sättigen, und eines Becher Weins wegen gehen sie und singen das Lied des Herrn ... Wir beschwören euch, Brüder, daß solches nicht bei euch geschieht, vielmehr wehrt denen, die sich so schmählich betragen und wegwerfen wollen." (Ps.-Clem., ep. de virg. II, 1 – 6).

Als sich im Mai des Jahres 325 die christlichen Würdenträger zum Konzil in Nicaea versammelten, befanden sich unter ihnen 22 Bischöfe aus Coelesyrien (Abb. 1). Die verschiedenen Städte, aus denen sie gekommen waren, lagen sowohl an der Küste, wie entlang der Flüsse Orontes und Euphrat, zwischen diesen beiden Tälern und auch im Norden des Landes. Die größeren christlichen Gemeinden mit einem Bischof an der Spitze waren bereits ziemlich gleichmäßig über die ganze Provinz verteilt. Auch die kleinen Ortschaften, die sich um das Stadtgebiet von Antiochia drängten, dürften schon viele Christen gezählt haben. In dieser Gegend hinterließ jemand im Jahre 331 sein persönliches Glaubensbekenntnis: Christus sei gnädig; es gibt nur einen Gott.

Abb. 1: ⚑ Bischofsstädte zur Zeit des Konzils von Nicaea um 325 n. Chr. Nicht lokalisierbar: Alassus, Arbocadama.

Anders lagen die Dinge in der Provinz Phönizien. Hier konnte der christliche Glaube, abgesehen von den Bischofssitzen in Damaskus, Paneas und Palmyra, nur entlang der Küste festeren Fuß fassen. Im Landesinneren gab es noch ein paar Ortschaften, wo Marcioniten, Judenchristen oder andere ‚Ketzer' wohnten, aber im großen und ganzen hielt die Bevölkerung an den alten, einheimischen Gottesvorstellungen fest. Noch im 5. Jahrhundert wurden für dieses Gebiet große Missionsunternehmen ausgerüstet.

Als Vertreter der Osrhoene fanden sich zum Konzil die Bischöfe von Edessa, Macedonopolis und Rhesaina ein, denn sie konnten eine stattliche Christengemeinde vorweisen. In anderen Städten dagegen wucherten „Dornen und Unkraut und Disteln des Heidentums, begossen durch die Trankopfer, aus denen der Irrtum ausströmt, ..." (Ephraem, Carm. Nisib. 33).

Um zu vertuschen, daß auch Edessa das reinste Sammelbecken für alle möglichen ‚häretischen' Lehren war, und die ‚Rechtgläubigen' lange Zeit nur ein Außenseiterdasein unter der Bezeichnung Palutianer gefristet hatten, kam im 3. Jahrhundert eine Legende in Umlauf. Sie erzählte von einem Briefwechsel zwischen dem osrhoenischen König Abgar, dem Schwarzen, und Christus: Der Monarch hatte von Jesu „Heilungen Kunde erhalten und erfahren, daß diese ohne Arznei und Kräuter von (ihm) gewirkt werden." Da er selbst Hilfe benötigte, bat er den „Sohn Gottes", sich zu ihm „zu bemühen" und ihn „von (seinen) Leiden zu heilen". Er meinte: „Ich habe eine sehr kleine, würdige Stadt, welche für uns beide ausreicht." (Euseb., h. e. I, 13, 6 ff.).

Jesus antwortete eigenhändig: „. . . . Bezüglich deiner schriftlichen Einladung, zu dir zu kommen, mußt du wissen: es ist notwendig, daß ich zuerst all das, wozu ich auf Erden gesandt worden bin, erfülle und dann, wenn es erfüllt ist, wieder zu dem zurückkehre, der mich gesandt hat..." (Euseb., h. e. I, 13, 10).

Solchen Briefen von göttlichen oder heiligen Personen, die auch andere Religionen vorweisen können, wurden magische Kräfte zugeschrieben. So meißelte man diese Zeilen jahrhundertelang an Häusern und Stadtmauern, an Türen und Toren ein – als Schutzmittel gegen alles Böse. Noch um das Jahr 400, als die Nonne Egeria auf ihrer Pilgerfahrt nach Edessa kam, zeigte ihr der Bischof das Tor, durch das der Jesusbrief angeblich in die Stadt gebracht worden war. Hier betete er und erzählte dann, daß seither keine unreine Person, niemand in Trauer und kein Toter diese Stelle passiert hätten.

Jesus hatte dem König von Edessa versprochen: „Nach der Himmelfahrt werde ich dir einen meiner Jünger senden, damit er dich von deinem Leiden heile und dir und den Deinigen das Leben verleihe." Und so geschah es; der Apostel Thaddaeus (Addai) kam ins Land, heilte viele Bürger, „wirkte große Wunder und predigte das Wort Gottes". (Euseb., h. e. I, 13, 10; I, 13, 19.).

In dieser Legende spielen Wunderheilungen eine zentrale Rolle, und obwohl der Jesus-Brief von seiten des Papstes im 5. Jahrhundert als unecht erklärt wurde, erfreute sich die Erzählung auch weiterhin größter Beliebtheit. Mit ihr konnte die ‚orthodoxe' Christenheit von Edessa ‚beweisen', daß sie nicht nur von Anfang an rechtgläubig war, sondern daß sie die Botschaft Gottes sogar aus erster Hand, nämlich im Auftrag von Jesus selbst, erhalten hatte.

Verbreitung des ‚wahren' Glaubens und Kampf den ‚Irrlehren' war für Ephraem (306 – 373) der Sinn seines Lebens. Er, der Vater einer Kirchenliteratur in syrischer Sprache, hinterließ ein Schrifttum von ungeheurem Umfang. Bald schon wurden seine Bibelerklärungen im Rahmen des Gottesdienstes gelesen, und seine Hymnen waren aus der syrischen Liturgie nicht mehr wegzudenken. Jede Art von philosophischer Spekulation wurde von ihm angeprangert: „Glücklich, wer nicht gekostet hat das Gift der Weisheit der Griechen. Glücklich, wer nicht ausspie die Schlichtheit der Apostel" (Ephraem, Hom. de fide 2, 24). Die Gefährlichkeit des Grübelns über die Geheimnisse des Glaubens war ein beliebtes Thema seiner Mahnreden.

Ephraem (Abb. 2) stammte aus Nisibis, und die Harfe des Heiligen Geistes, wie er schon bald genannt wurde, hatte das Mönchsleben gewählt. „Sein

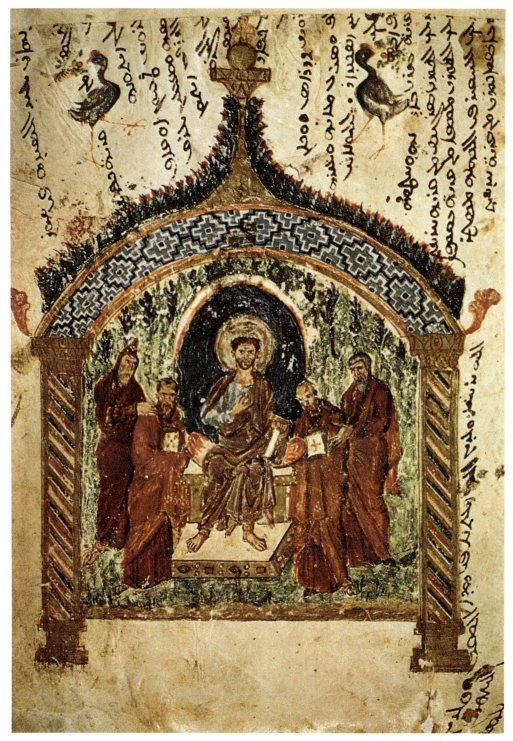

Abb. 2: Ephraem der Syrer (im Bild am linken Rand): Evangelium des Mönches Rabbula aus Zagba, 586 fertiggestellt. Florenz, Bibl. Medicea-Laurenciana.

Körper war auf seinen Knochen ausgetrocknet wie eine Tonscherbe. Seine Kleidung bestand aus zahlreichen Fetzen in den Farben eines Misthaufens. Von Statur war er klein. Er hatte immer ein bekümmertes Gesicht, und niemals hat er gelacht . . ." (Lamy [ed.], S. Ephraem Syri Hym. et Serm. 2, 41 ff.).

Als Nisibis Teil des Sasanidenreiches wurde, floh Ephraem nach Edessa, wo er an der berühmten Persischen Schule lehrte. In seinen Schriften gegen die ‚Häretiker' zog er wie ein Donnerwetter über Marcion und Bardaisan her. Ein besonderer Dorn im Auge war ihm auch Mani.

Die Lehren dieses Babyloniers waren in Syrien sehr beliebt. Viele Menschen strömten zu den Versammlungen der Manichäer, denn hier wurde etwas besonderes geboten: nämlich der Glaube, daß die Erlösung nicht von der Gnade Gottes abhängt, sondern einzig und allein vom Menschen selbst. Er kann sie kraft seiner eigenen Energie über den Weg der Askese erreichen. Ziel dieser Lebensführung ist, die in der Materie gefangene Lichtsubstanz zu ihrem Ursprung zurückzuführen.

Mani (216 – 276) war zu einer dualistischen Auffassung gelangt, in der er alles Stoffliche als das Böse dem Göttlichen gegenüberstellte. Er sah die Welt, wie Bardaisan, als eine Mischung von Gut und Böse. Aufgrund eines Kampfes war die Lichtsubstanz in der Finsternis gefangen worden. Die lichten Elemente wuchsen mit den dunkeln zusammen und vergaßen ihre Heimat, das Lichtreich. Wie in allen Teilen der Schöpfung, sind deshalb auch in uns Lichtsubstanz und Finsternis enthalten. Gott aber zeigte den Menschen einen Weg zur Erlösung der Lichtelemente, indem er seine Botschaft zur Erde sandte, durch Männer wie Jesus und Mani.

Die Offenbarungen, die er von Gott erhalten hatte, übergab Mani den Menschen in einer Reihe von Schriften, die er zu einem umfassenden Lehrgebäude ausbaute. Um eine für den Westen wie für den Osten gültige Universalreligion zu schaffen, verschmolz er Elemente aus dem Buddhismus und aus der Lehre Zarathustras mit christlichem Glaubensgut. Marcions Kritik am Alten Testament und den apostolischen Schriften setzte er insofern fort, daß er alles, was mit seiner Lehre nicht in Einklang stand, als Verfälschung strich.

Innerhalb der Glaubensgemeinschaft gab es zwei Gruppen: die „Erwählten", die sich von den Fesseln der Materie gelöst hatten, und die ‚normalen' Gemeindemitglieder, Hörer genannt. Ein Hörer blieb in dieser Welt. Seine Aufgabe war, für die bescheidene vegetarische Mahlzeit eines Erwählten zu sorgen und ihn auch sonst auf seinem Weg der Erlösung zu unterstützen.

Eine asketische Lebensweise war im syrischen Christentum schon immer ein beliebtes Ausdrucksmittel der Gläubigkeit. Viele gnostische Strömungen, aber auch Marcion und Mani forderten ihre Anhänger auf, sich von den Fesseln des irdischen Daseins zu befreien. Selbst innerhalb ‚orthodoxer' Gemeinden gab es bereits im 2. Jahrhundert einzelne Gläubige, die für sich das Ideal der Entsagung wählten und ihr Leben ganz der Zwiesprache mit Gott widmeten. Der nächste Schritt war, daß sie sich von ihren Glaubensbrüdern zurückzogen, um jede weltliche Ablenkung auszuschalten.

Im 5. Jahrhundert setzte nun in Syrien eine Welle von Weltflucht ein, und unzählige Gläubige tauschten ihr bisheriges Leben gegen die Einsamkeit ein. Das große Ideal, das sie dabei vor Augen hatten, war der Märtyrer, dem sich in seiner Pein der Himmel auftat, und dessen irdische Qualen in der beglückenden Gottesschau verblaßten. Aber die Christenverfolgungen gehörten der Vergangenheit an. So suchten diese Einsiedler andere Möglichkeiten, im Leid die Vereinigung mit dem Herrn zu finden.

Im ganzen syrischen Gebiet gab es „Stätten der Tugend", wo ohne Unterlaß gebetet, gefastet, gelitten oder geweint wurde. Es ist kaum zu glauben, was diesen Christen alles einfiel, um „sich durch Mühen den Himmel (zu) erkaufen". Einer von den gottesfürchtigen Männern hatte sich „einen eisernen Gürtel um die Hüften (gelegt) und ein sehr schweres Halseisen um den Nacken". Aber damit nicht genug: „mit einem weiteren Eisen" hatte er die anderen beiden verbunden, „damit er, so gekrümmt, stets zur Erde zu blicken genötigt wäre". (Theodoret, h. r. 30; 3; 4).

Ein anderer verschmähte jegliche Form von Behausung. „Er hatte den Himmel als Dach und setzte sich allen Fährnissen der Witterung aus. Bald von heftigem Regen durchnäßt, bald von Frost und Schnee erstarrt, ein anderes Mal von den Sonnenstrahlen verbrannt und gebraten, ertrug er alles standhaft, ..." (Theodoret, h. r. 21). Ein Mann namens Thalelaeus bot ein „wunderbares Schauspiel" (Theodoret, h. r. 28): Er hatte sich aus zwei Rädern, die er mit Brettern verband, einen runden Käfig gezimmert und an einem Holzgestell aufgehängt. In diese Konstruktion hineingezwängt, den Kopf auf die angezogenen Knie gepreßt, baumelte er in der Luft – und das über zehn Jahre lang.

Aber nicht nur Männer richteten ihre „ganze feurige Liebe" auf Gott, „auch Frauen beteiligten sich ... am geistlichen Kampfe und (stiegen) in die Arena der Tugend hinab". So auch Marana und Kyra, „die in ihren Kämpfen an Starkmut alle anderen übertroffen haben ... Sie (schleppten) Eisen, und das in solcher Last, daß es Kyra, die von schwächlicher Statur (war), bis zum Boden (niederzog)". Aber da in beiden „die himmlische Begierde nach dem Bräutigam" glühte, nahmen sie alle Pein hin und beeilten sich, „an das Kampfziel zu kommen, wo sie den Geliebten stehen (sahen), der ihnen den Siegeskranz zeigt" (Theodoret, h. r. 3; 9; 29).

Auch „die wundervolle Domnina" war eine Zierde des ganzen weiblichen Geschlechtes. „Mit ständigen Tränen" benetzte sie „nicht nur ihre Wangen, sondern auch die härene Gewandung ... Sie (sprach) sehr leise und undeutlich, die Worte immer mit Tränen begleitend." Stets war sie sorgfältig „in den Mantel gehüllt" und stand „gebeugt bis zu den Knien". Ihr Körper war „abgezährt" und „halb erstorben ... Eine Haut, dünn wie Gewebe, (legte) sich um die zarten Knochen ..." (Theodoret, h. r. 30).

All diese Streiter Gottes wurden aus den umliegenden Dörfern versorgt. Nach ihrem Tode gab es mehrfach Kämpfe um die Leichen. Aber so ein heiliger Mann war schon zu Lebzeiten vor Diebstahl nicht sicher. Eines nachts kamen Leute über den Euphrat und schlichen zu dem tür- und fensterlosen Häuschen des Eremiten Salamanes. Sie „brachen seine Wohnung auf, ergriffen ihn und trugen ihn, der sich weder widersetzte noch zustimmte, in ihr Dorf. Frühmorgens bauten sie eine ähnliche Zelle und schlossen ihn darin ein ... Nach einigen Tagen aber kamen umgekehrt die Bewohner des jenseitigen Dorfes, ebenfalls zur Nachtzeit, brachen das Häuschen hier auf und führten ihn wieder zu sich zurück" (Theodoret, h. r. 19).

Im Kreise der Asketen gab es auch die sogenannten Styliten. Sie zogen sich – wie schon ihre ‚heidnischen' Vorgänger im Tempel der Dea Syria – auf die Spitzen hoher Säulen zurück. Dort oben beteten sie für das Heil der unten versammelten Menschenmenge. Ihr berühmtester Vertreter war Symeon (390 – 459), der den größten Teil seines gläubigen Lebens auf einer Säule in der Nähe der Stadt Telanissos verbrachte. Welch „neuartiges und wundersames Schauspiel für die (christliche) Welt!" Tag und Nacht stand er da „von allen Leuten gesehen". Wenn er zu Gott betete, verbeugte er sich dabei rhythmisch, und zwar so, daß „er die Stirne jedesmal bis zu den Zehen" neigte. Die anwesende Pilgerschar zählte laut die absolvierten Rumpfbeugen mit. Solche Übungen und das dauernde Stehen hatten seiner Gesundheit sehr geschadet. Besonders quälte ihn, aber auch seine Umgebung, ein eiterndes Geschwür am linken Fuß. Der Geruch, der davon ausging, war „so angreifend und bösartig, daß niemand auch nur bis zur Mitte der Leiter hinauf steigen konnte ohne ... Räucherwerk und liebliches Salböl" vor die Nase zu halten (Theodoret, h. r. 26; Syr. v. Symeon Styl. 83).

Symeon, „der Glanz des wahren Glaubens", war eine Attraktion. „Wie auf einen Leuchter gestellt, hat dieses ... Licht, der Sonne gleich, seine Strahlen nach allen Seiten entsandt." Die Menschen, ob Christen oder ‚Heiden' strömten von überall her, „und um seine Stätte glaubt(e) man ein brandend Menschenmeer zu schauen" (Theodoret, h. r. 26).

Als der Säulenheilige Anfang September des Jahres 459 starb, wurde sein kostbarer Leichnam unter hohem geistlichen und militärischen Geleit nach Antiochia überführt. Anstelle der verfallenen Stadt-

Abb. 3: Telanissos (Qala'at Seman): Oktogon mit anschließenden Basiliken um den Säulenstumpf des Symeon Stylites.

mauern sollte nun der Heilige die Metropole vor Sasanideneinfällen schützen. Um seine Säule herum wurde ein imposantes Wallfahrtszentrum errichtet (Abb. 3)[3]). Viele eiferten Symeon nach, und schon bald konnten unzählige Städte voll Stolz einen eigenen Styliten vorweisen. Über hundert Jahre nach Symeons Tod war sein Schädel angeblich noch immer recht gut erhalten. Es fehlten ihm nur ein paar Zähne; die hatten seine glühendsten Verehrer als Glücksbringer mit nach Hause genommen.

In Syrien gab es auch Asketen, die sich zu Mönchsgemeinschaften zusammengeschlossen hatten. Manche lebten unter strenger Zucht hinter Klostermauern, andere zogen bettelnd durch die Städte und stellten ihre ‚Heiligkeit' zur Schau. Sie scheuten jede Art von Arbeit und wollten auch in keinem Kloster bleiben. Isaac von Antiochia berichtet ärgerlich, daß solche Asketen überall Skandale verursachen und glauben, daß sie mit ihren langen Haaren ihre liederliche Moral verdecken könnten.

Das Mönchtum entwickelte eine Kraft, die kaum mehr zu kontrollieren war. In ganzen Horden zogen solche Streiter Gottes durch die Lande, zerstörten die alten Heiligtümer, kämpften gegen andere christliche Glaubensrichtungen oder verjagten Bischöfe, die ihnen nicht paßten. So mancher geistliche Würdenträger bediente sich dieser ‚Kampfmaschinerie' zur Vernichtung von ‚Heidentum' und ‚Irrlehren'.

Aber all diese ‚Gottesfürchtigen' trugen ganz wesentlich zur weiteren Verbreitung des Christentums bei, jeder auf seine Art: Die Einsiedler dadurch, daß sie die Macht ihres Glaubens auf so beeindruckende

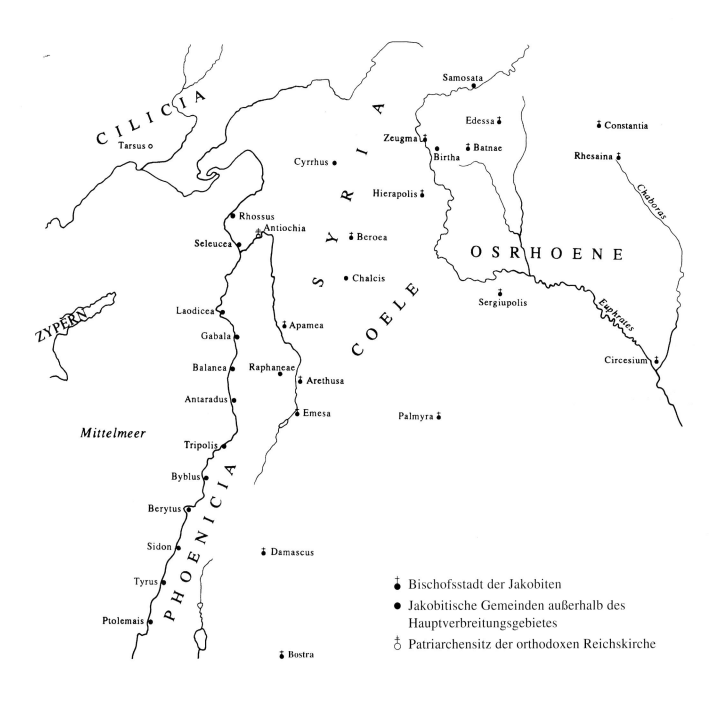

Abb. 4: Syrische Nationalkirche der Jakobiten im Patriarchat von Antiochia um 600 n. Chr.

Weise zur Schau stellten. Beim Anblick ihrer Liebe zu Gott, schwuren viele, „die vormals in den Fesseln des Heidentums gelegen, dem ererbten Trug ab und (nahmen) den Glanz des göttlichen Lichtes an". Manch einer zog „wie ein lieblich singender Lockvogel viele seiner Landsleute in diese heilsamen Netze" und Symeon soll kraft seiner Persönlichkeit ganze Beduinenstämme bekehrt haben (Theodoret, h. r., 28; 5.). Andere, wie die umherziehenden Mönchshorden setzten auf brutale Gewalt. Sie rissen Tempel nieder, zerschmetterten Kultstatuen und versuchten den ‚Heiden' den ‚richtigen Glauben' – im wahrsten Sinne des Wortes – einzubläuen.

Ab dem Zeitpunkt, wo das Christentum offiziell anerkannt worden war[4]) und sich damit die große Schar der Gläubigen in Sicherheit wußte, brachen alle dogmatischen Differenzen auf. Jede Auseinandersetzung führte zur nächsten, und ein Streit folgte dem anderen. An die Stelle von zahlreichen ‚heidnischen' Kulten, die einander geachtet hatten, waren verschiedenste christliche Gruppierungen getreten, die sich gegenseitig bekämpften. Alle waren dabei überzeugt, Hüter des einzig wahren Glaubens zu sein, und jede Abweichung wurde als ketzerisch verfolgt.

Der Hauptstreitpunkt drehte sich um die Natur Christi. Dabei arteten die Auseinandersetzungen zu solchen Haarspaltereien aus, daß der ‚einfache' Gläubige nicht mehr nachvollziehen konnte, worum es eigentlich ging. Aber er erlebte mit, daß Bischöfe flohen oder in die Verbannung geschickt wurden, daß in die Gemeinden Pfarrer kamen und wieder gingen, daß beinahe schon in jeder Kirche etwas anderes gepredigt wurde und jeder jeden als Ketzer beschimpfte. Und das steckte an. Selbst in den Dörfern begann man über das ‚Unbegreifliche' zu diskutieren und seinen eigenen Glauben zu verteidigen. Bischof Hiba (Ibas) von Edessa klagte, daß Christen nicht mehr frei von Stadt zu Stadt, von Land zu Land gehen könnten, und daß sie für ‚Heiden' und ‚Ketzer' eine Quelle der Lächerlichkeit geworden wären. Durch immer neue kaiserliche Erlässe, die den ‚wahren Glauben' festlegten und zum Gesetz erklärten, spitzte sich die Situation noch weiter zu. Der Kampf von Staat und Kirche gegen alles, was als ‚häretisch' galt, wurde noch brutaler geführt als der gegen die ‚Heiden'. Schriften gingen in Flammen auf, Gotteshäuser wurden zerstört, Mönche und Nonnen vertrieben, und auch Laien mußten mit Prügelstrafen oder Enteignung rechnen. Trotzdem ließ sich das syrische Christentum, das von Anfang an von unterschiedlichstem philosophisch-religiösen Gedankengut durchdrungen war, nicht einfach in ein von Konstantinopel aufgezwungenes Schema pressen.

Viele syrische Christen, vor allem auch die Mönche, waren Anhänger des sogenannten Monophysitismus. Diese Lehre von der einen, rein göttlichen Natur Christi entsprach dem traditionellen religiösen Empfinden der syrischen Bevölkerung viel mehr, als die ‚orthodoxe' Vorstellung, daß Christus wahrer Gott und wahrer Mensch in einer Person sei. Jakob Baradaeus, seit 542 Bischof von Edessa, versuchte die monophysitisch Gläubigen neu zu organisieren. Obwohl von ‚orthodoxer' Seite ein Kopfpreis auf ihn ausgesetzt war, gelang es dem fanatischen Bischof, eine monophysitische ‚Untergrundkirche' zu schaffen, die neben der offiziellen, ‚rechtgläubigen' existierte. Damit war Jakob Baradaeus zum Begründer der späteren syrischen Nationalkirche geworden (Abb. 4).

Auf dem langen Entwicklungsgang, den das Christentum inzwischen zurückgelegt hatte, waren wichtige Impulse von Syrien ausgegangen: Durch die Emanzipierung vom mosaisch-jüdischen Glauben hatte sich die junge Religion auch allen Nicht-Juden geöffnet. Die ersten Auseinandersetzungen mit theologischen und philosophischen Strömungen der hellenistisch-römischen Welt hatten hier, auf syrischem Boden, stattgefunden, und einer unter staatlichem Druck versuchten Vereinheitlichung hatten die Gläubigen erfolgreich getrotzt. Dies bezahlten sie aber mit Jahrhunderte andauernden Streitigkeiten und Gewaltmaßnahmen. Ein Gefühl von Verunsicherung und Verdrossenheit breitete sich unter den syrischen Christen immer stärker aus, und als im Jahre 634 die Heere der Kalifen in Syrien einmarschierten, suchten viele ihr Heil in der Religion der neuen Herren – dem Islam.

ANMERKUNGEN

[1] Siehe den Beitrag von P. Hofrichter, Seite 18 ff.
[2] Zu weiteren Christenverfolgungen siehe den Beitrag von P. W. Haider, Seite 48 ff.
[3] Siehe den Beitrag von J.-P. Sodini, Seite 128 ff.
[4] Siehe den Beitrag von P. W. Haider, Seite 52 f.

LITERATUR

K. Aland, Geschichte der Christenheit, Bd. 1: Von den Anfängen bis an die Schwelle der Reformation (Gütersloh ²1991).

H. Chadwick, Die Kirche in der antiken Welt (Berlin – New York 1972).

A. Dietrich (Hg.), Synkretismus im syrisch-persischen Kulturgebiet. Bericht über ein Symposion in Reinhausen bei Göttingen in der Zeit vom 4. bis 8. Oktober 1971, Anz. Göttingen 96 (Göttingen 1975).

G. Downey, A History of Antioch in Syria: From Seleucus to the Arab Conquest (London 1961).

W. H. C. Frend, The Rise of Christianity (London 1984).

A. Hamman, Die ersten Christen (Stuttgart 1985).

A. v. Harnack, Marcion: Das Evangelium vom fremden Gott. Eine Monographie zur Geschichte der Grundlegung der katholischen Kirche (Leipzig 1921).

A. v. Harnack, Die Mission und Ausbreitung des Christentums in den ersten drei Jahrhunderten (Leipzig ⁴1924).

F. Heiler, Urkirche und Ostkirche (München 1937).

H. Klengel, Syrien zwischen Alexander und Mohammed. Denkmale aus Antike und frühem Christentum (Wien – München 1987).

H. Leisegang, Die Gnosis (Leipzig 1924).

H. Lietzmann, Geschichte der Alten Kirche, Bd. 1 – 4 (Berlin–Leipzig 1936 – 1944).

J. Moreau, Die Christenverfolgung im römischen Reich (Berlin 1970).

K. Rudolph, Die Gnosis. Wesen und Geschichte einer spätantiken Religion (Göttingen ³1990).

W. Schneemelcher, Das Urchristentum (Stuttgart – Berlin – Köln – Mainz 1981).

J. B. Segal, Edessa. The blessed city (Oxford 1970).

B. Spuler, Die westsyrische (monophysitische/jakobitische) Kirche, in: HO 1. Abt., VIII/2 (1961 b), 170 – 216.

G. Widengren, Mani und der Manichäismus (Stuttgart 1961).

G. Widengren (Hg.), Der Manichäismus, Wege der Forschung 168 (Darmstadt 1977).

ABBILDUNGSNACHWEISE

Abb. 1: Entwurf: Verfasserin, Ausführung: Johann Matousek. – Abb. 2: Peter W. Haider. – Abb. 3: Erwin M. Ruprechtsberger. – Abb. 4: Entwurf: Peter W. Haider, Ausführung: Johann Matousek.

Peter W. Haider

SPÄTANTIKE UND CHRISTENTUM IN SYRIEN

„Es übersteigt unsere Kräfte in würdiger Weise zu schildern, welch großartiges Ansehen das durch Christus der Welt verkündete und zur Verehrung des Gottes des Alls aufrufende Wort vor der Verfolgung in unseren Tagen bei allen Menschen, Griechen wie Barbaren, genossen hat und wie frei es verbreitet wurde. Wenn man dafür Beweise fordert, dann findet man sie in den Gunstbezeugungen, welche die Kaiser den Unsrigen erwiesen haben. Betrauten sie doch sogar Christen mit der Leitung von Provinzen und entbanden sie dabei von den Opfern, die ihr Gewissen in Konflikt gebracht hätten. So groß war ihr Wohlwollen gegenüber unserem Glauben! Und was soll ich von den Vornehmen in den kaiserlichen Palästen sagen und denen, die Vollmacht über alles besitzen? Diese gestatteten es, daß Hofleute offen in Wort und Tat für ihren Glauben Zeugnis ablegten. Ihren Frauen, Kindern und ihrer Dienerschaft erlaubten sie es fast, sich ihrer Glaubensfreiheit zu rühmen. Ihnen schenkten sie ihre besondere Gunst und zeichneten sie gegenüber den Mitarbeitern aus... Dazu konnte man sehen, welch freundliche Aufnahme sich die Häupter der einzelnen Kirchen bei allen Zivil- und Militärbeamten erfreuten. Und wer vermöchte die tausendköpfigen Versammlungen und Menschenmengen zu schildern, die Stadt für Stadt zusammenströmten, und die prächtigen Zusammenkünfte in den Bethäusern?" (Euseb. h. e. 8, 1, 1 – 5).

Mit diesen enthusiastischen und dabei denn doch zu beschönigenden Worten charakterisiert Eusebius, seit 313 Bischof von Caesarea in Palästina, den seit der Gefangennahme Kaiser Valerians 42 Jahre andauernden Religionsfrieden im Imperium Romanum.

Kaiser Diocletian hatte trotz seines traditionellen Glaubens an die römischen Staatsgötter und trotz der von ihm begründeten religiös-mystischen Autorität der Tetrarchen den christlichen Kult relativ lange geduldet, hat die Aktivitäten der Bischöfe hingenommen und die Zahl der Christen in Beamtenschaft und Heer bis in sein 19. Regierungsjahr ungehindert wachsen lassen. Doch dann beschworen Diensteidverweigerungen christlicher Soldaten eine neue Konfliktsituation herauf. Zwar mußte und hatte man die betreffenden Eidesverweigerer nach dem Militärstrafrecht gleich wie Deserteure zum Tod verurteilt und hingerichtet, doch der Grund für diese plötzlich auftretende illoyale Haltung christlicher Soldaten gegenüber dem Staat und Kaiser lag in der nun offiziell geforderten Verehrung lebender, angeblich von göttlichem Geist erfüllter Kaiser.

Weitere Zwischenfälle kamen hinzu. Im Frühjahr 299 hatten Diocletian und Galerius einen der größten militärischen Erfolge im Orient errungen, den die römische Geschichte aufzuweisen hat. Nach einem triumphalen Einzug in Antiocheia kam es beim Staatsopfer zu einem Eklat. Christliche Soldaten hatten sich das Kreuzeszeichen auf ihre Stirn gemalt und sich damit nach römischen Recht der Zauberei strafbar gemacht. Wenig später sollen Christen die Mutter des Galerius beim Opfern belästigt haben.

Die Reaktion Diocletians darauf war ein von allen Palastbeamten und Soldaten seit dem Jahre 300 gefordertes Opfer für die Staatsgötter. Dabei zeigte der Kaiser für den Fall der Weigerung noch immer eine auffallende Milde: Renetente Beamte sollten entlassen, Soldaten degradiert bzw. aus dem Heer ausgeschlossen werden.

Eine grundlegende Auseinandersetzung mit dem Christenproblem rückte jedoch immer näher. Dies umso mehr, da der Kaiser schon im Jahre 295 grundsätzlich erklärt hatte, daß „das, was durch römische Gesetze als rein und heilig festgesetzt ist, höchst ehrwürdig und wert sei durch ewige Befolgung bewahrt zu werden. . . . (Denn) nur dann kann nicht bezweifelt werden, daß die unsterblichen Götter dem römischen Volke, wie sie es immer waren, gnädig und gewogen bleiben werden, wenn wir uns überzeugt haben, daß alle, die unter unserer Herrschaft leben, ein pietätvolles, gottesfürchtiges, ruhiges und reines Leben in allem nach dem Brauch der Vorfahren führen." (FIRA II 558 ff.).

Unter anderem ging der Kaiser deshalb schon 297 gegen die Anhänger der manichäischen Erlösungsreligion[1]) mit voller Härte vor. Außerdem hatte deren Missionstätigkeit, die zudem häufig als Aktivität sasanidischer Spione angesehen wurde, zu inneren Unruhen geführt. So befahl er die Schriften des Mani zu verbrennen und gebot: „ . . . die Anhänger, vor allem die Fanatiker, sollen mit dem Tode bestraft und ihr Besitz zugunsten des Fiskus eingezogen werden." (FIRA II 580 f.).

Verweigerung der Opfer vor den Staatsgöttern und im Kaiserkult, provozierendes Fernbleiben von den öffentlichen religiösen Feiern, Distanzierung von den Riten im Totenkult und von den jährlich am Grab der Verstorbenen sich versammelnden Familienangehörigen und Freunde zum gemeinsamen Mahl zum Gedenken an die Toten, all das ließ die Masse des städtischen Bürgertums aus ihrem aufrichtigen Glauben an die Götter und/oder aus Angst um einen Zusammenbruch von Staat und Gesellschaft die Christen „Feinde der Religion", „Gegner der öffentlichen Ordnung" und „Feinde des Kaisers" schimpfen. Zudem reizten die Wortführer der Christen alle Andersgläubigen durch ihre nicht selten in überheblicher Art geäußerte Ansicht, allein den einzig wahren Glauben zu besitzen. Umso bedeutsamer wurden in den Kreisen der Gebildeten die geistigen Auseinandersetzungen zwischen Christen und Nichtchristen.

Das zweifellos umfangreichste und gelehrteste Werk, das im Altertum gegen das Christentum verfaßt worden war, sind die um 270 verfaßten 15 Bücher „Gegen die Christen" aus der Feder des einst christlichen Katechumen Porphyrios aus Tyros. Dieses Werk wurde nun in gekürzter Fassung neu veröffentlicht. Ein wegen der christlichen Polemik für uns namenlos bleibender „Meister der Philosophie" will den Christen das Licht der Philosophie vorantragen, „damit die Verirrten nicht nur durch Aufnahme der Götterkulte gesunden, sondern auch nach Ablegung der hartnäckigen Widerspenstigkeit die körperliche Peinigung vermeiden und nicht nutzlos die grausame Verstümmelung der Glieder erleiden sollen." (Lact. div. inst. 5, 2).

Erfüllt vom neuplatonischen Monotheismus wandte sich auch der hohe Staatsbeamte und damalige Statthalter von Südsyrien mit Amtssitz in Damaskus, Sossianus Hierocles, „an die Christen", um sie – nach einer scharfen Kritik an ihrer Theologie – zur Verehrung des „allerhöchsten Gottes" aufzurufen, in welchem Hierocles „den Schöpfer des Alls, den Urquell des Guten, den Erzeuger aller, den Schöpfer und Erhalter aller Lebewesen" sah. (Lact. div. inst. 5, 2 f.).

Diesen Monotheismus wiesen die christlichen Apologeten mit Berufung auf die Existenz ihres Gottvaters und dessen leiblichen Sohnes, der als „Christus" zum Welterlöser geworden sei, und die Existenz der Engel oder auch eines heiligen Geistes zurück. Einer ihrer damaligen Wortführer, Lactantius, sah die Situation grundsätzlich so: „Die Ungebildeten und Unwissenden nehmen falsche Religionen als wahre, weil sie weder die wahre Religion kennen, noch einsehen, daß die ihrige falsch ist. Die Wissenden aber wollen, weil sie die wahre Religion ignorieren, entweder in den Religionen verharren, die sie als falsch erkennen, damit sie überhaupt etwas zu besitzen scheinen, oder sie verehren überhaupt nichts, um nicht einem Irrtum zu verfallen." (Lact, div. inst. 2, 3, 22).

Ein Dialog schien nicht mehr möglich. Hierocles ward zu einem derjenigen am Hof, der nun eine neuerliche Verfolgung forderte. Doch Diocletian zögerte weiterhin, trotz des wachsenden Druckes von seiten des Hofstaates, angeführt vom Caesar des Ostens, Galerius. Nach langen Beratungen im Staatsrat und nach Befragung des Orakels von Didyma unterzeichnete der Kaiser schließlich unter der Bedingung, daß kein Blut vergossen werden dürfe, am 23. Februar 303 das erste Edikt. Dieses zielte darauf ab, die Christen an der Abhaltung ihrer Gottesdienste zu hindern. Deshalb forderte es, die Kirchen „bis auf den Grund" niederzureißen, die heiligen Schriften wie die liturgischen Gegenstände zu konfiszieren und zu vernichten sowie alle religiösen Zusammenkünfte zu verbieten.

Weiters verloren die bekennenden Christen ihre Rechte als römische Bürger. Wer der Oberschicht angehörte, büßte somit alle Ämter, Würden und Standesvorrechte ein, die Freigelassenen in kaiserlichen Diensten wurden in den alten Sklavenstatus zurückversetzt.

Als kurz hintereinander zweimal im kaiserlichen Palast von Nicomedia Feuer ausbrach, aktiver Widerstand von christlicher Seite die Durchführung der kaiserlichen Anordnungen zu verhindern suchte, und es im Frühjahr 303 zudem in Syrien durch einen gewissen Eugenius und auch in Melitene zu politischen Unruhen kam, machte man für all dies die Häupter der Kirche verantwortlich.

Ein zweites Edikt verlangte daher, die „Bischöfe, Priester, Diakone, Vorleser und Exorzisten" zu verhaften. In den stark christianisierten Provinzen des Ostens wie in Syrien platzten nun die Gefängnisse aus den Nähten. So gebot das dritte Edikt diejenigen Christen, die ihrem Glauben abschworen, freizulassen, die übrigen jedoch durch „Folterungen" dahin zu bringen.

Damit hatten die Statthalter freie Hand, sich der Gefangenen zu entledigen. Unter Androhung der Folter vollzogen viele Christen, darunter auch Bischöfe und Priester, das verlangte Opfer vor den Staatsgöttern. Je nach persönlicher Einstellung und Charakter ließen die Statthalter der Willkür und sadistischen Grausamkeit der Behörden im Umgang mit den Standhaften freien Lauf oder nicht. In Einzelfällen ließen sie die Verhafteten wieder frei, ohne sich vergewissert zu haben, ob diese das Opfer ordnungsgemäß dargebracht hatten.

Es ist bezeichnend, daß ein Großteil derer, die überhaupt das Martyrium erlitten, sich entweder freiwillig den Behörden gestellt oder durch ein provozierendes Verhalten die Aufmerksamkeit auf sich gelenkt hatten. Nur ein geringer Teil wurde ausgeforscht und verhaftet.

In Syrien wurden die zum Tode verurteilten in der Regel enthauptet. Über Antiocheia, der größten und volkreichsten Stadt Syriens, erfahren wir, daß sich „einige" durch Selbstmord der Verhaftung entzogen hatten, indem „sie sich von den Dächern hoher Häuser hinabstürzten". Eine reiche Aristokratin, die man denunziert hatte, sprang mit ihren beiden Töchtern in den Orontes. Andere jedoch „streckten lieber ihre Rechte in die Flamme" oder ließen sich „auf Feuerherden" rösten, „als das unheilige Opfer zu berühren". Zwei adelige Mädchen, die sich zu opfern geweigert hatten, warfen die Soldaten kurzerhand ins Meer. (Euseb. h. e. 8, 12, 2 – 5).

Die Menge der Christen, die entweder den unteren sozialen Schichten in den Städten oder der ländlichen Bevölkerung angehörten, wurden durch die Edikte praktisch nicht erfaßt. Sie schützte ihre Anonymität.

Während Diocletian in Rom weilte und schwer erkrankt war, setzte Galerius im Januar/Februar 304 das vierte Edikt durch, das nun von sämtlichen Bürgern im ganzen Imperium das Staatsopfer verlangte. Jede Verweigerung zog sofort ein gerichtliches Verfahren nach sich und konnte je nach Schwere des Falles mit einer Verurteilung zur Zwangsarbeit in den Bergwerken oder mit einer solchen zum Tode enden. Die Häupter der Kirche flohen und „Felder, Einöden, Talschluchten und Berge nahmen die Diener Christi auf" (Euseb. h. e. 10, 8, 18).

Als am 1. Mai 305 Diocletian und Maximianus abdankten, rückten deren Caesares, Galerius und Constantius Chlorus, zu Augusti auf und wählten sich Maximinus Daia und Severus als neue Caesares. Maximinus Daia sorgte als Caesar des Ostens mit neuem Eifer dafür, daß die Edikte gegen die Christen auch weiter exekutiert wurden. Schließlich überredete der im Jahre 308 auf der Kaiserkonferenz zu Carnuntum zum Augustus des Westens ernannte Licinius aus eigenen machtpolitischen Gründen den ranghöchsten, damals schon todkranken Galerius in Serdica, ein allgemeines Toleranzedikt zu erlassen. Im Namen aller vier Kaiser erging dieses Edikt Ende

April 311 mit der Begründung: „ . . . Und da wir sahen, daß die meisten in ihrer Torheit verharren und weder den himmlischen Göttern die schuldige Verehrung erweisen noch den Gott der Christen verehren, so haben wir geglaubt, mit Rücksicht auf unsere grenzenlose Milde und Gnade und unsere ständige Gewohnheit, nach der wir allen Menschen Nachsicht zu schenken pflegen, auch auf diese unverzüglich unser Entgegenkommen ausdehnen zu müssen. Sie sollen wiederum Christen sein und die Häuser, in denen sie sich versammelten, wiederherstellen, jedoch unter der Bedingung, daß sie in keiner Weise gegen die Ordnung handeln . . . Gemäß diesem unserem Gnadenerlaß sollen sie daher zu ihrem Gott für unser Wohlergehen, für das des Staates und ihr eigenes flehen, damit das Staatswesen in jeder Hinsicht unversehrt bleibe und sie sorgenlos in ihren Wohnungen leben können." (Lact. de mort. pers. 34; Euseb. h. e. 8, 17, 9 – 10).

Nicht allein das Ende der Verfolgungen hatte dieses Edikt gebracht, sondern auch die Gleichberechtigung des Christentums mit vielen anderen Glaubensgemeinschaften im Römischen Reich als einer „religio licata". Somit war das Christentum zu einer vom Staat anerkannten und damit auch zu einer diesen zu unterstützen verpflichteten Religion geworden. Interessant ist dabei des Kaisers Ansicht, Christen hätten nicht einmal ihren eigenen Gott verehrt. Es war die neuplatonische Glaubensvorstellung, die Galerius die Dinge so sehen ließ. Denn eine in zahlreiche Glaubensgruppen zerfallene und sich bekämpfende Christenheit hielt er für nicht vereinbar mit der Verehrung ihrer Gottheit, die seiner Vorstellung nach dann sowohl im Geist als auch in der Seele dieser Gläubigen wirksam sein müßte.

Nun wurde dieses Toleranzedikt besonders in den größeren Städten von beträchtlichen Teilen der nichtchristlichen Bevölkerung, auch wenn sich diese mit dem Blutvergießen nicht einverstanden erklärt hatten, keineswegs mit Wohlwollen aufgenommen. Denn neben Antiocheia und Apameia mußten vor allem Kultzentren wie Heliopolis, Damaskus, Hierapolis, Edessa und Carrhae zu Recht um ihre wirtschaftliche Prosperität fürchten. Diese war nämlich in hohem Ausmaß mit dem herkömmlichen religiösen Leben und mit dem Kultbetrieb verknüpft. So hingen zahlreiche profane Gewerbebetriebe und Dienstleistungen zum Teil sogar ausschließlich vom regelmäßigen Opfer- und Wallfahrtsbetrieb, von religiösen Festen und Spielen, den damit verknüpften Jahrmärkten und Messen, vom Kur- und Badebetrieb an den Heiligtümern ab. Auch die Lehrer an den Philosophenschulen mußten bei weiterer Zunahme der Christen um ihre Hörerzahlen und damit um ihr Einkommen und ihre Existenz bangen.

So gingen zwischen August und Oktober 311 bei Maximinus Daia zahlreiche Petitionen der Städte ein, welche darum baten, die Errichtung christlicher Kultstätten innerhalb der Stadtmauern verhindern, die Ausübung der christlichen Religion verbieten und die Christen zum Abfall zwingen zu dürfen, sowie diese „Gottlosen" aus den Städten und deren Umgebung zu verbannen.

In Antiocheia war eben nicht zufällig der hohe Finanzbeamte Theotoknos, auch ein Neuplatoniker, der Initiator dieser Petition. Er stellte auch dem Jupiter Philios, dem „freundlich gesinnten" höchsten Gott zur Ehre eine Statue auf und richtete ihm einen eigenen Kult ein.

Maximinus (Abb. 1), dessen Finanzbasis gerade die großen und reichen Städte waren, mußte am Wohl wie an der Treue dieser Metropolen besonders interessiert sein. Daher bewilligte er die Ansuchen, worauf ab November 311 auch in Syrien noch einmal Verfolgungen einsetzten. So wurde der Begründer der theologischen Schule von Antiocheia, der Priester Lukian, der einst als Anhänger des konsequent monotheistisch denkenden Bischofs Paulus exkommuniziert worden war und jetzt mit seiner eigenen Lehre, Christus sei nur ein Gott ähnliches und ihm untergeordnetes Geschöpf gewesen, zum Vater des Arianismus wurde, erst jetzt verhaftet und schlußendlich im Januar 312 in Nicomedia hingerichtet.

Sonst weiß der Zeitzeuge Eusebius für Syrien nur noch von Silvanus, dem greisen „Bischof der Kirchen um Emesa herum" zu berichten, daß dieser zusammen mit zwei anderen standhaften Christen dort zum Tod verurteilt und wilden Tieren zum Fraß vor-

Abb. 1: Maximinus Daia als Pharao mit Moses in der „Syrischen Bibel in Paris" dargestellt, 6. Jahrhundert; Paris, Bibl. Nat. Cod. syr. 341.

geworfen worden sei und daß der damalige General der Limestruppen mit Sitz in Damaskus von Frauen – angeblich Prostituierten – auf der Folter die Geständnisse erpreßt habe, sie seien Christinnen und hätten an sexuellen Ausschweifungen in Kirchen teilgenommen.

Maximinus ging in religionspolitischer Hinsicht aber auch noch einen anderen, neuen Weg. Nach dem Vorbild der hierarchisch gegliederten Kirche schuf er nun eine Art staatlicher Gegenkirche. In allen Städten setzte er verdiente Männer aus der Aristokratie als Oberpriester der dortigen Tempel ein. Ihnen übergeordnet war ein Provinz-Hohepriester des „besten und größten Jupiter". Doch plötzlich, ganz unerwartet, im November 312 befahl Maximinus Daia in einem Schreiben an seinen praefectus praetorio Sabinus die Einstellung der Verfolgungen. Weshalb?

Nachdem der geächtete Maxentius in seiner italischen Präfektur aus politischen Gründen schon im Jahre 307 ein Toleranzedikt verkündet hatte, das der Kirche die im Jahre 303 konfiszierten Güter zurückerstattete und er als erster Kaiser Münzen mit dem Kreuzzeichen hatte prägen lassen, sah sich Licinius, dem im Jahre 308 das Herrschaftsgebiet des Maxentius zugesprochen worden war, ebenfalls gezwungen, eine christenfreundliche Politik zu betreiben. Deshalb hatte Licinius ja auch Galerius zum allgemeinen Toleranzedikt überredet. Als dann Constantin gegen den Christenfreund Maxentius marschierte, mußte auch er sich als ein den Christen wohlgesonnener Herrscher erweisen, um den Untertanen des Maxentius gleichwertig zu erscheinen. Jetzt, nach dem endgültigen Sieg über Maxentius am 28. 10. 312, sandte Constantin seine Ausführungsbestimmungen zum Galeriusedikt mit der eindeutigen Anweisung sich an diese zu halten an Maximinus Daia.

Schwere Hungersnöte und Seuchen in seinem Herrschaftsgebiet sowie eine drohende militärische Auseinandersetzung mit Licinius veranlaßten Maximinus, auf Constantins Forderung einzugehen. Dadurch hoffte er in Constantin einen loyalen Partner zu gewinnen. Dieser ernannte ihn zwar für das Jahr

313 zum Mitkonsul, schloß aber bereits im Februar desselben Jahres mit Licinius in Mailand ein enges Bündnis. Nachdem Maximinus am 30. April 313 bei Adrianopel von Licinius besiegt worden war, verkündete er aus dieser Zwangslage heraus noch im Mai in Tarsos sein eigenes Toleranzedikt, das den Christen freie Religionsausübung, Wiederaufbau ihrer Gotteshäuser und Rückgabe ihres konfiszierten Eigentums zusicherte.

Dies setzte nun auch Licinius in Zugzwang. Am 13. Juni 313 unterzeichnete er in Nicomedia sein der Mailänder Vereinbarung entsprechendes Toleranzedikt. Zu den Bestimmungen des Maximinus fügte sein Erlaß den juridisch wichtigen Passus hinzu, der die Kirchen zu Trägern körperschaftlicher Rechte machte.

Mit der Erringung der Alleinherrschaft Constantins im Jahre 324 erlangten alle seine bisherigen Erlässe nun auch im Orient Gültigkeit. So wird das Bischofsgericht in Zivilsachen anerkannt und seine Entscheidungen unanfechtbar. Den Klerus hatte dieser Kaiser von allen staatlichen wie städtischen Steuern entbunden. Damit genoß er ab jetzt auch in Syrien das gleiche Privileg wie alle nichtchristlichen Priester. Die Kirche erhielt nun auch in dieser Provinz das Recht, Erbschaften anzunehmen, und die Bischöfe die Befugnis, Sklaven rechtskräftig frei zu lassen und ihnen das volle römische Bürgerrecht zu verleihen. Außerdem konnten nun auch hier die Kirchen Asylrecht gewähren.

Als Gegenleistung dazu hatten ab 325 alle Christen dem Kaiser loyal zu dienen. Eine Wehrdienstverweigerung ahndeten neben dem Staat jetzt auch die Häupter der syrischen Kirchen mit Exkommunizierung.

Constantin, der den Wert der Kirche als Ordnungsfaktor in der Gesellschaft und als Stütze seiner Politik erkannt hatte und nützte, rief dennoch in seinem damaligen Brief an die Orientalen „zum gemeinsamen Wohl des Erdkreises und aller Menschen" zur Toleranz auf. Christen wie Nichtchristen sollten nämlich „den Genuß des Friedens und der Ruhe empfangen. . . Keiner soll den anderen belästigen. Jeder soll haben, was seine Seele haben will" (Euseb. v. Const. 2, 56, 1). Es waren die andauernden innerchristlichen Streitigkeiten, damals im griechischen Osten die Auseinandersetzung um die Lehre von der Natur Jesu, die zu innenpolitischen Unruhen und sozialen Spannungen führten. Der Kaiser ließ daher in seiner Eigenschaft als „pontifex maximus" im Mai 325 auf dem ersten allgemeinen Reichskonzil in seinem kaiserlichen Palast von Nicaea jenes Glaubensbekenntnis formulieren, das ab jetzt für alle Christen im Reich als „orthodox" („rechtgläubig") und „katholisch" („allgemeingültig") zu betrachten war.

Obwohl an diesem Konzil 22 Bischöfe aus Koilesyrien, darunter auch schon zwei Landbischöfe, teilgenommen hatten, war die Entscheidung gegen die Theologie der antiochenischen Schule gefallen. Von Paulus von Samosata über Lukian bis hin zu Arius war diese vehement für die Zweinaturenlehre, also für einen grundlegenden Wesensunterschied zwischen Gottvater und Jesus eingetreten.

Constantins Wunsch nach christlicher Glaubenseinheit mußte in logischer Konsequenz einen Erlaß gegen alle andersgläubigen Christen folgen lassen. Schon im Jahre 326 verfügte er im „Häretikeredikt" gegen die „Feinde der Wahrheit, . . . Gegner des Lebens (und) Ratgeber des Verderbens" (Euseb. v. Const. 3, 64) ein öffentliches wie privates Versammlungsverbot, die Enteignung ihrer Bethäuser, Verbannung ihrer Geistlichen und Verbrennung ihrer Schriften. Zwar blieb eine Exekutierung dieser Bestimmungen, wie die weitere Geschichte lehrt, in Syrien weitgehend aus, doch hatte der Kaiser damit grundsätzlich mit seinem eigenen 313 deklarierten Bekenntnis zur Toleranz gebrochen. Damals hatte er nämlich verkündet: „Wir wollen keinem verbieten, sich der Religion der Christen oder der Religion, die jeder für sich selbst als die angemessendste betrachtet, zuzuwenden" (Euseb. h. e. 10, 5, 2).

Gezielt richtete Constantin im Jahre 326 auch gegen die Manichäer, deren Missionierung jetzt auf syrischem Boden besondere Erfolge zeitigte, ein Verbot. Ebenfalls ohne nachhaltigen Erfolg. Denn ca. 30 Jahre später sah sich z. B. der Bischof Titus von Bostra veranlaßt, eine ausführliche Schrift gegen die

Abb. 2: Helios-Sol vom Nebo-Tempel in Palmyra, 2. Hälfte des 1. Jahrhunderts n. Chr.; Palmyra Museum.

manichäische Erlösungsreligion zu verfassen, weil gerade in dieser Provinzhauptstadt eine besonders starke Gemeinde zum Mittelpunkt ihrer kirchlichen Organisation und Missionstätigkeit herangewachsen war. Auch die Verbote Valentinians I. von 372 und des Theodosius I. in den Jahren 381/383 konnten den weiteren Zulauf zu dieser Buchreligion nicht verhindern. Erst mit dem Einsetzen blutiger Verfolgungen seit dem Jahre 444 verlor diese Religion bis ins 6. Jahrhundert hinein vermehrt ihre Mitglieder und ging dann relativ rasch unter dem staatlich-kirchlichen Druck auch in Syrien zugrunde.

Was für Maximinus Daia gegolten hatte, galt auch für Constantin und alle weiteren Kaiser: die orientalischen Städte, vor allem jene, die gleichzeitig große Kultzentren und Wallfahrtsorte waren, bildeten eine der wichtigsten wirtschaftlichen wie verwaltungstechnischen und damit politischen Stützen der Herrschaft. Außerdem zählte bis ins 5. Jahrhundert hinein die Masse der bäuerlichen Bevölkerung am Lande zu den Altgläubigen. Daraus resultierte notgedrungen ein vorsichtiges Taktieren des Kaisers gegenüber der nichtchristlichen Mehrheit in der Bevölkerung.

Eine Distanzierung von nichtchristlichen Glaubensvorstellungen und ihren religiösen Praktiken zeichnete sich schon beim Konzil von Nicaea ab. Männer, die sich einst als Priester, Bettelmönche oder als einfach Gläubige in ihrem Glauben an die Dea Syria selbst kastriert hatten, um sich damit unter den besonderen Schutz dieser Göttin zu stellen, und dann doch zum Christentum übergetreten waren, wurden nun vom christlichen Priesteramt ausgeschlossen.

Den hohen Staatsfeiertag am 25. Dezember, an dem die Geburt des Reichsgottes „Sol Invictus" gefeiert wurde, übertrug man nun als „Tag des Herrn" auf den christlichen Erlöser, die „wahre Sonne" (vgl. Abb. 2).

Gerade für Syrien war dies religionspolitisch wie theologisch ein besonders bedeutsamer Schritt. Denn in dieser Provinz gab es doch kaum ein Heiligtum des Himmelsgottes, in dem dieser nicht mit der Sonne verknüpft war. Und nicht allein das: dem Sonnengott kam dabei die Funktion des Boten und Vermittlers zwischen dem „Allerhöchsten" und den Gläubigen zu. Schon in hellenistischer Zeit war Zeus, als „der Ursprung allen Lebens" und „Geber alles Guten" mit den einheimischen Himmelsgottheiten wie Baal Schamin, Hadad oder Bel verschmolzen, von dem die Gläubigen erflehten: „ . . . erlöse von des Irrtums Fluch die Menschen, damit wir die Wahrheit erkennen, deine Wahrheit, Vater, in der du das All lenkest mit Gerechtigkeit" (Kleanthes, de nat. deor. 527 – 537).

Ob in Gestalt des Götterboten Hermes-Merkur wie in Heliopolis (Baalbek) und den benachbarten Wallfahrtszentren, oder ob in Gestalt des Helios-Sol, hinter dem ein einheimischer Malakbel wie im Gebiet um Palmyra, in Dmeir, Maṣḥara, Seeia (Si') und Kanatha (Qanawat) oder ein Schamasch wie in Edessa stehen, immer mehr sah man in dieser Vermittlergestalt eine personifizierte Eigenschaft des „Herrn des Alls", der in Apameia auch als „Lenker des Schicksals und Herr des Geistes" (CIL XII 1277) verehrt wurde. Gerade von dieser Stadt ging nun seit Beginn des 4. Jahrhunderts eine prägende Wirkung auf die nichtchristliche Theologie Syriens aus. Die dortige neuplatonische Schule ließ in Zeus den einzigen und völlig transzendenten Gott als reinen Geist sehen, der „die Weltseele in der Sonne" sich verkörpern ließ. Nun war letztendlich auch der Christengott mit diesem Helios-Sol identifiziert worden.

Keine blutigen Opfer, sondern „nur einen reinen Sinn und eine unbefleckte Seele . . . (fordere) Gott" (Euseb. v. Const. 4, 10, 2) von den Menschen, das glaubten Constantin wie die meisten Gebildeten seiner Zeit. Wie weit diese vom Kaiser gewünschte Praxis aber eine Reduzierung der Schlachtopfer gebracht hatte, bleibt unklar. Der Kaiserkult fand jedoch jetzt in allen Städten sein Ende. Die dortigen Sebasteia, wie z. B. das – fälschlich als „Kabyle" bezeichnete – Gebäude in Bostra (Bosra) und das Mausoleum mit der benachbarten großen Exedra in Philippopolis (Shahba) wurden geschlossen und verwaisten.

Die traditionell gläubigen Soldaten sprachen nun ein theologisch neutrales Gebet an den allseits verehrten Himmelsgott „als Helfer", den „alle inständig bitten, . . . (den) Kaiser und seine von Gott geliebten Söhne . . . gesund und siegreich zu erhalten" (Euseb. v. Const. 4, 20).

Versuche, die in christlichen Augen anstößigen Kulte wie die Tempelprostitution zu unterbinden, scheiterten jedoch weitgehend. Nur im phönizischen Aphaka, dem heutigen Afqa, erreichte es der eifernde Bischof Marcus letztlich mit militärischer Unterstützung, das berühmte Heiligtum der Venus Aphakitis und ihres Geliebten Adonis an den Quellen des gleichnamigen Flusses zu zerstören und dort eine Kirche zu erbauen.

In Heliopolis (Baalbek) ließ Constantin eine Kirche errichten und vermochte die kultische Prostitution für die Venus Heliopolitana kurzfristig zu unterbinden, wo aber gleich darauf wieder „auffallend schöne Frauen, die bei allen ‚Libanitiden' genannt werden, und dort mit großem Aufwand den Dienst der Venus versehen" (Junior, Expos. tot. mundi 30), zur Ehre der Göttin, zum eigenen Segen und zur Freude der männlichen Pilger im Temenos ihre Reize zeigten.

Zum Ärgernis der orthodoxen Theologen befreite Constantin aber dann durch Erlässe im Jahre 330 und 331 auch die jüdischen Patriarchen, Presbyter und Synagogenvorsteher von den persönlichen wie außerordentlichen Steuern und gestand ihnen wieder eine eigene Gerichtsbarkeit zu. Schließlich lebten zahlreiche jüdische Bürger in Städten wie Antiocheia, Apameia, Damaskus, Aleppo, Nicephorium, Circesium, Edessa und Carrhae. Die hier immer wieder geübte Praxis, christliche oder nichtchristliche Sklaven durch Beschneidung ins Judentum aufzunehmen, untersagte der Kaiser aber im Jahre 335.

Mit einer gezielten und aufwendigen finanziellen Unterstützung, die Constantin nun der offiziell „orthodoxen" Kirche zukommen ließ, wollte er nicht nur die weitere Verbreitung dieser Religion fördern, sondern darin lag auch – zumindest auf längere Sicht – die einzige Möglichkeit, neue kultische Zentren zu schaffen, die auch in wirtschaftlicher Hinsicht ein Gegengewicht zu den alten potenten Kultzentren bilden konnten. So erhielt in Syrien zuerst die Stadt

Abb. 3: Dionysos-Mosaik, Philippopolis (Shahba), 3. Jahrhundert n. Chr.; Shahba.

Antiocheia, die seit 325 Sitz des Oberbischofs, also Residenz des Patriarchen der Provinz war, ihre berühmte „goldene Kirche", mit einem „an Größe und Pracht ganz einzigartigen" Oktogon als Zentralkörper, die nahe dem Hippodrom gelegen im Jahre 341 eingeweiht wurde (Euseb. v. Const. 3, 50). Constantius II., der erste getaufte Augustus des Ostens, wagte nun ein generelles Opferverbot, um diesen „Wahnsinn" abzustellen, und verlangte, „daß umgehend die Tempel in Stadt und Land geschlossen werden sowie der Zutritt zu ihnen von nun an verboten ist". Wer dagegen verstößt, der „soll niedergemacht werden durch das rächende Schwert" (Cod. Theod. 16, 10, 2 u. 4). Während sich die staatliche Exekutive kaum um die Einhaltung dieser Edikte kümmerte, sahen einzelne Kirchenmänner darin einen Freibrief, mit Brachialgewalt gegen die Gotteshäuser, Kultbilder und Gläubige der herkömmlichen Religionen vorzugehen. So lief in Heliopolis (Baalbek) ein Diakon namens Kyrillos „von heiligem Eifer entflammt" durch die Stadt und zerschlug „viele der dort verehrten Götterbilder" (Theod. h. e. 3, 7), die frei zugänglich in Schreinen und Kapellen, an Straßen und auf Plätzen standen. In die großen Heiligtümer dieses weltberühmten Kultzentrums und Wallfahrtsortes konnte er jedoch nicht vordringen. Mancherorten ließen jetzt Bischöfe und Priester die Schätze aus kleineren Heiligtümern entwenden.

Mit welchem Geist man in Zukunft auf christlicher Seite zu rechnen hatte, ließ auch die um 347 an die Kaiser gerichtete Hetzschrift des zum Christentum übergetretenen Senators Iulius Firmicus Maternus erahnen: Es sei „die von Gott . . . den allerheiligsten Kaisern auferlegte Pflicht . . . die heidnischen" Religionen gewaltsam „bis zur Wurzel auszutilgen und auszurotten", die Anhänger zwangsweise zu bekehren oder „zu töten . . . mit der Schärfe des Schwertes", „all die Tempelschätze zu beschlagnahmen" und sich „mit der Zerstörung der Tempel . . . (zu) rächen". Dafür „wird die göttliche Majestät . . . Siege, Wohlfahrt, Friede, Reichtum, Gesundheit und Triumphe" schenken (Maternus, de errore prof. l6, 4; 28, 6; 29, 1 – 4).

In erster Linie richtete sich der Eifer der Christen, wie gerade auch Maternus lehrt, gegen die anderen älteren Erlösungsreligionen. Sie stellten nämlich nicht allein vom Glaubensinhalt her, sondern auch von der Masse der Gläubigen, die ihnen anhingen, die größte Konkurrenz dar. Denn auch sie waren „katholisch", durch eine Mission verbreitet worden und kannten zum Teil keine sozialen Grenzen. Durch Taufen, Sakramente und asketische Übungen heiligten ihre Anhänger ihr Leben und glaubten an eine jenseitige Erlösung. Aber keine von ihnen erhob für sich den Anspruch die allein gültige, wahre und richtige zu sein.

Einer der auch in Syrien am meisten verbreiteten und verehrten „Erlöser" war Dionysos (Abb. 3). Einst als Gott der Natur und ihrer vielfältigen Fruchtbarkeit verehrt, war er schon in hellenistischer Zeit zum „Heiland" derer geworden, die sich als Mysten in privaten Vereinigungen organisierten und an ihn als Gott und Mensch glaubten. Denn als leiblicher Sohn des allmächtigen Zeus und einer menschlichen Mutter galt er als Wundertäter, der einen gewaltsamen Tod erlitten, diesen überwunden hatte und wiederauferstanden war. Daher glaubten die Getauften an ein „Wiedererstehen" im Jenseits und eine Aufnahme ins Elysium. Außer in Antiocheia, Laodiceia am Meer, Emesa, Damaskus, Heliopolis, Bostra und Seeia weihten die Mysten z. B. auch in Kanatha ihre Kinder gleich nach der Geburt dem Gottessohn. Im tief eingeschnittenen und wasserreichen Wadi östlich der Stadt feierten die Kanathäer alle zwei Jahre im Nymphaion und im angrenzenden kleinen Theater in szenischen Aufführungen die Geburt und Kindheit ihres „Soter" bei den Nymphen.

Neben Mithras hatten in den syrischen Städten vor allem die ägyptische Himmelsgöttin Isis mit ihrem Sohn Harpokrates, Demeter und Herakles, der leibliche Sohn des Schöpfergottes Zeus wie der menschlichen Mutter Alkmene, regen Zulauf. Die Gläubigen suchten und fanden in dieser Erlösungsreligion Trost, Zuversicht und Hoffnung.

Als der Philosophenkaiser Julian (Abb. 4) sich offiziell zu den traditionellen, aber neuplatonisch interpretierten Glaubensvorstellungen bekannt hatte, erließ er im Jahre 361 entsprechende Toleranzedikte. Darin wurde nicht nur die Verehrung der alten Götter wieder ausdrücklich erlaubt, sondern von der Kirche sämtliches Eigentum zurückverlangt, das „die Galiläer" aus den Heiligtümern entwendet hatten; weiters werden sämtliche Privilegien des Klerus aufgehoben und dafür die nichtchristlichen Gotteshäuser, Priester und Kulte ausdrücklich gefördert und privilegiert. Das mußte den Altgläubigen wie der Beginn einer erhofften Wende erscheinen.

So kam es in Heliopolis und Bostra zu Racheakten an jenen Christen, die sich einst als Bilderstürmer, Plünderer und Denunzianten betätigt hatten. Die von Constantin in Damaskus und Heliopolis gestifteten Kirchen wurden zerstört, ein erst kürzlich errichtetes christliches Gotteshaus in Emesa weihten die dortigen Mysten ihrem Erlöser Dionysos. Im heiligen Hain des Apollo in Daphne bei Antiocheia hatten Christen ihren Bischof und Märtyrer Babylas beigesetzt. Jetzt mußten sie ihn in die Stadt umquartieren. Als daraufhin am 22. Oktober 362 der Apollotempel in Daphne abbrannte, ließ Julian kurzerhand die große Stadtkirche in Antiocheia schließen.

Der unverhofft frühe Tod des Kaisers rief bei den Altgläubigen tiefe Bestürzung hervor. Zwar hielten Valentinian I. und Valens weiterhin daran fest, daß „jeder die Religion ausüben darf, die ihm gefällt" (Cod. Theod. 9, 16, 9), und in Antiocheia verehrte man nach wie vor Gottvater Zeus, seinen Menschensohn Dionysos und die ebenfalls Erlösung versprechende Demeter, doch waren nun wieder alle früheren Privilegien und Sonderrechte der christlichen Kirche in Kraft gesetzt.

Bisher stellte noch immer die nichtchristliche Bevölkerung in den Städten die Mehrheit. So bezeugt Bischof Petros von Alexandreia zum Jahre 373, daß damals in Heliopolis „niemand den Namen Christi auch nur nennen hören will; denn sie sind alle Verehrer der Götter" (Theod. h. e. 4, 22). Wir wissen, daß in Antiocheia und Bostra immerhin schon rund die Hälfte der Einwohner irgendeiner christlichen Glaubensrichtung anhing. Die Landbevölkerung Syriens war gegen Ende des 4. Jahrhunderts noch wei-

Abb. 4: Kaiser Julian, genannt „Apostata" (361 – 363); Paris, Louvre.

Abb. 5: Kaiser Theodosius I. (379 – 395) auf dem Missorium vom Jahre 388, von einem Künstler im Osten gearbeitet, aber in Badojos (Spanien) gefunden; Madrid, Kgl. Akademie.

testgehend traditionell gläubig. Erst mit Theodosius I. (Abb. 5) wurde jener entscheidende Schritt getan, der durch die Gesetze vom 27. 2. 380 und 10. 1. 381 von allen christlichen Reichsangehörigen das nicäische Bekenntnis verlangte. Da sie keine Wirkung zeigten, sollte ein Jahr später sein Edikt gegen die „Häretiker" mit der Einsetzung von „inquisitores" und der Festlegung eines Strafenkataloges, das vom Versammlungsverbot bis zur Hinrichtung reichte, dieses Bekenntnis erzwingen. Am 24. 2. 391 folgte dann das Verbot jeder Form altgläubigen Gottesdienstes sowohl in offiziellen Heiligtümern als auch in Hauskapellen. Schlußendlich setzte der Kaiser im Edikt des Jahres 392 die Ausübung der alten Gottesverehrung Majestätsverbrechen und Hochverrat gleich. Damit war das apostolisch-nicäische Christentum zur „katholischen" Staatsreligion geworden.

Entscheidend war nun die Frage, wie weit der Staatsapparat die Exekutierung dieser Erlässe durchführte. Für Syrien war es verhängnisvoll, daß seit 384 der geltungssüchtige Spanier Cynegius das Amt des praefectus praetorio Orientis bekleidete. Aufgestachelt von seiner strenggläubigen Frau Acathia und radikalen Mönchen, ließ er ohne Rücksicht auf die wirtschaftlichen und sozialen Folgen den Kirchenhäuptern wie fanatischen Mönchshorden freie Hand. So veranlaßte Bischof Marcellus von Apameia persönlich die Zerstörung des Zeus-Tempels, wofür ihn die aufgebrachten Altgläubigen hinrichteten. Straßenkämpfe tobten auch um die großen Tempelbezirke in Heliopolis und Hierapolis. Nur im großen Innenhof des bereits durch frühere Erdbeben weitgehend zerstörten Jupiter-Tempels von Heliopolis wurde nun über den abgerissenen Altären eine christliche Basilika erbaut (Abb. 6). Die Verehrung des Himmelsgottes wurde im Tempel seines Sohnes Bacchus aufrechterhalten.

Siegesstolz und Wahrung der Kulttradition ließ die Christen auch in Damaskus ihre dem Johannes geweihte Basilika in den Tempelbezirk des Jupiter Damascenus setzten. Während in Suada (Suweida) der Haupttempel für die Trias Athena-Allat, Zeus-Hadad und Atargatis-Aphrodite in eine Kirche umge-

Abb. 6: Heliopolis/Baalbek: Östlicher Bereich der Tempelanlage des Jupiter Heliopolitanus mit Resten der später erbauten christlichen Basilika. Blick zur Apsis mit flankierenden Nischen.

Abb. 7: Bearbeiteter Felssockel als Basis für die Säule des Symeon Stylites in Telanissos (Qala'at Seman). Deutlich sind im Boden rund um den Sockel die Eintiefungen für Absperrungsschranken zu sehen (unten rechts).

wandelt wurde, war in Edessa nur vorübergehend die Schließung von Tempeln zu erreichen[2]).

Kriminelle Formen nahmen Aktivitäten der fanatischen Mönche, „Schwarzröcke" genannt, gegen die „Hellenisten" und ihre Gotteshäuser „vor allem in den Landbezirken" an. Nicht allein die blindwütige Zerstörung und Plünderung der Heiligtümer war nämlich ihr Ziel, sondern sie „rauben die unglücklichen Landbewohner aus und ziehen mit dem Ertrag ihrer Felder und ihrem Vieh davon. Anderen genügt auch das nicht. Sie eignen sich auch das Land selbst an unter dem Vorwand, daß es irgendeinem geweiht sei. So sind schon viele ihres väterlichen Erbes unter einem nichtigen Vorwand beraubt worden. Jene aber schwelgen auf Kosten anderer, sie, die doch behaupten, ihrem Gott mit Fasten zu dienen." (Liban. or. 30, 8 ff.).

Beschwerden der städtischen Aristokratie veranlaßten Theodosius nach dem Tod des Cynegius im Jahre 388 die orientalische Präfektur dann doch mit dem „Heiden" Tatian zu besetzen und den Mönchen – zumindest vorübergehend – den Aufenthalt in den Städten zu verbieten.

Ein Schlaglicht auf die schlechter werdende Wirtschaftslage wirft die Nachricht, daß die Kirche in Antiocheia um 400 n. Chr. ca. 3000 Witwen, unverheiratete junge Frauen, Kinder und bedürftige Männer zu versorgen hatte. Daher beschenkte Kaiser Arcadius (395 – 408) den katholischen Klerus besonders reich. Das Geld dafür verschaffte sich der Fiskus wiederum durch die Konfiszierung von Tempelschätzen und -gütern.

Nachdem dieser Kaiser 399 neuerlich den Abbruch der Tempel außerhalb der Städte befohlen hatte, bot selbst der von Arcadius nach Armenien verbannte Bischof Johannes „Goldmund" „von göttlichem Eifer glühende Asketen" auf, damit sie „die bisher noch verschonten Tempel der Dämonen bis auf den Grund zerstören." Er rüstete sie mit Vollmachten aus und finanzierte sie dadurch, daß er „Frauen, die mit Reichtümern gesegnet waren und sich durch gläubige Gesinnung auszeichneten", dazu brachte, ihr Vermögen „freigiebig zu spenden, indem er auf den göttlichen Segen hinwies, der aus so einer Hingabe erwachse." (Theod. h. e. 5, 30). Auch der damalige Bischof von Edessa, Rabbula, schlug zu. Er ließ nicht nur vier Tempel in dieser Stadt zerstören, sondern beschlagnahmte auch die jüdische Synagoge und wandelte sie in eine Kirche um. Mit diesem letzten Akt hatte er jedoch gegen das Judenschutzgesetz verstoßen.

Gerade auf syrischem Boden erlaubten sich Kirchenhäupter nach dem Jahre 400 wieder Willkürakte gegen jüdische Gemeinden. So erließ Theodosius II. 423 auf Anregung seines praefectus praetorio per Orientem, Asklepiodotos, das Edikt, in dem die gewaltsame Zerstörung von Synagogen und ihre illegale Umwandlung in christliche Kirchen verboten wird. In all diesen Fällen muß voller Schadenersatz geleistet werden.

Ein Sturm der Entrüstung von seiten des fanatisierten christlichen Pöbels erforderte zwei weitere Verfügungen gegen die Judenhetze. Nun wendeten sich die Bischöfe, angeführt von Johannes von Antiocheia, an das „Haupt der Eremiten" in Telanissos (Qal'at Seman), den Säulenheiligen Symeon. Dieser „entbrannte im Eifer . . . wie loderndes Feuer . . . und schrieb mutig furchtbare Worte voll Drohungen an den Kaiser, der sich in seinen Augen zum „Verbündeten und Fürsorger der ungläubigen Juden" gemacht habe (Syr. vita 130 f./636 f.). Doch umsonst. Die Judenschutzgesetze blieben der Gerechtigkeit willen in Kraft.

In einen regelrechten Glaubenskrieg arteten seit dem Ende des 5. Jahrhunderts in Antiocheia Zirkuskrawalle aus. Juden und Christen hatten sich nämlich für verschiedene Zirkusparteien engagiert. Schließlich schaukelten sich die Emotionen zu einer derart haßerfüllten Atmosphäre auf, daß Christen sogar tote Juden ausgruben, um sie zu verbrennen. Als im Jahre 507 Christen die große Synagoge in Daphne bei Antiocheia zerstört hatten, ging die Innenstadt der Metropole in Flammen auf.

Ein Blick sei noch auf den Ruhm und die Bedeutung des Symeon Stylites geworfen. Symeon hatte sich als erster christlicher Asket nach dem Vorbild der Priester der Dea Syria in Hierapolis auf eine Säule zurückgezogen, weshalb ihn andere Mönche und Bischöfe kritisierten (Abb. 7). Zu dem Ort, an dem sich der Asket gut 40 Jahre lang kasteite, strömten die Pilger aus allen Himmelsrichtungen herbei. „Jeder Weg gleicht einem Fluß, und um seine Stätte glaubt man ein brandendes Menschenmeer zu schauen, das die Ströme von allen Seiten in sich aufnimmt". Jeder Pilger setzte alles daran „ihn anzufassen und aus seiner Lederbekleidung einen Segen (für sich) herauszuholen." (Theod. h. e. 26, 11 f.).

Der Ruhm dieses Säulenheiligen war nicht nur bis nach Rom gedrungen, sondern man glaubte dort so sehr an seine magische Wunderkraft, daß „in allen Vorräumen von Werkstätten Bilder von ihm stehen. Sie sollen von hier aus Schutz und Sicherheit garantieren" (Theod. h. r. 26, 12). Selbst arabische Beduinenstämme suchten Symeon auf. Sie schworen – zumindest kurzfristig – ihren alten Kulten ab, zertrümmerten Statuen und Bilder ihrer Götter und entsagten eigens der Verehrung ihrer „Aphrodite", der Göttin al'Uzza. Dann versprachen sie, kein Kamel- und Wildeselfleisch mehr zu essen, und ließen sich von Symeon „Gesetze geben". Doch bekehrte Stämme mißgönnten manchmal einander den Segen des Styliten, stritten deshalb und prügelten sogar aufeinander ein. Erst wenn der Asket „ihnen von oben herab drohte und Hunde herbeirief", beruhigten sich die Hitzköpfe (Theod. h. r. 26, 15).

Nach dem Tod des Eremiten (457) war mit der Errichtung der imposanten Kirchenbauten um seine Säule herum eines der größten und bedeutendsten Pilger- und Wallfahrtszentren auf syrischem Boden entstanden. Fast gleichzeitig gesellte sich mit dem Bau der Basilika für Sergius und Bacchus in Resafa-Sergiupolis ein weiteres Zentrum christlicher Heiligenverehrung in Syrien hinzu. Seit gut hundert Jahren existierten nun aber schon die großen Klosteranlagen in Teleda bei Antiocheia und in Nicertae bei Apameia.

Bis zum Ende des 5. Jahrhunderts hatte die Missionierung vornehmlich der Mönche das offene Land christianisiert. So lag jetzt das Kultzentrum des Zeus Kyrios und und seines Sohnes Dionysos in Seeia ausgeplündert und verlassen. In Kanatha war durch Adaption und Umbauten von benachbarten Kult- und Profanbauten das sogenannte Basilika-Ensemble entstanden. Unübersehbar bleibt dabei die deutliche Verarmung. Siedlungen schrumpften; zu oft bestehen Renovierungen der Bauten nur noch aus Flickwerk. Bischofsstädte hingegen erlebten eine rege Bautätigkeit. Entweder wechseln alte Tempel ihre göttlichen Besitzer oder es wachsen neue christliche Kultbauten in den Himmel. So hatte das Tycheion in Antiocheia auf Geheiß Theodosius' II. die weltberühmte vergoldete Statue der Tyche, welche die Tochter des Schöpfergottes als personifiziertes Geschick der Stadt und Schicksal ihrer Einwohner darstellte, gegen die Gebeine eines Ignatius einzutauschen.

Seit Beginn des 6. Jahrhunderts scheinen die einzelnen Bischöfe geradezu miteinander darin gewetteifert zu haben, wer das prachtvollere Gotteshaus sein eigen nennen konnte. So standen in Bostra gleich zwei riesige Kathedralen. Ebenfalls als monumentale Zentralbauten reckten sich seit ca. 520 in Sergiupolis und in Apameia neue Bischofskirchen in den Himmel. Bischofspaläste und Klosteranlagen schlossen sich jeweils an diese Gotteshäuser an.

In abgelegeneren Regionen begnügte man sich aber nach wie vor mit der Nutzung von Tempelruinen. In Palmyra z. B. adaptierten Christen jetzt den Bel- wie den Baal Schamin-Tempel. Selbst noch um 600 richteten Mönche im Zeustempel auf dem Djebel Sheih Barahat eine Kirche mit Martyrion ein und erbauten zu Füßen dieses Berges in Korphe die große Klosteranlage von Deir Turmanin.

Dennoch lebten im 5. und 6. Jahrhundert in etlichen syrischen Städten noch immer recht ansehnliche nichtchristliche Gemeinden. Selbst nach dem Befehl des Theodosius II., Beamte, die in der Handhabung der „Heidengesetze" zu nachlässig waren, seien mit dem Tode zu bestrafen, beklagte der Kaiser 438, daß trotz der „tausend Schrecken" die einschlägigen Verbote wenig bewirkt hätten. Zu den bedeutendsten „heidnischen" Bollwerken auf syrischem Boden gehörten Heliopolis und Carrhae. Träger des alten Glaubens waren hier hauptsächlich Senatoren, Philosophen, Rhetoren, Schriftsteller und Wissenschaftler. Für sie war es nicht denkbar, daß man nur „auf einem einzigen Weg ... zu dem großen Geheimnis des Göttlichen gelangen" könne, sondern sie sahen in den unterschiedlichen Gottesvorstellungen „Glieder" eines einzigen höchsten Wesens, das auf „tausend Arten" verehrt werden konnte (Symmachus, relatio III). Als im Jahre 554 ein Blitzschlag den Bacchus-Tempel in Heliopolis in Brand setzte, befahl Justinian, der im Blitz nicht als einziger ein Zeichen für Gottes Zorn sah, die Verfolgung der „gottlosen Heiden" in dieser Stadt. Das hatte aber nur zur Folge, daß diese Menschen in den Untergrund gingen. Denn 579 war Kaiser Tiberius II. durch Denunzierung bekannt geworden, daß in Heliopolis die Oberschicht noch immer „heidnisch" war. Mit dem Sonderauftrag, auf das härteste durchzugreifen, schickte der Kaiser seinen hohen Beamten Theophilos nach Heliopolis. In einer Blitzaktion verhaftete er die gesamte Aristokratie, „folterte, kreuzigte und tötete sie" (Joh. v. Eph. h. e. 3, 27). Auf der Folter hatten die Altgläubigen ihre Verbindung zu Glaubensbrüdern und -schwestern in Antiocheia und Edessa gestanden. Ein gewisser Rufinus war damals der Hohepriester der Kultgemeinschaft in Antiocheia. Als dieser dort verhaftet werden sollte, hielt er sich in Edessa auf. Sofort wurden ihm Häscher nachgeschickt. Diese überfielen den Gesuchten während eines Zeusgottesdienstes. Rufinus beging Selbstmord, die Gemeindemitglieder wurden nach Antiocheia verbracht. Von ihnen erpreßte man auf der Folter das Geständnis, dem Apollo in Daphne Menschenopfer dargebracht zu haben. Daraufhin sei einigen Christen in Antiocheia „die heilige Jungfrau und Gottesmutter Maria" erschienen und habe diese „mit Wut" gegen „die Seuche des Dienstes an den Dämonen" erfüllt. Jetzt richtete sich der Volkszorn gegen diese „angesehenen und vornehmen Personen". Nur mit Mühe vermochte der Comes Orientis die geballte Wut zu bremsen. Trotzdem ließ „der allerheiligste Kaiser" etliche Beschuldigte nach Konstantinopel überstellen und auf bestialische Weise hinrichten (Joh. v. Ephesos h. e. 3, 33 f.).

In Carrhae (Haran), einem Zentrum der Verehrung des semitischen Mondgottes Sin, der als „Marilaha", als „Herr-Gott" an der Spitze des regionalen Pantheons verehrt wurde und deswegen auch mit Zeus gleichgesetzt werden konnte, hatten christliche Glaubensvorstellungen nur zögernd und in geringem Ausmaß Anklang gefunden. Um die Mitte des 5. Jahrhunderts konnte sich hier ein Bischof auch nur halten, wenn er die „Hellenen" unbehelligt ließ und dafür von der nichtchristlichen Aristokratie finanziell unterstützt wurde. Selbst 100 Jahre später wird noch davon gesprochen, daß die Mehrzahl der Einwohner dieser „Hellenopolis" traditionellen Glaubensvorstellungen anhingen. Selbst Justinian erreichte hier mit seinen handfesten Bekehrungsbestrebungen nichts. Die Frauen der Stadt verehrten z. B. bis ins 10. Jahrhundert den sterbenden und wiederauferstehenden Adonis/Tammuz. Unter dem Namen „Sabier", die ihre gnostische Mysterienreligion in einer in Altsyrisch verfaßten „heiligen Schrift" überlieferten, bestanden die Altgläubigen zumindest bis 1033 als „Schriftbesitzer", von den Moslems respektiert und toleriert, weiter.

Ihr geheimes und den Menschen erlösendes Wissen glaubten die Sabier von Hermes und Agathon Daimon, dem „guten Geist", übermittelt bekommen zu haben. Der einzige und ewige Schöpfergott, der den Menschen selbst im Gebet unerreichbar bleibe, habe sich partiell in engelgleichen Wesen personifiziert, deren Behausungen die Planeten seien. An deren Spitze stand nun die Sonne und nicht mehr der Mond. Die Kraft der Planetenwesen erzeuge im All jene Bewegung, aus der die materielle Welt, die Pflanzen, Tiere und Menschen entstünden. Den Menschen, die sich im Gebet an die Planeten wenden, würden sie Liebe, Freundschaft, Wissen und Heilung vermitteln. Die Gläubigen beteten dreimal täglich, bei Sonnenaufgang, mittags und bei Sonnenuntergang, wobei sie sich vor jedem Gebet zu waschen hatten. Fastenvorschriften und umfangreiche Speiseverbote isolierten die Sabier von ihrer gesellschaftlichen Umwelt, während man an ihnen andererseits Tugenden wie Selbstbeherrschung, Bescheidenheit und Toleranz schätzte. Sie waren es auch, die den Moslems in hohem Ausmaß nicht nur

Abb. 8: Christus, wie Dionysos vom Weinstock umgeben, lehrt die Apostel. Kelch aus Antiocheia, um 500; New York, Metropolitan Museum.

Abb. 9: Kultgrotte mit Quelle und Kapelle der heiligen Thekla in Ma'alula.

Abb. 10: Bild der Heiligen Thekla mit Löwen, Getreidesprößling und Kreuz vor ihrer Kultgrotte in Ma'alula. Kopie des 20. Jahrhunderts nach einer alten Ikone in Ma'alula.

hellenistisch-römische Theologie und Philosophie, sondern auch Kenntnisse der antiken Astronomie, Mathematik, Chemie, Medizin und Philologie zugänglich machten, weil sie die einschlägige Literatur ins Syrische wie Arabische übersetzt hatten.

Vor- und Nichtchristliches hatte auch im syrischen Volksglauben vielfach nur „überwunden" werden können, wenn es einer „interpretatio Christiana", also einer christlichen Umdeutung und Anpassung, unterzogen worden war. Dies gilt von den Säulenheiligen, die einen siebentägigen Ritus der Atargatispriester in übersteigerter Form nachahmten, ebenso wie von manchen asketischen Mönchen, die Verhaltensweisen und Auftreten der Bettelpriester der Dea Syria beibehielten, oder von Frauen, die sich Gott weihten und kasteiten wie einst schon eine gewisse Hochmaea in Nihata (Niha), die sich als „virgo dei" als „Jungfrau Gottes" Jupiter geweiht und „20 Jahre kein Brot gegessen" hatte (CIL III Suppl. 2 Nr. 13608).

Beispiele für die Adaptierung nichtchristlicher Gottheiten sind in Christus als Dionysos (Abb. 8) oder als Sol Invictus genauso zu sehen wie in der „Heiligen Thekla". Denn als Nachfolgerin der von Löwen begleiteten Atargatis, die in Ma'alula in einer Kulthöhle mit Quelle verehrt worden war (Abb. 9), übernahm sie hier auch deren Fruchtbarkeitsaspekt. So hält die Heilige in Ma'alula auch einen Getreideschößling in der Hand (Abb. 10).

Wie zäh sich allenthalben glaubensmäßig bedingte Vorstellungen und Verhaltensweisen auch über mehrfachen Konfessionswechsel hinweg halten können, zeigen neben den Dutzenden von Kirchen, die innerhalb „heidnischer" Gotteshäuser oder an deren Stelle erbaut wurden, auch die „heiligen Teiche" von Edessa. Die Fische im großen Quellteich, dem sogenannten Teich Abrahams, neben dem einstigen Atargatis-Tempel innerhalb der Stadt gelten noch heute als tabu. Wie einst, als man sie der Göttin gehörig betrachtete, dürfen sie nach wie vor nicht gefangen und gegessen werden. Vor der südlichen Stadtmauer Edessas, liegt eine Quelle mit ihrem Teich, die heute „Bir Eyüp" heißt. Hier hatten einst arabische Sippen ihre beiden männlich gedachten Schutzgötter, die Mun'im, verehrt, bis diese dann im 5. Jahrhundert durch die beiden christlichen, angeblich wundertätigen Ärzte und Märtyrer Kosmas und Damian abgelöst wurden. Als im 13. Jahrhundert eine schwere Dürrekatastrophe Ernteausfälle und Hungersnot androhte, versammelten sich Christen aller Konfessionen an der Quelle und beteten hier vier Tage lang um Regen.

Blicken wir noch einmal zurück.

Letztlich ist die von der antiochenischen Schule hartnäckig verfochtene Theologie, die nur einer Gestalt, namlich dem Schöpfergott alleine, volle göttliche Natur zusprach und nicht seinem „Geschöpf" Jesu, eine monotheistische. Als solche ist sie wiederum nur denkbar vor dem Hintergrund sowohl des strengen jüdischen Eingottglaubens als auch des hellenistisch-römischen Monotheismus in gebildeten Kreisen, zuletzt in neuplatonischer Prägung. Deshalb darf die von Nestorius im Jahre 485 auf der Basis der antiochenischen Zweinaturenlehre konstituierte Kirche, deren Anhänger von den „Orthodoxen" nicht von ungefähr auch als „Neujuden" beschimpft wurden, als ein Kind und Erbstück nichtchristlicher Theologie auf syrischem Boden gelten.

Aber genauso stellt die „orthodoxe" Vorstellung, Jesu sei – als leiblicher Sohn des Schöpfergottes und einer jungfräulichen menschlichen Mutter – Mensch und Gott in einer Person, ein schon in hellenistisch-vorchristlicher Zeit geprägtes Mythologem dar, das sich seit dem 3. Jahrhundert v. Chr. im Harpokrates-, Herakles- und Dionysosmythos findet.

¹) Siehe den Beitrag von S. Fick, Seite 32 f.
²) Siehe den gleichen Beitrag, Seite 46.

LITERATUR

D. ATTWATER, The Christian Churches of the East, Vol. 1 – 2 (London 1961).

J. Ch. BALTY, Guide d'Apamée (Paris 1981).

H. CASTRITIUS, Studien zu Maximinus Daia, Frankfurter Althistorische Studien 2 (Kallmünz 1969).

T. CHRISTENSEN, Christus oder Jupiter. Der Kampf

um die geistigen Grundlagen des römischen Reiches (Göttingen 1981).

D. A. Chwolsohn, Die Ssabier und der Ssabinismus, Bd. 1 – 2 (St. Petersburg 1856).

H. J. W. Drijvers, Cults and Beliefs at Edessa, EPRO 92 (Leiden 1980).

A. J. Festugiere, Antioche paienne et chrétienne (Paris 1959).

FIRA = Fontes Iuris Romani Anteiustiniani, Bd. 1 – 3 , ed. S. Riccobono u. a. (Firenze ²1940 – 1943).

E. L. Fortin, Christianisme et culture philosophique au cinquième siècle (Paris 1959).

R. L. Fox, Pagans and Christians (London 1988).

W. H. C. Frend, The Rise of Christianity (London 1984).

J. Geffcken, Der Ausgang des griechisch-römischen Heidentums (Heidelberg ²1929).

G. Goossens, Hiérapolis de Syrie, Recueil de traveaux d'histoire et de Philologie 3, 12 (Louven 1943).

F. Heiler, Urkirche und Ostkirche (München 1937).

D. Krencker – W. Zschietzschmann, Römische Tempel in Syrien (Berlin 1938).

P. de Labriolle, La réaction paienne (Paris 1924).

J. Leipoldt, Der römische Kaiser Julian in der Religionsgeschichte (Berlin 1964).

J. H. W. G. Liebeschuetz, Antioch. City and imperial administration in the later Roman Empire (Oxford 1972).

H. Lietzmann, Geschichte der Alten Kirche, Bd. 1 – 4 (Berlin – Leipzig 1936 – 1944).

A. Momigliano (Hrsg.), The Conflict between Paganism and Christianity (Oxford 1964).

J. Moreau, Die Christenverfolgung im römischen Reich (Berlin 1961).

K.-L. Noethlichs, Die gesetzgeberischen Maßnahmen der christlichen Kaiser des 4. Jahrhunderts gegen Häretiker, Heiden und Juden (Diss. Köln 1971).

G. Ostrogorsky, Geschichte des byzantinischen Staates (München ³1963).

K. Praechter, Richtungen und Schulen im Neuplatonismus, in: Ders., Kleine Schriften (Hildesheim 1973) 165/216.

F. Ragette, Baalbek (New Jersey 1980).

V. Schultze, Geschichte des Untergangs des griechisch-römischen Heidentums, Bd.1 – 2 (Jena 1887 – 1892).

O. Seeck, Geschichte des Untergangs der antiken Welt, Bd. 1 – 6 (Stuttgart ²1920 – 1922).

J. B. Segal, Edessa „The Blessed City" (Oxford 1970).

K. Stade, Der Politiker Diokletian und die letzte große Christenverfolgung (Wiesbaden 1926).

E. Stein, Studien zur Geschichte des byzantinischen Reiches, vornehmlich unter den Kaisern Justinus II. und Tiberius Constantinus (Stuttgart 1919).

H. G. Thümmel, Die Kirche des Ostens im 3. und 4. Jahrhundert, Kirchengeschichte in Einzeldarstellungen I/4 (Berlin 1988).

J. Tubach, Im Schatten des Sonnengottes. Der Sonnenkult in Edessa, Harran und Hatra am Vorabend der christlichen Missionierung (Wiesbaden 1986).

J. Vogt, Zur Religiosität der Christenverfolger im Römischen Reich, SB Heidelberg 1962, 1 (Heidelberg 1962).

G. Widengren, Mani und der Manichäismus, Urban-Bücher 57 (Stuttgart 1961).

G. Widengren (Hrsg.), Der Manichäismus, Wege der Forschung 168 (Darmstadt 1977).

TH. Wiegand u. a., Baalbek. Ergebnisse der Ausgrabungen in den Jahren 1898 – 1915, Bd. 1 – 3 (Berlin 1921 – 1925).

F. Winkelmann, Die östlichen Kirchen in der Epoche der christologischen Auseinandersetzungen (5. – 7. Jh.), Kirchengeschichte in Einzeldarstellungen 1/6 (Berlin 1988).

ABBILDUNGSNACHWEISE

Abb. 2, 6, 7: Erwin M. Ruprechtsberger
Alle übrigen Abbildungen v. Verfasser.

Beat Brenk

FRÜHES MÖNCHTUM IN SYRIEN AUS ARCHÄOLOGISCHER SICHT

Die monastische Baukunst Syriens ist bisher nie monographisch untersucht worden. Zwar haben H. C. Butler, A. Mattern, J. Lassus, G. Tchalenko und die drei Franziskaner I. Peña, P. Castellana und R. Fernandez viel Material gesammelt, gesichtet und analysiert. Diese Arbeiten bilden den Ausgangspunkt jeder Beschäftigung mit der syrischen Klosterbaukunst. Eine Hauptschwierigkeit besteht darin, daß die in den schriftlichen Quellen reich bezeugten Namen von Orten und Personen nur selten mit den Baudenkmälern verknüpft werden können. Die meisten Denkmäler bleiben in der Anonymität.

In keinem anderen Land des Mittelmeergebietes hat die Klosterbaukunst eine so große Vielfalt hervorgebracht wie in Syrien. Neben dem Kloster für eine Gemeinschaft, die unter einer Regel lebte, spielen die Reklusen und Styliten eine beträchtliche Rolle. Die Gemeinschaftsklöster können sehr verschiedene Dimensionen und Formen haben. Die Funktionsbestimmung der einzelnen Räume ist häufig unmöglich, und meistens bleibt sie hypothetisch.

Mönche und Asketen, namentlich die berühmten unter ihnen, zogen Pilger und Heilungsuchende, Reisende, Arme und Neugierige an, für die Unterkünfte errichtet wurden. Je nach Bedeutung und Erfolg des Asketen wandeln sich die Einsiedeleien und Klöster in Pilgerzentren um.

Das hervorragendste Beispiel für ein Pilgerzentrum ist Qal'at Sim'an. Das Heiligtum Symeons des Styliten ist nicht nur der größte und bedeutendste frühchristliche Baukomplex Syriens, sondern auch einer der größten der ganzen Mittelmeerwelt[1]. Man hat mit guten Gründen angenommen, daß Qal'at Sim'an nicht ohne kaiserliche Hilfe errichtet worden sein kann. Die Pilger haben aber auch Aszeten besucht, deren Aufenthaltsorte ihren privaten Charakter beibehalten konnten. Große Schwierigkeiten bereitet den Archäologen die Funktionsbestimmung der einzelnen Nutzbauten im Klosterbereich. Wodurch unterscheidet sich eine Pilgerherberge von einem Wohnbau der Mönche? Kann man wie bei westlichen Klöstern ein Dormitorium, ein Refektorium und einen Kapitelsaal supponieren?
Waren Gäste und Kranke getrennt untergebracht? Alle diese Fragen konnten bis jetzt nicht schlüssig beantwortet werden.

In zwei Kunstlandschaften Syriens haben sich besonders viele Klöster erhalten: im Kalksteinmassiv im Städtedreieck zwischen Antiochien, Aleppo und Apamea sowie im Hauran und seinen südlichen Ausläufern. Insgesamt sind die nordsyrischen Klöster, Reklusen und Stylitenheiligtümer besser untersucht als die des Haurans, aber Baumonographien existieren bis jetzt nicht.

In Nordsyrien ist das Mönchtum seit dem 3./4. Jahrhundert bezeugt, und zwar zunächst nicht im Kalksteinmassiv, sondern in der Euphratensis und Osrhoene. Unsere Hauptquellen sind Sozomenus und Theodorets „Mönchsgeschichte". Jakobus von Nisibis muß in der Zeit des Konzils von Nicäa, um 325, gelebt haben. Julianos Sabbas (gest. 367) verbrachte sein Leben als Einsiedler in einer Grotte. Im Ganzen beschreibt Theodoret (393 – 458) vor allem Mönche und Aszeten, die er persönlich kannte. Mit Hilfe der Mönchsgeschichte kann man sich ein approximatives Bild von den monastischen Behausungen im 4. Jahrhundert verschaffen. Von Eusebius (c. 4) sagt Theodoret, daß er 25 Stadien weit entfernt von einer Aszetenschule „in einem sehr kleinen Häuschen" lebte, das keine Lichtöffnung besaß. Asklepius schloß sich in einem kleinen Häuschen ein: „nur durch eine kleine Öffnung, die schneckenförmig durch die Mauer gebrochen, erteilt der einsame Rekluse Antworten. Niemand sieht ihn" (c. 25). Petrus

„verbrachte seine ganze Zeit in einem fremden Grabe. Dieses hatte ein Obergeschoß mit einem balkonartigen Vorsprung, dem eine Leiter angefügt war für die, welche hinaufsteigen wollten" (c. 9). Der Rekluse haust hier gleichsam in der „bel étage" und empfängt dort Besuch. Dem Mönch Markianos diente eine Zisterne als Wohnung (c. 3), Symeon der Ältere wohnte in einer kleinen Höhle (c. 6), Zeno in einem Grab (c. 12). Publius (c. 5), der einem Senatorengeschlecht entstammte, errichtete eine kleine Wohnung auf einer Anhöhe, dreißig Stadien von der Stadt entfernt. „Anfangs wollte er keinen Hausgenossen haben, sondern ließ in seiner Nähe kleine Zellen bauen und hieß jeden, der zu ihm kam, da für sich ein Stilleben führen". Später hob er diese Zellen auf und „baute eine Wohnung für alle Vereinigten und bat sie, ein gemeinsames Leben zu führen", damit alle dann genauer die Regel beobachten könnten. Dieser Text ist von größter Wichtigkeit, weil er uns in der Epoche Theodorets den allmählichen Übergang vom Reklusenwesen zu den unter einer Regel lebenden Mönchsgemeinschaften bezeugt. Das Reklusenwesen verschwand aber keineswegs, doch schienen vom 5. Jahrhundert an die Klöster mit gemeinsamem Leben an Verbreitung zu gewinnen.

Die Kenntnis syrischer Mönchsregeln wird vor allem Arthur Vööbus verdankt. Ihr Inhalt ist eintönig in bezug auf die Verbote, dennoch sprechen sie eine Vielzahl von Problemen an. Bäume, welche die Heiden im Kult verehren, sollen gefällt werden. Heidnische Tempel sollen „entwurzelt", d. h. bis auf die Grundmauern zerstört werden. Klöster können nach dem Zeugnis der syrischen Canones in der Stadt, bei der Stadt und auf dem Lande liegen. Auch von den Reklusen und Styliten ist die Rede. Eine für Nonnen verfaßte Regel verbietet es den Nonnen, Anachoreten auf dem Berg, Reklusen und Styliten zu besuchen. Ein Canon Rabbulas untersagt es den Klöstern, Reklusen als Dauersiedler aufzunehmen. Jakob von Edessa verbietet es den Styliten, auf ihren Säulen die Messe zu zelebrieren. Gelegentlich ist von den Mönchszellen die Rede, in denen stets nur ein Mönch schlafen darf. Trotz zahlreicher Einzelinformationen ist es kaum möglich, funktionale Beziehungen zwischen diesen Regeln und den erhaltenen Klöstern herzustellen.

Nach dem Zeugnis Theodorets lagen die meisten Zellen und Klöster außerhalb der Siedlungen (c. 7, 8, 11), aber Asezten lebten auch in den Städten (c. 14). Sozomenus bezeugt Mönchsgemeinschaften, die in den Städten und Dörfern Kleinasiens lebten (VI 34). Michael Syrus erwähnt in seiner Chronik fünf Klöster in der Stadt Amida. Der Codex Theodosianus nimmt im Jahre 390 und 392 in verschiedener Weise Stellung zum Problem der Klöster in den Städten. In der Regel hausten die Reklusen abgeschieden von den Mönchen. Dennoch war es eine typisch syrische Gewohnheit, daß sich Reklusen in Klöstern ansiedelten. So begab sich Eusebius (c. 18) in ein Kloster „und bezog in einer Mauerecke abermals eine kleine Umfriedung".

Das nordsyrische Kalksteinmassiv mit seinen unzähligen Klöstern und Reklusen zog zahlreiche neugierige Besucher an. Im Leben der Mönche Zebinas und Polychronius berichtet Theodoret (c. 24) von einem gemeinsamen Besuch bei den Aszeten zusammen mit einem Präfekten, „der mit mir den Anblick jener großen Kämpfer genießen wollte". Der Satz „nachdem wir alle ringsum besucht" macht deutlich, daß sich eine Art Aszetentourismus entfaltet hatte, der für Theodoret eine Selbstverständlichkeit war. Man hat gleichzeitig mit einem internationalen und einem mehr regionalen Pilgerverkehr zu rechnen, es ist jedoch kaum vorstellbar, daß Pilger aus Europa in großen Massen durch das schwer begehbare Kalksteinmassiv geführt worden sind.

Von Theodoret erfahren wir auch, wovon sich die Mönche und Aszeten nährten. Es ist die Rede von Trauben, getrockneten Weinbeeren, frischgemolkener und geronnener Milch, Essig (c. 5), Kräutern (c. 6), Wasser und Brot (c. 12), Gartenlattich, Endivie, Sellerie, Obst (c. 17), gekühltem Gerstensaft (c. 21) und eingeweichten Linsen (c. 21).

Makedonios Kritophagus, der Gerstenesser, wurde so wegen der Nahrung genannt, die er genoß (c. 13). Maisymas nährte die Kranken und Bedürftigen: „Er soll zwei Fässer gehabt haben, eines für Getreide, das andere für Öl" (c. 14). Der Aszet Theodosius

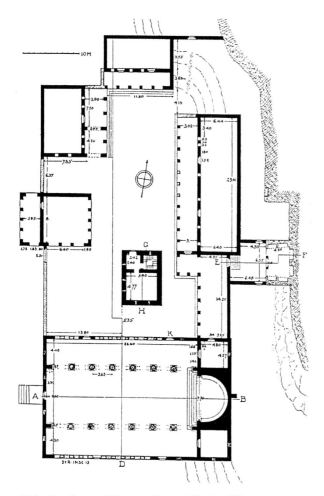

Abb. 1: Qasr el Banat, Grundriß des Klosters (nach H. C. Butler).

war „ununterbrochen tätig und beschäftigt, betrieb auch Händearbeit, indem er sogenannte Fächer webte und Körbe flocht, dann wieder kleine Äcker in der Schlucht bestellte und sie besäte, um die nötige Nahrung daraus zu erzielen" (c. 10). Nicht nur einzelne Aszeten, sondern auch Klöster mit vielen Insassen waren höchstwahrscheinlich landwirtschaftlich tätig. G. Tchalenko hat vom Kloster als einem Instrument landwirtschaftlicher Bodennutzung gesprochen. In der weiteren Umgebung gewisser Klöster mit großem Grundbesitz sind landwirtschaftliche Nutzbauten wie Ställe, Getreidemühlen, Ölmühlen gefunden worden. Auch der Begründer des abendländischen Mönchtums, Benedikt, hatte bekanntlich die Arbeit der Mönche in der Regel eingeplant. Daher erstaunt es nicht, wenn auf dem karolingischen Klosterplan von St. Gallen Ställe für das Vieh innerhalb des Klosterbezirks eingezeichnet sind. Bis anhin sind jedoch in Syrien rein landwirtschaftliche Anlagen nur selten innerhalb des Klosterbezirks nachgewiesen. Die monastischen Canones des Rabula von Edessa, die um 400 entstanden, verbieten den Mönchen jedenfalls das Halten von Schafen, Ziegen, Pferden und anderen Tieren. Ausgenommen sei der Besitz eines Esels oder zweier Ochsen.

Von der monastischen Baukunst des 4. Jahrhunderts sind in Syrien keine gesicherten Reste übriggeblieben, weil die aus einzelnen Zellen bestehenden Einsiedeleien im Laufe des 5. Jahrhunderts wahrscheinlich meistens zu eigentlichen Klöstern mit Kirche, Konventsgebäuden und Wohngebäuden umgeformt worden sind. Eines der frühesten und gleichzeitig am besten erhaltenen Klöster ist dasjenige von Qasr el Banat (Abb. 1 – 2). Dieses Kloster liegt an der Straße, welche einst und noch heute Antiochien mit Aleppo (Beroea) verbindet (Abb. 1 – 3). Erbaut ist es von dem Architekten Markianos Kyris, der auch die Kirchen von Babisqa (a. 390) und von Dar Qita (a. 418) errichtete. Da Markianos Kyris in der Klosterkirche von Qasr el Banat bestattet war, ist eine Entstehung der Anlage um 420/30 wahrscheinlich. Die Kirche ist mit ihrem 26,60 Meter langen Langhaus ziemlich groß. Sie liegt an der Südseite des

ganzen Komplexes, nahe an der Straße, und bestimmt mit ihrer Gesamtlänge die Breitenausdehnung des monastischen Bezirks (Abb. 1). Zugänglich war die Kirche von außen, d. h. von der Straße, als auch vom Innenhof her. Diese Form der Zugänglichkeit sowie die Straßenlage machen deutlich, daß das Kloster Reisende, Pilger und Pflegebedürftige aufnahm. Das Kloster besitzt an seiner Westseite einen aufwendigen, mehrgeschossigen Torbau mit einer Portikus an der Außenseite. Torbauten ähnlicher Art sind auch im Westen an den karolingischen Klöstern von Lorsch und Chiemsee erhalten.

An der Nordseite der Kirche erstreckt sich eine Portikus nach Norden, die zu einer in den Felsen gehauenen Grabkammer und zu einem mehrgeschossigen 23,40 Meter breiten, ununterteilten Wohnbau

Abb. 2: Qasr el Banat, Xenodochium (Herberge) (?) im Nordwesten der Klosteranlage.

Abb. 3: Qasr el Banat, Reklusenturm und Kirche.

Abb. 4: Qasr el Banat, Reklusenturm (vgl. Abb. 3) in der Rekonstruktion von G. Tchalenko.

führt. Die Verbindung des Wohnbaus mit der Kirche könnte dessen Deutung als Konventsgebäude der Mönche stützen. Zumindest spricht die räumliche Nähe dieses Breitbaus zur Kirche mehr für eine Verwendung durch die Mönche als durch Gäste und Pilger. Eher wird man die beiden im rechten Winkel zueinander stehenden Rechteckbauten mit vorgelagerter Portikus an der Nord- und Nordwestseite des Innenhofes als Gasthäuser bzw. Xenodochien/Herbergen ansprechen dürfen (Abb. 3). Ohnehin wird man nicht im westlichen Sinn eine Klausur annehmen dürfen, da die Kirche von Westen und Süden her, d. h. also nicht nur vom Innenhof aus, zu betreten war. Zu diesem offenen Konzept würde es passen, wenn Herbergen im Kloster selbst angelegt sind. A. Vööbus hat in seinen Arbeiten über das syrische Mönchtum darauf hingewiesen, daß Klöster häufig an gefährlichen Stellen gegründet wurden, um den Reisenden zu helfen. Xenodochien sind charakteristisch für Klöster, die an den großen Fernstraßen liegen. Die strategische und infolgedessen für Reisende besonders günstige Lage von Qasr el Banat ist unverkennbar.

Ein weiteres Problem bietet der zirka 23 Meter hohe, sechsgeschossige Turm im südlichen Teil des Innenhofes (Abb. 1, 3 – 4). Jean Lassus hat ihn als Reklusenturm angesprochen, weil auf jedem Geschoß der Hauptraum von der Treppe durch ein kleines Vorzimmer getrennt war, welche den Reklusen vor den Blicken Neugieriger schützte. Tchalenko meinte dagegen, es handle sich um einen Wachtturm, von dem aus die umliegenden Felder und Äcker beobachtet werden konnten. Bei dieser übrigens nicht weiter begründeten profanen Funktion des Turmes bleibt seine aufwendige Innenraumaufteilung unerklärt. Mit viel weniger Aufwand ließen sich die das Kloster umgebenden Ländereien von einem Hügel aus überwachen. I. Peña, P. Castellana und R. Fernandez haben sich in ihrer ausführlichen Studie über die syrischen Reklusen wieder für eine Deutung des Turms als Reklusenwohnung ausgesprochen.

Ob es sich bei den Türmen Nordsyriens um Wacht- oder Reklusentürme handelt, läßt sich nicht pauschal beantworten. Selbst wenn Theodoret von Cyrus in seiner Mönchsgeschichte keine Reklusentürme erwähnt, dann darf hierin kein Zeugnis gegen die Existenz von Reklusentürmen erblickt werden. In anderen Quellen ist das Phänomen des Reklusenturms bestens bezeugt. Zu erwähnen ist ein Passus aus dem sogenannten „Pilger von Piacenza" (c. 21), der den Davidsturm in Jerusalem beschreibt: „Der ist sehr groß, und es befinden sich darin Mönchsaufenthalte in Einzelgemächern (...) Die Christen besteigen ihn andachtshalber und halten dort Nachtlager."

G. Tchalenko konnte nachweisen, daß die Bautenkombination von Qasr el Banat keine zufällige ist, sondern später mehrfach wiederkehrt, vor allem in Deīr Turmanin aus der Zeit um 500 und in Deīr Siman im 6. Jahrhundert. Wiederum steht die auffallend große (heute leider völlig vom Erdboden verschwundene) Basilika von Deīr Turmanin im Süden, und der Innenhof mit den angrenzenden Nutzbauten erstreckt sich an ihrer Nordseite (Abb. 5). Die Bestimmung der einzelnen Bauten muß allerdings problematisch bleiben. Butler bezeichnete den nordwestlich der Kirche liegenden, allseits von Portiken umgebenen, 23 auf 12 Meter messenden zweigeschossigen Bau als Pandocheion oder Pilgerherberge, während Tchalenko von einem Konventsgebäude spricht, ohne dessen Funktion weiter zu erläutern. Da später an die Ostwand dieses ununterteilten Saalbaus eine Kapelle angebaut wurde, könnte es sich in der Tat um einen monastischen Gemeinschaftsbau mit Speisesaal und Schlafsaal gehandelt haben. Für das gemeinsame Leben der Mönche existiert im Syrischen der Ausdruck umra. Für Pilger wäre dieser Bau wohl zu groß gewesen. Gegenüber an der Ostseite des Innenhofes liegt ein in zwei Räume unterteilter Bau mit Portiken, der vielleicht als Gästewohnung und/oder Abtshaus angesprochen werden kann. Zwischen den beiden Bauten liegt eine riesige Zisterne unter offenem Himmel. Abermals finden wir eine Gemeinschaftsgrablege ganz im Norden des Komplexes.

Obwohl oder vielleicht gerade weil immer wieder dieselben Grundrisse reproduziert werden, sollte man daran erinnern, daß der ganze Komplex von Deīr Turmanin ursprünglich größer war und weitere

Gebäude umfaßte. Wichtig ist schließlich die zirka 200 auf 120 Meter messende Umfassungsmauer, an deren Südseite der Eingang lag.

Die beiden Kirchen von Qasr el Banat und Deīr Turmanin lassen sich nicht als typische Mönchskirchen bezeichnen. Der Bau von Qasr el Banat (Abb. 1 – 3) folgt einem weitverbreiteten Bauschema der zweiten Hälfte des 4. und des 5. Jahrhunderts. Die Fassade von Deīr Turmanin (Abb. 5) mit ihren beiden Türmen ist von dem Stylitenheiligtum von Qalbloze abhängig und läßt daher Deīr Turmanin wie eine Replik der Pilgerkirche von Qalbloze erscheinen.

Im Anschluß an das zweigeschossige Konventsgebäude von Deīr Turmanin, an das nachträglich eine rechteckige Kapelle angebaut wurde, muß auf zwei verwandte Anlagen hingewiesen werden, bei denen das Oratorium von Anfang an mitgeplant war: es sind die Klöster von Herbet Hass und von Dana-Sud. Tchalenko hat ihre Verwandtschaft erkannt. In Herbet Hass und in Dana-Sud fehlt eine Kirche, was wohl bedeutet, daß diese Bauten komplette Klöster waren, die nur mit einer kleinen Hauskapelle, nicht mit einer frei stehenden Kirche ausgestattet waren. Gerade im Falle des hervorragend erhaltenen Klosters von Dana-Süd (Abb. 6 – 7) möchte man vermuten, daß die Architektur selbst Klausur war und alle für das mönchische Leben wichtigen Funktio-

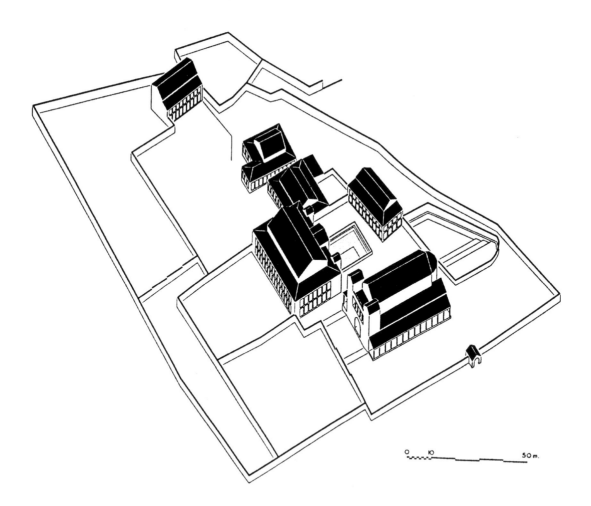

Abb. 5: Die Anlage von Deīr Turmanin. Rekonstruktion nach G. Tchalenko.

Abb. 6: Dana-Süd, Kloster.

Abb. 7: Dana-Süd, Ansicht des Klosters mit Kapelle von Osten.

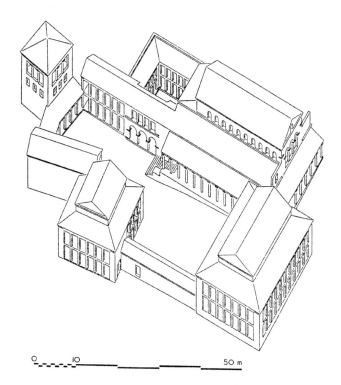

Abb. 8: Deīr Sim'an, Nordwestkloster. Rekonstruktion nach G. Tchalenko.

Abb. 9: Deīr Sim'an, Nordwestkloster: Ostapsis und Gemeinschaftsgrablege der Mönche.

nen beherbergte. Die rechteckige, aus dem Baukörper herausragende Hauskapelle öffnet sich über eine schmale Tür auf einen Quersaal, von dem aus alle übrigen Räume betreten werden konnten. Über einem in die Erde eingetieften Sockelgeschoß erheben sich das Erd- und das Obergeschoß. Fast auf allen Seiten waren dem Kloster zweigeschossige, schattenspendende Portiken auf massiven Pfeilern vorgelagert. Eine funktionale Bestimmung der Räume ist nicht mehr möglich, aber der Bautyp verdient wegen seiner Geschlossenheit, seiner eindrücklichen Monumentalität und wegen seiner formalen Einzigartigkeit Beachtung.

In die gleiche Zeit wie Deīr Turmanin, nämlich um 490/500, ist das Nordwestkloster von Deīr Sim'an, Telanissos, zu datieren (Butler: West monastery) (Abb. 8 – 9). Im Süden liegt die Klosterkirche, an deren Ostapsis auf tieferem Niveau eine Gemeinschaftsgrabstätte der Mönche anschließt. Nördlich der Kirche breitet sich ein Innenhof aus, an den zwei große, mehrgeschossige Saalbauten mit vierseitig herumführenden Portiken angebaut sind. Im Osten verengt sich der Hof und wird an drei Seiten von ein- und zweigeschossigen Portikusquersälen flankiert. Ganz im Osten überragt ein quadratischer Turm mit großen Fenstern im Obergeschoß die ganze Anlage. In ihm möchte Tchalenko die Abtswohnung erblicken. Die funktionale Bestimmung der einzelnen Bauten muß jedoch hypothetisch bleiben. Besonderes Interesse verdient aber die Grablege der Mönche, die in der fast quadratischen für die Steingewinnung angelegten Vertiefung im Boden eingerichtet wurde. Sie war von der östlichen Portikus aus über eine verschließbare Tür zugänglich und bestand aus einem beinahe quadratischen Raum mit eingestellter, zweigeschossiger und dreiseitiger Portikus. An den Wänden im Erdgeschoß sind die Arkosolgräber der Mönche eingetieft. In keinem anderen syrischen Kloster ist die Grablege der Mönche auf derart opulente und aparte Weise gestaltet worden. Im Grunde erinnert diese Anlage an spätmittelalterliche Notablengräber in italienischen Kreuzgängen (Campo Santo). Eine erstaunlich gut erhaltene Mönchsgrablege in Form einer Krypta mit acht Arkosolgräbern unter der Kirche haben I. Peña, P. Castellana und R. Fernandez in Qal'at et-Touffah bekannt gemacht. Eine weitere Eigenheit des Klosters von Qal'at et-Touffah besteht in der Anordnung von 17 Mönchszellen der Umfassungsmauer entlang, sowie in der Präsenz von drei Olivenpressen und einer Traubenpresse innerhalb des Klosterbezirks (Abb. 10).

In Syrien hat sich um die verstorbenen Mönche eine kultische Verehrung entfaltet, so daß man ihre Gräber ähnlich den Märtyrergräbern unter oder neben der Kirche anlegte. In der Mönchsgeschichte Theodorets erfahren wir denn auch, daß sich Aszeten und Mönche mit Vorliebe zusammen mit Märtyrerreliquien bestatten ließen (c. 10, 13, 21, 24).

Telanissos war eine Station im Leben Symeons des Styliten: „dort fand er eine kleine Hütte vor, in die er sich für drei Jahre einschloß", sagt Theodoret (c. 26). Selbstverständlich hat sich dort keine Spur von Symeons Hütte mehr erhalten. Erst spät im 6. Jahrhundert errichteten Mönche im Nordwesten des soeben besprochenen Klosters eine Aedikula aus Spolienmaterial auf einem zirka 3,70 Meter hohen Sockel. Daneben liegen die Bruchstücke einer Säule, die als Standort eines Styliten bezeichnet wird. Möglicherweise lebte ein Rekluse auf der Aedikula, während die Säule an den ehemaligen Aufenthalt Symeons in Telanissos erinnern sollte. Die Aedikula und die Säule sollten den Nachgeborenen Symeons beweisen, daß er an dieser Stelle einst lebte und wirkte, bevor er auf dem nahe gelegenen Berg in Folge eine sechs, dann eine zwölf und schließlich eine 22 Ellen hohe Säule aufstellen ließ. Der Erfolg dieses akrobatischen Lebens auf der Säule war ein internationaler: „nicht nur die Bewohner unseres Landes drängen sich dort zusammen, sondern auch Ismaeliten, Perser und die von ihnen unterjochten Armenier, Iberer, Homeriten und Völkerschaften, die noch weiter im Innern wohnen. Es kommen auch viele vom äußersten Westen, Spanier und Briten und Gallier, welche zwischen diesen wohnen. Von Italien brauchen wir nicht zu sprechen. (... In Rom soll man) in allen Vorräumen von Werkstätten kleine Bilder von ihm aufgestellt haben, die

Schutz und Sicherheit verschaffen sollen" (c. 26). Als Kontrastbeispiel zu Qal'at Sim'an soll an dieser Stelle noch das kleine Heiligtum in Kafr Derian Erwähnung finden, das als Aufenthaltsort des Styliten Jonas (Mar Yonan) identifiziert werden konnte (Abb. 11 – 12). Die Anlage entstand in der zweiten Hälfte des 6. Jahrhunderts. Innerhalb einer rechteckigen Umfriedung befinden sich eine zweigeschossige Kapelle mit rechteckiger Apsis, die Säule des Jonas und sein Grab, ein in den Boden eingetiefter Sarkophag, der nahe bei der Säule liegt. Vom Obergeschoß der rechteckigen Kapelle konnte man auf eine Art Balkon hinaustreten, der über der in ganzer Breite der Kapelle vorgelagerten Portikus liegt. Tchalenko meinte, daß dieser Balkon den Gläubigen und Mönchen diente, um sich mit Jonas unterhalten zu können. Die Deutung ist aber unklar. Stiegen die Pilger bzw. Mönche wirklich auf den Balkon, um sich mit dem in zehn bis zwölf Metern Distanz auf der Säule stehenden Jonas besser unterhalten zu können? Die Situation hätte nicht einer gewissen Komik entbehrt! Da P. Castellana in seinem Buch über die syrischen Styliten die Höhe der Säule auf 8,70 Meter veranschlagt, wäre es wohl einfacher gewesen, den Styliten vom Erdboden aus anzusprechen. Der Vita Symeons in Theodorets Mönchsgeschichte (c. 26) kann man entnehmen, daß der Säulenheilige nicht nur auf der Säule stand, sondern auch predigte: „Er trägt zuerst den Anwesenden die göttliche Lehre vor, dann hört er Bitten an und vollbringt einige Heilungen und schlichtet die ihm von den Parteien vorgelegten Händel." Es ist klar, daß Symeon bei dieser Gelegenheit die Säule verließ. Auch Jonas dürfte die Säule verlassen haben, um zu predigen. Wahrscheinlich diente das Obergeschoß der Kapelle von Kafr Derian einer monastischen Gemeinschaft als Ort der Besinnung. Die Wohn- und Schlafstätten der Gemeinschaft müssen aber außerhalb der Umfriedung gelegen haben. Der Sarkophag neben der Säule zeigt an, daß nach dem Tod des Styliten Grab und Säule gleichzeitig verehrt worden sind, dies ganz im Gegensatz zu Qal'at Sim'an, wo nach dem Tode Symeons nur noch die Säule verehrt worden ist, während sein Grab in Antiochia lag.

Beim Vergleich der monastischen Bauten des nordsyrischen Kalkmassivs mit den südsyrischen Klöstern fallen grundlegende Unterschiede auf. Die nordsyrischen Klöster enthalten zuweilen höchst eindrückliche Monumental- und – man möchte fast sagen – Repräsentationsbauten, die einer nichtkirchlichen Nutzung dienten. Die Gästehäuser bzw. Konventgebäude von Deīr Turmanin und Deīr Sim'an sind beinahe so groß wie die Klosterkirchen. Diese Monumentalität sagt etwas aus über die zur Verfügung stehenden Finanzen – seien es fromme Spenden oder von den Klöstern selbst erwirtschaftete Beträge – und über das Ansehen der Mönche, der Pilger und der Hilfesuchenden. Mönche, Pilger, Kranke und Arme waren die Adressaten dieser Nutzbauten, die man – um einen trivialen Vergleich zu wählen – nach heutigen Gesichtspunkten als Vierstern-Herbergen bezeichnen müßte. Der Gast

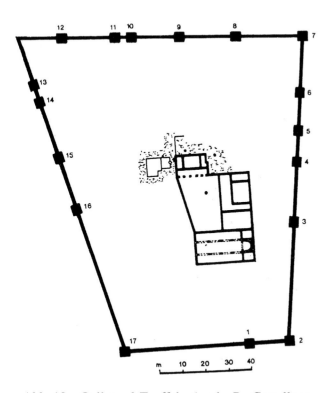

Abb. 10: Qal'at el-Touffah (nach P. Castellana, I. Peña, R. Fernandez).

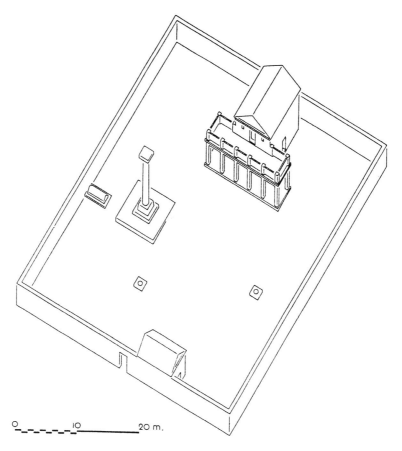

Abb. 11: Kafr Derian, Rekonstruktion des Stylitenheiligtums nach G. Tchalenko.

fühlte sich zweifellos geehrt. Was aber dachte sich der Arme dabei?

Um so erstaunlicher ist es, daß die kleinen und großen Klöster Nordsyriens zwar immer wieder die nämlichen Einzelbautypen anwenden, daß diese aber wenig systematisch angeordnet sind. Kirche, Konventsgebäude, Gasthaus, Abtswohnung und Gemeinschaftsgrablege der Mönche sind stets locker um einen Innenhof angeordnet, der sehr verschieden geformt sein kann. Man kann nur mit Vorbehalt von einer Bauordnung sprechen. Es scheint, daß die Bauordnung der nordsyrischen Klöster nicht weiter gewirkt hat. Gerade in dieser Hinsicht unterschieden sich die Hauranklöster fundamental von den nordsyrischen Klöstern.

Zirka 20 Kilometer südlich von Bosra, nur wenige Kilometer von der heutigen syrisch-jordanischen Grenze entfernt, liegt die Ruine des Klosters Ed-Deīr (Abb. 13). Der dreischiffigen Kirche ist im Westen ein Atrium vorgelagert, das weit über die Abseiten der Kirche hinausragt. An der Nord-, West- und Südseite des Atriums sind verschieden große Räume aufgereiht, der kleinste mißt 3,75 Meter Länge, der größte 6,40 Meter. Die Breite dieser Räume variiert zwischen drei und acht Metern. Interessant ist die Eingangspartie geformt: eine einzige Tür führt von der Westseite in einen langen dunklen Korridor, der sich schließlich auf den Hof des Atriums öffnet. Die schmale Tür und der enge Korridor machen klar, daß das Atrium verschließbar

Abb. 12: Kafr Derian, Heiligtum des Styliten Jonas.

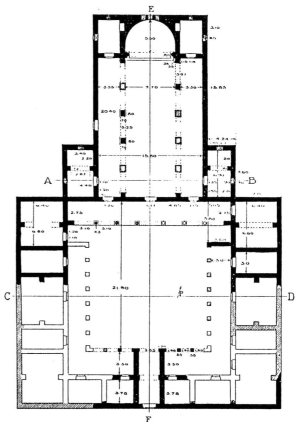

Abb. 13: Das Kloster von Ed Deīr (nach H. C. Butler).

Abb. 14: Umm es-Sorab, Abtswohnung und Minarett.

und seine Besucher kontrollierbar waren. Es handelt sich um eine Art „Klausur". Der Architekt der Anlage wählte das auch sonst im frühchristlichen Kirchenbau verbreitete westliche Atrium und staffierte dieses mit einem schmalen Eingang und 14 Räumen aus, von welchen die sechs größten mit Schwibbögen unterteilt und mit Steinplatten belegt waren. Das Atrium war zweigeschossig angelegt. Die in Ed-Deīr gewählte Klosterbauform muß als eine international verbreitete angesehen werden. In Rom siedelten sich Mönche im Atrium von St. Peter an, und Gregor von Tours bezeugt ein Nonnenkloster im Atrium von St. Martin in Tours, das von Ingotrude gegründet worden ist. In Nordsyrien scheint sich allein im Ostkloster von Borj Heydar der Reflex dieses internationalen Impulses zu manifestieren, indem das Atrium an der Westseite der Kirche disponiert worden ist. Andernorts ist das Atrium westlich vor der Kirche als Aufenthaltsort von Kleriker-Kongregationen gewählt worden.

Die westliche Lage des Atriums war für Mönche weniger geeignet als für Kleriker-Kongregationen, weil die Mönche durch Besucher im Atrium gestört wurden. Es muß sich daher früh herumgesprochen haben, daß das Atrium mit Vorteil an der Nord- oder Südseite der Kirche errichtet wird, weil dann die Kirchgänger und sonstigen Besucher nicht durch den Aufenthaltsraum der Mönche schreiten müssen. Als Beispiel für eine nördliche Lage des Atriums sei die Sergius- und Bacchuskirche von Umm-es-Sorab in der Nähe von Ed-Deīr (jedoch heute auf jordanischem Boden) genannt (Abb. 14). Leider ist der Grundriß der Anlage auch in den jüngsten Publikationen unvollständig wiedergegeben. Sowohl im Westen der Kirche als auch im Süden und Osten liegen zahlreiche weitere Bauten, ohne deren Kenntnis der ganze Komplex unverständlich bleibt. In Umm-es-Sorab ist das Atrium mit den umliegenden Wohn- und Nutzräumen an die Nordflanke der Kirche verlegt. Die Kirche war von Süden und Westen her zugänglich. Ein schmaler, dunkler Gang von 4,55 Meter Länge verbindet die Kirche mit dem Atrium, das wie in Ed-Deīr zweigeschossig angelegt ist. Unter dem Hof des Atriums liegt eine Zisterne. Die das Atrium umgebenden Räume sind noch heute durch Schwibbogen unterteilt und mit Steinplatten gedeckt. Besonderes Interesse verdient der östlichste Raum des Atriums, der mit dem Diakonikon im Mauerverband errichtet wurde. Dieser Raum ist zweigeschossig, und sein Obergeschoß war vom Atrium her über eine Außentreppe erreichbar. Sowohl im Erdgeschoß als auch im Obergeschoß befinden sich mehrere Wandnischen für Wandschränke. Da der Obergeschoßraum nach Norden, Osten und Westen Fenster besitzt und mit einer auf Schwibbögen ruhenden Steinplattendecke eingedeckt ist, handelt es sich um den Aufenthaltsraum eines Privilegierten. Aller Wahrscheinlichkeit nach ist es der Wohnraum des Klostervorstehers.

Ein Rundbogenportal an der Ostseite des Atriums führte einst in die weiter östlich liegenden Räume, unter denen ein großer Raum von zirka 12 Meter Breite mit mindestens zehn nebeneinanderliegenden Wandnischen auffällt. Möglicherweise handelt es sich um einen Vorratsraum. Im Westen der Kirche dehnt sich ein großer Hof aus, an den verschiedene Wohnräume anschließen. Zweifellos war Umm-es-Sorab ein wichtiger monastischer Komplex, der in islamischer Zeit in eine Moschee umgebaut worden ist. Die Wahl der Nordlage des Atriums erinnert frappant an die Nordlage (bzw. Südlage) des Kreuzgangs in Klöstern seit karolingischer Zeit im Westen. Hinter Umm-es-Sorab muß sich ein prägendes Paradigma verbergen, das häufig nachgeahmt worden ist. Aber es klafft zwischen diesem syrischen Kloster vom Jahre 489 und den karolingischen Kreuzgängen eine zu große zeitliche Lücke, so daß sich gegen die These einer formalen Abhängigkeit westlicher Kreuzgänge mit Nord- oder Südlage von Atrien syrischer Klöster schwere Bedenken erheben. Dennoch kann man nicht über die Tatsache hinwegsehen, daß einige südsyrische Klosterbauten eher internationale Tendenzen reflektieren, während die nordsyrischen Klöster mehr einer lokalen Bautradition verpflichtet sind, die ihrerseits nicht nach aussen zu wirken vermochte.

---

[1]) Siehe den Beitrag von J.-P. Sodini, Seite 128 ff.

LITERATUR

G. BELL, The Churches and Monasteries of the Tur'Abdin. Einführung von M. Mundell Mango (London 1982).

H. C. BUTLER, Early Churches in Syria. Fourth to Seventh Centuries (Princeton 1929).

P. CANIVET, Le monachisme syrien selon Théodoret de Cyr. Théologie historique 42 (Paris 1977).

H. DELEHAYE, Les saints stylites. Subsidia Hagiographica 14 (Brüssel/Paris 1923).

Des Bischofs Theodoret von Cyrus Mönchsgeschichte. Übs. K. Gutberlet. Bibliothek der Kirchenväter 50 (München 1916).

M. FALLA CASTELFRANCHI, Edilizia monastica in Mesopotamia nel periodo preiconoclasta (IV – VIII sec.): Vetera Chr 24 (1987) 43/112.

E. HONIGMANN, Nordsyrische Klöster in vorarabischer Zeit: Zeitschrift für Semitistik und verwandte Gebiete 1 (1922) 15/32.

J. LAFONTAINE-DOSOGNE, Itinéraires archéologiques dans la région d'Antioche. Récherches sur le monastère et sur l'iconographie de St. Syméon Stylite le Jeune (Brüssel 1967).

J. LASSUS, Sanctuaires chrétiens de Syrie (Paris 1947).

St. SCHIWIETZ, Das morgenländische Mönchtum. Bd. 3. Das Mönchtum in Syrien und Mesopotamien und das Aszetentum in Persien (Mödling b. Wien 1938).

G. TCHALENKO, Villages antiques de la Syrie du Nord, 3 Bde (Paris 1953).

A. VÖÖBUS, Einiges über die karitative Tätigkeit des syrischen Mönchtums: Contributions of Baltic University Pinneberg 51 (1947) 1/27.

DERS., History of Ascetism in the Syrian Orient. Bd. 2: Early Monasticism in Mesopotamia and Syria. Corpus Scriptorum Christianorum Orientalium vol. 197, Subsidia 17 (Louvain 1960).

DERS., Syriac and Arabic Documents Regarding Legislation relative to Syrian Ascetism (Stockholm 1960).

ABBILDUNGSNACHWEISE

Pläne und Rekonstruktionen nach H. C. Butler, P. Castellana, I. Peña, R. Fernandez, G. Tchalenko. – Sämtliche Fotos vom Verfasser.

Jean-Marie Dentzer
SIEDLUNGEN UND IHRE KIRCHEN IN SÜDSYRIEN

DIE „CHRISTLICHE PERIODE"

Als zwischen der Mitte des 19. und dem Beginn des 20. Jahrhunderts die Reisenden der großen archäologischen Expeditionen in den Basaltlandschaften Südsyriens fast intakte Dörfer bzw. Bauwerke entdeckten, hatten sie sozusagen den Lebensrahmen der Einwohner der christlichen Zeit vor den Augen. Diese Epoche markiert den Höhepunkt einer bedeutenden wirtschaftlichen und kulturellen Entwicklung (4. – 6. Jahrhundert), deren Beginn in den ausgehenden Hellenismus (Ende 1. Jahrhundert v. Chr.) fällt und die gesamte Omayyadenzeit hindurch andauerte. Selbst die Wirren des 3. Jahrhunderts (generelle Reichskrise, erster Vorstoß der Sassaniden, Expansionsbestrebungen Palmyras) scheinen keinen nachhaltigen Einfluß auf die Provinz Arabia und den südlichen Teil von Syrien-Phönizien hinterlassen zu haben, obwohl der Jupiter-Hamon Tempel in Bosra durch palmyrenische Streitkräfte zerstört wurde. Gegen Ende des 3. Jahrhunderts scheint auch das antike Sia im Hauran ziemlich überraschend verlassen worden zu sein. Welcher Art die Zerstörung auch gewesen sein mag, das Dorf wurde nicht wieder aufgebaut oder besiedelt: Eine bemerkenswerte Ausnahme, die es zu überdenken gilt, da sich in der Regel ein Bevölkerungs- und Siedlungskontinuum von der Römerzeit bis ins 4. bis 6. Jahrhundert feststellen läßt. Um die Mitte des 4. Jahrhunderts lassen sich in mehreren Dörfern Verteidigungsanlagen (Errichtung von Wehrtürmen) inschriftlich nachweisen. Diese Bauten könnten – nach Meinung von M. Sartre – die zunehmende Angst vor einem Friedensbruch mit Persien bzw. vor einer Offensive Shapurs II. widerspiegeln. Vielleicht waren sie auch nur Schutz gegen benachbarte Nomadenstämme. Tatsächlich aber hat die persische Offensive gegen Byzanz zu Beginn des 7. Jahrhunderts kaum mehr als später die islamische Eroberung die dort ansässige Bevölkerung und ihre wirtschaftlichen Strukturen erschüttert. Ein Niedergang und das damit häufig verbundene Verlassen von Siedlungen ist erst am Ende der Omayyadenzeit und zu Beginn der Herrschaft der Abbassiden zu verzeichnen. Eine neuerliche Besiedlung im Mittelalter hielt sich besonders im Djebel al-Arab in Grenzen; sie setzte wie überall in Syrien-Palästina in ayyubidischer und mamelukischer Zeit in vollem Maße ein, wobei alte Strukturen kaum verändert wurden. Die außerordentliche Stabilität antiker Bauwerke läßt sich durch die fast ausschließliche Verwendung von Basalt und das Fehlen der Holzbauweise erklären. Selbst im Gebälk und bei Tür- und Fensterflügeln ist Basalt vorherrschend. Daher erklärt sich der gute Zustand einzelner Bauten; auch wenn sie oft teilweise zusammengestürzt waren, konnten sie jederzeit repariert und wiederum verwendet werden. Die Drusen, die das Land seit dem 17. Jahrhundert wieder in Besitz genommen hatten, konnten sich offensichtlich mühelos in teilweise noch intakten Dörfern niederlassen. Vor noch etwa 20 Jahren sah man Familien in antiken Häusern praktisch auf antikem Niveau bequem leben, wie z. B. in der Villa von Jmarrin.

Dank dieser Wiederbesiedlung ist die Konstruktionsweise ohne Mörtel bis heute erhalten (statt des Mörtels stützte man größere Räume der Häuser durch Bögen, Auskragungen und Vorbauten). Man konnte mehr oder weniger genau das Leben in christlicher Zeit, in der zahllose ältere Gebäude noch bewohnt waren, rekonstruieren. Eine annähernd exakte Datierung für eine kontinuierliche Entwicklung bzw. für die Ausbreitung des Christentums und die Definition einer „christlichen Periode" ist trotz zahlreicher Relikte kaum möglich. Nur wenige Häuser oder Kirchen sind inschriftlich datiert. Systematische Grabungen sind spärlich, Häuser oder dörfliche Ansiedlungen sind bis dato kaum erfaßt worden. Als der Apostel Paulus von Damaskus nach Arabien floh (doch eher in Richtung Bosra als auf die Arabische Halbinsel), gab es zumindest in dieser Gegend seit dem 1. Jahrhundert jüdische Gemeinden, die sich bereitwillig dem Christentum öffneten (bezeugt für Nawa, Sur, Sheykh Meskin, Ezraa).

Das ist nichts Außergewöhnliches, wenn man die Nähe Palästinas bedenkt. Die Forschungen in dieser Gegend haben einen ziemlich eindeutigen Zeitpunkt für die Christianisierung kleinerer Gemeinden bzw. deren materielle Spuren (Inschriften, spezifische Gebäude) fixiert.

Die ältesten Quellen erwähnen Bischöfe und deren Gemeinden in Bosra. Der erste Bischof ist Beryllos. Origenes, der sich 214/15 in Bosra aufhielt, korrigierte seine dogmatischen Fehlinterpretationen in Glaubensfragen.

Gegen 250/60 ist Hippolytos bekannt, Maximus um 264. Nach dem Kirchenfrieden sind die Bischöfe Nicomachos, Antonius und Titus belegt. Letzterer mußte sich mit der antichristlichen Politik Julians des Apostaten auseinandersetzen. Nach Aussage Julians bestand damals ein gewisses Gleichgewicht zwischen christlichen und heidnischen Gemeinden. Die spätesten heidnischen Inschriften stammen aus dem Jahre 360; sie müssen sicherlich im Zusammenhang mit Julians neoheidnischer Politik gesehen werden. Vor dieser Zeit ist kaum mit einer Unterdrückung des Paganismus zu rechnen. Als Beispiel könnte man das noch intakte antike Dorf ad-Diyatheh an den Ostausläufern des Haurans anführen: die Keramik datiert dessen Besiedlung ins 4., 5. und 6. Jahrhundert – es gibt jedoch keinerlei Hinweis auf eine Kirche, auf eine christliche Inschrift oder auf ein anderes christliches Symbol. War dieses heidnische Dorf am Rande der Steppe eine Ausnahme?

Mitte 6. Jahrhundert merkte der heidnische Philosoph Isidorus anläßlich seines Besuches in Südsyrien, wo er auf der Suche nach alten heidnischen Kultstätten war (z. B. Mündung des Styx: Wasserfall von Nahr Ehreir in der Nähe von Tell Ashaari) an, daß das Nachbardorf Dia (Dion?) „éremos", buchstäblich verlassen, aber „christlich" sei (im spöttischen Sprachgebrauch heidnischer Philosophie). Zweifelsohne waren noch andere Ortschaften zu dieser Zeit nicht christianisiert (Damascius, Vita Isidori § 199). Der Hügel von Sia hat überhaupt keine Spuren christlicher Besiedlung hinterlassen.

Das Christentum beherrscht ab der Mitte des 4. Jahrhunderts die syrische Religionsgeschichte. In Bosra läßt sich die Weiterentwicklung der christlichen Gemeinde durch eine Anzahl von Bischöfen gut verfolgen: Badagius, Agapius, Antiochus und Konstantin, die mitunter manchmal miteinander in Konflikt kamen.

Der Kirchenschriftsteller und Theologe Antipater wurde in einer metrischen Inschrift als Stifter der großen Jungfrau Mariae-Kirche in Bosra identifiziert (bezeugt um 457, sicher vor 484/5 verstorben, IGLS XIII 9119). Das erste epigraphische Zeugnis für ein christliches Bauwerk in Bosra stammt aus dem 5. Jahrhundert und erwähnt Instandsetzungs- und Ausbesserungsarbeiten (IGLS XIII 9117). Archäologische Zeugnisse zur Christianisierung wie etwa Kreuze an Häusern oder öffentlichen Gebäuden sind selten datierbar, bestenfalls erlaubt die Auswertung von Gravuren die Unterscheidung von Kreuzen, die zum originalen Baudekor gehörten, von solchen, die erst nachträglich angebracht wurden. M. Sartre hat festgestellt, daß Kreuze auf Gräbern des 4. Jahrhunderts kaum zu finden sind. In Siedlungen ist die Kirche oder das Kloster eindeutiger Hinweis auf das Christentum, wie später die Moschee für den Islam. Der Streit der Monophysiten löste in Südsyrien im Vergleich zu anderen Gebieten relativ wenig Konflikte aus. Im 6. Jahrhundert wurde Bischof Julian vom Monophysiten Cassian abgelöst (512 – 518). „Der Brief von Jakob Baradaeus" enthält die Namen von etwa 20 Klöstern der Monophysiten und „der Brief der arabischen Archimandriten an die orthodoxen Bischöfe" beinhaltet 137 Namen monophysitischer Mönche (um 570). Die Klöster liegen im Nordwesten des Haurans oder in der Umgebung des Hermongebirges. Nach M. Sartre waren die Städte davon nicht betroffen und über die Rolle der Ghassaniden weiß man zu wenig Bescheid.

WIRTSCHAFT

Was über das wirtschaftliche Leistungsvermögen, vor allem am Agrarsektor für die römische Zeit gesagt wurde, gilt auch für die christliche Ära: Vorwiegend Getreideanbau in den fruchtbaren Ebenen des Haurans, Weinanbau im heutigen Djebel el-Arab, große Ölbaumkulturen und Ölproduktion in Jawlan. Überall hochentwickelte Viehzucht (Rinder, Pferde), archäologisch faßbar durch große Ställe in Landvillen, aber auch in Stadthäusern wie z. B. in Kanatha.
Der Hauran dürfte – Quellen dazu fehlen – seit byzantinischer Zeit landwirtschaftliche Produkte sogar exportiert haben. In der Antike galt er als „Kornkammer" von Damaskus und Syrien.
Arabische Quellen sprechen von einem lebhaften Warenaustausch und Karawanenverkehr, der seit dem 6. Jahrhundert zwischen Bosra und Hejjaz belegt ist (Berichte des Propheten aus Bosra). Nach der sassanidischen Okkupation des Euphratgebietes und der Zerstörung Palmyras durch Aurelian wurden, als unter Diokletian der Euphrat als Reichsgrenze fixiert worden war, die alten Handelswege möglicherweise reaktiviert.
Mit der Landverteilung und dem Erstellen eines neuen Katasters wurden die Territoriumsgrenzen der Dörfer unter der Tetrarchie, wie auch in anderen Gegenden des Imperium Romanum, fixiert (297/8 n. Chr.). Dieser Vorgang ist in Südsyrien durch mehr als 20 Inschriften auf Grenzsteinen besonders gut dokumentiert. Fünf oder sechs, eine davon in Ghabagheb – sie waren noch unpubliziert –, wurden von M. Sartre entziffert.
Die ständige Expansion von Kulturland Richtung Osten bis an den Rand der Steppe in frühchristlicher Zeit erreichte vom 4. bis 6. Jahrhundert ihren Höhepunkt. Die spätesten Siedlungen an der Ost- und Südostflanke des Haurans datieren ins 3. – 4. Jahrhundert und fallen zeitlich mit dem eigentlichen Ausbau des Limes seit Diokletian zusammen. Weitere Gründungen von kleineren Ansiedlungen – als Deirs in der Ortsnamenkunde erhalten, die jedoch nicht unbedingt Klöster sein mußten – haben die Kultivierung der Steppenböden und die Anbaufläche des Ackerbaues aufgrund von Bewässerungssystemen vorangetrieben. Das antike Dorf Diyatheh (3./4. Jahrhundert) lebte ausschließlich von einem durch ein großes Wadi bewässerten Gebiet.
Langgestreckte Parzellen, die sich eindeutig von der unregelmäßigen, polygonalen Begrenzung des Ackerlandes bzw. der umliegenden Gärten in der Region um Suweida unterscheiden, könnte man generell der frühchristlichen Zeit zuordnen.
Lange Streifen – die Lacineae in landwirtschaftlichen Texten römischer Autoren – prägen das Landschaftsbild im Osten. Dort entstanden die zivilen und militärischen Siedlungen analog zu Nordsyrien sehr spät.

POLITISCHE VERWALTUNG
UND ORGANISATION

Im Nordosten läßt sich aufgrund von Angaben in epigraphischen Quellen seit dem 2. bzw. 3. Jahrhundert eine gewisse Kontinuität im administrativen Bereich nachvollziehen.
Dieses Gebiet bezeichnet A. H. M. Jones als „pays de villages", als eine Region mit vielen dörflichen Ansiedlungen. Tatsächlich liefert das 4. Jahrhundert eine sehr große Zahl von Inschriften, die sich mit dem Leben in den Dörfern, dem gemeinschaftlichen Grund- und Bodenbesitz, Versammlungen des Volkes und lokalen Magistraten auseinandersetzen. Man kann mit gutem Grund annehmen, daß die relativ autonome Verwaltung, von der die Texte sprechen, lange Zeit überlebt hat, da eine analoge Organisation im byzantinischen Chorion des 7. – 8. Jahrhunderts noch festzustellen ist. Unsicher ist jedoch, ob diese Autonomie der Gemeinden, deren Magistrate und Titulaturen durch Inschriften relativ oft bezeugt sind, von den kirchlichen Autoritäten nicht beeinträchtigt wurde. Mit der Verleihung des Stadtrechtes (Philippopolis, Maximianopolis) oder von Ehrentiteln wie z. B. Metrokomia (Neeila, Aqraaba,

Zorava) war ein unmittelbares Anwachsen der Dörfer verbunden. Seit dem Ende des 2. Jahrhunderts sind nach M. Sartre solche Stadterhebungen bekannt, und die „Metrokomia" des 2./3. Jahrhunderts wurde im 4. Jahrhundert generell zur Polis.

DÖRFER

Sehr vielen Dörfern ist ein Aspekt gemeinsam: ein unregelmäßiger Bebauungsplan; nur dort, wo es das Gelände zuließ, ist der Stadtplan annähernd rechtwinkelig. Häuser wurden ohne vorhergehende Planung, einzeln oder in Gruppen, errichtet. Das hatte ein wirres Netz aus breiteren und engeren, oft blind endenden Straßen zur Folge. Diese Siedlungen verschmolzen aus ursprünglich isoliert stehenden Häusern, die im Besitz einer Sippe waren. Die Häuser 1 und 3 in Kafr Shams sind z. B. so zusammengewachsen. Sie stammen aus byzantinischer Zeit (christliches Monogramm auf der Eingangsschwelle und griechische Inschrift „ein einziger Gott" auf dem Schlußstein eines Bogens im Haus 1).

Auch in anderen Dörfern lassen sich die verschiedenen Perioden einer derartigen Entwicklung ablesen. In Sia, das bekanntlich gegen Ende des 3. Jahrhunderts zerstört worden war, gab es zu dieser Zeit kaum noch unbebautes Terrain. Andere Orte wie Majdal esh-Shor oder Msayke verfügen in byzantinischer Zeit und selbst noch im Mittelalter über genügend Freigelände. Sha'rah z. B. hatte bis in die ausgehende Antike riesige unverbaute Flächen. Öffentliche Bauten, ausgenommen heidnische Kultbauten und christliche Kirchen, waren in den Dörfern selten. Ein Beispiel einer ländlichen Thermenanlage ist von Sha'rah bekannt.

Inschriften zitieren mitunter Gemeinschaftshäuser (in Waqem: 4. Jahrhundert). Unklar ist, ob diese Gebäude in irgendeinem Konnex zu den Herbergen standen, die ebenso in manchen epigraphischen Quellen genannt werden, oder ob sie sich durch spezifische Bauformen unterschieden.

Befestigungsanlagen sind in Dörfern selten. Die wenigen bekannten Beispiele sind wahrscheinlich vorbyzantinisch. Öfter jedoch bildeten Außen-, Schein- oder Verbindungsmauern der am Dorfrand liegenden Häuser ein – zumindest gegen Herumtreiber – natürliches Wehrsystem.

Die Befestigung von Umm el-Jimal bestand nur aus verbauten Durchgängen zwischen den Häusern an der Peripherie. Außerdem gab es dort noch eine Kaserne für eine militärische Einheit, und für die Zeit um 350 n. Chr. sind private, öffentliche und militärische Wehrtürme bezeugt.

Bei manchen Dörfern setzt diese Entwicklung erst relativ spät ein, nämlich nach der Verleihung des Stadtrechtes: Mitte 3. Jahrhundert in Shabba-Philippopolis, dem monumentalen Zentrum für den Kult des Philippus Arabs und seiner Familie. Erhalten sind dort große Thermenanlagen mit Wasserleitung und eine monumentale Quelle, eine Stadtmauer mit vier großen Toren, ein Tetrapylon und ein Theater.

Ähnliches gilt für Shaqqa-Maximianopolis mit seiner Basilika und seinem Kaisareon, dessen Funktion noch näher zu bestimmen bleibt.

In der Stadt Kanatha sind ein heidnischer Tempel, Thermen, ein Theater und ein monumentales Nymphaeum erhalten.

Suweida, spätestens unter Commodus zur Stadt erhoben, besitzt ein Theater. Andere Bauwerke sind seit dem 18. Jahrhundert dem stetigen Wachstum der Stadt zum Opfer gefallen.

Die einzig wirklich bedeutende Stadt war die Provinzhauptstadt Bosra mit genügend Beispielen urbaner Architektur: Straßen, Plätzen mit Portiken, Bögen, Tetrapylon, zwei großen Thermenanlagen, einem Theater, einem Amphitheater und einem Hippodrom (wie im benachbarten Deraa-Adraha).

Im Laufe des 6. Jahrhunderts senkte man nach Fertigstellung der Kanalisation das Niveau in unmittelbarer Umgebung des Nabatäerbogens. Bei dieser Gelegenheit verschwanden die Stufen vor dem Bogen, möglicherweise um den Verkehr auf der neuen Straße zu erleichtern.

Eine Inschrift im Straßenpflaster datiert die Porticus (= Embolos) an der Straße zwischen Südtherme, Hauptbogen und Theater in das Jahr 517.

Die öffentlichen Bauten von Bosra wurden bis in christliche Zeit genützt, wenn auch deren Funktion etwas modifiziert wurde (z. B. Theater). Die Südthermen wurden ständig erweitert und erreichten im 4. Jahrhundert ihre maximale Ausdehnung. Sie waren bis in omayyadische Zeit in Betrieb, wobei die großen Becken in mehrere kleinere umgebaut wurden.

Neben der Palaestra auf der Ostseite wurden straßenseitig Geschäfte und im Obergeschoß ein größerer apsidialer Bau eingefügt, der als Kirche interpretiert wurde. Darunter führt ein gewölbter Verbindungsgang direkt in die Palaestra.

Diese und andere städtebaulichen Maßnahmen werden in das 6. – 8. Jahrhundert datiert.

WOHNVERHÄLTNISSE

Signifikante Beispiele für öffentliche Bauwerke, Bosra ausgenommen, sind äußerst spärlich. So ist man vorwiegend auf die Hausarchitekturen in verlassenen Dörfern oder an wiederbesiedelten Plätzen angewiesen, um die Wohnverhältnisse zu untersuchen. Systematische Grabungen zur Rekonstruktion traditioneller Haustypen fehlen.

Im Westteil von Bosra legte man ein Haus aus der Omayyadenzeit frei: Sechs Zimmer waren um einen Hof gruppiert. Einen solchen Grundriß findet man bereits bei älteren Häusern am Land. Nur hinsichtlich seiner Maße unterscheidet sich dieses als „Traianspalast" bekannte Haus, das im 5./6. Jahrhundert wahrscheinlich als Bischofssitz diente, von zeitgleichen Bauwerken im ländlichen Bereich.

Der Prunksaal mit trikoncher Exedra im Obergeschoß ist eine eindeutige Anleihe aus der Palastarchitektur.

KIRCHEN

Geschichte

Einige von M. Sartre zusammengestellte datierte Inschriften informieren uns, wenngleich etwas lückenhaft, über die Geschichte des Kirchenbaues. Für einige Bauten dieser Gegend muß die Datierung noch präzisiert werden. Grabungen reduzieren sich derzeit auf zwei Plätze in Bosra. Bis zur Anerkennung des Christentums als Staatsreligion mußte sich die Gemeinde wie überall in Syrien in Privathäusern treffen. Relativ schnell setzt dann die Konstruktion spezifischer Gebäude ein, wobei man über die frühen Phasen kaum Bescheid weiß.

Die ältesten inschriftlich datierten Kirchen sind die des hl. Sergius in Hit (Waddington 2124: ca. 324 oder später). Die Kapelle der Festung von Deir al-Kahf (ca. 367 – 375), eine Kirche in Kafr (Waddington 2293a, 391 – 392). Die Kirche des Iulianos in Umm al-Jimal (Ende 4. Jahrhundert). Ein Hospiz in Harran 397. Aufgrund stilistischer Merkmale wird eine Reihe weiterer Kirchen dem 4. Jahrhundert zugeordnet.

Beginn 5. Jahrhundert: Kirche in Lubbein (417) und eventuell die Kapelle in der Festung von Qasr el Ba'ik (412). 2. Hälfte 5. Jahrhundert: Kirche von Deir al-Djukh (458), Kirche des hl. Leontios in Sur (458), Kirche in Amra (473), die des hl. Sergios, Leontios und Bakchos in Umm al-Surab (489), in Salkhad (497?).

Die Heilige-Jungfrau-Kirche in Bosra, geweiht von Bischof Antipater, um 460, die drei Kirchen ebenda, die von H. C. Butler beschrieben werden und vielleicht die Basilika von Bahira datieren ebenso ins 5. Jahrhundert.

Im Falle, daß das große Gebäude mit Mosaiken unter der „Neuen" Kathedrale von Bosra, als Kirche zu interpretieren ist, gehört sie in dieselbe Zeit, wenn nicht schon in das beginnende 6. Jahrhundert.

Beginn 6. Jahrhundert: in Muta'iyyeh (508?), Ezraa (St. Elias 512; St. Georg 515), Raham (hl. Sergius 517), Busr al-Hariri (517), Imtan. Nach einem Gebäude mit religiöser Funktion (501 – 502) wird die große Kathedrale der Heiligen Sergius, Bakchos und Leontios 512 – 513 datiert.

Die Kirche von Jaber (531), die Marienkirche in Rhiab 533. Mitte 6. Jahrhundert: Jmarrin (Mnemeion des hl. Stefan 543), Sala (hl. Elias 547), 'Amra (550), Shaqqa (hl. Georg 549), Umm al-Jimal (Kathedrale 557), Ghariye al-Gharbiyé (hl. Georg 558), Nejran (hl. Elias 563), Nawa (Apsis 565), Dur (hl. Leontios) 565), Sala (Wiederaufbau 565/574), Harran (hl. Johannes 567 – 578), Kteibeh (575), Tayyibeh (hl. Sergius 580 – 590), Iiza (hl. Sergius 590), Ghasm (hl. Sergius 593), die Kirchen des hl. Basilius (594) und hl. Paulus (595) in Rihab, St. Theodoros in Shaqqa (596). Den Einfluß Iustinians auf den Kirchenbau in Südsyrien erwähnt M. Sartre, inschriftlich erwähnt ist er für ein dem hl. Hiob geweihtes Bethaus in Bosra (IGLS XIII 9137).

Im 7. Jahrhundert werden noch kurz vor der Eroberung durch den Islam einige Neubauten oder Restaurierungsarbeiten erwähnt: Kirche der hl. Sophia (605), St. Stefan (620) und St. Petrus in Rihab (623), die Georgskirche in Nahite (623), das Georgskloster in Sameh (624/5), die Kirchen des Propheten Isaias und die des hl. Menos in Rihab (635). Nach der arabischen Eroberung: hl. Georg in Kafr (652) und hl. Elias in Orman (668).

Zahl der Kirchen und Topographie

In einigen besser erforschten Dörfern wies man eine beträchtliche Anzahl von Kirchen nach, die aber in keinerlei Übereinstimmung mit den Bevölkerungszahlen stehen: 17 in Umm al-Jimal, sechs in Muta'iyyeh, acht in Khirbet Samra und Rihab der Bene Hassan. Welche Funktion hatten diese Kirchen? Waren sie für die gesamte Bevölkerung gedacht oder nur für spezifische Gruppen (Familien)? Gab es Votivkirchen?

Manche gehörten zu einer monumentalen Grabanlage wie z. B. die im Osten des Serails von Qanawat und die in Umm el-Qutten. Die näheren Umstände für Kirchengründungen sind nicht bekannt. Einige sind Nachfolgebauten älterer Kultstätten. In Maiyamas wurde aus zwei angrenzenden Tempeln, deren Seitenwand man einriß, eine Kirche.

In Sha'rah grenzt die Kirche unmittelbar an den heidnischen Temenos, wo charakteristische Votivgaben (Skulpturen) gefunden wurden. Diese Kirche wurde dann in eine Moschee umgewandelt. Dasselbe gilt für eine zweite Kirche in Sha'rah und in el-'Asim. Von den ca. 110 Kirchen des Haurans ist nur in 27 Fällen der Namenspatron bekannt: Siebenmal der hl. Georg, fünfmal der hl. Sergius, einmal gemeinsam mit dem hl. Bacchus (Umm es-Surab) und in Bosra mit dem hl. Bacchus und Leontios. Leontios allein ist zweimal belegt, ebenso Maria, der hl. Elias und der hl. Stefan. Hiob der Gerechte wurde an zwei Orten in Bosra verehrt und nach Meinung von P. Donceel-Voûte auch in Qanawat.

Den Propheten Isaias, Petrus, Paulus, Menas, Theodoros und Sophia, der göttlichen Weisheit, ist jeweils eine Kirche gewidmet.

Typologie (Abb. 1 – 3)

Man unterscheidet drei Typen je nach Grundriß und Konstruktionsweise in Südsyrien:

1. Rechteckiger Grundriß (Saalkirche)

Der einfachste und zweifelsohne älteste Typus, der auf lokale Traditionen zurückgeht. Pfeiler stützen Querbögen ab, auf deren Kragsteinen die Decke aus fugenlosen Basaltquadern aufliegt, die ihrerseits die Spannweite der Basaltblöcke reduzieren.

Diese für das südliche Syrien typische Konstruktionsweise vermeidet die Verwendung von Holz, das praktisch in dieser Gegend kaum vorkommt. Sie wurde auch an öffentlichen Bauten angewandt, wie z. B. am Kaisareon in Shaqqa. Der größte Raum erreicht dort eine Ausdehnung von 10 x 30 m (H. C. Butler rechnet auch das Bauwerk in Deir Smej zu diesem Typus). Dieser Raum wurde gleich nach dem Erlaß Konstantins in eine Kirche umgewandelt. Nur die beiden Joche an der Ost- bzw. Westseite sind breiter, wobei das im Osten zum Sanctuarium umgebaut wurde. Der verzierte Rahmen des Fensters am Ende des Schiffes wurde zugemauert, damit drei reliefierte Kreuze Platz fanden.

Zum selben Typus gehören mehrere kleine Kirchen wie etwa die in Anz oder die Kapelle des St. Georgsklosters in Saneh. In Anz wurden nur die Stützpfeiler des letzten Bogens verbreitert; im Westen entstand ein Portal durch das Rückspringen der Fassade zwischen den beiden Längswänden, die als Anten gedeutet werden. Im Osten deutet kein einziges

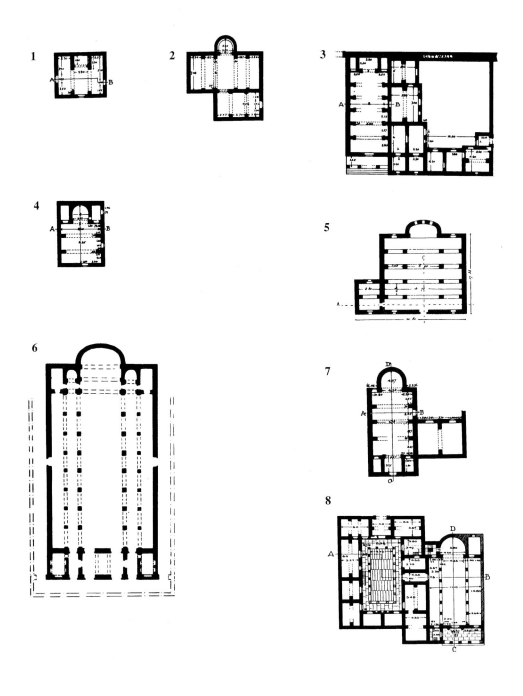

Abb. 1: Grundrisse von Kirchen in Südsyrien (vereinheitlichte Größe) 1 El-Uber 2 Deir ej-Juwani 3 Umm el-Jimal, Ostkirche 4 Dami el-Alya 5 Tafha 6 Suweida, Basilika 7 Lubbein 8 Umm es-Surab.

architektonisches Detail auf die Existenz eines Sanctuariums.

Mehrschiffige Räume

Das Grundschema der Saalkirche konnte variiert werden. Die Bögen konnten transversal gestellt werden, so daß in der Breite gelegene Rechteckbauten entstanden (Kapellen im Kloster von Deir ej-Juwwani und in al-Uber, Kirchen in Uyun und al-Asim). Das Neue war, wie schon in der heidnischen Basilika von Shaqqa, daß Pfeiler eingefügt wurden, die transversale Arkaden trugen und den so vergrößerten Raum in drei Schiffe gliederten (Kirche von Tafha). Die Seitenschiffe schließen mit ihren zwei Geschossen in der Höhe der Mittelschiffbögen ab, sodaß über einem geradlinigen Abschluß Basaltblöcke den Raum abdecken.

Dieses Schema findet man auch beim westlichen Gebäude des Serails von Qanawat: Die ursprünglich nord-südlich orientierte Anlage wurde derart umgestaltet, daß die Apsis im Süden aufgegeben und eine neue im Osten eingebaut wurde.

2. Säulenbasilika

Neben dem lokalen Bautypus der gespannten Arkaden findet man auch Bauten mit transversalen Bögen. M. Restle nennt diese Kirchen Pfeilerbasiliken im eigentlichen Sinn des Wortes. Manche haben einen Chor mit rechteckigem Grundriß ohne Nebenräume (Kirche 2 in Uyun) oder mit zwei Annexen (Kirche 3 in Umm al-Quttin, Doppelkirche von Sabhah, Kirche in al-Karis).

Mitunter ragt die Apsis aus dem rechteckigen Baukörper vor (Kirche 3 in Muta'iyeh).

Zu dieser regionalen Tradition mischen sich Säulenbasiliken römischen Kanons; die Breite des Mittelschiffes erfordert dann eine Eindeckung mit Holz. In der Sergius- und Bacchus-Kirche von Umm es-Surab stützen die Architrave der seitlichen Kolonnaden zwei Galerien. Am eindrucksvollsten ist die Kathedrale von Suweida (67,60 x 27,10 m). Ihre fünf Schiffe entsprechen der Kompartimentierung des Narthex, der Chor mündet in eine zentrale Apsis mit beidseitigen Annexen. Zwei dreistöckige Türme begrenzen die Westfassade. Portiken an der Nord-, Süd- und Westseite des Gebäudes umgeben den Platz rund um das Gebäude. Die Kirchenschiffe waren mit Mosaikfußböden ausgeschmückt: außer floralen und geometrischen Motiven hat sich die Darstellung einer Figur, die einen Kandelaber mit einer brennenden Kerze in Händen hält, mit folgender Inschrift erhalten: „Hier (ist) Sergios und er lebt." Auf einer zweiten Inschrift dürfte ein Stiftername überliefert sein: „Salome, Mutter des Bischofs Georgios."

P. Donceel-Voûte datiert dieses Bauwerk ins 5. Jahrhundert. Gewisse Elemente lassen einen unweigerlich an die Konstantinische Auferstehungskirche in Jerusalem und die Christi Geburt-Kirche in Bethlehem denken.

Andererseits sind auch Einflüsse seitens der nordsyrischen Wallfahrtskirche mit ihren Turmfassaden nicht auszuschließen. Als eindrucksvolles Beispiel für diese Bautypen sei das sogenannte Serail von Qanawat angeführt:

Zwei ursprünglich nord-südlich orientierte Bauwerke mit straßenseitiger Porticus und Vestibül im Norden wurden von zwei jüngeren, west-östlich orientierten überbaut; ihre Funktion ist nicht ganz geklärt –, eventuell war das Gebäude im Westen ein Tempel.

In christlicher Zeit wurden diese Bauwerke zu Kirchen umgestaltet mit dem Sanctuarium (Altar und Synthronon) im Osten.

Der östliche anschließende Peristylhof (ursprünglich profane Nutzung?) war eventuell schon als Basilika mit Apsis im Süden konzipiert. Dieser Platz wurde in frühchristlicher Zeit von einer Mauer aus Spolien durchschnitten: Im Norden entstand ein von Säulenhallen umgebenes Atrium, im Süden eine dreischiffige Basilika mit südlicher Apsis, von der man nicht weiß, ob sie schon in frühchristlicher Zeit als Sanctuarium diente. Eine von R. Donceel publizierte Inschrift könnte sich auf diesen Teil der basilikalen Anlage beziehen. Der Bischof Kassios Epiodoros fordert seine Gläubigen auf, den glänzenden

Dekor vom Pflaster bis zu den Säulen zu bewundern. Im speziellen spricht er von der Konstruktion zweier Zwillingstürme hinter der Kirche. Es bleibt zu klären, ob diese „Taubentürme" (Hinweis auf den Hl. Geist) über den beiden Annexen, die die zentrale Apsis im Süden flankieren (nach dem Plan von M. de Vogué) errichtet wurden. Dieser südliche Teil der Basilika, noch sichtbar auf Photographien des 19. Jahrhunderts, ist leider verschwunden. Kürzlich hat man im Nordosten der basilikalen Anlage weitere Gebäudekomplexe freigelegt. Sie dienten entweder als Wohnungen oder Lagerhallen, ihr genauerer Konnex zur Kirche ist (noch) unklar. Vorherrschender Bautypus christlicher Architektur ist der westöstlich orientierte Langhausbau mit dem Sanctuarium im Osten. Grundlegender Unterschied zwischen der paganen Basilika in Shaqqa und der Kirche von Tafha ist der Einbau einer axialen Apsis an der Ostseite. Verschiedene Bauelemente heben das Sanctuarium vom restlichen Teil der Kirche heraus.

In Khazimeh trennen zwei zur Abschlußmauer des Langhauses senkrecht stehende Wände das Sanctuarium mit seinen beiden Annexen vom Langhaus ab. Beliebteste Spielart ist die zentrale Apsis, die entweder die ganze Breite der Halle einnehmen kann oder rechts oder links von Nebenräumen flankiert ist.

In der kleinen Kirche von Lubben und der Kapelle des Klosters von Deir ej-Iuwani sieht man statt der üblichen Annexe zwei vorspringende Apsiden. Dabei kann eine halbkreisförmige oder polygonale Apsis rechteckig oder polygonal ummantelt werden.

In Damit al-Alya sind die zentrale halbkreisförmige Apsis und ihre beiden Annexe in den rechteckigen Baukörper eingeschrieben, während hingegen in Simj die halbkreisförmige Apsis mit ihren kleineren Apsiden polygonal ummantelt ist.

Man wollte im Adyton des heidnischen Tempels den Vorläufer des christlichen Sanctuariums sehen, weil ersteres vor allem in Südsyrien die Form einer Apsis annehmen konnte (Tycheion von Sanamein und Mismiyeh). Derartige Schlüsse bleiben hypothetisch, Zusammenhänge könnten rein funktionell bestanden haben. Die Apsis hat sowohl im heidnischen Tempel als auch in der christlichen Kirche die Funktion, eine

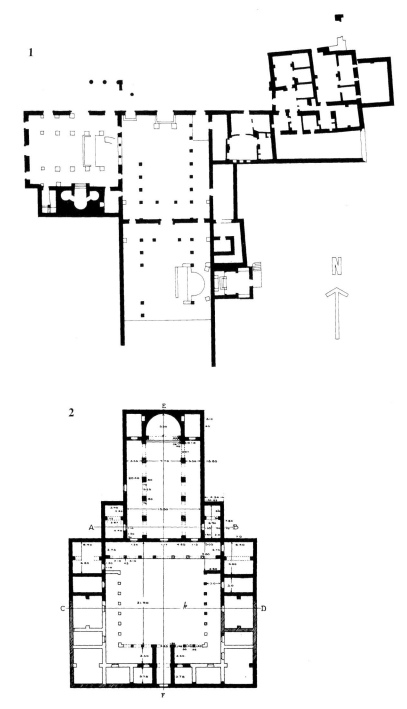

Abb. 2: Grundrisse des Basilikaensembles von Qanawat (1) und des Klosters von Ed-Deir (2).

besonders heilige Stelle monumental hervorzuheben und den ganzen Raum auf sie auszurichten. Man findet dieses typische Bauelement bei profanen Basiliken und Kirchen auch in anderen Teilen des Römischen Reiches.

3. Zentralbauten, Kreuzkirchen

Eine weitere Steigerung zur Saalkirche mit ihrem Basalt eingedeckten Langhaus bilden die Zentralbauten oder Kreuzkirchen. Diesen Grundriß findet man schon bei relativ einfachen Gebäuden, vor allem aber dann bei zwei großen Gebäudekomplexen in Bosra. Die Grundform ist ein quadratischer Zentralbau mit einer Apsis im Osten. Die Kirche des Propheten Elias in Ezraa ist durch eine Inschrift im Türsturz ins Jahr 512 datiert. Ein qudratisches Mauergeviert bildet die Grundform der Anlage. Durch Einfügen zweier rechteckiger Räume an den Seiten des Westportals und die weit ausgreifende Chorpartie im Osten erhält sie einen kreuzförmigen Grundriß. Die Vierung ist überdacht. In Shaqra zeigt das Martyrium – als solches durch inschriftliche Nennung seines Gründers „Soreos" ausgewiesen – auch diesen quadratischen Grundriß.

Bei der Kirche der hl. Sergios, Bacchos und Leontios in Bosra herrscht der Zentralbaugedanke vor, wobei einem äußeren Quadrat ein Kreis eingeschrieben ist, dessen Zentrum einen Tetrakonchos bildet. Vier „L"-förmige Pfeiler tragen eine zentrale Kuppel und fassen vier halbrunde Säulenexedren ein. Ein Rundgang öffnet sich zwischen ihnen und der äußeren Schale des Gebäudes, in der vier Eckapsiden eingebaut waren. Die Ostpartie (49,54 m) gliedert sich in die zentrale Apsis und zwei kleinere Annexbauten. Die pentagonale Hauptapsis wird durch die beiden Annexe mit zwei abschließenden Apsidensälen verbunden, die ebenfalls vorspringen. Die Apsis dürfte erst später im 6. Jahrhundert eingebaut worden sein. Wahrscheinlich dienten die beiden die zentrale Apsis flankierenden Räume als Zugänge zu einem Gebäude, das von H. C. Butler als Bischofspalast interpretiert wurde.

Im Norden und Süden der Kathedrale erstreckte sich

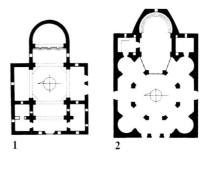

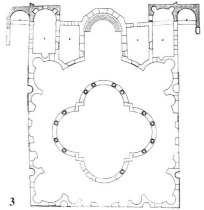

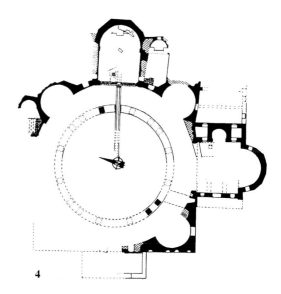

Abb. 3: Grundrisse von Zentralbauten in Südsyrien 1 Ezra, Eliaskirche 2 Ezra, Georgskirche 3 Bosra, Sergios-, Bacchos- und Leontios-Kirche 4 Bosra, Kathedrale (1 und 2 vereinheitlichte Größe nach Vorlagen, 3 und 4 im Maßstab 1:8000).

jeweils ein Peristyl, das – wie R. Farioli Campanati meint – den Pilgern zur Verfügung stand. Eine große Inschrift am Türsturz des Westportals war noch zur Zeit von Vogüe und Waddington zu sehen. Sie datierte die Kathedrale zwischen September 512 und März 513 in die Zeit der Herrschaft des Anastasius; erbaut und fertiggestellt wurde sie vom Erzbischof von Bosra, Iulianos, geweiht war sie den Heiligen Sergios, Bakchos und Leontios.

Nach dem Einsturz der zentralen Partie des Tetrakonchos wurde eine kleine Basilika im Sanctuarium erbaut, wo sich geringe Reste mittelalterlicher Wandmalerei erhalten haben.

Seit kurzem weiß man von einer weiteren Kirche, etwas weiter im Süden und östlich des Nabatäischen Tores, die demselben Typus angehörte. Im Grundriß der Kathedrale sehr ähnlich, erreicht sie eine Ausdehnung in Ost-West-Richtung von etwa 61 m, Nord-Süd 67 m. In den annähernd quadratischen (43 x 48 m) Kuppelraum ist ein Tetrakonchos eingeschrieben. Die Chorpartie wird von drei pentagonalen Apsiden, von denen die zentrale weit vorspringt, begrenzt. Im Norden war ein weiterer Apsidensaal mit Mosaiken angebaut. Von den Chorschranken hat man verschieden große Basaltpfeiler und Fragmente einer Marmorplatte gefunden. Im Sanctuarium kamen die Substruktionen eines dreistufigen Synthronons und davor das Fundament des Bischofsthrones, vom Altar einige weiße Marmorbruchstücke – einige wurden beim Bau der Kanalisation wieder verwendet – und dessen Sockel zutage. Das Sanctuarium selbst war mit Marmorplatten, in denen man noch die Einlassungslöcher feststellen konnte, und mit bunten, teilweise vergoldeten Glasmosaiken ausgekleidet.

Wie schon beim Bau der Kathedrale wurden auch bei dieser Kirche ältere Baumaterialien weiter verwendet. Teile der Vorgängerbauten wurden abgetragen und nach genauer Markierung wiederverbaut: z. B. Spolien eines nabatäischen Bauwerks mit seinen typischen Kapitellen aus der zweiten Hälfte des 1. Jahrhunderts n. Chr., korinthische Säulen aus der zweiten Hälfte des 2. Jahrhunderts n. Chr., von denen noch drei in situ in der großen Mittelkolonnade stehen. Die Mauernischen an der Westfassade dürften aus der gleichen Zeit stammen.

Grabungen in den letzten Jahren wiesen nach, daß diese Kirche auf einem nabatäischen Vorgängerbau des 1. Jahrhunderts n. Chr. errichtet wurde. Die Umfassungsmauer des Peristylhofes war noch erhalten. Vom Nachfolgerbau des 4./5. Jahrhunderts, der vielleicht schon eine Kirche war, hat sich außer Fußbodenmosaiken und zwei Blöcken mit Pfostenlöchern nichts erhalten. Er dürfte von einem Erdbeben zerstört worden sein, da in den Mosaiken Einschlaglöcher, die von den herabfallenden Teilen herrühren könnten, zu sehen sind. Alle diese Bauelemente wurden sorgfältig bei der Konstruktion der großen Zentralkirche am Ende des 5. und zu Beginn des 6. Jahrhunderts weiter verwendet.

Der letzte noch großzügiger angelegte Bau weist außer im Südosten aufgrund von Schüttmaterial einen Niveauunterschied von mehr als zwei Meter auf. Im Südosten ruht die Konstruktion auf senkrechten und parallelen Bögen. Im Westen führt eine monumentale Treppe auf diese Plattform. Sie liegt ca. 4 m über byzantinischem Niveau, das 80 m weiter westlich, gleich neben dem Nabatäischen Bogen, noch gesichert werden konnte.

An diese Plattform wurde im Süden eine kleine Kirche mit basilikalem Grundriß (20 x 13 m), Haupt- und zwei Nebenapsiden angebaut. Im Süden wird dieser Gebäudekomplex von einer heptagonal ummantelten Apsis abgeschlossen.

Die Georgskirche von Ezraa – durch die Inschrift ihres Stifters Diomedes ins Jahr 515 datiert – zeigt gewisse Ähnlichkeiten mit den Anlagen in Bosra.

Dem quadratischen überkuppelten Zentralraum ist hier ein Oktogon eingeschrieben. Eine große polygonale Apsis, seitlich ergänzt durch zwei rechteckige Annexräume, verlängert die Konstruktion in Richtung Osten.

Die Kirchen von Bosra und Ezraa sind charakteristische Beispiele für die Architektur Syriens und Palästinas. In den zentralen Baukörper ist ein Kreis, ein Tetrakonchos, seltener eine polygonale Konstruktion (wie das Oktogon in der Georgskirche in Ezraa) eingeschrieben. Dieses Element variiert im Grund-

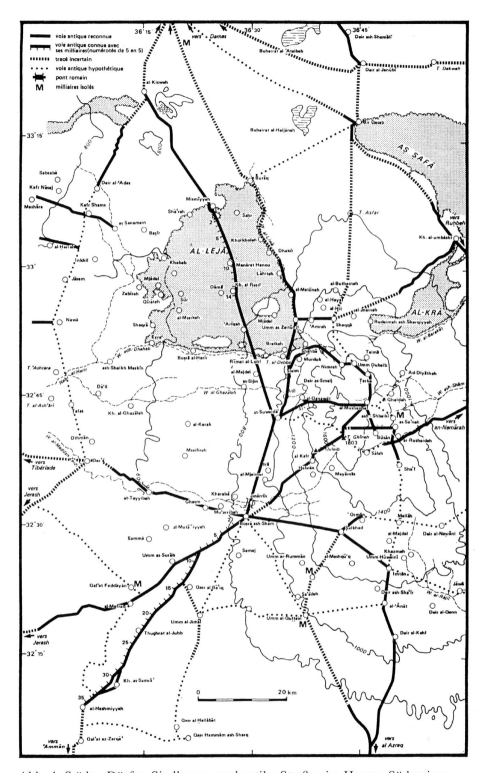

Abb. 4: Städte, Dörfer, Siedlungen und antike Straßen im Hauran Südsyriens.

riß, entweder ist es annähernd quadratisch, wie bei den drei Beispielen im Hauran, oder kreisförmig.

Der rechteckige, durch Nischen und Portale gegliederte Außenbau der Kirche des Johannes d. T. in Gerasa (536) kann stellvertretend für eine regionale Schule herangezogen werden. Zu diesem Typus rechnet J.-P. Sodini das Oktogon von Philippi und das Martyrium der hl. Sergios und Bakchos in Konstantinopel, das vielleicht sogar von Syrien – es handelt sich ja um zwei syrische Heilige – beeinflußt worden war.

Als frühestes Beispiel für eine tetrakonche Anlage kann die Kathedrale von Antiochia, 327 von Konstantin geplant, 341 von Konstantius eingeweiht, zitiert werden. Zu dieser Gruppe der Zentralbauten zählt W. E. Kleinbauer die Kathedrale der Heiligen Sergios, Bakchos und Leontius in Bosra.

Die „Neue Kathedrale" von Bosra hingegen weist mit ihrem Säulenumgang nach Jerusalem zur Grabeskirche (Anastasis), deren Rotunde einen Durchmesser von 33,70 m hat.

Die von W. E. Kleinbauer angeführten Beispiele beweisen, daß dieser Grundriß eher Kathedralen denn Martyrien kennzeichnet.

Die sogenannte „Neue Kathedrale" von Bosra hat denselben Grundriß wie die Kirche der hl. Sergios, Bacchus und Leontios, die gemeinhin als die eigentliche Kathedrale von Bosra bezeichnet wird. Zu dieser zweiten Kirche, etwa zeitgleich mit der Kathedrale, könnte das große Privathaus, bekannt als Traianspalast, als Bischofspalais gehört haben. Kirche und „Bischofspalais" sind gleich orientiert und haben beide im Obergeschoß einen trikonchen Repräsentationssaal.

KLOSTERANLAGEN UND PFARRGEMEINDEN

Die Kirchen im Hauran sind mit ihren Annexbauten meist größeren Anlagen integriert. Die an Villenkomplexe erinnernde Tendenz ist durchaus verständlich, weil sich die frühen Kirchen aus dem Hausverband heraus entwickelt haben. Die Nebengebäude konnten Wohnbauten für die Priester sein oder unterschiedliche Funktionen übernehmen, mußten aber nicht unbedingt Klöster sein. Nur die Anlage von Deir en Nasrani ist inschriftlich als Monasterion abgesichert (Inschrift E. Littmann: PPUEAS, 722). M. Restle zählt zu den Klosteranlagen solche, die in einiger Entfernung von den städtischen Zentren liegen, wie die beiden ed-Deir im Westen von Shaqqa und im Süden von Bosra.

In ed-Deir bei Shaqqa und in Deir Nasrani waren die unterschiedlichen Bauten mehr oder weniger geordnet um einen Hof gruppiert mit der Kirche als Mittelpunkt.

In ed-Deir südlich von Bosra bilden die einzelnen Baukörper eine architektonische Einheit mit der Kirche in der Achse des Zugangs zur Klosteranlage. Der quadratische Hof wird von einer Portikus begrenzt, deren Pfeiler streng symmetrischen wenn auch unterschiedlich großen Räumen vorgelagert sind.

Abseits der Städte entwickelten sich die Klöster zu den neuen religiösen Zentren.

ZUSAMMENFASSUNG

Die Forschungsergebnisse der letzten zehn Jahre in Südsyrien haben eindeutig die Kontinuität zwischen nabatäischer, römischer und christlicher Zeit unterstrichen. Und zwar nicht nur in wirtschaftlichen Belangen oder hinsichtlich der Entwicklung der Städte und Dörfer, sondern auch u. a. bei lokalen Traditionen wie bei der Keramik und der Basaltbautechnik und Steinbaukonstruktion der Kirchen und Häuser.

Neben der fugenlosen Steinquadertechnik findet man spezifisch römisches Mauerwerk bei Thermen und wie es scheint bei Bauten, denen man eine besondere Note geben wollte.

Im Gegensatz zu Nordsyrien findet man in Südsyrien in frühchristlicher Zeit kaum nennenswerte Neuerungen im Baudekor. Es wurden alte traditionelle Motive wieder aufgenommen, die sich dank der soliden Basaltbauweise bestens erhalten haben. Es existieren viele christliche Bauten, die aus antikem Steinmaterial errichtet sind oder sogar pagane Bauteile, wie die Numerierung einzelner Blöcke deutlich macht, einbeziehen.

Gerade bei kleinen Kirchen findet man spezifisch christlichen Dekor: u. a. Christusmonogramm auf Türsturzen oder Motive in flachem Relief wie Kreuze, Rosetten, Weinstock, Vögel oder geometrische Ornamente. Diese lokalen Dekorformen sind auch von Häusern aus römischer bzw. christlicher Zeit bekannt – was dafür spricht, daß sich die Dorfkirche aus dem Privathaus und nicht vom heidnischen Tempel herleitet. Die neue christliche Bildersprache, die in den Mosaiken von Jordanien und Palästina einen reichen Ausdruck gefunden hat, bleibt in Südsyrien noch eine Seltenheit.

(Übersetzung aus dem Französischen: Monika Gerstmayer. Redaktionelle Bearbeitung: Erwin M. Ruprechtsberger)

LITERATUR

H. C. BUTLER, Architecture and other Arts, Publ. Amer. Archaeol. Exped. to Syria (New-York, 1903).

DERS., Ancient Architecture in Syria Sect. A: Southern Syria Publ. of the Princeton Univ. Archaeol. Exped. to Syria, 1904 – 1905, div. II, sect. A. (Leyden 1907 – 1919).

DERS., Early Churches in Syria Fourth to Seventh Centuries ed. and completed by E. Baldwin Smith, Princeton Monographs in Art and Archaeology (Princeton 1929).

P. CANIVET – J.-P. REY-COQUAIS (Ed.), La Syrie de Byzance a l'Islam: VIIe – VIIIe siècles, Actes du Colloque international Lyon-Maison de l'Orient Méditerranéen, Paris-Institut du Monde Arabel 1 – 15 sept. 1990 (Damas 1992).

S. CERULLI, La cattedrale dei Ss. Sergio, Bacco e Leonzio a Bosra: Fel Rav 113 (1975) l63/186.

DERS., Bosra, note sul sistema viario urbano e nuovi apporti alla comprensione delle fasi edilizie nel santuario dei Ss. Sergio, Bacco e Leonzio: Fel Rav 115 (1978) 77/120, 133/176.

K. A. C. CRESWELL, The Origin of the Plan of the Dome of the Rock, Brit. School of Archaeol. in Jerusalem, Suppl. Papers, II (London 1924) 21/30.

J. W. CROWFOOT, Churches at Bosra and Samaria-Sebaste, Brit. School of Archaeol. in Jerusalem, Suppl. Papers, IV (London 1937) 1/23.

F. W. DEICHMANN, Beobachtungen zur frühchristlichen Architektur in Syrien, 3. Zur fünfschiffigen Basilika von Suwêda im Djebel Haurân: AA 56 (1941) 89/92.

J.-M. DENTZER, Fouilles franco-syriennes à l'Est de l'Arc Nabatéen (1985 – 1987): Une nouvelle cathédrale à Bosra?: Corsi Ravenna 35 (1988) 13/84.

R. DEVREESSE, Le patriarcat d'Antioche (Paris 1945).

R. DONCEEL, L'exploration de Qanawat: AAS 33 (1983) 129/140.

DERS., L'évêque Epiodore et les Basiliques de Kanatha d'après une inscription grecque inédite: Le Museon 100 (1987) fasc. 1 – 4, 67/88.

P. DONCEEL-VOÛTE, A propos de la grande basilique de Soueida-Dionysias et de ses évêques. Le Muséon 100 (1987) fasc. 1 – 4, 89/100.

DIES., Provinces écclésiastiques et provinces liturgiques en Syrie et Phénicie byzantines. Table-ronde: Géographie historique au Proche-Orient, Valbonne, 16 – 18 Sept 1985, P. 1988 (CRA Notes et Monographies techniques) (Paris 1988) 213/218.

DIES., Les pavements des églises byzantines de Syrie et du Liban Public. d'Archéologie et d'Histoire de l'Art (Louvain la Neuve 1988).

T. FAHD, Le Hawrân a la veille de la conquête Islamique: Corsi Ravenna 35 (1988) 35/43.

R. FARIOLI CAMPANATI, Relazioni sugli Scavi e ricerche della missione Italo-Siriana a Bosra (1985, 1986, 1987): Corsi Ravenna 35 (1988) 45/92.

DIES., Bosra chiesa dei SS. Sergio, Bacco e Leonzio: i nuovi ritrovamenti (1988 – 1989) in: La Syrie de Byzance à l'Islam: VIIe – VIIIe siècles (Damas 1992) 173/179.

R. FARIOLI CAMPANATI – I. RONCUZZI-FIORENTINI – C. FIORI, Tessere vetrose e malta provenienti dagli scavi e ricerche nella Chiesa dei SS. Sergio, Bacco et Leonzio di Bosra: Corsi Ravenna 35 (1988) 121/132.

R. FARIOLI, Precisazioni e considerazioni sulla chiesa dei SS. Sergio, Bacco e Leonzio di Bosra: Gli Scavi del 1977 e 1978: Fel Rav 118 (1979) 9/76.

DERS., Gli scavi della chiesa dei SS Sergio, Bacco

e Leonzio a Bosra: Berytus 33 (1985) 61/74.

G. Fiaccadori, Un epigrafe greca da Bostra e un nuovo governatore della Provincia Arabia: Corsi Ravenna 35 (1988) 93/108.

Ders., La situazione religiosa a Bosra in età umayyade: La Syrie de Byzance a l'Islam: VIIe – VIIIe siècles (Damas 1992) 97/106.

V. Fiorani Piacentini, Roman Fortifications in Southern Hauran: Notes from a Journey and Historical Working Hypotheses Studi in Memoria di Maria Nallino nel Decimo Anniversario della Morte. Roma Istituto per l'Oriente C.A. Nallino, 64 n. s. III, (Rome 1984) 121/140.

Ders., Traffici e mercati di Bosra nella tradizione islamica: Corsi Ravenna 35 (1988) 205/224.

P.-L. Gatier, Les inscriptions grecques d'époque islamique (VIIe-VIIIe s.) en Syrie du Sud, in: La Syrie de Byzance à l'Islam: VIIe-VIIIe siècles (Damas 1992) 145/197.

S. Gero, The Legend of the Monk Bahira, the Cult of the Cross and Iconoclasm in: La Syrie de Byzance à l'Islam: VIIe-Vme siècles (Damas 1992) 47 – 57.

G. Gualandi, Corsi Ravenna 23 (1976) 257 – 313.

Ders., La seconda campagna di scavi nella chiesa dei Ss. Sergio, Bacco e Leonzio: Fel Rav 115 (1978) 65/124.

G. Guidoni Guidi, Problemi di ricostruzione della Chiesa Tetraconca dei SS. Sergio, Bacco et Leonzio a Bosra: Corsi Ravenna 35 (1988) 133/70.

J.-P. Humbert – A. Desreumaux, Khirbet es-Samra in: Contribution française à l'Archéologie de la Jordanie (Paris 1989) 113/121.

Dies., Huit campagnes de fouilles à Khirbet es-Samra (1981 – 1989): RBibl 97 (1990) 252/269.

A. H. M. Jones, The Cities of the Eastern Roman Provinces (Oxford, 2. Aufl. 1971).

G. R. D. King, Two Byzantine Churches in Northern Jordan and their Re-Use in the Islamic Period: DaM 1 (1983) 111/136.

Ders., Some Churches of the Byzantine Period in the Jordanian Hawran: DaM 3 (1988) 35/66.

W. E. Kleinbauer, The Origins and Functions of the Aisled Tetraconch Churches in Syria and Mesopotamia: DOP 27 (1973) 91/114.

Ders., The Double-Shell Tetraconch Building at Perge in Pamphylia and the Origin of the Architectural Genus: DOP 41 (1987) 277I293.

J. Lassus, Deux églises cruciformes du Hauran: BOr 1 (1932) l/ 45.

Ders., Sanctuaires chrétiens de Syrie (Paris 1947).

J. Leroy, Bosra (Bostra): RBK 1 (1966) 731/737.

S. Mittmann, Beiträge zur Siedlungs- und Territorialgeschichte des nördlichen Ostjordanlandes (Wiesbaden 1970).

R. Paret, Les villes de Syrie du Sud et les routes commerciales d'Arabie à la fin du VIe s. in: Akten des XI. Internationalen Byzantinisten Kongresses (München 1958) 440 ff.

M. Piccirillo, Chiese e Mosaici della Giordania settentrionale, Studium Biblicum Franciscanum, Collectio Minor 30 (Jerusalem 1981).

M. Restle, Hauran: RBK 2 (1971) 962/1033.

Ders., Zur Baugeschichte der Georgskirche zu Azra' in: Byzantios, Festschrift für H. Hunger zum 70. Geburtstag (Wien 1984) 261/266.

Ders., Les monuments chrétiens de la Syrie du Sud in: Archéologie et histoire de la Syrie, II, de l'époque perse à l'époque byzantine (Saarbrücken 1989) 373/384.

J. M. Reynolds, Investigations at Julianos Church at Umm al-Jemal: BSR 25 (1957) 39/66.

M. Sartre, Trois études sur l'Arabie romaine et byzantine (Bruxelles 1982).

Ders., 1982 Inscriptions grecques et latines de la Syrie, XIII,l, Bostra Nr. 9001 à 9472, BAH 113 (Paris 1982).

Ders., Le Hauran chrétien et Bostra: Le Monde de la Bible 31 (1983) 40/42.

Ders., Bostra: des origines à l'Islam, BAH 117 (Paris 1985).

Ders., Le peuplement et le développement du Hauran antique à la lumière des inscriptions grecques et latines, in: HAURAN I (Paris 1985) l89/204.

Ders., Villes et villages du Hauran (Syrie) du Ier au IVe siècle, in: E. Frézouls (Hg.), Sociétés urbaines, sociétés rurales dans l'Asie Mineure et la Syrie hellénistiques et romaines (Strasbourg 1987) 239/257.

Ders., Le Hawran byzantin à la veille de la conquête musulmane, in: Proceedings of the Second Symposium on the History of Bilad al-Sham (Amman 1987) 155/167.

A. M. Schneider, Liturgie und Kirchenbau in Syrien: NAG (1949) 45/68.

Ders., Bericht über eine Reise nach Syrien und Jordanien: NAG 12(1952) 1/26.

H. Seeden, Busra 1983 – 1984: Second Archaeological Report: DaM 3 (1988) 387/412.

H. Seeden – J. Wilson, Busra in the Hawran: AUB's ethnoarchaeological project 1980 – 1985: Berytus (1984) 19/34.

J.-P. Sodini, Monuments chrétiens du mohafaza de Suweida, in: Le Djebel-al ʿArab: histoire et patrimoine; au musée de Suweida (Paris 1991).

J.-P. Sodini – J. L. Biscop – J. Dentzer-Feydy – J. P. Fourdrin – Gh. Amer, L'ensemble basilical de Qanawât: Syria 59 (1982) 78/102.

M. Tardieu, Les paysages reliques: routes et haltes syriennes d'Isidore à Simplicius (Louvain-Paris 1991).

F. Villeneuve, L'économie rurale et la vie des campagnes dans le Hauran antique (Ier s. av. J. C.-VIème s. ap. J. C.), in: HAURAN I (Paris 1985) 63/136.

Ders., „Prospections archéologiques dans le Hauran (époques romaine et byzantine)", in: Contribution française à l'archéologie syrienne (1969 – 1989) (Damas 1989) 151/58.

Ders., Economie et société des villages de la montagne hauranaise à l'époque romaine: l'apport des données archéologiques in: Actes du Colloque sur l'histoire et l'Archéologie de Suweida et de sa région (Suweida 29 – 31/10/1990) ed. Abou Assaf (Damas, i. Dr.).

Ders., The Pottery from the Oil-Factory at Khirbet edh-Dharih: Aram 2 (1990).

Ders., L'économie et les villages, de la fin de l'époque hellénistique à la fin de l'époque byzantine, in: Le Djebel-al ʿArab: histoire et patrimoine; au musée de Suweida (Paris 1991) 37/43.

M. de Vogüé, Syrie centrale: Architecture civile et religieuse du Ier au VIe siècle (Paris 1865).

B. Zanardi, Tecnica, successioni stratigrafiche e restauro nei dipinti murali della Chiesa dei SS. Sergio, Bacco et Leonzio a Bosra: Corsi Ravenna 35 (1988) 225/234.

VERZEICHNIS DER KIRCHEN IN SÜDSYRIEN

ʿAmrah 1 Kirche; 473: Sartre, Bostra, 136; Waddington 2087

ʿAmrah 2 Kirche; 550: Sartre, Bostra, 137; Waddington 2089.

ʿAnz Kirche 4. Jh.: Butler, PPUAES II A, 132 ff.; 1929, 19, ill. 12, 191A; Restle 1971, 967; Restle, 1971, 967 – 968, fig. 2; Sartre, Bostra, 121;

al-Asīm Kirche: Butler, PPUAES II A, 431; 1929, 120, fig. 119; Restle, 1971, 971;

ʿAtīl Kirche: Brünnow-Domaszewski, Provincia Arabia, III, 163, 106 (vérifier); Butler, 1929, 24; Restle, 1971,974; Sartre, Bostra, 121;

Boṣrà 1 Kirche 1: Butler, PPUAES II A, 279; 1929, 118 – 119, fig. 117; Lassus, 1932, 33; Leroy, J. Reallex. Byz K. I, 735, fig. 3; Restle, 1971, 981 – 982, 1989, 374.

Boṣrà 2 Kirche 2: Butler, PPUAES II A, 279 – 281; Restle, 1989, 374.

Boṣrà 3 Kirche 3: Butler, PPUAES II A, 280; 1929, 116 – 118, ill. 116; Restle, 1971, 976; 1989, 374.

Boṣrà 4 Basilika des Bahira: Brünnow-Domaszewski, Provincia Arabia, 35 – 38; Butler, PPUAES II A, 265 – 270.

Boṣrà 5 Kirche der hl. Sergios, Bacchos et Léontios: 512 – 513 De Vogüé, Syrie centr. 63 – 67, pl. 22; Butler, PPUAES II A, 281 – 286; 1929, 125 – 127 ill. 124 – 125; Herzfeld, E. 1921, 199 ff.; Creswell, K. A. C. 1924; Crowfoot, J. W. 1937; Leroy, J. 1966; Cerulli 1975, 163 – 186; 1978, 153 – 170; Gualandi, G. 1976; 1978; Farioli Campanati 1979, 9 – 76; 1985, 61 – 74; 1988, 45 – 92; 121 – 132; 1992; Restle 1989, 378.

Boṣrà 6 Neue Kathedrale: Dentzer, 1988, 13 – 34, Al-Mukdad; Dentzer, 1987 – 1988.

Boṣrā 10 Kirche des hl. Job der Gerechte, unter dem Bischof Jordanes Sartre, Bostra, 127; IGLS XIII, 9138.

Boṣrā 7 Kirche der Jungfrau Maria, 460: Sartre, Bostra, 108, 122; IGLS XIII, 9119.

Boṣrā 8? Religiöses Gebäude, 501 – 502: Sartre, Bostra, 122; MLS, XIII, 9124.

Boṣrā 9 Bethaus des hl. Hiob, unter Justinian: Sartre, Boṣra, 127; MLS XIII, 9137.

Boṣrà al-Harīrī Kirche des hl. Sergios, 517: Sartre, Bostra, 136; Waddington 2477.

Dāmet al-'Alīyah (Damatha) Kapelle, 4. Jh. Butler, PPUAES II A, 435; 1929, 21, ill. 15; Restle, 1971, 971; Sartre, Bostra, 121;

Deir al-Kaḥf Kapelle, 367 – 375: Butler, PPUAES II A, l45 – 147, ill. 127; 1929, l9 – 20, ill. 13; Restle, 1971, 971; Piccirillo, 1981, 62, pl. 46, fig. 57; Sartre, Bostra, l21;

Deir al-Djukh Kirche, 458: Sartre, Bostra, 136; Dussaud, Mission, 669, n°82.

Deir an-Naṣrāni: Butler, PPUAES II A, 334; 1929 91, ill. 94; Restle, 1971, 969, 990 – 991, fig. 12; 1989, 381.

Deir ej-Juwāni Kapelle: Butler, PPUAES II A, 436; 1929, 121, ill. 121, 188 E; Restle 1971, 971, fig. 5.

Dūr Kirche des hl. Leontios, 565: Sartre, Bostra, 137; Waddington, 2412.

Ed-Deir (Boṣrà) Kloster: Wetzstein, 1860, l26; Butler, PPUAES II A, 102 – 105, ill. 79 – 81, pl. VIII; 1929, 85 – 87, 116, ill. 91; Restle 1971, 990 – 993: 1989, 374, 376, fig. 15;

Ed-Deir (Shaqqā) Kloster: De Vogüé, Syrie Centrale, 58, pl. 18, 22; Butler PPUAES, II A, 361; 1929, 22, 84 ff.; Restle, 1971, 991, fig. 13; 1989, 381; Sodini, 1991, 87.

Ezra' 1 kleine Basilika des hl. Elias, 512: Lassus, 1932; Messerer, 1952, 52 – 64; Restle, 1989, 376.

Ezra' 2 Kirche des hl. Georg George, 515: De Vogüé, Syrie centrale, pl. 21; Waddington, 2498; Butler, Architect. & other Arts, 411 – 413; 1929, 121 – 125, ill. 122 – 123; Lassus, 1932, 13 – 45; Messerer, 1952, 7 – 31; Karnapp; W. in: Tortulae, Studien zu altchristlichen und byz. Monumenten, RQ 30 suppl. Heft, 1966, 178 – 186; Restle, 1971, 982, 986, fig. 11; 1984, 261 – 266; Restle, 1989, 377 – 381, fig. 103; al-Fedein Kirche: Humbert, J. B.

Ghāriyyeh al-gharbiyyeh Kirche des hl. Georg, 558: Sartre, Bostra, 137.

Ghaṣm Kirche des hl. Sergios, 593: PAES m A, 519; Sartre, Bostra, 137.

Harrān Kirche des hl. Johannes, 567 – 578: Sartre, Bostra, 137; Waddington 2464.

al-Hīt Kirche des hl. Sergios, 354: Waddington n°2124; Butler, 1929, 83; Restle, 1971, 986; Sartre, Bostra, 121;

Imtān Kirche, 530: Dunand, RB, 43, 1932, 246 – 247, n° 198; Sartre, Bostra, 137.

Jaber Kirche 531: Lombardi, G. 1956, 318 – 321, fig. 10; Mittmann, S. 1967, 190 – 195; Piccirillo, 1981, 50 – 51, pl. 36 photo 43;

Jizeh (= Tayyibeh) Kirche des hl. Sergios, 590: Savignac, R., RB, 1905, 598, n°6.

Jmarīn Kirche/Mnemeion des hl. Stephanos, 543 Waddington 1959 b; Sartre, Bostra, 137.

Kafer 1 Kirche, 391 – 39: Waddington, n°2293a = PAES m A, 670; Sartre, Bostra, 121.

Kafer 2 Kirche des hl. Georg, 652: Sartre, Bostra, 138.

al-Kāris Doppelkirche: Butler, PPUAES, 331; Churches 91 – 93, fig. 95; Restle, 1971, 976, 990;

Khazimeh Doppelkirche: Butler, PPUAES II A, 128, pl. 103 – 104; 1929, 22; Restle, 1971, 968, fig. 3;

Khirbet as-Samra 20, 29, 78, 79, 81, 82, 90, 95 Kirchen: Humbert, J.-P.; Desreumaux, A. 1989, 116 – 117; 1990, 252 – 269.

Kteibeh Kirche, 575: Waddington 2412 i; Sartre, Bostra, 137.

Lubbein 1 Kirche, 417: PAES III A, 793/3; Butler, PPUAES II A, 419; 1929, 41, ill. 40; Restle, 1971, 969, fig. 4;

Lubbein 2 kleine Kapelle: Butler, PPUAES, II A, 420, ill. 362; 1929, 42.

Maiyāmās Kirche, 4. Jh.: Butler, PPUAES II A, 326 – 329, ill. 399 ff.; Restle, 1971, 972;

Mutā'iyyeh 1 Kirche n° 1, 508: Butler PPUAES, 92, ill. 71; 1929, 42, ill. 40;

Mutā'iyyeh 2 Kirche n° 2: Butler PPUAES II A, 92, ill. 72; 1929, 45; Restle, 1971, 976, fig. 4;

Mutā'iyyeh 3 Kirche n° 3: Butler PPUAES II A, 93, ill. 73; 1929, 45; Restle, 1971, 976

Mutā'iyyeh 4 Kirche n° 4 der hl. Georg und Johannes: Butler PPUAES II A, 93, ill. 74; 1929, 42; Restle, M. 1971, c. 970;

Mutā'iyyeh 5 Kirche n° 5: Butler PPUAES II A, 94, ill. 75; 1929, 45, ill. 43; Restle, 1971, 976;

Mutā'iyyeh 6 Kirche n° 6: Butler PPUAES II A, 94, ill. 76; 1929, 42; Restle, 1971, 970;

Nāḥiteh Kirche des hl. Georges, 623: Waddington 2412 m; Sartre, Bostra, 138.

Nawā Kirche, 565 (für die Apside) Sartre, Bostra, 137.

Nejrān Kirche, 563: Waddington 2431; Sartre, Bostra, 137.

Nimreh Kirche? 4. Jh. Butler, PPUAES II A, 343; 1929 22 ff. ill. l9 – 20; Restle, 1971, 974; Sartre, Bostra, 121; Sodini, 1991, 87.

'Ormān Kirche des hl. Elias, 668: Sartre, Bostra, 138.

Qanawāt 1 Nord-Westkirche 4. ?: Sodini, 1982; Donceel R. 1987; Restle, 1989, 377; Sartre, Bostra, 121.

Qanawāt 2 Ostbasilika: De Vogüé, Syrie Centrale, pl. 19; Brünnow Domaszewski, Provincia Arabia, III, 118 ff.; Butler, PPUAES, IIA 357 – 360, 402 – 408; 1929, 15 ff. et 24; Schneider, 1952, 19 ff.; Restle, 1971, 974, fig. 7; 1989, 377.

Qasr al Bā'ik Kirche der Festung, 412: Butler, PPUAES II A, 81, ill. 61; 1929, 45; Piccirillo, 1981, 61, pl. 46, fig. 56; Restle, 1989, 374, 376, fig. l5.

Raham Kirche des hl. Sergios, 517: Sartre, Bostra, 136.

Rihab 1 Kirche 1, hl. Sophia, 605: Piccirillo, 1981, 68 – 70, pl. 52 – 53.

Rihab 2 Kirche 2, hl. Basile, 594: Piccirillo, 1981, 70 – 72, pl. 54 – 57.

Rihab 3 Kirche 3 hl. Stephanos, 620: Piccirillo, 1981, 73 – 74.

Rihab 4 Kirche 4 hl. Iesaias prophète, 635: Piccirillo, 1981, 74 – 75.

Rihab 5 Kirche 5 hl. Menas 635 Piccirillo, 1981, 76 – 78, 58 – 61.

Rihab 6 Kirche 6 hl. Paulus 595 Piccirillo, 1981, 78 – 79, pl. 62 – 65.

Rihab 7 Kirche 7 hl. Petrus 623 Piccirillo, 1981, 80 – 82, pl. 67 – 71.

Rihab 8 Kirche 8 hl. Maria 533/582 – 583 Piccirillo, M 1981, 82 – 87, pl. 7278.

Sabhah 1 Südkirche: Butler, PPUAES II A, 114, ill. 91; 1929, 42, ill. 191 D; Mittmann, 1970, 201; Piccirillo, 1981, 35, pl. 43, fig. 42; Restle, 1971, 971; King, 1988, 51 – 52.

Sabhah 2 Doppelkirche: Nordkirche: Butler, PPUAES II A, 114, ill. 92; 1929 120, ill. 272; Piccirillo, 1981, 53, pl. 43, fig. 43; Restle, 1971, 976; King, 1988, 53 – 56.

Sāleh 1 Kirche Hl. Elias 547 PAES III A, 728; Sartre, Bostra, 137.

Sāleh 2 Kirche (réfectoire) 565 – 574 Waddington 2261; Sartre, Bostra, 137.

Salkhad 1 Kirche 497? PAES III A, 161; Sartre, Bostra, 136.

Salkhad 2 chapelle (funéraire?) 633 W.-H. Waddington, Syrie, 1997.

Sameh couvent de Hl. Georges 624/25 Butler, PPUAES II A, 83 – 86, ill. 65; 1929, 45, 89 – 90, ill. 92; Littmann, Inscr. 24 – 25; Mittmann, 1970, 196 – 199; Piccirillo, 1981, 51, pl. 37, photo 46; Restle, 1971, 967, 990, 992, fig. l4; King, 1983, 126 – 136; 1988, 37 – 40.

Shahbā 1 Kirche: Brünnow-Domaszewski, Provincia Arabia, III, 163; Restle, 1971, 974; Sartre, Bostra, 121; Sodini, 1991, 87.

Shahbā 2 Kirche: Sodini, 1991, 87.

Shaqqā 1 (Maximinianopolis) Kapelle Hl. Georg, 549 – 552 Waddington, 2158; Devreesse, 1945 235; Sartre, Bostra, 137.

Shaqqā 2 Deir IVe? De Vogüé, Syrie centrale, 58, pl. 18 et 22; Butler, PPUAES II A, 361; 1929, 84 – 85; Restle, 1971, 973, 989; Sartre, Bostra, 121;

Shaqqā 3 Kirche Hl. Théodore 596 Waddington 2159; Sartre, Bostra, 137.

Shaqrā 1 Petite basilique: Restle, 1989, 376, fig. 100.

Shaqrā 2: Lassus, 1932, 23, fig. 10 – 13; Messerer, 1952, 64 – 68, pl. l6; Restle, 1971, 972, 982.

Semej Kirche: Butler, PPUAES II A, 108, fig. 86; 1929, 119 – 120, ill. 118.

Sūr Kirche Hl. Léonce 458 PAES III A, 797/3; Sartre, Bostra, 136.

Suweidā' 1 Cathedrale?: Vogüé, Syrie Centrale I, 60 pl. 19; Butler, 1929, 189; Parrot, La mosaïque de Serge à Suweida, Rev. Biblique, 43, 1934, 97 – 104; Deichmann, 1941, 89 – 92; Restle, 1971, 981; Donceel-Voûte, 1987; P. Sodini, 1991, 85.

Suweidā' 2 Kirche: Sodini, 1991, 85.

Tafḥa basilique IVe De Vogüé, Syrie Centrale 57, pl. 17; Butler, PPUAES II A, 344; Butler, 1929, 22, ill. l7 – 18; Restle, 1971, 972 – 973, fig. 6; Sartre, Bostra, 121; Restle, 1989, 374; Sodini, 1991 87.

Tayyibeh (= Jizeh) Kirche Hl. Serge 580 – 590 Dussaud, Mission, 693, n°155; Sartre, Bostra, 137.

Tīsiyyeh: Butler, PPUAES II A, 109; Restle, 1971, 970.

al-Ubēr 1 chap. de couvent: Butler, PPUAES II A, 426, fig. 369; 1929, 90 – 91, fig. 93; Restle, 1971, 968, 990, 992.

al-Ubēr 2 chap. près couvent: Butler, PPUAES II A, 427; 1929, l20 – 121, fig. 120; Restle, 1971, 968.

Umm al-Jimāl 1 E. „de Julianos" 390 Butler, PPUAES II A, 173 – 176; Butler 1929, 19, ill. 11, 188 B; Restle, 1989, 374, fig. 99; Piccirillo, 1981, 55; Sartre, Bostra, 121; Lassus, 1947, 27, n. 1.

Umm al-Jimāl 2 Cathédrale 557 PAES III A, 260; Butler, PPUAES II A, 173 – 176, 183, ill. l58 – 159; 1929, 115; Reynolds, 1957, 39 – 66; Piccirillo, 1981, 56; Restle, 1989, 374, fig. 99.

Umm al-Jimāl 3: Kirche de Numérianos: Butler, PPUAES II A, 191 – 194; III, 171 – 172; 1929, 87 – 89, 115 – 116, ill. 115; Restle, 1971, 990; 1989, 376; Piccirillo, 1981, 57.

Umm al-Jimāl 4 Kirche de Claudianos: Butler, PPUAES II A, 189 ff.; 1929, 45 – 46, ill. 44; Piccirillo, 1981, 57; Restle, 1989, 376.

Umm al-Jimāl 5 Kirche double: Butler, PPUAES II A, 179, ill. 154; 1929, 45, ill. 207; Piccirillo, 1981, 55; Restle, 1989, 376.

Umm al-Jimāl 6 Kirche Est IVe (vers 350) Butler, PPUAES II A, 179; 1929, 21 – 22; 84; Restle, 1971, 990; Piccirillo, 1981, 55; Sartre, Bostra, 121; King, 1988, 57, 60 – 65, pl. 22c.

Umm al-Jimāl 7 Kirche de Masechos IVe Butler, PPUAES II A, 176; 1929, 20 – 21, ill. 14, 187; Piccirillo, 1981, 55; Sartre, Bostra, 121.

Umm al-Jimāl 8 chapelle: Butler, PPUAES II A, 179, ill. 153; 1929, 42; Piccirillo, 55.

Umm al-Jimal 9 Kirche sud-est: Butler, PPUAES II A, 177, ill. 151; 1929, 42 – 43, ill. 41; Piccirillo, 1981, 55.

Umm al-Jimāl 10 Kirche nord: Butler, PPUAES II A, 184, ill. 162; 1929, 43 – 44, ill. 206; Piccirillo, 1981, 56.

Umm al-Jimāl 11 Kirche nord-est: Butler, PPUAES II A, 186, ill. 163; 1929, 43 – 44; Piccirillo, 1981, 56.

Umm al-Jimāl 13 Kirche sud-ouest: Butler, PPUAES II A, 183 ff.; 1929, 43 – 44, ill. 42; Piccirillo, 1981, 56.

Umm al-Jimāl 14 Kirche ouest: Butler, PPUAES II A, 187 ff.; 1929, 115, ill. 114 A, B, C; Piccirillo, 1981, 56 – 57.

Umm al-Jimāl 15 Kirche des casernes: Butler, PPUAES II A, 168, 190; 1929, 120; Piccirillo, 1981, 57.

Umm al-Quṭṭein 1 Kirche sud: Butler, PPUAES II A, 138, ill. 117; 1929, 42; Mittmann, 1970, 201 – 207; Piccirillo, 1981, 54; Restle, 1971, 971; King, 1988, 58 – 60.

Umm al-Quttēn 2 Kirche est: Butler, PPUAES II A, 138, ill. 118; 1929, 42.

Umm al-Quttēn 3 Kirche ou centrale: Butler, PPUAES II A, 138, ill. 119; 1929, 119; Restle, 1971, 976; King, 1988, 57.

Umm al-Quttēn 4 Kirche du couvent: Butler, PPUAES II A, 139, ill. 120, pl. IX; 1929, 45, 85, ill. 98; Restle, 1971, 976, 989, fig. 8; Piccirillo, 1981, 54, pl. 43, fig. 44; King, 1988, 57, 73.

Umm al-Quttēn 5 chapelle en face de la maison de 'Umda: King, 1988, 64 – 65; peut-être une des deux chapelles mentionnées par Butler, PPUAES II A, 139.

Umm al-Quttēn 6 Kirche nord-est: King, 1988, 66 – 72.

Umm as-Snēneh 1 Kirche n° 1: Butler, PPUAES II A, 107, ill. 85; 1929, 121; Restle, 1971, 970.

Umm as-Surāb 1 Hl. Serge et Bacchus 489 PAES

IIIA, 51; Butler, PPUAES II A, 95 – 98, ill. 77 – 78; 1929, 47, 85, ill. 45, 90, 271; Restle, 1971, 976, 990, fig. 9; Piccirillo, 1981, 52 – 53, pl. 40 – 42, photo 47; King, 1983, 111 – 136; Restle, 1989, 376.

Umm as-Surāb 2 ensemble à Kirche: Lassus, 1947, 25 ff.; Restle, 1989, 381.

Umm as-Surāb 3 Kirche ouest: King, 1988 40 – 48.

Umm as-Surāb 4 Kirche nord: King, 1988 48 – 51.

'Uyūn 1 Kirche l: Butler, PPUAES II A, 331; 1929, 121, ill. 191 – I; Restle, 1971, 971;

'Uyūn 2 Kirche 2: Butler, PPUAES II A, 331; 1929. 121, ill. 191 I; Restle, 1971, 976.

Waqem (Lejâ) chapelle: Butler, PPUAES II A, 417, fig. 356; 1929, 121.

ABBILDUNGSNACHWEISE

Abb. 1 – 3: Nach Vorlagen (Vereinheitlichung und Ausführung: Gerda Heu). – Abb. 4: Nach J.-M. Dentzer – J. Dentzer-Feydy, Le djebel al'Arab (1991) 30, Abb.

François Villeneuve

WOHN- UND SIEDLUNGSSTRUKTUREN ZUR ZEIT DES FRÜHEN CHRISTENTUMS IN SÜDSYRIEN

Wenn in Südsyrien einige Spuren öffentlicher Gebäude aus der frühchristlichen Epoche geblieben sind (man glaubt, daß die städtischen Thermen von Shaba/Philippopolis, die kürzlich entdeckten ländlichen Thermen von Mismiye/Phaena und jene zweifellos aus heidnischer Zeit stammenden von Shaara später noch in Verwendung waren), wenn dort zahlreiche Kultgebäude vorkommen, so haben doch die Siedlungen die meisten Zeugnisse hinterlassen.

Es gibt mehr ländliche als städtische Siedlungen. Stadthäuser sind uns viel weniger bekannt (wie übrigens fast überall in Syrien mit Ausnahme der großen Häuser des 4./5. Jahrhunderts in Apamea, den Mosaiken in Antiochia und einigen Hinweisen in Halabiye/Zenobia). Die antiken Häuser im südsyrischen Bosra wurden bis in die letzten Dezennien immer wieder geändert. Um sie zu studieren, bedarf es systematischer Ausgrabungen, um von der vorhandenen Bausubstanz bis zu den antiken Resten schrittweise vorzudringen. Eine einzige Ausgrabung dieser Art wurde im Westviertel von Bosra in den achtziger Jahren von der Amerikanischen Universität in Beirut durchgeführt. Dabei kam ein Haus aus omayyadischer Zeit zutage: Mit einer Folge von sechs Räumen, die in einen Hof führten, und einem Gang, der sich etwas von den ländlichen Häusern unterschied, wie sie für eine etwas frühere Epoche in dieser Region bekannt sind. Tatsächlich scheinen die Häuser ihrem Plan nach nicht allzu verschieden zu sein: Das als „Palais Trajans" bezeichnete Gebäude, wohl eine bischöfliche Residenz des 5. – 6. Jahrhunderts, zeigt keine wesentlichen Unterschiede im Vergleich mit zeitgleichen ländlichen Häusern, sieht man von den größeren Dimensionen im Mittelalter und in der Gegenwart ab. So befindet sich im Obergeschoß ein Prunksaal mit einem Trikonchos an einer Seite, ein deutlicher Hinweis auf die Palastarchitektur. Selbst der Dekor ist nicht wesentlich reichhaltiger als in Dörfern. Einige von P. und R. Donceel untersuchte Häuser in der kleinen Stadt Kanatha/Qanawat unterscheiden sich in nichts von den ländlichen Häusern der Nachbarschaft.

Es fehlt eine genügende Anzahl städtischer Häuser aus frühchristlicher Zeit, um den Einfluß der urbanen Architektur auf die ländlichen Häuser und umgekehrt zu kennen. Man kann natürlich die Hypothese aufstellen, daß die Bautechniken, etwa die Bogenarchitektur, um Decken und Säulenhallen zu tragen, sich von den Städten auf das Land ausgebreitet haben. Aber diese Ausbreitung geht auf das 1. bis 2. Jahrhundert zurück. Es wäre sicherlich unrichtig zu behaupten (wie man dies für das Kalksteinmassiv Nordsyriens gemacht hat), es hätte keine Beziehung in der Plangestaltung oder in der Funktion zwischen Land- und Stadthäusern gegeben. Letztere besaßen durchaus nicht alle ein Peristyl.

Wir kennen mehrere hundert antike ländliche Häuser in Südsyrien. Einige Dutzend wurden schon untersucht, aber nur einige ausgegraben, und sehr selten vollständig. Diese Häuser finden sich innerhalb kompletter Ensembles in aufgelassenen Dörfern und mehr oder weniger zerstört. Bald sind es Einzelhäuser in Dörfern, die in neuerer Zeit wieder besiedelt wurden, oder sie liegen mehr oder weniger verschüttet, indem sie als Fundamente, Höhlen, als Ställe oder Lagerhäuser heute in Verwendung stehen. Im großen und ganzen ist der Erhaltungszustand dieser Häuser gut, so daß man nicht nur den Plan, sondern auch sehr oft ihre Größe erkennen kann. Diese Häuser – der Typ ihrer Architektur gilt als homogen – finden eine weite Verbreitung: Vom Westen nach Osten, von Dscholan (Jawlan) bis zur Steppe von Hamad, von Norden nach Süden, von der Peripherie von Damaskus bis zum Nordosten des heutigen Jor-

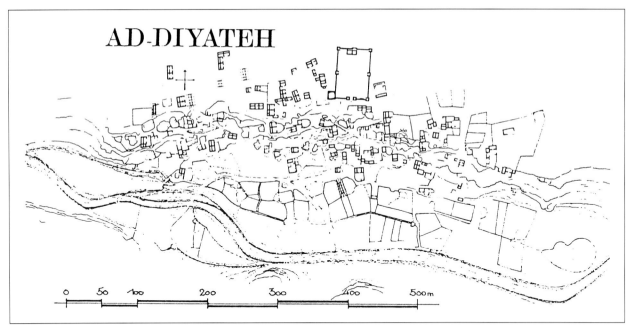

Abb. 1: Plan des antiken Ortes Diyatheh östlich des Jebels Druze.

daniens (Umm el-Jimal und Umm el-Qottein). Übrigens sind in dieser Zone die Landhäuser auch die der Städte: Ausgesprochen selten findet man isolierte Häuser besonders aus frühchristlicher Zeit.

Im Gegenteil: Gewöhnlich fügt sich ein Haus in ein bestehendes Dorf ein, das einige bis mehrere hundert Häuser umfassen konnte wie etwa die Metrokomia von Phaena, häufig (nicht immer) Kultgebäude, manchmal Gemeinbauten, Wasserleitungen und gemeinsame Wasserzisternen – alles ohne vorherbestimmten Plan, mit einem unregelmäßigen Straßennetz, das sich nur nach der Topographie, dem Wasserleitungssystem und dem Wachstum der Häuser richtete. Der Plan von ad-Diyatheh, einem Dorf im Osten des Jebel Druze, das vom 2. bis zum 4. Jahrhundert erbaut, während der gesamten byzantinischen Epoche bewohnt und in der Omayyadenzeit aufgelassen worden war, ist ganz typisch für diese Art von Dörfern mit Dutzenden von Häusern mit Hof, der systematischen Nutzung von Steinbrüchen, den Fundamenten und Höhlen und dem Verteidigungssystem: Dieses ist hier durch einen festen Turm, dann durch ein römisches Limeskastell aus der Zeit um 300 n. Chr. gesichert (Abb. 1). In anderen Fällen sind es ein beachtlicher Wall, ein einfacher Turm, eine Häusergruppe allein, so an der Peripherie der Kome, um den Zugang in Grenzen zu halten, die die Sicherheit des dörflichen Gemeinwesens (Koinon) gegen Razzien und Rivalitäten unter den Dörfern zu garantieren.

Es ist äußerst schwierig, das Datum der Erbauung, der Einrichtungen und die Siedlungsphasen dieser antiken Häuser genau zu erfassen. Es gibt dafür drei Gründe:

1. Das Fehlen von Grabungen (die einzige extensive Ausgrabung eines häuslichen Ensembles fand in Sia im Jebel Druze unter den Häusern des 1. bis 3. Jahrhunderts n. Chr. statt, die vor der Christianisierung zerstört wurden. Unter den byzantinischen Häusern von Umm el-Jimal wurden nur begrenzte Sondagen durchgeführt).

2. Das seltene Vorhandensein gut datierter Inschriften vor Ort, die die Erbauungszeit des einen oder anderen Hauses mit Sicherheit zu fixieren erlaubten.

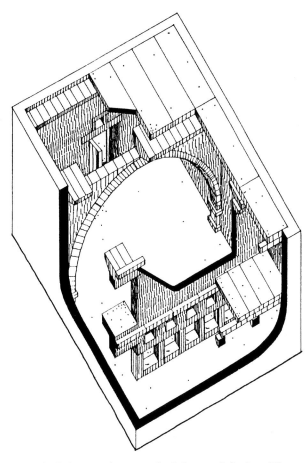

Abb. 2: Schema eines römisch-byzantinischen Haustyps im Hauran.

(Beim Haus des Flavios Seos in Hayat nordöstlich von Shaba/Philippopolis, erbaut im Jahr 578, handelt es sich um einen Einzelfall.)

3. Schließlich – und dies ist der wichtigste Grund – weisen alle Indizien darauf hin, daß es keine wesentliche Entwicklung in der Plankonzeption, den Techniken und den Funktionen zwischen römischer, byzantinischer und frühomayyadischer Zeit gab. Auf längere Sicht bemerkt man sicherlich einige Tendenzen wie z. B. die Entwicklung in Richtung einer um einen Hof geschlossenen Fläche, deren Ausmaße kleiner zu werden beginnen, und sicher auch das Erscheinen christlicher Schmuckelemente. Abgesehen von diesen geringen Entwicklungen muß man bedenken, daß die frühchristliche Besiedlung im Hauran eine lange Zeit in Anspruch genommen hat – vom ersten und zweiten bis zum 7. und 8. Jahrhundert – und sich in dieser Reihe kaum durch irgend etwas hervorhebt. Daher sind Gebäude ein Indiz unter anderem wie Inschriften, Material, Keramik etc. Die Christianisierung hat die sozialen, wirtschaftlichen und dörflichen Strukturen offenbar nicht verändert und auch nicht die Lebensweise (Monogamie, Gemeinschaft zweier oder mehrerer Brüder, um ein Haus zu bauen), die christliche Periode ist vielmehr ein Abschnitt in der Geschichte des hellenisierten und romanisierten Südsyriens. Während der langen Zeit des Altertums prägt ein Haupttyp der Besiedlung das Land in dieser Region (Abb. 2). Alle Häuser und deren Nebengebäude bestehen ausschließlich aus Basalt: Hof- und Hausmauern, Decken, Dächer, Tür- und Fenstergewände. Diese Verwendung ist augenscheinlich zwingend, handelt es sich doch um das einzige lokale Gestein. Andererseits wäre der Gebrauch anderen Materials durchaus möglich gewesen (mehr Holz, wenigstens für Türen, Fenster oder Stiegen; Ziegel für Dächer). Es gibt hier eine starke kulturelle Tradition, von der man meint, sie reiche weit zurück, vielleicht bis in die Bronzezeit. Alle diese Häuser gruppieren sich um einen von einer hohen Mauer umschlossenen Hof, meistens nur durch eine einzige Türe zugänglich. Es gibt keinen Zugang zum Haus außer durch den Hof. Die Häuser selbst weisen Öffnungen nur an der Fas-

sade auf (Türen, selten Fenster), also an der Hofseite, haben im allgemeinen über dem Erd- ein Obergeschoß, darüber hinaus eine Terrasse über der Etage. Diese ist über eine aus vorkragenden Steinen bestehende Stufe an der Außenmauer zugänglich.
Die Decken der Gebäude bestehen aus Basaltplatten, die auf einem Kragsystem aufruhen. Das Bemerkenswerteste an diesen Gebäuden ist die systematische Organisation, in der einzelne Räume aneinandergereiht werden, je nach dem, wo man sie braucht (am Boden oder in der Höhe). Die „Zellen" bestehen aus einem großen, hohen, weiten, mehr oder weniger quadratischen Raum, der sich an der Außenseite auf den Hof öffnet, und aus engen, niedrigen und dunklen Nebengebäuden, die an einer, zwei oder drei Seiten des großen Raumes angelegt und oft nur halb so hoch wie diese sind: Man ordnet daher zwei dieser Nebenräume übereinander an, damit sie die Höhe des Hauptraumes erreichen. Von diesem aus kann man durch einen inneren Treppenabsatz die höher gelegenen Nebenräume erreichen. Um die Beschreibung abzuschließen: Den Hauptraum bedeckte im allgemeinen, aber nicht immer ein auf einen Mittelbogen gestütztes Gewölbe, das die Decke trug und eine Tragweite von 8 x 8 m im Quadrat erlaubte (anstatt von maximal 4 x 4 m, wenn kein Bogen vorhanden war).

Zwei grundlegende Bemerkungen seien angebracht: Erstens, daß diese sehr typische Art rein lokal zu sein scheint: Man findet sie in keinem anderen Teil Syriens oder in einer anderen Region. Zweitens, daß diese Form eine architektonische ist. Diese einzigartige Bautechnik findet sich nirgendwoanders. So zeigen Epigraphie und Archäologie, daß, ist man im Erdgeschoß, der große Raum (Triklinium) in bestimmten Fällen als Empfangsraum mit den angeschlossenen Empfangszimmern diente. In anderen Fällen ist es ein Arbeitsraum und die Nebenräume wurden als Ställe für die Haustiere benutzt – nach den Inschriften vor allem für Rinder. Die Ställe standen mittels Türen oder Öffnungen, die Tröge bilden, mit dem Hauptraum in Verbindung. Die Zimmer über den Ställen sind daher zweifellos Lagerräume. Befindet man sich im Obergeschoß (Anagaion), scheint es, daß die ganze Disposition der Einrichtung für das Hauspersonal diente mit dem Hauptraum als Gemeinschaftsraum, die anderen als Zimmer (?), Lagerräume etc.

Dieses architektonische System ist geschmeidig genug, um eine Vielzahl von Kombinationsmöglichkeiten zu gestatten, und bezeugt offensichtlich eine auf der Familie begründete Struktur – zellenartig oder erweitert – je nach Größe des Hauses, aber immer lebendig in einem Haus, das seine Grenzen und seine Abschließung gegenüber anderen Familiengruppen betont. Hinsichtlich des wirtschaftlichen Planes gestatten die archäologischen Spuren wie auch die inschriftlichen Hinweise, sich ein von Grundbesitzern freies Bauerntum vorzustellen, das Ackerbau und Viehzucht betreibt, wie das häufige Vorhandensein von Trögen in den Häusern beweist.

In diesem einzigartigen Rahmen ist die Vielfalt der Häuser, bezogen auf das Innere eines Dorfes oder nach den Regionen Südsyriens, sehr groß. Sie beruht tatsächlich auf einer Reihe von Hauptparametern, deren Kombination eine große Verschiedenheit von Resultaten ergibt – je nach Wohlhabenheit, vor Ort verfügbarem Material, mehr oder weniger feinem Basalt, nach dem Grad des Einflusses städtischer Techniken: Der Anwendung der Bogenarchitektur, die damals sehr sorgfältig ausgeführt war, wie der Technik, große Räume zu überspannen. Diese Technik kam im 1. bis 2. Jahrhundert auf, wurde aber nicht immer oder überall in der byzantinischen Architektur angewandt, vor allem nicht in den ärmlichen Dörfern. So besitzen in Diyatheh drei Viertel der Häuser keine Bögen, so daß die maximale Größe der Räume auf 4 x 4 m² beschränkt bleibt. In Taff erwähnt eine frühchristliche Inschrift des 6. Jahrhunderts auf einem Türsturz am Eingang zu einem großen Raum ohne Gewölbe das Vorhandensein von Zirkusparteien. Die Verwendung oder Nichtverwendung von Säulenreihen (manchmal zweigeschossig wie in Kafr Shams) an der Fassade von Gebäuden. Diese Verwendung scheint im 2. bis 3. Jahrhundert allgemein üblich gewesen zu sein, seitdem ein mittleres soziales Niveau erreicht worden war. Das Fehlen von Säulen an der Fassade (wie z. B. in Diya-

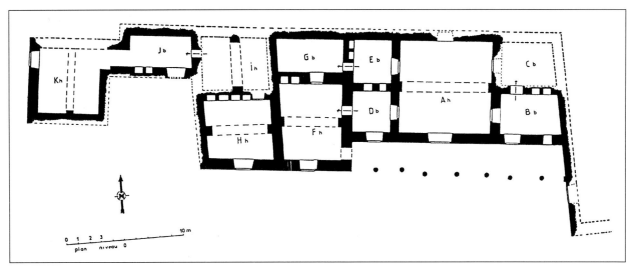

Abb. 3: Kafr Shams im nordwestlichen Hauran: Plan des Hauses 1.

Abb. 4: Kafr Shams, Haus 1: Christliche Anrufungsinschrift in Griechisch auf dem Eingangsbogen des Haupt- bzw. Empfangsraumes.

Abb. 5: Kafr Shams, Haus 1: Chrismon auf dem Türsturz des Hauptraumes.

theh) hängt oft mit dem Fehlen des Bogens zusammen.

Die Technik des Zusammenfügens von Blöcken und ihre Qualität. Man findet hier ein großes Spektrum von Möglichkeiten, angefangen von unregelmäßigen Bausteinen bis hin zum perfekt behauenen Block. In allen Fällen bemerkt man eine besondere Sorgfalt, die der Einrahmung von Türen, den Bögen und Kragsteinen galt und einen Kontrast zwischen äußerem und innerem Schmuck der Mauern abgab. Die Wände im Inneren sind immer viel weniger sorgsam ausgeführt, da sie verputzt waren.

Die verschiedene Größe eines Hauses, das aus einem einzigen, auf den Hof gerichteten Raum (häufig in Diyatheh) bestehen konnte, oder weitläufigen Ensembles aus drei bis vier Bauwerken, wovon jedes mehrere um einen gepflasterten Hof gruppierte Zimmer hat (z. B. Haus 1 von Kafr Shams, Abb. 3). Die kleinsten Häuser finden sich in Dörfern auf kargem Boden, am Rand der Steppe und im Lavagebiet von Leja, die größten an der Peripherie der städtischen Zentren wie Bosra oder in den Dörfern auf fruchtbarem Boden süd- oder südwestlich von Damas (wie Kafr Shams oder Innkhil).

Das Vorhandensein bestimmter architektonischer Verfeinerungen, geläufiger wie Latrinen (immer in einer dicken Mauer in einem Winkel der großen Räume) oder selteneren, an die luxuriösen Residenzen der Großgrundbesitzer gebundenen: Alkoven unter einem Gewölbe, bisweilen sehr ausgeschmückt, was dem Raum Würde verleiht, oder Podien, die Audienzen oder dem Empfang von bedeutenden Gästen vorbehalten waren.

Schließlich der Dekor, oft nicht vorhanden, niemals sehr reichhaltig, aber, falls vorhanden, sehr konzentriert: Auf Tür- und Fenstersturzen, auf Pfeilern und Gewölbesteinen von Bögen, den Kragsteinen und rund um Nischen, die oft die Fassaden oder die rückwärtigen Mauern der großen Räume schmücken. Was diesen Dekor betrifft, so müßte man das verschwundene Bild des täglichen Lebens hinzufügen können: Vielleicht Mosaikböden (?), verzierten Wandverputz, Mobiliar, Keramik, Öllampen zur Beleuchtung.

Genaugenommen sind es Dekor und wenige Inschriften, in denen sich bis heute die Christianisierung des häuslichen Lebens bemerkbar macht: Kreuz, Chrismon und christliche Anrufungen (vgl. den Zierrahmen über dem Eingangsbogen des Hauses 1 von Kafr Shams, Abb. 4) finden sich relativ oft, auch an anderen gut sichtbaren Stellen wie dem Türgewände (Abb. 5), auf Fassadennischen oder im Inneren (z. B. Innkhil, Abb. 6 – 7).

Dieser christliche Dekor bleibt bescheiden; er ist selten sorgfältig ausgeführt, im allgemeinen in Form des griechischen Kreuzes, manchmal eingelegt, meist aber eingraviert auf Türstürzen. Man signalisierte damit zwei wichtige Tatsachen. Ein spezifisch christlicher Dekor wird in diesen Häusern gegen Ende des 4. Jahrhunderts greifbar. Es ist nicht sicher, ob er den antiken verdrängt, geschweige denn ausgelöscht hat. Dieser basierte auf heidnischen Symbolen (etwa Kränzen, Herkulesknoten, manchmal ein Dekor, der an das Leben des Erbauers erinnert, ebenso kleine Vögel auf dem Türsturz von El-Karak). Die andere Tatsache betrifft mehr die Christianisierung des Landes und seiner Grenzen: man findet deutliche Spuren im Dekor der Häuser, eine auch anderswo bekannte Tatsache, daß die Gemeinschaften nichtchristlich geblieben sind: Sei es, daß sie Juden waren (ein Haus in Nawa, zeitgleich mit den christlichen Häusern von Kafr Shams, trägt auf einem Türsturz das Relief einer Menorah), sei es, daß die Häuser von Heiden bewohnt wurden (in Diyatheh gibt es kein einziges Kreuz, kein christliches Symbol, keine einzige Kirche!).

Die dörflichen Gemeinschaften Südsyriens dürften sich also von jenen des übrigen Nahen Ostens kaum unterschieden haben. Man muß sie jedoch genau mit jenen des nordsyrischen Kalksteinmassivs vergleichen. Dort stehen die berühmten Ruinen frühbyzantinischer Dörfer. Erstaunlicherweise betrifft der Punkt dieses Vergleichs genau den Dekor: Im Hauran wird der Dekor seltener und verfällt ab dem 4. Jahrhundert (einige christliche Symbole und für den Rest verwendet man systematisch rein dekorative Elemente aus älteren Bauwerken). Im Gebiet von Antiochia und Apamea ist es genau umgekehrt: Der Dekor vervielfältigt sich plötzlich ab dem 4. Jahr-

Abb. 6: Innkhil, Haupthaus (sog. „Palais"): Kleines Kreuz, eingefügt in den Dekor der Fassade.

Abb. 7: Innkhil, Haupthaus (sog. „Palais"): Blick auf das Ensemble der Fassade.

hundert, wird besser in seiner Qualität und landesüblich. Diese zwei Tatsachen betreffen alle Gebäudetypen in den beiden Zonen: Häuser und besonders kulturelle Bauwerke. Alle historischen Angaben widerlegen es eigentlich, diesen merkwürdigen Gegensatz durch einen wirtschaftlichen oder demographischen Niedergang des Haurans im Gegensatz zu einem Aufschwung des Kalksteinmassivs zu erklären. Dieser Niedergang existierte nicht. Im Gegenteil, drei Faktoren haben mitgespielt:

1. Technische: Der Basalt läßt sich schwer bearbeiten. Es ist daher ausgeschlossen, in einer Phase der Prosperität überreichen Dekor wie an den Bauwerken aus Kalk zu finden.

2. Wirtschaftliche: Der wirtschaftliche und demographische „Abstieg" des Hauran ist alt, er scheint bis an das Ende der hellenistischen Epoche zurückzugehen. Ab da ist die Bautätigkeit rege, schnell kommt bestimmter Dekor auf (begrenzt und romanisiert). Im 4. und 5. Jahrhundert verwendete man diesen Dekor aus zerstörten oder abgetragenen Bauwerken zur Errichtung von Kirchen oder Häusern. Der Dekor der Fassade des großen Hauses von Innkhil, der auf die Tür- und Nischenrahmungen beschränkt ist, scheint im 4. oder 5. Jahrhundert einem heidnischen Bauwerk entnommen und durch einige kleine Kreuze „christianisiert" worden zu sein (Abb. 6). Nichts davon im Kalksteinmassiv, wo der Aufschwung des Bauwesens spät einsetzte und wo zur byzantinischen Zeit wenig älterer Dekor vorhanden und für eine Wiederverwendung geeignet war.

3. Kulturelle: Die großen Städte im Norden, etwa Antiochia und Apamea, haben in frühchristlicher Zeit für die architektonische und künstlerische Verbreitung eine Rolle gespielt, was Bosra nie vermochte.

ZUSAMMENFASSUNG

Die lange Periode vom 1./2. bis zum 7./8. Jahrhundert, von der Romanisierung bis zum Beginn der Islamisierung – die frühchristliche oder byzantinische Phase hat daran ja Anteil – unterscheidet sich durch sehr markante Charakteristika in der ländlichen Architektur. Vorher – gegen Ende der hellenistischen Zeit (?) – findet man die ersten zögernden Schritte, die zum Prototyp der „Cellula" geführt haben. Sie verbindet einen großen, hohen Raum mit den niederen Annexräumen. Aber man findet überall, von der Bronzezeit bis zum 1. Jahrhundert n. Chr., eine robuste, eher noch rohere Art der Bewohnung. Sie basiert auf polygonalen Mauerverbänden und einzelligen Häusern mit einem Raum oder untereinander nicht verbundenen Räumen mit axialen Stützpfeilern ohne Säulenhalle.

Ab dem 7./8. Jahrhundert, einer nicht sehr gut erforschten Periode, scheint die Entwicklung der Architektur rasch verschiedene Richtungen genommen zu haben: Auf der Grundlage der Militärlagerpläne für die Bewohner des Eigentümers (vgl. die zahlreichen „Schlösser" Nordjordaniens und Südsyriens) und auf der Grundlage der „gebastelten" Formen und nicht komplex, nicht mehrzellig für die anderen Bewohner (vgl. die Wohnruinen aus dem frühen 8. Jahrhundert am Jebel Seis).

Der chronologische und kulturelle Abschnitt, der in Linz in der Ausstellung „Von den Aposteln zu den Kalifen" dargestellt wird, trifft sehr genau mit der Geschichte der materiellen Kultur in Südsyrien zusammen.

(Übersetzung aus dem Französischen: Brigitte Kuranda. Redaktionelle Bearbeitung: Erwin M. Ruprechtsberger)

LITERATUR

J.-M. DENTZER (Hg.), Hauran I, 2 Bde (Paris 1985 – 1986).

J.-M. DENTZER – J. DENTZER-FEYDY, Le djebel al-'Arab. Histoire et patrimoine au Musée de Suweida (Paris 1991).

D. F. GRAF, The Syrian Hauran: JRA 5 (1992) 450/66.

F. VILLENEUVE, Prospections archéologiques dans le Hauran, in: Contribution Française à l'archéologie Syrienne (Damas 1989) 151/58.

ABBILDUNGSNACHWEISE

Abb. 1 – 3: Nach F. Villeneuve, 153 Fig. 1, 157 Fig. 6 (Ausführung: S. Sadler). Abb. 4 – 7: Verfasser.

Thilo Ulbert

RESAFA – SERGIUPOLIS
ARCHÄOLOGISCHE FORSCHUNGEN IN DER
NORDSYRISCHEN PILGERSTADT

Die Ausgrabungen in Resafa-Sergiupolis stellen seit Jahren den umfangreichsten Forschungsbeitrag auf dem Gebiet der Christlichen Archäologie in Syrien dar. Die ersten Aktivitäten begannen im Jahre 1952 unter Johannes Kollwitz, seit 1975 liegt die Projektleitung der im Rahmen des Deutschen Archäologischen Instituts durchgeführten und von der Deutschen Forschungsgemeinschaft finanzierten Arbeiten in den Händen des Verfassers dieser Zeilen. Die zu den eindrucksvollsten Ruinenstätten des Landes zählende befestigte Pilgerstadt befindet sich in der syrischen Wüstensteppe, am mittleren Euphrat, eine antike Tagesreise Richtung Süden vom Fluß entfernt. Was sich heute den Augen des Besuchers an erhaltener Bausubstanz bietet (Abb. 1 – 3), geht im wesentlichen auf die Zeit des 6. Jahrhunderts n. Chr. zurück und wird bezüglich der Entstehungsgeschichte und der Monumente trefflich von Prokop von Caesarea in einer zeitgenössischen Quelle beschrieben (de aed. II 9, 3 – 8 ed. O. Veh): „In der (spätantiken Provinz) Euphratesia gibt es eine Kirche, welche dem Sergios, einem berühmten Heiligen, geweiht ist. Die frühen Einwohner nannten aus Verehrung und Ergebenheit den Ort Sergiupolis und hatten ihn auch mit einer ganz bescheidenen Befestigung umgeben, die gerade eine Eroberung im Handstreich durch die dortigen Sarazenen verhindern konnte. . . Späterhin aber wurde das erwähnte Heiligtum durch Schenkung von Kostbarkeiten reich und Gegenstand allgemeiner Bewunderung. Mit Rücksicht darauf wandte Kaiser Justinian (527 – 565) der Angelegenheit sogleich seine Fürsorge zu: Er umgab den Platz mit einer außerordentlich starken Mauer und verschaffte durch Anlage von Speichern den Einwohnern Wasser in Fülle. Dazu fügte er noch Häuser, Wandelhallen und die sonstigen Bauten, was eben gewöhnlich einer Stadt zum Schmuck dient. Auch eine Besatzung zur Verteidigung der Ringmauer im Notfall legte er dort hin".
Demnach ist die Entstehung der Stadt eng mit dem Martyrium des Sergios, eines Offiziers des römischen Ostheeres, verbunden, der hier in der Zeit um 300 wegen seines christlichen Glaubens hingerichtet worden war. Zu diesem Zeitpunkt war Resafa – der Name geht auf eine altsyrische Wurzel zurück und kommt in antiker Schreibweise auch als Rosapha, Risapa vor – noch ein kleines Kastell innerhalb eines Limes, der vom Kaiser Diokletian (284 – 305) in diesen Jahren ausgebaut worden und zur Verteidigung der römischen Ostgrenze vorgesehen war. Erst die Grabungen des Jahres 1990 erbrachten in Resafa auch die archäologische Bestätigung für diese Frühzeit, ja, es läßt sich jetzt römische Militärpräsenz bereits im 1. Jahrhundert n. Chr. nachweisen. Zeugen dieser frühen Epoche sind in Form von Kleinfunden überliefert, während es kaum noch möglich ist, unter den bis zu 8 m hohen Kulturschichten auch den Nachweis baulicher Reste des oder der vorauszusetzenden Kastelle, die in vergänglicher Lehmziegelarchitektur ausgeführt waren, zu entdecken.
Die Umstände, die zur Entstehung des frühchristlichen Resafa führten, haben ihre Parallelen an zahlreichen anderen Orten der Spätantike: Das ursprünglich extra muros (in unserem Falle des Kastells) gelegene Märtyrergrab wird im Laufe des 4. Jahrhunderts zum Anziehungspunkt gesteigerter Verehrung, es folgt eine Translation der Reliquien in den Innenbereich der Siedlung im Zusammenhang mit der Errichtung einer ersten Kirche. In Resafa dürfte dieser Vorgang gegen Ende des 4. Jahrhunderts erfolgt

Abb. 1: Resafa-Sergiupolis, alte Luftaufnahme, von Osten.

Abb. 2: Resafa-Sergiupolis, Außenansicht der Stadtmauer von Südwesten mit Wasser des Frühjahrsregens.

sein. Eine größere Kirche wird in Quellen im ersten Viertel des 5. Jahrhunderts erwähnt. Mit den jüngsten Grabungen unter der sogenannten Basilika B haben wir Spuren dieses Gebäudes gesichert.

Vom 5. Jahrhundert an erfährt die kleine, abseits in der Wüstensteppe gelegene Militärsiedlung im Zuge der Verehrung des Sergiosgrabes eine ungewöhnliche Entwicklung. Durch die Votivgaben, welche Pilger aus nah und fern mitbringen, beginnt zunächst ein bescheidener Reichtum, der jedoch nach und nach zu gesteigerter Bautätigkeit führt. Es entstehen hintereinander vier monumentale Basiliken, zahlreiche Kapellen. Unter den gewaltigen Schichten der folgenden Jahrhunderte dürften auch Klosteranlagen und Pilgerherbergen verborgen liegen. Resafa trägt jetzt auch den Namen seines Heiligen: Sergiupolis, Sergiostadt. Der inzwischen dort residierende Bischof wird zum Metropoliten eines eigenen Kirchensprengels. Es ist jetzt die Phase der Stadt erreicht, welche in dem oben zitierten Bericht des Prokop beschrieben wird. Dabei verdient ein Umstand Beachtung. Unter den im Text erwähnten baulichen Aktivitäten, die auf Befehl des fernen byzantinischen Kaisers und wohl auch durch dessen Militäringenieure ausgeführt wurden, werden keine Kirchen erwähnt, wie in der gleichen Quelle sonst üblich. Dies läßt nur den einen Schluß zu, daß diese Sakralbauten von der Stadt selbst, d. h. aus dem eigenen Kirchenschatz finanziert werden konnten. Zwei während unserer Grabungen entdeckte monumentale Dedikationsinschriften für Kirchen bestätigten diese Annahme in vollem Umfange.

Wenden wir uns zunächst den profanen Gebäuden dieser Frühzeit zu. Die im 6. Jahrhundert errichtete Stadtmauer (Abb. 1 – 2) umschließt in einer Gesamtlänge von knapp 2 Kilometern ein rechteckiges Areal, das immer noch den Charakter einer Festung besitzt und als solche ja auch konzipiert war. 50 Wehrtürme verschiedener Formen, Wehrgänge mit Schießscharten sowie vier befestigte monumentale Toranlagen trugen dieser Wehrhaftigkeit Rechnung. Faszinierend für den Besucher ist der Umstand, daß, abgesehen von den Spuren der Vergänglichkeit, welche auch in Resafa nicht fehlen, dieser Gesamtkomplex heute noch in voller Höhe (durchschnittlich 15 m) erhalten ist. Aber nicht nur militärische Nüchternheit kommt hier zum Ausdruck, man wandte teilweise auch große Kunstfertigkeit bei der Ausgestaltung von Details an. So entstand beispielsweise in der Fassade des Nordtors (Abb. 4) eines der letzten Zeugnisse spätantiker Torarchitektur schlechthin.

Während die bei Prokop erwähnten öffentlichen Gebäude, wie z. B. zahlreiche Portiken und das Forum, inzwischen im Grabungsareal lokalisiert sind, jedoch weiterhin unter der konservierenden Erde bleiben werden, waren die Zisternen (Abb. 5) über all die Jahrhunderte hinweg immer sichtbar. Für sie war von Beginn an ein Großteil der südwestlichen Siedlungsfläche vorgesehen. Die Versorgung mit Wasser bedeutete für eine fern von natürlichen Quellen gelegene Stadt in allen Zeiten die wichtigste Lebensgrundlage überhaupt. Daher galt den entsprechenden Fragestellungen auch in Resafa in den vergangenen Jahren unser besonderes Augenmerk. Die Ergebnisse waren nicht nur für unsere Wüstenstadt reich, sie werden sich künftig auch auf die Untersuchung anderer Siedlungsplätze projizieren lassen, welche unter ähnlichen Bedingungen entstanden sind.

Man legte den Mauerring im 6. Jahrhundert so an, daß ein Teil des zu umschließenden Hanggeländes die tiefste Stelle der Talsohle miteinbezog. In diesem flachen Wadi sammeln sich zeitweise vor der Stadtmauer die Wasser der Winter- und Frühjahrsregen in Form eines in Richtung zum Euphrat hin strömenden bescheidenen Flusses (Abb. 2). Durch Aufschüttung eines Dammes konnte das Wasser aufgestaut werden, bis es die Höhe eines Überlaufbeckens erreicht hatte. In diesem Becken fand ein erstes Absetzen des Schlammes statt, ehe das Wasser durch sechs sehr kleine Öffnungen (Gefahr des Eindringens von Feinden auf diesem Wege!) unter der Stadtmauer durchfloß, um auf der Innenseite von einem begehbaren Kanal (Reinigungsmöglichkeit) aufgenommen zu werden. Ein oberirdisch durch ein Tetrapylon markierter Kreuzungspunkt regelte die Verteilung des Wassers auf die insgesamt vier großen Zisternen.

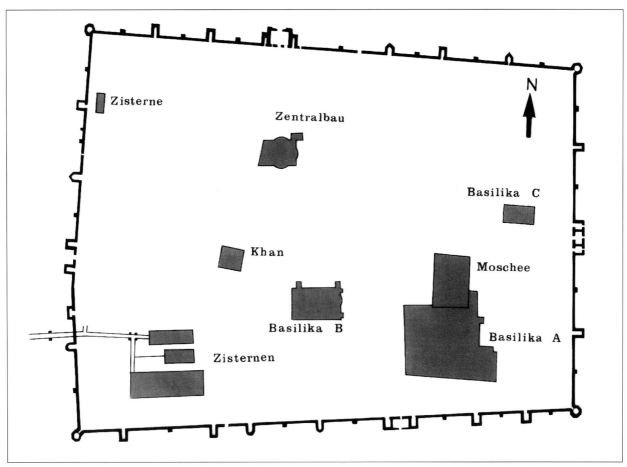

Abb. 3: Resafa-Sergiupolis, Übersichtsplan der untersuchten Monumente.

Diese Zisternen sind im Boden eingelassen, von rechteckigem Grundriß und von Gewölben bedeckt (Abb. 5). Die Einlaufkanäle befinden sich jeweils am oberen Rand, die Entnahmestellen im Gewölbescheitel. Alle Zisternen sind heute noch bis zum Boden hinunter erhalten und so gut wie nicht verschüttet. Eine nähere Untersuchung der größten Zisterne erbrachte zusätzlich noch den Nachweis eines weiteren Sand-Absetzbeckens sowie bauliche Vorrichtungen zur Entsorgung von Schlamm im Zuge der notwendigen Reinigungsarbeiten nach der Leerung. Die überwölbte antike Zugangstreppe zum Zisterneninnern wurde von uns wiederentdeckt und in mühevoller Stollenarbeit freigelegt. Über gut erhaltene Stufen führt sie in das gewaltige unterirdische Bauwerk hinunter, das aus zwei Räumen besteht, welche durch mächtige Pfeiler voneinander getrennt sind. 14.600 Kubikmeter Wasser konnte allein diese rund 65 m lange und 22 m breite Zisterne fassen. Steht man auf ihrem Boden und blickt hinauf zu den jetzt als Lichtöffnungen im 18 m hohen Gewölbescheitel erscheinenden Wasserentnahmeöffnungen, so brauchen die Zisternen Resafas einen Vergleich mit den gleichzeitigen Wasserspeichern der Hauptstadt am Bosporus nicht zu scheuen.

Nach den Berechnungen der Wasserwirtschaftler konnten die Wasserspeicher Resafas bei einem angenommenen täglichen Durchschnittsverbrauch von 10 Liter pro Kopf in der jährlichen Trockenzeit bis zu ca. 6000 Einwohner der Wüstenstadt versorgen.

Abb. 4: Resafa-Sergiupolis, Fassade des Nordtores.

Diese Zahl – immer vorausgesetzt, es regnete auch jeden Winter – ist insofern nur ein theoretischer Näherungswert, als selbstverständlich nicht nur die ansässigen Bewohner, sondern auch die erwähnte militärische Besatzung wie auch durchziehende Karawanen und vor allem die nicht zu unterschätzenden Pilgerscharen, welche für Resafa verbürgt sind, von diesem Wasser leben mußten.

Ziel der Pilger war das Grab bzw. der Sarkophag des heiligen Sergios, welcher sich im 6. Jahrhundert zunächst in der sogenannten Basilika B befand, danach in die größte Kirche der Stadt, die sogenannte Basilika A, überführt worden war (Abb. 6). Der Kreis der Verehrer des heiligen Sergios setzte sich zusammen zunächst aus Besuchern, welche aus der unmittelbaren Umgebung kamen, d. h. aus Nordsyrien und Mesopotamien. Eine frühe christliche Quelle besagt, daß besonders die nomadische Bevölkerung Sergios große Verehrung entgegenbrachte. Zur Bestätigung dieser Angabe kann auf einen archäologischen Befund verwiesen werden. Es fanden sich nämlich, durch zwei Fußböden stratigrafisch abgeschlossen und somit datierbar, in einer Planierschicht im eigentlichen Reliquienraum der Großen Basilika unzählige kleine Kupfermünzen und zerbrochener, billigster Schmuck in Form von gläsernen, beinernen und kupfernen Arm-, Finger- und Ohrringen, Gegenstände, wie sie von den ärmeren Beduinen noch bis in unsere heutigen Tage getragen wurden. Ob diese einfachen Votivgeschenke, die für

Abb. 5: Resafa-Sergiupolis, Blick in den einen Teil der Doppelzisterne.

weiteren Gebrauch durch Zerbrechen untauglich gemacht worden waren, nun immer von christlichen Nomaden stammten oder auch von nicht christianisierten, mag dahingestellt bleiben. Sie sprechen jedoch eine deutliche Sprache von der Volkstümlichkeit des Heiligen. Andere Besucher kamen von weit her. Gegen Ende des 6. Jahrhunderts scheint, wie der Bericht des anonymen Pilgers von Piacenza in Oberitalien nahelegt, die Reise zu den Heiligen Stätten Palästinas auf dem Weg auch häufiger das Wüstenheiligtum in Resafa berührt zu haben. Viele dieser Pilger brachten wertvolle Geschenke mit: Votivgefäße aus Edelmetall und Bargeld. Und aus diesen Geschenken resultierte der Reichtum der Wallfahrtsstadt zur Zeit ihrer Blüte. Diese Besucher, die in der Regel den höheren Schichten angehörten, waren im Gegensatz zu den Nomaden des Schreibens mächtig, und viele von ihnen haben sich, wie die während unserer Grabungen festgestellten Graffiti in dem Vorraum zur Reliquienkammer der Großen Basilika zeigen, an den Wänden durch Anrufungen des Heiligen, durch Gebete oder einfach durch ihren Namen verewigt – die Affinitäten zu heutigen Gepflogenheiten sind nicht zu übersehen.

Untersuchung und Dokumentation der wohl ursprünglich dem Heiligen Kreuz geweihten Großen Basilika (A) war Forschungsschwerpunkt der Arbeit der deutschen Archäologen in der Zeit zwischen 1975 – 1985. Während der Kampagnen dieser Jahre wurden Freilegungsarbeiten fortgesetzt, die von der syrischen Generaldirektion der Antiken begonnen worden waren. Ein Photogrammetrieprogramm diente der steingerechten Darstellung sämtlicher bis zu einer Höhe von 15 m erhaltenen Wände. Die Freilegung der Fußböden der dreischiffigen Weitarkadenbasilika (Abb. 7) erbrachte weit über Resafa hinausgehende Ergebnisse hinsichtlich der Einrichtung und der daraus resultierenden Möglichkeiten einer Rekonstruktion liturgischer Abläufe. Basis für solche Erkenntnisse waren etwa das komplett erhaltene Presbyterium mit Priesterbank und Bischofsthron, der Altarplatz, die Sanktuariumsschranken und ein erhöhter Einbau im Mittelschiff, das sogenannte syrische Bema. Es ist das bisher besterhaltene und größte seiner Gattung überhaupt. Das Bema, das durch Türen und Vorhänge abgeschlossen werden kann, enthält im Zentrum einen unter einem Baldachin stehenden Tischaltar sowie wiederum Klerusbänke mit Bischofsthron und dazu Behältnisse zur Aufbewahrung von liturgischen Schriften. In der altsyrischen Meßliturgie war hier der Platz für die Lesungen, hier wurden die Antiphonen gesungen, während dem Altar im Presbyterium allein die Eucharistiefeier vorbehalten blieb. Der Vergleich mit dem Trascoro der mittelalterlichen Kathedralen Spaniens mag hier wenigstens angesprochen sein.

Ein monumentales Nebengebäude der Kirche besaß einen höchst qualitätsvollen Mosaikboden (Abb. 8). Die hier dargestellten Tiere, wilde wie zahme, tum-

Abb. 6: Resafa-Sergiupolis, Luftaufnahme der Großen Basilika (Hl. Kreuz) mit rechteckiger Moschee (links am Kirchenkomplex).

Abb. 7: Resafa-Sergiupolis, Große Basilika (Hl. Kreuz),
Innenraum mit Apsis und Bema.

Abb. 8: Resafa-Sergiupolis, Baptisterium, Fußbodenmosaik.

meln sich zwischen Zypressen und Granatapfelbäumen – das Bild des Paradieses, ein im Vorderen Orient geläufiges Thema für den kostbaren Bodenbelag in Baptisterien. Das auch in Sergiupolis als Taufhaus zu deutende Gebäude gehört zur Märtyrerkirche, war besonders weitläufig gestaltet und muß aufwendig ausgestattet gewesen sein. Auf diese Weise erfüllte es seinen Zweck als Baptisterium für die Taufe von Pilgern, denn die Taufe ist eng mit dem Märtyrerkult verbunden.

Für die Pilger war eigentliches Ziel der Wallfahrt der Sarkophag mit den Reliquien des Stadtheiligen, der früh in der Großen Basilika Aufnahme gefunden hatte. Zeitgenössische Quellen sprechen von der wertvollen Ausstattung dieses aus Gold und Silber gefertigten Schreins. Er hat das Ende der Stadt natürlich nicht überlebt. Doch konnte durch unsere Grabungen wenigstens der ursprüngliche Standplatz des Sarkophags in der nördlichen Kapelle neben der Apsis der Basilika ermittelt werden (Abb. 9). Über dem Sockel, der noch erhalten war, wölbte sich ein Baldachin aus verschiedenfarbigem Marmor, von dem ebenfalls erhebliche Reste vorhanden sind. Vielfarbige Marmorplatten bedeckten auch den Fußboden. Vom Kirchenschiff ist diese Kapelle durch ein hohes Eisengitter abgetrennt, so daß die Gläubigen den Schrein zwar sehen, aber nicht berühren konnten. Wollten sie sich ihm nähern, so war dies nur möglich über eine sinnvolle Anordnung von Türen und abgeschrankten Bereichen. Diese Einrichtung ähnelt den Ringkrypten, wie sie für die abendländische Reliquienverehrung erfunden wurden, welche es größeren Menschenmengen ermöglichte, am Sarkophag des verehrten Heiligen andachtsvoll vorbeizugehen. Da im nahöstlichen Kirchenbau das unterirdische Heiligengrab unbekannt ist, fehlt hier im Gegensatz zum Westen auch die Notwendigkeit zur Entwicklung von Krypten. Die Reliquien ruhten hier in der Regel in freistehenden Sarkophagen innerhalb eigener Kapellen, den sog. Martyrien. In der Märtyrerbasilika der Sergiosstadt konnte man das Martyrion durch einen Außeneingang betreten, wobei die bunte Fensterverglasung des mosaikgeschmückten Raums im Verein mit den brennenden kostbaren Öllampen über dem Sarkophag aus Edelmetall den Pilger in die mystische Sphäre des heiligen Ortes einstimmten. Er trat von der Rückseite her an den Sarkophag heran und nahm dort in der Regel eine kleine Flasche mit Öl in Empfang, das Mönche aus einem rotmarmornen Becken schöpften. Hier stoßen wir wieder auf einen dem christlichen Orient vorbehaltenen Brauch. Jeder Reliquiensarkophag, und mag er noch so klein sein, besaß am Deckel eine Einfüllöffnung und unten eine Ausflußöffnung für Öl, das die eigentliche Reliquie im Innern berührte und dadurch heilbringende Wirkung erlangt hatte. Im Falle der Sergiosmemoria war diese Anordnung der Bedeutung des Heiligen entsprechend aufwendig gestaltet. Davon zeugt das in situ erhaltene Marmorbecken, das seinerseits noch eine eigene Verschlußvorrichtung gegen Mißbrauch aufwies. Zahlreiche, während unserer Grabung entdeckte Fragmente von kleinen gläsernen Pilgerfläschchen, welche auf den Boden um die Sarkophagstelle verstreut lagen, beweisen, daß dieser Brauch hier noch bis ins hohe Mittelalter weiter geübt wurde.

Verließ der Pilger das eigentliche Martyrion, so betrat er einen großen Raum, in dem er vielleicht seine Votivgeschenke, vom kupfernen Kleingeld über bescheidenen Schmuck bis zu Goldmünzen oder Gefäßen aus Edelmetall darbrachte. Es ist dies auch der Raum, in dem sich viele der schreibkundigen Pilger in den erwähnten Wandkritzeleien verewigten (Abb. 10). Auf die Geschenke wird weiter unten nochmals zurückzukommen sein.

Von diesem Raum aus gelangte man dann in einen weiten Peristylhof (Abb. 11), dessen Ostpartie die Anordnung von Hauptapsis mit Nebenkammern, wie sie die Basilika selbst besitzt, wiederholt. Eine dreibogige Torwand vor der offenen Apsis steigert die Bedeutung dieser Anlage. Es besteht kaum ein Zweifel darüber, daß wir in diesem Komplex einen monumentalen Zeremonienhof sehen dürfen, welcher der Versammlung der frommen Besucher diente, und in dem etwa am Todestag des Sergios am 6. Oktober alljährlich sein Sarkophag, in feierlicher Prozession aus dem inneren Martyrion herausgetragen, unter der stehenden Hofapsis zur vorübergehenden Aufstellung kam. Hier fand dann vor den Augen einer großen Menschenmenge das Zeremoniell der Märtyrerverehrung statt.

Alle bisher beschriebenen Befunde und die daraus resultierenden Schlußfolgerungen basierten auf unseren archäologischen Beobachtungen während der Grabungen und sind bereits ausführlich veröffentlicht. Veröffentlicht sind auch die Arbeiten, die unter dem ersten Ausgräber Resafas, Johannes Kollwitz, in den Jahren 1952 – 1965 durchgeführt worden waren. Dazu gehört die Untersuchung der wohl stattlichsten und aufwendigsten Kirche der Stadt, des

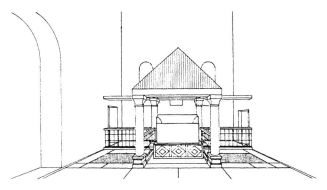

Abb. 9: Resafa-Sergiupolis, Martyrionsraum, Standort des Sergiossarkophages. Rekonstruktion nach Resafa II.

Abb. 10: Resafa-Sergiupolis, Pilgergraffiti.

sog. Zentralbaus, benannt nach einer dort zur Ausführung gekommener Architekturidee, welche basilikale mit zentralisierenden Tendenzen zu verbinden sucht. Dieser Bau zeugt, wie zahlreiche andere Kirchen auf dem Boden Syriens, von dem Streben der Baumeister des 5./6. Jahrhunderts nach der Umsetzbarkeit neuer und gewagter Ideen in die Großarchitektur.

Auch der zweite der großen christlichen Kultbauten der Stadt, die sog. Basilika B, die, wie wir jetzt wissen, eine ältere Sergioskirche ablöste, wurde bereits früher teilweise freigelegt und publiziert. Dieser Umstand ersetzt natürlich nicht die Notwendigkeit, zeitweilig Nachuntersuchungen anzustellen. Dies ist auch hier in den vergangenen Jahren der Fall gewesen. Die Sondagen unter dem Fußboden dieses in das frühe 6. Jahrhundert datierten Baus erbrachten die schon erwähnten Ergebnisse hinsichtlich der Vorläuferbauten und der vorsergioszeitlichen Geschichte der Stadt. Schließlich waren zwei Arbeitskampagnen (1985/1986) der Dokumentation des vierten der großen christlichen Kultbauten der Stadt gewidmet, der sog. Basilika C. Bei ihr handelt es sich um eine Säulenbasilika, die ursprünglich sehr kostbar ausgestattet gewesen sein muß, die aber nach ihrem Verfall fast völlig „ausgeschlachtet" worden war. Der größte Teil des Baumaterials wurde im Mittelalter zu Sicherungsmaßnahmen anderer vom Verfall bedrohter Gebäude verwendet. Davon zeugen u. a. die Ausflickungen in Teilen der Stadtmauer, die in ihrer Gesamtheit ebenfalls schon früher zeichnerisch dokumentiert und publiziert wurde.

Hiermit kann ein Teil – bei der Größe der Stadt zugegebenermaßen ein bescheidener Teil – der Monumente Resafas als abschließend erforscht gelten. Nicht minder interessant als die Entstehungsgeschichte einzelner Gebäude und ihr rekonstruierbares Erscheinungsbild zur Zeit ihres Bestehens ist die Art und Weise ihres Verfalls. Mit diesen Gedanken ist gleichermaßen die Frage nach dem weiteren Geschick der Stadt selbst und ihr Ende angesprochen. Zweifellos war im Verlauf des 6. Jahrhunderts der Höhepunkt in der Bautätigkeit Resafas erreicht worden. Die andauernden Auseinandersetzungen zwischen Byzantinern und Persern, welche dieses Jahrhundert prägen, gaben den Bewohnern der Sergiosstadt wiederholt die Möglichkeit, die Wehrhaftigkeit ihrer mächtigen Befestigungsmauern – erfolgreich – zu prüfen. Gleichsam als Nebenprodukt beim Studium der diesbezüglichen historischen Quellen fällt ein Schlaglicht auch auf den damals noch vorhandenen Reichtum der Pilgerstadt. Denn der Bischof von Sergiupolis ist in der Lage, höhere Lösegeldsummen an die Perser zu zahlen, außerdem entnehmen wir diesen Quellen, daß reiche Kirchenschätze den Besitzer wechseln. Von einem berühmten Goldkreuz ist die Rede, welches das Kaiserpaar Justinian und Theodora als Votiv gestiftet hatten, das in persischen Besitz gerät, gegen Ende des Jahrhunderts jedoch mit zahlreichen neuen Silbergefäßen und Altargerätschaften feierlich zurückgegeben wird. Die Zeiten werden jedenfalls unsicherer, mit Störungen von Handel- und Pilgerverkehr muß gerechnet werden. Aber nicht nur die politischen Konstellationen sind dazu geeignet, der bisherigen Prosperität Einhalt zu gebieten, sondern auch die Natur ist es, die als Zerstörungsfaktor zu betrachten ist. Die für das 6. Jahrhundert und dessen Folge überlieferten Erdbeben richten in der ganzen Region schwere Schäden an, von denen sich auch Resafa nie mehr ganz erholt. Wenn wir auch noch nicht ganz genau wissen wann, so ist doch sicher, daß zwei der großen Kirchen der Stadt, der sog. Zentralbau und die sog. Basilika B, offenbar sehr früh Erdbeben zum Opfer gefallen sind, ohne wieder neu aufgebaut worden zu sein.

Als einziger kirchlicher Großbau hat die Große Basilika, die inzwischen den größten Schatz der Stadt barg, die Reliquien des hl. Sergios, alle Unbilden überlebt (Abb. 6). Aus diesem Grunde, und auch, weil sich an dieser Anlage archäologisch und bauhistorisch exemplarisch die weiteren Geschicke der Sergiosstadt verfolgen lassen, wollen wir uns jetzt wieder dieser Kirche zuwenden.

Auch an ihr waren die Erdbeben nicht spurlos vorübergegangen. Im Gegenteil, sie hatten noch eine zusätzliche Schwachstelle deutlich werden lassen, die uns an dieser Ruine bis heute Schwierigkeiten bereitet. Man hatte offenbar bei der Wahl des Bauplatzes nicht gewußt, daß an dieser Stelle unterirdisch ein Dolinengraben verläuft. Mit der Zeit hatte das Wasser das kristalline Gipsgestein – das vor Ort anstehende unselige Baumaterial der ganzen Stadt! – aufgelöst. Das darüberliegende Gewicht der Baumasse hat dann, vielleicht im Zusammenhang mit einem Erdbeben, die Höhlung zum Einbrechen und Südseite und Apsis der Basilika zum teilweisen Einsturz gebracht. Bereits zu diesem Zeitpunkt setzten die ersten Reparaturmaßnahmen (Abb. 7) ein, die sich am Baubestand in einer ununterbrochenen Folge von Bogenunterfangungen, Bogenabstützungen, Wandversetzungen, Aufmauerungen usw. dokumentieren lassen und die in einem allmählichen Anbringen von monumentalen Stützmassiven enden, welche die Kirche von außen wie ein Korsett umgeben (Abb. 6). Ein letzter Versuch, die völlig gestörte Statik des Gebäudes zu stabilisieren. Aber gerade in diesen Maßnahmen äußert sich der Wille, diese Kirche zu erhalten und sei es auf Kosten der Zusetzung von Türen und Fenstern, der Schließung einzelner Räume, vom Verlust ästhetischer Aspekte ganz zu schweigen. Der Grund für alles lag im Vorhandensein des Heiligengrabes und in der Funktion als Kathedrale der Stadt. Ein im Südostteil nachträglich angebauter Wohnkomplex darf als Episkopium angesehen werden mit Kapelle und Archiv im Untergeschoß, den privaten, mit Balkonen versehenen Gemächern des Bischofs im Obergeschoß.

In der Rolle einer Märtyrer-, Pilger- und Metropolitankirche erlebte die Anlage auch die Ankunft des Islam in Resafa. Wir wissen nicht im einzelnen, wie sich das Ereignis der Eroberung der Stadt in der Wüste im 7. Jahrhundert gestaltete. Auf historisch wie archäologisch nachprüfbar sicherem Grund stehen wir doch bereits im frühen 8. Jahrhundert. In dieser Zeit wird Resafa als Rūṣāfat Hišām für einige Jahre Residenz des damals herrschenden Geschlechts der Umajyaden unter ihrem Kalifen Hišām (724 – 743). Neben Palästen und Wirtschaftsgebäuden, die in der damals gewohnten Lehmziegelbauweise großflächig extra muros der alten, für eine kurze Epoche eine neue Stadt entstehen ließen, er-

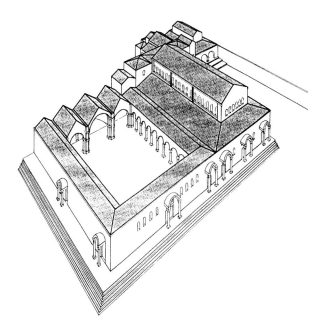

Abb. 11: Resafa-Sergiupolis, Große Basilika mit Pilgerhof. Rekonstruktion des Gesamtzustands des 6. Jahrhunderts.

richtet man jedoch intra muros das Hauptkultgebäude der Religion der neuen Herrscher. Die große und repräsentative dreischiffige Moschee (Abb. 6) mit zwei Gebetsnischen (Mihrab) und der Gebetskanzel (Mimbar) an der nach Mekka, d. h. nach Süden weisenden Wand (Qibla), sowie einem weitläufigem Hof (Riwāq) ist nach dem Muster der nur wenig früheren Umajyadenmoschee in Damaskus erbaut. Baumaterial lieferte im wesentlichen die Ruine der benachbarten Basilika B. Man trug dazu Wände ab, und richtete sie neu samt Türen- und Fensteröffnungen im Moscheezusammenhang wieder auf. Basen, Säulenschäfte, Kapitelle – alles wurde zu einem eindrucksvollen Neuen verwendet. Am auffälligsten ist jedoch der Platz, den man sich für die Hauptmoschee ausgesucht hatte: sie entstand unmittelbar im Norden der Pilgerbasilika und Kathedrale der Stadt, mit dieser eine Baueinheit eingehend. Durch Einziehen der in der Ostwest-Achse verlaufenden Gebetswand trennte man den Nordteil des Pilgerhofs ab und nutzte die somit ausgeschiedene nördliche Peristylseite als erstes (südliches) Schiff der Moschee.

Durch diese Maßnahmen wurde zwar die Fläche des Pilgerhofs verringert, in seiner Funktion blieb er jedoch erhalten. Die bewußt herbeigeführte enge Verbindung zwischen Pilgerhof und Moschee manifestiert sich in zwei Durchgängen zwischen beiden Gebäudekomplexen. Auf diese Weise entstand eine architektonische Einheit vorchristlicher Kathedrale und islamischer Hauptmoschee, welche in dieser Eindringlichkeit bisher wohl nirgendwo sonst archäologisch nachgewiesen ist. Der Grund für dieses erstaunliche Phänomen darf zum einen in der Toleranz der Umajyaden in dieser Frühzeit gesucht werden, zum anderen jedoch, und sicher hauptsächlich, in der fortdauernden Verehrung des Sergios, der, wie wir gehört haben, gerade für die nomadische Bevölkerung des Landes nach wie vor verehrungswürdig war.

Wie lange dieses Nebeneinander währte, wissen wir nicht genau. Moschee und Kathedrale liefern dem Archäologen genügend Hinweise auf Umbauten und Veränderungen für die Folgezeit. Arabische Quellen des Mittelalters sprechen von Resafa als von einer vorwiegend christlich geprägten Stadt. Wie unsere Grabungen nachweisen konnten, wird im Laufe der Jahrhunderte die Kathedrale im Gegensatz zu früher, wo sie innerhalb eines freien Bezirks stand, immer mehr in das Bild einer orientalischen Stadt miteinbezogen. Sūqs mit den sich gegenüber früher verengenden Straßen reichen nach und nach unmittelbar an die Wände der Vorhöfe des Heiligtums. Doch ebenso klar beweisen aufgefundene Inschriften wie Münzen und andere Kleinfunde die Kontinuität des christlichen Kultes bis in die Mitte des 13. Jahrhunderts.

Mit den Jahren 1258/60 scheint, übereinstimmend in schriftlichen Quellen und archäologischem Befund, das Ende für die Stadt und die Sergiosverehrung gekommen zu sein. Zerstörungs- und Brandspuren in der Kathedrale zeigen uns auch die Art dieses Endes an. Die Verursacher dieser Zerstörung waren die Mongolenheere, welche dem arabischen Großreich der Abbasiden in kurzer Zeit ein Ende setzten. Vereinzelte Spuren bescheidenen Lebens scheint es danach noch in Resafa gegeben zu haben. So konnten wir im Kathedralbereich eine Art kleiner Notkirche feststellen, im weiten Hof der Moschee einen bescheidenen islamischen Kultbau. Doch war dieser merkwürdigen Stadt in der Wüstensteppe mit dem Verlust des Hauptheiligtums, den Reliquien des Heiligen Sergios und dem damit verbundenen Pilger- und Handelsverkehr, die Lebensgrundlage entzogen worden. Viele Bewohner werden daher auch abgewandert sein.

Ein Fund (Abb. 12), den wir während der Grabungskampagne des Jahres 1982 machten, wirft ein letztes Schlaglicht auf die Zeit kurz vor dem Mongoleneinfall und dem damit verbundenen Ende der Stadt. Unter dem Estrich eines Hauses (für Kleriker?), welches in der Spätzeit innerhalb des reduzierten christlichen Bereichs in den Arkaden des Pilgerhofs errichtet worden war, entdeckten wir einen großen grünglasierten Tontopf, dessen Inhalt aus einem Weihrauchgefäß, einem eucharistischen Kelch, dem Fuß eines weiteren eucharistischen Kelches, einer Patene und einem weltlichen Pokal bestand. Ein Schatzfund also, den man, nach datierenden Münzen innerhalb des Fußbodens, frühestens im Jahre 1243 versteckt hatte. Es liegt nahe, den Grund dieses Versteckens in der drohenden Mongolengefahr zu sehen. Derjenige, der den Schatz verborgen hatte, kam jedenfalls nicht mehr dazu, ihn auch wieder zu heben, so daß dies modernen Archäologen des 20. Jahrhunderts vorbehalten blieb.

Handelt es sich bei dieser Entdeckung ohnedies schon um den ersten kirchlichen Schatz, der syrischem Boden nicht durch Raubgräber entrissen wurde, sondern während einer regulären wissenschaftlichen Untersuchung zutage kam, so mußte dazu vor allem die zeitliche Stellung und Herkunft der einzelnen Stücke überraschen. Alle nämlich sind etwa um das Jahr 1200 an verschiedenen Orten entstanden und gehören demnach zu den letzten Votiven an das Sergiosgrab. Zusammen aber belegen sie auch die noch bis in diese Spätzeit florierende Wallfahrt nach Resafa-Sergiupolis.

Einziges Stück, das aus wirklich arabisch-islamischem Zusammenhang stammt, ist ein silberner Becher, dessen Wände in Niellotechnik und vergolde-

Abb. 12: Resafa-Sergiupolis, Silberschatz.

ter Treibarbeit mit Tier- und Pflanzenmotiven reich verziert sind. Dieses Gefäß dürfte für den Gebrauch im höfischen Zusammenhang entstanden sein, jedoch bald nach seiner Fertigung, durch Anbringen von Ösenringen und Ketten zum Weihrauchgefäß umfunktioniert, ans Grab des hl. Sergios gestiftet worden sein. Es stellt eines der verhältnismäßig spärlich überlieferten Spitzenstücke islamisch-arabischer Toreutik des Mittelalters dar und war wohl in Nordsyrien selbst entstanden.

Der komplett erhaltene Eucharistiekelch ist von der Form her die Kopie eines spätromanischen Kelchs aus Mitteleuropa. Daß er jedoch nicht dort, sondern ebenfalls im syrischen Raum gefertigt wurde, beweist sein Dekor, auf dem sich arabeske Elemente (stilisierte Palmetten) mit byzantinischen (viermalige Wiederholung der Büste des Christus als Pantokrator, Darstellung der thronenden Maria mit dem Jesusknaben und den Erzengeln im Kuppainnern) mischen. Am Rand der Kuppa des aus Silber getriebenen und ebenfalls vergoldeten und nielloverzierten Kelchs weist eine in altsyrischen Buchstaben wiedergegebene Dedikationsinschrift auf den Sinn des eucharistischen Kelchs, nämlich die Erinnerung an das Abendmahl der Apostel hin und nennt auch als Stifter einen Priester Johannes. Das formale Vorbild für dieses Stück mag im Zuge eines der Kreuzzüge nach Syrien gelangt sein, wo es dann als Modell für unser Votivgefäß verwendet wurde. Wirklicher Import aus dem Westen – die Parallelen weisen nach Nordfrankreich bzw. Südengland – ist das einzige nicht vollständige Gefäß, der silberne und vergoldete Fuß eines anderen Meßkelchs mit geripptem Nodus. Komplett erhalten ist dagegen eine ebenfalls vergoldete Patene mit der Darstellung der Hand Gottes innerhalb des von Halbbögen gerahmten Zentrums. Form und Motiv weisen das Stück eindeutig als aus dem nordwestdeutschen-nordfranzösischen Raum importiert aus. Das Rätsel der auf dem Rand angebrachten altsyrischen Stifterinschrift löste sich unter dem Mikroskop der Restauratoren des Rheinischen Landesmuseums in Bonn: Diese Inschrift war nachträglich, also erst auf syrischem Boden angebracht worden. Und sie nennt nun auch klar die Stiftung an die Kirche des hl. Sergios in Resafa. Der Stifter selbst war ein Christ namens Hasnun aus Edessa (heute Urfa in der Türkei).

Kreuzzugsgut in der Bedeutung wahrstem Sinne stellt das letzte der fünf Stücke dar. Der silberne und vergoldete profane Trinkpokal verriet bereits von der Form her, als mittelalterlicher „Hanap" oder „(s)cyphus", seinen westlich-höfischen Ursprung. War mit ihm schon eines der ganz seltenen erhaltenen Beispiele dieser Gattung entdeckt worden, so steigert sich sein Wert und seine Bedeutung nochmals gewaltig im Hinblick auf seine Verzierung. Das Innere der Kuppa wird nämlich von 10 getriebenen Wappenschildern eingenommen, die sich um ein Zentralwappen reihen. Die heraldische Untersuchung ergab, daß vier der Wappen – sie weichen nur in kleinen, für die Heraldik typischen Details voneinander ab – die gleiche Familie repräsentieren, und zwar die Familie der Sires de Couzy aus der Picardie, eines der bedeutendsten Geschlechter des mittelalterlichen Frankreich. Der Träger des Zentralwappens und damit Eigentümer des Pokals konnte als Sire Raoul I von Couzy identifiziert werden, die drei entsprechenden Familienwappen repräsentieren seine drei namentlich bekannten Söhne. Die übrigen Wappenschilder stehen für damals Abhängige der Couzys, etwa das Haus Amiens, das Haus Kyme aus Kime in Kesteven (Lincolnshire) u.

a. Raoul I von Couzy ist als Teilnehmer des 3. Kreuzzugs im Jahre 1191 vor Akkon gefallen; kurz vor seiner Abreise dürfte der Pokal in Frankreich gefertigt worden sein. Nach der Katastrophe von Akkon gelangte das Stück, auf welchem Wege auch immer, in den Besitz einer frommen syrischen Christin, Zayn ad-Dar, welche es dann als Votivgabe stiftete. Diese Information entnehmen wir einer nachträglich in die Randzone eingeritzten Inschrift in arabischen Buchstaben.

Jedes einzelne Stück dieses Schatzes, der heute im Nationalmuseum in Damaskus aufbewahrt wird, erzählt die Geschichte seiner Herkunft – dadurch eröffnen sich vielseitige Aspekte kulturgeschichtlichen Inhalts –, und jedes einzelne verkörpert eine Spitzenleistung morgen- bzw. abendländischer mittelalterlicher Toreutik.

Mit diesen archäologischen Zeugnissen endet die Geschichte des Sergioskults in Resafa. Schon seit dem 5. Jahrhundert wurden Kirchen im ganzen Mittelmeerraum zu seiner und seines Mit-Märtyrers Bakchos Verehrung gegründet (vgl. etwa SS. Sergios und Bakchos in Konstantinopel). Die schönsten und wertvollsten silbernen Kirchengeräte, welche der syrische Boden im Zuge von Raubgrabungen oder Zufallsfunden hergegeben hat, und die heute manche der großen Museen der Welt zu ihren Kostbarkeiten zählen, sind Votivgaben an den hl. Sergios. An ihn erinnern auch noch die Namensformen Sarkis, oder Serge in Frankreich, Sergej im slawischen Raum. Ja, sogar unter den modernen Besuchern der Ruinenstadt gibt es immer noch Gruppen, die sich im Märtyrerraum der ehemaligen Kathedrale zur improvisierten Meßfeier zusammenfinden. Und auch in der Legendenwelt der älteren Beduinen, die heute im weiteren Umkreis um Resafa siedeln, ist Sarkis, zwar in verschwimmenden Konturen, aber doch durchaus noch vorhanden.

Aus all dem Gesagten mag man die Bedeutung Resafas als archäologisches Forschungsprojekt erkennen. Die Ergebnisse unserer Arbeiten reichen gleichermaßen auch in die Bereiche der Kirchen-, Liturgie- und Frömmigkeitsgeschichte. Es ist der Sergioskult mit seiner berühmten Wallfahrt, der es uns ermöglicht, in der Zeit zwischen 300 und 1250 die lückenlose Kontinuität einer Pilgerstadt in einer Weise zu erforschen, wie dies an anderen vergleichbaren Plätzen nicht möglich ist. Denn entweder war der Verehrung anderer, berühmter Pilgerstätten durch äußere Umstände eine viel kürzere Blütezeit beschert, wie etwa dem ebenfalls nordsyrischen Simeonsheiligtum, oder aber es zog kontinuierliche Kultübung bis zur Gegenwart architektonische Veränderungen nach sich, welche die Erforschung früherer Befunde erschweren oder unmöglich machen. In Resafa-Sergiupolis hat sich die lebendige Vergangenheit bis in die Mitte des 13. Jahrhunderts konserviert – danach gab es bis heute keine Siedlungstätigkeit mehr in den Ruinen, wodurch ideale Forschungsbedingungen gegeben sind. So kommt es, daß der Schweizer Archäologe Beat Brenk in seinem Schlußwort zu dem unter dem Thema „Peregrinatio" stehenden 12. Internationalen Kongreß für Christliche Archäologie im Herbst 1991 in Bonn, Resafa-Sergiupolis neben Tebessa in Nordafrika und der Menasstadt in Ägypten zu den am besten erforschten Pilgerheiligtümern überhaupt zählen konnte.

ABBILDUNGSNACHWEISE

Abb. 1: Nach Tchalenko (-Baccache) Fig. 354. – Abb. 9, 11: Nach Resafa II (1986) 58 Abb. 33, Taf. 86. – Alle übrigen Abb.: Resafa-Archiv bzw. DAI Damaskus.

LITERATUR

W. BRINKER, Zur Wasserversorgung von Resafa-Sergiupolis: DaM 5 (1991) 117/146.
P.-L. GATIER – T. ULBERT, Eine Türsturzinschrift aus Resafa-Sergiupolis: DaM 5 (1991) 169/182.
W. KARNAPP, Die Stadtmauer von Resafa in Syrien (1976).
J. KOLLWITZ und andere (Vorberichte über die Grabungen 1952 – 1965): AA 1954, 119/159; 1957, 64/109; 1963, 328/360; 1968, 307/343.
DERS., Die Grabungen in Resafa, in: Neue deutsche Ausgrabungen im Mittelmeergebiet und im Vorderen Orient (1959) 45/70.
M. KONRAD, Flavische und spätantike Bebauung unter der Basilika B von Resafa-Sergiupolis: DaM 6 (1992) 313/403.
N. LOGAR, Keramikfunde aus dem Wasserverteiler (von Resafa-Sergiupolis): DaM 5 (1991) 147/168.
DIES., Die Kleinfunde aus dem Westhofbereich der Großen Basilika von Resafa-Sergiupolis: DaM 6 (1992) 417/79.
M. MACKENSEN, Eine befestigte spätantike Anlage vor den Stadtmauern von Resafa, Resafa I (1984).
D. SACK-GAUSS, Die Große Moschee von Resafa-Rusafāt Hišām, Resafa IV (im Druck).
F. SARRE – E. HERZFELD, Archäologische Reise im Euphrat- und Tigrisgebiet II (1920) 1/45 (S. Guyer), H. SPANNER – S. GUYER, Rusafa, Die Wallfahrtsstadt des Heiligen Sergios (1926).
T. ULBERT, Eine neuentdeckte Inschrift aus Resafa: AA 1977, 563/569.
DERS., Die Basilika des Hl. Kreuzes in Resafa-Sergiupolis, Resafa II (1986).
DERS., – P.-L. GATIER: DaM 5 (1991) 169/182.
DERS., Bischof und Kathedrale (4. – 7. Jh.): Archäologische Zeugnisse in Syrien, in: Actes 12. Intern. Congr. Arch. Chrét. 1986 (1989) 429/456.
DERS., Villes et fortifications de l'Euphrat a l'époque paléochrétienne (IVe - VIIe s.), in: Archéologie et histoire de la Syrie II (1989) 283/296.
DERS., Der kreuzfahrerzeitliche Silberschatz aus Resafa-Sergiupolis, Resafa III (1990).
DERS., Beobachtungen im Westhofbereich der Großen Basilika in Resafa-Sergiupolis: DaM 6 (1992) 403/16.

Jean-Pierre Sodini

QAL'AT SEM'AN: EIN WALLFAHRTSZENTRUM

Qal'at Sem'an befindet sich auf einem felsigen Vorsprung (Gipfelhöhe 564 m) eines Massivs, das heute den Namen des Heiligen trägt (Gebel Sem'an). Es liegt ungefähr 40 km nordwestlich von Aleppo und nur wenige Kilometer vom höchsten Punkt des Kalkmassivs entfernt, dem Sheikh Baraket, der im Altertum Mont Koryphe (870 m) genannt wurde. Qal'at Sem'an liegt an einer zweitrangigen Straße, die den Süden des Gebel Sem'an und die Ebene von Qatura mit dem Tal von Afrin verbindet, das nach Cyrrhus gegen Norden führt. Gegen Süden verläuft die große Straße von den Zentren Aleppo und Chalkis nach Antiochia. Qal'at Sem'an und das Dorf von Telanissos (heute Deir Sem'an), das zu seinen Füßen liegt, waren doch ein wenig abgelegen von den Hauptstraßen, obwohl sonst leicht zugänglich. Die Pilger hatten einen großen Anteil am Aufblühen des Ortes. Das Leben des Heiligen ist uns durch drei Erzählungen bekannt. Die erste, die 444 von Theodoret von Cyrrhus in der Geschichte Philotheos abgefaßt wurde, nachdem er dem Heiligen einen Besuch abgestattet und die Dokumente studiert hatte, die von den Jüngern des Heiligen gesammelt worden waren, bezeugt die große Popularität des Heiligen 15 Jahre vor seinem Tod. Das zweite Zeugnis ist eine syrische Vita, die in den Jahren nach dem Tod des Heiligen geschrieben wurde und deren älteste Kopie aus dem Jahre 474 stammt. Der dritte Text ist eine griechische Vita von einem gewissen Antonius, der sich als unmittelbarer Schüler des Symeon darstellt. Die drei Dokumente weisen untereinander Abweichungen auf, besonders die zwei letzteren, was die Beziehung zum Heiligen und die Datierung seines Todes betrifft. Es scheint, daß die syrische Vita, die den gewähltesten Text aufweist und am ältesten ist, der Wahrheit am nächsten kommt. Der Heilige zog sich im Alter von kaum 20 Jahren nach Telanissos auf den Hügel zurück, und zwar um ca. 410 – 412. Er wurde ohne Zweifel um 390 in Shish, in Kilikien, in einem bäuerlichen Milieu geboren. Sehr früh wurde er vom mönchischen Leben angezogen. Er schloß sich um das Jahr 402 dem Konvent des Abtes Eusebona in Teleda an (Tell Adé, ungefähr 20 km südlich von Qal'at Sem'an), wo seit 35 Jahren ein Cousin lebte und wo er seinen Bruder Shemshi wiedertrifft. Hier stören seine außergewöhnlichen Askeseausübungen die anderen Mönche, und er verläßt dieses Kloster nach einem Aufenthalt von nahezu zehn Jahren, um nach Telanissos zu gehen. Nach einem kurzen Aufenthalt in einem Kloster desselben Dorfes, in dem ein alter Laienbruder und ein siebenjähriges Kind lebten, zog er sich auf den Hügel, der das Dorf überschaut, zurück und blieb dort bis zu seinem Tod im Jahr 459. Er baute sich einen eingezäunten Platz, die berühmte „Mandra", und sonderte sich von der Welt ab, was damals die traditionelle Form der Askese in dieser Region war. Nach der „syrischen Vita" begab er sich auf einen Felsen von vier Fuß Seitenlänge und einer Höhe von zwei Ellen, den man vielleicht mit der felsigen Plattform identifizieren kann, die gegen die Ostmauer durch den Südarm des Martyriums geschützt ist. Die drei Texte geben eine laufende Erhöhung des Wohnsitzes des Heiligen an, der am Ende seines Lebens nach der „syrischen Vita", der griechischen Vita und Evagrius auf einer Säule von 40 Ellen gelebt hat; nach Theodoret betrug die Höhe nur 36 Ellen, zwischen 16 und 18 m, gemessen mit der attischen Elle, mehr als 20 m mit der palästinensischen Elle. Durch seine außergewöhnliche Fähigkeit zur Askese übt Symeon die größte Anziehung aus. Sie macht ihn zum „Herzen" der mönchischen Gemeinschaft von Teleda. Die Geistlichen, Mönche und Bischöfe, mußten immer zuerst ihre Voreingenommenheit überwinden,

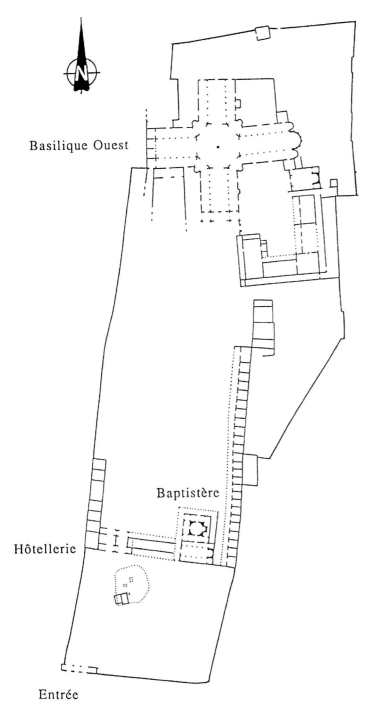

Abb. 1: Qal'at Sem'an, Plan der Anlage des 6. Jahrhunderts (nach J.-L. Biscop).

bevor sie seine Heiligkeit erkannten. Medizinisch scheint es unmöglich, daß er während seiner langen Askese keinerlei Nahrung zu sich nahm, weder feste noch flüssige. Durch diese spektakuläre Askese entstehen zahlreiche Wunder, von denen die „syrische Vita" erzählt. Diese Wunder drücken eine enge Verbundenheit mit der Natur aus – sie mußten daher sowohl die bäuerliche Gesellschaft beeindrucken, der er entstammte, als auch die Nomaden, die Ismaeliten, die zahlreich konvertierten.

Viele Wunder betrafen Tiere, selbst die erschrekkendsten wie Schlangen, die Naturplagen (er schützte die Region gegen eine Maikäferinvasion; er bat Gott demütig, Antiochia und seine Umgebung die schrecklichen Erdbeben zu ersparen; mitten im Juli setzte er einer schweren Trockenheit ein Ende, und dieses Wunder wurde wie ein Fest gefeiert).

Er war sowohl für die Könige und Königinnen seiner Zeit eine religiöse und moralische Autorität (der persische Hof sowie die Schwestern des Theodosius II. statteten ihm einen Besuch ab), als auch für die anderen Mönche und religiösen Kräfte. Die Anwesenheit einer großen Anzahl von Pilgern – auch außerhalb der bäuerlichen Bevölkerung – läßt keinen Zweifel an seiner Heiligkeit zu. Wie waren nun die Einrichtungen dieses Klosters? Notwendigerweise gab es eine Einfriedung (mandra), die in den drei Geschichtsquellen angeführt ist. Theodoret gibt an, daß diese Mauer kreisförmig war. Die Kette von 20 Ellen, die am Beginn festgemacht war, um das Gebiet abzutrennen, gibt einen Durchmesser der großen mandra von 40 Ellen, d. s. 17/20 m an (je nach der gewählten Elle). Diese mandra hatte eine Pforte, die in den zwei „Viten" angegeben wird (Syr 26/27 und Ant 12). Die griechische Vita, deren Text nicht sehr stichhaltig ist, gibt an, daß die mandra doppelt so groß war: Es wird ohne Zweifel berichtet, daß es zwei separate Einfassungen gab, mehr noch, der Text beschreibt eine doppelte Einfassung um den Aufenthaltsort des Heiligen, was durchaus möglich, aber nur schwer vorstellbar ist, so wie in einer „Vita" beschrieben. Die zwei mandra wurden aus „trockenen Steinen" (das entspricht der für diese Region charakteristischen Architektur) über der armse-

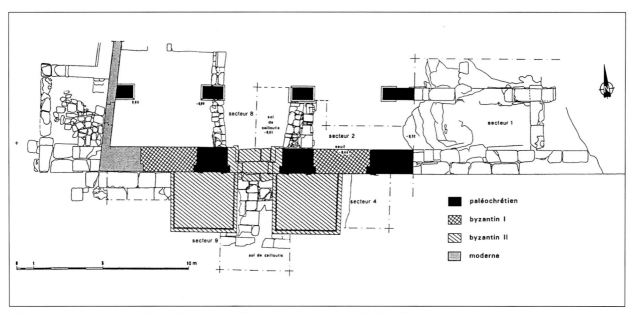

Abb. 2: Toranlage nach J.-L. Biscop mit den Ergänzungen von P.-M. Blanc.

ligen Einzäunung errichtet, die der Heilige gebaut hatte. Die Pforte wurde ins Innere der mandra gesetzt. Die Mauer wurde so hoch gebaut, daß man ihren Scheitelpunkt nur durch eine Leiter erreichen konnte (Ant. 14). Nach der griechischen Vita starb seine eigene Mutter, als sie versuchte, die Mauer der mandra zu erklimmen. Sie wurde am Fuß der Säule begraben (Ant. 14). Die syrische Vita gibt an, daß der Heilige in einer Nische innerhalb der umzäunten Mauer wohnte, wo sich ein geheiligtes Gefäß mit den Hostien befand (Syr. 47 und 61, wo sich die Vase geheimnisvollerweise mit Wasser füllte). Ein Stützpfeiler, der sich in einer Höhe von drei Ellen vor der Nische befand, trug ein Weihrauchgefäß und eine Schale mit Duftstoffen (Syr. 118). Das lebensnotwendige Wasser kam aus einer geheimnisvollen Zisterne, die der Heilige entdeckt hatte, die von sieben Öffnungen gespeist wurde (Ant. 21), die nicht mit irgendeiner anderen bereits entdeckten Zisterne in Verbindung standen, weil die größten, die sich unter der Westbasilika des Martyrions und im südlichen Vorhof befanden, nur fünf Öffnungen (Zuläufe) hatten. Von diesen Einrichtungen blieb mit Ausnahme der Säule keine weiterbestehen. Es ist nicht auszuschließen, daß die klösterlichen Bauwerke oder die Herbergen auf diesem Hügel vor dieser großartigen Einrichtung überhaupt existieren konnten. Nur die Nachgrabungen an den richtigen Stellen werden zeigen, wo diese Zisternen durch die heutigen Bedürfnisse nicht verschwunden sind. Man nimmt an – allerdings ohne wirklichen Beweis – daß es zwischen dem Tod des Heiligen (459), dessen sterbliche Überreste nach Antiochia überführt wurden, und dem Datum der Herausgabe der syrischen Vita (vor 474) keine Baubewegungen auf dem Hügel gegeben hat. Die syrische Vita verliert kein Wort über die Existenz von Bauwerken auf dem Ort der Wallfahrt. Die Errichtung einer Kirche in dem Dorf ganz nahe von Basufan in den Jahren 491 – 92, deren Chor und Dekoration dieselben Werkstätten wie jene von Qal'at verraten, könnte – was Qal'at Sem'an betrifft – anzeigen, daß zu diesem Zeitpunkt die zwei wichtigen Bauwerke des Pilgerzentrums, das Martyrion in Kreuzform und das Baptisterium, gebaut worden sind. Dieser Zeitabschnitt trifft beinahe mit der Regentschaft des Kaisers Zenon (474/75 – 490) zusammen. Zenon war ein großer Bewunderer des Styliten Daniel von Chalcedon, der sich als Jünger des Symeon bezeichnet. Außerdem war er Baumeister in Kilikien, von wo er stammte und wo er versuchte, Chalcedonier mit Monophysiten zu versöhnen, die eine große Anzahl von Kirchen besaßen, von denen ohne Zweifel der Komplex von Alahan oder die östliche Kirche, die von umstrittener Datierung ist, starke architektonische Ähnlichkeiten mit dem Martyrion des Symeon aufweisen. Die Patronanz dieses Herrschers muß für die Entstehung und Realisierung des Projektes notwendig gewesen sein. Noch um 470, nach dem Tode des Heiligen – etwa in diese Zeit datieren auch die Herbergen – muß das Dorf Telanissos eine große Zahl von Pilgern beherbergt haben. Das betont ausgeklügelte Programm dieses Wallfahrtszentrums, seine Ausmaße (12.000 m² verbaute Fläche), die umfassenden Nivellierungsarbeiten entsprachen den Konzepten der lokalen Architekten um 470 nicht und sind in der Folge nicht auf einen Nenner gebracht worden. Als Grundlage hatte man natürlich das Wissen der Architekten, die die Anforderungen und Einschränkungen der großen Wallfahrtsprogramme kannten, wie das Menas-Heiligtum in Ägypten, jenes des Hl. Johannes in Ephesos, die Kirchen des Hl. Landes, um ganz zu schweigen von den heiligen Orten in Konstantinopel, von denen uns nichts erhalten ist außer undeutlichen Zeugnissen. Die Hauptmerkmale sind eine große Einzäunung, Höfe und Bauwerke für verschiedene kirchliche Einrichtungen, ein Baptisterium und eine große Kirche in Kreuzform oder mit Querschiff, daß eine große Bewegung der Gläubigen rund um die Säule und gleichzeitig eine Teilnahme dieser gleichen Menge von Leuten an der Messe gewährleistet wird, damit diese immense Frömmigkeit, die sich auf den Heiligen bezieht, auf den Gottesdienst umgeleitet wird.

Die Bauwerke setzen sich in einer Süd-Nord-Achse fort. Die Wallfahrt begann im Dorf selbst, wo die Gläubigen empfangen wurden. Von hier aus nahmen sie einen mit Kolonnaden begrenzten Weg, der sicherlich von kleinen Geschäften umsäumt war, die Kerzen, Votivbilder, alle möglichen frommen Kleinigkeiten verkauften, und der am Beginn von einem Triumphbogen geschnitten wurde. Dieser Bogen, beeinflußt von der Architektur der Hauptstädte, war nur der erste einer ganzen Reihe, eines der Leitmotive einer Triumphalarchitektur.

Seit Beginn des 5. Jahrhunderts ist es der Bogen, der auf einer der Seiten der Apsis in die Kapelle des Märtyrers führt, die die Reliquien enthielt. Der Bogen im Allerheiligsten als das Sinnbild des größten syrischen Heiligen war daher der Ort, wo man seine dringenden Bitten darbrachte. Die Eingangspforte (Abb. 2) bietet übrigens einen gleichermaßen triumphalen Anblick: Drei Türen durchbrachen die Mandra, gefolgt von drei Bögen in einer Reihe hintereinander. Die Wohnung des Portiers, die gewöhnlich am Eingang des Konvents liegt, war zufolge dieses Programmes im Osten angebracht und nicht auf der Etage, die auf eine weite Terrasse führt, die von einer Brüstung umgrenzt war.

Die Pilger kamen zuerst in eine Art Vorhof (Abb. 3), der heute von Strauchkulturen bestanden ist. Die bereits erwähnte riesige Zisterne (Abb. 4), die von drei Pfeilern gestützt wurde und sieben Öffnungen hatte, konnte sowohl die Pilger, aber auch die enorm große Hotellerie versorgen und wurde von Mauern aus Tell Aqibrin (heute Sermada) errichtet. Sie teilte die N-Seite vom Vorhof. Vier Paare von zwei Bögen gestatteten es, die Hotellerie zu durchqueren und Zugang zur Esplanade zu haben, wo sich das Wallfahrtswesen abspielte. Diese verlängerte Esplanade, die im Osten durch Kammern begrenzt wird und auf eine Säulenhalle auf zwei Ebenen mündet – im Westen sind es zwei Terrassenmauern, die den Abhang im Westsektor umfangen – stellte die Relation zwischen Baptisterium samt seinen Nebengebäuden im Süden einerseits und dem großen Martyrion in Kreuzform und seinen Nebengebäuden andererseits her, die die kleine Nordseite schlossen, sodaß diese Bauten die zwei Pole des Ensembles bilden. Das Baptisterium (Abb. 5) im Süden, an das sich eine Basilika anlehnte, war im Osten durch einen geschlossenen Gang und an den anderen Seiten von

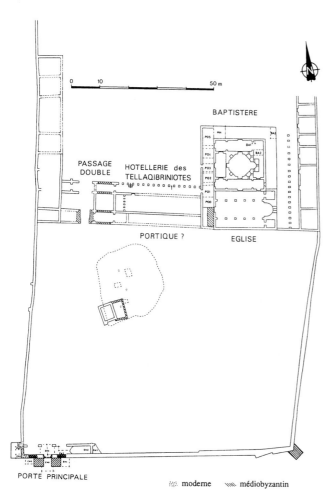

Abb. 3: Provisorischer Plan des Südteils der Anlage von Qal'at Sem'an mit Baptisterium und anschließenden Mauern.

Abb. 4: Zisterne des Vorhofes.

Abb. 5: Westfassade des Baptisteriums.

Abb. 6: Kreuzförmiger Grundriß des Martyrions von Nordwesten aus betrachtet.
Nach einer Luftaufnahme aus der Zeit um 1930 noch vor den Restaurierungsarbeiten.

Abb. 7: Das Oktogon in Richtung Norden. Im Zentrum die Basis für die Säule des Styliten.

drei Säulenhallen umschlossen. (Die W-Säulenhalle stand mit jener der großen Herberge des Tell Aqibriniotes in Verbindung.) Sie zeigt zwei Charakteristika: Wie in den großen Zentren wird der zentrale achteckige Teil von zwei Nebengebäuden in Form von Korridoren flankiert, die sich auf einen westlichen Gang öffnen, der es gestattet, wichtige zeremonielle Prozessionen abzuhalten (vgl. Abu Mina, St. Johannes in Ephesos, St. Theodorus in Djerash, Süd-Ost-Kirche von Zenobia, Side, Xanthos, die sog. Orthodoxen-Kathedrale von Salona, St. Paul in Cos, Lechaion und Kraneion von Korinth). Das Becken, das sich im Osten einer Höhle befand, war nicht vom zentralen Oktogon, sondern vom östlichen Gang zugänglich. Diese zweite Sonderheit, die es ermöglichte, den Zugang zum Becken diskret zu erreichen, und der das Becken vor unberechtigten Blicken von Personen schützt, die sich im Hauptteil aufhalten, ist von regionaler Ordnung, wie in Syrien (Apamea, Zenobia), in Jordanien (Djerash) und in Zypern (in diesem Fall befindet sich das Becken im allgemeinen im Süden) bezeugt. Die Konstruktion der Südkirche hat die Katechumenen dazu geführt, sich nicht mehr in einer Prozession zum Martyrion zu begeben, in dem sie sich der majestätischen Stiege bedienten, deren Reste man auf dem Felsen in der Mitte der Nordfassade des Baptisteriums sieht, sondern direkt in die ganz nahe gelegene neue Kirche. Das Baptisterium, das auf dem Südgipfel des Felsens liegt, der die Achse der Bauwerke bildet, mit seinem oktogonalen Tambour, der mit Säulchen geschmückt ist, und seinem pyramidenförmigen Dach, war das Pendant des zentralen Oktogons des kreuzförmigen Martyrions. Die Pilger strömten in dieses imposante Martyrion (Abb. 6) durch einen dreifachen Vorhof, der hinzugefügt war, wo die Bögen in die Vierung einbanden.

Vier Kreuzarmbasiliken – Länge ca. 23 m (Innenmaß), jene der Nord- und Südbasilika ca. 26 m (Mauer extra gerechnet), jene der Westbasilika etwas kürzer aufgrund von Überhangsschwierigkeiten (25,6 m) und jene der Ostbasilika ein Drittel länger (ca. 39 m) laufen strahlenförmig im Zentraloktogon zusammen (Abb. 7), dessen Durchmesser zwischen 26,7 und 27,5 m beinahe der Länge der Nord- und Südbasilika entspricht. Die Westbasilika, die zu mehr als der Hälfte auf einem Hohlraum ruht (Abb. 8), machte eine schwierige Konstruktion, auch der Eingänge, erforderlich. Spannbögen trugen die Außenmauern der Kirchenschiffe, ebenso die Stylobaten, und selbst in der Achse des Hauptschiffes mußte gestützt werden. Sie wurde anschließend mit Stützpfeilern verlängert, die mit der mandra verbunden waren (Abb. 9). Diese erhielt in der Höhe der Verankerung Bögen, die den Bögen der westlichen Grundmauer entsprachen. Mandra und Stützpfeiler trugen eine Loggia, von wo man eine herrliche Aussicht auf das Tal von Afrin hatte. Die Mosaikpflasterung ist wiedergefunden worden, nachdem sie von oben eingestürzt und durch Brand beschädigt war. Sind die Zugänge auf der Südseite der Basilika mit Rücksicht auf die wiedergefundenen Bogenreste evident, so scheinen sie in der westlichen Hälfte der Nordfassade nicht zu existieren. Mehr noch, die Relationen zwischen der Plattform-Süd und der westlichen Loggia konnten durch die Ausgrabungen nicht belegt werden. Die Westfassade, die den an dieser Seite steilen Hügel überragte und auf einer imposanten Stützmauer ruhte (Abb. 10), hatte unter der Mittelkruppe einen großen von Fenstern flankierten Oculus (Abb. 11), der in seiner Monumentalität die Pilger beeindruckt haben mußte, die von Cyrrhus und Ammanus ankamen. Die letzte Säule des Symeon, die einzige Reliquie des Heiligen an diesem Ort, erhob sich in der Mitte des Oktogons, das ein ungeheures Reliquiar darstellt (vgl. Abb. 7). Die drei Arme schützten die Menschen vor Wind und Wetter. Frauen durften nicht in das Gebäude während der Kultfeiern zu Ehren des Symeon, sie mußten außerhalb bleiben. Die Seiten des Oktogons öffneten sich auf die Kirchenschiffe der Basiliken. Die Apsidiolen, die zur Verbindung der Kirchenarme durch acht Bögen plaziert waren, betonen und verstärken den Eingangsbogen des Martyrions der syrischen Kirchen. Das Martyrion wurde daher in das Zentrum des Gebäudes gestellt. Die halbkreisförmigen, vergitterten Fenster (Abb. 11), die Evagrius „Kleithridia" nennt – sie befanden sich

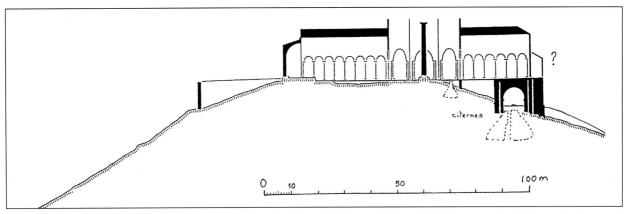

Abb. 8: Ost-West-Schnitt des Martyrions (nach G. Tchalenko mit Ergänzungen von P.-M. Blanc).

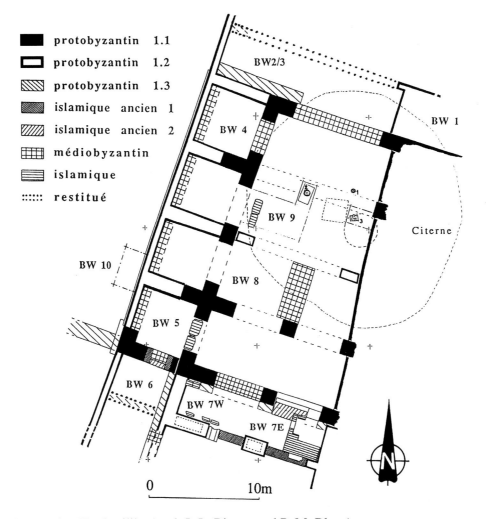

Abb. 9: Unterbauten der Westbasilika (nach J.-L. Biscop und P.-M. Blanc).

Abb. 10: Die Westfassade der Westbasilika. Aufnahme nach der Kampagne 1991.

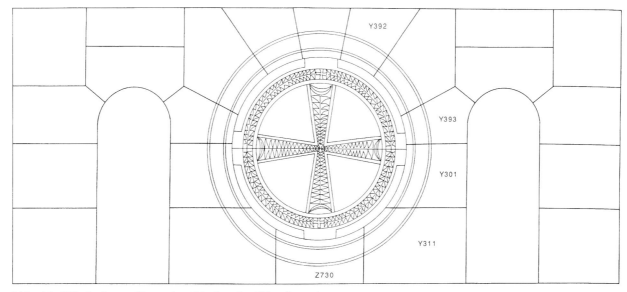

Abb. 11: Wiederherstellung des Okulus der Westfassade.

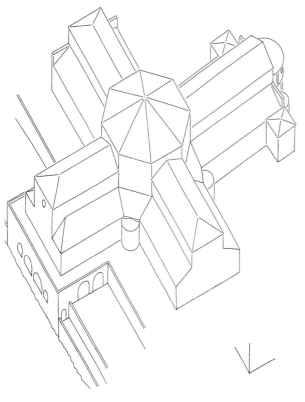

Abb. 12: Zeichnerische Rekonstruktion des Erstzustandes des kreuzförmigen Martyrions (kleinere Ergänzungen im Eingangsbereich der Westbasilika sind hypothetisch).

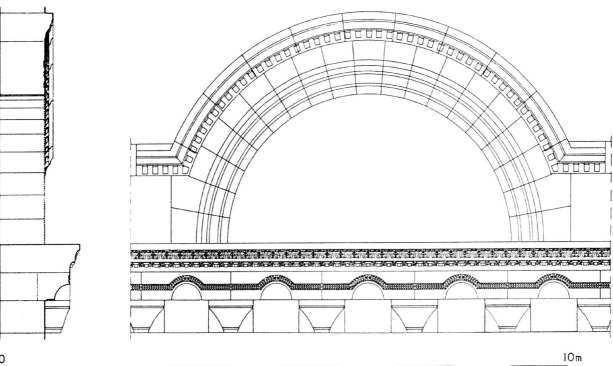

Abb. 13: Fensterartige Öffnung von Evagrius als Kleithridion bezeichnet (nach J.-L. Biscop).

über den Bögen, die in der Achse des zentralen Kirchenschiffs liegen – waren keine gewöhnlichen Fenster, die die Verbindung des Innenraumes zum Außenraum herstellten: sie gestatteten den Gläubigen im Kirchenschiff, die hohen Teile des Oktogons zu sehen, das heißt die auf der Säule ruhende Plattform, auf der der Heilige gelebt hatte.

Die Vergitterung, die die Fenster schließt, ruft unter diesen Bedingungen mehr den Eindruck von fenestellae der Krypten hervor als den Vergleich mit einem Fenster. Der Text des Evagrius (Hist. Eccl. I, XIV; PG 86,2,2, col. 2459 – 2462) gibt uns eine klare Bestimmung der Kleithridia in Martyrien an: Als die Bauern um die Säule tanzten, hat Evagrius, der sich im Bereich links von der Säule, zweifellos in der N-Basilika, aufhielt, durch die vergitterte Öffnung einen sehr großen Stern gesehen, der sich glänzend quer über die ganze Öffnung bewegte. Er fügt hinzu, daß einige glaubwürdige Zeugen selbst das Gesicht des Heiligen gesehen haben, dort und da schwebend, durch dieselbe Öffnung, mit dem Spitzbart und dem Kopf, der mit Kapuze bedeckt war. Zur Zeit des Evagrius war das Oktogon ein offener Hof und die Ostbasilika gegen Westen total geschlossen. Die Erdbeben von 526 und 528 oder die Feuersbrunst von 546 (oder 548) ließen die Bedachung des Oktogons einstürzen. Da es keine staatlichen Hilfsgelder gab, war es zweifellos unmöglich, sie wieder instandzusetzen. Das kreuzförmige Martyrion war in seinem Anfangszustand sicherlich eines der Hauptwerke der frühbyzantinischen Architektur (Abb. 13). Die Eucharistiefeier wurde in der Ostbasilika zelebriert. Die Gläubigen, die zum Allerheiligsten schauten, konnten hinter sich gegen die Säule hin nichts betrachten: Der Bogen des Zentralschiffes ist auf dieser Seite nicht geschmückt im Gegensatz zu den Bögen der anderen drei Basiliken. Die Orientierung, die von jener der anderen Kirchenschiffe leicht verschieden ist, zeigt klar an, daß die Ostseite gemäß einer spezifischen Absicht für diese Basilika berechnet war. Das Allerheiligste mit drei Apsiden ist fremd für Nordsyrien. Das Original dieses Typus einer Chorhaube, besonders mit drei vorspringenden Apsiden, ist nicht klar. Beispiele davon findet man in Palästina, in Jordanien und im Negev, sie sind aber im allgemeinen nach Qal'at Sem'an entstanden. Unterschiedlich von den anderen Basiliken bildete das äußerst freie Zimmerwerk mit doppelter Abdachung keinen Walm, sondern ruhte auf einem Giebel. Dieser war von einem Oculus durchbrochen, dessen Fragmente wiedergefunden wurden. Das Ensemble muß mit einem Mosaikpflaster geschmückt gewesen sein. Zahlreiche Spuren dieses Mosaiks wurden in der Ostbasilika gefunden, im Oktogon nahe der SO-Apsidiole, auf der Loggia, die an die Westfassade der Westbasilika angrenzt, und im Becken des Baptisteriums.

Zweifellos muß in der ersten Hälfte des 6. Jahrhunderts opus sectile von großer Vielfalt der Motive und Marmoreinlegearbeiten die Ostbasilika geschmückt haben, begleitet von verschiedenen Ausbesserungsarbeiten wie der Umarbeitung der Wege, die ins Allerheiligste führten, und im Eingang, in der Mitte des Kirchenschiffes mit einem Ambo mit zwei Stiegen.

Ein Kloster befand sich im SO-Winkel des Martyrions. Eine vorherige Kapelle gegen den Vorhof war unter den dreistöckigen Bauwerken verschüttet, die über den Türen errichtet waren, die zurück gegen Osten und neuerlich gegen Norden führten, und die auch einen zentralen Hof begrenzten. Eine Kapelle des 6. Jahrhunderts, die in Verbindung mit der Ostbasilika stand, schloß diesen Hof im NO-Winkel. Sie war mit Tribüne ausgestattet, die direkt zu den angrenzenden Klosterbauwerken führte; sie hatte ein kleines Taufbecken für Kinder, das von einem sehr fein gearbeiteten Baldachin überdacht war.

Als letzte klösterliche Einrichtung war ein Gemeinschaftsgrab von großem Ausmaß vorhanden, das – in den Felsen eingetieft – sich an einem abgelegenen Ort gegen das Nordsegment der Mandra hin befand. Andere Sarkophage waren in der NO-Apside untergebracht, in den Kapellen der Ostseiten der N- und S-Basiliken.

Der Schmuck unterstreicht die Einheit der Gebäude. Das auffälligste Verfahren ist die Verwendung von eingefügten Säulchen, am öftesten inner- und außerhalb von durchsichtigen Fenstern angewandt. Man findet sie im Oktogon, an den acht Winkeln des Tambours des Oktogons, zwischen den Dreifachfenstern der schrägen Mauerstücke und den „Kleithridia", Öffnungen, die in gewisser Weise den Obergaden des Oktogons hervorrufen wie zufällige Stützen der Halbkugeln, die die Winkel des Oktogons verstärken und die das schwere achteckige Zimmerwerk auffangen. Sie befinden sich in der Chorhaube der Hauptapsis, die dieselbe dreifache Kranzleiste trägt wie jene, die das Erdgeschoß des Tambours vom Oktogon trennt, ebenso wie auf drei der vier Apsidiolen des letzteren. Außerhalb des Martyrions schmücken sie den Raum zwischen den Fenstern des Tambours des Baptisteriums und sie erscheinen auch am Triumphbogen. Der Wille, die bauliche Einheit zu erhalten, konnte nicht über die Sorgen hinwegtäuschen, die dadurch entstanden sind, daß man eine bessere Verankerung des Oktogons durch angefügte Bögen erreichen mußte, was für die Pilger kaum sichtbar war. Das Oktogon trug ja ein schweres Zimmerwerk und war im Original ohne Verankerung entworfen worden. Die Organisation des Martyrions, das die Verehrung des Märtyrers von der Eucharistiefeier trennt, ruft die Phasen in Abu Mina am Ende des 5. und Anfang des 6. Jahrhunderts in Erinnerung und unterscheidet sich klar von St. Johannes in Ephesus, wo die beiden Funktionen im Allerheiligsten des Querschiffes vereint sind und wo sich das angebliche Grab des Heiligen unter dem Altar befindet.

Diese riesige Baustelle, nach dem in einer großen Metropole entworfenen Plan entstanden, versammelte Handwerker, die nicht nur aus Nordsyrien, sondern auch aus Kilikien und Mesopotamien gekommen waren, und fand ein beträchtliches Echo in der Region. Die Chorhauben mit Säulen wurden in der Region errichtet und – was noch viel seltsamer ist – nach der Acheiropoietos von Thessaloniki. Die Bauskulptur wurde tiefgreifend umgewandelt. Das traditionelle Repertoire, dem die Schule von Markianos Kyris gegen Ende des 4. und im 1. Viertel des 5. Jahrhunderts eine strenge Plastik und Eleganz gegeben hatte, änderte sich grundlegend. Auf den Fassaden sind die Profilbänder, die Türen und Fenster einrahmten, nachgeahmt, und wurden zum ersten Mal in Qal'at Sem'an verwendet. In bestimmten Kirchen (Qalb Loze, Turin, W-Kirche I) waren die Apsisbögen vom Dekor der großen Bögen des Oktogons inspiriert, von seiner Kranzleiste und jener der Apsiden. Einige Arten von Akanthus-Arbeiten wurden in der Gegend angenommen und gaben besonders vielen Skulpturen ein Spitzenaussehen in Stein, was man auch in der Hl. Sophien-Basilika in Konstantinopel bemerkt. Parallel verbreitete sich der Stylitismus, ganz besonders im Kalkmassiv und in der Region von Antiochia (Symeon vom Mons Admirabilis, der von 521 bis 592 lebte, Johannes von Kafr Derian usw.), aber auch im ganzen Nahen Osten, in Kleinasien (besonders Daniel, der schon in Chalcedon zitiert war), in Georgien und selbst in Gallien, wo er eine gewisse Popularität bis ins 12. Jahrhundert behielt.

Der Wallfahrtsort entwickelte sich bis ins 6. Jahrhundert. Er scheint im 7. und 8. Jahrhundert in Gefahr gewesen zu sein, wo man sieht, wie sich die Öffnungen verkleinern und die Wandmosaiken des Baptisteriums brutal durch eine Tür des Baptisteriums durchstoßen worden sind. Inschriften bestätigen auf jeden Fall die Existenz eines Abtes (hegoumenos) Chaoumi im Jahre 901 – 902. Zwischen der Mitte des 7. Jahrhunderts und dem Beginn des 10. Jahrhunderts verließen die Mönche das Heiligtum, und es gab nur mehr ein diskretes, ein sich auf das kreuzförmige Martyrion beschränkendes religiöses Leben und daher auch ohne Zweifel weniger Pilgerbewegung. Der byzantinischen Besatzung, für die Jahre 978/979 durch Inschriften bezeugt, sind Verstärkungsarbeiten vorausgegangen, die vom Patriarchen von Antiochia im Jahr 966 geführt wurden, wahrscheinlich im Zusammenhang mit dem Feldzug des Nikephoros Phokas, der gegen Ende des Jahres 966 die Forts von Tezin und Artah besetzte, um die Verbindung zwischen Antiochia und Aleppo zu unterbrechen. Diese byzantinische Besatzung brachte die schreckliche Attacke von 985 ein. Es wurde im Sturm genommen, zahlreiche Mönche wurden massakriert, und viele Bauern, die ins Kloster geflüchtet waren, wurden in Gefangenschaft nach Aleppo gebracht. Die byzantinischen Truppen verstärkten die Anlage, die von neuem im Jahr 1017 angegriffen wurde, ein Datum, das das Ende des organisierten Klosterlebens bedeutet. Die byzantinische Befestigung verschlechterte das Aussehen der Anlage tiefgreifend, außerdem war sie durch den Mangel jeglicher Instandhaltung beträchtlich heruntergekommen. Die einzige offengelassene Eingangstür wurde von zwei mit Bauschutt angefüllten Türmen flankiert. Die Durchgänge, die die Herberge des Tell'Aqibriniotes durchzogen, wurden reduziert (ein Bogen auf zwei geschlossene) und ihre Südeingänge verstärkt. Das Martyrion und der Konvent mit seiner SO-Achse stellten das Zentrum des Forts mit einer neuen Mauer im S dar, einer Aufschüttung der westlichen Hälfte der Westbasilika, die beinahe die Rolle eines Donjons spielte. Am höchsten Punkt im Norden vervollständigt ein Signalturm das Verteidigungssystem. Trotz der Renovierung der Ostbasilika, die durch eine Inschrift gerühmt wurde, kann man sich die Entwicklung einer Wallfahrtsstätte unter derartigen architektonischen Bedingungen sehr schwer vorstellen, selbst wenn die Erinnerung an den Styliten nicht verloren war. Vom 12. Jahrhundert an scheint die Anlage nur mehr weltlich gewesen zu sein. Die Anlage erlitt in der Mitte des 13. Jahrhunderts eine schreckliche Attacke durch die Mongolen. Viele ihrer Besetzer wurden getötet und verbrannt. Die Anlage wurde noch bewohnt und kultiviert, bevor die Restaurierungsarbeiten um das Jahr 1930 begannen. Die Grenze zwischen den arabischen und kurdischen Gemeinschaften verlief durch einige Teile des Baptisteriums und des kreuzförmigen Bauwerks. Der Wallfahrtsort in Qal'at Sem'an scheint aus verschiedenen Gründen – geographischen (Entfernung von Antiochia), historischen (die byzantinische Macht konnte sich ab dem 10. Jahrhundert in Qal'at Sem'an, das an einer militärischen Grenze lag, niemals wirklich festigen) – nie die Verschönerungen erfahren zu haben, die das Kloster des Mons Admirabilis gekannt hat. Dagegen dürfte seine Bedeutung im 6. und in der ersten Hälfte des 7. Jahrhunderts beträchtlich gewesen sein. Davon zeugen nicht nur die Silberplatte im Louvre, die Basreliefs aus Stein von Qasr Abu-Samra, von Hama, die Museen von Damaskus und des Louvre, sondern auch die von den Pilgern mitgenommenen Souvenirs.

Diese bilden zwei unterschiedliche Gruppen. Die erste Gruppe, das sind kleine, polygonale Krüge aus geformtem Glas – darauf ist der Heilige auf einer Säule mit Leiter dargestellt – aber auch Krüge mit nur der Leiter allein, erhobenen Kreuzen oder auch nicht, auf einer Stütze, die die Säule des Heiligen darstellen soll. Sie enthielten Öl oder Wasser, das vom Wallfahrtsort kam. Die zweite Gruppe umfaßt beinahe zweihundert Pilgerandenken, die wie Jetons aus gebrannter Erde aussehen, auf einer Seite platt, auf der Rückseite bombiert (manchmal sind sie aus einem wachsähnlichen Material, das vielleicht von Kerzen kommt, die im Allerheiligsten des einen oder anderen Symeon-Stylites gebrannt haben). Die flache Seite ist mit einem Bild geschmückt; die konvexe Rückseite trägt die Fingerabdrücke desjenigen, der die Lehmkugel vor dem Brand in den Model gedrückt hatte. Eine bestimmte Anzahl dieser Eulogien wurde von G. Tchalenko oder von unserer Mission am Qal'at Sem'an entdeckt (Abb. 14 – 15). Ein Schatz von 93 Stücken, zwischen dem Britischen Museum und einem französischen Sammler geteilt, ist am Qal'at Sem'an oder in der Nähe Anfang des Jahres 1970 entdeckt worden.

Diese zwei Arten von Wallfahrtsandenken bestätigen nun, daß die Mehrzahl der Eulogien in dieser Form spezifisch für den Kult der zwei Styliten sind und daß die Mehrzahl davon vom Kloster des Symeon von Aleppo kommt, eher als vom Mons Admirabilis, selbst wenn man Analysen der Töpfererde abwarten muß, um den Anteil festzustellen, der im letztgenannten Kloster erzeugt worden ist. Die dargestellten Bilder sind jene des Symeon auf der Säule mit verschiedenen Gehilfen, manchmal flankiert von der Taufszene Christi und der Jungfrau Maria, aber auch von einer Christusbüste, der Taufe, der Geburt, des Einzugs in Jerusalem, der Anbetung des Kreuzes, der Himmelfahrt, des beruhigten Sturms etc.... Die beliebtesten Abbildungen neben Symeon sind jene der Anbetung durch die Magier und – äußerst

Abb. 14: Pilgerandenken (Eulogion EN 017-01) mit der Darstellung des Symeon auf der Säule. Durchmesser ca. 3 cm.

Abb. 15: Pilgerandenken (Eulogion EN 091-01) wie Abb. 14. Durchmesser ca. 2 cm.

kurios – ein Bild eines Schiffsdekors (Aphlaston) mit der Inschrift „Salomon", wohl nur dazu bestimmt, die Heimkehr der Pilger über das Meer zu begünstigen. Diese Mannigfaltigkeit ist schwer zu interpretieren: Hatten diese Bilder eine austauschbare Wirkung? Oder waren sie im Gegensatz sehr speziell? Viele heben das Risiko einer Reise hervor. Die Bedeutung Qal'at Sem'ans liegt nicht nur in seiner grandiosen und bemerkenswert artikulierten Architektur, die dank der kaiserlichen Vermittlung eine große Anzahl von Technikern mobilisierte und einen neuen Hauch in die religiöse Architektur der Region brachte, aber auch in die selbst noch so bescheidenen Souvenirs, die die Pilger mit sich nahmen. Der Verfall der Pilgerschaft im 7. Jahrhundert beschränkte keineswegs den Kult des Säulenheiligen, dessen Fest am 1. September das byzantinische Menologium eröffnet.

(Übersetzung aus dem Französischen: Brigitte Kuranda. Redaktionelle Bearbeitung: Erwin M. Ruprechtsberger)

LITERATUR

J.-L. BISCOP – J.-P. SODINI, Travaux récents au sanctuaire de Saint-Syméon Le Stylite (Qal'at Sem'an): CRAI (1983) 335/372.

J.-L. BISCOP – J.-P. SODINI, Qal'at Sem'an et les chevets à colonnes de Syrie du Nord: Syria 61 (1984) 267/330.

J.-L. BISCOP – P.-M. BLANC – J.-P. SODINI, Qal'at Sem'an: quelques données nouvelles, in: 12. Internat. Kongreß für Christliche Archäologie, Peregrinatio, Akten (sous presse).

H. C. BUTLER, Publications of an American Archaeological Expedition to Syria in 1899 – 1900. II, Architecture and Other Arts (New York 1903) 184/190.

H. C. BUTLER, Syria. Publications of the Princeton Archaeological Expedition to Syria in 1904 – 1905 and 1909. II, Architecture, Section B, Northern Syria (Leyde 1920) 266/284.

DERS., Early Churches in Syria (Princeton 1929) 97/105.

F. W. Deichmann, Qalb Loze und Qal'at Sem'an, SB München H. 6 (1982).

M. Ecochard, Le sanctuaire de Qal'at Sem'an: notes archéologiques: Bull Et Or 6 (1936) 61/90.

A. J. Festugière, Antioche païenne et chrétienne (Paris 1959).

B. Flusin, Syméon et les philologues ou la mort du Stylite, Les Saints et leur Sanctuaire (Paris 1993) sous presse.

D. Krencker, War das Oktogon der Wallfahrtskirche des Symeon Stylites in Kal'at Sim'an überdeckt?: JdI 49 (1934) 62/89.

D. Krencker – R. Naumann, Die Wallfahrtskirche des Simeon Stylites in Kal'at Sim'an, Abh. Berlin 1938/4 (Berlin 1939).

H. Lietzmann, Das Leben des Heiligen Symeon Stylites (Leipzig 1908).

J. Nasrallah, Le couvent de Saint-Siméon l'Alépin: Parole de l'Orient 1 (1970) 327/364.

R. Naumann, Mosaik- und Marmorplattenböden in Kal'at Sim'an und Pirun: AA 1942, 21/44.

I. Peña, P. Castellana, R. Fernandez, Les Stylites Syriens (Milan 1975).

M. Restle, Kalaat Seman, in: RBK 3 (1976) 853/902.

W. Saunders, Qal'at Sem'an: frontier fort of the tenth and eleventh centuries, in: S. Mitchell, Armies and frontiers in Roman and Byzantine Anatolia, Proceedings of the Colloquium held at University College, Swansea, April 1981 (Oxford 1983) 291/302.

J.-P. Sodini, Remarques sur l'iconographie de Syméon l'Alépin, le premier stylite: Mon Piot 70 (1989) 29/53.

C. Strube, Die Formgebung der Apsisdekoration in Qalbloze und Qalat Siman: JbAChr 20 (1977) 181/191.

G. Tchalenko, Villages antiques de la Syrie du Nord (Paris 1953 – 1958) I, 205/276.

Théodoret de Cyr, Histoire des Moines de Syrie, P. Canivet et A. Leroy-Molinghen (éd.), II (Paris 1979) 159/215.

G. Vikan, Guided by Land and by Sea, in: Tesserae, Festschrift für J. Engemann, JbAChr Ergbd. 18 (1991) 74/92.

M. de Vogüé, Syrie centrale, Architecture civile et religieuse, du Ier a VIIe s. (Paris 1867 – 1877), 125, pl. 108 – 109 et 151 – 154, pl. 139 – 151.

ABBILDUNGSNACHWEIS

Sämtliche Aufnahmen aus dem Archiv des Verfassers.

Erwin M. Ruprechtsberger

DIE „GROSSE MOSCHEE" (OMAJJADENMOSCHEE) VON DAMASKUS – ETAPPEN IHRER GESCHICHTE IM ÜBERBLICK

TOPOGRAPHIE

Im Weichbild von Damaskus, einer der ältesten Städte des Orients, hebt sich der Komplex der Großen Moschee von seiner Umgebung – der Altstadt mit all ihren verwinkelten Gäßchen und Geschäftsvierteln (Suqs) – deutlich ab. In diesem Bereich dürfen wir auch die älteste Siedlungsagglomeration innerhalb der Gebirgsoase (Ghouta) von Damaskus sehen. Die günstigen klimatischen und topographischen Bedingungen bildeten die Voraussetzung für die kontinuierliche Siedlungsentwicklung seit der Jüngeren Steinzeit (Neolithikum), die an mehreren Stellen, wie systematische Geländebegehungen erkennen ließen, durch Fundmaterial ab dem frühen 8. Jahrtausend v. Chr. konkret faßbar wird. Zweifellos dürfte einer dieser frühen Siedlungskerne innerhalb der heutigen Altstadt anzunehmen sein, die aufgrund der äußerst dichten Verbauung bodenkundlich kaum oder nur punktweise sondiert werden kann. Dennoch liegen gerade hier einige wesentliche Anhaltspunkte vor, die die frühe Geschichte der Stadt in großen Zügen erschließbar machen. Der topographische Plan der Altstadt, die – wie auch die mittelalterliche Zitadelle – auf Aufbau und Strukturen hin in letzter Zeit intensiv untersucht worden ist – läßt den Raster des antiken Damaskus da und dort deutlich zum Vorschein kommen. Darin behaupten etwa die „Gerade Straße" als West-Ost-Schlagader (Dekumanus) der Stadt, die Nord-Süd-Verbindung vom Thomas-Tor (Bab Tuma) bis zum Pauls-Tor (Bab Qaisin), der sogenannte Kardo, und das Viertel um die „Große Moschee" als sakrales und kultisches Zentrum Schlüsselstellungen, die zusammen mit einigen erhalten gebliebenen Säulen und Torbögen die ursprüngliche antike Gliederung des Areals in rechteckige Insulae von ca. 100 x 45 m Länge erahnen lassen. Im Zentrum des in der üblichen Weise unterteilten Stadtgebietes von Damaskus lagen Markt und – in Verbindung mit diesem – der „heilige Bezirk" des Jupiter Damascenus. Vorausgeschickt sei, daß ein im nördlichen Mauerverband der Großen Moschee schon früher entdecktes Relief mit der Darstellung einer Sphinx bisweilen als Zeugnis für einen sakralen Vorgängerbau der Aramäer aus dem 1. Jahrtausend v. Chr. angeführt wird. Archäologische Spuren dieses in der (unmittelbaren?) Nähe vermuteten frühen Heiligtums fehlen allerdings.

DER JUPITER-TEMPEL (Abb. 1)

Die in römischer Zeit in den Provinzstädten vorgesehenen Bauprogramme beinhalteten außer der Errichtung öffentlicher Plätze und Anlagen auch die Neukonzeption von Tempeln, die Erweiterung oder den Wiederaufbau bereits bestehender einheimischer Heiligtümer. In Damaskus wurde, der Bedeutung des Ortes gemäß, ein Tempel dem höchsten Gott Jupiter erbaut. Zur etwa selben Zeit erfolgte die Neuorganisation der Hauptstraßen der Stadt: Der Verlauf von Dekumanus und Kardo zeichnet sich auch im heutigen Stadtplan merklich ab. Die Lage des Jupiter-Heiligtums innerhalb des 150 x 100 m großen Tempelhofes (Temenos) – ihn umschloß seinerseits ein Mauergeviert in der Größenordnung von 385 x 305 m – ist ohne tiefgreifende und umfangreiche Flächengrabungen nicht exakt feststellbar, da die in spätantiker und omajjadischer Zeit vorgenommenen Baumaßnahmen allzu große Veränderungen im Gelände bewirkt haben. Bestimmte Indizien machen es jedoch wahrscheinlich, daß die Längsachse des Tempels zu den zeitlich etwas später errichteten Te-

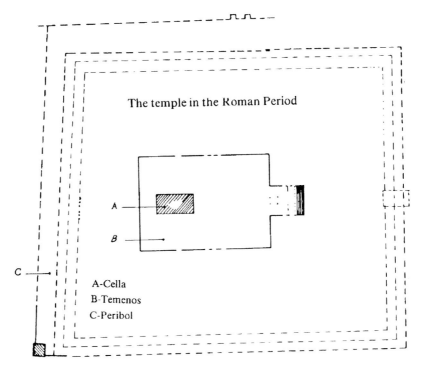

Abb. 1: Lage des Jupiter-Tempels von Damaskus in römischer Zeit.

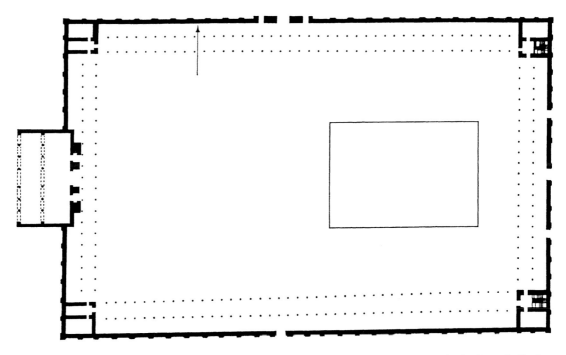

Abb. 2: Von K. A. C. Creswell vermutete Lage der frühchristlichen Kirche innerhalb des Temenos des Jupiter-Tempels in der Zeit von 635 bis 705.

menosmauern parallel angeordnet war. Großräumige Renovierungs- und Instandsetzungsarbeiten erfolgten während der Regierungszeit des Kaisers Septimius Severus, der durch die Heirat mit Julia Domna eng mit Syrien verbunden war.

DIE CHRISTLICHE KIRCHE (Abb. 2)

Die heidnische Nutzung des Jupiter-Tempels von Damaskus endet mit dessen Umgestaltung zu einer christlichen Kirche durch Kaiser Theodosius gegen Ende des 4. Jahrhunderts. Außer einigen wenigen Hinweisen in antiken Schriftquellen – der aus Syrien gebürtige Chronist des 6. Jahrhunderts Johannes Malalas wäre als erster zu erwähnen – sind es Inschriften, die das Vorhandensein eines christlichen Kultbaus indirekt erschließbar machen. Eine der Inschriften befindet sich über dem Eingang an der Südfassade der Temenosmauer. Ihr Text gibt die Septuagintaversion des Psalmes 145,13 wieder: „Dein Reich, o Christus, ist ein ewiges und deine Herrschaft wird über alle Generationen dauern." Diese Johannes d. Täufer geweihte Kirche befand sich nach K. A. C. Creswell an der Stelle des heidnischen Jupiter-Tempels, der – wie dies in christlicher Zeit üblich war – für den neuen Glauben adaptiert worden war. Der von Theodosius errichtete Kultbau bestand auch noch nach der Einnahme von Damaskus durch die Muslime. Als höchst beachtenswert erscheint in dem Zusammenhang eine Nachricht des Ibn Shakir, wonach sowohl Christen als auch Muslime durch denselben Eingang in der südlichen Temenosmauer in den ehemaligen Tempelhof gelangten: Die Christen nach Westen zu ihrer Kirche, die Muslime nach rechts zu ihrer Moschee.

DIE „GROSSE MOSCHEE" (OMAJJADEN-MOSCHEE) (Abb. 3 – 5)

Als die Zahl der Anhänger muslimischen Glaubens zunahm und schließlich jene der Christen bei weitem überwog, entschloß sich der Kalif al-Walid zum Bau einer großen Moschee, womit die letzte große Phase in der Geschichte dieses Jahrhunderte bestehenden Kultzentrums von Damaskus eingeleitet wurde.

Die arabischen Quellen überliefern übereinstimmend, daß al-Walid die Kirche Johannes d. T. abtragen ließ, um im Laufe zweier Dezennien (ab 705) eine Moschee zu errichten, die an Größe, Prunk und Ausstattung alle anderen übertreffen und zum Inbegriff der frühislamischen Moscheearchitektur werden sollte. Wenngleich weite Teile der römischen Temenosmauer mit ihrer Pilastergliederung der Moschee integriert sind, stellt deren Konzeption eine Neuschöpfung architektonischer Ausdrucksformen dar, die – wie wir meinen – vom Kalifen höchstpersönlich formuliert und von Spezialisten und Baufachleuten aus den Kunstzentren des ehemaligen Byzantinischen Reiches in beeindruckender Weise verwirklicht wurden. Die architektonisch überzeugend gelöste Durchdringung von langschiffigem Hallenbau mit Transept und Kuppelbau und die harmonische Linienführung des Gesamtvolumens mußten dem Betrachter der damaligen Zeit als bauliches Wunderwerk erschienen sein. Welche nachhaltige Faszination die von al-Walid errichtete und von seinem Bruder Suleiman um 720 vollendete Moschee auf die Gläubigen, gleich welcher Konfession sie waren, ausübte, davon vermittelt die Feststellung des arabischen Schriftstellers Ibn Jubayr eine nur ungefähre Vorstellung, wenn er sagt: „Und die Menschen haben (die Moschee) mit einem fliegenden Adler verglichen: die Kuppel mit dem Kopf, das Schiff darunter mit der Brust, und die Hälfte der Mauer des rechten Schiffes und die Hälfte des linken mit den beiden Schwingen des Adlers. Die Breite dieses zum Hof führenden Hauptschiffes beträgt 30 Schritte. Die Leute pflegen diesen Teil der Moschee an-Nisr, als ‚den Adler' zu bezeichnen – im Hinblick auf die Ähnlichkeit mit diesem."

KENOTAPH DES JOHANNES D. T. (Abb. 3, 5)

Islamischer Überlieferung zufolge soll der in ottomanischer Zeit prunkvoll ausgestaltete Schrein nach Art eines Mausoleums mit Kuppel das Haupt Johannes' d. T. bergen. Die mit der Auffindung des Schä-

Abb. 3: Das Innere der Omajjadenmoschee mit dem Kenotaph Johannes' d. T.

dels in Zusammenhang stehenden schriftlichen Nachrichten stammen alle aus nachomajjadischer Zeit. Beweis dafür, daß der Schädel des in Machaerus am Toten Meer enthaupteten und in der Nähe irgendwo beigesetzten Apostels nach Damaskus gebracht worden wäre, fehlen. Die von den Muslimen bewahrte Tradition knüpfte wohl an den christlichen Reliquienkult an, der mit der aus der Zeit des Kaisers Theodosius stammenden Kirche verbunden gewesen sein dürfte. Als nämlich – so berichtet Ibn al-Faqih – die Arbeiter beim Bau der Moschee auf eine Höhle stießen, benachrichtigten sie al-Walid. Der Kalif betrat nächtens die Höhle und fand eine unterirdische Kirche, die neun Armlängen im Quadrat maß. Ein darin befindlicher Schrein enthielt einen Behälter, auf dem geschrieben stand: ‚Das ist das Haupt des Johannes d. Täufers.' Der Kalif und dessen Begleiter sahen den Schädel, der laut Anord-

Abb. 4: Die Große Moschee (Omajjadenmoschee) von oben betrachtet. Blick in Richtung Westen.

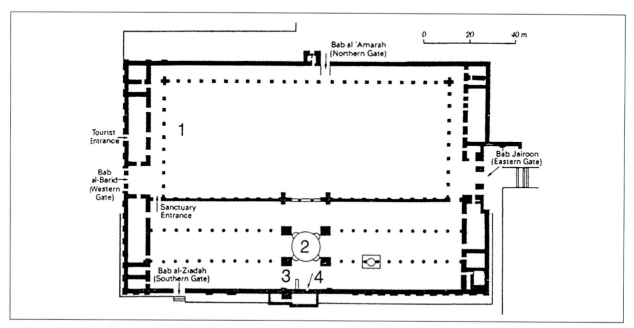

Abb. 5: Die Große Moschee (Omajjadenmoschee) von Damaskus. 1. Sog. Schatzhaus 2. Transept mit Kuppel („Eagle Dome") 3. Minbar 4. Mihrab.

nung al-Walids neben einer Säule bestattet wurde. Dieser Schilderung glauben wir entnehmen zu können, daß die Bauarbeiter auf einen unterirdischen Grabraum gestoßen waren, der mit der von al-Walid abgetragenen Kirche in engem baugeschichtlichem Konnex, als Ort frühchristlicher Reliquienverehrung, zu sehen ist. Dafür spräche auch die Inschrift des Behälters – es dürfte sich um einen der üblichen Reliquiensarkophage mit Inschrift gehandelt haben, wie sie auch anderswo bezeugt sind –, derzufolge sich darin der Schädel des Johannes befand. Der kurze Inschrifttext – ‚Das ist das Haupt des Johannes d. Täufers' – widerspricht jedenfalls nicht der im epigraphischen Quellenmaterial dieser Zeit bezeugten sprachlichen Wiedergabe eines Sachverhalts, der auf dem nicht allzu großen Inschriftfeld eines Reliquiensarkophages, wie wir ihn postulierten, in lapidarer Kürze festgehalten werden mußte. Insofern darf dem arabischen Bericht durchaus Glaubwürdigkeit zugebilligt werden. Eine andere Frage ist die nach der Authentizität des Schädels oder eher von Schädelreliquien, die al-Walid aufgefunden hatte. Daß die frühchristliche und – ihr folgend – die frühmuslimische Tradition, die Johannes als einen ihrer Propheten anerkannte, Anspruch auf die Reliquien einer von beiden Religionen gleichermaßen geschätzten Person erhob, mag in gewissem Sinne als Erklärung für die schriftlich verbürgten Versionen der Entdeckung der Reliquien und deren von al-Walid ganz bewußt vorgenommenen, auch nach außen hin dokumentierten Einbeziehung in den Moscheebau verstanden werden. Unter diesem Aspekt betrachtet wäre es auch müßig, die Frage nach der Herkunft der Knochen nochmals aufzugreifen.

ABBILDUNGSNACHWEISE

Abb. 1 – 2: Nach K. A. C. Creswell. – Abb. 3 – 4: Archiv des Verfassers. – Abb. 5: Nach A. Bahnassi, Guide to Syria (Damaskus 1989) 119.

LITERATUR

A. Bahnassi, The Great Omayyad Mosque of Damascus (Damascus 1989).

R. Burns, Monuments of Syria. An Historical Guide (London-New York 1992) 77/82.

H. de Contenson, La region de Damas au neolithique: AAS 35 (1985) 9/29.

K. A. C. Creswell, A Short Account of Early Muslim Architecture, ed. by J. W. Allan (Aldershot 1989) bes. 46/72.

R. Dussaud, Le temple de Jupiter Damascénien et ses transformations aux époques chrétienne et musulmane: Syria 3 (1922) 219/50.

K. S. Freyberger, Untersuchungen zur Baugeschichte des Jupiter-Heiligtums in Damaskus: DaM 4 (1989) 61/86.

H. Hanisch, Der Nordwestturm der Zitadelle von Damaskus: DaM 5 (1991) 183/233.

Ders., Die seldschukischen Anlagen der Zitadelle von Damaskus: DaM 6 (1992) 479/99.

J. Nasrallah, De la cathédrale de Damas à la mosquée Omayyade, in: La Syrie de Byzance a l'Islam, ed. P. Canivet – J.-P. Rey-Coquais (Damas 1992) 139/44.

D. Sack, Damaskus, die Stadt intra muros: DaM 2 (1985) 207/90.

J. Sauvaget, Le plan antique de Damas: Syria 26 (1949) 314/58.

C. Watzinger – K. Wulzinger, Damaskus: Die antike Stadt (Berlin-Leipzig 1921).

Dies., Damaskus. Die islamische Stadt (Berlin-Leipzig 1924).

T. Weber, Damaskena. Landwirtschaftliche Produkte aus der Oase im Spiegel griechischer und lateinischer Schriftquellen: ZDPV 105 (1989) 151/65.

E. Wirth, Conservation of revitalization of the old city of Damascus: AAS 35 (1985) 75/79.

Michał Gawlikowski

EINE NEUENTDECKTE FRÜHCHRISTLICHE KIRCHE IN PALMYRA

Die besondere historische Situation der Oasenstadt hat Aspekt und Charakter der christlichen Denkmäler vom vierten bis zum siebten Jahrhundert bestimmt. Während im übrigen Syrien christliche Monumente – wo auch immer – herauszuwachsen tendieren und schließlich die vorhandenen Bauwerke aus dem klassischen Altertum aufwiegen, in Palmyra sind sie deutlich geringer an Größe und Machart. Kein Wunder: Während die meisten Städte Syriens so wichtig wie in römischer Zeit blieben, während einige andere sich nur im christlich gewordenen Imperium entwickelten, hat Palmyra im Gegensatz dazu all seine Größe verloren, die mit seinem Namen während der ersten drei Jahrhunderte n. Chr. verbunden war.

Hellenistische und römische Städte in Syrien, etwa Apamea oder Gerasa, um nur die durch heutige Ausgrabungen meistbekannten anzuführen, blühten währenddessen auch in byzantinischer Zeit und wurden deshalb gründlich umgeformt; nämlich insofern, daß ihr frühkaiserzeitlicher Charakter hauptsächlich im Straßenplan und den Kolonnaden überlebte. Nicht nur, daß Kirchen anstelle von Tempeln errichtet wurden: Auch das Zivilleben begann sich zu ändern, und die neuen Wohltäter, häufig Kleriker, befaßten sich viel weniger, wenn überhaupt, mit der Erhaltung öffentlicher Bäder, Nymphäen, Theater und anderer traditioneller Annehmlichkeiten der früheren städtischen Gesellschaft. Und wenn wir Städte und Dörfer Syriens, die gänzlich unter dem Zeichen des Kreuzes erbaut wurden, betrachten, fällt das Fehlen ganzer Kategorien von Gebäuden auf.

Palmyra hat bekanntlich versucht, den Nahen Osten unter der Herrschaft der Königin Zenobia zu beherrschen. Es verlor im Jahr 272. Wenngleich das Ausmaß der Zerstörung Palmyras durch die siegreichen Truppen Kaiser Aurelians diskutabel bleibt, so ist ganz klar, daß die einstige Karawanenstadt tief sank. Seit Diokletian (um 300 n. Chr.) befand sich hier das Hauptquartier der Legio I Illyricorum, um eine Reihe von Kastellen entlang der Militärroute zu befehligen, die vom Golf von Aqaba über Bosra und Damaskus zum Euphrat führte. Palmyra war zu einer Garnisonsstadt geworden, flächenmäßig stark reduziert und sicherlich auch einwohnermäßig. Natürlich konnten die begrenzten natürlichen Ressourcen der Oase nicht wie heutzutage mehr als ein armes Dorf ernähren. Der Karawanenverkehr in frührömischer Zeit – der Tourismus von heute – ein Militärlager im spätrömischen Reich sorgten mit ungleichem Erfolg für das, was auch immer über dem Existenzmaß sich erhob. Das bedeutet nicht viel unter Kaiser Konstantin und später. Als prunkvolle Kirchen und sekuläre Bauten das ganze Land bedeckten, blieb Palmyra sehr zurück – trotz des ausdrücklichen Interesses, das Kaiser Justinian für die strategische Lage der Stadt zeigte.

Diese Umstände hat gewiß der gute Zustand der Reste aus der goldenen Periode bestätigt, als die Stadt sich ihres eigenen Gütesiegels einer originalen und fruchtbaren Zivilisation erfreute, entwickelt in den aramäisch sprechenden Ländern Mesopotamiens und Syriens beiderseits der Grenze zwischen dem Römischen Reich und Iran. So glückte es, daß wir aufgrund archäologischer Ausgrabungen verhältnismäßig gut nur drei Zentren dieser Zivilisation kennen. Alle drei hörten abrupt zu bestehen auf – etwa Hatra und Dura Europos, oder sanken wie Palmyra rasch im Laufe des 3. Jahrhunderts. Das hindert uns gegenwärtig auf direkte Weise zu sehen, wie diese Zivilisation auf das Christentum reagierte. Das wäre höchst interessant zu beobachten, da die Grundzüge der mit allen dreien verbundenen Kunst – nach der 226 n. Chr. vernichteten Iranischen Dynastie etwas mißverständlich als parthische bezeichnet – in gewisser Weise Stil und Aussehen der christlichen Ikonen ankündigt, wie sie sich drei Jahrhunderte später zeigen sollten. Die Ruinen des 240 n. Chr. verlassenen Hatra bewahren keine Spur des neuen Glaubens, während im 256 n. Chr. zerstörten Dura ein bescheidenes christliches Haus nahe der viel eindrucksvolleren Synagoge entdeckt worden war. Es scheint, daß auch in Palmyra vor 272 nicht mehr erwartet zu werden braucht, sollte jemals etwas gefunden werden. Nur der Fall der heidnischen Verwaltung, verbunden mit dem Triumph des Christentums unter Konstantin, sorgte für die Umwandlung der verlassenen Stadt im 4. Jahrhundert.

Reiche Heiden, arme Christen. Dies ist kurzgefaßt die Geschichte Palmyras zwischen der Zeit der Apostel und Kalifen. Die christliche Bevölkerung lebte in einer verarmten und allmählich untergehenden Stadt – die Folge von vollkommen veränderten Umständen. In einem reichen, in der zweiten Hälfte des 2. Jahrhunderts n. Chr. errichteten und erst kürzlich entdeckten Haus in der Mitte der antiken Stadt sahen wir überraschenderweise, daß es bis ca. 800 n. Chr. überlebte – dieselben Hauptmauern und die am selben Platz befindlichen Säulen –, nur geteilt in einzelne Haushalte, zweifellos die einer niedrigeren Klasse, was ihre Lebensbedingungen anlangt. Verfall und Untergang sind die Kennzeichen von allem in Palmyra nach ca. 300 n. Chr. – und dies fiel mit der Wiederherstellung seiner heidnischen Gesellschaft durch eine christlich gewordene zusammen. Über letztere wurde nicht viel bekannt. Wenngleich der Häretikerbischof Paulus von Samosata ein bestimmtes Maß an Einfluß bei Königin Zenobia selbst erreicht haben könnte – die Überlieferung ist hier zweifelhaft – so hören wir nichts über seine tatsächlichen Anhänger in Palmyra und schon gar nichts über irgendwelche Christen. Ein halbes Jahrhundert später figurierte ein Bischof von Palmyra namens Marinus auf den Listen des Konzils von Nicäa im Jahr 325. Ungefähr zur selben Zeit hatte Palmyra einen kaiserlichen Curator (logistes), Flavius Diogenes, Sohn des Ouranios, der eine Inschrift auf der Großen Kolonnade hinterließ. Diese verzeichnet die letzte bekannt gewordene Bemühung um die Instandhaltung urbanen Komforts in der Stadt: Eingemeißelt in sorgfältigen Buchstaben aus gut trainierter Hand, bleibt dieses in das Jahr 328 n. Chr. datierte Dokument in auffälligem Gegensatz mit der flüchtigen Schrift und dem scheußlichen Griechisch einiger Grabsteine, die im Palmyra-Museum aufbewahrt sind und in das 5. – 6. Jahrhundert datieren. Gefunden, insofern festgestellt – auf spätem Gräberareal, das sich unmittelbar nordöstlich der Stadtmauer erstreckt, wo das Museum von Palmyra heute steht, beweisen diese Steine, daß die Bevölkerung Palmyras zu der damaligen Zeit nahezu aus Analphabeten bestand. Wie anderswo, besteht hier ein deutlicher Bruch mit der paganen Vergangenheit, offensichtlich im Aufhören des Aramäischen und im Verlust jedweder Norm im Griechischen. Aber der Name des „ekdikos" (Rechtsanwalt) Maranios, Sohn des Maineos, gestorben 489 n. Chr., wie auch der des „gesegneten Odenathos", der diese Welt 442 verließ, stehen gut in der Reihe der onomastischen Überlieferung ihrer Stadt. Nicht so sehr vielleicht der Name einer Kyra, Tochter des Mauxentios (sic!), deren Grabstein aus dem Jahr 463 n. Chr. (Abb. 1) ihr nahelegt, „furchtlos und nicht beunruhigt zu sein, da niemand unsterblich ist".

Im 6. Jahrhundert scheint die schwindende Tradition gänzlich verloren zu sein, und die Namen werden äußerst banal. Jeder heißt entweder Joannes (wie z. B. der Sohn des Simeones aus dem Jahr 552) oder Sohn des Joannes (wie Simeones aus dem Jahr 535, siehe Abb. 2). Damals kam der Römische Limes aus dem 4. Jahrhundert außer Gebrauch. Kaiser Justinian (527 – 565) schickte sich an, die Befestigung Palmyras zu erneuern und das Diokletianslager darin instand zu setzen. Aber die Wüstensteppe rundum war den mit dem Kaiser verbündeten Arabern unter den Prinzen des Stammes von Ghassan ausgeliefert. Diese Beduinen waren ihrem Glauben nach Monophysiten, und die Bischöfe von Palmyra gehörten auch derselben Jakobitischen Kirche an. Dies ist noch für das achte (Bischof Simeon) und 9. Jahrhundert (Bischof Johannan) bezeugt.

Wo amtierten diese Kleriker? Es gibt zwei nahe bei-

Abb. 1: Grabstein der Kyra (463 n. Chr.). Museum Palmyra.

Abb. 2: Grabstein des Simeon (535 n. Chr.). Museum Palmyra.

sammen liegende Kirchen, die dem für das 6. Jahrhundert typischen Plan folgen, errichtet aus antiken Säulen und gewiß auch anderen Steinen, und sich inmitten eines dicht besiedelten Stadtviertels befinden. Keine wurde ausgegraben, doch dürfte anzunehmen sein, daß sie nicht früher als justinianzeitlich sind und unter Bezugnahme auf die bekannten Bauwerke dieses Kaisers gegründet wurden. Es gilt desgleichen als bekannt, daß schließlich zwei antike Tempel zu einem unbestimmten Zeitpunkt in Kirchen umgestaltet wurden.

Die kleine Cella des Baalshamin-Tempels, ausgegraben in den fünfziger Jahren von Paul Collart, öffnete sich mit ihrer Säulenhalle nach Osten hin, wie üblich in Syrien und darüber hinaus. Am gegenüberliegenden Ende füllte eleganter Architekturdekor die Rückseite des Tempelinneren. Dieses wurde entkleidet und zum Bau des Chores benutzt, den man unter der Säulenhalle genau nach Osten gerichtet installierte, während der Eingang in der Westseite geöffnet wurde. (Die moderne Wiederherstellung hat den Originalzustand rückgeführt): Anscheinend übernahmen die Christen den Tempel direkt von den Heiden, beurteilt man den Zustand des Gebäudes und dessen skulptierte Fragmente. Die daraus entstandene Kirche war klein und kaum sehr eindrucksvoll. Die Enteignung des „Herrn des Himmels" dürfte wichtiger gewesen sein als die Inanspruchnahme eines neuen Kultplatzes.

Dasselbe wird auch im Bel-Tempel der Fall gewesen sein. Obwohl viel größer, natürlich der größte Tempel in der Stadt und riesig in jeder Beziehung, war seine Disposition besonders ungeeignet für eine Kirche, die das unvermeidliche Prinzip in sich barg, daß der Chor an der Ostseite des Gebäudes plaziert werden mußte. Doch die Bel-Cella war, mit zwei Kapellen an ihren kürzeren Enden, d. h. an Nord- und Südseite, und dem Eingang an der langen Westmauer sorgfältig erbaut. So hätte der Altar gegenüber der Tür aufgestellt werden sollen quer durch die Cella, wo eine bogenförmige Ausmeißelung auf halber Höhe der ebenen Mauer das Vorhandensein eines Baldachins anstelle der üblichen Apsis erschließen läßt. Die folgende Änderung des Bauwerks in eine

Abb. 3: Christuskopf in den Fresken an der Westwand im Bel-Tempel von Palmyra.

Moschee im 12. Jahrhundert hat die unsicheren Einrichtungen der Christen entfernt, die sich als solche bis dahin erhalten haben könnten (ein islamisches Graffito beweist, daß das Bauwerk 728 n. Chr. aufgegeben worden war). Es gab da Fresken an den Steinwänden. Einige sehr schwache Spuren von großen, stehenden Heiligenfiguren können bei günstigem Licht noch gesehen werden. Sie sind in strenger Frontalität in zwei Registern sehr im Geist der Kunst Palmyras dargestellt wie in demselben Tempel durch mythologische Szenen des 1. Jahrhunderts n. Chr. an den Reliefs der Architrave der Kolonnade beispielhaft vor Augen geführt. Unter den gemalten Figuren waren die Jungfrau mit Heiligen und Christus, dessen Kopf vor 40 Jahren kopiert wurde. Es ist das einzige veröffentliche Dokument dieser Wandmalerei (Abb. 3).

Abb. 4: Überblicksaufnahme der in Palmyra jüngst entdeckten Kirche.

Abb. 5: Apsis der Kirche (Abb. 4) mit Spuren der Chorschranken auf der Plattform im Vordergrund. Im Hintergrund exzentrisch angebrachtes Fenster.

Abb. 6: Portikus mit acht Säulen, im Jahr 328 n. Chr. überdeckt. Aufnahme vom Hauptschiff der Kirche.

Wie in anderer Hinsicht, überlebte ein weiterer Tempel in Palmyra in seiner heidnischen Nutzung bis zum äußersten Ende des 4. Jahrhunderts, als er gewaltsam zerstört und nicht wieder in Anspruch genommen wurde. Wenn der Tempel der Allat auf diese Weise bis zur Regierungszeit des Theodosius inmitten römischer Militärbaracken überlebte, dann besteht kein Einwand gegen die Kulte des Bel und Baalshamin, die ebenfalls so lang andauerten. Beide Tempel wären dann um 400 n. Chr. von den Christen vor Ort umgewandelt worden, vermutlich zur Zeit ihrer Mehrheit und öffentlich ermutigt, dies so zu tun.

Unter diesen Umständen blieb der Sitz des ersten bekannten Bischofs von Palmyra, des in Nicäa bezeugten Vaters Marinus, einer Identifizierung vorbehalten. Es gibt eine Chance, daß der Sitz jüngst gefunden wurde: Die neuentdeckte Kirche soll frühestens aus der Mitte des 4. Jahrhunderts stammen (Abb. 4). Die Ausgrabungen, die ich in der Mittelstadt von Palmyra für das Polnische Zentrum für Mittelmeerarchäologie zu leiten die Ehre habe, brachten ein

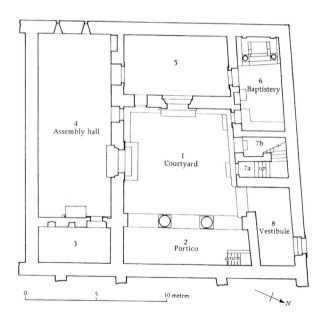

Abb. 7: Plan der Hauskirche von Dura-Europos.

rechteckiges Versammlungshaus zum Vorschein, das durch einen großzügigen säulengeschmückten Hof betreten werden konnte, errichtet in der zweiten Hälfte des 2. Jahrhunderts. Zu gegebener Zeit wurde die Halle sorgfältig umgestaltet: Ein Eingang öffnete sich direkt von der Außenseite, Bänke wurden entlang der Wände aufgestellt und – das Wichtigste – eine Apsis wurde in der Mitte der Ostmauer angefügt (Abb. 5).

Diese Apsis war in die glatte Mauer eingeschnitten und mit einem modellierten Bogen versehen worden, der wahrscheinlich von der benachbarten Großen Kolonnade stammt, wo er mit einem von der Seite der Nebenstraßen oder mit einem Denkmal korrespondiert haben könnte, das sich auf die Hauptstraße öffnete. Die Konstruktion der Apsis ist eher rudimentär, etwas exzentrisch in ehemalige Geschäfte verlegt, die die Halle von dieser Seite stützten und sich auf eine schmale Straße öffneten. Unter den mit der Gründung verbundenen Funden sind einige aus dem 4. Jahrhundert und eine Münze des Constantius II Caesar, die vor dessen Nachfolge auf seinen Vater Konstantin im Jahr 337 geprägt worden war, zu nennen. Die Folgerung scheint einleuchtend zu sein: Die Halle wurde von den Christen übernommen und in eine Kirche in etwa dieser Zeit umgewandelt. Direkt vor dem Eingang des Monuments zeigt eine der Säulen der Großen Kolonnade die bereits erwähnte Inschrift, datiert in das Jahr 328. Sie besagt, daß Fl. Diogenes während seiner Funktion als (städtischer) Curator das gesamte Dach mit allem Schmuck über acht Interkolumnien dieser Säulenhalle, die vor langer Zeit eingestürzt war, erneuern ließ. Die acht Säulen der Großen Kolonnade, von denen diese eine die erste von Osten ist, stimmen mit der Breite der Insula, die die umgeänderte Halle umfaßt, genau überein (Abb. 6). Die Wiederherstellung gerade dieses Teils der Kolonnade durch einen kaiserlichen Beamten konnte doch nur bedeuten, daß das Gebäude dahinter von besonderer Wichtigkeit war. Das konnte kaum etwas anderes sein außer die Installation einer Kirche im Jahr 328 oder kurz zuvor.

Die Kirche bestand jedoch nicht lange: Bereits im Lauf des 6. Jahrhunderts wurde sie, genauso wie das benachbarte Haus, durch ein Erdbeben ziemlich beschädigt. Nach der Katastrophe wurde die gesamte Kircheneinrichtung entfernt: Nicht nur der Altar sondern auch Synthronon, Kanzel und einige Steine der Apsis. Als die offene Ruine im 9. Jahrhundert endgültig zusammenstürzte, wurden keine Gegenstände und keine Blöcke von den oberen Mauerteilen im Versturz begraben.

Leute, die sich im Hof dahinter ansiedelten, griffen offensichtlich nicht unbefugt in die Kirchenruine ein. Sie haben jedoch einen Brunnen geöffnet und benutzt, der zu den Geschäften des 2. Jahrhunderts gehörte und der in der Zeit dazwischen unter dem Estrich der Apsis verdeckt lag. Es ist schwer zu sagen, ob sein Gebrauch aus rein praktischen Gründen erfolgte oder ob sonst irgendeine Art religiöser Praxis mit diesem Brunnen zusammenhing, der wahrscheinlich entdeckt wurde, als man die Bodenplatten entfernte und dann einen antiken Steinsarkophag bereitstellte, der als Becken Verwendung fand. Jedenfalls wurde der organisierte Kult(betrieb) woanders hin verlegt, am ehesten in eine der erwähnten Kirchen des 6. Jahrhunderts, die beide nicht weiter als 200 m entfernt lagen.

Es scheint so in Palmyra drei frühe Kirchen gegeben zu haben, alle drei in Gebäuden installiert und von einstigen Benutzern übernommen: Eine wahrscheinlich zur Zeit des Konstantius, die beiden anderen vermutlich unter Theodosius. Zwei davon weisen ein Hauptschiff in Form eines Breitraums auf. Man merkte offenbar bereits, daß der Altar an der Ostmauer aufgestellt werden sollte, obwohl das Gebäude anders orientiert war. Neuerbaute Kirchen kamen erst später auf, und auch in diesen pflegten manche Spolien wiederverwendet zu werden.

Wenn dies stimmt, könnten diese Schlußfolgerungen mehr von allgemeinem als nur von lokalgeschichtlichem und topographischem Interesse sein. Die plötzliche und alles umfassende Verbreitung des Basilikatypus im 4. Jahrhundert in Syrien und anderswo – kam er doch überall denselben Anforderungen entgegen – ist ganz offensichtlich das Ergebnis zentralistischer kaiserlicher Initiative. Die großen konstantinischen Gründungen in Rom, Konstantinopel, Jerusalem, Antiochia etc. haben die Form jeder Dorfkirche für eine ganze Weile bestimmt – in gewissem Sinn noch bis heute. In Palmyra befassen wir uns anstatt dessen mit Enteignung und Adaptierung, anderswo bekannten, aber eher nebensächlichen Vorgängen. Die verarmten Verhältnisse im Palmyra des 4. Jahrhunderts erklären genügend das Fehlen früher monumentaler Kirchen hier. Nicht viel ist von den Hauskirchen des 3. Jahrhunderts bekannt, wie sie in zeitgenössischen oder nicht viel späteren Aufzeichnungen genannt sind (domus Ecclesiae). Einige davon konnten den Basilikatyp bereits übernommen haben – naturgemäß für einen Begegnungsplatz in römischer Architektur. Doch die einzige jemals ausgegrabene Hauskirche – jene in Dura Europos (Abb. 7) – war ein einfaches Wohnhaus, umgestaltet zu dem Zweck, um mit einem aus zwei ursprünglich vorhandenen Räumen entstandenen Versammlungssaal, einem Baptisterium mit Becken und geschmückt mit ungelenken Wandmalereien ausgestattet zu werden. Eine andere Kirche des 4. Jahrhunderts, jene von Qirqbize, einem entlegenen Ort in Nordsyrien, ist mit einem schlichten Saal versehen, wie typische Wohnhäuser hier, mit Eingangsportal entlang einer Längsmauer und Hof davor. Wahrscheinlich waren solche Gemeinschaftshäuser üblich. Gewiß werden sich einige Titelkirchen in der Stadt Rom ursprünglich nicht allzu sehr von diesen Beispielen unterschieden haben. Daraus folgt, daß sehr frühe Kirchen mit keinen feststehenden architektonischen Grundzügen verbunden wurden und folglich einige als solche nicht erkannt werden konnten. Aber gerade jene, die in Palmyra 328 n. Chr. oder vorher ein älteres Bauwerk als Kirche adaptierten, waren ganz sicher, daß da eine Apsis vorhanden sein und diese an der Ostseite liegen mußte. Das darf mit dem unwiderstehlichen Einfluß gleichzeitiger konstantinischer Gründung erklärt werden, obwohl die berühmtesten unter ihnen in Bethlehem, Jerusalem und Rom ihre Apsis oft an der Westseite haben, jedesmal aus einem bestimmten, lokalen Grund. Die triumphierende Kirche hat sich im allgemeinen an das Vorbild der um 313 n. Chr. erbauten Lateranbasilika „Haupt und Mutter aller Kirchen" angepaßt, mit Ausnahme so abgelegener und verarmter Plätze wie Palmyra, wo Mittel fehlten und gleichzeitig glanzvolle Denkmäler der Vergangenheit verlassen darniederlagen oder leicht enteignet werden konnten.

(Übersetzung aus dem Englischen: Erwin M. Ruprechtsberger)

LITERATUR

KH. ASSA'D - E. M. RUPRECHTSBERGER, Palmyra in spätantiker, oströmischer und frühislamischer Zeit, in: Palmyra. Geschichte, Kunst und Kultur der syrischen Oasenstadt (Linz 1987) 137/148.

Z. BORKOWSKI, A New Christian Stela from Palmyra: Mélanges offerts à K. Michalowski (Varsovie 1966) 311/312.

H. BRANDENBURG, Roms frühchristliche Basiliken des 4. Jahrhunderts (München 1979).

M. GAWLIKOWSKI, Fouilles recentes à Palmyre: CRAI 1991, 399/410.

C. H. KRAELING, The Excavations at Dura-Europos, Final Report VIII. 2: The Christian Building (New Haven 1967).

J. LEROY, Un portrait du Christ a Palmyre au VIe siècle: CArch 15 (1965) 17/20.

F. MILLAR, Paul of Samosata, Zenobia and Aurelian: the Church, Local Culture and Political Allegiance in Third-Century Syria: JRS 61 (1971) 1/17.

H. SEYRIG, in: J. Cantineau, Inventaire des inscriptions de Palmyre VIII (Beyrouth 1936) 128/133, Nr. 210 – 218.

ABBILDUNGSNACHWEISE

Abb. 1 – 6: Verfasser. – Abb. 7: Nach A. Perkins, The art of Dura-Europos (Oxford 1973) 30 Fig. 7.

WILHELM SYDOW
EIN SPÄTANTIKES KAISERPORTRÄT AUS NORDSYRIEN

1931 wurde in der Nähe von Antiochia, der einstigen Hauptstadt der Provinz Syrien, ein Marmorporträt gefunden, das später in der Abteilung für klassische und byzantinische Altertümer im Nationalmuseum von Damaskus zur Aufstellung gelangte.

Der überlebensgroße Kopf ist besonders in der Gesichtspartie, aber auch am Kranz sehr stark bestoßen. Dieser ist auch auf der besser erhaltenen linken Seite so wenig detailliert ausgeführt, daß eine botanische Bestimmung der Blätter, zumal nur an Hand von Fotos, kaum möglich ist. Immerhin entspricht der annähernd rechteckige Blattumriß der stilisierten Form, die Eichenlaub bei spätantiken Porträts oft hat (vgl. Diokletian aus Nikomedien, J. Inan – E. Rosenbaum, Taf. 39, 2.4). Die Benennung als corona civica wird auch durch das zu diesem Schmuck gehörige, auf dem Bildnis aus Sfire gut erkennbare Stirnjuwel gestützt. Der Kopf war ursprünglich leicht nach links gewendet, was auch in der etwas asymmetrischen Bildung des Gesichtes berücksichtigt ist. Wahrscheinlich hat man sich das Werk als Teil einer Panzerstatue vorzustellen.

Trotz der weitgehenden Zerstörung kommt diesem Porträt eine nicht geringe kunstgeschichtliche Bedeutung zu. Wegen seines Formates und der corona civica muß es sich um das Bildnis eines spätantiken Kaisers handeln, dem einzigen aus Syrien bekannten. Da aber auch syrische Privatporträts des 4. und 5. Jahrhunderts fehlen, ist die Stilentwicklung auf diesem Sektor der Kunst in dieser Provinz völlig unbekannt. Der Verlust wiegt umso schwerer, als in diesem Teil des Reiches, der auch im 4. Jahrhundert zu einem der wichtigsten zählte, mit künstlerisch hochstehenden Bildhauerateliers zu rechnen sein wird. Die Unkenntnis spätantiker Porträtplastik Syriens macht in Verbindung mit der schlechten Erhaltung des mir zudem nur von Fotos bekannten Kopfes aus Sfire eine sichere kunsthistorische Einordnung dieses Stück weitgehend unmöglich.

Als grob datierendes Element kann die corona civica gelten. Der ursprünglich als militärische Auszeichnung für die Errettung eines römischen Bürgers verliehene Eichenkranz schmückte dann in der früheren

römischen Kaiserzeit öfter Herrscherporträts. Wenn die corona civica im späten 3. und 4. Jahrhundert bei Bildnissen von Tetrarchen und Mitgliedern des konstantinischen Kaiserhauses wiederkehrt, ist das als bewußter Rückgriff auf eine als vorbildlich empfundene Epoche der römischen Geschichte zu verstehen. Die Orientierung zeitgenössischer Kaiser an den großen Vorgängern im Amt, hauptsächlich solchen des 1. und früheren 2. Jahrhunderts, war über das ganze 4. Jahrhundert fester Bestandteil des Herrscherideals. Trotzdem reichen die wenigen bekannten Kaiserbildnisse mit corona civica noch nicht einmal bis in die 2. Hälfte jenes Jahrhunderts. Dies könnte aber an der insgesamt schlechten Materialüberlieferung liegen und braucht kein Datierungskriterium für das Porträt aus Sfire zu sein.

Stilkritisch auswertbar ist in erster Linie die Wiedergabe des Haares. Dieses ist in Art einer dicken Kappe gebildet, die nur ganz oberflächlich durch dünne Ritzungen gegliedert ist. Die kaum voneinander abgesetzten Strähnen sind von der Seite leicht gegen die Mitte gekämmt. Diese sehr langlebige Frisur kommt mit Konstantin dem Großen auf, ihre plastische Ausführung weist aber auf eine spätere Zeit. Charakteristisch ist die klare, lineare Begrenzung

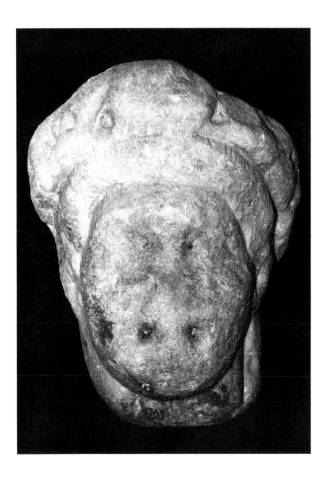
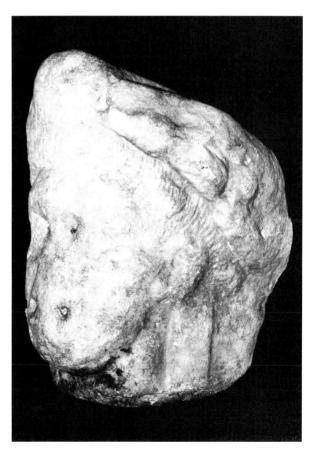

der Haare, die die Stirn annähernd in Trapezform rahmen. Vergleiche mit anderen spätantiken Porträts beweisen, daß dies eine Stilform war. Der klare obere Abschluß des Gesichtes betont die für spätantike Porträts typische Tendenz zu einer ins Ornamentale gehenden Stilisierung, durch die der angestrebte, besonders von den Augen getragene geisterfüllte Ausdruck verstärkt wird. In der Wiedergabe des Haares über der Stirn als dicker, wenig gegliederter Wulst ist die um 390 entstandene, auf Valentinian II. gedeutete Statue aus Aphrodisias in Istanbul (H. P. L'Orange, 73f. Abb. 182, 183) vergleichbar. Ähnlich fein gezeichnete Haare zeigt der allerdings einer anderen Stiltradition verpflichtete, wohl zu Recht auf Honorius gedeutete und kurz nach 400 datierte Kopf in Trier (R. H. W. Stichel, 49 ff., Taf. 13, 14). In der trapezförmigen Rahmung der Stirn stehen hingegen mehrere um 390 zu datierende Köpfe von Magistraten am Sockel des Theodosius-Obelisken in Istanbul (J. Kollwitz, 12 Taf. 35, 1; 36, 3) dem syrischen Bildnis näher. Diese Reliefporträts können mit aller durch den Erhaltungszustand und das verschiedene Format gebotenen Vorsicht auch im Hinblick auf die Modellierung des Gesichtes mit dem Kaiserkopf verglichen werden. Bei diesem ist trotz der starken Zerstörung die auch für jene charakteristische sehr weiche Wiedergabe der organischen Form noch faßbar. Sie zeigt sich etwa in den stark eingetieften Mundwinkeln und in der breiten, undifferenzierten Backenpartie. Obwohl die Modellierung die für spätantike Porträts typische Beschränkung auf ein flach angelegtes Gesicht aufweist, steht der Kopf u. a. in seiner asymmetrischen Durchbildung und dem weichen Umriß der dann im 5. Jahrhundert aufkommenden, wesentlich stärkeren Stilisierung noch fern. Die erwähnte gewisse Nähe des syrischen Kopfes zu einer am Ende des 4. Jahrhunderts in Konstantinopel arbeitenden Werkstatt wirft die Frage nach eventuellem Import des Bildnisses oder die nach der stilistischen Ausrichtung der syrischen Porträtkunst in der Spätantike auf. Angesichts der – soweit erkennbar – nicht sehr hohen Qualität, wird das Porträt aus Sfire wohl als einheimische Arbeit anzusehen sein. Dies würde bedeuten, daß zumindest ein Teil der damals in Syrien ansässigen Werkstätten sich in ihrer stilistischen Ausrichtung nicht tiefgehend von anderen, im Zentrum des Ostreiches tätigen unterschieden. Als Arbeitshypothese ist die von J. Kollwitz vorgeschlagene Deutung des Kopfes auf Theodosius und eine Datierung in die Jahre um 380 durchaus erwägenswert.

LITERATUR

J. INAN – E. ROSENBAUM, Roman and Early Byzantine Portrait Sculpture in Asia Minor (London 1966).

J. KOLLWITZ, Oströmische Plastik der theodosianischen Zeit, Studien z. spätant. Kunstgesch. 12 (Berlin 1941).

H. P. L'ORANGE, Studien zur Geschichte des spätantiken Porträts (Oslo 1933, Nachdr. Roma 1965).

R. H. W. STICHEL, Die Römische Kaiserstatue am Ausgang der Antike, Untersuchungen zum plastischen Kaiserporträt seit Valentinian I., (364 – 375 n. Chr.), Archaeologica 24 (Roma 1982).

Josef Engemann

SYRISCHE BUCHMALEREI

Unter den zahlreichen Handschriften in syrischer Sprache, die erhalten blieben, befinden sich mehr als dreihundert aus dem 5. bis 8. Jahrhundert, meist biblischen oder theologischen Inhalts (Katalogverzeichnis: Mango 1982, 9 Anm. 1). Da eine im Vergleich zu griechischen Handschriften erstaunlich große Zahl von ihnen mit einem Schlußzusatz (Kolophon) versehen ist, der Angaben zu Schreibern, Ort und Datum enthält, wissen wir, daß etwa ein Drittel davon in Klöstern geschrieben wurde, die übrigen in Skriptorien bei Kathedralen und Theologenschulen (ebd. 3 f.). Es handelt sich bei diesen Manuskripten um Gebrauchsbücher, deren Schmuck sich auf Gliederungselemente mit Flechtbanddekor, die Hervorhebung von Überschriften durch rotes Minium, die Rahmung der (unten näher beschriebenen) Kanones des Eusebius durch Säulen und Bögen und die Beifügung eines großen, ornamentalen und meist in einen Kreis eingeschlossenen Kreuzes auf dem Frontispiz und/oder auf der Abschlußseite beschränkt. Einem Manuskript der vier Evangelien (Tetraevangeliar) aus Mar Jakob, heute in Diyarbak'r, ist auf der ersten Seite ein Christusbild vorangestellt; Christus steht in einem mit Zickzackmuster geschmückten Kreis und hält mit beiden Händen ein aufgeschlagenes Buch. Die Darstellung steht sicher in der Tradition des antiken Autorenbildes: Christus ist gleichsam der Autor des ganzen Neuen Testaments.

Lediglich drei syrische Bibelmanuskripte sind aufwendiger gestaltet und reicher mit Miniaturen versehen.

Allgemein in die erste Hälfte des 6. Jahrhunderts wird das Tetraevangeliar „Cod. Syr. 33" der Nationalbibliothek in Paris datiert. Die Handschrift umfaßt noch 127 beschriebene Pergamentblätter von 31 x 24 cm Größe, ist jedoch am Anfang und Ende unvollständig; die Überschriften sind rot (mit Minium) geschrieben. Vor den Evangelien befinden sich, wie in zahlreichen Bibelhandschriften der verschiedensten Sprachen, die auf Eusebius von Caesarea (frühes 4. Jahrhundert) zurückgehenden Kanontafeln, von denen noch neun erhalten sind (Abb. 1). Eusebius numerierte nach dem Vorbild von Ammonius von Alexandria (Mitte 3. Jahrhundert) die Textabschnitte der Evangelien und stellte die übereinstimmenden Stellen in zehn Tabellen zusammen, so daß man auf einen Blick ablesen konnte, welche Abschnitte in vier, drei oder zwei Evangelien einander entsprechen oder nur bei einem Evangelisten vorkommen. Zur Erleichterung des Überblicks stellte man die Zahlenreihen zwischen Säulen unter Bögen; die Arkaden konnten durch einen überfangenden Bogen zusammengefaßt werden (Abb. 2), wodurch zugleich die Einheit der Evangelien zum Ausdruck gebracht war. Das Besondere an dieser Handschrift und dem im folgenden zu nennenden „Rabbula-Codex" in Florenz ist nun, daß die Kanontafeln nicht nur, wie in anderen Evangeliaren, mit Pflanzen-, Tier- und Vogelmotiven verziert sind, sondern auf den Rändern mit Miniaturen geschmückt sind, die neutestamentliche Szenen darstellen. Die Handschrift „Cod. Syr. 33" in Paris erweist sich nicht nur dadurch als älter als der „Rabbula-Codex", daß ihre Figuren klassischer Tradition näherstehen, sondern auch durch den Umstand, daß hier bei zwei Szenen die Figuren in buchtechnisch richtiger Weise nur auf die Außenränder der Seiten verteilt sind. Bei der Verkündigung (fol. 3v – 4r; Abb. 1) sind der Engel und Maria, bei der Heilung der Gekrümmten (fol. 4v – 5r) Christus und die Kranke jeweils durch die Kanon-Architekturen zweier Seiten voneinander getrennt – die Heilung der Blutflüssigen allerdings konnte nicht getrennt dargestellt werden (fol. 5v), da

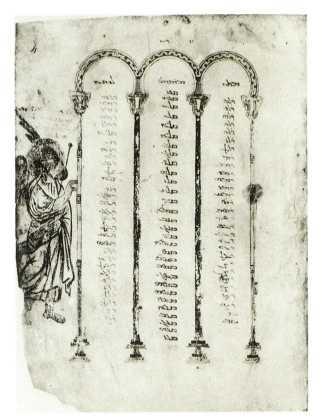
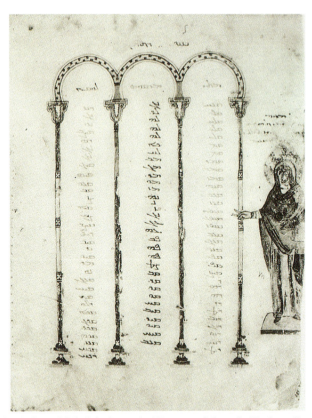

Abb. 1: Paris, Bibliothèque nationale, Tetraevangeliar „Cod. Syr. 33", fol. 3v – 4r. Kanontafeln mit Verkündigung an Maria.

nach dem Text die Kranke das Gewand Christi berührte.

Das am reichsten mit Miniaturen ausgestattete syrische Manuskript ist das Tetraevangeliar „Cod. Plut. I, 56" der Biblioteca Laurenziana in Florenz, der „Rabbula-Codex". Wie der Schreiber Rabbula im Kolophon angibt, wurde die Pergamenthandschrift am 6. Februar 586 im Johanneskloster in Beth Zagba vollendet, für das eine Identifizierung mit Bzabur oder Kfar Zbu bei Riha (südöstlich von Antiochia) vorgeschlagen worden ist (Mango 1983, 421). Rabbula nennt auch seine Mitarbeiter, allerdings nicht die Miniaturisten. Die Handschrift umfaßt 293 Blatt von ca. 33 x 27 cm Größe (Zählung nur bis 292, da 68 zweimal vergeben wurde); die Texte sind mit schwarzer/dunkelbrauner Tinte geschrieben, die Kanonangaben in Rot. Allgemein wird heute von der Zusammengehörigkeit des einleitenden, mit Miniaturen geschmückten Kanonteils und des Textteils mit dem abschließenden Kolophon ausgegangen. Der Einwand, daß nur der Anfangsteil am Rand beschnitten sei, wobei die Miniaturen beschädigt wurden (Botte 14), ist nicht stichhaltig, weil auch die Textseiten beschnitten sein können, ohne daß bei deren breiten Rändern Spuren davon blieben (D. H. Wright 206 Anm. 19). Die zehn Kanones des Eusebius sind auf 19 Kanontafeln verteilt; vorausgeschickt wurden ihnen eine Seite mit den Bildern des Ammonius und des Eusebius und zwei Seiten mit der syrischen Übersetzung des Briefes, in dem Eusebius seinem Freund Carpianus die Kanones erklärte. Auf den ersten zwölf Kanontafeln sind zu Seiten des Abschlußbogens je zwei alttestamentliche Propheten dargestellt, auf den nächsten beiden Tafeln sind zu Seiten der Liste von übereinstimmenden Stellen zweier Evangelien die jeweils entsprechenden Evangelisten dargestellt, Johannes und Matthäus sitzend, Lukas und Markus stehend. Auf diesen beiden Seiten fehlen auch die auf den Rändern aller übrigen Kanontafeln dargestellten neutestamentlichen Szenen, so daß der Charakter der Evangelistenbilder als Autorbilder hervorgehoben ist. Die biblischen Randminiaturen sind teils auf einen Rand beschränkt, teils auf den linken und rechten Rand einer Seite verteilt (Abb. 2: Verkündigung an Maria). Der Zyklus reicht hier allerdings von den Verkündigungen an Zacharias und Maria nur bis zur Darstellung Christi vor Pilatus. Die späteren Ereignisse sind auf ganzseitigen Miniaturen dargestellt: die Kreuzigung Christi, die Frauen am Grabe und die Begegnung des Auferstandenen mit den Frauen auf fol. 13r. (Abb. 3), die Himmelfahrt auf fol. 13v. (Abb. 4), die Nachwahl des Apostels Matthias auf fol. 1r. und die Geistaussendung auf fol. 14v. Auf fol. 14r. ist statt der dort zu erwartenden Wahl des Matthias das Bild der Widmung des Codex durch Mönche an Christus gesetzt (Abb. 5), das eigentlich an den Anfang auf fol. 1r. gehörte, vor das Bild der Maria mit dem Kind auf fol. 1v. Da die Unstimmigkeit durch eine Blattvertauschung nicht zu beheben ist (dabei käme sonst die Geistaussendung an den Anfang), liegt die Erklärung durch einen Irrtum des Malers nahe (D. H. Wright 204).

Die einzige erhaltene Vollbibel (Altes und Neues Testament) frühchristlicher Zeit stellt die syrische Handschrift „Cod. Syr. 341" der Nationalbibliothek in Paris dar, die „Syrische Bibel". Allerdings fehlt am Anfang fast das ganze Buch Genesis, am Ende fast das ganze Neue Testament, so daß von ursprünglich etwa 280 noch 246 Blätter im Format 31 x 23 cm erhalten sind. Als Entstehungszeit wird das späte 6. oder frühe 7. Jahrhundert angenommen, der Entstehungsort ist unbekannt: selbst wenn die Annahme zutrifft, daß sich das Manuskript bis 1909 in der bischöflichen Bibliothek von Siirt in Nordmesopotamien befand, muß es nicht dort hergestellt sein. In der „Syrischen Bibel", die auf hellem Pergament mit rotbrauner Tinte geschrieben ist (Anfangszeilen der biblischen Bücher in Rot), sind noch 24 Miniaturen erhalten, die, abgesehen von zwei ornamentalen Schlußvignetten, Titelbilder zu den biblischen Büchern darstellen. Es handelt sich größtenteils um einspaltige Autorenbilder (alttestamentliche Propheten und Apostel Jakobus), außerdem einige zweispaltige szenische Erweiterungen (z. B. Moses und Aaron vor dem Pharao: Abb. 6; Ezechiels Vision von der Erweckung der Totengebeine), die ebenso als Titelbilder zu den entsprechenden Büchern anzusehen sind. Die Miniaturen treten gegenüber dem Text stark zurück und haben nur etwa ein Drittel Seitenhöhe.

Auch die drei hier ausführlicher beschriebenen, reicher illuminierten syrischen Manuskripte sind keine aufwendigen Luxuserzeugnisse, sondern müssen als Bücher für den Gebrauch angesehen werden; die beiden ersteren für die Liturgie, das letzte wohl für Schriftlesung und Studium. Ihre Miniaturen, an denen zumindest beim „Rabbula-Codex" mehrere Maler gearbeitet haben, wurden in der Literatur sehr oft mit ganz ähnlichen Charakterisierungen gewertet: typisch orientalisch-syrischer Stil, syrische Provinzialisierung klassischer Vorbilder, provinzielle Kopien griechischer Vorbilder. Wenn man in der „Syrischen Bibel" die im Unterschied zu den teilweise steifen Prophetengestalten recht kraftvollen, ausdrucksstarken und bewegten Figuren einiger szenischer Miniaturen (Abb. 6) sieht, wenn man im „Rabbula-Codex" das wirklich monumentale Kreuzigungsbild betrachtet (Abb. 3) oder die bewegten Apostel und Engel des mit Details der Ezechielvision verknüpften Himmelfahrtsbildes (Abb. 4), dann muß man natürlich fragen, wie solche Wertungen zustande kommen, die teilweise auch als Abwertungen gedacht waren. Die Antwort liegt im Vergleichsmaterial begründet, das zur Beurteilung herangezogen wird: in erster Linie drei ca. 30 x 25 cm große und mit qualitätvollen Miniaturen ausgestattete griechische Prunkhandschriften der zweiten Hälfte des

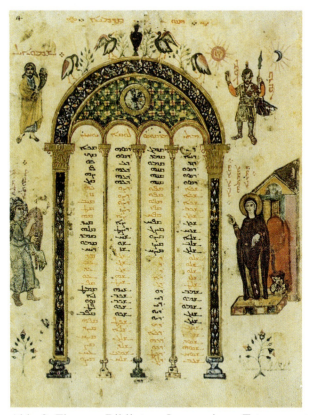

Abb. 2: Florenz, Biblioteca Laurenziana, Tetraevangeliar „Cod. Plut. I, 56" („Rabbula-Codex"), fol. 4a. Kanontafel mit Verkündigung an Maria.

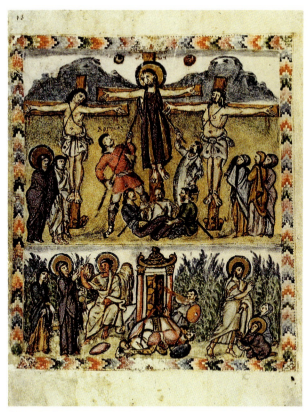

Abb. 3: Florenz, Biblioteca Laurenziana, Tetraevangeliar „Cod. Plut. I, 56" („Rabbula-Codex"), fol. 13r. Kreuzigung Christi; Szenen nach der Auferstehung Christi.

6. Jahrhunderts, deren Texte mit silbernen und goldenen Buchstaben (Unzialen) auf pupurgefärbtes Pergament geschrieben sind. Die Illustrationsweise ist auch bei diesen drei Handschriften unterschiedlich: bei der „Wiener Genesis" (Österreichische Nationalbibliothek, Cod. theol. gr. 31) ist die untere Hälfte der Seite den erzählerischen Miniaturen vorbehalten, so daß der mit Silbertinte geschriebene Genesis-Text in der oberen Hälfte gekürzt wiedergegeben werden mußte; von ursprünglich wohl 96 Blättern sind 24 erhalten. – Beim „Rossano-Codex" (Rossano, Erzbischöfliches Museum) sind die Miniaturen vom Text getrennt auf Bildseiten dargestellt, die meist im oberen Drittel die neutestamentlichen Szenen, darunter jeweils vier alttestamentli-

che Propheten enthalten, die aufgerollte Buchrollen mit einschlägigen Texten aus ihren Schriften halten. Hinzu kommt als Titel zu den (verlorenen) Kanones des Eusebius eine Seite mit den Clipeusporträts der vier Evangelisten und ein Autorenbild des Markus als Titel seines Evangeliums. Die erhalten gebliebenen 188 Blätter enthalten das Matthäusevangelium und Teile des Markusevangeliums und des Eusebiusbriefes an Carpianus; die Schrift ist silbern, drei Anfangszeilen jeweils golden. – Die „Sinope-Fragmente" (Paris, Nationalbibliothek, Cod. gr. 1286) bewahren in den noch erhaltenen 43 Blättern Teile des in goldenen Unzialen geschriebenen Matthäusevangeliums. Hier sind die Miniaturen nicht wie beim „Rossano-Codex" vom Text getrennt: auf fünf

Abb. 4: Florenz, Biblioteca Laurenziana, Tetraevangeliar „Cod. Plut. I, 56" („Rabbula-Codex"), fol. 13v. Himmelfahrt Christi.

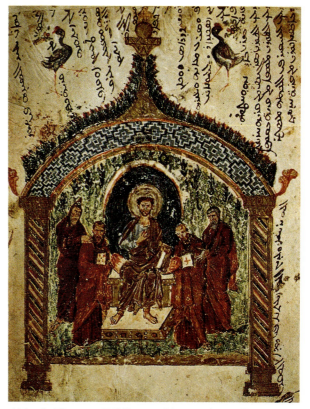

Abb. 5: Florenz, Biblioteca Laurenziana, Tetraevangeliar „Cod. Plut. I, 56" („Rabbula-Codex"), fol. 14r. Widmungsbild.

der Blätter sind im unteren Drittel Szenen dargestellt, die auf den darüberstehenden Text Bezug nehmen, jeweils gerahmt von zwei alttestamentlichen Propheten mit Bibelzitaten, ähnlich denen in Rossano.

Gesichert ist die syrische Herkunft dieser drei Purpurhandschriften jedoch keineswegs: „Objektive Angaben, die Entstehungsort und -zeit bestätigen, sind weder im Rossano-Evangeliar erhalten geblieben, noch in seinem textlich engen Verwandten, dem Sinope-Fragment des Matthäus in Paris, noch in den vierundzwanzig Blättern der Wiener Genesis, dem dritten Angehörigen dieser einzigartigen Gruppe griechischer Bibelmanuskripte." (Loerke, in: Cavallo, 164; Übersetzung vom Verf.) – „So groß auch die Autorität der Historiker sein mag, die die Probleme der Herkunft unserer drei Manuskripte untersucht haben, so ausschlaggebend die Kraft der Argumente auch scheinen mag, die zum Beweis der Zugehörigkeit dieser Werke zum byzantinischen Syrien oder zum südlichen Mesopotamien angeführt werden, es bleibt immer ein Bereich sinnvollen Zweifels, der dem Umstand verdankt wird, daß keine Angabe oder Inschrift bestätigen will, was alles in allem eine Hypothese bleibt." (Leroy 96; Übersetzung vom Verf.).

Gegen eine Zuschreibung an ein Skriptorium in Konstantinopel werden die stilistischen Unterschiede zum nachweislich dort im Jahre 512 für Anikia Juliana hergestellten, in der Österreichischen

Abb. 6: Paris, Bibliothèque nationale, Vollbibel „Cod. Syr. 341" („Syrische Bibel"), fol. 8r. Moses und Aaron vor dem Pharao.

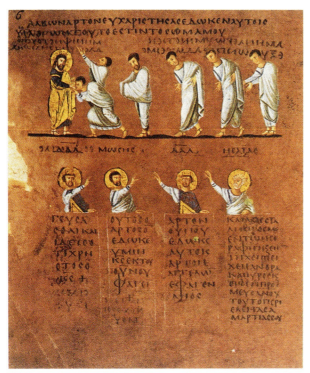

Abb. 7: Rossano, Museo Diocesano, Tetraevangeliar („Rossano-Codex"), Seite 6. Apostelkommunion, Austeilung des Brotes.

Abb. 8: Rossano, Museo Diocesano, Tetraevangeliar („Rossano-Codex"), Seite 7. Apostelkommunion, Austeilung des Weines.

Nationalbibliothek befindlichen „Wiener Dioskurides" angeführt (Weitzmann 21), wobei wohl vorausgesetzt wird, daß in der Hauptstadt völlig einheitlich gearbeitet wurde, und zwar das ganze 6. Jahrhundert hindurch; für eine Entstehung der drei Purpurcodices in Syrien soll die Ähnlichkeit einiger Christusköpfe des „Rossano-Codex" mit solchen des „Rabbula-Codex" sprechen, beispielsweise in der Begegnung des Auferstandenen mit den Frauen (Loerke, in: Cavallo, 164). Die öfters angeführte Ähnlichkeit der beiden Apostelkommunion-Miniaturen des „Rossano-Codex" (Abb. 7 und 8) mit den Patenen aus Riha (s. den Beitrag Seite 173, Abb. 5) und Stuma ist im Grunde nur eine Übereinstimmung des Bildthemas; sie führt auch nicht viel weiter, da für die Silberteller die syrische Herkunft ebenfalls nicht völlig eindeutig gesichert werden kann (s. u. Seite 173 f.). Daß diese Ähnlichkeit sich nicht auf Gesichtstypen und den Stil der Gewänder beziehen kann, in denen die beiden Patenen ohnehin voneinander abweichen, sah auch Loerke; die von ihm angeführte Übereinstimmung der gebückten Apostelgestalten (ebd. 164) ist jedoch auch nicht sehr eng, da die betreffenden Apostel in den Miniaturen viel stärker die Knie beugen als auf den Patenen. In der letzten dieser Frage gewidmeten Studie wurde einerseits für den „Rossano-Codex" „eine Affinität zur Theologie des syrischen Raumes" festgestellt (Sevrugian 23), andererseits wurde eine Reihe von Gründen gegen die Annahme einer Herstellung in Antiochia zusammengestellt (ebd. 126 f.), so daß doch wieder eine Zuschreibung der Handschrift an Palästina erwogen wird, was auch für die beiden anderen Purpurcodices Konsequenzen hätte (ebd. 127).

Im Material, im Aufwand und in der künstlerischen Qualität der Miniaturen unterscheiden sich diese Handschriften ebenso deutlich von den eingangs beschriebenen syrischen Handschriften mit Miniaturen wie durch ihre Abfassung in griechischer Sprache. Mit der heute vielfach vertretenen Überzeugung, daß auch diese drei luxuriös ausgestatteten Codices aus Syrien stammen, ist übrigens nicht etwa die Ansicht verbunden, daß sie in denselben Skriptorien geschrieben und illuminiert wurden wie die oben beschriebenen syrischen Manuskripte. Sie gehören gewiß in einen ganz anderen, „städtischen" und eher „griechischen" oder „internationalen" Umkreis mit einem an prunkvollen Handschriften interessierten Publikum. Die gegensätzlichen Lebensbereiche des spätantiken Syriens lassen sich folgendermaßen skizzieren: „Lebten an der Küste und in Antiochia vorzugsweise Griechen und antike Weltbürger, so war das Hinterland bodenständig syrisch-orientalisch besiedelt. Deutlichstes Unterscheidungsmerkmal war die Sprache. Herrschte an der Küste das Griechische vor, so war die Kenntnis dieser klassischen Sprache in der Provinz wohl auf eine dünne Oberschicht begrenzt. Diese Einschätzung beeinträchtigt in keiner Weise die andere Feststellung, daß das syrische Hinterland eine blühende christliche Landschaft war. Sie besaß neben vielbesuchten Wallfahrtsorten auch einflußreiche Klöster." (Sörries 52).

LITERATUR

Age of Spirituality (Ed. K. Weitzmann). Ausstellungs-Katalog New York (1977/78).

B. Botte, Notes sur l'évangéliaire de Rabbula: RevueSciencesRel 36 (1962) 13/26.

G. Cavallo – J. Gribomont – W. C. Loerke, Codex Purpureus Rossanensis, Commentarium (Rom/Graz 1987).

C. Cecchelli – G. Furlani – M. Salmi, The Rabbula Gospels (Olten 1959).

H. Gerstinger, Die Wiener Genesis (Wien 1931).

A. Grabar, Les peintures de l'Evangéliaire de Sinope (Paris 1948).

J. Leroy, Les manuscrits syriaques à peinture conservés dans les bibliothèques d'Europe et d'Orient (Paris 1964).

M. M. Mango, Patrons and scribes indicated in Syriac Manuscripts, 411 to 800 AD: JbÖByz 33/34 (1982) 3/12.

Dies., Where was Beth Zagba?, in: C. Mango – O. Pritsak (Ed.), Okeanos. Essays presented to Ihor Ševčenko (Cambridge/Mass. 1983) 405/30.

O. Mazal, Byzanz und das Abendland, Ausstellungs-Katalog Wien (1981).

C. Nordenfalk, Die spätantiken Kanontafeln (Göteborg 1939).

P. Sevrugian, Der Rossano-Codex und die Sinope-Fragmente (Worms 1990).

R. Sörries, Die Syrische Bibel von Paris (Wiesbaden 1991).

K. Weitzmann, Spätantike und frühchristliche Buchmalerei (München 1977).

D. H. Wright, The Date and Arrangement of the Illustrations in the Rabbula Gospels: DumbOaksPap 27 (1973) 199/208.

W. Wright, Catalogue of Syriac Manuscripts in the British Museum 1/3 (London 1870).

ABBILDUNGSNACHWEISE

Abb. 1: Nach Leroy (1964) Taf. 35. – Abb. 2: Nach Cecchelli / Furlani / Salmi (1959) fol. 4a. – Abb. 3: Nach Cecchelli – Furlani – Salmi (1959) fol. 13a. – Abb. 4: Nach Cecchelli – Furlani – Salmi (1959) fol. 13b. – Abb. 5: Nach Cecchelli – Furlani – Salmi (1959) fol. 14a. – Abb. 6: Nach Weitzmann (1977) Taf. 40. – Abb. 7: Nach C. Santoro, Il codice purpureo di Rossano (Castrovillari 1974) Taf. VI. – Abb. 8: Nach C. Santoro, Il codice purpureo di Rossano (Castrovillari 1974) Taf. VII.

Josef Engemann
KLEINKUNST AUS SYRIEN

Bei der Herstellung von Gebrauchs-, Kult- und Schmuckgegenständen aus den verschiedensten Materialien wurden im frühchristlichen Syrien lange geübte Handwerkstechniken fortgesetzt, in den Darstellungen und Inschriften allerdings mit neuen Inhalten verbunden. Da Schmuck und Trachtbestandteile, Glaserzeugnisse und Lampen in gesonderten Beiträgen dieses Katalogs behandelt werden, wird im folgenden auf drei Denkmälergruppen der Kleinkunst hingewiesen, die unter den Funden in Syrien herausragen und besonderes Interesse verdienen: 1. Eulogien (Segensandenken) der Styliten (Säulensteher), 2. Votive (Weihe- und Dankstiftungen), eines davon ebenfalls für einen Styliten, 3. Silberarbeiten der syrischen Schatzfunde in Hama, Stuma, Riha und Antiochia.

1. STYLITEN-EULOGIEN

Die spezielle Form von Askese, Jahrzehnte des Lebens auf einer Säule zu verbringen, und ihre weite Verbreitung unter den Mönchen Syriens im 5. und 6. Jahrhundert wurden bereits in den Beiträgen zum frühen Mönchtum und zum Pilgerheiligtum des ersten Styliten, Symeon des Älteren, in Qal'at Sem'ān beschrieben.[1]) Neben einer ausgedehnten literarischen Überlieferung von Lebensbeschreibungen und Wunderberichten der berühmtesten Säulenheiligen, neben reichen architektonischen Resten von Kultbauten und Pilgerherbergen und neben einer Reihe monumentaler Styliten-Reliefdarstellungen aus lokalem, dunklem Basaltstein blieben zahlreiche Pilgerandenken des 6./7. Jahrhunderts in unterschiedlichem Material (s. unten) aus den Heiligtümern Symeons des Älteren (ca. 389/459) in Qal'at Sem'ān und Symeons des Jüngeren (521/592) auf dem „Thaumaston Oros", dem „Berg der Wunder" (Ğebel Sem'ān bei Seleukia) erhalten. Bei den Eulogien des letzteren ist bisweilen die Herkunft vom „Berg der Wunder" in der Umschrift angegeben (Abb. 1); ansonsten ist es schwierig, die Andenken beider Heiligtümer zu unterscheiden – es sei denn, die Stücke sind unmittelbar in Qal'at Sem'ān ausgegraben (Beispiele: Sodini). Der Grund hierfür ist, daß die Bildformeln für die Darstellung der beiden berühmtesten Styliten identisch waren: der Stylit erscheint als Brustbild über der (viel zu kleinen) Säule, also so, wie er über der Brüstung oberhalb des Säulenkapitells zu sehen war, bekleidet mit Mönchstracht mit spitzer Kapuze, auf der über der Stirn ein Kreuz angebracht war. Sehr häufig erscheinen zwei fliegende Engel zu seiten des Styliten, um ihn zu bekränzen. An die Säule ist gewöhnlich eine Leiter gelehnt, bisweilen steigt auf dieser ein weiterer Mönch mit einem Henkelgefäß nach oben; wegen der Bedeutung, die in den Texten dem Weihrauch für Gebet und Wunderwirksamkeit der Säulensteher eingeräumt ist, handelt es sich wohl um ein Weihrauchgefäß. Bisweilen kniet ein Pilger verehrend zu Füßen der Säule; Eulogien mit Beifügung der Taufe Christi und von Maria mit dem Kind sind selten.

Bevor Form und Materialien der Eulogien näher beschrieben werden, ist darauf hinzuweisen, daß damalige Pilgerandenken eine völlig andere Bedeutung hatten als heutige Reisesouvenirs. Gegenüber einem örtlich ungebundenen Christentum der Gottesverehrung „im Geist und in der Wahrheit" (Joh. 4, 23) hatte sich im 4. Jahrhundert die zur Entwicklung des Pilgerwesens führende Vorstellung durchgesetzt, daß an solchen Orten, an denen Christus oder Heilige gelebt haben oder bestattet wurden, deren Wirkungs-, Wunder- oder Fürbittkraft in besonderer

Weise zu erfahren sei. Diese Vorstellung beruhte auf der antiken Voraussetzung, die auch die Christen teilten, daß die Kraft einer bedeutenden und vorbildlichen Persönlichkeit auch nach ihrem Tode an den Stätten ihres Wirkens und Begräbnisses und in ihren Reliquien geistig und auch materiell vorhanden und wirksam sei.

Eine ganz wichtige Folge solchen Glaubens an eine Orts- und Sachgebundenheit von Segen und psychischen wie physischen Heilskräften war die Vorstellung, man könne solche Kräfte auch auf weitere materielle Träger übertragen und als Segensandenken (Eulogien) von der Pilgerreise mit nach Hause nehmen. Ebenso, wie man glaubte, daß unmittelbarer Kontakt mit einer Gedenkstätte des Lebens Christi oder mit einem Heiligengrab Segen und vor allem Kräfte zur Heilung von Krankheiten vermittelte, war man überzeugt, daß das Bild eines Heiligen solche Kräfte besaß, vor allem jedoch, daß alle materiellen Gegenstände, die mit seinem Heiligtum irgendwie in Berührung gekommen waren, mit übernatürlichen, magisch wirkenden Kräften erfüllt seien, beispielsweise Erde aus dem Kultbereich, Wasser aus einem nahen Brunnen oder Öl, das seine Reliquien berührt hatte, durch sein Grab geflossen war oder aus einer Lampe darüber stammte. In syrischen Heiligtümern sind zahlreiche steinerne Reliquienbehälter in Form von „Miniatursarkophagen" gefunden worden, die eine Einfüllöffnung im Deckel und einen Ausfluß im Unterteil des Kastens aufweisen (vgl. in der Ausstellung die Reliquiare Kat. Nr. 46 – 48).

Für uns sind heute die Eulogien und Eulogienbehälter, die erhalten blieben, neben den Erwähnungen von Eulogien in den Reisebeschreibungen (Itinerarien) und Wunderberichten ein überzeugender Beleg dafür, daß der Wunsch nach Heilung von Krankheiten und nach Schutz vor Erkrankung und anderem Übel in frühchristlicher Zeit einen großen Anteil an der Pilgermotivation hatte. In der wissenschaftlichen Literatur der letzten Jahrzehnte ist die magische Komponente stärker herausgearbeitet worden, die der medizinischen und übelabwehrenden Verwendung von materiellen Eulogien auch bei Christen innewohnte, und zwar noch im 6./7. Jahrhundert.

Für das Bild Symeons des Älteren bezeugte Theodoret (Bischof von Cyrrhus bei Antiochia, ca. 393/423) die diesem zugeschriebene heilbringende Kraft, wenn er berichtete, Symeon sei in Rom, der größten Stadt, so berühmt geworden, daß man in den Eingangsräumen aller Werkstätten kleine Bilder von ihm aufstellte: um Übel abzuwehren und als Schutzmittel (Historia religiosa 26, 11). Für Symeon den Jüngeren wird in seiner Lebensbeschreibung neben verschiedenen anderen Materialien als Eulogie vor allem die Erde oder der Staub aus der Nähe seiner Säule erwähnt, und in einer ganzen Reihe von darin enthaltenen Wundererzählungen geschieht die Heilung eines Kranken durch Anwendung dieses Staubes; diese Eulogie besaß auch die Kraft zur Wiederbelebung eines Esels, Versüßung sauer gewordenen Weins oder Stillung eines Seesturms. Wegen dieses Vorrangs der Styliten-Eulogien aus Erde vom Heiligtum gibt es nur sehr wenige kleine Gefäße mit Stylitenbildern – während im ägyptischen Heiligtum des hl. Menas Tonampullen die hauptsächliche Form der Eulogie waren; vielmehr ist die gebräuchliche Eulogie beider Symeonheiligtümer das in einer Form geprägte runde Medaillon aus Lehm, mehr oder wenig gut gebrannt oder an der Sonne getrocknet, mit einem Durchmesser von etwa zwei bis fünf Zentimeter und der Darstellung des oben beschriebenen Stylitenbildes (vgl. in der Ausstellung die Eulogien Kat. Nr. 50 – 52). Medaillons Symeons des Jüngeren aus Blei sind mittelalterlich.

2. VOTIVE

Während die Zahl erhaltener Eulogien frühchristlicher Zeit von den verschiedenen Pilgerheiligtümern des Mittelmeerraumes ganz erheblich ist, besitzen wir aus vormittelalterlicher Zeit kaum Weihungen, die von Pilgern zum Dank für die erlangte Heilung am Wallfahrtsort gestiftet wurden (Votive). Schon aus diesem Grunde ist der syrische Fund eines silbernen Stylitenreliefs, das sich heute im Louvre in Paris befindet (Abb. 2), ein ganz besonderer Glücksfall. Das Relief mit getriebener, zum Teil vergoldeter Reliefdarstellung (Höhe 29,6 cm, Breite 25,5 cm) wurde in Ma'aret en-Noman (nordöstlich von Apamea) gefunden; die Inschrift am unteren Rand bringt in griechischer Sprache den Dank eines ungenannten Stifters zum Ausdruck: „Mit Dank gegen Gott und den Hl. Symeon habe ich (dies) dargebracht." Das an den übrigen Rändern mit einer Girlande gerahmte Relief läuft oben giebelförmig zu, so daß vermutet wurde, es könne die Schmalseite eines Reliquiars gebildet haben. Es könnte sich jedoch auch um eine Votivtafel handeln: Nancy P. Ševčenco hat (in: Age of Spirituality, Kat.-Nr. 529) darauf aufmerksam gemacht, daß in der Lebensbeschreibung des Styliten Daniel (gest. 493) die Anbringung einer Votivtafel mit Bild und Inschrift in seinem Heiligtum in Konstantinopel erwähnt ist (Vita S. Danielis Stylitae 59). Der bärtige Stylit des Pariser Silberreliefs hält in den verhüllten Händen ein Buch, über ihm sieht man eine Muschel. Die Säule des Styliten mit abgesetzter Basis, verziertem Kapitell und gitterförmiger Balustrade zeigt neben der üblichen angelehnten Leiter die Andeutung einer Öffnung, wie sie auch auf einigen der erwähnten Basaltreliefs erscheint. Die ebenfalls dort belegte Schlange ist hier ganz besonders prächtig ins Bild gesetzt, sie hat einen stark geschuppten Körper und einen langen Bart. In den Lebensbeschreibungen beider berühmter Styliten mit Namen Symeon gibt es Erzählungen, in denen eine Schlange eine wichtige Rolle spielt. Bei Symeon dem Älteren ist es eine männliche Schlange, die den Styliten um die Heilung seines kranken Weibchens bittet, die natürlich gewährt wird, und zwar mit Hilfe der oben erwähnten Erde aus dem Heiligtum. Symeon der Jüngere wehrt den Angriff des Satans ab, der ihn in Gestalt einer gewaltigen Schlange angreift. Es ist kaum möglich zu entscheiden, um welchen Styliten Symeon es sich in der Darstellung des Silberreliefs handelt; Lassus neigte zur Identifizierung mit Symeon dem Jüngeren, Sodini wies darauf hin, daß der betont dargestellte Bart die Schlange als männlich charakterisieren solle, es sich daher um die Wundergeschichte des älteren Symeon handle. In jedem Fall führt uns das Relief anschaulich die Wundergläubigkeit der Pilger an den Heiligtümern der syrischen Säulensteher vor Augen.

Abb. 1: Bobbio, S. Colombano, Eulogie Symeons des Jüngeren (Ton).

Abb. 2: Paris, Louvre, Relief mit Stylitendarstellung (Silber).

Abb. 3: Baltimore, The Walters Art Gallery, Votiv mit Augendarstellung (Silber).

Abb. 4: Baltimore, The Walters Art Gallery, Hängelampe (Silber).

Aus dem selben syrischen Schatzfund wie dieses Relief stammen einige kleine, in den Maßen fünf Zentimeter nicht überschreitende Silbervotive, die sich in der Walters Art Gallery in Baltimore befinden, und deren Augendarstellung erkennen läßt, daß sie von Augenkranken geweiht wurden (Abb. 3). Sie tragen drei verschiedene Inschriften: „Kyrie, boeti – Herr, hilf", „Hyper euches – Für ein Gelübde" und „Euprosdekta – Möge es annehmbar sein." Der Heilige, von dem die Heilung erwartet oder dem sie zugeschrieben wurde, ist allerdings auf diesen Votiven nicht genannt, und weder die Übereinstimmung des Fundorts mit dem silbernen Stylitenrelief, noch der Umstand, daß von Symeon dem Jüngeren Augenheilungen erzählt werden, erlaubt eine sichere Zuschreibung. Natürlich knüpfen Votive mit Darstellung von Körperteilen an die allgemein bekannten nichtchristlichen Vorläufer an, etwa von den Heilorten des Asklepios.

3. SYRISCHE SCHATZFUNDE

In frühchristlicher Zeit besaßen Kirchen, und zwar nachweislich auch solche an kleineren Orten, oft beachtliche Kirchenschätze, deren Reichtum an Silbergeräten weit über den Bedarf des Kultes hinausging. Hierbei handelte es sich teils um unmittelbare Stiftungen der Gläubigen, teils um Stücke, die Kleriker mit Geld aus Spenden und Erbschaften kauften. Im ersteren Fall tragen die silbernen Kelche, Patenen, Kreuze, Lampen, Lampenständer oder Kerzenleuchter, Kannen und Löffel vielfach eine Widmungsinschrift, die den Namen des Spenders nennt und oft darauf hinweist, daß mit dieser Spende ein Gelübde erfüllt werde. Nicht selten wurden auch die Namen von Verstorbenen genannt, zu deren Seelenrettung die Spende beitragen sollte; auch Angaben über den Ort, die Kirche oder den Titelheiligen als den eigentlichen Empfänger der Stiftung sind zu finden.

All dies trifft auch auf etwa 50 Silbergefäße und -geräte des 6. bis frühen 7. Jahrhunderts zu, die sich in verschiedenen Museen befinden, aber mit Sicherheit in Syrien gefunden wurden, angeblich innerhalb des kurzen Zeitraums von 1908 bis 1910, und zwar in Antiochia und den südöstlich davon gelegenen Orten Stuma, Riha und Hama. Wegen der geringen Entfernung zwischen diesen Orten, der fast übereinstimmenden Fundzeit, der Ähnlichkeiten zwischen einigen Geräten und der vielen Verwandtschaftsbeziehungen zwischen den in den Inschriften genannten Spendern geht Marlia M. Mango davon aus, daß die verworrenen Fundangaben lediglich zur Verschleierung eines einzelnen großen Schatzfundes vor den Behörden dienen sollten, der im Jahre 1908 in Stuma ans Tageslicht kam. Der ganze Kirchenschatz müßte dann der Sergioskirche von Kaper Koraon gehört haben, denn acht Gefäße nennen diesen Heiligen, fünf auch den Ort seiner Kirche, den Frau Mango mit dem heutigen Kurin identifiziert, das fünf Kilometer von Stuma entfernt liegt. Sehr auffällig ist allerdings, daß sich die Hinweise auf den hl. Sergius von Kaper Koraon ausschließlich auf solchen Stücken finden, die in Hama gefunden sein sollen. So hat A. Effenberger, der auch zu einer Reihe der vorgeschlagenen Verwandtschaftsbeziehungen der Stifter und Datierungen der Stücke Gegenvorschläge gemacht hat, die Annahme eines Fundes an einem einzigen Ort wieder in Frage gestellt.

Abb. 5: Washington, D. C., Dumbarton Oaks Collection, Patene mit Darstellung der Apostelkommunion (Silber).

Wie die Fundsituation auch gewesen sein mag: alle rund 50 Silbergefäße und -geräte stammen, wie noch einige weitere Schatzfunde der Umgebung, aus Syrien und sind dort im 7. Jahrhundert verborgen worden. Viel interessanter als das Problem der angeblichen Fundorte scheint mir allerdings die Frage zu sein, ob die Stücke auch alle in Syrien hergestellt sind, wie von Frau Mango angenommen. Daß es in Antiochia Silberwerkstätten gab, ist eindeutig belegt: eine Hängelampe in Baltimore aus dem hier besprochenen Fundkomplex, die in Hama gefunden sein soll (Abb. 4), trägt ebenso wie ein Lampenständer in Washington, der 1938 in Antiochia ausgegraben wurde, fünf Prägestempel aus der Zeit des Kaisers Phokas (602/610), von denen einer den Namen der Stadt Antiochia nennt.

Die Stempel aus Antiochia auf den beiden Geräten bilden jedoch Ausnahmen; in der Regel nennen die fünf Kaiser- und Beamtenstempel, die des öfteren auf Silberarbeiten angebracht wurden (meist im 7. und 8. Jahrhundert), den Prägeort nicht. Erica C. Dodd hatte sich schon 1961 dafür ausgesprochen, daß die Stempel, an denen man des öfteren erkennen kann, daß sie vor der Dekoration der Silbergeräte in den Rohling geprägt wurden, sämtlich in der Hauptstadt Konstantinopel angebracht wurden; die Fertigstellung der Arbeiten kann dann ebenfalls dort, aber auch in Werkstätten in den Provinzen erfolgt sein. Dagegen hat Frau Mango die Annahme vertreten, daß Stempelung und Herstellung in staatlichen Werkstätten der Provinzen, einschließlich Antiochia, erfolgt sein dürften. Hiergegen sprechen jedoch einerseits die beträchtlichen Unterschiede zwischen gestempelten und ungestempelten Silberarbeiten, die Frau Mango selbst beobachtet hat (unter den syrischen Funden von 1908/1910 tragen nur 14 Stempel), andererseits der Umstand, daß Frau Dodd kürzlich mitgeteilt hat, daß die seit ihrer Veröffentlichung von 1961 neu gefundenen mehr als siebzig

173

Silbergeräte mit Stempeln die Argumente dafür noch verstärken, daß die Kontrollstempel ausschließlich in Konstantinopel angebracht wurden (Dodd 1987, 179). Für mit Stempeln versehene Stücke von verschiedenen Fundorten, die einander sehr ähnlich sind, erhöht dies die Wahrscheinlichkeit, daß in Konstantinopel nicht nur die Stempelprägung erfolgte, sondern auch die Fertigstellung; für die Funde von gestempelten Silberarbeiten in Syrien, etwa die Patene mit Darstellung der Apostelkommunion aus Riha (Abb. 5), bedeutet dies, daß man nicht ohne weitere Anzeichen im Dekor oder in den Inschriften der Fundstücke davon ausgehen darf, daß sie Produkte syrischer Werkstätten seien. Wir haben noch keine ausreichenden stilistischen oder ikonographischen Kriterien, um die Produktion Syriens von der aus Werkstätten der Hauptstadt oder anderer Provinzen zu trennen. Nicht ohne Grund wird auch in den neuesten wissenschaftlichen Beiträgen zu den spätantiken Weihrauchgefäßen (oder Hängelampen) aus Bronze beziehungsweise Messing die Frage der Herkunft aus Syrien oder Palästina offen gelassen.

[1] Siehe die Beiträge von B. Brenk, Seite 66 ff., und J.-P. Sodini, Seite 128 ff.

LITERATUR

Age of Spirituality (Ed. K. Weitzmann). Ausstellungs-Katalog New York (1977/78).

P. Angiolini Martinelli, La produzione argentea dei secoli IV – VII d. C. rinvenuta in Siria: Corsi Ravenna 21 (1974) 7/30.

C. Billod, Les encensoirs Syro-Palestiniens de Bâle: Antike Kunst 30 (1987) 39/56.

E. C. Dodd, Byzantine Silver Stamps (Washington D. C. 1961).

Ders., Three Early Byzantine Silver Crosses: DumbOaksPap 41 (1987) 165/79.

A. Effenberger, Bemerkungen zum „Kaper-Koraon-Schatz": Tesserae, Festschrift J. Engemann, JbAChr Erg.-Bd. 18 (1991) 241/77.

V. H. Elbern, Eine frühbyzantinische Reliefdarstellung des älteren Symeon Stylites: JdI 80 (1965) 280/304.

W. Gessel, Das Öl der Märtyrer. Zur Funktion und Interpretation der Ölsarkophage von Apamea in Syrien: OrChr 72 (1988) 183/202, bes. 199, 202.

J. Lafontaine-Dosogne, Une eulogie inédite de St. Syméon le Jeune: Byzantion 51 (1981) 631/4.

Land des Baal. Ausstellungs-Katalog Berlin (1982).

J. Lassus, Une image de Saint Syméon le jeune sur un fragment de reliquaire du Musée du Louvre: MonMémPiot 51 (1960) 129/48.

M. M. Mango, Silver from Early Byzantium. The Kaper Koraon and Related Treasures (Baltimore, Maryland 1986).

I. Peña, P. Castellana, R. Fernandez, Les Stylites syriens (Jerusalem 1975).

M. C. Ross, Catalogue of the Byzantine and Early Mediaeval Antiquities in the Dumbarton Oaks Collection 1. Metalwork, Ceramics, Glass, Glyptics, Painting (Washington 1962).

J.-P. Sodini, Remarques sur l'iconographie de Syméon l'Alépin, le premier Stylite: MonMémPiot 70 (1989) 29/53.

G. Tchalenko, Villages antiques de la Syrie du Nord. Le massif du Bélus a l'époque Romaine 1 (Paris 1953).

G. Vikan, Byzantine Pilgrimage Art (Washington D. C. 1982).

Ders., Art, Medicine, and Magic in Early Byzantium: DumbOaksPap 38 (1984) 65/86.

ABBILDUNGSNACHWEISE

Abb. 1: Nach Elbern (1965) Abb. 7. – Abb. 2: Nach Elbern (1965) Abb. 10. – Abb. 3: Nach Mango (1986) Kat.-Nr. 72 m. – Abb. 4: Nach Mango (1986) Kat.-Nr. 13. – Abb. 5: Nach Ross (1962) Taf. XI.

Kurt Gschwantler

DER SILBEREIMER VON KUCZURMARE – EIN MEISTERWERK FRÜHBYZANTINISCHER TOREUTIK

Der Silbereimer wurde zusammen mit sieben Schalen und einem etwas größeren Kessel 1814 in Kuczurmare im österreichischen Kronland Bukowina, heute Velikij Kutschurow, Bez. Czernowitz (Tschernowzy), Ukraine, gefunden und 1815 von der Antikensammlung erworben. Es handelt sich offensichtlich um einen Verwahrfund: Nach Aussage des Finders steckten die Schalen in dem Kessel und dieser war im Eimer geborgen. Die einzelnen Teile dieses „Services", das vielleicht den kostbaren Besitz eines awarischen Fürsten bildete, gehörten ursprünglich allerdings nicht zusammen: Während der Eimer in Konstantinopel oder in einer von der Hauptstadt abhängigen Werkstätte gearbeitet wurde, stellen die übrigen Gefäße lokale Erzeugnisse dar.

Die Erstpublikation erfolgte 1850 durch Joseph Arneth mit einer in Kupfer gestochenen Zeichnung von Peter Fendi (Abb. 1), der zwischen 1819 und 1842 als Zeichner am Münz- und Antikenkabinett tätig war.

Der hohe, sich nach oben konisch erweiternde Eimer besitzt einen niedrigen Standring und einen umgebörtelten oberen Rand; der ursprünglich vorhandene Henkel fehlt heute. Die engste Parallele bildet der um 400 datierte Eimer von Conceşti (St. Petersburg, Ermitage) mit gleichfalls mythologischen Szenen.

Der getriebene Relieffries besteht aus drei Paaren mit je einer weiblichen und männlichen Gottheit. Das Bildfeld wird oben und unten von Lorbeerkränzen gerahmt. Unter dem oberen Rand hängt zwischen den Figuren von der Mitte einer Doppelgirlande jeweils ein kleiner Kranz an Bändern herab.

1. Paar: Ares und Aphrodite (Abb. 1, 6), Kriegsgott und Liebesgöttin, die auch in der antiken Mythologie zu einem Liebespaar verbunden sind. Ares ist nur mit Halbstiefeln und einem an der rechten Schulter gehefteten Mantel bekleidet. Mit der Rechten hält er szepterartig eine Lanze, die Linke stützt sich auf einen ovalen, mit Spiralranken verzierten Schild. Links Aphrodite, bekleidet mit einem langärmeligen, unter der Brust gegürteten Chiton und einem schweren, mit einer Scheibenfibel zusammengehaltenen Mantel. In einem manieriert wirkenden Gestus streckt sie mit der Rechten dem Kriegsgott einen Apfel entgegen: Es ist der goldene Apfel des Paris, den dieser der Liebesgöttin als der Schönsten auf dem Berg Ida in Phrygien zuerkannt hatte. Auf diese Episode bezieht sich auch die besondere Kopfbedeckung der Göttin, die sog. phrygische Mütze.

2. Paar: Apollon und Artemis (Abb. 2, 3), Zwillingsgeschwister, Kinder des Zeus und der Leto. Apollon lehnt lässig mit dem linken Ellbogen auf einem pfeilerartigen Altar, den linken Fuß auf einen profilierten Sockel gesetzt. Er ist nackt bis auf einen Mantel, der im Rücken und an der linken Seite herabfällt und über den erhobenen linken Oberschenkel gelegt ist. Als Gott der Sühne und der Reinigung hält er mit der seitlich abgestreckten Rechten einen Lorbeerzweig über ein Dreifußbecken, an dem sich eine Schlange emporwindet – Hinweis auf Apollon Pythios, den Gott des delphischen Orakels. Am Fuß des Altares wendet ein Schwan den Kopf mit geöffnetem Schnabel zurück: Es ist der dem Apollon heilige Vogel, auf dem sich der Gott durch die Lüfte tragen und durch den er weissagen läßt. Rechts neben Apollon Artemis, von der leider nur der Oberkörper erhalten ist. Sie war wohl mit dem für die Jagdgöttin typischen kurzen Chiton bekleidet, der von der rechten Schulter geglitten ist und die Brust freiläßt. Der rechte Arm ist in die Hüfte gestützt, in der Linken hält sie – in der Haltung dem Ares vergleichbar – eine Lanze; zu ihren Füßen ein Hund als Jagdgefährte. Zwischen Artemis und dem dritten Paar ein stilisierter Baum.

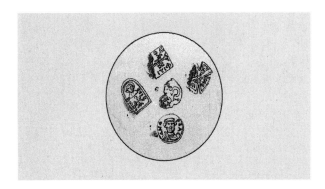

Abb. 2: Silbereimer von Kuczurmare, Apollon.

Abb. 1: Silbereimer von Kuczurmare. Kupferstich nach P. Fendi aus: J. Arneth, Taf. S VII.

Abb. 5: Silbereimer von Kuczurmare, Kaiserbüsten des Herakleios (Kontrollstempel).

Abb. 3: Silbereimer von Kuczurmare, Artemis.

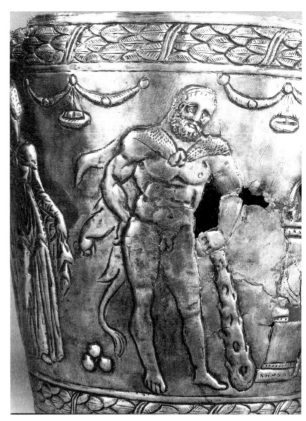

Abb. 4: Silbereimer von Kuczurmare, Herakles.

3. Paar: Herakles (Abb. 4) und Athena. Dieses Paar fällt insoferne aus dem Rahmen, als Herakles erst nach seinem Tod unter die Olympier aufgenommen wurde und in Götterversammlungen meist Athena mit Poseidon oder Hephaistos zusammengestellt wird. Doch ist Herakles, der größte Heros der Griechen, eng mit Athena als seiner Schutzherrin verbunden. Der bärtige Herakles ist nackt bis auf das über der Brust geknotete Löwenfell; ermattet stützt er sich auf seine knorrige Keule in der Linken. Rechts am Boden befinden sich drei Kugeln, wohl die Äpfel der Hesperiden, die der Heros der Göttin zum Dank für ihre Hilfe geschenkt hat. Ähnlich wie Apollon lehnt auch Athena an einem hohen Altar, den rechten Arm aufgestützt, die Beine überkreuzt. In der abgewinkelten Linken hält die Göttin eine für sie untypische Waffe, eine Doppelaxt. Man hat deshalb in dieser Gestalt, der leider die rechte Hälfte des Oberkörpers und der Kopf fehlen, auch eine Amazone erkennen wollen, doch paßt zu dieser keinesfalls das lange Gewand. Die typisierte Haltung der Figuren und die detaillierte Kenntnis der Attribute beweisen ein hohes Maß an Vertrautheit mit der antiken Mythologie und den klassischen Vorbildern, wobei, wie im Fall des Herakles (Abb. 4), sich dieses Vorbild auch benennen läßt: Zugrunde liegt das verlorene Bronzeoriginal des Lysipp, von dem uns der Herakles Farnese in Neapel die beste Vorstellung vermittelt. Die Äpfel der Hesperiden, die der statuarische Herakles in der rechten Hand am Rücken hält, sind in dem an die Fläche gebundenen Relief dem Heros zur Seite gelegt.

Der Stil der Reliefs wird durch die Vernachlässigung der plastischen Modellierung zugunsten graphischer Elemente bestimmt, eine Tendenz, die bereits in der spätantiken Kunst zu beobachten ist. Die Figuren

Abb. 6: Silbereimer von Kuczurmare, Ares und Aphrodite.

sind mit scharfen Konturen umrissen, Details der Gesichtsbildung oder Muskulatur sind mit Punzen zum Teil sehr grob wiedergegeben: Augen, Ohren, Nase und Mund, aber auch die Haare werden durch einzelne Kerben oder Punkte gebildet. Dazu kommen Ungereimtheiten in der Anatomie (z. B. Beinstellung der Athena) und in der perspektivischen Darstellung (z. B. der seitlich verschobene Nackenschopf der Artemis, Abb. 3). Durch das Fehlen von Stand- oder Geländelinien wirkt das Relief wie aufgeklebt, besonders deutlich an den gleichsam im Luftraum schwebenden Äpfeln der Hesperiden.

Auf der Unterseite des Eimerbodens befinden sich fünf sogenannte Kontrollstempel, die in verschiedenen Kombinationen mit dem Bild und Monogramm des Kaisers Herakleios (610 – 641 n. Chr.) sowie dem Namen oder Titel hoher Beamter den Feingehalt des Silbers garantieren. Für Silbergefäße und -geräte, die in den kaiserlichen Werkstätten in Konstantinopel gefertigt wurden, kam das System dieser Kontrollstempel unter Kaiser Anastasius I. (491 – 518) auf und wurde über 150 Jahre bis in die Regierungszeit des Kaisers Konstans II. (651 – 668) beibehalten. Die Stempel wurden in die Rohformen, also noch vor Vollendung der toreutischen Arbeiten, eingeschlagen und bilden so einen wertvollen Terminus post für die Datierung der Gefäße, wobei man annehmen kann, daß in der Regel die Zeitspanne zwischen der Stempelung der Rohform und der Endfertigung nicht allzu groß war. Für den Silbereimer von Kuczurmare läßt sich zumindest für die Rohform die Zeit ihrer Fertigung durch die in den Stempeln vorkommenden Kaiserbüsten innerhalb der Regierungszeit des Kaisers Herakleios noch näher eingrenzen: In zwei Stempeln findet sich das Brustbild des Kaisers, einmal mit Nimbus und Krone, das zweite Mal ohne Nimbus, jedoch mit Kreuz über der Krone (Abb. 5), in beiden Fällen ist der Kaiser aber mit kurzem Bart dargestellt. Dies entspricht dem Typus des Kaisers auf Münzen der Jahre 613 bis 629/30, während für die Münzbildnisse der nachfolgenden Periode die lange Barttracht charakteristisch ist.

Die Entstehungszeit des Eimers von Kuczurmare fällt, nach einer für das byzantinische Reich existenzbedrohenden Krise, in eine – wenn auch kurze – Periode politischer und kultureller Renaissance. Zunächst von Slawen und Awaren auf der Balkanhalbinsel im Westen und von Persern an den Grenzen im Osten bedrängt, fiel 614 sogar Jerusalem in persische Hand. Nachdem Herakleios zunächst einen von Slawen, Awaren und Persern gemeinsam geführten Angriff auf Konstantinopel abwehren konnte, gelang es ihm in einem „Heiligen Krieg" nach einer Reihe von Siegen über die Perser auch Jerusalem im Jahre 630 zurückzuerobern.

LITERATUR

J. ARNETH, Die antiken Gold- und Silber-Monumente des k. k. Münz- und Antiken-Cabinettes in Wien (Wien 1850) 78 f. Nr. 90 Taf. S VII.

E. C. DODD, Byzantine Silver Stamps (Washington 1961) 174 Nr. 56.

A. EFFENBERGER, in: Spätantike und frühbyzantinische Silbergefäße aus der Staatlichen Ermitage Leningrad (Berlin 1978) 29, 68 f.

L. MATZULEWITSCH, Byzantinische Antike (Berlin – Leipzig 1929) 7 f., 15 ff., 38 ff., 61 f. Taf. 7 – 11.

R. NOLL, in: Gedenkschrift „In memoriam C. Daicoviciu" (Cluj 1974) 267 ff. Abb. 1.

DERS., Vom Altertum zum Mittelalter. Katalog der Antikensammlung I (Wien ²1974) 83 P. Abb. 57.

K. J. SHELTON, in: Age of Spirituality, ed. K. Weitzmann (New York 1979) 140 Nr. 118.

ABBILDUNGSNACHWEISE

Abb. 1: Nach P. Fendi in J. Arneth Taf. S VII. – Abb. 2 – 4, 6: Kunsthistorisches Museum Wien – Antikensammlung (Foto: J. Kitlitschka-Strempel). – Abb. 5: Nach E. C. Dodd, Tab. 1 (vergrößert).

Hilde Zaloscer
ÄGYPTISCHE TEXTILKUNST

Bis vor kurzem, genauer: bis zum Bau des großen Assuandammes, war der trockene Wüstensand Ägyptens das beste Konservierungsmittel für archäologische Denkmäler. Ihm verdanken die meisten Museen ihren reichen Bestand an ägyptischen Kunstwerken, oft Einmaliges, das nirgendwo in dieser Qualität und in diesem Reichtum erhalten geblieben ist. Dazu gehören nicht nur die Mumienbildnisse, diese einmaligen Zeugen antiker Malerei, deren großartige Farbenpracht sie anfänglich für Fälschungen halten ließ.

Auch Textilien, die heute zu Tausenden von Fragmenten in Museen bewahrt sind, verdanken wir diesem einmaligen Konservierungsmittel. Ähnlich wie die Mumienbildnisse ermöglichen die Textilien, außer kunsthistorischen Erkenntnissen, auch wichtige Schlüsse auf die sozio-politische Struktur der damals dem Römischen Imperium unterworfenen Gebiete des Mittleren Ostens, besonders Ägyptens. Tatsächlich zählen Weberei und Töpferei zu den ältesten Techniken der Menschheit. Im Niltal hat die erstere aber schon sehr früh jene Vollkommenheit erreicht – und das sowohl durch ihre Technik wie auch durch ihre Formgebung – die sie aus reinen Gebrauchsobjekten zu solchen der Kunst erhob. Bereits Gräber aus prädynastischer Zeit bargen Textilien von außerordentlicher Qualität. Doch das pharaonische Ägypten kannte nur die Flachskultur, und das aus Flachs gewonnene Leinen nahm Farbe nur sehr schwer an. So sind die Fragmente aus der ältesten Zeit wohl von außerordentlicher Qualität aber glatt und ungemustert. Bereits Funde aus der VI. Dynastie beweisen, daß die Handwerker auf der Suche waren, diese glatten Stoffe in irgendeiner Form zu schmücken. Die ersten Versuche einer Buntwirkerei finden sich auf Stoffragmenten aus einem Grab in Saqqarah. Auf einem Leinenrest ist die Hieroglyphe des Namens des Pharao Pepi farbig in den Stoff eingewebt. Die Schmuckwirkerei entwickelt sich weiter. Eine Expedition des Metropolitan Museums in Deir-el-Bahari konnte einen Stoffrest sicherstellen, der bereits eingewebte Ornamente aufweist. Diese ersten Versuche einer Wirkornamentik zeigen, dem Frühstadium dieser Entwicklung gemäß, nur solche Zierformen, die von den Gesetzen der Wirktechnik bedingt sind, denen die Technik selbst ihre Grenzen setzt. Das heißt: sie sind vom orthogonalen Verlauf von Kette und Schuß bedingt, einfache einfarbige Streifen, Rhomben, Schachbrettmuster oder Zickzackstreifen. Doch auch diese Phase wird überwunden, und Howard Carter fand im Grab des Tut-anch-Amon Stoffreste, die zum Teil bestickt waren, zum anderen Teil bereits krummlinige Ornamente wie Rosetten, Lotosblüten, ja sogar Tierdarstellungen wie fliegende Enten aufwiesen. Und schließlich gab ein Grab aus der XX. Dynastie das letzte noch fehlende Glied der Formenpalette frei: neben Hieroglyphen und anderen Dekorationsmotiven erscheint hier zum ersten Mal die menschliche Gestalt als Schmuckbordüre: dargestellt ist eine Reihe von Gefangenen, mit den typisch auf dem Rücken gefesselten Händen, wie wir sie aus zahlreichen Reliefdarstellungen kennen. Die Buntwirkerei dürfte also schon in pharaonischer Zeit einen hohen Standard erreicht haben. Das bestätigt Herodot (III, 47), der schreibt, daß Amasis, ein Pharao der XXVI. Dynastie, zum Dank für erfolgreich geknüpfte Handelsbeziehungen mit Griechenland, dem neuen Partner zwei mit Figuren reich geschmückte Gewänder geschickt hat. Ein Beweis, daß die Bunt- und Figurenweberei der Niloase einen Grad erreicht hatte, der sie für würdig machte, als Geschenk angesehen zu werden. Der Luxus, mit dem sich dann die Ptolemäer umgaben, förderte natürlich auch die Textilkunst: Kleidung und Ausstattung der Wohnungen wurden reicher und üppiger, Theokrit (Idyllen 15, 125) beschreibt ausführlich die Pracht der Frauenkleidung, der Vorhänge und „weichen" Teppiche, die den damaligen Lebensstil der Herrscher illustriert. Und schließlich ergeht sich Athenaeus in seinen Deipnosophisten (V, 96 B) in einer Beschreibung eines Banketts, das Kleopatra zu Ehren des Antonius gibt, und wie beeindruckend die purpurnen, golddurchwirkten Wandbehänge gewesen waren. Sicher, viele der damals verwendeten purpurnen und golddurchwirkten Stoffe und Wandbehänge waren aus dem Osten importiert – vor allem die seidenen – aber im ptolemäischen Alexandria hatte sich inzwischen eine eigene Textilindustrie entwickelt, die in ihren Ateliers – den Gynäceen – mit ihren Erzeugnissen das Luxusbedürfnis der alexandrinischen Gesellschaft befriedigen konnte. Wenn in Alexandrien selbst – klimabedingt – keine Funde gemacht wurden, das meiste aus Gräbern und Friedhöfen in der Wüste, also aus dem Hinterland, stammt, so heißt dies aber keineswegs, daß viele der Objekte selbst, besonders die mit viel Sorgfalt, mit außerordentlichem technischen Können hergestellten, und mit figuralem Schmuck, vorwiegend mythologischen Szenen, dekorierten Stoffe nicht aus hauptstädtischen Ateliers stammten und für die verwöhnte, raffinierte Großstadtklientel hergestellt wurden.

Wir haben Zeugnisse, daß die Ptolemäerstadt über zahlreiche, vom Palast kontrollierte Textilmanufakturen, wie es auch für andere Städte bezeugt ist, verfügte. Das System und die Organisation dürften die Ptolemäer – wie so vieles andere – vom pharaonischen Wirtschaftssystem übernommen haben, das grosso modo, unverändert dann weiter von den Römern übernommen wurde und schließlich dann in islamischer Zeit weiterlebte. Dieses Staatsmonopolsystem hatte sich als brauchbar erwiesen und blieb daher durch Jahrhunderte unverändert: nur der Name änderte sich: aus den griechischen Gynäceen wurden die islamischen Tiraze.

Zur Zeit der Ptolemäer kommt es zu einer folgenschweren Änderung: Ein neuer Rohstoff findet Ein-

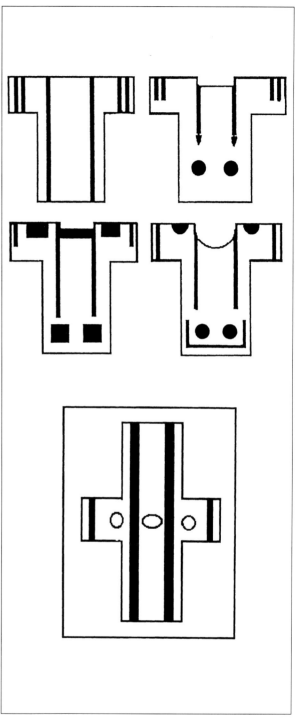

Abb. 1: Schematische Darstellungen von Tuniken mit Besatz in Form von Streifen (Clavi) und Medaillons.

gang in die Niloase, der für die Geschichte der Textilkunst von großer Bedeutung werden sollte: die Wolle. Im Gegensatz zum Leinenfaden nimmt der Wollfaden die Farbe leichter und intensiver auf. Damit beginnt die eigentliche Geschichte der Wollwirkerei in Ägypten oder – wie sie allgemein genannt wird – die Geschichte der koptischen Textilien. Um diese Zeit tritt außerdem auch eine Änderung in der Mode ein, die zu einem Reichtum im Schmuck der Textilien beitrug: das bisher in Ägypten übliche, meist einfarbige Gewand – ebenso wie die von den Griechen getragene Toga – wurde zugunsten der aus dem Osten importierten Tunika, bisher meist nur als Untergewand getragen, aufgegeben. Diese wird nun als Obergewand verwendet, die Schulterabzeichen, die Clavi, bisher Rangabzeichen, verlieren diese Bedeutung, werden breiter, mit Ornamenten versehen, bunt und reiner Schmuck. Ähnliche Streifen schmücken bald auch die Ärmel, den Halsausschnitt, unter die Schulterstreifen werden Medaillons, je nach Geschmack rund oder eckig, angebracht (Abb. 1). Bei diesen gewirkten Medaillons dürfte es sich vielleicht um ursprünglich gehämmerte Metallplatten handeln, wie man sie von scythischen Kostümen kennt. Sicher gehen aber zunehmende Buntheit und immer reicherer Schmuck auf östliche Einflüsse zurück. Ganze Tuniken sind nur selten erhalten, sie wurden von den Findern, die häufig durch Zufall auf Gräberfelder stießen, zerschnitten. Die ornamentierten Teile: clavi und Medaillons bot man einzeln zum Verkauf an.

Einige sehr schöne Stücke befinden sich im Museum in Brooklyn und im Puschkin-Museum in Moskau, eine ungeheure Menge von Fragmenten in allen Sammlungen der Welt oder im Privatbesitz. Die vielen Gräberfelder, über das ganze Land verstreut, und die Art, wie die Fellachen mit den vielen bekleideten Leichen bzw. ihren Gewändern umgingen, erklärt diese außerordentlich große Zahl von Textilien. Pierre du Bourguet, der fast sein ganzes Leben dem Studium der koptischen Stoffe gewidmet hat, rechnet mit über 30.000 bis 50.000 Stücken. Und jeden Tag kann ein neu gefundenes Gräberfeld diese Zahl vergrößern.

Es ist daher ungemein schwer, eine wissenschaftlich fundierte und halbwegs gültige Chronologie bzw. Datierung der Stoffe vorzunehmen. Versuche dieser Art wurden – außer von Bourguet – unternommen, allerdings ohne brauchbares Resultat. Andererseits darf man sich fragen, ob die Datierung an sich von solcher Bedeutung ist, besonders angesichts dieser enormen Zahl von Objekten, und ob uns die koptischen Textilien nicht wichtigere Probleme, entscheidendere Fragen stellen.

Einige dieser Fragen wollen wir in der Folge zu beantworten versuchen.

Eine absolute Datierung ist nicht nur angesichts der großen Zahl der Objekte schwierig, sie wird noch durch die Tatsache erschwert, daß die Textilien über fast ein Jahrtausend hergestellt wurden, und das sowohl für eine verwöhnte, griechische Großstadtklientel als auch für die Bewohner des Hinterlandes, der Chora. Dort erzeugten – wie wir annehmen müssen, die meisten Fellachen auf eigenen Webstühlen ihre Bekleidung. Dazu kommt, daß man Gräber gefunden hat, in denen der Bestattete bis zu sieben Tuniken übereinander trug, und somit etwaige Grabbeigaben, wie z. B. Münzen, die eine Datierung erlaubt hätten, hinfällig wurden.

Wenden wir uns vorerst der Technik, in der die Textilien hergestellt wurden, zu. Die gewebten wie auch gewirkten Tuniken wurden aus einem einzigen Stück gearbeitet.

Die Webstühle waren die gleichen, wie sie damals im gesamten Imperium in Gebrauch standen. Man kannte den vertikalen Webstuhl, den Gewichtswebstuhl und den horizontalen, bzw. Gobelinwebstuhl. Unsere Textilien wurden vornehmlich auf dem letzteren gearbeitet. Das Einwirken der ornamentierten Teile, der Clavi und der Medaillons in den meist leinenen Grundstoff der Tunika, geschah auf verschiedene Weise. Die Ornamente konnten in die Kette des Grundstoffes gewirkt werden und zwar so, daß beim Weben des Grundstoffes, dort, wo das Ornament eingewirkt werden sollte, die Kettenfäden ausgelassen wurden und so ein freier Platz entstand. Danach wurde mit den farbigen Wollfäden das Muster eingewirkt, indem man die leinenen Kettenfäden zu Bündeln von je drei zusammenhielt, da der farbige Wollfaden dicker war und man weniger Kettenfäden benötigte. Die farbigen Wollfäden wurden um die Kettenfäden gewickelt, je nachdem wie es das Muster erforderte. So entstand schließlich das Ornament, das auf der Vorderseite mit dem der Rückseite identisch war. War das Ornament fertig, arbeitete man an der Tunika mit den Leinenfäden weiter, d. h. die leinenen Schußfäden wurden wieder durch die ganze Länge des Grundstoffes geführt. Ob die Ornamente in den bereits fertig gewebten Grundstoff gewirkt oder ob der Grundstoff und die verzierten Teile gleichzeitig verfertigt wurden, ist der fertigen Tunika nicht anzusehen. Uns scheint diese Frage, auch wenn sie von manchen Koptologen aufgeworfen wurde, von nicht besonderer Wichtigkeit zu sein. Es gab noch eine andere Art, die ornamentierten Teile in die Tunika einzuarbeiten, nämlich die Schußfäden dort, wo das Ornament vorgesehen war, also den beabsichtigten Platz frei zu lassen und dann das Muster in die von Schußfäden freie Stelle einzuwirken. In diesem Falle hängen die durchschnittenen Schußfäden auf der Rückseite frei herunter. Die dritte Art war die, daß auf der vorgesehenen Stelle Schuß und Kette nicht verwebt wurden, sondern frei übereinanderlaufen, gewissermaßen zwei Lagen bilden. In diese wird das Muster eingewirkt. Auch hier müssen beim Wirken mehrere Kettenfäden gebündelt verarbeitet werden, da sonst das Muster eine verdickte Fläche bilden würde. Und schließlich fand man Tuniken, auf denen bereits fertige Medaillons neu aufgenäht wurden.

Außer Tuniken, wie eben beschrieben, fand man auch meist aus genoppten Stoffen hergestellte Decken. Die Noppentechnik beschreibt Plinius in seiner Historia naturalis (VIII 48, 74) genau. Er unterscheidet zwischen einseitig und zweiseitig genoppten Stoffen. Die Noppen oder Zotteln gewährten mehr Wärme, und die lockere Webetechnik erlaubte die Herstellung größerer Objekte, wie etwa Decken oder Teppiche.

Die Zotteln, die bis 2 cm lang waren, wurden so hergestellt, daß man den Schußfaden über einen langen Stab, dann einige Reihen normal über die Kette führte, um dem Gewebe die nötige Festigkeit zu geben, dann führte man ihn wieder über einen Stab usf. abwechselnd von Stab zu Stab.

Aufgrund der Ornamente oder besser der Ikonographie lassen sich innerhalb der Textilien bestimmte, unterschiedliche Gruppen aufstellen. Aber eine Datierung ist aufgrund dieser Typologie, wir sagten es schon, nur bedingt möglich. Sicher sind Szenen mythologischen Inhaltes früher anzusetzen als etwa Darstellungen aus dem Alten oder dem Neuen Testament. Anderseits arbeiteten die Weber in den Ateliers nach gemalten Vorlagen. Und so haben wir Textilien, die ein mythologisches Sujet zeigen, deren Stil aber identisch ist mit einem Stoff christlichen Sujets. Man darf daraus schließen, daß die gleichen Ateliers, die gleichen Arbeiter für verschiedene Auftraggeber gearbeitet haben, abgesehen davon, daß, solange die Vorlage noch vorhanden war, die Arbeiter nach ihr arbeiteten. Das erklärt auch, warum einige Motive, so etwa das Medaillon mit dem von zwei Gefangenen flankierten Reiter, in leichten Variationen so häufig zu finden ist. Wir können daher lediglich eine approximative bzw. relative Datierung vornehmen. Sicher ist, daß die sorgfältig gearbeiteten Textilien mit mythologischen Szenen die früheren sind, während die technisch gröberen und zunehmend schematisch gearbeiteten mit biblischen Szenen späterer Zeit entstammen. Strzygowski schrieb deshalb mit Recht – und daran hat sich nichts geändert – daß bei koptischen Denkmälern, und das gilt ganz besonders für die Textilien, jede Datierung nur einen Gefühlswert besitzt. Und auch A. Riegl meinte ganz in diesem Sinn, die koptischen Stoffe ließen sich nur innerhalb der weiten Grenzen vom 4. – 7. Jahrhundert ansiedeln. An den Meinungen dieser Forscher hat sich bis heute kaum etwas geändert. P. du Bourguet hat seine ganze Forschungstätigkeit dem Studium der koptischen Stoffe und deren Datierung gewidmet. Er hat eine solche nach kunstwissenschaftlichen Kriterien ebenso wie mit anderen Mitteln – etwa der chemischen Untersuchung der Fasern und Farben oder mit dem Carbon-14-Test – versucht. Ohne Erfolg, denn was bedeutet eine Datierung mit einer Fehlermöglichkeit von ca. plus-minus 250 Jahren!

Abb. 2: Gewebe mit segmentartigen Erweiterungen an den Seiten des quadratischen Kernstücks. Museum f. Angewandte Kunst, Wien.

Für die koptischen Denkmäler im allgemeinen gilt einmal die entscheidende Tatsache, daß wir es nicht mit einem einzigen Kunstzentrum (wie übrigens auch in der bildenden Kunst) und zweitens mit Objekten verschiedener Provenienz (aus griechisch geprägten Städten oder der Chora) zu tun haben, die völlig unterschiedliche Tendenzen zeigen.

Eine einheitliche Entwicklungslinie, wie sie sich der Kunsthistoriker wünscht, läßt sich in der koptischen Kunst nicht aufzeigen, wir müssen mit zwei – wenn nicht mehreren – Strömen und verschiedenen Schulen rechnen. Unter den erwähnten schwierigen Bedingungen können wir innerhalb der koptischen Textilien folgende charakteristische Gruppen unterscheiden:

Da sind vorerst die rein ornamentalen, mit geometrischen Mustern geschmückten Stoffe. Sie sind monochrom, meist in Purpur gehalten und mit größter Sorgfalt und in vollendeter Technik, oft mit der sog. „Fliegenden Nadel" hergestellt. Meist handelt es sich um runde, ovale, eckige Medaillons. Die Muster zeigen abstrakte Linienführungen, wie Mäander, Zickzack, Knotenmuster u. ä. Ein besonders schönes Exemplar aus dem Museum für angewandte Kunst aus Wien zeigt Abbildung 2. Das Viereck weist hier, – wie selten bezeugt – segmentartige Erweiterungen auf allen vier Seiten auf. Darin gelangten erstaunlicherweise pflanzliche Ornamente zur Darstellung. Es hat wenig Sinn, nach dem Ursprungsland dieser Ornamente zu fragen, wie dies K. Paulson, A. Riegl, J. Strzygowski oder M. Dimand getan haben. In der Zeit, aus der unsere Textilien stammen, gehören sie dem Ornamentrepertoire im gesamten Bereich des Mittelmeerraumes an, sind ein längst bekanntes, weit verbreitetes Ornamentgut, das man ebenso auf römischen Fußbodenmosaiken wie Jahrhunderte später am Nimbar von Kairuan finden kann.

Die zweite Hauptgruppe zeigt figuralen Dekor. Szenen ebenso wie Einzelfiguren. Grundsätzlich unterscheidet man hier zwischen monochromen und farbigen Textilien. Bei den monochromen kann es sich um helle Figuren auf Purpurgrund oder umgekehrt um Figuren in Purpur gewirkt auf hellem Grund handeln. Man fühlt sich an ein ähnlich reziprokes

Verhältnis bei griechischem Vasendekor erinnert.
Eines der schönsten Textilien der monochromen Gruppe ist der sog. „Triumph des Dionysos", ein prachtvoller Umhang im Metropolitan Museum in New York. In der Mitte des Umhanges steht der die Mauerkrone am Kopf tragende Dionysos in seinem Wagen, von zwei Panthern gezogen. Der Gott ist mit Chiton und obligatem Pantherfell bekleidet, das auf der rechten Schulter befestigt ist. In der erhobenen Rechten hält er eine Traube. Links und rechts Tänzerinnen in leidenschaftlichen, weitausholenden Tanzbewegungen. Die flatternden Gewänder, ebenso der flatternde Schal des Dionysos geben der Darstellung einen ungemein dynamisch-lebendigen Charakter. In den oberen Ecken, links ein ebenfalls sehr bewegter Satyr, die rechte Figur läßt sich nicht erkennen, in den unteren Zwickeln je ein Delphin, der Hintergrund ist mit delikat ausgeführten, sehr naturgetreu ausgeführten Weinranken geschmückt. Die Sorgfalt der Ausführung, die mit nicht zu überbietendem Naturalismus wiedergegebenen Details – so etwa die Haarbüschel auf den Beinen des Satyrs – setzen ein außerordentliches technisches Können voraus. Dieser Umhang kann ohne Zweifel nur in einem der großstädtischen Ateliers hergestellt worden sein, ebenso wie ein fast identisches Stück, heute in der Eremitage von St. Petersburg. Beide Textilien dürften im gleichen Atelier, nach der gleichen Vorlage gearbeitet worden sein. Stilistisch ähnlich, mit der gleichen Sorgfalt, ebenfalls mit einem mythologischen Sujet geschmückt, diesmal allerdings polychrom, ist der sog. „Hestia-Polyoblos-Stoff" aus der Dumbarton Oaks Collection in Washington.

Zur gleichen Gruppe gehört auch der Noppenstoff, der eine nilotische Szene wiedergibt: Zwei Eroten, die in einem Boot rudern (Abb. 3). Dieser Noppenstoff mit der figuralen Mittelszene und dem breiten floralen Rand, in deren vier Ecken Maskerone sitzen, ist ebenfalls mit äußerster Sorgfalt ausgeführt, dürfte gleichfalls nach einer gemalten Vorlage gearbeitet worden sein, wirkt daher weitaus mehr wie eine Malerei denn eine Wirkerei.

Das gleiche gilt für zwei weitere Textilien, diese allerdings mit Darstellungen aus dem christlichen Be-

Abb. 3: Details eines Wandbehanges mit nilotischer Szene. British Museum, London.

Abb. 4: Fragment einer Wollwirkerei mit dem Porträt des hl. Theodorus. Fogg Art Museum, Cambridge/Mass.

reich, wofür die Heiligenscheine sprechen. Der eine Stoff zeigt eine weibliche Figur mit Diadem und Ohrgehängen und befindet sich im Museum in Detroit, der andere einen männlichen, bärtigen Heiligen (Abb. 4).

Die stilistische Verwandtschaft der beiden Denkmäler ist frappant, man vergleiche z. B. die Bildung der Augen. Ob es sich um ein heidnisches oder christliches Sujet gehandelt hat, der Weber verwendet die gleiche hochdifferenzierte Nuancenskala, um eine plastische Wirkung der Figuren zu erzielen. Hierher gehören auch zwei ausnehmend gut erhaltene Stoffe aus dem Kunsthistorischen Museum in Wien mit Darstellungen heidnischer Gottheiten. Wir sehen: aufgrund der Ikonographie lassen sich die Textilien nicht datieren, da sie stilistische Gemeinsamkeiten aufweisen. Nur: ob monochrom oder polychrom, sie alle stammen aus hochqualifizierten Ateliers, sind von hochqualifizierten Arbeitern ohne Zweifel nach gemalten Vorlagen verfertigt worden.

Als letztes Beispiel dieser Gruppe sei hier das Medaillon mit der Darstellung der Göttin Gea aus dem Puschkin-Museum genannt (Abb. 5). Symptomatischerweise ist das Medaillon rund angelegt, was allein schon der Wirk- bzw. der Webetechnik widerspricht. In einem breiten Rahmen aus pflanzenähnlichen Gebilden, farbig reich nuanciert, ist eine, bis zu den Schultern sichtbare, weibliche Figur wiedergegeben. Der Kopf in Dreivierteldrehung, das Gewand in einem Knoten vor der Brust gehalten, daneben ein zylindrisches Gefäß. Der Stil, der diese Darstellung beherrscht, die Drehung des Körpers im Raum, die modellierenden Schatten auf den Wangen, die Körperlichkeit vortäuschen sollen, die zylindrisch dargestellten Locken und das Gefäß, das, von oben gesehen, den ovalen Rand zeigt, all das tendiert zu einer plastischen Darstellung, die einen dreidimensionalen Raum voraussetzt. Weiter kann das „Malen" mit dem Wirkfaden nicht gehen! Ein stupendes Können und Beherrschen der Wirktechnik, die gleichzeitig dem Material völlig entgegengeht. Erklärbar nur darum, weil es Ateliers gegeben hat, die zu solchen Höchstleistungen motiviert haben, eine lange Tradition hatten und genügend Abnehmer für ihre Produkte vorfanden. Das bestätigen auch Papyri, aus denen hervorgeht, daß ein Arbeiter erst fünf Jahre als unbezahlter Lehrling arbeiten mußte, bevor er selbständig sein durfte. Auch Heimarbeiter werden erwähnt, und man stellte jedem, der arbeitswillig und begabt war, einen Webstuhl, den er zu Hause verwenden konnte, zur Verfügung. Wie wichtig die Weberei in der Ptolemäerzeit war, läßt sich der Tatsache entnehmen, daß Webern gewisse soziale Privilegien zugestanden wurden.

In römischer Zeit fiel die Palastkontrolle wohl weg, aber auch jetzt war die Weberei weiterhin ein Staatsmonopol. Aus römischer Zeit kennen wir sogar ganze Weberfamilien. Bei Produkten, wie den gerade vorgeführten, kann man nicht umhin, das Epitheton „virtuos" zu verwenden. Doch, und auch das muß festgestellt werden, diese gewirkten „Malereien" – nach gemalten Vorlagen gearbeitet – sind, um mit G. Semper zu sprechen, nicht „materialgerecht", Technik und Stil entspringen nicht den Gesetzen der Weberei oder Wirkerei. Am anderen Ende der Entwicklungslinie finden sich Textilien, wie z. B. das Medaillon (Abb. 6). In der Literatur spricht man bei Textilien dieser Art meist von „Vergröberung" oder „Barbarisierung". Tatsächlich hat das Medaillon, das wir der Darstellung der „Gea" gegenüberstellen, mit dem Stil, den Formwerten dieser, wenig zu tun. Ein völlig neues „Kunstwollen" offenbart sich hier, und man darf fragen, ob Bezeichnungen wie „Vergröberung" oder „Barbarisierung" dem Phänomen, das sich hier abgespielt hat, gerecht werden. Technikgemäß ist das Medaillon (Abb. 6) nicht rund, sondern viereckig, dem orthogonalen Verlauf von Kette und Schuß gemäß. Auch hier ist ein Kopf wiedergegeben, umrahmt von einem breiten Rand. Dieser zeigt keine floralen, dreidimensionalen Elemente, sondern vier Reihen ineinandergreifender Rhomben, von einem dunklen Streifen außen und innen umfaßt. Der Kopf ist nicht mehr in einem raumbezogenen Dreiviertelprofil zu sehen, sondern frontal, und das Gesicht völlig anaturalistisch, schematisch dargestellt. Die Augen sind rote Flecken in dunkler Umrahmung, die Nase lang und schmal von zwei parallelen Linien gebildet, der

Mund, kaum ausnehmbar, geht in das Kinn über. Das Ganze von einer schwarzen Masse umfaßt, in der man Ohrringe, rechts und links vom Gesicht, und ein kranzähnliches Gebilde über dem Gesicht entnehmen kann. Der Körper, ähnlich wie die Umrahmung, schachbrettartig gemustert, eine reine Fläche; die blauweißen Streifen könnten die Arme anzeigen. Welch totaler Umschwung in der Formgebung, in den formalen Absichten des Webers! Welchem von den beiden Medaillons man den Vorzug gibt, steht nicht zur Debatte, sicher aber ist, daß in Objekten wie diesen die Wirkerei zu ihrer, ihr gemäßen Ursprungsform, dem Teppich, zurückgefunden hat, daß die Formgebung aus der Technik hervorkommt. Wir haben es nicht mehr mit einem Gemälde, sondern vielmehr mit einem Teppich zu tun!

Diente beim Moskauer Medaillon (Abb. 5) die Farbe noch durch delikate Nuancierung der Wiedergabe von Körperlichkeit, so ist sie im zweiten Medaillon dekorativer Selbstzweck. Sie ist außerdem viel kräftiger eingesetzt. Und mit Sicherheit darf man annehmen, daß das viereckige Medaillon nicht nach einer gemalten Vorlage gearbeitet wurde, sondern daß der Handwerker hier frei, seinem Geschmack gehorchend, vorging.

Wir sehen, was sich als kunsthistorische, zeitlich-logische Entwicklung – dem Kunsthistoriker so teuer – auf den ersten Blick erweisen könnte, ist in Wirklichkeit ein viel komplexerer, nicht nur zeitlich bedingter Prozeß. Wenn wir auch zugestehen, daß das runde Medaillon im wesentlich noch der antiken, auf Mimesis ausgerichteten Ästhetik, das zweite, viereckige, der abstrakten, vielleicht islamischen Ästhetik verpflichtet ist: Nur – dies allein erklärt diesen so grundsätzlichen Stilbruch nicht. Soziale und sogar geographische Komponenten wirken mit: Hier die großstädtischen Gynäceen, dort die individuelle handwerkliche Heimarbeit, hier eine großstädtische, griechisch beeinflußte Klientel als Auftraggeber, dort der private, lokale Benützer.

Dieselbe Verschiedenheit, mit mehr Zwischenstufen, da zahlreicher vertreten, läßt sich in den Clavi, den Borten, die die Tunika schmückten, nachweisen (Abb. 7 – 10). Die bevorzugten Ornamente waren

Abb. 5: Medaillon mit der Darstellung der Göttin Gea (Erde). Puschkin Museum, Moskau.

Abb. 6: Eckiges Gewebe mit Büste. Puschkin Museum, Moskau.

Abb. 7: Detail eines Clavus. Koptisches Museum, Kairo.

aneinandergereihte Tänzerinnen – erkennbar an den gekreuzten Beinen, meist nackt, alternierend mit Tieren oder menschlichen Köpfen, vorwiegend in verschlungenen Kreisen, verschlungenen Quadraten mit Kreisen (Abb. 7). Manchmal ist die Verknüpfung weggelassen oder mißverstanden, und es sind lediglich der rahmende Kreis oder das rahmende Oval übriggeblieben (Abb. 8 – 9). Die Qualitätsunterschiede sind auch bei den Borten sehr groß. Man vergleiche die elegante, graziöse Haltung der Tänzerin auf der Borte Abb. 7 mit der plumpen auf Abbildung 9, die scharfe Konturierung, die ausgewogene Verteilung der Schmuckelemente auf Abb. 7 mit der von Abbildung 9. Interessant ist in diesem Zusammenhang, daß die Haltung der gekreuzten Beine allmählich einer Frontalstellung weicht, damit von der räumlichen zugunsten einer flächigen Komposition abgegangen wird. Die gleiche Vereinfachung zeigen auch die Ränder, die fast immer aus efeuartigen Blättern, durch Bogen verbunden, bestehen. Eine weitere Stufe auf der Skala zeigt Abbildung 8. Die verschlungenen Kreise sind verschwunden und zu einfachen Umrahmungen geworden, die Farben reziprok verwendet. Im oberen Feld eine in ihren Größenverhältnissen total verkorkste Darstellung eines Reiters, Tier und Mensch in rein ornamentale Kompartimente zerlegt, der Kopf des Reiters sitzt direkt am Rücken des Tiers, der Körper des Reiters ein rein ornamentales mit Rauten geschmücktes senkrechtes Feld, rechts und links von den Troddeln des Zaumzeuges begleitet. Das Gesicht in der gleichen Art gebildet wie wir es am Medaillon Abb. 6 beschrieben haben. Im unteren Feld zwei helle Figuren auf dunklem Grund, frontal, die gekreuzten Beine der linken Figur zu zwei hakenförmigen Gebilden verkrüppelt; die rechte Figur, als weibliche deutlich erkennbar, aber ohne Oberkörper mit überlangen parallelen Beinen, jedes in drei länglichen Auswüchsen, die wohl Zehen darstellen sollen, endend. Die Hände sind gleichfalls unverständliche Gebilde mit drei länglichen Auswüchsen, deren übermäßig langer mittlerer in einen Haken ausläuft. Muß man für die Herstellung der Textilien mit den Darstellungen des Theodoros (Abb. 4), der „Göttin

Abb. 8: Detail eines Clavus. Museum Rietberg, Zürich.

Abb. 9: Detail eines Zierstreifens. Museum Rietberg, Zürich.

Gea", dem „Triumph des Dionysos" und ähnlichen von einem gemalten Vorbild, das sich an die Natur hielt, ausgehen, so gab es für derartig monströse Gebilde keine Vorbilder. Woher bezog der Weber sie? Arbeitet der Weber des Schulterstreifens Abb. 7 nach einem Vorbild, das er gewissenhaft übertrug, so bleibt die Frage offen: Wie oder besser wonach hat der Weber des Clavus Abb. 8 gearbeitet? Diese Entkörperlichung, so deutlich in den Textilien nachweisbar, läßt sich in der gesamten koptischen Kunst erkennen. Die äußerste Stufe erlangte der Weber in Stoffen wie Abbildung 9, die, monochrom oder polychrom, die Fragmentierung der Stoffe noch deutlicher machen und wie Email cloisonée wirken.

Als letzte innerhalb der großen Stoffbestände deutlich sich heraushebende Gruppe ist jene zu nennen, die eindeutig auf vorderasiatische Vorbilder zurückgeht und wahrscheinlich mit Seidenstoffen aus dem Osten mitimportiert wurde. Darauf lassen sich u. a. das uralte religiöse Motiv des heiligen Baumes oder irgendeines heiligen Emblems, von zwei Tieren oder zwei Priestern flankiert, erkennen.

Das Charakteristikum dieser Gruppe von Textilien ist die achsensymmetrische Komposition, die die Hieratik eines sakralen Gegenstandes annimmt.

Eine Untersuchung der koptischen Kunst und besonders der koptischen Textilien erweist sich bei genauer Analyse als ein fast unentwirrbarer Knäuel vielfältiger, verschiedenartigster Einflüsse und stilistischer Tendenzen. Eine Entwirrung, wenn auch nur partiell, könnte allerdings nicht nur zum besseren Verständnis des koptischen Problems beisteuern, sondern darüber hinaus, vielleicht paradigmatisch, auch methodologisch seine Wurzeln aufzeigen. Denn wenn wir in der koptischen Kunst Einflüsse aus dem Nahen Osten – etwa Syrien oder Persien wie auch aus dem Fernen Osten, aus Indien, aufgezeigt haben – all dies durch kriegerische ebenso wie durch friedliche Handelsbeziehungen erklärbar – bleiben noch zwei grundverschiedene Stilwollen, die durch Fremdeinflüsse nicht erklärbar sind.

Immer wieder haben wir im Laufe dieser Untersuchung auf Objekte hingewiesen, deren eleganter, mit höchster technischer Sorgfalt ausgeführter Dekor auf hochspezialisierte Ateliers schließen ließ und ebenso eine Klientel, die solche erstklassige Textilien forderte, voraussetzte. Dazu kommt, daß diese Stoffe auf eine anthropomorphe, mimetische Wiedergabe ihre Dekors ausgerichtet waren. Neben solchen Stoffen konnten wir aber auch eine andere Tendenz erkennen, die einen anderen Kunststrom vermuten ließ, der diese Forderung mißachtet: Nicht allein der Technik wird weniger Sorgfalt entgegengebracht, vor allem weicht das anthropomorphe Dekorationsrepertoire immer mehr einer Geometrisierung der Formen wie deren Entkörperlichung. Auf vielen Zwischenstufen ließ sich dieser Prozeß zu „entarteten" Formen nachweisen. Man erkennt deutlich, daß hier zwei entgegengesetzte „Kunstwollen" vorhanden sind und um die Vormacht kämpfen.

Dieses Nebeneinander von zwei Kunstströmen wird in Ägypten, das um diese Zeit einen neuen historischen Aufbruch erlebte, besonders deutlich. Zugleich findet eine Ablöse statt: Ein bisher verschütteter Kunststrom wird in dem Maß stärker, als die offizielle Volkskunst schwächer wird, bis er dominierend an die Oberfläche gelangt. Die pharaonische Kunst, durch strenge hieratische Gewalt vom Priestertum und von den Herrschern gleichermaßen geprägt, hat durch Jahrtausende den gleichen Formenschatz, das gleiche Programm transportiert, war eine „Machtkunst" par excellence gewesen. Ihre Grundstrukturen wurden von den Ptolemäern, dann den Römern übernommen. Heißt das nun, daß diese in dauerhaftem, hartem Material – vorwiegend Stein – die einzigen waren? Dürfen wir nicht annehmen, daß auch das Volk nicht völlig stumm war, sondern sich, wenn auch in bescheidenerem Maße, kreativ artikuliert hat? Dürfen wir, prinzipiell gefragt, dort, wo es eine Machtkunst gibt, nicht auch eine andere, von der Machtkunst überlagerte, annehmen? (Ich würde, in diesem Zusammenhang, den Terminus A-Kunst für alternative Kunst vorschlagen.)

Tatsächlich kann man in der koptischen Kunst das An-die-Oberfläche-Drängen dieses zweiten Stromes erkennen. In den Textilien ist der Kampf dieser beiden Grundtendenzen im Kunstgeschehen des Niltals deutlich zu verfolgen. Nicht linear, sondern zweigleisig verlief hier die Geschichte. Mit der Schwächung des Römischen Reiches, das an Ägypten kulturell ohnedies nicht interessiert und kaum präsent war, tritt dieser Kunststrom in Erscheinung. Im kulturellen Vakuum der folgenden Jahrhunderte wurde er in der koptischen Kunst zur offiziellen Kunst Ägyptens.

Eine interessante Textilie, wenn auch ohne besonderen künstlerischen Wert, sei hier als letzte angeführt (Kat. Nr. 56).

In einem einfachen geometrischen Zickzackmuster, dessen Dreiecke sich aus primitiven schachbrettartigen Elementen zusammensetzen, sind Motive eingewebt. Sie erinnern an den Gabenkorb, der in altägyptischer Zeit vor dem Toten stand. Ein ähnliches Stück, bereichert um eine zweite gegenständliche Reihe mit vogelähnlichen Tieren, befindet sich im Museum Rietberg in Zürich. Diese Textilien dürften das Ende der koptischen Webkunst anzeigen. Das flache, rein dekorative Prinzip hat das mimetisch-anthropomorphe völlig verdrängt. Interessant ist, daß der Gabenkorb, ein Motiv aus pharaonischer Zeit, Jahrhunderte überlebt hat, ohne daß der Weber seine Bedeutung erkannt hätte.

Zusammenfassend läßt sich demnach sagen, daß die Untersuchung der koptischen Stoffe neben den obligaten kunsthistorischen Ergebnissen ein wichtiges kunsttheoretisches Resultat gezeigt, ein Phänomen bloßgelegt hat, das nicht nur für Ägypten von Bedeutung sein könnte. Daß wir es neben der offiziellen Machtkunst noch mit einem zweiten, weniger spektakulären Strom der Volkskunst zu tun haben.

Neuerdings unterscheidet die Kunstforschung zwischen einer E-Kunst, einer elitären, die der Machtkunst in Ägypten entsprechen würde, und einer U-Kunst, die in unserem Fall der Volkskunst des Niltals gleichkäme.

Machtkunst und Volkskunst, wie wir sie in Ägypten nennen wollen, E-Kunst für elitäre bzw. U- für Unterhaltungskunst, wie es die Forschung zu nennen pflegt, unterscheiden sich in allen Aspekten grundlegend voneinander.

Ist in einem Fall die oberste Macht, Priestertum und Hof, der Auftraggeber eines festgelegten Programmes, das von wenig motivierten Handwerkern, Sklaven und Kriegsgefangenen in Steinbrüchen, auf Tempelmauern und Gräberwänden gefertigt wurde, so fehlt in der Koptischen Kunst der Auftraggeber; das Werk entsteht aus einer völlig neuen mentalen Attitüde, ist individueller, spontaner Ausdruck einer unmittelbaren Kreativität. Zweck und Funktion des Werkes sind in beiden Kunstströmen verschieden. Unterstehen Zweck und Absicht des pharaonischen Kunstwerks zur Gänze dem magischen Prinzip – Grabkammern etwa wurden, kaum waren sie erbaut, unverzüglich verschlossen und versiegelt und sollten erst dem modernen Beschauer zugänglich werden – so fehlt diese Zweckbestimmung in der Koptischen Kunst. Sie entsteht, wiederholen wir es, aus einem spontanen, vielleicht sogar diffusen religiösen Gefühl, das die neue Religion gebracht hatte, aber vor allem wohnt ihr ein spielerischer Trieb inne, was ihr die ihr eigentümliche Vitalität gibt und sie der kalten, starren Strenge und Feierlichkeit der pharaonischen Kunst so entgegensetzt. Und schließlich der Rezipient. Der magischen Bedeutung des Werkes gemäß, das nicht um seiner selbst willen geschaffen, sondern auf ein Jenseits konzipiert wurde, fehlt ein solcher in der altägyptischen Kunst. Es gibt keine Beschauer. Das Werk genügt sich, indem es seine Funktion erfüllt. Ästhetische Werte haben erst moderne Kunsthistoriker in diese, in ihrer Totalität religiöse Kunst hineingesehen. In der koptischen Kunst ist der Rezipient vorhanden, wichtig, es ist der Gleichgesinnte, er ist jenes „Du" einer Gemeinschaft. Das Werk lebt daher nicht im Verborgenen, sondern in der Öffentlichkeit.

Bleibt noch die Frage, ob es zulässig ist, Kategorien, die die moderne Kunstforschung erkannt und erarbeitet hat, Konzepte wie E-Kunst und U-Kunst methodologisch bzw. kunstwissenschaftlich auf Kunstepochen, die Jahrtausende zurückliegen, anzuwenden. Wir glauben nicht nur, daß es zulässig ist, wir glauben, daß es ein Desideratum der modernen Forschung zu sein hat. Die Kunstgeschichte, aus der Verbindung von Geschichtsschreibung und Ästhetik, als verhältnismäßig junger Zweig der Wissenschaft hervorgegangen, hat sich allmählich zu einer selbständigen Disziplin entwickelt. Ihre Ansatzpunkte werden immer differenzierter, sie erkennt immer neue Kanäle, neue Lebensbereiche, die an der Herstellung eines Kunstproduktes teilhaben, erfaßt immer mehr Komponenten, die bestimmend sind, wie etwa Kult, Religion, das soziale Umfeld, psychologische Einflüsse u. a.

Es wird immer deutlicher, daß die Kunstentwicklung – wobei eine genaue Definition des Phänomens Kunst noch aussteht – nicht ein linearer Prozeß, sondern viel differenzierter ist, daß viele Faktoren ineinandergreifen und sich vernetzen.

Wenn wir also heute gelernt haben, zwischen einer offiziellen Kunst, gelenkt von Kirche, Hof, vom Bürgertum oder schließlich vom Markt, und einer anderen, freien, einem ursprünglichen Aussagebedürfnis, vielleicht auch dem ursprünglichen Spieltrieb, einem Urimpuls folgend, zu unterscheiden, so gilt diese Unterscheidung keineswegs nur für die Moderne. Im Gegenteil: nur wenn wir diese Trennung von zwei völlig unterschiedlichen Kunstströmen, beide von völlig verschiedenen Impulsen gelenkt, voraussetzen und akzeptieren, läßt sich das bisher so schwer einzuordnende Phänomen der koptischen Kunst in seiner ganzen Komplexität erfassen.

LITERATUR

E. J. W. BARBER, Prehistoric Textiles (Princeton 1991).

P. BICHLER, Antike koptische Stoffe aus österreichischem Privatbesitz, Schallaburg (Katalog 1989).

P. DU BOURGUET, La datation des Tissus Coptes: B Soc Fr Egyptologie 13 (1953) 1/8.

DERS., Datation des Tissus Coptes et Carbon-14: Bull Labor Louvre 3 (1958) 52/63.

DERS., Catalogue des Etoffes Coptes I, Musée National du Louvre (Paris 1964).

Brooklyn, Late Egyptian und Coptic Art. An introduction to the collection in the Brooklyn Museum (1934).

D. L. CARROLL, Looms and Textiles of the Copts, Memoirs of the California Academy 11 (California 1988).

H. CARTER-A. MACE, The Tomb of Tutankhamoun, Bd. I (London – New York 1923).

G. DARESSY, A Brief Description of the principal monuments exhibited in the Egyptian Museum Cairo (1924, 3. Aufl. 1925).

M. DIMAND, Die Ornamentik der ägyptischen Wollwirkereien (Leipzig 1924).

G. EGGER, Koptische Textilien (Wien 1967).

V. F. LENZEN, The Triumph of Dionysos on Textiles of late Antique Egypt (Berkeley 1960).

PAMETNIKI uskustva drevnego Egypta (in russischer Sprache) (Moskau 1958).

R. PAULSEN, Koptische und irische Kunst und ihre Ausstrahlung auf altgermanische Kulturen (Stuttgart 1952/53).

I. PETER, Textilien aus Ägypten im Museum Rietberg Zürich (Zürich 1976).

E. REIL, Beiträge zur Kenntnis des Gewerbes im hellenistischen Ägypten (Leipzig 1913).

D. RENNER, Die koptischen Textilien in den Vatikanischen Museen, Monumenti Pinacoteca Vaticana 2 (Wiesbaden 1983).

E. RIEFSTAHL, Patterned Textiles in Pharaonic Egypt (Brooklyn 1944).

A. RIEGL, Die altägyptischen Textilfunde (Wien 1889).

M. ROSTOVTZEFF, Social and Economic History of the Hellenistic World (Oxford 1940).

M.-H. RUTSCHOWSCAYA, Coptic Fabrics (Paris 1990).

G. SEMPER, Der Stil in den technischen und tektonischen Künsten oder praktische Ästhetik. Ein Handbuch für Künstler und Kunstfreunde (Frankfurt 1860/63).

A. STAUFFER, Spätantike und koptische Wirkereien (Bern 1992).

DIES., Textiles d'Egypte. Textilien aus Ägypten aus der Sammlung Bouvier (Bern 1991).

J. STRZYGOWSKI, Altai Iran (Wien 1917).

DERS., Koptische Kunst, Catalogue Général des Antiquités égyptiennes au Musée du Caire (Wien 1904).

J. TRILLING, The Roman Heritage. Textiles from Egypt and the Eastern Mediterranean 300 to 600 A. D., Textile Museum Journal 21 (Washington 1982).

H. E. WINLOCK, Excavation at Deir-el-Bahari (New York 1934).

H. ZALOSCER, Die Kunst im Christlichen Ägypten (Wien 1963).

Ulrike Horak

EIN AMULETT AUS DEM 7. JAHRHUNDERT MIT DER DARSTELLUNG DES HL. SERGIUS

Das helle Pergament ist mit einer männlichen Figur bemalt, die in der verhüllten Linken eine Kugel trägt. Neben dem Kopf mit dem gelockten Haar, der von einem Nimbus umgeben ist, sind Reste einer Beischrift zu erkennen, die sich zu [ὁ] ἅγιος [Σ]έργιος ergänzen läßt (eine andere Ergänzung des Namens ist unmöglich, da keine anderen Heiligen mit dieser Namensendung existieren). Dieser für Syrien überaus bedeutende Heilige, den man meist zusammen mit dem hl. Bacchus verehrte, wurde unter Kaiser Maximinus Daja zwischen 305 und 313 n. Chr. in Rosafa/Syrien enthauptet. Sergius und Bacchus waren syrische Offiziere der Palastgarde und wurden, weil sie ein Opfer an Jupiter verweigerten, gefoltert und schließlich hingerichtet. Die Verehrung des Heiligen verbreitete sich bereits sehr rasch nach seinem Tode von Mesopotamien bis Gallien, ja er wurde bis in die arabische Zeit verehrt. Aus den Jahren 1364 – 1365 ist ein arabisches Manuskript im Koptischen Museum/Cairo erhalten, das über Wunder in Zusammenhang mit den beiden Heiligen berichtet. Den Reliquien des hl. Sergius wurden große Wunderkräfte zugeschrieben, über die Gregor von Tours berichtet. In Syrien gab es mehr als zehn Kirchen, die dem hl. Sergius alleine oder gemeinsam mit dem hl. Bacchus geweiht waren. Das Haupheiligtum war seine Grabstätte in Rosafa, das nach dem Heiligen in Sergiopolis umbenannt wurde. Belegstellen für Kirchen und Klöster der hl. Sergius und Bacchus haben sich auch auf Papyri aus Ägypten erhalten. P. Grenf. II 88, ein Darlehensvertrag vom 20. 12. 602 n. Chr., erwähnt ein Lagerhaus im Besitz einer Kirche des hl. Sergius. Mit diesem Papyrus ist eine Kirche des hl. Sergius im Gau Arsinoe belegt. Weitere Papyrusstellen weisen auf ein Kloster im Herakleopolites bzw. auf ein Kloster und zwei Kirchen, wovon vielleicht eine auch dem hl. Bacchus geweiht war, in Nessana/Palästina hin. Meist werden Sergius und Bacchus als römische Soldaten mit Palme und Schwert dargestellt. Sie sind durchwegs nach byzantinischer Mode gekleidet und tragen dicke goldene Halsreifen, die ihren Rang am byzantinischen Hof bezeichnen. Die frühesten Darstellungen sind ein Mosaik in der Basilika des hl. Demetrius in Saloniki aus dem 5. Jahrhundert sowie eine Ikone aus dem Katharinenkloster/Sinai aus dem 6. Jahrhundert mit den Brustbildern des hl. Sergius und des hl. Bacchus. Das Mosaik aus Saloniki zeigt den Heiligen in reichgeschmückter Kleidung mit der goldenen Torques als Oranten mit erhobenen Händen. Auf der Ikone, die vielleicht in Konstantinopel hergestellt wurde, sind sie jugendlich dargestellt mit Kreuzen in den Händen und dem Maniakion, einem Halsreif mit drei großen Gemmen um den Hals, dem Zeichen ihrer früheren Würde als Soldaten der Wache. Ein Silberteller aus Konstantinopel, der liturgischen Zwecken diente und zwischen 610 und 629 hergestellt wurde, ist ebenfalls mit dem Bildnis des hl. Sergius oder Bacchus geschmückt. Der Heilige ist jugendlich mit dem Maniakion um den Hals dargestellt und hält ein Kreuz in der Hand. Mit diesem Pergament aus Ägypten kommt nun eine wichtige Darstellung dazu.

Neben der Figur des Heiligen sind die Reste von zwei rotgemalten Bäumen mit spitzen blattartigen Kronen erkennbar. Die Farbe Rot, die sowohl in der Magie als auch in der christlichen Symbolik (Farbe des Blutes Christi, Purpur als Farbe der Herrschaft) einen wichtigen Platz einnimmt, kann hier sowohl apotropäisch als auch im Sinne der Deutung bei christlichen Märtyrern als Sieg über den Tod bzw. in Verbindung mit dem Baum = Lebensbaum als das ewige Leben verstanden werden. Stilisierte Bäume ähnlicher Art sind sowohl auf koptischen Stoffen als auch in der byzantinischen Kunst (Mosaiken, Handschriften) dargestellt.

Besonderes Augenmerk ist auch auf die Kugel zu lenken, die der Heilige in der Hand trägt. Dieses Attribut ist für gewöhnlich weltlichen und himmlischen Herrschern vorbehalten (Kaiser, Christus, Erzengel). Eine vergleichbare Darstellung des hl. Sergius mit der Kugel gibt es nicht. Andererseits zeigt ein Papyrus aus Ägypten den mythischen Helden Bellerophon mit einer Kugel, ebenso wie ein Pergament mit der Darstellung des Hiob. Da sich die Kugeln bei diesen beiden Figuren in christlichem Kontext der Weltherrschaft deuten lassen, ist auch die Kugel bei dem Märtyrer Sergius als Symbol für die Weltherrschaft des Christentums deutbar. Allerdings läßt sich die Kugel auch als Verbindung des Soldaten Sergius zum Streiter Gottes Michael darstellen, der ebenfalls eine Kugel als Attribut haben kann.

Die links am Pergament befestigte, ca. 1,7 cm lange Schlaufe (eine zweite wäre am linken Rand zu ergänzen) diente dazu, um das Heiligenbild als Amulett umzulegen. Da der hl. Sergius ein überaus populärer Heiliger war, wurden Heiligenbilder von ihm vielleicht als Schutz gegen allerlei Übel gehandelt (Amulette und Talismane haben in Ägypten und im Orient eine lange Tradition bis in unsere Tage), vielleicht sogar bei seiner Grabstätte in Sergiopolis als eine Art Vorläufer des Devotionalienhandels verkauft. Möglicherweise war auf dem fehlenden Teil des Blattes der hl. Bacchus dargestellt. In diesem Zusammenhang ist auf eine andere Form der Devotionalien hinzuweisen, die ebenfalls als Amulette bzw. Phylakterien dienten, nämlich Medaillons aus Ton mit den Bildnissen von Heiligen oder die sogenannten Menas-Ampullen, flache Tonflaschen, die mit heiligem Öl oder Wasser gefüllt waren und von den Pilgern an den hl. Stätten erworben wurden (Kat. Nr. 54).

LITERATUR

Age of Spirituality, Catalogue of the Exhibition at the Metropolitan Museum of Art 19. 11. 1977 – 12. 2. 1978 (New York 1979) bes. 548 f. Nr. 493 f.

H. C. BUTLER, Early Churches in Syria (Princeton 1929).

J. CELLÉRIER, Saint Serge (Paris 1963).

M. CRAMER, Koptische Buchmalerei (Recklinghausen 1964).

J.-M. FIEY, Les Saints Serge de l'Iraq: Anal Bolland 79 (1961) 102/114.

W. V. GIESEBRECHT, Zehn Bücher fränkischer Geschichte von Bischof Gregorius von Tours 9, 1 (Leipzig 1911).

U. HORAK, Ein Pergament mit dem hl. Sergius aus Ägypten: Anal Papyrologica 2 (1990) 145/59.

B. KÖTTING, Devotionalien: RAC 3 (Stuttgart 1957) Sp. 862/871.

G. A. SOTERIOU, M. G. SOTERIOU, He basilike tou hagiou Demetriou Thessalonikes (Athen 1952).

T. ULBERT, Die Basilika des Heiligen Kreuzes in Resafa-Sergiupolis, Resafa II (Mainz 1986).

Wolfgang Hahn – Stefan Nebehay

DIE ENTWICKLUNG DES MÜNZWESENS IM SYRISCHEN RAUM VON FRÜHBYZANTINISCHER ZEIT BIS ZU DEN OMAIJADEN

1. DIE MÜNZSTÄTTE ANTIOCHIA IN DER FRÜHBYZANTINISCHEN PERIODE 498 – 637

Syrien bildete den Kern der unter Diokletian in den neunziger Jahren des 3. Jahrhunderts eingerichteten Diözese Oriens, die ein Teil der Ostpräfektur war. Monetär wurde sie durch die moneta publica (Diözesanmünzstätte) von Antiochia versorgt, die auf eine lange Münztradition zurückblicken konnte. Eine Goldprägung in großem Stil fand zuletzt im Jahre 369 statt, und zwar im Zuge einer reichsweiten Umprägungsaktion zur Einführung eines neu normierten Feingoldstandards. Später kam es nur noch zu sporadischen Gelegenheitsprägungen, zuletzt für den Usurpator Leontius I. (484), der in Antiochia residierte und seine (letztlich erfolglose) Revolte gegen Kaiser Zeno finanzieren mußte (Abb. 1). Zu diesem Zeitpunkt war die normale Goldprägung im Ostreich bereits auf die Praefectursitze (Konstantinopolis, Thessalonica) zentralisiert worden und die Diözesanmünzstätte auf die Produktion von kupfernem Kleingeld beschränkt. Davon gab es über große Zeitabschnitte des 4., 5. und 6. Jahrhunderts eine kontinuierliche und relativ starke Münzproduktion, wobei gewisse lokale Besonderheiten auftreten.

An der Münzreform des Kaisers Anastasius I. (491 – 518), mit der dieser im Jahre 498 ein neues System von Kupfernominalien eingeführt hat, um den Übergang von Naturalabgaben zu Geldsteuern zu erleichtern, nahm Antiochia erst an der zweiten Reformstufe von 512 teil; damals wurde der Münzfuß der Kupfermünzen so erhöht, daß er ihrem Metallwert gleichkam: Kupfer verhielt sich zu Gold wie 1440:1, d. h. daß 360 kupferne Folles im Gewicht von je $1/18$ des römischen Pfundes (18,2 g) einem goldenen Solidus von $1/72$ Pfund (4,5 g) entsprachen, was späterhin mehrmals aktualisiert wurde. Das Kupfer wurde in mehreren Nominalienstufen ausgeprägt, die auf der Rückseite mit einer großen Wertzahl (nach dem griechischen Zahlenalphabet) ausgewiesen waren; beginnend bei der größten, dem Follis, der mit M = 40 (nämlich Nummien = Recheneinheiten) markiert war, gab es dazu Halbstücke mit K = 20, Viertelstücke mit I = 10, Achtelstücke mit ε = 5 und Sechzehntelstücke, die wegen ihrer Kleinheit nur den Kaisernamen in Monogrammform trugen (Abb. 3). Die Münzstätte ist auf der Rückseite in einer mehr oder weniger abgekürzten Form des Stadtnamens angegeben, der allerdings nach dem Erdbeben von 528 auf Theoupolis („Gottesstadt") abgeändert wurde; auf einigen Achtelfolles (Fünfern) des Justinus I. und Justinianus I (Abb. 4) ist stattdessen ein Stadtsymbol zu sehen, die Tyche von Antiochia in einem Aediculum (das berühmte, im 4. Jh. v. Chr. von Eutychides von Sikyon geschaffene Kultbild der Stadtgöttin im Tempel), was aber nicht als heidnische Reminiszenz, sondern als bloße Ortsangabe in Substitutform zu werten ist.

Der Münzfuß, d. h. das Sollgewicht der Kupfermünzen, ist zeitweise (542 – 567) höher als die Konstantinopolitaner Norm; dies ist wahrscheinlich auf ein lokales Abweichen im Wechselkursverhältnis des Kupfers zum Gold zurückzuführen, d. h. daß das Gold in Syrien teurer bzw. mehr wert gewesen wäre als in der Reichshauptstadt. Einschneidende Ereignisse in der Stadtgeschichte von Antiochia, wie die Eroberung durch die Perser im Jahre 540 oder die große Pest von 543 verursachten Prägelücken in den überlieferten Münzreihen, aber sonst erfolgte die Kupfermünzproduktion in 4 bis 6 Offizinen (Prägetischen sowie auch Verrechnungseinheiten in der Organisation der Münzstätte).

Der Bürgerkrieg zwischen den Truppen des Kaisers Phokas (602 – 610) und den Aufständischen des Kronprätendenten und nachmaligen Kaisers Heraklius verursachte Unruhen in Antiochia und einen Stillstand in der Münzprägung daselbst ab 609. Danach wurde Syrien im Zuge des langandauernden Perserkrieges (611 – 628) der byzantinischen Verwaltung entfremdet und so auch vom regulären Geldnachschub abgeschnitten. Zur Abhilfe des sich einstellenden Kleingeldmangels kam es zu einer ersten Welle von Imitativprägungen, hinter denen lokale Behörden (der civitates/Stadtgemeinden) stehen. Dafür wurden zumeist mehr oder weniger aktuelle Konstantinopolitaner Münztypen nachgeahmt und z. T. mit einer Münzstättensignatur versehen, die eine Antiochener Provenienz vorgibt (Abb. 10). Vereinzelt treten aber auch schon echte Ortsangaben auf, wie Jerusalem (während der Belagerung durch die Perser 614) oder Nablus (634/36).

Die relativ kurze Zeit zwischen dem Ende des Perserkrieges (628) und der islamischen Eroberung Syriens (ab 634) erlebte keine Wiederaufnahme der offiziellen byzantinischen Prägetätigkeit, weil Kaiser Heraklius im Zuge seiner administrativen Reformen 629/30 die östliche Kupferprägung auf Konstantinopolis konzentriert hat. Im syrischen Raum behalf man sich damals mit der Kontermarkierung älterer Münzen mit dem Kaisermonogramm (Abb. 8), deren Münzfuß konvenierte und die so als vollwertig neu zugelassen wurden. Mit der Eroberung Antiochias durch die Araber im Jahre 637 endet die direkte byzantinische Münzgeschichte in Syrien.

2. DIE FRÜHISLAMISCHE MÜNZPRÄGUNG SYRIEN-PALÄSTINAS

Syrien war die erste arabische Eroberung (634 – 640) und zugleich der Ausgangspunkt für die Entwicklung eines eigenständigen islamischen Münzwesens.

Wie in allen unterworfenen Gebieten ließen die Kalifen auch hier die bestehende lokale Administration klugerweise zunächst weitgehend unangetastet. Arbeitsertrag und Steuern flossen nunmehr der Besatzungsmacht anstelle der byzantinischen Aristokratie zu, ansonsten änderte sich für die syrisch-palästinensische Bevölkerung aber wenig. Man zahlte grundsätzlich weiterhin mit byzantinischem Geld; für den lokalen Kleingeldbedarf wurden im Land selbst die byzantinischen Kupfermünzen imitiert. Auf diesen in Bild und Schrift bereits etwas „verwilderten" Ausgaben (Abb. 12 –13) finden sich gelegentlich arabische Kontermarken wie das Wort ṭayyib (= gut).

Eine wohl in Damaskus hergestellte Serie anonymer Kupfermünzen aus der zweiten Hälfte des 7. Jahrhunderts zeigt dann bereits eigenständige islamische Züge in der künstlerischen Gestaltung der byzantinischen Münzbilder und erste arabische Legenden, vor allem die Formel al-wafā' lillāh (frei übersetzt: auf Gott ist Verlaß). Mit der Einführung von Münzstättenangaben – erst in Griechisch, dann auch in Arabisch – werden mehrere lokale Kupfermünzstätten faßbar (Abb. 15 – 18): Tartus und Emesa (Homs) im Norden des Landes; Baalbek und die Hauptstadt Damaskus in der Mitte; Tiberias, Scythopolis (Baysan), Gerasa, Diospolis (Ludd), Amman und Jerusalem im Süden.

Eigentlicher Gegenstand des Münzrechts der Kalifen (sikka) ist aber die auf Damaskus konzentrierte Edelmetallprägung. Wurden zunächst nur die christlichen Kreuzsymbole der byzantinischen Solidi durch senkrechte Balken ersetzt (Abb. 11), so läßt der Umayyade ᶜAbd-al-Malik in den Jahren 692 – 697 erstmals Gold mit „islamisierten" Bildern und Legenden prägen und reagiert damit auf seinen byzantinischen Gegenspieler Justinian II., der damals das Christusbild in die Münzprägung eingeführt hatte. Die erste uns bekannte Ausgabe – in der Komposition auf einen Solidus des Heraklius zurückgehend – zeigt drei stehende Figuren in arabischer Tracht (Abb. 14), die zweite den stehenden Kalifen selbst (Abb. 19). Gleichzeitig experimentiert man mit verschiedenen Silbermünztypen auf der Grundlage der arabo-sasanidischen Drachmenprägung im Osten des Reiches. Die Reversbilder dieser kurzlebigen Ausgaben (betender Kalif zwischen zwei Figuren, stehender Kalif mit Schwert, Gebetsnische mit

197

Prophetenlanze) wiederholen und ergänzen die Goldtypologie und sind eine wichtige Quelle frühislamischer Kulturgeschichte.

Kupfermünzen mit dem stehenden Kalifen auf der Vorderseite und der „entchristlichten" Darstellung eines byzantinischen Stufenkreuzes auf der Rückseite sind aus mehreren syrischen Münzstätten reichlich belegt (Abb. 20 – 22). Ob sie generell gleichzeitig mit den Edelmetallprägungen dieses Typs ausgegeben wurden oder über einen längeren Zeitraum, ist noch nicht endgültig geklärt.

Im Jahr 77 der muslimischen Zeitrechnung (696/697 A. D.) schuf ᶜAbd-al-Malik im Zuge einer grundlegenden Münzreform schließlich das klassische arabisch-islamische Münzsystem, dessen Grundelemente sich zum Teil bis weit in die Neuzeit hielten und auch das europäische Münzwesen beeinflußten. Alle Versuche, die der Bevölkerung vertrauten byzantinischen bzw. sasanidischen Münzbilder an die neue Religion anzupassen, wurden zugunsten eines rein arabischen Schrifttyps aufgegeben. Das kam der bildniskritischen Haltung des Islams (und auch des Judentums) entgegen und dokumentierte das zunehmende arabische Selbstbewußtsein gegenüber oströmischer und persischer Hochkultur. Die reformierten Münzen enthalten längere oder kürzere Glaubensformeln wie „Es gibt keinen Gott außer Gott" und „Muhammad ist der Gesandte Gottes" sowie die Angabe von Nominal, Prägeort und -jahr (diese jedoch nicht in allen Metallen gleich konsequent). Sie sind anonym und werden „im Namen Gottes" geprägt. Der neu geschaffene Golddinar (Abb. 23) repräsentiert mit 4,25 Gramm eine alte syrisch-arabische Gewichtseinheit und ist damit etwas leichter als der byzantinische Solidus und seine arabischen Imitationen; der Silberdirham (Abb. 24) wiegt 2,97 Gramm oder sieben Zehntel des Dinars, ebenfalls deutlich weniger als die arabo-sasanidische Drachme.

Nicht zur offiziellen Reichswährung gehören die Kupfermünzen, Fulus genannt (Abb. 25). Sie werden in vielen verschiedenen lokalen Typen geprägt und zeigen auch nach der Münzreform noch häufig Bilder, vor allem Tiere und Pflanzen.

LITERATUR

M. L. BATES, History, Geography and Numismatics in the First Century of Islamic Coinage: Revue Suisse de Numismatique 65 (1986) 231 – 262.

DERS., The Coinage of Syria under the Umayyads 692 – 750, 4th Int. Conference of the History of Bilād al-Shām, Proceedings of the 3rd Symposium, Amman Oct. 1987. Vol. II. (Amman 1989) 195 – 228.

W. HAHN, Moneta imperii Byzantini, Rekonstruktion des Prägeaufbaues auf synoptisch-tabellarischer Grundlage (Wien 1973 – 1981) und Moneta imperii Romani-Byzantini: Die Ostprägung des Römischen Reiches im 5. Jahrhundert (Wien 1989) (= abgekürzt zitiert als MI(R)B).

L. ILISCH, Die umayyadischen und abbasidischen Kupfermünzen von Hims, Versuch einer Chronologie: Münstersche Num Ztg 10 (1980) 23/30.

A. S. KIRKBRIDGE, Coins of the Arab-Byzantine Transition Period: Quarterly of the Department of Antiquities of Palestine 13 (1948) 59/63.

C. MORRISSON, La monnaie en Syrie byzantine, in: Archéologie et Histoire de la Syrie II (1989) 191/204.

DERS., Le monnayage omeyyade et l'histoire administrative et économique de la Syrie, in: La Syrie de Byzance à l'Islam, ed. P. Canivet – J.-P. Rey-Coquais (Damas 1992) 309/18. Im Anschluß daran: M. BATES, Commentaire sur l´étude de C. Morrisson: Ebd. 319/21.

S. QEDAR, Copper Coinage of Syria in the Seventh and Eigth Century A. D.: Isr Num J 10 (1988/89) 27/39.

J. WALKER, A Catalogue of the Arab-Byzantine and Post-Reform Umaiyad Coins, Catalogue of the Muhammadan Coins in the British Museum Vol. II (London 1956).

Erwin M. Ruprechtsberger

ASPEKTE DER SPÄTANTIKEN UND FRÜHISLAMISCHEN ZEIT IN SYRIEN

EINLEITUNG

Vergegenwärtigen wir uns kurz die Situation: Eine Epoche, deren Bedeutung von berufener Seite ausgelotet zu werden vermag, für Nichtfachmann und Laien jedoch schwer nachvollziehbar und bisweilen auch unausgewogen oder einseitig dargestellt worden ist; eine Epoche, deren Denkmälerbestand bis zum heutigen Tag an vielen Orten beinahe unverändert bewahrt blieb und eine einmalige Gelegenheit optischer und geistiger Auseinandersetzung bietet: Ein archäologisches Potential ersten Ranges, über das Syrien verfügt.

NATURRÄUMLICHE GEGEBENHEITEN

Die naturräumlichen Gegebenheiten prägen das Land ganz besonders. Im Westen öffnet sich der Zugang zum Mittelmeer, die Gebirgszüge des Libanons und Antilibanons bilden einen natürlichen Riegel vor plötzlichem Eindringen von der Küste. Daran schließt sich ein fruchtbarer Landstreifen, das sogenannte Altsiedelland, seit Jahrtausenden bearbeitet; dann – meist recht plötzlich – der Übergang zur wüstenartigen Steppe, Heimat zahlreicher arabischer Stämme und von Beduinen, die sie auch heute noch durchwandern oder besser: mit Lastwagen und Traktoren durchziehen; und im Osten die breiten fruchtbaren Flußniederungen des Euphrats und Khaburs, die in antiker Zeit die Funktion einer politischen Grenze erfüllten. In dem umschriebenen geographischen Raum spielte sich die „Geschichte" des „Fruchtbaren Halbmondes" ab, in dem es zu vielen politischen Konstellationen unterschiedlicher Prägung und Intensität kam: Spätes Hellenentum, Rom und Byzanz sollen nur stellvertretend angeführt werden. Daß der geistesgeschichtliche Hintergrund eine der Voraussetzungen für das Entstehen der beiden Weltreligionen Christentum und Islam bildete (das Judentum sei hier erwähnt, aber infolge seiner eigenen Entwicklung ausgeklammert), darf als allgemein bekannt vorausgesetzt werden.

VERWALTUNG

In welchem politischen Rahmen bewegte sich die Verbreitung von Christentum und Islam? Zunächst waren es die hellenistischen Stadtstaaten, die das Erbe des Alexanderreiches angetreten hatten. Organisiert als Mikrokosmen bestimmten sie ihre Geschichte eigenständig, schlossen sich zu Städtebünden zusammen oder wurden von örtlichen Klientelfürsten regiert, deren Herrschaft innerhalb festgelegter Grenzen sich abspielte. Als Pompejus den Orient in Roms Besitz nahm und formell die Provinz Syrien installierte, waren größere verwaltungsmäßige Veränderungen kaum notwendig. Solche folgten erst in späterer Zeit. Antiochia wurde Hauptstadt Syriens, das von einem kaiserlichen Statthalter und dessen Stab aus den Reihen der Beamten und des Militärs verwaltet wurde. Einen festen und notwendigen Bestandteil im Leben der Provinz bildete der Kaiserkult. Dieser wird in den frühen Christengemeinden Syriens Anlaß zu manchen Vorfällen gegeben haben: Märtyrerbewegungen waren gewissermaßen vorgezeichnet. Gerade ihnen verdankt der eine oder andere Ort seine Entstehung: Resafa beansprucht in der Reihe der Märtyrerorte einen prominenten Platz bis in das hohe Mittelalter, als die Islamisierung lange abgeschlossen war.

Die Durchsetzung verwaltungsmäßiger Belange wurde durch militärische Präsenz erleichtert. Der römische Imperialismus hatte seine Legionen seit dem späteren 1. Jahrhundert v. Chr. ständig in Syrien stationiert: Zur Zeit des Kaisers Augustus wurde die Zahl der Legionen von drei auf vier, verstärkt um einige Hilfstruppen, erhöht. Ende des 2. Jahrhunderts oder im 4. Jahrhundert – die Meinungen der Historiker divergieren in dieser Frage – erfolgte die Aufgliederung der Provinz, deren Bevölkerungszahl und Steueraufkommen regelmäßiger Kontrollen durch Verwaltungsbeamte und zu diesem Zweck abkommandierte Soldaten aus dem Stab des Provinzstatthalters unterzogen wurden.

Die Verwaltungs- und Militärreform Kaiser Diokletians Ende des 3. Jahrhunderts betraf auch die syrische(n) Provinz(en). Veranlaßt durch die politischen Umstände der damaligen Zeit wirkten sich die Neuerungen besonders auf die Absicherung des von Rom beanspruchten Territoriums aus. Ein weitläufiges Defensivsystem innerhalb Syriens wurde aufgebaut – die sogenannten Strata Diocletiana, eine durch eine Kette militärischer Wachtposten und Befestigungen abgesicherte Verbindungslinie vom Westen der Provinz bis zum Euphrat. Ein relativ dichtes Netz von Straßen zählte zum strategischen Maßnahmenpaket der tetrarchischen Zeit, die besonders in Palmyra archäologisch dokumentiert wurde. Mit dem Namen des Kaisers Diokletian hat bereits die antike christliche Geschichtsschreibung Massaker und Hinrichtungen an Christen in Zusammenhang gebracht: Welchen Grad an Intensität die erwähnte Verfolgungswelle wirklich erreicht hat, entzieht sich einer realistischen Beurteilung, da ergänzende Nachrichten, vorgetragen von der allfälligen gegnerischen (staatlichen) Position, fehlen: Wie dem auch sei – die christliche Überlieferung hat speziell die diokletianische Zeit zum Zielpunkt ihrer Anschuldigungen gemacht. Das im 4. Jahrhundert erstarkende frühe Christentum blieb auch für die Verwaltung im kleinen nicht ohne Wirkung. Die sich organisierenden christlichen Gemeinden standen ja nicht a priori mit dem römischen Staat und dessen Repräsentanten in Konflikt. Eine Symbiose von den als Heiden verbliebenen „Römern" einerseits und den Anhängern des neuen Glaubens andererseits – sie zählten, aus damaliger Sicht betrachtet, genauso zu den Sekten wie die Anhänger des Mithrasglaubens oder anderer Mysterien- und Erlösungsreligionen, deren genügend es im gesamten Imperium Romanum gab – hielt Verwaltung und Ordnung aufrecht. Daß diese auch Ziel der Christen waren, ist nie bestritten worden, wie es andererseits religiöse Eiferer, Separatisten und Extremisten gab, die sich um Verwaltungsbelange um keinen Deut kümmerten, vielleicht sogar (mit Mitteln der Gewalt) dagegen ankämpften (aber dies war nicht die Regel). In dem so charakterisierten politischen Feld hatten die Bischöfe ein gewichtiges Wort mitzureden. Gewiß haben einige diese ihnen zukommenden Funktion ausgenutzt, um im eigenen Interesse oder in dem der von ihnen vertretenen Gläubigen zu handeln – enteignete Grundstücke von Juden oder bewußt zerstörte und abgetragene Synagogen können als archäologisch beweisbare Fakten angeführt werden – der Großteil aber mag es als ein echtes Anliegen betrachtet haben, in Übereinstimmung mit den allgemeinen Interessen des Gemeinwesens zu handeln.

Richten wir den Blick über die Provinzgrenzen Syriens hinaus. Seit dem 3. Jahrhundert stand Rom eine (fast) ebenbürtige Weltmacht gegenüber, die Sassaniden. Ab dem 3. Jahrhundert bedrohten sie wiederholt Roms Stellung im Orient und ab da sollten sie zur besonderen außenpolitischen Gefahr werden, zumal Koalitionen mit einigen arabischen Stämmen das Gefahrenmoment zusätzlich verstärkten. Die Bemühungen des Kaisers Justinian während der ersten Hälfte des 6. Jahrhunderts zielten deshalb auf eine Stärkung des Verteidigungssystems, das Diokletian im frühen 4. Jahrhundert errichtet hatte. Beredtes Zeugnis dieser Maßnahmen legen nicht nur die Berichte des Hofhistorikers Prokopios, sondern auch einige Anlagen in Syrien ab. Zenobia beispielsweise (Abb. 1) oder Resafa (Abb. 23) lassen die Bemühungen der Reichsregierung von Byzanz förmlich in Stein greifbar werden (welch' einmalige Chance für die Archäologie!). Ob damals noch wichtige Siedlungen und Plätze ohne Schutz innerhalb der eigenen Grenzen bestehen hätten können, wird mancherorts bezweifelt werden müssen. Gab es dann überhaupt noch eine Garantie für äußere und innere Sicherheit? In dieser Hinsicht hatte die römische Politik seit jeher vorgesorgt. Zu Beginn der Provinzialisierung waren es die Klientelfürsten (wie etwa Herodes und andere), die als Herren im eigenen kleinen Herrschaftsbereich für Stabilität sorgten, dann arabische Stämme, deren Unterstützung man sich durch jährliche Zahlungen versicherte. In Syrien und Arabien wirkten als innere Schutzmacht die arabischen Ghassaniden, deren Einfluß vom arabischen Ailana (Aqaba) am Roten Meer bis zum Euphrat reichte. Solange das gute Verhältnis zwischen Byzanz und den Arabern währte, blieben auch den wiederholt über den Euphrat vorstoßenden persischen Sassaniden länger andauernde Erfolge im oströmischen (byzantinischen) Gebiet versagt. Als dieses einvernehmliche Verhältnis unter den Nachfolgern Kaiser Justinians sich aufzulösen begann, änderte sich auch die politische Konstellation. Nur: Anstatt der Sassaniden sollten es dann letztlich Araber sein, die die im Vorderen Orient verbliebenen byzantinischen Garnisonen außer Landes vertrieben und eine neue Religion mit sich brachten, die im Laufe des 7. und 8. Jahrhunderts eine rapid angewachsene Zahl von Anhängern gefunden hatte. Trotz der sich abzeichnenden religiösen Veränderungen übernahmen die Muslime die vorhandenen Verwaltungsstrukturen. Dekrete wurden zweisprachig bekanntgegeben: in Griechisch und Arabisch. (Damals – sagen wir um 650 n. Chr. – hatte das Arabische übrigens eine relativ junge, inschriftlich verbürgte Tradition: Die erste arabische Inschrift datiert in das Jahr 328 n. Chr., während die Geschichte der Araber Jahrhunderte lang zurückzuverfolgen ist.)

Einige äußerst aufschlußreiche Papyri aus dem sandigen Boden Ägyptens – einige davon sind in der Ausstellung zu sehen (Pap. 45) – lassen die verwaltungstechnischen Maßnahmen der frühislamischen Zeit in teils überraschender Dichte und Prägnanz in demselben Maße hervortreten wie jenen in Gadara, der einstigen Stadt der Dekapolis, bezeugten Auftrag zur Wiederinstandsetzung einer zum Wohl der jetzt neuen Gemeinschaft dienenden sozialen Einrichtung.

DER WIRTSCHAFTLICHE ASPEKT

Die Faktoren, die Syriens wirtschaftliche Bedeutung unterstreichen, sind rasch aufgezählt. Zum einen war das Land dank seiner überragenden Position im „Fruchtbaren Halbmond" seit Jahrtausenden Vermittler zwischen verschiedenen Kulturen. Daraus resultiert der Handel mit Produkten, die auf Fernwegen von und zur Küste des Mittelmeeres gebracht wurden. Ob dieser sich in zahlenmäßigen Sätzen fassen läßt und vor allem – ob er sich im römischen Staatshaushalt nachhaltig ausgewirkt hat – darüber ließe sich diskutieren. Unbestreitbar bleibt jedoch Syriens Rolle als Produzent landwirtschaftlicher Produkte, die im Altsiedelland bis zur Linie Damaskus – Emesa/Homs und Epiphania/Hama, im Norden und Süden des Landes angebaut wurden. Erstaunlicherweise konnten dem heute so kärglichen Boden des nordsyrischen Kalksteinmassivs beträchtliche Erträge an Getreide und Oliven abgewonnen werden, wie die relativ dichte Besiedlung noch bis in das 7. Jahrhundert wahrscheinlich macht: Ganze Orte und Städte stehen bis auf den heutigen Tag und ermöglichen den Gelehrten Rückschlüsse auf die einstigen Siedlungsverhältnisse Nordsyriens, die wie nirgendwo sonst besser und dichter überliefert sind. Den Forschungen steht hier ein einmaliger Bestand an spätantiken und frühmittelalterlichen Denkmälern zur Verfügung, die zunächst verzeichnet und aufgenommen werden (mußten), ehe man spezielle Fragen nach der wirtschaftlichen Intensität und den siedlungskundlichen Verhältnissen an den Befund knüpfte. Bis in das 7. Jahrhundert bestand die übernommene wirtschaftliche Organisation, die sich nach der Nachfrage in der Produktion und dem Absatz im Westen richtete. Mit der Übernahme der wirtschaftlichen Belange in frühmuslimische Verwaltung wurden offenbar andere Präferenzen gesetzt. Die Frage, warum die Siedlungen im Norden Syriens verlassen wurden, hat man oft gestellt. Eine generelle Antwort ließe sich auch nicht geben. Einen Ausschlag für das allmähliche Auflassen der Siedlungen dürfte die Umorientierung nach dem Osten gegeben haben, die den Handel in andere Bahnen als bisher lenkte und den Muslimen andere Möglichkeiten einräumte, einen wirtschaftlichen Standard gehobenen Niveaus zu erreichen. Dennoch veröden nicht alle einstigen Städte. Adaptierungen und Veränderungen an früherer Bausubstanz innerhalb des städtischen Bereiches sprechen für die Beibehaltung bestimmter Einrichtungen, wie sie beispielsweise der Markt in einer Stadt verkörperte: Erst die archäologischen Forschungen der jüngsten Periode haben diesem Punkt Beachtung geschenkt. Außer den städtischen Zentren, die ihre Bedeutung (sicher in veränderter Form) beibehielten, war es nun (schwerpunktmäßig) die Wüstensteppe, die wirtschaftlich einer Nutzung unterzogen wurde. Dämme, Schleusensysteme und Bewässerungsanlagen (wie z. B. der Harbaqa-Staudamm, Abb. 4) illustrieren anschaulich die diesbezüglichen Reformen und Bemühungen der frühislamischen Kalifen. Daß dahinter auch handfeste politische Motive stehen mochten, wird kaum zu bezweifeln sein: Die Errichtung schloßartiger Residenzen und Wohnanlagen in der Wüstensteppe trug dazu bei, die arabischen Stämme zu solidarisieren, sie – wenn notwendig – unter Beobachtung und Kontrolle zu halten. Sie artikuliert aber auch andererseits einen Umschwung im politischen Leben, das sich von den urbanen Zentren in andere Gebiete verlagert hatte. Mit der Neugründung der Hauptstadt Rafiqa/Raqqa im 9. Jahrhundert wird in abbasidischer Zeit ein Prozeß weitergeführt, der ein Jahrhundert zuvor von den Omajjaden bereits eingeleitet worden war. Diesen anhand archäologischen Materials dokumentarisch festzuhalten, aufzuzeigen und darzustellen, wird Ziel weiterer wissenschaftlicher Recherchen im Gelände sein. An ein wirtschaftsgeschichtlich vielleicht berücksichtigenswertes Faktum am Übergang von Antike zum Islam soll noch erinnert werden, nämlich das Pilgerwesen. Ausgangspunkt dieser christlichen Bewegung sind die Stätten des frühen Christentums in Palästina, darüber hinaus aber auch jene Orte, wo Menschen ihres christlichen Glaubens wegen (der Überlieferung zufolge) den Bekennertod erlitten. Bereits im 4. Jahrhundert setzte das Wallfahrtswesen ein. Im 6. Jahrhundert war es schließlich allgemein verbreitet – auch in Europa, wie Pilgerberichten zu entnehmen ist. Eine in den Wallfahrtsorten ausgeprägte Hotellerie – in Deir Seman etwa anschaulich überliefert (Abb. 49) – läßt die ungefähre Frequenz von Pilgerbewegungen erahnen, die für eine die heimische Wirtschaft belebende Szenerie sorgten. Viele Pilgerandenken (z. B. Kat. Nr. 50 – 52) rücken diesen Aspekt in greifbare Nähe. In Resafa strömten Christen und Muslime zusammen, um auf demselben Platz ihre Gebete zu verrichten. Erst die Mongoleneinfälle bedeuteten das Ende des ökumenischen Gedankens, der sich in der Wüstenstadt von der Spätantike bis zum 13. Jahrhundert dokumentieren ließ.

KIRCHLICHE ARCHITEKTUR

Grundlegende architektonische Unterschiede zwischen antiker und islamischer Stadtplanung wurden in einschlägigen Arbeiten wiederholt skizziert, wenngleich detaillierte Untersuchungen in vielen Orten noch ausstehen. Die besten Möglichkeiten, urbane Phasen herauszuarbeiten, bestehen nach wie vor in den „Toten Städten" des nordsyrischen Kalksteinmassivs, das seit Jahrzehnten von Wissenschaftlern erforscht wird. Aber auch das Basaltmassiv des südsyrischen Haurans bietet siedlungsgeschichtlichen Untersuchungen ein reichhaltiges Reservoir: Dörfer, Siedlungsagglomerationen und befestigte Anlagen oder Häuser finden durch systematische Geländetätigkeit besondere Berücksichtigung. Hinsichtlich der kirchlichen Organisation bleiben einige Fragen offen. Etwa die der oft hohen Anzahl von Kirchen innerhalb einer städtischen oder dörflichen Gemeinschaft. Was die zeitliche und typologische Einordnung kirchlicher Gebäude betrifft, so hat der amerikanische Archäologe H. C. Butler zu Beginn dieses Jahrhunderts Pionierarbeit geleistet. Die von ihm erstellte Typologie der Kirchen des 4. bis 7. Jahrhunderts gilt in den wesentlichen Zügen als verbindlich. Syrien beansprucht auch in dieser Beziehung wohl die wichtigste Stellung. Es ist das einzige Land, in dem die Entwicklung des frühen Kirchenbaues in seinen ersten architektonischen Ansätzen faßbar wird: Namen wie Dura Europos oder Qirk Bizeh (Abb. 5) haben in jedes Handbuch zur frühchristlichen Kunst Eingang gefunden. Was nachzutragen ist, beschreibt M. Gawlikowski in einem gewichtigen Beitrag: Eine in Palmyra erst kürzlich entdeckte Hauskirche (Abb. 6), die das Bestehen einer frühchristlichen Gemeinschaft im 4. Jahrhundert – eine solche hätte man dort am wenigsten vermutet – nachhaltig und überzeugend unter Beweis stellt. Die nachfolgenden Jahrzehnte und Jahrhunderte wirkten sich für die Ausgestaltung einer christlichen Architektur mit allen ihren Nuancen erheblich aus: Gemeinde-, Tauf-, Wallfahrtskirchen und Pilgerheiligtümer, Martyrien, Klöster, Eremitagen und Einsiedeleien entstanden. Beispiele dazu anzuführen erübrigt sich, da in einigen Arbeiten darauf speziell eingegangen wird. Wiederum bietet Syriens Denkmälerbestand ein reiches Betätigungsfeld für wissenschaftliche Recherchen, die nicht nur typologische, sondern auch funktionsbezogene Kriterien zu berücksichtigen haben. Eine Besonderheit innerhalb der frühchristlichen Welt stellten sicherlich die „Säulensteher" dar, eine ihrer Auffassung nach wohl radikale, ja extreme Gruppe von Außenseitern, die ihr Leben auf einer Säule verbrachten (vgl. Kat. Nr. 49). Der hl. Symeon erreichte schon zu seinen Lebzeiten einen derartigen Beliebtheitsgrad, daß sogar Pilger aus Europa zu seiner irdischen Wirkungsstätte strömten. Die von ihm bewohnte Säule bzw. die darauf befindliche Plattform sollte nach seinem Tod zum Mittelpunkt einer architektonisch singulären Pilgerstätte werden (Abb. 19 – 21, 47 – 48). Den christlichen Denkmälern in Nordsyrien steht im südsyrischen Hauran ein Fundus klösterlicher Anlagen besonderer Prägung gegenüber.

Außer den obertags vorzüglich erhaltenen frühchristlichen Bauten verdienen auch Mosaiken besondere Berücksichtigung. Auf manchen von ihnen sind gelegentlich Einzelheiten wiedergegeben, die zur Klärung von Rekonstruktionsfragen oder anderen Problemstellungen beigezogen werden können. Als illustrative Neufunde seien Mosaiken aus der Umgebung von Hama angeführt: Eines davon bildet beispielsweise ein Kirchenensemble ab, das aus einer Basilika und einem von Türmen flankierten Zentralbau besteht. Die qualitätsvolle und genaue musivische Darstellung dieser frühchristlichen Architektur datiert in das Jahr 442. Mosaiken sind auch manche Details der Innenausstattung von Sakralbauten zu entnehmen, etwa Vorhänge, Lichtampeln, Beleuchtungsgeräte oder Abschrankungen (Abb. 17 – 18).

GRÄBER UND GRABANLAGEN

Wie in anderen Bereichen des Römischen Reiches ist für die Frühzeit des Christentums in Syrien keine eigene Grabarchitektur erkennbar. Ebenso wenig ist der Nachweis eines spezifisch christlichen Bestattungsbrauches archäologisch zu erbringen. Grabinschriften oder als eindeutig christlich ansprechbare Grabbeigaben bilden die Voraussetzung für eine Entscheidungsfindung. Wir dürfen davon ausgehen, daß – wie auch in anderen Provinzen des Römischen Reiches – die Christen ihre Toten in heidnischen Gräberfeldern zu bestatten pflegten. Einfache Brand- und – ab dem 3. Jahrhundert – üblich gewordene Körpergräber (wir folgen hier einer allgemeinen Tendenz) lassen eine Unterscheidung in obigem Sinn nicht zu. Für die spätere Zeit können Indizien für christlichen Grabkult namhaft gemacht werden: Sarkophage, deren Position in architektonischem Zusammenhang eine eindeutige Interpretation und auch eine neue Sicht ermöglichen, wie der Befund in Huarte gezeigt hat, oder deren Inschriften die Gebeine eines oder mehrerer Blutzeugen nennen (Abb. 24), unterirdische Grabanlagen, monumentale Steinsarkophage mit christlichen Ornamenten (Abb. 30 – 31), Grabmosaiken und eine eigenwillige Grabarchitektur, die in El Bara und Dana heute noch Zeugnis in Form von Pyramiden mit darin aufgestellten tonnenschweren Steinsarkophagen ablegen (Abb. 30, 35). Blei- oder Tonsarkophage mit grünlicher Glasur sind in Syrien nur vereinzelt vertreten (Abb. 36). Daß unter mancher antiken syrischen Stadt sich katakombenartige Gräbersysteme ausgedehnt haben, macht der in Emesa/Homs vorliegende Befund sehr wahrscheinlich. Die dort zutage gebrachten Funde gliedern sich dem allgemein üblich gewesenen Repertoire an Grabbeigaben ein. Regionale Unterschiede in der Ausstattung christlicher Gräber des 5. und 6. Jahrhunderts dürften zu erwarten sein, wie die relativ bescheidenen Verhältnisse in Palmyras spätantikem Bestattungsplatz beim heutigen Museum schließen lassen. Einfach beschriebene oder bekritzelte Grabsteine nennen die (onomastisch äußerst aufschlußreichen) Namen von Christen (Kat. Nr. 43 – 44). Versuchte man, Besonderheiten im Totenbrauchtum und in der Grabarchitektur Syriens herauszuarbeiten, müßten wohl die Grabtürme in der Palmyrene – ob sie in der Spätantike allerdings noch benutzt wurden, scheint sehr fraglich zu sein – und die Pyramiden als späte Nachzügler einer einst gängigen Form symbolischer Bedeutung zuerst berücksichtigt werden.

MOSAIKKUNST

Obwohl der Vordere Orient mit der griechisch-hellenistischen Kultur in Kontakt gekommen war, gibt es aus dieser Zeit keine Mosaiken. Wenn solche erst ab dem 2. Jahrhundert überliefert sind, dann sollte nicht übersehen werden, daß Wohnhäuser Veränderungen unterzogen wurden, die gewiß auch eine Auswechslung von Mosaikfußböden mit sich gebracht haben. Die Stufen musivischer Gestaltung wurden, soweit in Syrien nachvollziehbar, von J. Balty charakterisiert, so daß sich in diesem Rahmen ein näheres Eingehen darauf erübrigt. Dennoch mögen einige wenige ausgewählte Beispiele diesen Zweig des Kunsthandwerks verdeutlichen, der in der Apamene eine besondere Note erhielt. Einerseits griffen die spätantiken Meister auf mythologische Themen zurück – das Mosaik mit der Darstellung der Zwillinge Romulus und Remus ist an erster Stelle zu erwähnen (Abb. 37), andererseits befleißigten sie sich einer Darstellungsweise, die an die kaiserliche Porträtkunst anknüpft (Abb. 39); schließlich verarbeiteten sie Alltagsszenen, die in ihrer Verquickung mit symbolisch interpretierbaren Motiven einen gewissen Spielraum dem betrachtenden Auge offenlassen (Abb. 38). Daß dabei sogar manches Detail zum Vorschein kommt – seien es Sattel, Zäumung und Riemen des Pferdes oder kleine Glöckchen (vgl. Abb. 40) – wirkt unbefangen und bereichernd zugleich. Und welcher Unterschied schließlich zu den spätesten Beispielen figuraler musivischer Darstellung! Das Philonmosaik in Aleppo spiegelt die Sichtweise der Spätzeit allzu drastisch und betont wider (Abb. 41). Wie breiten sich doch die unorganisch komponierten Einzelteile der mit Philon bezeichneten Person flächig aus. Die Fläche scheint übrigens in dem vorhin zitierten Mosaik (Abb. 38) genügend ausgefüllt worden zu sein.

Richten wir den Blick in die frühislamische Zeit, finden wir bekannte Elemente musivischen Designs, der sich auf die Wiedergabe paradiesisch wirkender Landschaften und Architekturprospekte konzentriert, Motive, die auf Mosaikfußböden in Kirchen der Provinz Arabia in reicher Ausführung begegnen, aber auch Syrien nicht fremd gewesen sind. Die Omajjadenmoschee in Damaskus hat in ihren Wandmosaiken eine Fülle derartiger Beispiele bewahrt, von denen ein eher weniger geläufiges abgebildet wird (Abb. 46).

DIE FRÜHISLAMISCHE ZEIT

Für die von der Arabischen Halbinsel aus erfolgte religiöse Bewegung stellte sich nicht die Frage nach Auflösung oder plötzlicher Umschichtung bestehender Strukturen. Im Gegenteil: Was sich in Verwaltung und Organisation jahrhundertelang bewährt hatte, brauchte, ja durfte nicht mit einem Strich ausgelöscht werden. Eine Reihe wichtiger, ihrem dokumentarischen Wert nach häufig übersehener Zeugnisse hebt diesen Aspekt klar hervor: Papyri, auf denen oft zweisprachig – in Arabisch und Griechisch – Anweisungen von der neuen politischen Führung erteilt werden, ohne daß radikale Änderungen vorgeschlagen worden wären (vgl. z. B. Pap. 45). Auf soziale Maßnahmen und Verfügungen seitens der neuen muslimischen Politik ist anfangs bereits hingewiesen worden. Christen wurden aufgrund ihrer Religionsausübung in den ihnen zustehenden Rechten frühislamischer Zeit im allgemeinen nicht beschnitten. Im Gegenteil: Ökumene zwischen Muslimen und Christen läßt sich nicht nur in Damaskus, sondern auch in Resafa archäologisch und historisch nachweisen.

Außer der sozialen und wirtschaftlichen Komponente, deren Analyse dem Urteil der zuständigen Fachleute überlassen werden darf, sind es die archäologischen Denkmäler der frühislamischen Zeit, die einige Veränderungen im Vergleich zur früheren Zeit ankündigen. Wie diese am gravierendsten empfunden werden, hängt vom kulturgeschichtlichen und räumlich-topographischen Umfeld ab. Daß die Architektur von Moscheen und Palästen eine primär arabische Leistung darstellt, gilt als selbstverständlich. Dennoch können in deren Ausschmückung Anknüpfungspunkte an Früheres wahrgenommen werden. Von der musivischen Verzierung – in der Großen Moschee von Damaskus eindrucksvoll gestaltet – war bereits die Rede. Ihr fügen sich noch andere Details an, etwa Brüstungsplatten und Fensterverzierungen (vgl. Abb. 42, 45). Wie und wo sie am frühislamischen Bau Anwendung fanden, blieb der Entscheidung des ausführenden Baumeisters oder Architekten vorbehalten. Alles diesbezüglich Wesentliche wurde in interpretierender Sicht zusammengefaßt. Dennoch möge gestattet sein, zwei Beispiele auszuwählen, wo bei gleicher Anwendung eines architektonischen Details unterschiedliche Konzeption und Anschauungsweise deutlich werden: Bilden die vielen plastisch ausgeführten Gesimse und profilierten Rahmungen an Türen, Fenstern und Nischen im nordsyrischen Kirchenbau eine Einheit mit der sie tragenden Bausubstanz (Abb. 7, 20, 22), unterlag der gleiche architektonische Zierat einer plastischen und funktionellen Reduktion im frühislamischen Palastbau (Abb. 45): Auf einer der Fassadenwände des omajjadenzeitlichen Palais von Anjar (Libanon) wirken die schmal gewordenen Fenstergesimse wie ein von außen aufgeführtes Zierband, das mit der Wand keine harmonische Bindung eingeht. Seine Funktion veränderte sich insofern, daß es mit der Flachziegelreihe austauschbar und in das Spiel zwischen Quader- und Ziegelreihe bewußt einbezogen worden ist.

Verweilen wir noch kurz bei der Wandgestaltung mit abwechselnd gesetzten Quader- und Ziegellagen. Von hier läßt sich die Verbindung zurück zum oströmisch-byzantinischen Palastbau ziehen, der in Qasr ibn Wardan (Abb. 51 – 52) auf wohl einzigartige Weise vertreten ist: Das kubische Volumen des Baukörpers wurde durch die abwechselnd gesetzten und farblich kontrastierenden Lagen von Ziegeln und Steinquadern aufgelockert und schichtenmäßig gegliedert. In städtebaulicher Hinsicht könnten zwei für die frühislamische Zeit charakteristische Grundzüge festgestellt werden: Das Beibehalten überlieferter Strukturen in den gewachsenen antiken Städten – die Umgestaltung zu Suqs entlang der einstigen Säulenstraßen (z. B. in Apamea, Palmyra und Gerasa) kündigt zwar gewisse Modifikationen an – und die völlige Neukonzeption von fortartigen Komplexen (besser als Wüstenschlösser bekannt) samt dazugehörendem Siedlungsareal in der Wüstensteppe, die durch umfangreiche Damm- und Bewässerungssysteme landwirtschaftlich erschlossen wurde (Abb. 4, 43). Darin eine der großen Leistungen dieser Epoche zu sehen, kann nicht oft genug betont werden.

Völlig neue Wege beschritten schließlich die abbasidischen Städteplaner im 8./9. Jahrhundert: Raqqa und das von syrischen Archäologen erkundete Heraqla vermitteln einen Einblick in architektonische Dimensionen, die vor dem Hintergrund eines veränderten politischen, wirtschaftlichen und kulturellen Gefüges sich zu erschließen beginnen. Daß damit nun ein völliger Bruch mit der kulturellen Tradition vollzogen worden wäre, haben die neuesten im Rahmen dieser Ausstellung erstmals vorgetragenen Überlegungen schlüssig widerlegt.

LITERATUR

In den aufgelisteten Werken finden sich weitere Hinweise auf Publikationen zum Thema. Spezielle wissenschaftliche Arbeiten werden auch in den einschlägigen Katalogbeiträgen angeführt.

J. BALTY, Mosaiques antiques de Syrie (Bruxelles 1977).

DIES., La mosaique en Syrie, in: J.-M. DENTZER-W. ORTHMANN (Ed.), Arch et hist Syrie II (1989) 491/536.

H. W. BEYER, Der syrische Kirchenbau (Berlin 1925, Nachdr. 1978).

G. W. BOWERSOCK, Roman Arabia (Cambridge/London 1983).

DERS., Hellenism in Late Antiquity (Cambridge 1990).

B. BRENK, Die Umwandlung der Synagoge von Apamea in eine Kirche, in: Tesserae. Fs f. J. Engemann, Jb A Chr Ergbd 18 (1991) 1/25.

H. C. BUTLER, Early Churches in Syria. 4th to 7th centuries, ed. by E. Baldwin Smith (Princeton 1929).

P.-M. T. CANIVET, Huarte. Sanctuaire Chretien d' Apamene (IVe – VIe siècles), 2 Bde (Paris 1987).

P. CANIVET – J.-P. REY-COQUAIS (Ed.), La Syrie de Byzance à l'Islam. VII – VIII siècles (Damas 1992).

K. CHEHADE, Le musée de Maarat an-Nouman: Syria 64 (1987) 323/29.

Contribution Française a l'archéologie Syrienne 1969 – 1989 (Damas 1989).

J.-M. DENTZER (Ed.), Hauran I, 2 Bde (Paris 1985 – 1986).

J.-M. DENTZER – W. ORTHMANN (Ed.), Archèologie et histoire de la Syrie II. La Syrie de l'époque achéménide à l'avènement de l'Islam (Saarbrücken 1989).

J.-M. DENTZER – J. DENTZER-FEYDY, Le djebel al-'Arab. Histoire et patrimoine au Musée de Suweida (Paris 1991).

G. DESCOEUDRES, Die Pastophorien im syro-byzantinischen Osten. Eine Untersuchung zu architektur- und liturgiegeschichtlichen Problemen (Wiesbaden 1983).

P. DONCEEL-VOÛTE, Les pavements des eglises byzantines de Syrie et du Liban (Louvain-la-Neuve 1988).

O. GRABAR, City in the Desert. Qasr al-Hayr East (Cambridge, Mass. 1978).

D. F. GRAF, The Syrian Hauran: JRA 5 (1992) 450/66.

E. HONIGMANN, Art. Syria, in: RE 4A2 (1932) 1549/1728.

D. KENNEDY, The Roman Frontier in Arabia: JRA 5 (1992) 473/89 (mit umfangreicher Bibliographie).

D. KENNEDY – D. RILEY, Rome's desert frontier from the air (London 1990).

H. KENNEDY, The impact of Muslim rule on the pattern of rural settlement in Syria, in: La Syrie de Byzance à l'Islam (Damas 1992) 291/97.

H. KLENGEL, Syrien zwischen Alexander und Mohammed. Denkmale aus Antike und frühem Christentum (Darmstadt 1987).

W. KHOURI, Deir Seta. Prospection et analyse d'une ville morte inèdite en Syrie, 2 Bde (Damas 1987).

W. KHOURI – P. CASTELLANA, Frühchristliche Städte im nördlichen Jebel Wastani (Syrien): AW 21/1 (1990) 14/25.

Land des Baal. Syrien – Forum der Völker und Kulturen, red. v. K. KOHLMEYER – E. STROMMENGER (Mainz 1982).

J. LAUFFRAY, Halabiyya-Zenobia. Place forte du Limes oriental et la Haute-Mesapotamie au VIe siecle, 2 Bde (Paris 1983, 1991).

W. LIEBESCHUETZ, The Defences of Syria in the 6th century, in: Studien zu den Militärgrenzen Roms II (1977) 490/99.

Maalula. Vom Sonnenkult zur einmaligen Sergius-Kirche (1. Auflage, o. O., o. J.).

I. PEÑA – P. CASTELLANA – R. FERNÁNDEZ, Inventaire du Jébel Baricha. Recherches archéologiques dans la region des villes de la Syrie du Nord (Jerusalem 1987).

DIES., Les Cénobites Syriens, Stud Bibl Franc Coll Min 28 (1983).

J.-P. REY-COQUAIS, Syrie Romaine de Pompée à Dioclétien: JRS 68 (1978) 44/73.

A. SARTRE, Architecture funéraire de la Syrie, in: J.-M. DENTZER – W. ORTHMANN (Ed.), Arch. et hist. Syrie II (1989) 423/46.

M. SARTRE, Bostra: Des origines à l'Islam (Paris 1985).

J.-P. SODINI – G. TATE, Maisons d'époque Romaine et Byzantine (IIe – VIe siècles) du massif calcaire de Syrie du Nord. Étude typologique, in: Apamée de

Syrie, ed. par J. Balty (Bruxelles 1984) 377/430.

C. STRUBE, Die Formgebung der Apsisdekoration in Qalbloze und Qalat Siman: JbAChr 20 (1977) 181/91.

DIES., Hauskirche und einschiffige Kirche in Syrien. Beobachtungen zu den Kirchen von Marmaya, Išruq, Nuriye und Banaqfur, in: Studien z. spätantiken und byzantinischen Kunst I, FS f. F. W. Deichmann (Bonn 1986) 109/23.

K. M. SWOBODA, Römische und romanische Paläste (Wien – Köln, 3. Aufl. 1969).

G. TATE, Les campagnes de la Syrie du Nord I. Du IIe au VIIe siècle (Paris 1992).

G. TCHALENKO, Églises syriennes à bema, 3 Bde (Paris 1979, 1990).

DERS., Villages antiques de la Syrie du Nord, 3 Bde (Paris 1953 – 1958).

T. ULBERT, Zwei sigmaförmige Mensaplatten aus Syrien, in: Pietas. FS f. B. Kötting, Jb A Chr Ergbd 8 (1980) 559/65.

DERS., Die Basilika des Heiligen Kreuzes in Resafa-Sergiupolis, Resafa II (Mainz 1986).

D. WHITEHOUSE, Continuity and change: JRA 5 (1992) 511/13.

E. WIRTH, Syrien. Eine geographische Landeskunde (Darmstadt 1971).

Kircheninneres

Schranken (Abb. 14)
Lavabo (Abb. 16)
Mensa (Abb. 15)
Mosaiken (Abb. 17 – 18, 37 – 41)

Pilgerheiligtümer, Martyrion, Klöster

Qalat Siman (Abb. 19 – 22, 47 – 48)
Deir Siman (Abb. 49)
Resafa (Abb. 22)
Martyrion (Abb. 24)
Klöster (Abb. 25 – 26)

Gräber, Grabarchitektur

Grabkapelle (Abb. 27 – 28, 33, 35)
Pyramiden (Abb. 29, 50)
Hypogäen (Abb. 32 – 34)
Sarkophage (Abb. 30 – 31, 36)

Mosaikkunst (Abb. 17 – 18, 37 – 41, 46)

Frühislamische Architektur (Abb. 42 – 45, 53)

ABBILDUNGSNACHWEISE

Abb. 51 – 52: Inge Seidl, Österr. Außenhandelsstelle Damaskus.
Alle übrigen Aufnahmen vom Verfasser.

BILDDOKUMENTATION

Architektur

Befestigte Stadtanlage (Abb. 1)
Siedlungen, Häuser (Abb. 2 – 3)
„Palast" (Abb. 52)
Bewässerungssysteme, Staudamm (Abb. 4)

Kirchen (Abb. 5 – 13, 51)

Abb. 1: Das am Euphrat gelegene Zenobia geht auf eine Gründung der berühmten Königin von Palmyra zurück. Kaiser Justinian ließ hier eine befestigte Stadt gegen die Sassaniden errichten. Der Historiker und Hofberichterstatter Prokopios beschreibt die baulichen Maßnahmen Justinians in Zenobia. Schriftliche Nachricht und archäologischer Befund stehen so der wissenschaftlichen Kontrolle auf einmalige Weise zur Verfügung. Die durch umfangreiche Mauern abgesicherte Anlage erstreckt sich auf einem zum Euphrat hin auslaufenden Hügel und stand mit einer Gegenfestung jenseits des Flusses in strategischer Verbindung. Von dort wird die auch topographisch äußerst beeindruckende Lage Zenobias und seiner fortifikatorischen Bauwerke aus der Zeit Justinians und dessen Nachfolger am besten überblickt, vgl. auch Abb.14.

Abb. 2: Im Gegensatz zu einer befestigten Stadt an der byzantinischen Reichsgrenze (Abb. 1) wird hier eine der zahlreichen Siedlungen im syrischen Kalksteinmassiv abgebildet: Serdjilla. Die Häuser sind noch in gutem Zustand und werden teils heute noch genutzt. Die Erforschung des aus dem 7. bis 8. Jahrhundert überlieferten und ab da kaum veränderten Denkmälerbestandes bildet einen der Schwerpunkte der wissenschaftlichen Arbeit, in die auch siedlungs- und wirtschaftsgeographische Untersuchungen einbezogen werden.

Abb. 3: Eines der Häuser in Serdjilla (vgl. Abb. 2) macht Aufbau und Gliederung deutlich. Die Breitseite wird von einer zweigeschossig konzipierten Säulenstellung dominiert, zwischen die im Obergeschoß Brüstungsplatten eingefügt sind, wie sie in ähnlicher Weise im omaijadenzeitlichen Palastbau Verwendung fanden. An das Wohnhaus schlossen meist Schuppen, Magazine und Stallungen für das Kleinvieh. Nutz- und Wohnbau waren gewöhnlich von einer Umfassungsmauer umgeben, innerhalb der sich das Kleinvieh während der Nacht aufhielt.

Abb. 4: Der in der Nähe von Qasr al-Heir al-Gharbi befindliche Harbaqa-Staudamm ist der monumentale Beweis einstiger hochkultivierter Bewässerungstechnik in der Wüstensteppe. Seine Errichtung ist nach Meinung der Experten den antiken Palmyrenern zuzuschreiben. In omaijadischer Zeit wurde das aufgestaute Regenwasser durch Schleusen in ausgeklügelte Bewässerungs- und Kanalsysteme geleitet, die die großen Felder mit dem notwendigen Naß versorgten.

Abb. 5: Eine spezifisch christliche Architektur läßt sich für die Frühzeit des Christentums nicht nachweisen. Kultische und liturgische Handlungen fanden in Privathäusern statt, die man zu diesem Zwecke adaptierte. Frühe Hauskirchen, wie sie genannt werden, konnten in Dura Europos am Euphrat und in Qirk Bize im nordsyrischen Kalksteinmassiv erforscht werden. In den nördlichen Flügel eines größeren Hauses in Qirq Bize wurden Triumphbogen sowie sigmaförmiges Bema und Schrankenplatten eingebaut. Deutliche Spuren dieser im frühen 4. Jahrhundert vorgenommenen Adaptierungsarbeiten – im Bild das nach Westen ausgerichtete Bema – hat die Hauskirche von Qirk Bize noch bewahrt, die außerdem noch einen Vorhof mit Martyrion und Grabmal umfaßt.

Abb. 6: Erst jüngst wurde in Palmyra ein Bauwerk archäologisch erschlossen, das der damals noch kleinen Christengemeinde von Palmyra ab den ersten Jahrzehnten des 4. Jahrhunderts als Hauskirche gedient hat. Blick vom Eingangsbereich auf den Versammlungsraum mit geosteter Apsis in Richtung Norden.

Abb. 7: Eines der eindrucksvollsten Monumente des frühchristlichen Syriens: Die dreischiffige Basilika von Qalb Loze, deren den Eingang flankierende mächtige Türme die Westfassade dominieren. Das um Mitte des 5. Jahrhunderts errichtete Bauwerk – es liegt auf einer Erhebung – präsentiert den Typus der Weitarkadenbasilika. Ihre Funktion ist im Zusammenhang mit dem Wallfahrtswesen gesehen worden. Detailliert ausgearbeitete Gesimse und Profilleisten lockern die aus massiven Quadern (vgl. Abb. 8) gefügten Wände auf.

Abb. 8: Gleichsam zum Ornament werden die ohne Mörtelbindung aneinandergefügten Kalksteinquader der Apsiskalotte in der Kirche von Qalb Loze (Abb. 7). Der im Zentrum befindliche Schlußstein trägt eine erhaben ausgeführte sternförmige Rosette, durch die die Bauornamentik des Innenraumes in die Apsis aufgenommen wurde.

Abb. 9: Auf dem Plateau einer Erhebung steht die ebenfalls dreischiffige Kirche von Mshabbak, für deren Bau der anstehende Kalkstein an Ort und Stelle verwendet worden war. Wie an kaum einem anderen Denkmal können Neigung der Pultdächer und Obergaden des höher aufgeführten Mittelschiffs genau studiert und zu Rekonstruktionsfragen vergleichsweise herangezogen werden. Bauplastische Details sind hier nur vereinzelt zu finden. Im Bild Eingangs- und Südfassade der Kirche.

Abb. 10: Die dreischiffige Kirche von Kharab Shams (4./5. Jahrhundert) zeigt große Ähnlichkeit mit der Basilika von Mshabbak (Abb. 9). Eng gesetzte Säulen, deren Kapitellformen variieren, und darauf lastende Arkaden betonen das vertikale Element des mittleren Baukörpers der Kirche, deren Dachgesimse und Fenster Fragen nach Werkzusammengehörigkeit und baulichen Zusammenhängen offenkundig machen.

Abb. 11: Im südsyrischen Hauran, der antiken Auranitis, standen und stehen genug Kirchenbauten, die J.-M. Dentzer überblicksmäßig zusammengestellt hat (Seite 97 ff.). Darunter nimmt der als „Serail von Qanawat" bekannte Baukomplex eine Sonderstellung ein, vereinigen sich doch in ihm frühere römerzeitliche und spezifisch spätere Strukturen wie Grabbau, Grabkapelle und Kirchen. Letztere, im Westflügel der großen Anlage errichtet, unterscheiden sich richtungsmäßig. Die zunächst nord-süd ausgerichtete Kirche – im Bild wird deren Apsis samt Seitenkammern (Pastophorien) sichtbar – wurde später umorientiert. Spuren der nunmehrigen Richtungsfixierung können in Form eines Apsisfundaments und von Säulenbasen auf dem Plattenbelag wahrgenommen werden, den der Märzschnee mit seinem weißen Kleid verdeckt hat.

Abb. 12: Die einstige Hauptstadt der Provinz Arabia war Bosra, dessen wichtige Kirchenbauten und Moscheen neuerdings wieder besonderer Berücksichtigung für wert erachtet werden. Die sogenannte Basilika des Bahira – an sie knüpft die Tradition die Begegnung des Propheten mit dem christlichen Mönch Bahira – nimmt aufgrund ihres überdurchschnittlich breiten Innenraumes auch in typologischer Hinsicht eine Sonderstellung in Bosra ein. Da weder Säulenbasen noch Balkenlager zu bemerken sind, stellt sich die Frage, ob für das Bauwerk ein Dach überhaupt vorgesehen (und technisch möglich?) gewesen wäre. Ohne Mittelstützen hätte die große Spannweite durch ein Holzgerüst nicht überbrückt werden können. Oder blieb der Innenraum unter freiem Himmel? Durch einen überaus breiten Triumphbogen betritt man die Apsis, deren Kalotte die technische Vorgangsweise des Aufbaues zu erkennen gibt.

Abb. 13: Dem Mangel an verfügbarem Bauholz haben die Architekten im Hauran durch besondere Verwendung des Basaltgesteins, das in Massen vorhanden ist, Abhilfe geschaffen: In relativ dichtem Abstand gesetzte Bogenkonstruktionen oder enge Mauern wurden mit bis zu über drei Meter langen Basaltplatten überdeckt, die eine äußerst stabile, durch Menschenhand schier unzerstörbare Bauweise garantierten. Diese im Hauran erfundene geniale technische Lösung kann an zahlreichen Gebäuden in ihrem Originalzustand überprüft werden: Im Bild der in der beschriebenen Technik mit Basaltbalken überdeckte westliche Umgang der Georgs-Kirche von Ezra, ein Zentralbau des frühen 6. Jahrhunderts.

Abb. 14: Das Innere von Kirchen bietet nur wenig Anhaltspunkte, das darin vorhanden gewesene Inventar zu ermessen. Um den Innenraum zu bestimmten Zwecken zu gliedern, wurden Schrankenplatten zwischen Stehern eingezogen. Zeugnisse dieser Abschrankungen aus Stein werden bei Ausgrabungen immer wieder gefunden. In der Südkirche von Zenobia (Abb. 1) befinden sich die Reste von Schrankenplatten noch an ihrem ursprünglichen Aufstellungsort (vgl. auch Kat. Nr. 73 – 75). Die Ausgräber hatten sie vor Jahrzehnten freigelegt, in absehbarer Zeit werden sie wieder vom Sand bedeckt sein. Im Bildhintergrund die Höhen nördlich des Euphrats und rechts oben ein kleiner Abschnitt der südlichen Festungsmauer von Zenobia.

Abb. 15: Liturgische Geräte, Tische und Stühle gehörten ebenfalls zum Inventar von Kirchen. Sigmaförmige Tische meist aus Marmor wurden im Wohnbereich genauso verwendet wie zur Liturgie – eine genaue Funktionszuweisung erlaubt nur der archäologische Befund. Die schön ausgeführte Marmorplatte antiker Provenienz bildet in der Sergioskirche von Malula die Altarmensa, an der noch heute die Messe zelebriert wird.

Abb. 17: Einen illustrativen Blick in das Innere von Kirchen ermöglichen bisweilen musivische Darstellungen. Das Mosaik aus Hama gibt einen Baldachin, Beleuchtungsgeräte und ein Räucherbecken (vgl. Abb. 18) bildlich wieder.

Abb. 18: Daß Räucherbecken am Gewölbe von Kirchen befestigt waren, macht ein Mosaik aus der Gegend von Idlib deutlich. Die Form des Thymiaterions (vgl. Abb. 17) entspricht der eines halbkugeligen Gefäßes, das mittels Ketten an einem Haken befestigt war (siehe Kat. Nr. 88). Zwischen den Säulen, deren Kapitelle durch ihre Form auffallen, befindet sich ein Gitter als Abschrankung.

Abb. 16: Der Brauch, vor dem Betreten einer Kirche die Hand in das Weihwasserbecken zu tauchen, um – symbolisch gereinigt – sich zu bekreuzigen, läßt sich in einigen Kirchen nachweisen. Burqush im Hermongebirge ist hier anzuführen. Der auf einem Berg errichtete christliche Sakralbau hat nicht nur ein gut ausgearbeitetes Lavabo, sondern auch manches architektonisch und baugeschichtlich aufschlußreiche Detail überliefert.

225

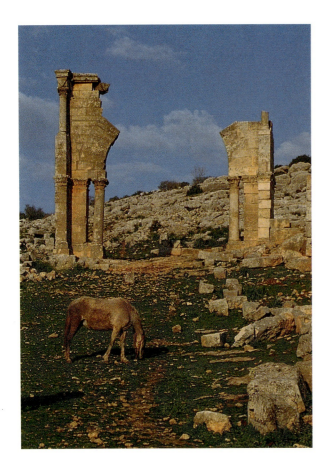

Abb. 19: Die Pilgerprozessionen zum Symeonskloster nahmen am Fuß des Berges, in Telanissos/Deir Seman, ihren Anfang. Der Teilnehmer durchschritt einen Torbogen und wurde anschließend durch eine Folge von Architekturprospekten geleitet, die seine Erwartung immer mehr steigen ließen, bis er dann den Höhepunkt seines mühsamen Weges – oft von weit her, auch aus Europa – erreichte: Die Wirkungsstätte des berühmten Säulenstehers Symeon, Ziel einer langen und sicher entbehrlichen Reise.

Abb. 20: Das Zentrum des großen Pilgerheiligtums, eines der größten in der frühchristlichen Welt, bildete die Säule, auf der der hl. Symeon sein Leben verbracht hatte. Die aus dem Kalkstein herausgehauene Basis markiert diese Stelle. Durchblick vom Norden zur Südfassade der Anlage.

Abb. 21: Blick von der Westbasilika über die Säulenbasis zur Ostbasilika, der größten der insgesamt vier Basiliken des Pilgerheiligtums. Ihre Achse weicht, wie auch der Abbildung zu entnehmen ist, von den übrigen etwas ab.

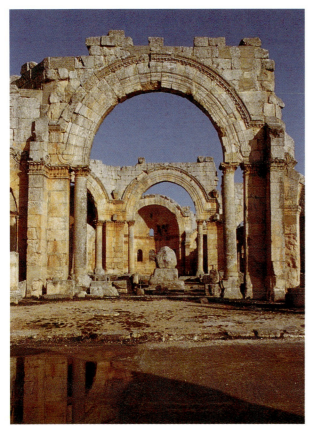

Abb. 22: Eine der eher seltenen Ansichten des großen Pilgerheiligtums in Qalat Siman, an dessen zentrales Oktogon vier Basiliken angesetzt sind. Den Raum, wo Ost- und Nordbasilika in den Zentralbau, das Martyrion, münden, füllt eine Konche. Blick in Richtung Süden.

Abb. 21

Abb. 23: Ein seiner Entstehung nach anderer Wallfahrtsort als Qalat Siman ist das in der syrischen Wüstensteppe gelegene Sergiupolis/Resafa, das den neuesten Forschungen zufolge schon im 1. Jahrhundert römischer Militärstützpunkt am sogenannten Limes von Chalkis gewesen sein dürfte. Nach der christlichen Tradition erlitten unter Diokletian die Soldaten Sergius und Bacchus ihres Glaubens wegen den Märtyrertod in Resafa, das sich zu einer berühmten Pilgerstätte entwickelte. Diese wurde von Arabern, Muslimen und Christen gleichermaßen besucht. Kaiser Justinian ließ die Stadt ausbauen und befestigen (vgl. auch Abb. 1). Die 559 geweihte Kirche zum „Heiligen Kreuz", deren Süd- und Ostseite im Bild zu sehen sind, wurde vermutlich im 7. Jahrhundert durch den Bau einer Moschee an der Westseite zu einer Stätte der gemeinsamen Glaubensbegegnung von Muslimen und Christen. Umfangreiche Forschungsarbeiten haben die einzelnen Stadien der Bau- und Entwicklungsgeschichte dieser Kirche bis zu den Mongoleneinfällen um Mitte des 13. Jahrhunderts nachvollziehbar gemacht, wie auch das einmalige Ensemble an liturgischen Geräten dokumentiert (vgl. Kat. Nr. 115 – 119). Damit wurde, um die Worte des Ausgräbers zu verwenden, eine „Bau- und Kultkontinuität über einen Zeitraum von 700 Jahren auf archäologischem Wege nachgewiesen" (T. Ulbert).

Abb. 24: Ein für die Geschichte des Märtyrerkultes wichtiges Ergebnis allgemeinen wissenschaftlichen Interesses wurde in Huarte bei Apamea erzielt. Die der dortigen Südkirche integrierte Märtyrerkapelle, das Martyrion, barg den in der Mitte auf einen Sockel gestellten Reliquiensarkophag, an dessen Breitseite eine Öffnung samt kleinem Behälter angebracht sind. In den Schrein gegossene und mit den Reliquien in Berührung gekommene Flüssigkeit, wohl Öl, konnte an dieser Stelle entnommen und in Ampullen gefüllt werden.

Abb. 25: In der weitgehend intakt gebliebenen Siedlung von El Bara bei Idlib steht ein Gebäude, das Deir Sebat bezeichnet wird. Ob es, wie der heutige Name besagt, ein Kloster gewesen ist, müßte noch geklärt werden. Den Westflügel nimmt ein saalartiger Raum ein. Anbauten mit Werkstätten und Schuppen weisen auf landwirtschaftliche Nutzung hin, die auch in anderen Bauwerken dieser Art greifbar wird.

Abb. 26: Aus mehreren Bauten unterschiedlicher Funktion besteht die Anlage des Klosters von El Breig (Breij). Am Fuß eines kahlen Kalksteinfelsens wohl im 6. Jahrhundert errichtet, wurde es in der Folgezeit mit Zubauten versehen: Schuppen, Speichern und einem Preßhaus im Westsektor des Komplexes, dem im Osten ein dreistöckiger Bau, das eigentliche Kloster (rechter Bildrand), gegenüber liegt. Die dort befindliche Zisterne, eine von zwei auf dem Areal aufgefundenen, versorgte die Mönchsgemeinschaft mit dem notwendigen Naß.

Abb. 27: Die Grabarchitektur ist in Syrien durch verschiedene Bautypen vertreten. Im Norden des Landes durch Grabkapellen in Hausform, durch Hypogäen, Pyramiden und große Steinsarkophage. Den ersten Typus repräsentiert eine Kapelle in Serdjilla, deren Eingang von zwei Säulen flankiert wird.

Abb. 28: Der Grabbau an der nördlichen Umfassungsmauer von Qalat Siman birgt einen unterirdischen Raum und in den Fels eingetiefte Gräber und Grabnischen. Bei der Errichtung des Grabbaus wurde der anstehende Kalkstein in die Konstruktion einbezogen, deren Südwand, von einigen zubehauenen Quaderlagen abgesehen, der gewachsene Felsen bildet.

Abb. 29: Eine Sonderform der spätantiken/byzantinischen Grabarchitektur stellen die in Nordsyrien bezeugten Pyramiden dar, die mit fein ausgearbeiteten Gesimsen und Kapitellpilastern ausgestattet sind. Zwei dieser Denkmäler (vgl. Abb. 50) finden sich in El Bara und beinhalten große Steinsarkophage, die bei der Planung bereits berücksichtigt und vor dem Bau der Pyramide an Ort und Stelle aufgestellt worden sein mußten (Abb. 30).

Abb. 30: Die Grabkammer im Inneren der Pyramide (Abb. 29) mit insgesamt fünf monumentalen Steinsarkophagen, deren Vorderseiten plastisch ausgearbeitete und in Kränzen gekleidete Christusmonogramme und Rosetten tragen – eindeutige Hinweise auf den Glauben der darin Bestatteten. Die gleiche Symbolik kehrt auch auf dem Deckel des Sarkophagkastens wieder (vgl. Abb. 31).

Abb. 31: Steinsarkophage auf dem Areal des Friedhofes von Serdjilla, aus dem Kalksteinmassiv herausgehauene Zeugnisse eines aufwendigen Bestattungsbrauches in christlicher Zeit.

Abb. 32: Die Grabarchitektur der christlichen Zeit umfaßt nicht nur obertags erhaltene Denkmäler, sondern auch unterirdisch angelegte Gräber und Grabsysteme, die das Ausmaß von Katakomben erreichten, wie sie in Emesa/Homs vorliegen. Das in El Bara aus dem Kalkstein ausgehauene Grab weist Vorhof, Säulen und Bögen sowie die eigentliche Grabkammer auf.

Abb. 33: Einen Einblick in die Grabarchitektur der christlichen Spätzeit vermittelt ein im Museum von Maarat Numa'an (in der Karawanserei) wiedererrichtetes Hypogäum. Pfeiler und darin fixierte Schrankenplatten, deren Zierat die der damaligen Zeit geläufige Ornamentik wiedergibt, illustrieren einen selten belegten Typus einer unterirdischen Grabanlage im Bereich des Kalksteinmassivs zwischen Apamea und Idlib.

Abb. 34: Aus Basaltgestein hergestellte Türflügel, deren Zapfen sich in Pfannen bewegten, schlossen die Grabkammer von Hypogäen ab. Die Türverriegelung ließ sich mit einem Steckschlüssel öffnen. Der mehrere Zentner schwere Türflügel im Museum von Idlib ist in einzelne quadratische Felder mit Rosetten- und Kreuzdekor gegliedert. Das mittlere Bildfeld der rechten Reihe ist figural gestaltet und überliefert ein geläufiges ikonographisches Thema frühchristlicher Zeit: Daniel in der Löwengrube.

Abb 35: Der schon erwähnte Baukomplex von Qanawat (Abb. 11) weist an seiner Ostseite eine niveaumäßig tiefer gelegene Gruft mit Sarkophagen auf, oberhalb der eine Grabkapelle in Richtung Westen anschließt. Einen der in situ befindlichen Sarkophage zeichnet ein Reliefdekor aus, der Weintrauben an Ranken und Kreismotive mit eingeschriebenen gleichschenkeligen Kreuzen wiedergibt.

Abb. 36: Daß in spätantiker/byzantinischer Zeit Sarkophage aus anderen Materialien denn Stein üblich waren, beweisen einige in Museen ausgestellte Exemplare aus Blei oder Ton, wobei letztere mit einer grünlichen Bleiglasur versehen sind. Die Oberfläche des tönernen Wannensarkophags mit Deckel im Museum von Aleppo wurde durch erhabene Zierbänder und applizierte Büsten aufgelockert. Schwere und größere Empfindlichkeit des Tons dürften für die relativ geringe Anzahl derartiger bislang bekanntgewordener Sarkophage – ein weiteres Beispiel dafür wäre aus dem Museum von Raqqa anzuführen – verantwortlich gemacht werden.

Abb. 37: Syrische Mosaikkunst blickt auf eine lange kunsthandwerkliche Ausübung zurück, die in den hellenistischen Städtegründungen ihre Wurzeln hatte und bis in frühislamischer Zeit sich größter Beliebtheit erfreute. Die antike (heidnische) mythologische Thematik verschwand mit dem Auftreten und Erstarken des Christentums nicht für immer, sondern wurde bisweilen aufgegriffen: So die Gründungssage Roms durch das Zwillingspaar Romulus und Remus, die von einer Wölfin aufgezogen wurden. Das in das Jahr 511 datierte Mosaik, in Firkia nördlich von Maarat Numa'an freigelegt, reflektiert dieses Thema, das offenbar auch im christlichen Umfeld als selbstverständlich empfunden wurde.

Abb. 38: Von demselben Fundort wie das Mosaik Abbildung 37 stammt das hier gezeigte, dessen Inschrift das Entstehungsjahr 510 anführt. Die aus einem Kantharos emporwachsenden Ranken umschließen medaillonartig die Darstellungen eines Hasen, Hahnes, Tigers, Fuchses, Ziegenbocks und eines Hundes. Im Zentrum des Rankenwerkes steht die „im Namen des Herrn" verlegte Mosaikinschrift, in der der Name des hl. Paulus erwähnt ist. Den Rand des Bildfeldes säumt das Motiv des „laufenden Hundes".

Abb. 39: Einen bescheidenen Ersatz für die uns fehlende spätantike Porträtplastik syrischer Bildhauer bieten figurale Darstellungen, die – wie die vorliegende – durchaus als qualitätvolle Zeugnisse musivischen Kunstschaffens eingestuft werden dürfen: Der Blick der frontal abgebildeten Figur ist in die Ferne gerichtet, geht keine Verbindung mit dem Betrachter oder dem Gegenüber ein und entspricht in dieser Charakteristik jenen hieratischen Gestalten, die die byzantinische Mosaikkunst (des 6. Jahrhunderts) nicht selten überliefert hat.

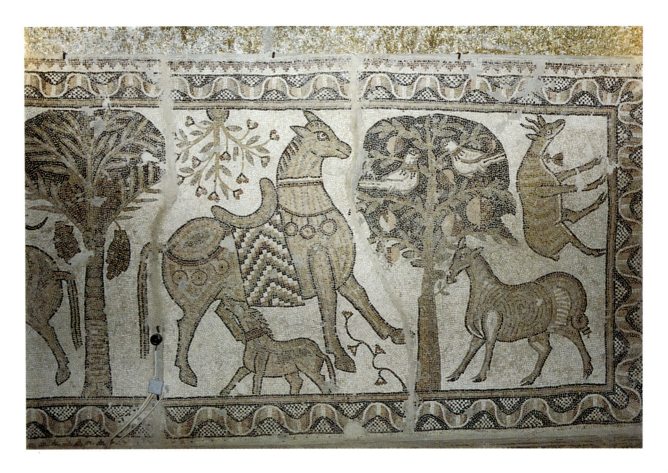

Abb. 40: In die Spätzeit der Mosaikkunst führt das ebenfalls bei Maarat Numa'an entdeckte musivische Zeugnis, auf dem zwischen schematisch gezeichneten Bäumen, auf denen Vögel sitzen, Vierbeiner dargestellt sind. Vorliebe zu Details kommt in der Wiedergabe des Pferdes zum Ausdruck: Eine bunt verzierte Decke ist dem Sattel untergelegt, vom Brust- und Schweifriemen baumeln Zierscheiben. Außer den genannten Einzelheiten gelingt es jedoch dem Mosaizisten, ein rührendes Moment seinem Werk einzubringen: Das Verhältnis von Muttertier und Fohlen, das an den Zitzen der in aufmerksamer Haltung charakterisierten Stute saugt.

Abb. 41: Einen gravierenden Unterschied in der Bildauffassung im Vergleich zum vorhin gezeigten „Porträt" (Abb. 39) führt das Philon-Mosaik im Museum von Aleppo drastisch vor Augen: Die sitzende, flächig ausgebreitete Figur, mit dem Namen Philon überschrieben, scheint aus unorganisch gebildeten, dunkel gerahmten Einzelgliedern zusammengefügt zu sein. Daß außer dem zeitlichen Moment auch ein gewisses Defizit handwerklichen Geschicks und ästhetischen Empfindens der Entstehung des Mosaiks zugrundeliegen dürften, sollte bei näherer Betrachtung des Werkes nicht unberücksichtigt bleiben, wenngleich die Zeichnung des Gesichtes an das „Porträt" Abbildung 39 erinnert. In demonstrativer Geste hält Philon einen Fisch in der erhobenen Rechten, während er mit der Linken ein bauchiges Gefäß entleert.

Abb. 42: Die Glaubenswandlung Christentum – Islam spiegelt nicht nur der Denkmälerbestand in prominenten Städten wie Damaskus oder Resafa, sondern auch in ländlichen Siedlungsbereichen wie in El Bara. Plätze oder Bauten waren in frühislamischer Zeit für Moscheen vorgesehen, zu deren Errichtung auf bereits verwendet gewesenes Material (Steinquader, Säulen, Kapitelle) zurückgegriffen wurde – ein Vorgang, den die Aufnahme annäherungsweise nachvollziehbar werden läßt: In der aus Spolien aufgebauten Wand (Qibla) ist die Gebetsnische (Mirhab) eingelassen, vor der Bruchstücke der reliefierten Fenster mit Blatt- und feinem Kreissegmentdekor liegen, steinerne Zeugen einer einstigen Moschee inmitten des heutigen Ruinenfeldes von El Bara.

Abb. 43: Die frühislamische Befestigungs- und Stadtarchitektur wird in der ihr eigenen Prägung in der syrischen Wüstensteppe am eindrucksvollsten dokumentiert, besonders in Qasr al-Heir al-Sharqi, 120 km nordöstlich von Palmyra. Der Kalif Hisham hatte dort nicht nur sein Quartier und eine befestigte Stadt nach herkömmlichen Plänen anlegen, sondern umfangreiche Gärten- und Bewässerungssysteme installieren lassen, die eine entsprechende Infrastruktur im heute unfruchtbar scheinenden Wüsten- bzw. Steppengebiet sicherten (vgl. auch Abb. 4). Die Stelle liegt im Kreuzungsbereich von Karawanenwegen und besaß als ein im Osten vorgeschobener Posten des Omaijadenreiches strategische Bedeutung. Dieser Anspruch ist beispielsweise dem mächtigen aus Steinen und Ziegeln gefügten Westtor der kleineren Anlage abzuleiten, die als Karawanserei, vielleicht auch als Militärfestung konzipiert worden war. Die glatte Torfront wird durch das Portal mit darüber befindlichem Profilsegment und je einer seitlich angebrachten Nische für Statuen unterbrochen. Der vorkragende Erker mit Löchern über der Torachse diente als Pechnase (Maschikulis), die in der islamischen Architektur hier erstmals bezeugt ist. Als äußerst aufschlußreich muß auch die schriftliche Nachricht bezeichnet werden, wonach Handwerker und Fachleute aus Homs in Qasr al-Heir gearbeitet haben.

Abb. 44: In der Beqaa-Ebene auf heute libanesischem Staatsgebiet liegt die mit Mauern und Türmen bewehrte omaijadenzeitliche Stadt von Anjar, deren Grundriß sich in den wesentlichen Zügen von den römischen Militäranlagen ableitet, obwohl Modifizierungen und Umgestaltungen vorausgesetzt werden müssen. Die rechtwinkelig sich kreuzenden Straßenachsen, über deren Kreuzungspunkt ein traditionelles Tetrapylon stand, teilen die Stadt in vier gleiche Viertel. Blick auf die Nord-Süd verlaufende Straße, die von Arkaden – sie ruhen auf Kapitellen mit Kämpfern – und dahinter liegenden Geschäften und Buden suqartigen Charakters gesäumt wird. Aufnahme in Richtung Norden.

Abb. 45: Fenster mit profilierten Ziergesimsen in einer der Wände des Palais in Anjar. Quader- und Ziegelreihen wurden abwechselnd gesetzt und bringen ein spielendes Element in den Aufbau der Fassade (vgl. auch Abb. 51 – 52).

Abb. 46: In keinem anderen Gebiet kann die Mosaikkunst der Spätantike, byzantinischen und frühislamischen Zeit anschaulicher und lückenloser erfaßt werden als im Vorderen Orient, und nirgendwo sonst ließe sich die Entwicklung musivischer Zeugnisse fundierter nachzeichnen denn hier, wo eigene Mosaikschulen tätig waren. So pflegten Mosaizisten mitunter ihre Namen im Werk und dessen Gründungsdatum zu verewigen. Arabische Kunsthandwerker sind genauso namentlich überliefert wie solche griechischen oder lateinischen Namens. Der bislang vorhandene reiche Motivschatz wurde von den unter muslimischer Herrschaft tätig gewesenen Meistern weiterhin verwendet, umgestaltet und dem Bildprogramm der neuen Bauherren angepaßt. Städteprospekte, Architekturen und Bauwerke inmitten paradiesisch wirkender Landschaften bildeten ein immer wieder beliebtes Thema der omaijadischen Mosaikkunst, die nun auch Außenwände und Fassaden großer Bauwerke, besonders von Moscheen einbezog. Die Omaijadenmoschee in Damaskus, wo der abgebildete Mosaikausschnitt angebracht ist, darf als eines der berühmtesten Beispiele erwähnt werden.

Abb. 47: Qalat Siman. Aufnahme der Eingangsfront des Pilgerheiligtums von der Esplanade aus, die das Martyrion mit dem Baptisterium im Süden der weitläufigen Anlage verbindet. (S. 249)

Abb. 48: Der Zug der Pilger setzte sich am Fuß des Hügels in Deir Siman, dem antiken Telanissos, in Bewegung, durchschritt den „Triumphbogen", um nach dem Aufstieg in einer Folge architektonischer Durchblicke und Prospekte das zentrale Heiligtum, erstrebtes Ziel einer oft langen und mühseligen Reise, zu erreichen. (S. 250)

Abb. 49: Der umfangreiche Pilgerbetrieb beim Symeonskloster erforderte entsprechende Unterkunftsmöglichkeiten für Menschen und Stallungen für die Reit- und Tragtiere. Pilgerherbergen – eine der größeren ist in der Abbildung zu sehen – gab es in Deir Siman/Telanissos am Fuß des Symeonsklosters. (S. 251)

Abb. 50: Die kleinere der in El Bara erhaltenen Pyramiden, die die spätantike/byzantinische Grabarchitektur im Kalksteinmassiv bereichern (vgl. Abb. 29 – 30). (S. 252)

Abb. 51: Im Rahmen der von Kaiser Justinian geplanten Sicherungsmaßnahmen gegen die vom Osten drohenden Sassaniden (vgl. Abb. 1) wurde zwischen dem Rand des Altsiedellandes und der Übergangszone zur Wüstensteppe, 60 km nordöstlich von Hama, ein aus Kasernen, Palast und Kirche bestehender Komplex errichtet, in dem als neues, die Fassade gestaltendes Element der farbliche Wechsel der Stein- und Ziegellagen hinzukam. Die Kirche besaß ursprünglich eine hohe Kuppel, die auf dem auch Bögen einbeziehenden Obergeschoß ruhte. (S. 253)

Abb. 52: Der sogenannte Palast in Qasr ibn Wardan – eine Inschrift auf einem Türsturz vermerkt das Jahr 564 – vertritt den oströmischen/byzantinischen Repräsentationsbau auf einmalige Weise. Das kubische Bauvolumen wird durch die abwechselnden Stein- und Ziegellagen in Schichten gegliedert und durch turmartige Vorsprünge rhythmisierend aufgelockert. (S. 254)

Abb. 53: Dem Südostviertel der Anlage von Anjar (Abb. 44) ist der Palastkomplex eingeschrieben, dessen Hauptteil zwei einander gegenüberliegende, mit Mittelapsiden versehene Hallen bilden. Die feingliedrigen, schlanken Bogenstellungen (vgl. Abb. 44) variieren die herkömmliche Arkadenarchitektur, die in omaijadischer Zeit – dem damaligen Bauempfinden entsprechend – umgestaltet worden ist. Inwiefern sich dabei der schriftlich bezeugte Einsatz von Baufachleuten aus der Gegend des oberen Tigris ausgewirkt haben könnte, müßte von kunst- und architekturgeschichtlicher Seite noch diskutiert werden. (S. 255)

JAWDAT CHEHADE

DIE ZEIT DER GHASSANIDEN IN SYRIEN: GRUNDZÜGE IHRER GESCHICHTE

Die Ghassaniden, deren „goldene Zeit" in das 6. bis 7. Jahrhundert n. Chr. fiel, waren in augusteischer Zeit nach der Zerstörung des Staudammes von Al-Mi'ereb aus Südarabien (Yemen) ausgewandert. Ihren Namen erhielten sie nach einer Quelle in Tuhama. Im 3. Jahrhundert setzten sie sich in Palästina, dem heutigen Jordanien und in Syrien fest, nachdem sie die einheimische Sippe Daja'ima verdrängt hatten. Manche altarabische Quellen erwähnen Amro, den Sohn des Amer, Mesikia als ihren Ahnen (Großvater), während andere Gafne als den ältesten bezeichnen, wie etwa die Dichter Hassan ben Thabet und Al-Nabigha Al-Dubiani. Theophanes nennt die Sippe der Ghassaniden Tha'laba in Verbindung mit dem Namen Arethas. Prokop berichtet, Kaiser Justinian habe den Prinzen Haritha (Aretas) im Jahre 529 n. Chr. zum König (basileus) gemacht. Die Ghassaniden erhielten hohe Ämter; etwa Harita ben Jablah im Gebiet Phoenicia ad Libanum, der auch als „lamprotatos" (erlauchtester) bezeichnet wurde, wogegen die niedrigeren Beamten „viri clarissimi" (und nicht „illustres") waren. Das Herrschaftsgebiet der Ghassaniden erstreckte sich von Phönikien bis nach Palmyra und bis zum Euphrat. Der ghassanidische König galt im 6. Jahrhundert auch als „der Herr von Palmyra".

Wir sind nicht informiert über die Beziehungen zwischen Ghassaniden und Byzantinern im 4. bis 5. Jahrhundert. Inschriften und gelegentliche Nachrichten bei Theophanes und Prokop erwähnen Kämpfe mit den Manadira al-Hira und nennen 'Umro al-Qais als den König der Araber. Im antiken Schrifttum werden nur Hinweise über die letzten sechs Könige des 6. bis 7. Jahrhunderts gegeben. Deren Namen lauten folgendermaßen:
1. Aretas I.
2. Gabla
3. Aretas II (oder der „Gelähmte")
4. Alamoundaros (Al-Mundir)
5. Al-Num'an
6. Gabla ben Al-Ayham

Einige Dichter lobten ihre Würde und Tapferkeit und erwähnten ihre Paläste, Reichtümer und ihre Bauwerke: Wachttürme, Staudämme und Festungen, sowie mehrere Orte: Bosra, Muschatta, Rusafa, Khirbet al-Beida, das zum Qasr al Heir al-Gharbi gehörende Kloster (Abb. 1 – 2), Al-Hayat im Hauran, Kouleibia, Shaba, Resafa (Abb. 3 – 4) u. a. Hamse al-Asfahani nennt dreizehn Prinzen (nicht 32) und mehrere Ortschaften wie Al-Kourayat im südsyrischen Hauran, Gullak nahe Damaskus und Al-Gabiah im Dscholan (bis heute heißt das Westtor von Damaskus so).

An der Seite Ostroms (Byzanz') führten die Ghassaniden viele Kämpfe gegen die Lakhmiden, die mit den Persern verbündet waren. Aretas zog mit seinen Truppen, die unter der Leitung des Belisarios' standen, nach Mesopotamien. Die Ghassaniden erhielten nämlich jährliche Geldmittel (annonae) von Byzanz. Im Jahre 544 nahm der Lakhmide Alamondaros (Al-Mundir III.) einen der Söhne des Aretas ben Gablas fest und opferte ihn der arabischen Göttin Al-Ise (sie ist mit Aphrodite gleichzusetzen). Zehn Jahre nach diesem Vorfall gelang es Aretas, sich an dem Lakhmiden in Qinnesrin (Chalkis) zu rächen. Dieser Tag wurde in der arabischen Literatur Halimas-Tag genannt. Damit hat es folgende Bewandtnis: Halima, die Tochter des Aretas und Schwester des Geopferten, salbte mit einer besonders gutriechenden Creme die Soldaten ihres Vaters vor dem Kampf gegen den Lakhmiden. Nach dem Sieg der Ghassaniden erhielt der Tag den Namen der Königstochter. Außer dieser Auseinandersetzung gab es noch andere; z. B. jene im Jahr 571 in Aen-Bagh, wo die Ghassaniden eben-

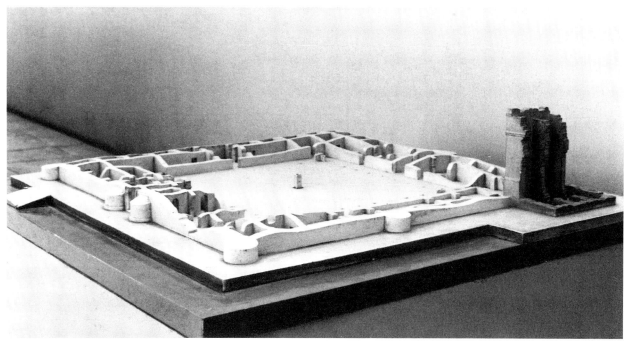

Abb. 1: Der heutige Zustand des ghassanidischen Klosterturms dargestellt anhand eines Modells im Nat. Mus. Damaskus.

Abb. 2: Das omaijadenzeitliche Wüstenschloß von Qasr al Heir al-Gharbi mit übernommenem ghassanidischem Klosterturm. Rekonstruktion im Nat. Mus. Damaskus.

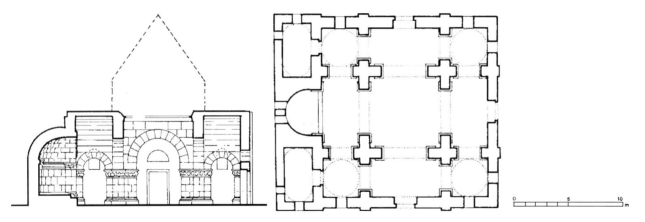

Abb. 3: Grundriß und Längsschnitt des mit dem Namen des Alamundiros (Al-Mundir) verbundenen Bauwerks außerhalb der nördlichen Stadtmauer von Resafa.

Abb. 4: Blick in das Innere des Al-Mundir-Bauwerks, das als Audienzsaal bezeichnet wurde: Apsis und Pfeiler mit darauf lastenden Bögen.

falls siegten. Anscheinend war der genannte Aretas bei den Byzantinern nicht sehr beliebt, vielleicht wegen seines monophysitischen Glaubens. 542/543 hatte er nämlich bei Kaiserin Theodora die Ernennung des Jakob Al-Baradaeus, des späteren Bischofs von Edessa (gest. 578), und seines Freundes Theodor zu Bischöfen der Monophysiten in Syrien zu erwirken versucht. Erwähnt wurde auch der Name des Johannes, des Bischofs von Hawarin. Dieser figuriert in der Teilnehmerliste des Konzils von Chalcedon als Euarius oder Euaria, ebenso sein Nachfolger Thomas als Theomenes episcopus Euariae.

Alamundiros (Al-Mundir IV: 569-581) übernahm nach dem Tod seines Vaters Aretas die Herrschaft bei den Ghassaniden. Er war ebenso monophysitischen Glaubens, der von der offiziellen Kirche nicht anerkannt wurde. Kaiser Justin schickte deshalb einen Brief an den militärischen Oberbefehlshaber von Syrien (den Dux Romani), in dem er diesem die Festnahme des Ghassanidenprinzen befahl. Gleichzeitig schrieb er Al-Mundir, er sollte den Dux zwecks Einholung einiger Ratschläge aufsuchen. Die Briefe wurden dann allerdings vertauscht, so daß Al-Mundir gewarnt war. Zwei Jahre nach dieser Begebenheit weilte Al-Mundir mit seiner Frau und drei Söhnen in Hawarin, um die dortige Kathedrale einzuweihen. Sie wurden vom Dux überrascht und nach Sizilien entführt. Auf ähnliche Weise erging es auch dem Nachfolger Al-Mundirs, Al-Numan. Dieser wurde 584 von den Byzantinern nach Konstantinopel (Byzanz) verschleppt. Diese Vorfälle bedeuteten einen Bruch in den bislang guten Beziehungen zwischen Byzanz und den Ghassaniden, die sich ab nun in Interessensgruppen spalteten. 611-614 fielen die Perser in Syrien ein und behaupteten einen Großteil des Provinziallandes. Kaiser Heraklius gelang es nach vierzehn Jahren, die Perser zurückzudrängen und ihnen das hl. Kreuz abzunehmen, das sie erbeutet hatten.

Der letzte Ghassanidenprinz Gabla ben Al-Ayham kämpfte auf seiten der Byzantiner gegen die Araber in der Schlacht am Yarmouk 636. Später konvertierte er zum Islam – nicht für allzu lange. Als er sich nämlich auf der Pilgerreise nach Mekka befand, trat ein Beduine auf seinen Mantel. Gabla gab dem Beduinen eine Ohrfeige, worauf sich dieser an den Khalifen Omar ben Al-Khatab wandte, um den Ghassanidenprinzen zu klagen. Omar gab dem Kläger recht. Gabla mußte nach Byzanz fliehen, wo er bis zu seinem Tod im Jahre 640 blieb. Auf seiner Pilgerreise hatte Gabla eine mit zwei Perlen in der Größe von Taubeneiern bestückte Krone getragen, die damals seiner Großmutter Maria gehörte.

ZUSAMMENFASSUNG

Die aus Südarabien stammenden Ghassaniden übernahmen nicht nur Elemente der einheimischen und römischen Kultur, sondern auch antikes Gedankengut. Mit ihrem Namen stehen Bauten in Verbindung, von denen welche – wie etwa jene in Resafa – bis heute erhalten blieben. Die Blütezeit der Ghassaniden begann mit Gabla I. Ihre Geschichte hat T. Nöldeke nach den altsyrischen und griechischen Quellen dargestellt, weshalb seine Dissertation noch heute Aktualität besitzt. Vor ihrem Aufgehen im Islam waren die Ghassaniden vom christlichen Glauben und von philosophischen Theorien beeinflußt. Diese Beeinflussung sollte dann zum Grundstein der islamischen Kultur werden.

LITERATUR

J. B. CHABOT, Documenta ad originis Monophysitarum (Paris 1908).

P. K. HITTI, History of the Arabs (1. Aufl. 1937, 10. Aufl. 1970 bzw. 1991).

A. HOURANI, Die Geschichte der arabischen Völker (Frankfurt/M. 1992).

E. HONIGMANN, Evêques et evêchés Monophysites (Louvain 1951).

J. R. MARTINDALE (Ed.), Prosopography of the Later Roman Empire III (Cambridge 1992) 34/37 (zu Alamundarus).

A. MUSIL, Palmyrena. A Topographical Itinerary (New York 1928).

T. NÖLDEKE, Die Ghassanidischen Fürsten aus dem Hause Gafna's (Berlin 1887).

Ders., Zur Topographie und Geschichte des Damascenischen Gebietes und der Haurangegend: ZDMG 29 (1875) 419/44.

F. E. Peters, Byzantium and the Arabs of Syria: AAS 27/28 (1977/78) 97/113.

I. Sahid, Rome and the Arabs: A Prolegomenon to the Study of Byzantium and the Arabs (Washington D. C. 1984).

Ders., Byzantium and the Arabs in the 4th Century (Washington, D. C. 1984).

Ders., Byzantium and the Arabs in the 5th Century (Washington, D. C. 1989).

Ders., Byzantium and the Semitic Orient before the rise of Islam. Collected Studies (London 1988).

Ders., Ghassanid and Ummayyad structures: A case of Byzance après Byzance, in: La Syrie de Byzance à l'Islam, ed. par P. Canivet – J.-P. Rey-Coquais (Damas 1992) 299/307.

J. Sauvaget, Les Ghassanides et Sergiopolis: Byzantion 14 (1939) 115/30.

ABBILDUNGSNACHWEISE

Abb. 1 – 2, 4: Erwin M. Ruprechtsberger. – Abb. 3: Nach C. Mango, Byzantinische Architektur (Stuttgart 1975) 94 Abb. 101.

Erwin M. Ruprechtsberger

ZUR MOSAIKDARSTELLUNG EINES GHASSANIDISCHEN SOLDATEN

Den seit Jahren von Pater Michele Piccirillo und seinen Mitarbeitern intensiv betriebenen Forschungen auf dem Gebiet des frühchristlichen Kirchenbaus und der Mosaikkunst im Raum der Provincia Arabia wird die Aufdeckung eines Mosaiks verdankt, das den Boden der am Fuße des Neboberges bei der Mosesquelle (den Ayoun Mousa) gelegenen Kirche des Kayanos zierte. Über einem älteren Mosaik verlegt, bildete es den jüngeren Begehungshorizont der Kirche. Außer den Porträts der drei Kirchenstifter zeigt das in die 2. Hälfte des 6. Jahrhunderts datierte Mosaik noch andere Figuren. Diese sind auf einem konservierten, heute im Rasthaus am Berg Nebo ausgestellten Kompartiment des Bodens zu sehen (Abb.1 – 2). Eine der drei Figuren, nämlich den Kamelführer, hat M. Piccirillo als einen christianisierten Arabersoldaten der Ghassaniden bezeichnet. Diese von Piccirillo präzis getroffene Zuweisung soll in der folgenden Bildbetrachtung nochmals aufgegriffen werden.

Unterhalb eines Flechtbandes sind drei Figuren angeordnet. Die mittlere ist fast gänzlich zerstört. Zwei noch vorhandene Inschriften bezeichnen zwei beim Namen: Philos und Johannes. Bei der dritten Figur – Kopf und Inschrift fielen hier einer Zerstörung anheim – handelt es sich um einen Dromedarführer, der von den beiden anderen Männern offenbar erwartet wird. Die Augen des links abgebildeten Philos fixieren den ankommenden Reiter, der – sein Dromedar am langen Zügel führend – eben haltmacht und sich Philos und Johannes zuwendet, gleichsam im Begriff, eine Nachricht zu übermitteln. Betrachten wir zunächst das Reittier, ein Dromedar. Es trägt einen mittels Bauchgurt befestigten (Kreuzbogen?)-Sattel, dessen vorne schleifenartig und hinten gegabeltes Ende dem Reiter festen Sitz boten. Inwiefern sich diese neue Möglichkeit eines vom Sattel aus geführten, erweiterten Aktionsradius auf ein neues Bewußtsein des Nomadismus, auf eine – wie es W. Dostal ausdrückte – „Arabisierung der Beduinen" und damit verbundene Polarisierung mit dem Kulturland antiker Prägung ausgewirkt haben mochte, sei den Fachleuten zur Beurteilung überlassen. Einige Momente sprechen aber dafür, daß die ab dem 3./4. Jahrhundert n. Chr. gemeldeten Sarazeneneinfälle in das Provinzialland von einer Welle arabischen Selbstverständnisses getragen wurden, das in der Folgezeit politische Konsequenzen nach sich ziehen sollte: Nicht ohne Grund versicherte sich deshalb Byzanz der Hilfestellung arabischer Stämme, von denen die Ghassaniden als Schutzmacht und Katalysator zwischen westwärts drängendem Nomadismus einerseits und Kulturland andererseits, taktisch klug eingesetzt und durch jährliche Tribute an den oströmischen Kaiser gebunden, agierten. Gerade dieses Bewußtsein des arabischen Elementes scheint in dem Mosaik zum Ausdruck zu kommen. Das Dromedar als wichtigstes Fortbewegungsmittel, als das Reittier der damaligen Zeit schlechthin, gleichwertig neben den Reiter gestellt und in gezielter Absicht präsentiert. Den gleichen Anspruch auf Beachtung durch den Betrachter, wer dieser auch immer gewesen sein möge, dürfen wir dem bekannten, in Bosra befindlichen Mosaik ableiten, das den Kameltreiber Mouchasos – Namen und Funktion vermerkt die beigefügte Inschrift des Mosaiks – vorstellt (Abb. 3).

Auf die Wiedergabe einiger Details am Dromedar wird im Mosaik vom Berg Nebo Wert gelegt. So etwa auf die zopfartig geflochtenen Schweifhaare des Dromedars, das Sattelgestell und die darunter befindliche Satteldecke, von der Troddeln baumeln (Abb. 2). Die gleiche Quastenverzierung finden wir auch auf einem aus Apamea stammenden, nun in

Abb. 1 – 2: Ausschnitt des in der Nähe der Mosesquelle aufgefundenen Mosaikfußbodens der Kayanoskirche, heute ausgestellt im Rasthaus auf dem Berg Nebo.

Abb. 3: In Bosra (Zitadelle) ausgestelltes Mosaik mit der Darstellung des Kamelführers Mouchasos, gefunden in Deir el-Adass.

Damaskus aufbewahrten Mosaik aus dem Jahr 469 oder gelegentlich auf illuminierten Papyri. Auf die Verwendung eines reich verzierten Sattel- und Riemenwerkes, das die palmyrenischen Reliefwiedergaben in dieser Hinsicht so sehr auszeichnet, wurde im Mosaik (aus technischen Gründen?) verzichtet.

Eine Beschränkung auf das Wesentliche der Zäumung und Ausstattung der Dromedare ist auch dem Mosaik von Bosra zu entnehmen (Abb. 3).
Auf dem Mosaik vom Nebo interessiert vor allem der das Dromedar führende Mann (Abb. 2). Er trägt einen über die Waden reichenden Schurz, während den halbnackten Oberkörper nur ein über linke Schulter und linken Oberarm geworfener Umhang bedeckt; in der gesenkten Rechten hält er eine mit Schlaufe versehene Reitgerte, mit der abgewinkelten Linken den Griff eines in der Scheide steckenden

Schwertes, das schräg vom Gürtel herabhängt. Fällt der halbnackte Oberkörper des bewaffneten Dromedarführers bereits auf – eine in ähnlicher Weise spärlich bekleidete Figur überliefert das unterste Register des Mosaiks im nördlichen Baptisterium des Mosesheiligtums am Nebo, wo als ein exotisch wirkendes Moment noch eine Straußendarstellung in das Bild kommt – umso mehr zieht die Geste der linken Hand, die den Schwertgriff umklammert, den Blick des Betrachters auf sich (Abb. 2). Sie betont die kriegerische Haltung des abgebildeten, arabischen Dromedarreiters, bei dessen Betrachtung die Frage angeknüpft werden könnte, ob es sich um einen Soldaten im Dienste Ostroms oder irgendeinen individuell Bewaffneten handelte. Betrachten wir zunächst einmal das Schwert, dessen relativ breite Scheide dem sassanidischen Typus entspricht, wie er auf den Reliefs in Naqš-i Rustam, aber auch auf einigen Fresken in Dura Europos wiedergegeben ist. Wir dürfen uns der von H. v. Gall geäußerten Vermutung anschließen, daß eine Reihe von Fabriken im Reichsosten Waffen produzierte. Was allerdings der damals üblichen Bewaffnung eines Reitersoldaten entsprach, sehen wir von Rüstung und Helm einmal ab – diese wurden möglicherweise einem Araber auch nicht immer zugemutet – das war die Stichlanze, mit der der Kampf zu Pferde geführt zu werden pflegte. Sollte nun das Fehlen der erwarteten Lanze auf dem Mosaik als das gewichtigste Indiz in der Entscheidungsfindung beurteilt werden? Lassen wir die Frage offen und wenden wir uns nochmals den drei Figuren zu, deren Zusammengehörigkeit wir anfangs der Abbildung ablesen zu können glaubten (Abb. 1): Die Ankunft des Dromedarreiters scheint erwartet worden zu sein. Leichte Sattelung des Tieres und die Gerte des ebenso leicht gekleideten Reiters weisen eher auf die Funktion eines Boten hin, der eine wichtige Nachricht übermittelt und dessen Tätigkeit natürlich auch mit Gefahren und Risiken verbunden sein konnte. Und gerade diesen Aspekt hat der Mosaizist im demonstrativen Griff des Kamelführers nach der Waffe in seinem Werk eingefangen – einen realen Vorgang vor Augen, wie man fast meinen müßte.

Damit kehren wir zur Ausgangsposition und zur Meinung Piccirillos zurück, der den Reiter als christianisierten ghassanidischen Soldaten beschrieben hat. Von der allgemeinen historischen Situation und den zur Verfügung stehenden schriftlichen Quellen aus beurteilt, erweist sich diese Interpretation gewiß als naheliegend. Aufgrund der vorhin skizzierten Beobachtungen aber sollte die Darstellung in eine nicht zu enge Sichtweise gepreßt werden, um auch der künstlerischen und thematisch-inhaltlichen Intention des Mosaizisten einen gewissen Freiraum zuzugestehen, der einen arabischen Dromedarreiter seinem äußeren Erscheinungsbild nach – im ghassanidischen Umfeld, wie man vielleicht noch ergänzend hinzufügen möchte – überzeugend charakterisiert hat.

LITERATUR

J. Balty, Mosaiques antiques de Syrie (Bruxelles 1977).

Byzantinische Mosaiken aus Jordanien (Wien, 1. Aufl. 1986)

W. Dostal, The development of Bedouin life in Arabia seen from archaeological material, in: Studies in the history of Arabia I/l (Riyadh 1979) 125/44.

H. v. Gall, Das Reiterkampfbild in der iranischen und iranisch beeinflußten Kunst parthischer und sasanidischer Zeit, Teheraner Forschungen 6 (Berlin 1990).

U. Horak, Illuminierte Papyri, Pergamente und Papiere 1, Pegasus Oriens 1 (Wien 1992).

H.-P. Kuhnen, Der Sarazenensattel: Zu den Voraussetzungen der Sarazeneneinfälle am Limes Arabiae, in: Roman Frontier Studies 1989, ed. by V. A. Maxfield – M. J. Dobson (Exeter 1991) 326/34.

M. Piccirillo, Madaba. Mount Nebo. Umm er-Rasas (Amman 1990).

ABBILDUNGSNACHWEISE

Abb. 1-2: Verfasser. – Abb. 3: J.-M. Dentzer

Nassibe Saliby

DIE KATAKOMBEN VON EMESA/HOMS (HIMS)

EINLEITUNG

Das heutige Homs liegt einerseits am Kreuzungspunkt der Straßen zwischen Damaskus und Aleppo, andererseits zwischen dem Mittelmeer und Palmyra und bietet so einen wichtigen Zugang zum Persischen Golf. Im Laufe der Jahrhunderte haben zahlreiche Erdbeben und Fremdeinfälle die Stadt erschüttert; daher sind heute kaum mehr antike Spuren zu erkennen, von einigen wenigen Resten der Stadtmauer abgesehen. Bei Grabungsarbeiten kamen jedoch immer wieder Reste von Hypogäen oder Mosaiken, wie z. B. in den Katakomben, zutage. Die Tabelle christlicher Inschriften von Homs bezeugt eine mehrheitlich heidnische Bevölkerung bis ins Mittelalter. Ab dem 5. Jahrhundert ist in Emesa das Christentum eindeutig nachweisbar. Die Stadt, damals einer der Bischofssitze der syrischen Provinz Phoenicia Secunda (oder Libanensis), lag in einem von arabischen Stämmen, unter anderem der Beni Tarukh, frequentierten Gebiet.

FRÜHCHRISTLICHE KIRCHE

Die sogenannte Kirche „Zum Gürtel der hl. Maria" steht heute noch. Ich erwähne sie deshalb – bevor ich auf die Katakomben zu sprechen komme – weil sie ziemlich einzigartig ist. Der Gürtel wurde vom syrisch-orthodoxen Patriarchen Mar Aganatiosse Ifram I. – er hat seinen Sitz in Homs – in einem Behälter unterm Altar entdeckt und 1852 anläßlich von Renovierungsarbeiten der Kirche dort deponiert – deshalb der Name Kirche „Zum Gürtel der hl. Maria". Möglicherweise hat sich der Gürtel schon früher dort befunden: Er ist 74 cm lang, 5 cm breit und 2 cm dick, hat beige Farbe und besteht aus Woll- und Goldfäden.

Seitens des Patriarchen wird bestätigt, daß der Gürtel anläßlich des Begräbnisses der hl. Jungfrau Maria dem hl. Thomas übergeben wurde, der damit einen Beweis für seine Freunde hatte. Bei Grabungen in den sechziger Jahren stieß man unter der heutigen Kirche auf einen geraden Gang und einen Raum, der in den Fels gehauen war. Dieses Gestein nennt man in Homs Kadan, eine Art sehr widerstandsfähigen, harten gelben Kalksteines. Katakomben sind eigentlich nicht bekannt und man dachte an antike Steinbrüche, die Flüchtlingen als Friedhof dienten. Eine ähnliche Situation liegt auch in Homs vor, wo die Kirche dann Eigentümerin dieser Friedhöfe wurde.

KATAKOMBEN

Die Katakomben liegen auf halbem Weg zwischen dem „Bab (Stadttor) el Duraybe" und dem „Bab el Tadmor" unweit der Stadtmauer im Osten, die in byzantinische bzw. arabische Zeit datiert. Diese beiden Stadttore befinden sich heute im ältesten Stadtviertel, in Al-Churfa.
1957 wurden die zentralen Teile dieses Viertels von der Stadtverwaltung in Homs enteignet. Bei der Errichtung von Schutzbauten fanden Arbeiter in 3 m Tiefe Arkaden aus Basaltsteinen bzw. Ziegel (Abb. 4 – 5). In der Zeit vom 9. – 28. März 1957 wurde eine Notgrabung durchgeführt, die in einem vorläufigen Bericht in Arabisch veröffentlicht worden ist.
Die Bedingungen waren denkbar ungünstig: schlechtes Wetter, Schlamm, Einsturzgefahr und Überschwemmungen. Gleich zu Beginn der Grabungen wußte man, daß es sich hier um einen byzantinischen Friedhof handelte, der unter Wohnhäusern lag. Systematische Oberflächengrabungen von zirka 18 x 12 m ließen in verschiedene Richtungen verlaufende Gänge, die mit Schutt verfüllt waren, er-

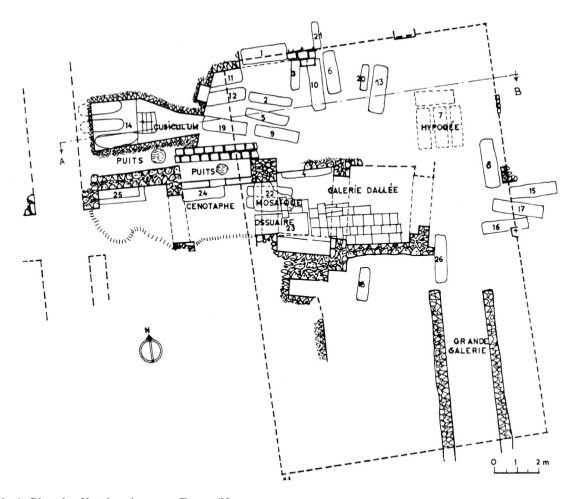

Abb. 1: Plan der Katakomben von Emesa/Homs.

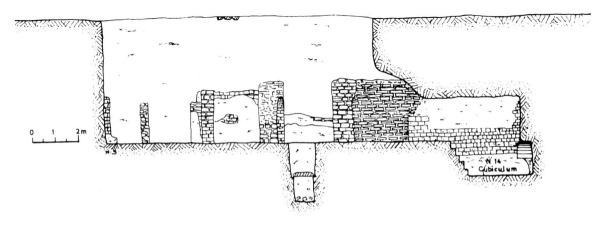

Abb. 2: Schnitt durch den nördlichen Sektor (vgl. Abb. 1) der Katakomben.

kennen (Abb. 1 – 2). Momentan kann man die exakte Ausdehnung der Katakomben noch nicht feststellen, aber die traditionelle Überlieferung der Bevölkerung von Homs könnte uns in diesem Punkt weiterhelfen. Man erzählt nämlich, daß ein unterirdischer Gang (isr dabe) und Abwasserkanäle der mittelalterlichen Häuser unter der Stadt verliefen. Das dürften wahrscheinlich die Katakomben sein, die einen beträchtlichen Teil unter der antiken Stadt einnehmen. Höchstwahrscheinlich führen die Ursprünge der Katakomben in das 1. Jahrhundert, in die Zeit der ersten christlichen Gemeinde der Stadt. Der ausgegrabene Teil lieferte Zeugnisse, die noch vor das 3. Jahrhundert zu datieren sind. Die Gegenstände waren bis in das 7. Jahrhundert, bis zum Untergang der Omayyaden in Verwendung. Die Katakomben von Homs zeigen typische Charakteristika, wie man sie auch von anderen kennt: Vestibulum, Untergeschosse, Zimmer, Hypogäen (Abb. 1 – 2), übereinander liegende Gräber (Abb. 7 – 8), in den Fels geschlagene Ossuarien, die von Basalt- und Ziegelmauern unterstützt sind (Abb. 6), außerdem bemalte Nischen (Abb. 3), die mitunter auch als Abstellfläche für Lampen dienten. Lichtschächte, wie man sie etwa noch in der Zitadelle von Bosra oder im Krac des Chevaliers findet, ließen das Tageslicht herein. Der Boden der Gänge besteht aus Basaltsteinplatten unterschiedlicher Größe (Abb. 1), er liegt in 5,25 m Tiefe. Die Breite der Gänge variiert zwischen 2,20 und 3,25 m.

Aufgenommen wurden die Grabungen dann 10 m weiter westlich. Die Brunnen und der Verbindungsgang waren schwer zu erreichen. Sechs Arkaden aus Basaltsteinen mit bemaltem Putz stützen den oberen Teil ab. Die Fresken stellen religiöse Motive dar; einige von ihnen wurden im Rahmen der Grabung abgenommen.

Die Bestattungen wurden in mehreren Grabkammern vorgenommen, zum einen in Kammern vom Typus des Hypogäums Nr. 14, im Norden des axialen Ganges erreichbar über vier Stufen. Am Boden waren noch die Spuren der Sarkophage in diesen Gräbern zu erkennen. Ein weiteres ausgegrabenes Hypogäum mit drei Gräbern, die mit Steinplatten bedeckt waren, ist im Plan mit Nr. 7 bezeichnet. Einige Einzelgräber sind durch Ziegel, weiße oder grüne Marmorplatten in zwei Kammern unterteilt worden. Gräber mit zehn oder sogar zwanzig Skeletten – ohne die Ossuarien zu berücksichtigen – (Nr. 23 und Nr. 1) waren mit Steinplatten verschlossen. In eine von ihnen war sogar ein Eisenring eingelassen, um sie leichter öffnen zu können.

Zwei Gräber sind aufgrund des Fundmaterials besonders interessant (Nr. 22 und Nr. 24):

Nr. 24 hat die Form eines Kenotaphs, das an die Wand gelehnt ist – ein Bestattungstypus, den man u. a. von Rom, aber auch von anders woher kennt. Er ist in Schwarz, Rot, Orange und Gelb verputzt. Drei byzantinische Kreuze sind an der Schauseite, jeweils zwei an den beiden Seiten, die von roten Bändern eingerahmt sind, zu sehen. Die Tauben rechts und links der Kreuze haben ihren Blick auf sie gewandt, stilisierte Blumenblätter bilden einen zusätzlichen Dekor (Abb. 9).

Im frühen Christentum war die Taube Symbol des Friedens, der Liebe, der christlichen Einfachheit und des Hl. Geistes. Über dem Kenotaph (Abb. 9) war eine griechische Inschrift in roten Buchstaben (Abb. 10): „Herr, schenke Deiner Dienerin Grigoriana, Tochter des Megalles, Ruhe". Aufgrund der Feuchtigkeit in den Katakomben ist die Farbe zum Teil verblaßt.

In Nr. 22, einem Doppelgrab, wurde ein Mosaik aus iustinianischer Zeit (527 – 565) gefunden. Die gelben, roten, purpurnen, rosa, schwarzen, braunen, creme-, elfenbeinfarbigen und grünen Mosaiksteinchen haben einen Durchmesser von 5 – 10 mm. Trotz des zerstörten oberen Teiles ist eine religiöse Szene mit drei Priestern erhalten (Abb. 11). Am besten sichtbar ist ein junger Diakon mit dem Paragaudion[1]. Die Figur in der Mitte ist wahrscheinlich ein Bischof mit brauner Robe und dem Purpurmantel. Die Gestalt zu seiner Linken mit elfenbeinfarbenem Gewand trägt ein grünes Collier, die rechte Hand zeigt den Segensgestus (Abb. 11). Die Inschrift ist schlecht erhalten und daher schwer zu lesen. Das Fundmaterial läßt auf unterschiedliche Weihegaben an die Verstorbenen schließen. Die Bedeutung liegt

Abb. 3: Bemalte Nische in einer der Ziegelmauern in der Katakombe.

Abb. 4 – 5: Aus Basaltsteinen und Ziegeln errichtete Bögen, die Gänge und Passagen der Katakombe abstützen.

Abb. 6: Teils zerstörter Eingang zu einem Hypogäum.

Abb. 7: Zwei übereinander befindliche Gräber zum Zeitpunkt der Freilegung.

Abb. 8: Freilegungsarbeiten im Bereich des Hypogäums im Nordostsektor der Katakombe (vgl. Abb. 1).

Abb. 9: Kenotaph mit Bemalung: Kreuzornamente mit floralen Motiven und Taubendarstellungen zieren die Längs- und Seitenwände der sarkophagähnlichen Grablege (vgl. Abb. 10).

Abb. 10: Die Oberseite des bemalten Kenotaphs (Abb. 9) weist eine griechische Grabinschrift auf, die eine Grigoriana, Tochter des Megalles, nennt.

nicht nur in der großen Anzahl der Beigaben, sondern u. a. in ihrem wissenschaftlichen Wert: durch sie sind die Katakomben datierbar und man gewinnt ein lebendiges Bild von christlichen Begräbnisriten im Orient in byzantinischer und zu Beginn der islamischen Zeit. Man kann einen merklichen Unterschied zwischen heidnischen Gräbern und der Ausstattung der Katakomben in Syrien feststellen. Diese enthalten nur symbolische bzw. rituelle Beigaben, bisweilen Schmuckgegenstände, die den Verstorbenen bei der Bestattung mitgegeben wurden: Lampen, Colliers, Flaschen, Reste von Frauen- und Kinderkleidern.

DIE FUNDE AUS DER KATAKOMBE

Keramik (Abb. 12)
Zirka 40 Lampen, größtenteils aus byzantinischer Zeit (4. – 7. Jahrhundert). Eine bedeutende Anzahl schiffförmiger Lampentypen mit floralen und architektonischen Motiven, auf den Griffen Kreuze, Rosetten oder Porträts von Heiligen. Sie wurden in den Gräbern und Gängen gefunden. Die Lampen dienten zweierlei Zwecken: einmal wurden sie von Besuchern mitgebracht, zum anderen wurden sie neben den Toten aufgestellt, um ihrer Seele symbolisch heimzuleuchten.

Glas (Abb. 13)
Die Gläser, die in den Gräbern gefunden wurden, repräsentieren einen guten Querschnitt charakteristischer Formen. Kelche, außerdem Flaschen mit Weihwasser und sehr kleine Gefäße für hl. Öl, wie sie heute noch in den Klöstern verwendet werden.

Bronzen (Abb. 14)
Die wichtigsten Bronzegegenstände sind Gürtelteile, u. a. Schnallen mit flachem Dekor oder Tiermotiven, mitunter auch mit Kreuzen. Außerdem Kettenglieder, Schlösser, Ringe und Schmucksteine für hölzerne Sarkophage und Ketten zum Aufhängen der Lampen.

Gold und anderes Material
Vier einfache und dünne Ohrringe mit kleinen Anhängern. Aufmerksamkeit verdienen Goldfäden aus

Abb. 11: Mosaik des Grabes Nr. 22 (vgl. Abb. 1) mit dem Rest einer Inschrift und der Darstellung dreier Figuren, deren mittlere vielleicht als höherer kirchlicher Würdenträger (Bischof) gedeutet werden könnte. Ihm zur Seite stehen ein junger Diakon (links) und ein Priester (rechts), dessen Hand den Segensgestus ausführt.

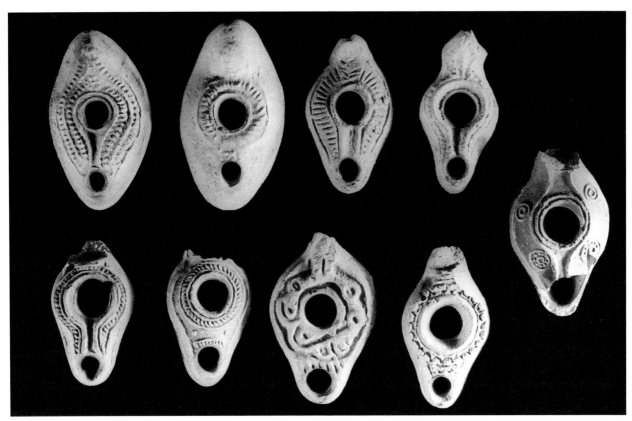

Abb. 12: In den Gräbern der Katakombe als Beigaben aufgefundene Lampen der byzantinischen Zeit.

Abb. 13: Glasbeigaben: Olla (links) und Kelch (rechts), dessen Form im 5./6. Jahrhundert häufig nachgewiesen ist, u. a. auch im spätantiken/byzantinischen Gräberfeld von Palmyra.

Abb. 14: Verschiedene Grabfunde aus Bronze: Bestandteile der Tracht bzw. Kleidung wie Gürtelschnallen und Riemenzungen (links), Schmuck- und Ziergegenstände (rechts) sowie eine Bronzekette zum Befestigen einer Lampe (unten).

einigen Gräbern: sie gehörten zu Kleidungsstücken vornehmer Christen. Zudem Armbänder und Amulette aus Ebenholz, Elfenbein und Holz. Andere kleinere Objekte aus Knochen. Ein Kamm aus Elfenbein mit Bronzeintarsien.

Die Münzen

Die Münzen sind insofern von Bedeutung, da sie die Belegungszeit der Katakombe ziemlich genau zu eruieren ermöglichen. Andererseits kann man an ihnen die Entwicklung des Geldes von byzantinischer bis in islamische Zeit ablesen. Gefunden wurden 46 Bronzemünzen, großteils in den Gräbern, davon 29 in einem einzigen Grab, das man in das 3. – 7. Jahrhundert datiert.

Münzstätten waren Konstantinopel, Antiochia und Emesa.

Römische Münzen
Probus 276 – 282
Diokletian 284 – 305

Byzantinische Münzen
Iustin 518 – 527
Iustinian 528– 565
Tiberius 578 –582
Heraklius 610 – 641
Omayyadenzeit
byzantinisch-arabische Münzen: Heraklius und Konstantin (641 – 668)

Andere Funde aus Homs

Beim Bab al-Siba wurde ein Hypogäum mit einem langen Gang entdeckt. Im südöstlichen Teil der Stadt fand man drei Gräber unter sechs gewölbten Nischen. Weitere Hypogäen kamen unter dem islamischen Friedhof bei der Moschee des Khalid Ibn al-Walid zutage. Eine der ältesten Kirchen der Stadt ist die des hl. Stefan, deren Apsis mit Fresken aus dem 11. und 12. Jahrhundert ausgemalt ist. Diese Kirche liegt 100 m nördlich unserer Katakombe.

(Übersetzung und Bearbeitung des französischen Textes: Monika Gerstmayer)

[1]) Das Paragaudion bezeichnet ursprünglich eine Goldstickerei, später – in erweitertem Sinn – ein besticktes Kleidungsstück, das einer Tunika glich (Anm. d. Hg.)

LITERATUR

A. BOUNNI – N. SALIBY, Les catacombes byzantines du quartier al-Churfa à Homs (arab.): AAS 11/12 (1961/62) 23 f., Taf. 1 – 9.

A. BOUNNI, Les catacombes d'Emesa (Homs) en Syrie: Archéologia (Paris) Nov./Dez.1970, 42/49.

JAWDAT CHEHADE – ERWIN M. RUPRECHTSBERGER

ZU BYZANTINISCHEN UND FRÜHISLAMISCHEN LAMPEN IN SYRIEN

Die reichhaltigen Sammlungen des Nationalmuseums von Damaskus umfassen an Kleinfunden beispielsweise auch Lampen verschiedener kultureller Epochen, besonders der griechischen, hellenistischen, römischen und byzantinischen Zeit. Die Griechen verwendeten gewöhnlich Fackeln, – etwa bei kultischen Feiern oder um die Straßen zu beleuchten – aber auch Lampen, wie sie durch Ausgrabungen in antiken Stätten immer wieder zutage kommen. In der römischen Zeit wurde die Vielfalt der Lampen größer, verschiedene Motive aus der Mythologie, dem Alltagsleben und der Natur verzierten ihre Oberfläche im Bereich des Fülloches. Ihre Herstellung erfolgte serienmäßig in Modeln, die Namen der Produzenten oder ausführenden Erzeuger sind häufig an der Unterseite der Lampen meist in abgekürzter Form überliefert. Die Zentren der Lampenerzeugung lagen im gesamten Imperium Romanum verstreut. Wir dürfen davon ausgehen, daß in jeder Stadt und jeder Siedlung – je nach Bedarf – Töpfereien mit der Produktion von Lampen befaßt waren. Als kostspieliger als die gewöhnlichen Lichtspender aus Ton galten jene aus Bronze, deren Herstellung in Gießereien erfolgte. Diese archäologisch nachzuweisen gelingt höchst selten: Gußformen aus Ton oder Stein wären eindeutige Indizien für das Vorhandensein einstiger metallverarbeitender Betriebe größeren oder kleineren Umfangs.

Die kaiserzeitliche Lampenproduktion ist – allgemein betrachtet – durch einen Formenreichtum charakterisiert, wie er auch in anderen Provinzen festgestellt wurde. Im Laufe der Spätantike bestand anscheinend die Tendenz zu einer gewissen Formvereinheitlichung, die sich bis in die früh- und mittelislamische Zeit fortsetzte. Häufig sind es Tonlampen mit spitzellipsoidem oder ovalem Umriß, deren Oberfläche verschiedene Ornamente füllen. Dem kulturellen Geist ihrer Herstellungszeit entsprechend spiegeln sie auch ikonographische Einflüsse des Christentums: Das Kreuz in verschiedenen Variationen, Chi-Rho-Monogramme oder überhaupt Symbole, die in ihrem Aussagegehalt vom damaligen Benutzer verstanden wurden. Die erst vor kurzem veröffentliche Studie von I. Modrzewska ermöglicht einen Blick auf die motivische Verzierung eines Alltagsgerätes, das trotz platzmäßiger Beschränkung dem Einfallsreichtum der Töpfer immer wieder eine Gelegenheit zur bildlichen Äußerung bot. Außer dem dekorativen Element bestimmten auch Aufschriften – entweder in Griechisch oder später Arabisch das Äußere von Tonlampen, die nun zu Vermittlern kurzer Botschaften werden: Eine nicht geringe Anzahl derart beschrifteter Exemplare aus Palästina hat S. Loffreda vorgestellt. Einer von diesem Autor besprochenen Lampengruppe ist auch das Stück aus dem Nationalmuseum Damaskus (Abb. 1) zuzuordnen. Die auf dem runden Ölbehälter der Lampe deutlich sichtbare griechische Inschrift vermittelt den Segen der Gottesmutter, die „mit uns ist", und führt auch den Namen Johannes an.

Kommen wir auf Bronzelampen zurück. Ihre Formen variieren in spätantiker und in byzantinischer Zeit nicht allzu sehr. Ausnahmefälle lassen sich bisweilen anführen: Lampen in Gestalt von Pfauen oder eines menschlichen Fußes mit aufgesetztem Rundbau sind als bekannte Vertreter dieser Spezies im Nationalmuseum von Damaskus zu sehen. Lampenständer und Kerzenhalter aus Bronze ergänzen die mit der Beleuchtung im Zusammenhang stehenden Geräte. Ihr Vorkommen in Fundschichten hält sich erwartungsgemäß in Grenzen, da Bronze eine willkommene Materialquelle darstellte, die man zu nutzen wußte. Einfachere Exemplare mit länglichem

Abb. 1: Runde Tonlampe mit griechischer Inschrift.

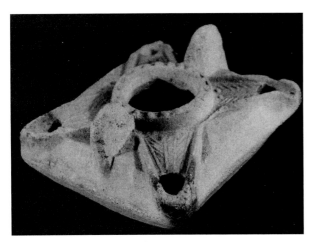

Abb. 2: Viereckige Tonlampe.

Abb. 3: Tonlampe mit erhabenem Dekor und Kreuz.

Ölbehälter weisen bisweilen Handhaben in Kreuzform auf, überliefern also auf signifikante Art jenes christliche Zeichen, das auf Tonlampen so häufig vorkommt und gelegentlich auch als Griff fungieren konnte.

Schon vorher war die Frage der Herstellung von Lampen angeschnitten worden: Was für die Verhältnisse der Kaiserzeit gilt, läßt sich auf die Spätzeit nur in eingeschränktem Maße übertragen, da Unterschiede in der Produktionsfrequenz, der Typologie und der Funktion der Lampen angenommen werden dürfen. Jeden der aufgezählten Punkte ausführlich zu erörtern, wäre Aufgabe einer umfangreichen Detailuntersuchung, für die jedoch zu wenig vollständig publiziertes Material vorliegt – die Dissertation von J. J. Dobbins darf als ein erstes Unternehmen auf diesem Weg erwähnt werden. Soviel bis jetzt feststeht, spielte im Herstellungsprozeß und Verteilernetz spätbyzantinischer bzw. frühislamischer Tonlampen die Stadt Gerasa in der südlichen Nachbarprovinz Syriens eine wichtige Rolle. Daß von dort auch Siedlungen im syrischen Anschlußgebiet mit Tonwaren und Lampen beliefert wurden, dürfte wohl kaum bestritten werden. Wie weit Aktionsradius und Handelsintensität Gerasas nach Norden reichten, müßte noch ausgelotet werden. Daß die Erzeugung von Lampen im spätbyzantinischen und frühislamischen Syrien sicherlich eine Fortsetzung fand, lassen die Ausgrabungen etwa in Resafa oder Palmyra vermuten. Sie durch die Ergebnisse an anderen syrischen Orten, denen eine gewisse Bedeutung zur damaligen Zeit zugebilligt werden sollte, zu bestätigen und zu vertiefen, wird eines der künftigen Ziele der wissenschaftlichen Aufarbeitung von Kleinfunden sein.

LITERATUR

J. J. Dobbins, Terracotta Lamps of the Roman Province of Syria, 2 Bde (Diss. Ann Arbor, Michigan 1977 [1983]).

S. Loffreda, Lucerne bizantine in Terra Santa con iscrizioni in greco, Stud Bibl Franc Coll maior 35 (Jerusalem 1989).

Ders., Nuovi tipi di iscrizioni su lucerne bizantine: Lib A 40 (1990) 357/63.

Ders., The Greek inscriptions on the Byzantine Lamps from the Holy Land, in: Christian archaeology in the Holy Land. New discoveries. Essays in honour of V. C. Corbo, OFM. Stud Bibl Franc Coll Maior 36 (Jerusalem 1990) 475/500.

I. Modrzewska, Studio iconologico delle lucerne Siro-Palestinesi del IV-VII sec. d. C., RdA Suppl 4 (Roma 1988).

J.-P. SODINI – E. VILLENEUVE et al., Le passage de la céramique Byzantine à la céramique Omeyyade, in: La Syrie de Byzance à l'Islam, ed. par P. Canivet – J.-P. Rey-Coquais (Damas 1992) bes. 210 f.

ABBILDUNGSNACHWEIS

Sämtliche Abbildungen: Marwan Muslimani, Antikenverwaltung Damas.

LAMPENKATALOG
Von Haifa Omari

Abb. 1: Runde Tonlampe, 6./7. Jahrhundert
Erworben 1960
Nat. Mus. Damaskus, Inv. 9021
H 3,5 Dm 8 cm
Auf dem Spiegel kreisförmige griechische Inschrift: ΕΥΛΟΓΙΑ ΤΗC ΘΕΟΤΟΚ(Ο)Υ ΜΕΘ ΗΜΩΝ/ ΕΠΙΓΡΑΜ(Μ)Α ΙΩΑΝΝΟΥ „Der Segen der Gottesmutter (sei) mit uns. Inschrift des Johannes."

Abb. 2: Viereckige Tonlampe, 6./7. Jahrhundert
Gefunden 1939
Nat. Mus. Damaskus, Inv. 3484
H 5 L 8 cm
Diagonal angebrachte Dochtlöcher, zentrales Füllloch, zwei Knubben.

Abb. 3: Tonlampe, 6./7. Jahrhundert
Erworben 1960
Nat. Mus. Damaskus, Inv. 9773
L 9 B max. 7 cm
Erhabene Leistenverzierung am Rand. Zwischen Füll- und Dochtloch Kreuz.

Abb. 4: Bronzelampe, 6./7. Jahrhundert
Gefunden in Bosra 1941
Nat. Mus. Damaskus, Inv. 3962
L 9,5m H 5 B 4,5 cm
Das Füllloch besitzt einen Deckel, der mit einem Scharnier mit dem Lampenkörper verbunden ist. Handhabe in Form eines plastisch gebildeten Kreuzes mit knopfartigen Aufsätzen.

Abb. 4: Bronzelampe aus Bosra.

Abb. 5: Bronzelampe aus Palmyra.

Abb. 5: Bronzelampe, 6./7. Jahrhundert
Gefunden in Palmyra 1929
Nat. Mus. Damaskus, Inv. 381
L 19 B 8 H 7 cm
Der muschelförmige Deckel des Fülloches ist mittels eines Scharniers mit dem Lampenkörper verbunden. Als Griff fungiert ein großes Kreuz, das an der Rückseite durch ein Band und eine Öse abgestützt wird.

Erwin M. Ruprechtsberger – Bachir Zouhdi
SYRISCHES GLAS AUS BYZANTINISCHER ZEIT

Die Geschichte der Glasherstellung hat ihre Wurzeln im Orient. War es zunächst Ägypten, dessen Kultur mit der Erzeugung von Glas eng verbunden ist, so verlagerte sich später der Schwerpunkt der Glaserzeugung auf verschiedene Gebiete innerhalb des Römischen Reiches, von denen Syrien eine wichtige Rolle beansprucht. Schon Plinius d. Ä. meinte, Spiegel aus Glas seien eine Erfindung der Sidonier. Sidon ist, wie die anderen Hafenstädte an der phönikischen Küste, sicherlich auch ein Ort gewesen, wo Gläser verhandelt wurden. Syrische Glasbläser haben im Verlauf der römischen Kaiserzeit ihre Technik den westlichen Provinzen des Reiches weitervermittelt und bildeten eigene kleine Handwerkerkolonien in einigen Städten der Donauprovinzen, wie im pannonischen Intercisa.

Die Provinz Syrien blieb auch in der Spätantike und in byzantinischer Zeit ein Zentrum der Glasproduktion: Typen, Formen und Farben der Gefäße weisen ein beachtliches Spektrum auf. Dieses übersichtlich zu erfassen und systematisch zu gliedern, wird noch eine wichtige Aufgabe der Archäologen sein, deren diesbezügliche Forschungen vor allem auf Grabbeigaben angewiesen sind: Nur diese gelangen in mehr oder weniger gutem Zustand an das Tageslicht – ob wissenschaftlich freigelegt oder unbefugt ihres Zusammenhanges durch Raubgräber entrissen, sei dahingestellt – und immer wieder findet sich darunter das eine oder andere Glasgefäß, das auch in christlicher Zeit dem Toten in das Grab gelegt worden war. Daß Gläser in Siedlungsschichten häufig vertreten sind, haben Ausgrabungen zur Genüge gezeigt: Nur vereinzelt mag darin aber ein besser erhaltenes Stück enthalten sein, dem Form und ursprüngliches Aussehen ohne Rekonstruktionshilfen vom nicht spezialisierten Betrachter abgelesen werden können. Wurde vorher auf den Mangel an einer übersichtlichen Formenkunde syrischer Gläser, besonders der spätantiken und byzantinischen hingewiesen, so ist auf ein weiteres Desiderat der wissenschaftlichen Glasforschung aufmerksam zu machen: die Erarbeitung eines zeitlichen Rahmens, der die Einordnung gefundener Gläser unter dem chronologischen Aspekt auf schnellem Wege, gleichsam überblicksmäßig, ermöglichen würde.

Eine Frage von besonderer Brisanz knüpft hier an: Gab es eine Zäsur in der Herstellung von Glas, nachdem die Araber als neue politische Kraft im 7. Jahrhundert hervorgetreten waren, um auch die wirtschaftliche Entwicklung zu steuern, oder produzierten die Glashütten in ungebrochener Intensität in Städten und Siedlungen während der omaijadischen Herrschaft weiter? Die bisherigen Antworten fielen konträr aus. Eines ist jedoch zu bedenken: Der kulturelle Aufschwung in omaijadischer Zeit, der sich in der Errichtung prunkvoller Residenzen und Anlagen dokumentiert, macht eine Unterbrechung der Glasproduktion auf längere Zeit äußerst unwahrscheinlich, wenngleich Verlagerungen und Umschichtungen im Produktionsgeschehen nicht als ausgeschlossen gelten. Als Fallbeispiel, dem auch für den Zeitraum des 7./8. Jahrhunderts Modellcharakter zugebilligt werden könnte, ließe sich die neue Hauptstadt der Abbasidenherrscher, das am Euphrat gelegene Rafiqa/Raqqa, anführen, wo sich ein spezielles Kunsthandwerk, darunter auch die Glasbläserei, etablierte. Syrisches Glas war im Mittelalter weithin geschätzt, und die Tradition der Glaserzeugung hat sich bis auf den heutigen Tag erhalten (Abb. 1 – 2). Verweilen wir jedoch noch beim vorhin angesprochenen Zeitraum: Eine Standardform des 6. und frühen 7. Jahrhunderts muß das sogenannte Stengelglas Isings 111 gewesen sein, wie die Untersuchungen in Resafa neuerdings erkennen ließen:

Abb. 1: Emaillierter und vergoldeter Glasbecher mit Nuppenzier und arabischer Inschrift unterhalb des Randes, 12. Jahrhundert (Nat. Mus. Damaskus).

Abb. 2: Syrischer Glasbläser während seiner anstrengenden Tätigkeit in der Werkstätte bei der Tekkyie-Moschee in Damaskus.

Als typisches Trinkgefäß stand es – bisweilen vielleicht auch in liturgischer Funktion – in Verwendung. In Palmyra fanden sich derartige Gläser in Gräbern des 6. Jahrhunderts. Ihre Funktion als Beigabe ist hier in analoger Weise belegt wie etwa auf dem Balkan, im unteren Donauraum oder in Italien. Zum Abschluß drei ausgewählte Beispiele syrisch-palästinensischer Glasproduktion, die der Wissenschaft verschiedene Aspekte eröffnen: Aus Südsyrien stammt ein Teller, dessen polychrome Bemalung ein mythologisches Thema wiedergibt: Das Urteil des Paris. Obwohl durch einen unsachgemäßen Reinigungsversuch beschädigt, wird das ausgesprochen hohe Niveau der künstlerischen Ausschmückung offenkundig: Die Einbeziehung des Hintergrundes, die Gestaltung der Landschaft, die plastisch hervortretenden Figuren der Göttinnen um Paris – all das ist zu einer farblich nuancierten und wohl abgestimmten Bildkomposition meisterhaft vereint: Eines der seltenen, hochqualitativen Zeugnisse der Glasmalerei des 4. Jahrhunderts (Abb. 3). Liturgische Verwendung könnte dem eingravierten Dekor eines Glaskelches syrisch-palästinensischer Herkunft abgeleitet werden: Fast die Gesamthöhe der Kelchkuppa wird von der crux gemmata eingenommen, die zwei Lämmer flankieren (Abb. 4). Ein nahezu identisches Gegenstück der Dumbarton Oaks Collection in Washington mit ebenso sakraler Bildthematik – dargestellt sind zwei Engel beiderseits eines Ziboriums, das eine crux gemmata birgt bzw. Orantenfiguren – erhärtet die Interpretation als liturgisch verwendete Kelche des 6. Jahrhunderts,

279

Abb. 3: Bemalter Teller aus Südsyrien mit der Darstellung des Paris-Urteils, 4. Jahrhundert.

Abb. 4: Glaskelch aus Gerasa (Jordanien) mit eingeschliffenem Dekor: Zwei Lämmer flankieren das Edelsteinkreuz, 6. Jahrhundert (Archäologisches Mus. Amman).

Abb. 5: Glasflasche mit Reliefdekor, der auf das Leben des hl. Symeon des Säulenstehers anspielt, 6./7. Jahrhundert (The Corning Museum of Glass, England).

wenngleich – wie J. Engemann betonte – derartige Zuweisungen mit Skepsis und gebotener Vorsicht übernommen werden sollten.

Das Pilgerwesen wird auf dem letzten hier zitierten Beispiel syrischer Glaskunst angesprochen: Es ist dies eine sechseckige Flasche mit weitem Henkel und ausladender Trichtermündung (Abb. 5.). Das Relief der in der Form geblasenen Flasche überliefert eine von einer Schlange umwundende Säule mit darüber befindlichem Kreuz – spielt also auf den Säulenheiligen Symeon (genannt der Stylit = Säulensteher) konkret an und kann thematisch den kleinen Pilgerandenken (Eulogien) und Reliefdarstellungen angereiht werden, die das außergewöhnliche und extreme Leben dieses Heiligen des 5. Jahrhunderts propagandistisch auswerteten und zu dessen Ruhm auch in Europa im Laufe des 6. und 7. Jahrhunderts beitrugen.

LITERATUR

S. ABDUL-HAK, Contribution à l'étude de la verrerie Musulmane du VIIIe au XVe siècles: AAS 8/9 (1958/59) 3/20.

DERS., Les verres peints de la période romaine conservés au Musée National de Damas: AAS 15 (1965) 13/24.

Age of Spirituality, ed. by K. Weitzmann (New York 1979) 609 f. Nr. 545.

Byzantinische Mosaiken aus Jordanien (1. Aufl. Wien 1986) 247 Nr. 44.

J. ENGEMANN, Anmerkungen zu spätantiken Geräten des Alltagslebens mit christlichen Bildern, Symbolen und Inschriften: JbAChr 15 (1972) 154/73.

Exposition des Verres Syriens a travers l'histoire organisée à l'occasion du 3e Congrès des journées internationales du verre au Musée National de Damas de 14 – 21 November 1964 (Damas 1964).

D. B. HARDEN u. a., Glass of the Caesars (Milan 1987).

J. W. HAYES, Roman and Pre-Roman Glass in the Royal Ontario Museum. A Catalogue (Toronto 1975).

M. MACKENSEN, Eine befestigte spätantike Anlage vor den Stadtmauern von Resafa, Resafa I (Mainz 1984).

ABBILDUNGSNACHWEISE

Abb. 1: Nach Ansichtskarte. – Abb. 2, 4: Erwin M. Ruprechtsberger. – Abb. 3, 5: Nach D. B. Harden, Glass of Caesars, 176 Nr. 97, 271 Nr. 149.

Kassem Toueir
DIE OMAJJADISCHEN DENKMÄLER IN SYRIEN

EINLEITUNG

Die Wichtigkeit Syriens und seiner Rolle in Gestaltung und Entwicklung der islamischen bildlichen Kunst charakterisiert Harvey Weis in der Einleitung des von ihm herausgegebenen Ausstellungskataloges „Von Ebla nach Damaskus" mit treffenden Worten: Demnach wurde das Verständnis um Anfang und Entwicklung der klassischen islamischen Zivilisation durch die intensiven archäologischen Forschungen in Syrien von Grund auf einer Neubewertung unterzogen. Nach gängiger Ansicht von Historikern und Archäologen betrachtete man die islamische Eroberung als eine Unterbrechung der urbanen Formen, die Rom Syrien und anderen Gebieten des Orients überliefert hatte. Klassische Städte mit ihren breiten Arkaden und großen öffentlichen Bauten wurden in ein Labyrinth dichter und winkeliger Gassen umgewandelt. Die Zentren, wie Agora (Markt- und Versammlungsplatz), verschwanden. Anstelle öffentlicher Großbauten entstanden Moscheen und Badehäuser. Nach dieser Ansicht hätte – übertrieben formuliert – die arabische Eroberung nichts weiter als Wüste in die Städte gebracht. In Wirklichkeit – und dies wird aufgrund archäologischer und inschriftlicher Indizien immer deutlicher – setzten die eben genannten Änderungen bereits vor der arabischen Eroberung ein[1]). Geplante islamische Städte, etwa Qasr el Hair el-Sharqi, wurden in Syrien angelegt. Sie zeigen einen offenen, von Arkaden umgebenen zentralen Platz, wie er auch für andere frühislamische Städte charakteristisch ist. Nach der islamischen Eroberung erfolgte Umwandlungen paßten sich dem wirtschaftlichen Wandel, den Änderungen des Transportwesens und der städtischen Verwaltung an. Es dürfte auch nicht ganz stimmen, daß die islamische Kunst und Architektur erst unter den Omajjaden entstanden sei, nachdem die Muslime in direkte Berührung mit den Kulturen der eroberten Gebiete in Syrien, Mesopotamien, Iran und Ägypten, also der byzantinischen und persisch-sassanidischen, gekommen waren. Schon seit dem Propheten Mohammed und seinen ersten vier Nachfolgern (Khalifen) Abu Bakr, Omar, Othmar und Ali wurden rein islamische Prinzipien für die bildenden Künste, für Architektur und Städtebau festgelegt, die mit denen der byzantinischen und sassanidischen wenig Gemeinsamkeiten besaßen. Mohammed legte in Medina den Plan der Moschee fest, und diesem Beispiel folgt man auch heute noch. Die Gestaltung der Moschee weicht grundsätzlich von jener der christlichen Kirche, der jüdischen Synagoge und des persisch-iranischen Feuertempels ab. Die christliche Kirche etwa strebt nach Vertikalität, die Moschee nach Horizontalität. Die Kirche stellt ein einziges, geschlossenes Volumen dar, Moschee und säkuläre Bauten bestehen aus einer organischen Kombination geschlossener Volumina (Gebetshalle), von halb Geschlossenem (Arkadengang) und Offenem (Hof). Die Kirche war longitudinal, die Moschee quer angelegt. Schon während der Regierung des zweiten Nachfolgers des Propheten, des Kalifen Omar, wurden drei neue rein islamische Städte: Basra, Kufa und Fustat gegründet. Die vorislamischen Städte folgten dem Schachbrettmuster, das aus zahlreichen sich kreuzenden Straßen und dazwischen liegenden Häuservierteln (Insulae) bestand. Die ersten islamischen Städte weisen die Unterteilung eines Quadrats in vier Viertel auf, mit Moschee und Palast in der Mitte und den vier Kardinaltoren in der Mitte der vier Seiten des Quadrats. Diesem Konzept liegt die islamische Auffassung, wonach Gott der Herrscher der Welt mit den vier Richtungen sei, zugrunde. Schließlich folgte sie auch dem Anspruch der Könige von Akkad, Babylon und Assyrien auf die Weltenherrschaft. Sie trugen nämlich den Titel „König der vier Viertel". Die vorislamischen Künstler strebten nach wahrheitsverleihender Wiedergabe der Schöpfungen Gottes (Menschen, Tiere, Pflanzen, Natur), die Architekten nach Verewigung der Bauten durch konstruktive Lösungen und solides Material, während die muslimischen Architekten nach den Worten des Korans: „Alles außer Gott ist vergänglich", „Die Welt ist nicht wahr, sondern eine Illusion", „Nur Gott ist ewig" handelten. Deshalb war die islamische bildende Kunst eine abstrakte; sie bediente sich der Zweidimensionalität, um die illusionistische Erfassung der Schöpfungen und der Natur zu erreichen, und nutzte alles nicht Solide (kleine Steine und keine Quader, Lehm- und Brandziegel) und schnell zu fertigendes Material (Stuck in Massenproduktion für die Innenraumgestaltung statt Steinschnitzereien). Nach diesen und anderen Grundsätzen richtete sich die islamische Kunst, im wesentlichen auch die omajjadische, die in einigen wenigen Beispielen präsent ist: In der Omajjadenmoschee von Damaskus und in den sogenannten Wüstenschlössern; erstere ist literarisch genügend bezeugt, epigraphisch allerdings nicht, während letztere in epigraphischen Quellen teilweise und indirekt nachgewiesen werden.

DIE OMAJJADENMOSCHEE ODER GROSSE MOSCHEE (Abb. 1)

Wenngleich an anderer Stelle[2]) über die Omajjadenmoschee gehandelt wird, sollen dennoch einige Bemerkungen hier geäußert werden. Das einheimische Haddad-Heiligtum wurde in römischer Zeit zu einem prachtvollen Tempelkomplex für Jupiter Damascenus umgestaltet, dessen Größe die heute noch erhalten gebliebenen Umfassungsmauern, Säulenkapitelle und Architekturstücke widerspiegeln. Im späten 4. Jahrhundert wurde der Jupiter-Tempel zu einer Kirche für Johannes d. T. umgebaut. 636 fiel ganz Syrien den Muslimen in die Hände. Von da an bis 705 beteten Christen und Muslime gemeinsam innerhalb des großen Baukomplexes. Bis jetzt ist noch nicht genau feststellbar, wo genau jede Glaubensgemeinschaft sich zum Gebet sammelte und wo die damalige Kirche stand. Im Jahre 705 entschloß sich der Khalif Al-Walid, den Baukomplex zu einer Großmoschee umzuwandeln, nachdem er den Christen eine angemessene Entschädigung für ihre Kirche zugesichert hatte. Im Bewußtsein um die Weltherrschaft wollte Al-Walid ein Bauwerk errichten und ausschmücken, das den Sieg des Islams gebührend zum Ausdruck bringen sollte. Dabei soll er gesagt haben: „Ich will einen Bau errichten, wie ihn seinesgleichen niemand vor mir errichten hätte lassen noch nach mir tun würde." Er ließ innerhalb des Temenos alles abreißen, um eine Moschee neu anzulegen, deren Grundplan dem Beispiel jener in Medina hinsichtlich der Gebetshalle, dem Arkadengang und Hof folgte. Es wurde viel diskutiert, ob die Moschee überhaupt und die Omajjadenmoschee von Damaskus im besonderen vom Grundplan ihrer dreischiffigen Gebetshalle her vom christlichen Kirchenbau beeinflußt sei. Meiner Meinung nach hat der Prophet Mohammed von Anfang an das Grundkonzept für alle nachfolgenden Moscheebauten festgelegt, indem die drei Komplexe: Geschlossene Gebetshalle, halb geschlossenes Volumen des Arkadenganges und offener Hof zu einer Einheit zusammengefaßt wurden.

Selbständigkeit und Unabhängigkeit des Moscheebaues werden aufgrund folgender Merkmalsunterschiede zur christlichen Kirche erkennbar:

1. Der Kirche ist oblong, die Gebetshalle der Moschee quergestreckt.
2. Die Kirche weist eine dreischiffige Gliederung auf, die Moschee besitzt – ausgenommen jene des syrischen Typus – mehr als drei Schiffe und gleicht einem Wald von Säulen, einem Palmenhain.
3. Die Kirche ist ein einziger Volumskörper, die Moschee eine organische Einheit eines geschlossenen, halbgeschlossenen und offenen Volumens.
4. Die Kirche strebt nach Vertikalität, die Moschee nach Horizontalität.
5. Die Kirche orientiert sich nach Osten, die Moschee nach Mekka.
6. Der Mihrab (eine in die Südwand der Gebetshalle

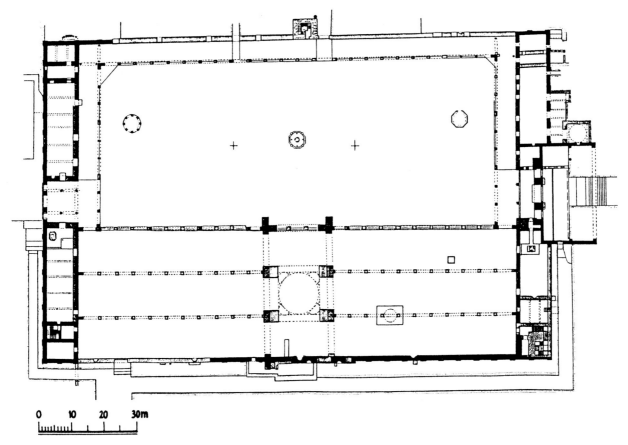

Abb. 1: Die Omajjadenmoschee in Damaskus. Vorislamische und omajjadenzeitliche Mauerstrukturen sind im Plan schwarz markiert.

mittig angebrachte Vertiefung) stellt zwar eine Verkleinerung der Apsis in der Kirche dar, ist aber u. a. ein Markierungspunkt in Richtung Mekka. In der Apsis kulminieren Haupt- und Mittelachse, im Mihrab die radialen Blickpunkte.

7. Die Kirche besteht aus kubischen (Jochen, Schiffen) und pyramidalen, die Moschee aus beiden sowie halbkugelförmigen, halbzylindrischen oder polygonalen (Tambour und Minarett) Volumina.

8. Der Temenos einer Kirche schließt diese als gleichsam im Schoße befindliche ein; der Hof einer Moschee hingegen ist die organische offene Fortsetzung der Gebetshalle.

9. Die Kirche dient im wesentlichen nur als Stätte für Gebet und Messe, die Moschee hat zahlreiche Funktionen (als Stätte des Gebets, der Lehre, als Forum für Intellektuelle, als politischer Treffpunkt, als Ort der Entspannung und Ruhe etc. Die Moschee vereinigt somit – im Gegensatz zur christlichen Kirche – Kult- und Profanbau.

Der andalusische Reiseschriftsteller Ibn Djubeir (13. Jahrhundert) hat die Worte des Erbauers der Omajjadenmoschee, des Khalifen Al-Walid, genau verstanden, der die Weltherrschaft des Islams in dem Bau zum Ausdruck brachte. Diesen verglich Ibn Djubeir symbolhaft mit dem Körper eines Adlers: Die Kuppel gleiche dem Kopf, das Querschiff (Transept) der Brust und die Seitenschiffe den Flügeln.

DIE OMAJJADISCHEN SCHLÖSSER (Abb. 2)

Islamische Schriftquellen nennen eine Reihe von Profanbauten der Omajjaden, allerdings nicht die unter der Bezeichnung „Wüstenschlösser" bekannten Anlagen in der syrischen und jordanischen Wüstensteppe, über deren Funktion die Fachwelt noch keine einhellige Meinung vertritt. Manche Forscher sehen in ihnen Lust- und Jagdschlösser, nostalgische Bauten, die die Sehnsucht der Khalifen nach ihrer Wüste stillten, andere wiederum landwirtschaftlich ausgerichtete Anlagen, da mit den meisten von ihnen Bewässerungssysteme, kilometerlange Kanäle, Dämme, Talsperren und Wasserreservoirs zusammenhängen. Einige Gelehrte begründen die Sinnhaf-

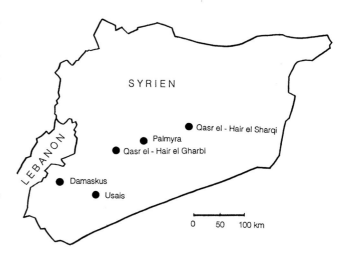

Abb. 2: Omajjadische Paläste in Syrien (Qasr el-Hair West und Ost, Usais).

tigkeit solcher Bauten mit der Absicht der Khalifen, unkontrollierbaren Beduinen- und Nomadenstämmen ihre Macht zu dokumentieren.

Gegen die erste Anschauung spricht die einfache Tatsache, daß die Omajjaden schon vor dem Sieg des Islams Städter waren, Bewohner von Mekka, mächtige und reiche Händler dort. Mekka war Jahrhunderte lang ein wichtiger Handelsknotenpunkt an der „Weihrauchstraße", panarabisches Kultzentrum mit der Ka'aba und Ort eines jährlichen Wettbewerbs aller arabischen Poeten und Weisen (Souk Ukaz). Gegen die zweite Meinung spricht der Aufwand, der ein Vielfaches des Ertrags betrug, den man sich von der Ernte zu erwarten hatte. Für die zuletzt vertretene Anschauung können jedoch einige plausible Faktoren angeführt und im Zusammenhang mit den drei omajjadischen Schlössern von Qasr el-Heir al-Sharqi, Gharbi (Ost- und West) und Djebel Usais beschrieben werden. Allen drei Schlössern liegen folgende Charakteristika zugrunde:

1. Sie sind mit einem Bewässerungssystem

285

Abb. 3: Luftaufnahme der Anlagen von Qasr el-Hair el-Sharqi. Im Bildvordergrund die Siedlung (Madinah, Abb. 5), dahinter die Karawanserei (Abb. 4).

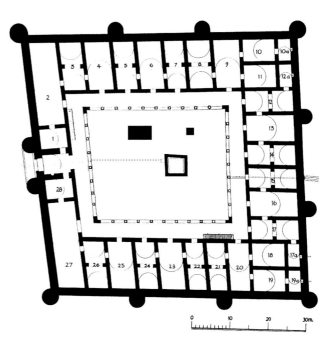

Abb. 4: Qasr el-Hair el-Sharqi: Karawanserei.

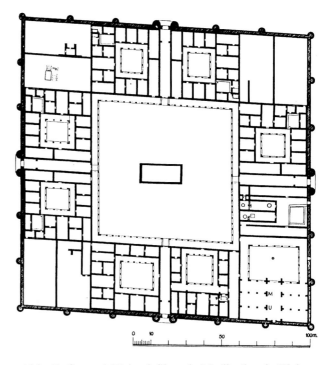

Abb. 5: Qasr el-Hair el-Sharqi: Madinah mit Wohnbereich, Regierungskomplex, Wirtschaftstrakt und Moschee.

(Kanälen, Talsperren, Wasserreservoirs) und einem umzäunten Terrain verbunden.

2. Sie stehen nicht allein, sondern in unmittelbarer Nähe befinden sich öffentliche Badeanlage, Karawanserei, Moschee und aus Privathäusern bestehende Siedlung.

3. Der Grundriß des Schlosses ist nahezu quadratisch (mit einer Seitenlänge von ca. 70 m), weist Eck- und Seitentürme, ein Hauptportal, zwei Etagen und einen Innenhof mit Arkadengang auf. Dahinter reihen sich selbständige Wohneinheiten nach Art von Appartements mit mehreren Wohnzellen an.

Qasr el-Hair el-Sharqi (Abb. 3 – 5)
Lage: Etwa auf halbem Weg zwischen Palmyra und Raqqa bzw. dem Euphrat. Datierung: 729. Zeit des Khalifen Hisham ibn Abdel Malik.
Die Anlage unterscheidet sich von den anderen „Wüstenpalästen" durch ihre Größe. Sie besteht aus drei Komplexen: Bei dem größten handelt es sich im wesentlichen um eine 16 km lange Umfassungsmauer, bei den zwei anderen um unregelmäßige Vierecke von ca. 70 bzw. 160 m Seitenlänge, die mit einer Karawanserei und einer Siedlung (Stadt) gleichzusetzen sind. Die Wasservorräte des ca. 30 km nordwestlich gelegenen Al Qawm wurden durch unterirdische Kanäle geleitet und ermöglichten die Bewässerung dieser Anlagen und Gärten.

Am besten erhalten blieb die Ummauerung des kleinen Bezirks, den der Ausgräber als Karawanserei identifiziert hat (Abb. 4). Das äußere Mauergeviert wird durch runde Ecktürme und jeweils zwei halbrunde Turmbauten an den Seiten verstärkt, wobei die vorzügliche Steinquaderarchitektur einen oberen Abschluß in Ziegelbauweise besitzt. An der Westseite sind die Halbtürme so zusammengerückt, daß sie das Eingangstor flankieren. Eine beide Tortürme verbindende Architekturdekoration verleiht dem Portal eine einheitliche Struktur. Über dem Eingang befindet sich ein Gußerker, der für Verteidigungszwecke gedacht gewesen sein soll. Das Zentrum der Anlage bildet ein steingepflasterter, einst von einer Säulenhalle umgebener Hof, die einer umlaufenden Reihe von 28 tonnengewölbten und durch Zwischenwände jeweils zweigeteilten Räumen vorgelagert war.

Ein ähnlicher Planentwurf liegt auch dem großen Mauergeviert zugrunde (Abb. 5). Der äußeren Ummauerung ist im Inneren ein Hof mit Säulenumgang eingeschrieben. Von den mittig angelegten Toren führen axial ausgerichtete Straßen hinein, die das Innere in vier Quartiere unterteilen. Das Südostviertel zeigt „offiziellen Charakter." Es besteht aus Moschee, dem Regierungskomplex, Wirtschaftsgebäuden und einer Badeanlage. Das riesige Gelände innerhalb der 16 km langen Umfassungsmauer war durch künstliche Bewässerung zu einer fruchtbaren Gartenlandschaft geworden, die die Ernährung einer auch größeren Besatzung sicherte. Die Hauptkanäle verliefen parallel zu den Außenmauern.

Qasr el-Hair el-Gharbi (Abb. 6 – 9)
(Nach Michael Meinecke[3])
Lage: Etwa 60 km südwestlich von Palmyra
Datierung: 724 – 727. Zeit des Khalifen Hisham
Unter der Bezeichnung „westlicher Palast des Tiergeheges" (= Qasr el-Hair el-Gharbi) wird eine auf über 19 km sich verteilende Ruinengruppe zusammengefaßt, die sich entlang eines vom Rawaq-Berg ausgehenden Flußtales erstreckt. Palmyrener hatten im 1. Jahrhundert am Nordhang des Berges die mächtige, etwa 600 m lange Talsperre von Harbaqa errichtet, wodurch erst die landwirtschaftliche Nutzung des Gebietes ermöglicht wurde. Von hier aus führt ein Kanal 18 km in Richtung Norden; nach 16,5 km mündet er in ein offenes Wasserreservoir. Im Umkreis von drei Kilometern liegen dort mehrere Gebäude, von denen zwei durch Inschriften datiert sind: Der ruinöse Turm (Plan, Abb. 6, Rekonstruktion Abb. 8) eines 559 erbauten christlichen Klosters des Ghassanidenfürsten al-Harith ibn Djabala und eine im Auftrag des Omajjadenkhalifen Hisham im Jahre 727 errichtete Karawanserei (Abb. 7). Den Kern der Anlage bildet der Palast des Khalifen Hisham (724 – 743), der den Turm des Klosters einbeziehen ließ (Abb. 6, 8). Die quadratische Anlage von 70 m Seitenlänge gibt sich mit ihrer auf das Flußtal ausgerichteten und mit Stuck prachtvoll ver-

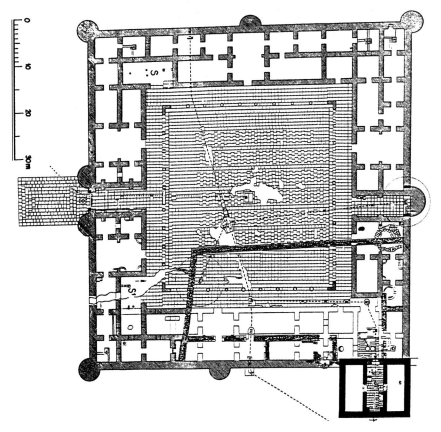

Abb. 6: Qasr el-Hair el-Gharbi: Plan der Anlage mit integriertem Turm des ehemaligen Klosters (schwarze Mauerstruktur).

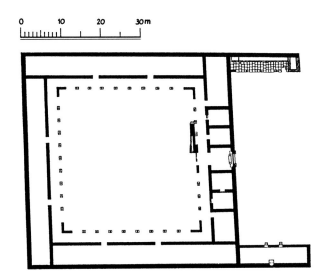

Abb. 7: Qasr el-Hair el-Gharbi: Karawanserei.

Abb. 8: Der Palast in einer Rekonstruktion. Modell im Nationalmuseum von Damaskus.

Abb. 9: Das zerstörte monumentale Eingangsportal des Palastes von Qasr el-Hair el-Gharbi konnte rekonstruiert und wiederaufgebaut werden. Es bildet heute den Zugang zum Nationalmuseum von Damaskus.

Abb. 10: Weinranken, Trauben, Weinblätter und Blütenmotive bilden den Reliefdekor des kunstvoll ausgeführten Portalgewändes (vgl. Abb. 9).

zierten Schaufassade als herrschaftlicher Repräsentationsbau zu erkennen (Abb. 9). Um den Arkadenhof gruppiert liegen sechs in sich geschlossene Wohntrakte mit jeweils eigenen Treppenhäusern zu den heute nicht mehr erhaltenen Obergeschossen. Das Dekorprogramm ist überaus aufwendig. Neben Fragmenten von Wandmalereien mit teils höfisch stilisierten, teils historisch genrehaften Szenen und von vegetabil ornamentierten Holzreliefs ist der reiche Stuckdekor an Außenfront und Hoffassade besonders bemerkenswert (Abb. 9 – 10). In der umfangreichen Abfolge figürlicher Stuckreliefs nimmt die überlebensgroße Figur des Herrschers die zentrale Stelle ein.

Als Nebenbau der Residenz ist das ca. 30 m nördlich gelegene kleine Bad anzusprechen, das ebenso mit dekorativer Wandbemalung und mit Stuckreliefs ausgestattet war. Außerdem schmückten reliefierte Marmorplatten die Baderäume.

Die Karawanserei (Abb. 7) ist die zweite größere architektonische Anlage des Palastkomplexes. Obwohl nur wenig kleiner als der Palast selbst, sind Grundriß und Ausstattung vergleichsweise einfach. Den annähernd quadratischen Arkadenhof umsäumen ungegliederte Lagerräume. Nur der Fassadentrakt der Ostseite ist in kleinere Wohnräume unterteilt. Der Fassade sind zwei Bautrakte vorgelagert, die einen allgemein zugänglichen öffentlichen Vorhof bilden. Den Südflügel kennzeichnet eine Gebetsnische (Mihrab) als Moschee, während im Nordtrakt die Tränke eingerichtet wurde. Zum Palast gehört ferner ein etwa drei Kilometer entferntes großes ummauertes Gartenareal von über 1000 m Länge, in das der vom Harbaqa-Damm ausgehende Kanal einmündet. Zusätzliches Wasser wurde von einem vorgelagerten hufeisenförmigen Auffangbecken zugeleitet. Die Aufteilung der Gartenfläche in quadratische, von kleinen Kanälen gespeiste Beete läßt die Deutung als Lustgarten zu, in dem sich vermutlich auch Tiergehege befanden. Der Regulierung der Wasserzufuhr diente ein quadratisches Sammelbecken von ca. 60 m Seitenlänge, das, vom Gartenareal etwa 1800 m entfernt, eine Mühle und die Karawanserei mit Wasser versorgte. Das Vorhandensein der Mühle läßt auf die landwirtschaftliche Nutzung weiter Teile des Geländes und auf Getreideanbau schließen.

Das Schloß von Djebel Usais (Abb. 11 – 12)
Lage: In der Luftlinie 105 km in südöstlicher Richtung von Damaskus entfernt, östlich der Vulkangesteinswüste el-Safa, nördlich dem Lößbecken Ruhba am Rand der Senke el-Khabra am Südfuß des Vulkankegels Seis (Usais) gelegen.
Datierung: 707 – 709. Zeit des Khalifen Al-Walid I (705 – 715).

Ähnlich den Anlagen von Qasr-el-Hair Ost und West erstrecken sich entlang einer Lößsenke – sie geht vom Südfuß des Vulkankegels (Dj. Usais) aus – mehrere Ruinengruppen, bestehend aus Palast, Moschee, Badeanlage, Karawanserei, Lagern, Magazinen, Privathäusern (Siedlung), Wasserreservoir und Talsperre (Abb. 11).

Kern der Anlage ist der Palast jenes Khalifen, den wir als Gründer der Omajjadenmoschee von Damaskus bereits kennengelernt haben. Der quadratische Bau mit einer Seitenlänge von 67,5 m wird durch halbrunde Eck- und Seitentürme verstärkt (Abb. 12). Das Haupttor durchbricht den mittleren Turm der Nordseite. Im Zentrum befindet sich ein mit Basaltsteinen gepflasterter, einst von einer Säulenhalle umgebener Hof. Um diesen liegen mehrere abgeschlossene Wohntrakte mit ursprünglich vorhandenen Obergeschossen. Außer Basaltgestein fanden auch gebrannte Ziegel für Gewölbe und Mauerabschlüsse Verwendung.

Die Moschee nimmt ein Quadrat von etwa 11 m Seitenlänge ein. Eine Tür befindet sich in der Nordwand, eine andere im Osten. Der Mihrab bildet eine türartige Öffnung in der Qibla.

Das erste Wasserbecken hat den Grundriß eines Fünfecks (durchschnittliche Seitenlänge ca. 7,6 m), ist 2,5 m tief und allseitig von einem Plattengang umgeben. Eine siebenstufige Treppe machte es vom Westen begehbar. Im Osten schließt sich eine weitere Treppe mit elf Stufen an, die in der Nordwestecke eines größeren Wasserbassins eingebaut war.

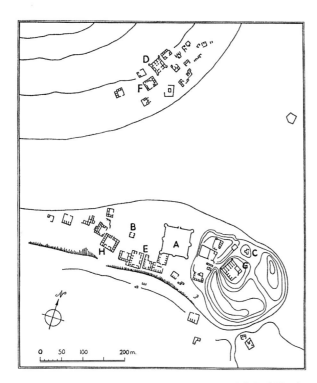

Abb. 11: Topographie der Anlagen am Djebel Usais: A Schloß (Palast), B Moschee, C Bad, D – F Häuser, G Vorratsgebäude.

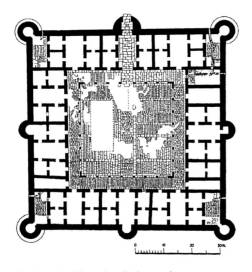

Abb. 12: Usais: Plan der Palastanlage.

SCHLUSSBEMERKUNG

Die Inbesitznahme des spätantiken Syriens durch die Omajjaden erfolgte schrittweise und auf der Grundlage von Verträgen. Die bestehenden Eigentumsverhältnisse wurden toleriert. So verwundert es nicht, wenn die antiken Stadtzentren und intensiver genutzten mittelsyrischen Ackerbauebenen nur von einer begrenzten Zahl von Muslimen besetzt wurden. In den weniger dicht besiedelten Wüstensteppen Syriens und Jordaniens hingegen engagierten sich die neuen Herren stark. Ihre Bauten nahmen wichtige strategische und verkehrstechnische Positionen zwischen den westlichen Stadtzentren, der nordöstlichen Djezira und Mesopotamien ein, da die Muslime sich nach dem Zusammenbruch des spätantiken Wirtschaftsgefüges nach dem Osten orientierten, so daß das trockene Wüstensteppengebiet in omajjadischer Zeit durchgreifend organisiert werden mußte. Die Bebauung der künstlich geschaffenen Oasen hebt sich deutlich von den antiken Vorläufern ab: Nicht der Ertrag allein war für die Reaktivierung der Steppe ausschlaggebend, wie umgekehrt die „Wüstenschlösser" nicht nur für Jagden und andere höfische Vergnügungen gedacht waren. Die aufwendige Ausstattung verleiht diesen Residenzen deutlich den Charakter von Repräsentationsbauten und dokumentiert ein Machtbewußtsein, wie es in den Städten Damaskus und Jerusalem in der Omajjadenmoschee und dem Felsendom zum Ausdruck kam. Diese Demonstration der Macht im Hinterland, der Wüstensteppe, erfüllte eine mehrfache Funktion: Die Handelskarawanen benutzten die Karawansereien, die Tiere hatten ihre Tränke an den Kanälen, die Führer der Nomadenstämme, die in der Steppe ihren Lebensraum fanden, erhielten einen ihnen angemessenen Empfang und konnten die Annehmlichkeiten des Palastes wie die einer Stadt genießen.

ANMERKUNGEN

[1]) Vgl. dazu auch den Beitrag von H. G. Franz, Seite 315 ff.
[2]) Siehe Seite 144 ff.
[3]) In dessen Beitrag in: Syrien – Land des Baal, 258/61.

LITERATUR

K. Brisch, Das omayyadische Schloß in Usais: MDIK 19 (1963) 141/87; 20 (1965) 138/77.

K.A.C. Creswell, A Short Account of Early Muslim Architecture, ed. by J. W. Allan (Aldershot 1989).

From Ebla to Damascus. Art and archaeology of ancient Syria, ed. by H. Weiss (Washington, D. C. 1985).

H. G. Franz, Wesenszüge der frühislamischen Kunst, 7. – 9. Jahrhundert. Kunsthist Jb Graz 19/20 (1983/84) (Graz 1984).

H. Gaube, Hirbet el-Baida (Beirut 1974).

O. Grabar, City in the Desert. Qasr al-Hayr East (Cambridge, Mass. 1978).

Ders., La Formation de l'Art Islamique (Paris 1987).

Land des Baal. Syrien – Forum der Völker und Kulturen (Mainz 1982).

D. Schlumberger, Qasr el-Heir el-Gharbi (Paris 1986).

ABBILDUNGSNACHWEISE

Abb. 1, 4 – 7, 11 – 12: Nach K. A. C. Creswell. – Abb. 2: Entwurf und Ausführung: Erwin M. Ruprechtsberger. – Abb. 3: Nach Ansichtskarte. – Abb. 8 – 10: Erwin M. Ruprechtsberger.

Stephan Procházka

ENTSTEHUNG UND AUSBREITUNG DES ISLAM BIS ZUM 9. JAHRHUNDERT

DER ISLAM BIS ZUM TODE MUHAMMADS (632)

Die Entwicklung des Islams als jüngste der drei großen monotheistischen Religionen fällt in die erste Hälfte des 7. Jahrhunderts. Entstehung und Erfolg dieser Religion sind wohl untrennbar mit dem Namen ihres Begründers Muhammad verbunden, über dessen Leben wesentlich mehr historisch gesicherte Aussagen getroffen werden können, als über jeden anderen der großen Religionsstifter. Dies gilt allerdings nur für seinen zweiten Lebensabschnitt, denn seine ersten rund 40 Jahre liegen fast vollkommen im dunkeln. Traditionellerweise wird 570 als das Jahr seiner Geburt angegeben, welches in der muslimischen Geschichtsschreibung oft das Jahr des Elefanten genannt wird, da bei einem Kriegszug der Äthiopier (die damals den Jemen besaßen) gegen Mekka ein Elefant mitgeführt wurde. Muhammad war bereits mit etwa sechs Jahren Vollwaise und wurde zuerst von seinem Großvater, später dann von seinem Onkel Abû Tâlib erzogen. In Begleitung des letzteren dürfte er an einigen von den mekkanischen Kaufleuten organisierten Karawanen nach Syrien teilgenommen haben. Als er ungefähr neun Jahre alt war, gelangte er bei einer solchen Gelegenheit auch in die südsyrische Stadt Bosra. Dort wurde ein christlicher Mönch namens Bahîrâ auf ihn aufmerksam und entdeckte an ihm die Zeichen eines zukünftigen Propheten (Abb. 1). Dies ist nur eine der vielen Legenden, die über die wunderbaren Begebenheiten während der Kindheit des späteren Gottgesandten Auskunft geben sollen. Historisch gesichert ist jedoch, daß Muhammad, als er 25 Jahre alt war, die wohlhabende Handelsunternehmerin Chadîdscha heiratete, die um einiges älter als er selbst war. Sie hatten sieben gemeinsame Kinder, von denen aber lediglich die vier Töchter das Erwachsenenalter erreichten.

Im Alter von 40 Jahren, also um 610, hatte Muhammad sein erstes Berufungserlebnis, über das er aber nur im Kreise seiner Familie sprach. Erst drei Jahre später begann er mit öffentlichen Predigten, die vor allem den Glauben an den einen mächtigen, aber gütigen Gott sowie an ein Jüngstes Gericht zum Inhalt hatten. Spätere Verkündigungen enthalten auch Berichte über frühere Propheten (wie Abraham und Moses) und die furchtbaren Strafgerichte, die jene erlitten, die nicht an sie geglaubt hatten. Bald fand Muhammad nicht nur in seiner Familie, sondern auch unter den anderen Bewohnern Mekkas eine Reihe von Anhängern, was den Widerstand der reichen Bürger der Stadt hervorrief, die um ihre Vorherrschaft und die Existenz der einträglichen Wallfahrten fürchteten. Aufgrund des wachsenden Drucks auf die kleine muslimische Gemeinde zogen im Jahre 615 an die 200 Personen nach Äthiopien. Für die in Mekka Verbliebenen wurde die Situation dann nach dem Tode von Muhammads Onkel, der ihn jahrelang beschützt hatte, immer gefährlicher, sodaß sie nach langen Verhandlungen im Jahre 622 nach Medina emigrierten, wo Muhammad als einer der letzten am 24. September eintraf. Diese Hidschra genannte Auswanderung nach Medina markiert zugleich den Beginn der noch heute gültigen muslimischen Zeitrechnung, wobei der 1. I. 1 dem 16. VII. 622 entspricht.

Medinas Bevölkerung war bei weitem nicht so homogen wie das nur vom Stamm der Quraisch besiedelte Mekka. Denn hier lebten außer den zwei arabischen Stämmen Aus und Chazradsch auch noch drei jüdische Stämme. Die Schlichtung bestehender Konflikte sowie die Schaffung einer neuen, stammesübergreifenden Gemeinschaft (bestehend aus den ansässigen Ansâr „Helfer" und den zugewanderten Muhâdschirûn „Auswanderer") mittels der sogenannten „Gemeindeordnung von Medina" stellt die erste große staatsmännische Leistung Muhammads dar. Darin zeichnet sich bereits auch jene Untrennbarkeit von Religion und Politik ab, die später für den Islam so typisch werden sollte. Dies läßt sich auch am Charakter der nun verkündeten Offenbarungen ablesen, die immer mehr rechtliche und soziale Themen behandeln und nicht selten tagespolitische oder gar persönliche Probleme des Propheten widerspiegeln.

Einer alten arabischen Tradition folgend begannen die Muslime mekkanische Karawanen zu überfallen, und so dauerte es nicht lange bis zum ersten militärischen Konflikt. Der für die Muslime trotz zahlenmäßiger Unterlegenheit so erfolgreichen Schlacht von Badr im Jahre 624 folgte die Niederlage vom Berg Uhud ein Jahr später sowie die als „Grabenkrieg" bekannte Belagerung Medinas durch eine von den Mekkanern angeführte Stammesallianz im März 627. Nach deren Scheitern war Muhammad eindeutig in der besseren Position, schloß aber trotzdem mit den Mekkanern einen für sie nicht ungünstigen zehnjährigen Frieden. Dies geschah wohl in der Absicht, die zwischen ihm und seiner Heimatstadt bestehende Kluft nicht noch größer werden zu lassen. Nach einem Zwischenfall wurde der Vertrag allerdings 630 von Muhammad aufgekündigt, worauf er mit einer starken Armee Richtung Mekka marschierte und dort, ohne auf nennenswerten Widerstand zu treffen, auch einziehen konnte.

Bemerkenswert ist, daß bald alle Bewohner Mekkas, darunter auch Muhammads glühende Feinde, zum Islam übertraten und alles, was an das Heidentum erinnerte, zerstört wurde. Ausgenommen blieb nur die Kaaba mit dem Schwarzen Stein, da sie auch in der neuen Religion einen wichtigen Platz einnehmen sollte. Diese Übernahme der eigentlich heidnischen Kultstätte wird damit begründet, daß sie von Abraham und seinem Sohn Ismael als Heiligtum jener Religion erbaut wurde, die den „Urtypus" aller monotheistischen Religionen darstellt und deren rechtmäßige Nachfolge nun der Islam angetreten hat,

nachdem sie von Juden und Christen verfälscht worden war. Diese Argumentation spiegelt also auch jene zunehmend polemische Haltung Muhammads anderen Religionen gegenüber wider, die sicherlich als Reflex seiner Erfahrungen mit den medinensischen Juden gewertet werden kann. Muhammad hatte nämlich anfänglich gehofft, daß die neue Religion von den Juden akzeptiert werden würde, was aber nicht geschah. Daraufhin (wahrscheinlich 624) wurden auch einige an das Judentum erinnernde Gebräuche geändert: Die Qibla genannte Gebetsrichtung wurde von Jerusalem nach Mekka verschoben und das Fasten vom jüdischen Aschura-Fest in den Ramadan verlegt. Diese „anti-jüdische" Haltung gipfelte dann in der gewaltsamen Vertreibung aller drei jüdischen Stämme aus Medina.

Während die im Koran faßbare Kritik an den Juden als sehr spezifisch und wirklichkeitsnah bezeichnet werden kann, ist jene an den Christen eher unscharf und auch weniger polemisch. Das ist wohl auf den mangelnden Kontakt zu Anhängern des Christentums zurückzuführen, der erst nach der Expansion in Richtung Norden in größerem Maße gegeben war. Insgesamt kann jedoch festgehalten werden, daß im großen und ganzen schon zu Zeiten Muhammads die Andersgläubigen (mit Ausnahme der Polytheisten) tolerant behandelt wurden, solange sie die Überlegenheit der Muslime anerkannten und einen Tribut entrichteten. Von den heidnischen Stämmen, die sich nach 630 in immer größerer Zahl Muhammad anschlossen, wurde aber meist auch der Übertritt zum Islam verlangt.

Als Muhammad am 8. Juni 632 in Medina starb, war die Arabische Halbinsel das erste Mal in ihrer Geschichte politisch geeint. Und wenn auch die Zugehörigkeit zu einem Stamm bis in die Gegenwart von einer gewissen Bedeutung geblieben ist, war nun doch durch den Islam etwas geschaffen worden, was wertmäßig über der genealogischen Abkunft stand und zu dem einigenden Band werden konnte, das über die Partikularinteressen der einzelnen Stämme hinweg wirksam wurde. Es kann also gesagt werden, daß erst durch den Islam die Araber eine religiöse und „nationale" Einheit wurden. Die-

Abb. 1: Die Basilika des Bahira in Bosra, wo der Mönch Bahira an Muhammad die Zeichen eines künftigen Propheten entdeckt haben soll.

ser Erfolg des Islams und sein Aufstieg zur Weltreligion ist sicherlich auf die überragende Persönlichkeit Muhammads zurückzuführen, der nicht nur imstande war, eine göttliche Offenbarung zu vermitteln, sondern auch großes staatsmännisches Geschick bewies. Daran ändert auch die Tatsache nichts, daß die vor dem Islam herrschende polytheistische Religion in der Bevölkerung scheinbar nicht mehr sehr verwurzelt war und vieles schon auf eine vorhandene Tendenz zum Monotheismus hindeutet. Da mit Muhammads Tod auch die Quelle der Offenbarungen versiegt war, gelten auch alle wichtigen Glaubensgrundsätze seit damals als festgelegt. Zusammengefaßt werden sie in den sogenannten fünf Säulen des Islams, die da sind: Das Glaubensbekenntnis *Es gibt keinen Gott außer Allah und Muhammad ist sein Prophet*, das fünfmal täglich zu verrichtende Gebet (*Salât*), das Almosengeben (*Zakât*), das Fasten (*Saum*) im Monat Ramadan und die Wallfahrt (*Hadsch*) nach Mekka.

DIE ZEIT DER RECHTGELEITETEN
KALIFEN (632 – 661)

Während seiner letzten Lebenstage hatte Muhammad seinen Gefährten Abû Bakr mit der Leitung des Gebets beauftragt. Auf ihn, einen Muslim der ersten Stunde, konnte sich die Gemeinde dann als neues Oberhaupt einigen. Er führte nun den Titel Chalîfat Rasûl Allâh, „Stellvertreter des Gesandten Gottes". In seine nur zwei Jahre währende Regierungszeit fallen die sogenannten Ridda-Kriege, in deren Verlauf eine Reihe von Stämmen wieder unterworfen wurden, die sich – teilweise anderen Propheten folgend – vom Islam abgewandt hatten. Da sich darunter fast ausschließlich Stämme befanden, die den Quraisch schon in vorislamischer Zeit feindlich gesonnen waren, kann angenommen werden, daß es sich hiebei auch um eine Bewegung gegen die neue Machtfülle des Stammes des Propheten gehandelt hat.
Im letzten Jahr der Regierung Abû Bakrs begann sich die später so erfolgreiche Ausweitung des arabischen Reiches bereits abzuzeichnen: Das südliche Mesopotamien wurde erobert und die Schlacht von al-Adschnadain im heutigen Jordanien (Juli 634) bereitete die späteren Erfolge im syrischen Raum vor. Als Omar 634 die Nachfolge Abû Bakrs antrat, wurde in verstärktem Maße die Expansion fortgesetzt, deren Ablauf hier kurz umrissen werden soll: Im Osten hatten die islamischen Truppen bereits 636 die sassanidische Hauptstadt Ktesiphon besetzt, als 642 mit dem Sieg von Nihâwand der Angriff auf das persische Kernland begann. Der Widerstand der unter sich zerstrittenen Perser war nur mehr sehr schwach, sodaß bis zum Tode des letzten Schahs 651 das ganze Reich unter arabischer Kontrolle war. Nicht weniger erfolgreich waren die Muslime im Kampf gegen die Byzantiner in Syrien und Ägypten. Dies verdankten sie vor allem dem genialen Feldherren Châlid ibn al-Walîd, dessen Grab sich in Homs befindet und der noch heute bei der syrischen Landbevölkerung als Patron der Herden angesehen wird. Unter seiner Führung fügten die Araber den byzantinischen Truppen am Flusse al-Yarmûk 636 eine entscheidende Niederlage zu, die die endgültige Eroberung von Damaskus kurz darauf ermöglichte. Zwei Jahre später fiel Jerusalem, und als letzte byzantinische Bastion 640 Caesarea. Zu dieser Zeit war 'Amr ibn al-'Âs bereits nach Ägypten vorgedrungen, dessen Eroberung im großen und ganzen mit der Übergabe Alexandrias 642 abgeschlossen war. In einer der ersten militärischen Aktionen zur See wurde 647 auch Zypern eingenommen und tributpflichtig gemacht.

Der Umstand, daß es den im Gegensatz zu den Persern und Byzantinern militärisch nur wenig geschulten Arabern gelang, binnen solch kurzer Zeit ein Großreich zu vernichten und einem anderen fast die Hälfte seiner Provinzen zu entreißen, hat zu mannigfaltigen Spekulationen geführt. Die wahren Gründe dafür sind wohl sehr vielschichtig. Ein wichtiger Faktor war sicherlich die nun gewonnene Einheit der früher in ständige Kleinkriege verwickelten arabischen Stämme. Durch den Verlust der gegeneinander gerichteten Aggression konnte nun alle Energie nach außen gerichtet werden, ein Phänomen, das etwa auch bei den durch Tschingis Chan geeinten

Mongolen ein halbes Jahrtausend später zu beobachten ist. Dazu kam noch die hohe Mobilität der Truppen sowie die religiöse Begeisterung und die Aussicht auf reiche Beute, die ja auch als Beweis für Gottes Unterstützung aufgefaßt werden konnte.

Auf der anderen Seite hatten sich Byzantiner und Sassaniden in einem langen Krieg gegenseitig erschöpft. Es mag auch sein, daß der arabische Vorstoß zu Beginn unterschätzt wurde, da Arabien bisher keine Bedrohung für die beiden Großreiche dargestellt hatte. Dazu kam noch, daß insbesondere Syrien und Palästina zu einem großen Teil bereits seit Jahrhunderten arabisiert (Nabatäer, Palmyrener) waren und mit ihrem mehrheitlich monophysitisch-christlichen Glauben in ständigem Konflikt mit der orthodoxen Staatskirche in Konstantinopel standen. Dies hatte die Bereitschaft der Bewohner, für Byzanz zu kämpfen, sicherlich nicht gefördert, sondern die arabischen Heere vielleicht sogar willkommen heißen lassen.

Der Kalif Omar, der sich nun auch den Titel Amîr al-Mu'minîn „Befehlshaber der Gläubigen" zulegte, verstand es meisterhaft, von seiner Residenz Medina aus die Ordnung des so schnell entstandenen Reiches aufrechtzuerhalten. Was die unterworfenen Ungläubigen betraf, so wurde kein Versuch unternommen, diese gewaltsam zum Islam zu bekehren. Allerdings entstand wahrscheinlich unter Omar die Auffassung, daß die Arabische Halbinsel den Muslimen allein vorbehalten sein sollte, was aber auch nie lückenlos befolgt wurde (so leben noch heute einige Juden im Jemen).

Als Omar 644 von einem Sklaven ermordet wurde, wählte man Osman zum neuen Kalifen. Er stammte nicht wie seine beiden Vorgänger aus einem eher armen Klan der Quraisch, sondern war ein Mitglied der mächtigen Banû Umayya. Um die Kontrolle über die immer eigenständiger handelnden Provinzen zu behalten, besetzte er mehr und mehr wichtige Posten mit eigenen Familienmitgliedern, was ihm bald den Vorwurf des Nepotismus und damit viele Feinde einbrachte. Vor allem deshalb, weil viele seiner Verwandten zu den erbittertsten Gegnern Muhammads gehört hatten und sich so die wohlverdienten alten Muslime übergangen und zurückgesetzt fühlten. Dies und die in Medina selbst und in den neu gegründeten Heerlagern wie Kufa und Basra um sich greifenden schlechten Sitten wurden von gewissen Kreisen verwendet, um Stimmung gegen Osman zu machen. Selbst sein vielleicht größtes Verdienst, die Schaffung eines (noch heute gültigen) einheitlichen Korantextes, wurde ihm vielerorts angekreidet. 656 zogen einige hundert Unzufriedene, vor allem aus dem Irak und Ägypten, nach Medina und besetzten das Haus des Kalifen. Ohne daß ihm von den einflußreichen Prophetengenossen jemand zur Hilfe gekommen wäre, wurde Osman, angeblich über einen Koran gebeugt, ermordet. Noch am gleichen Tage wählte man Ali, den Vetter und Schwiegersohn des Propheten, der sich bei den vorangegangenen Wahlen übergangen gefühlt hatte, zum neuen Kalifen. Aber die Einheit der islamischen Gemeinde, der sogenannten Umma, war nun für immer verloren, denn Ali hatte nur mehr einen Teil der Muslime hinter sich. So war ein Bürgerkrieg, aus dem ein gespaltener Islam herausgehen sollte, unvermeidlich. Dieser wurde von drei großen Parteien ausgefochten: Einerseits den Anhängern Alis, andererseits einer Gruppe um Talha und az-Zubayr, die von der Lieblingsfrau des Propheten namens 'Âischa unterstützt wurden (da sie Ali haßte) und letztlich den Banû Umayya, die die Bestrafung der Mörder Osmans verlangten. Noch im gleichen Jahr kam es unweit von Basra zwischen Ali einerseits und Talha und az-Zubayr andererseits zu einem Kampf, der als „die Kamelschlacht" in die Geschichte eingegangen ist, da 'Âischa die Soldaten von einem Kamel aus angefeuert hatte. Ali blieb siegreich, mußte sich aber schon 657 bei Siffîn (am mittleren Euphrat) den syrischen Truppen stellen, die der Umayyade Mu'âwiya um sich geschart hatte, um Osman zu rächen. Während der Schlacht einigte man sich jedoch darauf, unter Muslimen kein weiteres Blut zu vergießen, sondern die ganze Frage einem Schiedsgericht zu überlassen. Einem nicht geringen Teil der Anhänger Alis mißfiel dies allerdings, worauf sie ihn verließen, weshalb sie als Charidschiten („die Wegziehenden") bezeichnet werden.

Das Schiedsgericht trat in der – heute jordanischen – Ortschaft 'Adhruh zusammen, um zu beraten, ob Osmans Tod rechtens gewesen sei oder nicht. Als man ihn von allem Unrecht freisprach, wurde damit indirekt Ali belastet, da er sich von den Mördern Osmans nie wirklich distanziert hatte und ihm auch immer wieder eine heimliche Sympathie mit ihnen vorgeworfen worden war. Dieser Umstand war natürlich für Ali inakzeptabel und so rüstete er, nachdem er sich vorher in einer blutigen Schlacht der abtrünnigen Charidschiten entledigt hatte, zum Kampf gegen Mu'âwiya. Dazu kam es jedoch nicht, denn Ali wurde 661 in Kufa von einem Charidschiten ermordet.

Zum Zeitpunkt seines Todes hatten sich also bereits jene drei großen, einander konkurrierenden Gruppen herausgebildet, die das Schicksal des Islams durch Jahrhunderte hindurch bis in unsere Tage entscheidend geprägt haben. Wie aus den oben dargelegten Ereignissen hervorgeht, waren die Umstände dieser Spaltung eher politischer als theologischer Natur, denn es ging vor allem um die Frage des rechtmäßigen Führers der islamischen Umma. Die Gruppe um Mu'âwiya, die Vorläufer der späteren Sunniten, vertrat die Ansicht, daß nur ein Mitglied des Stammes der Quraisch Kalif werden konnte und daß ein regierender Kalif wegen persönlichen Fehlverhaltens in der Regel nicht abgesetzt werden kann. Da eine solche Auffassung politischen Realitäten am meisten entgegenkommt, verwundert es nicht, daß diese Gruppe bis heute die vorherrschende geblieben ist (etwa 90 Prozent der Muslime). Die Partei Alis, arabisch Schî'at 'Alî – davon die Bezeichnung „Schiiten" – wollte jedoch nur einen direkten Nachkommen des Propheten als Kalifen (bei den Schiiten wird der Terminus Imâm bevorzugt) anerkennen, weshalb sie auch die ersten drei Kalifen nicht als rechtmäßig akzeptieren. Heute finden sich Schiiten im gesamten Osten der islamischen Welt, insbesondere im Iran, im Irak und am Golf. Die freieste Auffassung vertraten die Chârischiten, bei denen der beste Muslim Kalif werden sollte, unabhängig von seiner Abstammung. Aufgrund der Schwierigkeit des Einigungsprozesses versanken die wenigen chârischitischen Staatsgebilde allerdings meist in kürzester Zeit in Anarchie, sodaß diese Richtung mit der Zeit fast vollkommen verschwand. Heute besteht nur noch eine kleine Gruppe von Chârischiten in der südalgerischen Landschaft Mzâb.

DIE DYNASTIE DER UMAYYADEN (661 – 750)

Dies war also die Situation, als sich Mu'âwiya 661 zum Kalifen erklärte. Zu seiner Residenzstadt wählte er die alte Hauptstadt der Provinz Syria, nämlich Damaskus. Die noch von den Byzantinern übernommene effiziente Administration, eine zuverlässige Armee und ein weitgehender Rückhalt in der Bevölkerung erlaubten ihm eine relativ zentralistische Machtausübung sowie die Fortsetzung der etwas ins Stocken geratenen Eroberungen. Richtung Norden hatten diese trotz dreier Belagerungen Konstantinopels (bei einer fiel 674 Abû Ayyûb, der Fahnenträger des Propheten – sein Grab gilt noch heute als der heiligste Platz Istanbuls) nur wenig Erfolg. Umso eindrucksvoller war die Expansion im Westen, wo die arabischen Heere, durch Berberkontingente verstärkt, Ende des 7. Jahrhunderts den Atlantik erreichten, 711 nach Spanien übersetzten und dieses bis auf den äußersten Norden unterwarfen. Der vom Abendland so gefeierte Sieg Karl Martells bei Tours und Poitiers (732) war für die muslimischen Heere wahrscheinlich nur eine Episode, denn in Südfrankreich bestanden noch längere Zeit Stützpunkte und selbst im 10. Jahrhundert hielten arabische Gruppen noch einige Schweizer Alpenpässe besetzt und stießen dabei sogar bis St. Gallen vor.

Im Osten gelangten die Muslime relativ mühelos über Buchara und Samarkand bis zum Syr-Darja, in dessen Nähe 751 (am Fluß Talas) eine Schlacht zwischen Arabern und Chinesen stattfand, bei der der islamische Orient angeblich das Papier kennenlernte.

All diese äußeren Erfolge überraschen umso mehr, als ihnen große innenpolitische Schwierigkeiten des riesigen Reiches gegenüberstanden. Mu'âwiya war 680 gestorben und hatte die Herrschaft an seinen Sohn Yazîd weitergegeben, der das Unglück hatte,

Alis zweiten Sohn Husayn in einem Gefecht bei Kerbela im Irak zu töten. Für die Schiiten wurde Husayn damit zu dem großen Märtyrer, um den sich das ganze emotionelle Leben dieser Bewegung kristallierte. Seines Todestages (10. 10. 680) wird noch heute in der gesamten schiitischen Welt durch Trauerspiele und Selbstgeißelungen gedacht.

Militärisch gesehen wesentlich bedeutsamer als das Scharmützel von Kerbela war ein Aufstand in Mekka, wo sich ʿAbdallâh ibn az-Zubayr (der Sohn des in der Kamelschlacht gefallenen az-Zubayr) zum Gegenkalifen ausgerufen hatte. Er konnte sich vor allem auf die nordarabischen Stämme (die Qays) verlassen, die in traditioneller Feindschaft zu den jemenitischen Kalb standen, welche die Umayyaden unterstützten. Die ganze Bewegung kann aber wahrscheinlich auch als ein letzter Versuch gedeutet werden, das Zentrum des Reiches wieder nach Arabien zu holen. Mit dem Sieg der Umayyaden bei Mardsch Râhit (in der Nähe von Damaskus) scheiterte dies jedoch, und die Arabische Halbinsel fiel – wenn man vom religiösen Ansehen der Heiligen Stätten in Mekka und Medina absieht – wieder in jene Bedeutungslosigkeit zurück, in der sie sich vor dem Auftreten des Islams befunden hatte. Trotz der gewonnenen Schlacht gelang es erst dem wahrscheinlich fähigsten Umayyaden, nämlich ʿAbdalmalik (685 – 705), seine Gegner vollständig zu unterwerfen und die Einheit des Reiches wiederherzustellen. Gleichzeitig begann er auch die Verwaltung zu reformieren: Arabisch wurde nun Kanzleisprache, und eigene islamische Münzen wurden geprägt, denn bisher hatte man sich mit adaptierten byzantinischen und sassanidischen begnügt. Unter ihm begann man auch mit dem Bau prunkvoller Moscheen (insbesondere in Jerusalem) sowie mit der Errichtung von Palästen und Schlössern, deren Reste sich vor allem in den abgelegenen Regionen der Syrischen Wüste erhalten haben und deren architektonische Konzepte zeigen, wie weit sich die umayyadischen Herrscher als Nachfolger der byzantinischen Kaiser und sassanidischen Könige verstanden haben. Die Ähnlichkeit umayyadischer Bauten mit solchen aus der spätantik-byzantinischen Epoche geht aber sicherlich auch auf die Hinzuziehung einheimischer bzw. sogar aus Byzanz geholter Handwerker zurück, auf die man wegen des Mangels an eigenem architektonischen Erbe angewiesen war. Von fremden Einflüssen vollkommen unberührt blieb jedoch die Literatur, wo vor allem die Tradition der beduinischen Poesie aufrechterhalten wurde. Daneben zeigen sich allerdings auch schon Anfänge der Prosa, die meist Aussprüche des Propheten, die sogenannten Hadîthe, zum Thema hat.

Nachdem unter der langen Herrschaft des Kalifen Hischâm (724 – 43) das Reich der Umayyaden noch eine Blütezeit erlebt hatte, begannen Thronstreitigkeiten und soziale Unruhen die Dynastie in zunehmendem Maße zu schwächen, sodaß sie sich gegen die neue Gefahr, die sich im Osten unter der Führung der Abbasiden zusammenbraute, nur ungenügend zur Wehr setzen konnte. Binnen eines Jahres brach die Herrschaft der Umayyaden zusammen. Die meisten Mitglieder der Familie wurden 750 bei einem angeblichen Versöhnungsbankett hingemetzelt. Nur wenigen gelang die Flucht, unter ihnen ʿAbdarrahmân, der später die umayyadische Herrschaft in Andalusien begründen sollte.

Mit den Umayyaden geht auch jene Epoche der islamischen Geschichte zu Ende, die man als die arabisch-mediterrane bezeichnen könnte. Dies deshalb, weil damals die Überlegenheit der Araber über die anderen (auch islamisierten) Völker noch nicht in Frage gestellt war, und weil die sich in dieser Zeit neu entwickelnde Kultur vor allem vom byzantinisch-mediterranen Kulturkreis geprägt wurde.

DIE ABBASIDEN (750 – 1258)

Die nun an die Macht gekommene Familie der Abbasiden führte sich auf al-ʿAbbâs, einen Onkel Muhammads zurück, war also gleich nah mit dem Propheten verwandt wie die Familie Alis. Die von ihnen betriebene „Revolution" gegen die als gottlos bezeichneten Umayyaden hatte ihren Ausgang in der Landschaft Chorâsân in Ostpersien genommen und griff dann auf den Irak über, der traditionell antiumayyadisch eingestellt war. Die Machtbasis der

Abbasiden lag also im Osten, und so verwundert es auch nicht, daß unter ihnen das Zentrum des Reiches nach Osten hin verschoben wurde, nämlich in die 762 vom Kalifen al-Mansûr neu gegründete Hauptstadt Bagdad.

Syrien, unter den Umayyaden Mittelpunkt eines Weltreichs, sank hiemit zu einer Provinz herab, und erst mit der zerfallenden Macht des Kalifats im 10. Jahrhundert konnten sich einige regionale Fürsten wieder einer gewissen Selbständigkeit erfreuen. Hier wären insbesondere die in Aleppo residierenden Hamdaniden (ab 945) zu nennen, unter denen sich ein reges Geistesleben entwickelte, das einige der letzten großen Dichter der arabischen Klassik hervorbrachte.

Mit der oben angesprochenen Hinwendung zum Osten vollzog sich auch ein tiefgreifender Wandel im Charakter des Reiches. So ist zu beobachten, daß nun persische Traditionen gegenüber byzantinischen gewinnen und vor allem, daß das arabische Element immer mehr an Bedeutung verliert und das Reich einen mehr allgemein islamischen Charakter erhält. Dies äußert sich darin, daß jetzt auch nichtarabische Muslime eine bedeutende Rolle im Staat zu spielen beginnen. Gleichzeitig signalisiert eine prunkvolle Hofhaltung und eine zunehmende Abgrenzung der Kalifen vom einfachen Volk, die später sogar zur Gründung der nur dem Herrscher und seinem Gefolge vorbehaltenen Residenzstadt Samarra führt, daß sich die Herrscher als weit über dem normalen Gläubigen stehend fühlten.

Trotz interner Konflikte konnten die ersten abbasidischen Kalifen zumindest in den Kerngebieten Sicherheit und wirtschaftliche Prosperität garantieren, was auch ein Aufblühen der Künste und Wissenschaften zur Folge hatte. Der Höhepunkt dieser Epoche, die oft als das Goldene Zeitalter des Islams bezeichnet wird, kann wohl in der ersten Hälfte des 9. Jahrhunderts angesetzt werden, beginnend mit der Regierung des Kalifen Hârûn al-Raschîd (786 – 809), der seinen Herrschaftssitz zeitweise in dem in Ostsyrien gelegenen al-Raqqa hatte (Abb. 2).

Das 9. Jahrhundert stellt somit auch einen Höhepunkt in der Entwicklung der Theologie dar, die da-

Abb. 2: Die Reste der großen Moschee in al-Raqqa, eine der Residenzen des berühmten abbasidischen Kalifen Harun al-Raschid.

mals noch nicht in das enge Korsett der Orthodoxie eingeschnürt war. So fällt in diese Zeit auch die Herausbildung der heute noch bestehenden vier großen Rechtsschulen des sunnitischen Islams, deren Anhänger nach ihren Begründern Malikiten, Hanbaliten, Hanafiten und Schafiiten genannt werden. Auf der anderen Seite findet die Reihe der schiitischen Imame mit dem Verschwinden ihres zwölften Vertreters Muhammad al-Mahdî im Jahre 874 in Samarra ihren Abschluß. Nach Ansicht der Schia ist er nicht gestorben, sondern lebt in Verborgenheit weiter und leitet das Schicksal der Gemeinde, indem er durch andere (etwa in jüngster Zeit durch Imam Khomeini) seinen Willen kundtut.

Aber auch die nichtreligiösen Wissenschaften erlebten eine seit der Antike nie dagewesene Blüte. Bewirkt wurde dies vor allem durch die von den Kalifen selbst geförderte Rezeption des antiken (insbesondere griechischen) Wissens, das durch eine rege Übersetzungstätigkeit der damaligen Geisteswelt zugänglich wurde. Vor allem auf den Gebieten der Philosophie, der Mathematik, der Astronomie und der Medizin wurde dieses Wissen übernommen und teilweise auch erheblich weiterentwickelt. Der Islam erfüllte hiebei auch eine nicht zu unterschätzende Vermittlerfunktion, da im Abendland viel in der Antike Bekanntes erst über die Araber „wiederentdeckt" wurde. Besonders stark war der Einfluß der morgenländischen Kultur an den Schnittpunkten der beiden Welten, also vor allem in Spanien und Sizilien, von wo dann viel von den Arabern Übernommenes in das übrige Europa gelangte.

All die großen wissenschaftlichen und kulturellen Leistungen dieser Zeit können jedoch nicht darüber hinwegtäuschen, daß die politische Macht des Kalifats damals bereits im Abnehmen war. Denn schon ab dem Anfang des 9. Jahrhunderts beginnt sich ein Verfall der Zentralmacht abzuzeichnen: zuerst im äußersten Westen (Spanien, Marokko), bald darauf auch im östlichen Iran. An die Stelle der alles an sich ziehenden einen Hauptstadt tritt nun eine Reihe von lokalen Zentren, wo Kultur und Wissenschaft von einzelnen Fürsten oder selbsternannten Kalifen in hohem Maße gefördert werden. So in Samarkand, Isfahan, Aleppo, Damaskus, Kairo, Kairouan, Fes oder Córdoba, um nur einige zu nennen. Die Macht der Kalifen schrumpfte jedoch immer mehr und bestand schließlich nur noch nominell, als der letzte Abbaside 1258 bei der Eroberung Bagdads durch die Mongolen ums Leben kam.

Aber trotz des Fehlens einer Zentralmacht und eines bis heute nicht überwundenen politischen Partikularismus blieb das riesige Gebiet von Zentralasien bis zum Atlantik fester Bestandteil jener mehr oder weniger einheitlichen arabisch-islamischen Kultur, die durch das einigende Band der alles bestimmenden Religion zusammengehalten wird.

ABBILDUNGSNACHWEISE

Abb. l: Erwin M. Ruprechtsberger. – Abb. 2: Verfasser.

LITERATUR

C. Cahen, Der Islam I, (Frankfurt/Main 1968). Fischer Weltgeschichte 14.

G. Endress, Einführung in die islamische Geschichte (München 1982).

G. E. von Grunebaum, Der Islam in seiner klassischen Epoche. 622 – 1258 (Zürich und Stuttgart 1966).

U. Haarmann (Hrsg.), Geschichte der arabischen Welt (München 1987).

H. Halm, Die Schia (Darmstadt 1988).

P. K. Hitti, History of the Arabs. From the earliest times to the present (London 1958).

T. Nagel, Staat und Glaubensgemeinschaft im Islam. Geschichte der politischen Ordnungsvorstellungen der Muslime. 2 Bände (Zürich und München 1981).

R. Paret, Mohammed und der Koran. Geschichte und Verkündigung des arabischen Propheten (Stuttgart 1980).

W. M. Watt – A. T. Welch, Der Islam I. Mohammed und die Frühzeit – Islamisches Recht – Religiöses Leben, Die Religionen der Menschheit 25,1 (Stuttgart 1980).

Herbert Eisenstein

FRÜHARABISCHE GESCHICHTSSCHREIBUNG

I.

Als der gebürtige Iraner al-Tabarî (gest. 923 in Bagdad) die erste vollständige Weltgeschichte in arabischer Sprache abschließt – seine „Geschichte der Gesandten und der Könige" reicht von der Schöpfung bis zu seiner Zeit und umfaßt über 8000 Textseiten –, die heute noch wichtigste und ergiebigste Quelle für die ersten Jahrhunderte der islamischen Geschichte, die die arabische Geschichtsschreibung der Folgezeit entscheidend prägen sollte, so tut er dies nicht ohne Vorarbeiten zahlreicher Personen, die an geschichtlichen Darstellungen – in welcher Form auch immer – interessiert waren. Diesen seinen Vorläufern und Vorgängern ist dieser Beitrag gewidmet; sie sollen in der Folge besprochen und kategorisiert werden, wobei nachdrücklich festgehalten werden muß, daß mehrere der aufzustellenden Kategorien ineinander übergreifen und von einer Besprechung der Wiedergabe historischer Begebenheiten in anderen als – im weiteren Sinne – historischen Schriften abgesehen werden muß.

Im Geschichtswerk von al-Tabarî finden sich jedenfalls alle für die arabische Historiographie typischen Formen und Inhalte. Zunächst ist festzuhalten, daß sich die arabischen Historiker einer annalistischen Form bedienen, wenn Ereignisse nach der Hidschra (der Emigration des Propheten Muhammad von Mekka nach Medina im Jahre 622, knapp zwei Jahrzehnte später als Beginn der islamischen Zeitrechnung festgelegt) aufgezählt werden sollen. Bei al-Tabarî ist die Einordnung der verzeichneten Geschehnisse rund um den Propheten Muhammad, die Geschichte der sog. Rechtgeleiteten Kalifen (632 – 661), der Umajjaden als erster Kalifen-Dynastie (661 – 750) sowie der nachfolgenden Dynastie der ʿAbbâsiden (ab 750) unter das jeweilige Jahr strikt durchgeführt. Der Nachteil dieser Form der Darstellung ist, daß Ereignisse, die sich über mehrere Jahre erstrecken, nun auch auf mehrere Jahre aufgeteilt sind, ohne unbedingt sofort einen Zusammenhang erkennbar zu machen. Für die vorislamische Geschichte ist eine solche Jahreszählung nicht möglich, und sie ist in arabischen Geschichtswerken im allgemeinen auch nur in verhältnismäßig geringem Umfang behandelt. Abgesehen von biblischer Geschichte wird besonders die der (ost-)römischen und persischen Herrscher behandelt sowie die Kampftage der Araber (vgl. dazu unten), wobei jedoch durchaus Legendenhaftes als geschichtlich akzeptiert wird.

Umfangreich in arabischen Geschichtswerken vertreten ist biographisches Material, von wichtigen Ereignissen im Leben bedeutender Personen bis hin zu deren Aussehen, moralischen Qualitäten, der Auflistung von Gattinnen und Nachkommen u. a. m. Dabei repräsentiert die Form der Wiedergabe eigentlich eine Sammlung von Einzelnachrichten und Traditionen, die ursprünglich mündlich in Umlauf gewesen sind, so daß viele Berichte den Charakter von Erzählungen aufweisen, die von den Autoren nunmehr gesammelt wiedergegeben werden. Dabei wird auf die Wiedergabe aller greifbaren Berichte zum gleichen Ereignis Wert gelegt, so daß sich der Leser aus z. T. einander widersprechenden Angaben selbst ein Bild machen muß; der Autor – bei dem es sich also eher um den Kompilator als um den Verfasser i. e. S. handelt – bezieht dabei nur selten Stellung. Dieser Drang zur Vollständigkeit kommt dem Geschichtsforscher jedoch insoferne zugute, als ausführlich nicht nur Dialoge, Lehrsprüche und Reden zitiert werden, sondern auch zahlreiche literarische Belege wie Briefe, Dokumente und Urkunden durch ihre Aufnahme in arabische Geschichtswerke überlebt haben. Wirtschafts- und sozialgeschichtliche Inhalte sind aber aus diesen Quellen bestenfalls abzuleiten; ihnen hat das Hauptaugenmerk der arabischen Autoren nicht gegolten.

Ein gewisses Interesse besteht in der arabischen Historiographie hingegen an den sog. awâ'il, den „ersten", nämlich Personen, die etwas Bestimmtes vollbracht oder initiiert haben (der erste Feldherr, der nach Syrien zog; der erste persische Kriegsgefangene; der erste Kalif, der ein Pferd auf eine bestimmte Art und Weise satteln ließ usw.). Von einiger Bedeutung ist auch die Verwendung bestimmter stilistischer Formen wie der sog. Reimprosa, wie überhaupt die arabische Prosa auch in Geschichtswerken mehr oder minder stark von Poesie durchsetzt ist. Und als besonders augenfälliges Kriterium der arabischen historiographischen Werke entspricht dem genannten Drang nach Vollständigkeit auch der, möglichst wörtlich zu zitieren und Quellen sowie Tradenten mit allen Vorgängern in oft geradezu ermüdender Manier namentlich zu nennen („Es berichtete mir ... von ... von ... von ..., er sagt: ...").

Anfänge und frühe Entwicklung der arabischen Historiographie liegen zwar nicht völlig im Dunkeln, sind aber in vieler Hinsicht auch noch nicht völlig aufgeklärt. Zahlreiche Studien auch von zeitgenössischen Wissenschaftern zeigen zu einzelnen Fragen der Abfassung der historischen Werke durchaus kontroversielle Meinungen, so zur Frage des Überwiegens von Mündlichkeit oder Schriftlichkeit der Berichte, die den arabischen Historikern zugrunde lagen, wobei festzuhalten ist, daß zahlreiche arabische Werke offenbar aus Mitschriften bei Vorträgen entstanden sind, und die Vortragenden sicherlich schriftliche Unterlagen verwendet haben, wenn auch nicht geklärt ist, ab welchem Zeitpunkt und in welchem Ausmaß. Bei all dem darf nicht vergessen werden, daß der Wissenserwerb im mittelalterlichen arabisch-islamischen Kulturkreis durch Hören erfolgte, und Bücher (Handschriften) bestenfalls als Gedächtnisstütze dienten.

Das arabische historiographische Schrifttum beginnt wohl Ende des 7. Jahrhunderts. Original-Schriften historiographischer Werke sind von Autoren ab der 2. Hälfte des 8. Jahrhunderts erhalten – wenn auch in späteren Handschriften. Und diese Literaturgattung mit allen Facetten und Kategorien, wie sie in der Folge für die frühe Periode besprochen werden sollen, ist eine der umfangreichsten in der arabischen Literatur überhaupt geworden. Viele kleinere Werke sind dabei in größeren aufgegangen und im Original verloren, z. T. sind sie auch nur in Auszügen erhalten. Zahlreiche Autoren waren auch keine genuinen Araber, bedienten sich aber – wie alle literarisch Produktiven während der ersten Jahrhunderte des Islams – des Arabischen als der Sprache des Korans, der Theologie und der Wissenschaft.

Die Werke der arabischen Geschichtsschreibung vor al-Tabarî – man kennt etwa 100 Autoren mit ihren Büchern – können, aus inhaltlicher Sicht und vereinfacht dargestellt, zu drei großen Gruppen zusammengefaßt werden, die jedoch z. T. stark ineinander übergreifen können, was eine Zuordnung in einzelnen Fällen nur bedingt stimmen läßt und was auch von den Autoren sicherlich nicht intendiert war. Diese in der Folge durchgeführte Form der Kategorisierung bietet sich jedoch der leichteren Überschaubarkeit halber an. Zunächst werden Werke verfaßt, die den altarabischen Stamm in ihren Mittelpunkt stellen, wenn sie über Genealogie handeln, über das arabische Altertum (besonders Südarabiens) oder die Kampftage der arabischen Stämme untereinander. Die zweite Gruppe von Werken umfaßt solche, die in engem Zusammenhang mit der Traditionswissenschaft stehen, dem Wissen um die Aussprüche und Handlungen des Propheten Muhammad (gest. 632 in Medina), wozu auch seine Kriegszüge zählen, in weiterer Folge seine Lebensgeschichte, und woraus sich die umfangreiche arabische biographische Literatur entwickelt; in Fortsetzung der Schriften über die Kampftage der Araber einerseits und der Kriegszüge des Propheten andererseits können die Werke über die großen arabischen Eroberungen des 7. und 8. Jahrhunderts gesehen werden. Die dritte Gruppe von Werken baut auf den beiden erstgenannten Kategorien auf und nimmt im Laufe der Zeit zusätzliches Material auf, das dann – wiederum ursprünglich in Form von Anekdoten und Einzelberichten – zu Monographien über Einzelereignisse und Einzelpersonen und schließlich zu den umfangreichen Werken zur Reichs- bzw. Weltgeschichte gestaltet wird, wie etwa al-Tabarî es unternommen hat. Daneben existieren in größerem Umfang arabische Schriften zur Geschichte von Städten und Ländern, die wiederum in Zusammenhang mit der Literatur über die Eroberungen zu sehen sind. In dieser Reihenfolge sollen die bedeutendsten Werke der arabischen historiographischen Literatur in der Folge abgehandelt und ihre Autoren kurz vorgestellt werden.

II.

Zu den arabischen historiographischen Werken der frühen Zeit, in deren Mittelpunkt die Beschäftigung mit dem altarabischen Stamm steht, zählen zunächst die Schriften zur Genealogie (ansâb). Genealogie war stets ein hervorstechendes Interessensgebiet der Araber, nicht zuletzt wegen der Notwendigkeit der Zuordnung von Einzelpersonen zu einem Stamm, darüber hinaus zu den Stammesgruppen der sogenannten Nord- und Süd-Araber (beide in historischer Zeit im Norden der Arabischen Halbinsel beheimatet), deren kriegerische Auseinandersetzungen noch die ersten 150 Jahre der islamischen Geschichte mitbestimmen sollten. In islamischer Zeit hat die Genealogie ihre besondere Bedeutung wegen einer eventuellen Verwandtschaft mit dem Haus des Propheten Muhammad bzw. mit hervorragenden Propheten-Gefährten und „Muslimen der ersten Stunde".

Diese Kategorie genealogischer Schriften ist durch besonders zahlreiche Werke repräsentiert, im allgemeinen in der Form von Nachkommenslisten männlicher Linien gehalten, jedoch unter steter Verzeichnung der Mütter. Bereits der Kalif 'Umar (reg. 634 – 644) soll drei berühmte Kenner arabischer Genealogien beauftragt haben, genealogische Register der Araber zu entwerfen. Inhaltlich konzentrieren sich diese Schriften oft auf einzelne Stämme oder Personengruppen, so die „Genealogien der Ansâr" (d. h. der „Helfer" des Propheten Muhammad aus den Reihen der Bewohner von Medina) des aus Medina stammenden, in Bagdad tätigen Ibn al-Kaddâh (gest. Ende 8. Jh.). Der im Iran tätige Mu'arridsch al-Sadûsî (gest. Ende 8. oder Beginn 9. Jh.) schrieb über die Nachkommen berühmter Mitglieder des Stammes der Kuraisch (dem auch der Prophet angehörte). Dem gleichen Inhalt, aber mit zusätzlichen Informationen, widmet sich der aus Medina stammende al-Zubair ibn Bakkâr (gest. 870 in Mekka). Der bedeutendste frühartabische Genealoge ist jedoch Hischâm ibn al-Kalbî aus Kufa im Irak (gest. dort 819), dessen „Sammlung der Genealogie" in Form von Deszendententafeln die Nachkommen der (sagenhaften) Ahnherren der Nordaraber ('Adnân; dazu die Kuraisch) und der Südaraber (Qahtân; dazu die Ansâr) wiedergibt. Gelegentlich muß sich der Autor allerdings auf Repräsentanten einzelner Familien beschränken, und er verzeichnet auch keine weibliche Nachkommenschaft.

Neben der Genealogie sind es die Taten der Vorfahren, an denen die Araber stets besonderes Interesse hatten, was in eine – allerdings doch rudimentäre – Darstellung ihrer alten Geschichte mündet. 'Ubaid ibn Scharja (Ende 7. Jh.) hat eine mit Gedichten und Genealogien durchsetzte alte Geschichte des Jemens verfaßt, die er in die Form eines Gesprächs des Autors mit dem Kalifen kleidet. Darin wird über Stammväter, einzelne südarabische Könige, auch Alexander den Großen gesprochen. Über Nordarabien gehen zahlreiche Überlieferungen auf Ka'b al-Ahbâr (gest. ca. 652 in Homs/ Syrien) zurück, einen jemenitischen Juden, der zum Islam konvertierte, und der als die älteste Autorität über jüdisch-islamische Traditionen gilt. Seine tatsächliche Existenz – zumindest aber seine wahre Persönlichkeit – ist jedoch nach wie vor fraglich.

Dazu sind zahlreiche Ruhmes-, aber auch Schandgeschichten (manâqib und mathâlib) und Schmähliteratur über die Vorzüge (des eigenen Stammes) bzw. den Makel (des feindlichen Stammes) verfaßt worden, nicht zuletzt üble Nachreden über die Kuraisch, die dem Propheten ja ursprünglich mehr als skeptisch gegenübergestanden waren. So schrieb ein Halbbruder des Kalifen Mu'âwija I. (reg. 661 – 680) und Statthalter im Irak, Zijâd ibn Abîh (gest. 673 in Kufa) über Familien mit unklarer Abstammung.

Die Kämpfe der arabischen Stämme untereinander (seltener auch gegen äußere Feinde), die Jahrzehnte andauern konnten und bis in islamische Zeit hinein der bestimmende historische Faktor auf der arabischen Halbinsel waren, sind in den Schriften zu den Kampftagen (ajjâm al-'arab) verzeichnet. Abû 'Ubaida, aus dem Irak, aber von jüdisch-persischen Eltern stammend (gest. 824 oder später in Basra/Irak) und Verfasser zahlreicher historischer Traktate, hat einen solchen auch zu den Kampftagen der Araber hinterlassen, einen anderen etwa über berühmte Pferde und ihre Besitzer. Das Verdienst dieses Autors liegt vor allem darin, mündliche Überlieferungen gesammelt, nach Inhalten systematisiert und das Material in kleinen, inhaltlich voneinander abgegrenzten Monographien niedergelegt zu haben.

III.

Mit Aussprüchen und Handlungen des Propheten Muhammad – als des vorbildlichen Menschen schlechthin – beschäftigt sich ausführlich die arabische Traditionswissenschaft, die sich in weiterer Folge auch der Gefährten des Propheten annimmt. Zu ihnen werden ebenfalls schon früh Nachrichten gesammelt. In Zusammenhang mit diesen hadîth-Studien sind die gesammelten Berichte über die Kriegszüge (maghâzi) des Propheten zu sehen, die vielfach mit biographischen Angaben angereichert sind, aber auch über Friedenszeiten berichten, Pilgerfahrten beschreiben usw. Diese Werke nennen Anführer, Teilnehmer und Gefallene bei Schlachten und kennen zumeist eine wenigstens relative Chronologie (der einzelnen Ereignisse zueinander). Sie repräsentieren die frühesten Aufzeichnungen über den Propheten überhaupt.

Unter den Verfassern der zahlreichen maghâzi-Bücher (Titel meist: „Buch der Kriegszüge") finden sich nicht zuletzt Söhne prominenter Väter, so Abân (gest. vor 718?), der Sohn des Kalifen 'Uthmân (reg. 644 – 656) und, obwohl Statthalter von Medina, selbst politisch bedeutungslos, jedoch Verfasser eines der ältesten Bücher dieses Genres; oder 'Urwa (gest. 713), Sohn al-Zubairs, eines der ersten Muslime und Bruders des Gegen-Kalifen 'Abdallâh (reg. in Mekka 683 – 692), sicherlich ein früher Gestalter (vielleicht der erste Klassifikator) der Kriegszugs-Bücher. Enge Beziehung zum Kalifenhof hatte der in Medina lebende Mûsâ ibn 'Ukba (gest. 758), der sein Material bereits in chronologischem Rahmen darbietet.

Der bedeutendste Verfasser eines „Buches der Kriegszüge" und für spätere Zeiten eine der Autoritäten auf diesem Gebiet – insbesondere zu den militärischen Auseinandersetzungen des Propheten Muhammad mit den Mekkanern während seiner Zeit in Medina – ist jedoch Ibn Ishâk aus Medina, der zuletzt in Bagdad lebt (gest. dort 767). Sein Werk liegt allerdings nur in der Bearbeitung des in Ägypten tätigen Ibn Hischâm (gest. 833) als „Leben des Propheten" vor, womit der Übergang zu Lebensbeschreibungen Muhammads gegeben ist. Etliche interessante Stücke von dokumentarischem Wert sind in Ibn Ishâk/Ibn Hischâms Werk niedergelegt, etwa die sogenannte „Gemeindeordnung von Medina".

Der zweite bedeutende, auch aus Medina stammende Autor eines „Buches der Kriegszüge", al-Wâkidî (gest. 823), lebt als Richter in Bagdad, trägt ebenfalls einen umfangreichen Stoff zusammen und versucht, ihn chronologisch zu fixieren. Auch in seinem Werk finden sich Edikte und Verträge des Propheten im Wortlaut. Und auch al-Wâkidî hat selbst ein biographisches Werk hinterlassen (vgl. unten), so daß der Zusammenhang zwischen Lebensbeschreibungen des Propheten und den – einen Teil davon darstellenden – Berichten über seine Kriegszüge auch verfassermäßig evident ist. Daß neben den Aussprüchen und Handlungen des Propheten, die Aufnahme in die Werke gefunden haben, gelegentlich auch wunderbare Elemente vorkommen, schmälert die Bedeutung der Werke Ibn Ishâk/Ibn Hischâms und al-Wâkidîs nicht. Sie werden rasch die Basis für alle späteren Darstellungen der Propheten-Geschichte.

Die Beschäftigung mit dem Leben weiterer Personen aus dem Umfeld des Propheten, allen voran mit seinen Gefährten und Zeitgenossen, stellt eine – beabsichtigte – Vertiefung der Kenntnisse von den Gewährsmännern (Traditionariern) dar, deren Bedeutung darin liegt, daß – nach muslimischer Auffassung – ein inhaltlich korrekter Bericht über eine Handlung oder einen Ausspruch Muhammads (eine „Tradition", hadîth) nur vorliegen kann, wenn gesicherte und als Autoritäten anerkannte Gewährsmänner in der Kette der Traditionarier genannt sind. Um dies nachzuweisen und die Vertrauenswürdigkeit von Personen festzustellen, ist die Kenntnis von den Gewährsmännern selbst vonnöten. Aus solchen gesammelten Nachrichten entsteht die eigentliche biographische Literatur (tabaqât-, „Klassen"-Literatur), eine besonders umfangreiche Literaturgattung in arabischer Sprache, in deren Rahmen in weiterer Folge Traditionarier und Koranexegeten, Rechtsgelehrte und Theologen, Dichter, Grammatiker und Lexikographen, Gelehrte, Ärzte usw. bis hin zu Traumdeutern und Schachspielern mehr oder minder ausführlich behandelt werden.

Charakteristisches Merkmal der biographischen Literatur ist die Zusammenfassung der mitzuteilenden Biographien zu zunächst mehreren Gruppen – der Prophet; die Propheten-Gefährten und Zeitgenossen (bis etwa ins Jahr 718); die nachfolgende, zweite Generation im Islam (bis ca. 765); schließlich die weiteren Generationen – und deren räumlich-örtliche Unterteilung in „Klassen": Leute aus Medina, Mekka, Kufa, Basra usw., oder auch eine chronologische bzw. eine solche nach der Teilnahme an bestimmten wichtigen Ereignissen. Hervorragend unter den Biographen ist Ibn Sa'd aus Basra (gest. 845 in Bagdad), ein Schüler und Gehilfe des genannten al-Wâkidî, dessen „Großes Buch der Klassen" 4250 Biographien unterschiedlicher Länge enthält (600 davon sind Frauen gewidmet), zahlreiche Dokumente und Gedichte beibringt und auch persönliche Angaben zu den zu Nennenden: Taten und Verdienste, Charakter, äußere Erscheinung, bis hin zu Beschreibungen der Begräbnisse der Personen. Neben Ibn Sa'd hat u. a. Ibn Chajjât (m. 854) ein „Buch der Klassen" mit knapp 3400 Eintragungen verfaßt und nach genealogischen Prinzipien geordnet, wobei allerdings die meisten kaum über die Nennung des Namens hinausgehen. Und auch vom Verfasser einer der berühmtesten kanonischen Traditionssammlungen, dem gebürtigen Iraner al-Buchârî (gest. 870 bei Samarkand), stammt als biographische Ergänzung zu seinem Hauptwerk die „Große Geschichte", eine Biographiensammlung. Auch bestehen im 9. Jahrhundert bereits Ansätze zu einer schiitischen, 'Aliden-freundlichen tabaqât-Literatur (die – ebenso wie Teile der sunnitischen – auch unter der Bezeichnung ridschâl-, „Männer"-Literatur läuft); z. B. produziert al-Barkî aus Kufa (gest. 893 oder früher) ein „Buch der Klassen der Männer" mit der Einteilung in Propheten-Gefährten, Gefährten von 'Alî, seines Sohnes al-Hasan und aller weiteren neun Leiter (Imame) der schiitischen Gemeinde.

Als Fortsetzung der oben genannten Schriften zu den Kampftagen der Araber und den Eroberungszügen des Propheten Muhammad können Werke zu Einzelereignissen, insbesondere zu bedeutenden Schlachten gesehen werden. Zahlreiche Monographien dieser Art, von denen allerdings keine einzige separat erhalten ist, stammen von Abû Michnaf aus Kufa (gest. 774). Er schrieb über Schiiten und Charidschiten (nach den Sunniten und Schiiten die dritte, ehemals sehr bedeutende Gruppe im frühen Islam), über Kriegszüge, Eroberungen und Schlachten. Vor allen anderen ist es die Schlacht von Siffîn am Euphrat im Jahre 657 – in der der Kalif 'Alî gegen den Statthalter Syriens, Mu'âwiya (den späteren Kalifen Mu'âwiya I.) stand, und die für 'Alî durch das nachfolgende Schiedsgericht ungünstig ausging – zu der Berichte gesammelt und zusammengestellt wurden: So von Abû Michnaf selbst, von dem bereits als bedeutenden Genealogen genannten Hischâm ibn al-Kalbî (der im übrigen auch ein „Götzenbuch" über die altarabischen Gottheiten verfaßt hat) oder von al-Madâ'inî aus Basra (gest. 830 in Bagdad), dessen Werk als einer der ersten Höhepunkte der Sammlungs- und Ordnungstätigkeit historischen Materials gewertet werden kann. Al-Madâ'inî hat auch einen Traktat über die Ermordung des Kalifen 'Uthmân (644) verfaßt. Aus schiitischer Sicht schreibt besonders der in Kufa lebende Nasr ibn Muzâhim (gest. 827) über die Schlacht von Siffîn. Somit gilt er als der älteste Geschichtsschreiber der Schiiten. In seinem Werk ist 'Alî ein Held, der – im Gegensatz zu seinem Gegner – aus reinstem Motiv handelt und von tiefster religiöser Gesinnung beseelt ist.

Etliche arabische Werke haben die Eroberungen (futûh) einzelner Städte und Gebiete durch die Araber im 7. – 8. Jahrhundert im Mittelpunkt ihrer Darstellungen. Darin werden die ersten muslimischen Eroberer idealisiert, die Eroberungen selbst werden religiös verbrämt (und der Kalif als spiritus rector der Eroberungen dargestellt, der er ganz sicher in dieser Form nicht war). Diese Werke verzeichnen zahlreiche Namen von Teilnehmern und heben nicht zuletzt die Rolle der Prophetengefährten bei den Eroberungen hervor. Einige dieser Werke können auch als die ersten Kalifen-Geschichten betrachtet werden. So verfassen der bereits genannte al-Wâkidî ein Buch über die Eroberung Syriens, und Jazîd ibn Abî Habîb (gest. 745) ein solches über die Eroberung Ägyptens. Über das letztgenannte Thema hat insbesondere Ibn 'Abd al-Hakam (gest. 871 in Fustat/heute Kairo) gehandelt (auch sein Bruder und sein Neffe sind als Historiker hervorgetreten), wobei er eine chronologische Anordnung einhält und Appendices über ägyptische Richter u. a. beigibt. Wertvoll ist sein Werk nicht zuletzt wegen seiner Angaben zur historischen Topographie Ägyptens sowie zur Finanzverwaltung. Er steht damit am Übergang zu den Lokalgeschichten (vgl. unten). Ein sehr spezielles und interessantes Buch über einzelne Themen muß das von Muhammad al-Râzî, einem genuinen Iraner, der in Spanien lebte (gest. 886), gewesen sein, der über Feldzeichen, Standarten und Fahnen arabischer Truppen geschrieben hat. Leider ist der Traktat nicht erhalten.

IV.

Die Bücher über Eroberungen, gesammelt und ausgeweitet, führen zur eigentlichen Kalifen- und damit zur Reichs- und Weltgeschichte, deren Inhalt einen Gesamtüberblick über die vorislamische und islamische Geschichte mit allen bekannten Details bildet (vgl. oben zu al-Tabarî). Erst die Sammlung von Einzelnachrichten (achbâr) in großem Umfang hat ab dem 9. Jahrhundert die umfassenden arabischen Geschichtswerke der Folgezeit, wie das von al-Tabarî, entstehen lassen. Als ältester bekannter Versuch, eine (in diesem Falle: süd-) arabische Geschichte im Überblick zu verfassen, gilt das „Buch der gekrönten Könige von Himyar (Südarabien), der Nachrichten und Erzählungen über sie, ihrer Gräber und Gedichte" von Wahb ibn Munabbih (gest. nach 728 in Sana im Jemen). Darin findet sich allerdings auch viel Legendenhaftes, sodaß die Geschichtlichkeit der referierten Ereignisse sehr gering bleibt. Der Autor ist im übrigen auch als früher Überlieferer biblischer Geschichte in arabischer Sprache hervorgetreten und hat „Erzählungen von den Propheten" verfaßt.

Das „Buch der Eroberungen", auch über die ersten Kalifen, des Schiiten Ibn A'tham al-Kûfî (8./9. Jh.) bleibt noch ziemlich romanhaft. Al-Haitham ibn 'Adî aus Kufa jedoch (gest. 822 nahe Wâsit/Irak) gilt als Vorgänger von al-Tabarî, den dieser viel zitiert, wenn auch sein „Buch der Geschichte" selbst nicht erhalten ist. Es war bereits in annalistischer Form angeordnet, hat aber die historischen Ereignisse noch auf eher erzählerische Art vermittelt. Das älteste erhaltene, chronologisch eingeteilte Werk ist aber die „Geschichte" (bis 846) des bereits unter den Biographen genannten Ibn Chajjât. Dieser äußert sich darin weniger über interne Ereignisse als vielmehr über auswärtige Angelegenheiten des Reichs, liefert jedoch auch Angaben zur Administration.

Einer der bedeutendsten Historiker und Kompilatoren des 9. Jahrhunderts ist al-Balâdhurî aus Bagdad (iranischer Herkunft, gest. 892), der auch am Kalifenhof Einfluß hatte. Sein Werk „Die Eroberungen der Länder" behandelt die Geschichte des Propheten und der Kalifen, insbesondere aber die Eroberungen von Syrien, Mesopotamien, Armenien, Ägypten, Nordafrika, dem Irak und dem Iran. Es enthält historische Erzählungen, bietet aber auch Angaben zur Kultur- und Sozialgeschichte (z. B. zur Einführung des Arabischen als offizieller Sprache im Reich Anfang des 8. Jahrhunderts). Das Buch ist ein gutes Beispiel für den neuen „Trend" in der arabischen wissenschaftlichen Literatur, die ursprünglichen Quellen allmählich zu verdrängen und selbst den

Charakter einer Haupt-Quelle anzunehmen. Darüber hinaus hat al-Balâdhurî die „Genealogien der Vornehmen" geschrieben, in denen bedeutende Personen und Ereignisse, genealogisch angeordnet, verzeichnet sind; von Wichtigkeit sind darin nicht zuletzt die Angaben zur Geschichte der Charidschiten. Unter den auf uns gekommenen Reichs- und Weltgeschichten sei noch das „Buch der langen Nachrichten" des äußerst vielseitigen Iraners al-Dînawarî (gest. 895) genannt, der sich der Geschichte – und hier besonders der dramatischen Stationen – aus iranischem Gesichtspunkt annimmt. Aus der vorislamischen Geschichte behandelt er vorrangig Alexander den Großen und die Perser (Sassaniden-Reich), aus der islamischen Zeit 'Alîs militärische Auseinandersetzungen. Zu den Umajjaden-Kalifen (reg. 661 – 750) hat er nur Einzelnes mitzuteilen, Kalifen-Geschichte im engeren Sinne kommt nur sehr kurz vor. Sein Zeitgenosse al-Ja'kûbî (gest. 897 in Ägypten) lebte ebenfalls im Iran (hauptsächlich in der nordostiranischen Provinz Chorasan), ist schiitischer Gesinnung und auch als Verfasser einer bedeutenden Geographie hervorgetreten. Seine „Geschichte" (bis 872) besteht aus zwei Büchern. Er beschreibt im ersten Adam und die Patriarchen, vor- und nicht-islamische Herrscher Syriens, Babyloniens, Indiens, der Griechen und (Ost-) Römer, Perser, Ägypter, Äthiopier und vorislamischen Araber; das zweite ist der Geschichte des Islams gewidmet. Der Autor bewahrt darin Nachrichten, die ansonsten verloren sind. Gegenüber al-Tabarî etwa hat er dadurch gelegentlich abweichende und durchaus originäre Darstellungen verzeichnet. Jedoch nennt er – ungleich den meisten anderen Autoren – seine Quellen nicht. Sein Werk ist auch nicht in eine annalistische Form mit Zuordnung aller Ereignisse zu einem Jahr gebettet, vielmehr orientiert er sich an den Regierungsperioden der Kalifen – eine Vorgangsweise, die neben der strikt annalistischen in früherer Zeit sehr verbreitet gewesen sein muß, zur Zeit al-Ja'kûbîs aber bereits unüblich geworden war.

Neben der Reichs- und Weltgeschichte gilt weiterhin der Geschichte einzelner Städte und Länder (Provinzen des Reichs) besondere Aufmerksamkeit. Gerade solche mit den Büchern über Eroberungen untrennbar verbundenen Traktate zur Lokalgeschichte wurden besonders im 3. Jahrhundert in großer Zahl und Vielfalt verfaßt, teilweise auch unter theologisch-juridischen Gesichtspunkten, da darin nicht zuletzt die Vorzüge (fadâ'il) bestimmter Städte wie etwa Mekka gepriesen werden sollen. Neben politischen Ereignissen verzeichnen die Bücher viel Topographisches und geben sich auch personenbezogen, wenn sie über Amtsinhaber (Gouverneure und Richter) handeln.

Naheliegenderweise ist es besonders die Stadt Mekka, über die solche Werke geschrieben werden. Die „Vorzüge Mekkas", das früheste erhaltene Buch seiner Art, werden schon dem berühmten Prediger al-Hasan al-Basrî (gest. 728) zugeschrieben. Er war im Irak (in Basra) tätig und genoß noch jahrhundertelang als Sinnbild asketischer Frömmigkeit einen vorzüglichen Ruf (er gilt als Vorläufer der Sufis, der islamischen Mystiker). Das älteste erhaltene Werk über Mekka sind die „Nachrichten von Mekka, der Verehrten" von Ibn al-Azrak (gest. 837), einem Nachkommen der vorislamischen Ghassaniden-Dynastie in Syrien, der darin nicht nur Mekka verherrlicht, sondern auch die Riten anläßlich der Pilgerfahrt beschreibt, Geschichten und Erzählungen referiert und Personen nennt, die mit Mekka in Zusammenhang stehen. Über Mekka handelt auch ein Buch von al-Fâkihî (schreibt ab ca. 885), über Medina eines von Ibn Zabâla (schreibt 814; nicht erhalten).

Mehrere solcher Traktate sind irakischen Städten gewidmet: Ibn Schâbba (gest. 878) und al-Sâdschî (gest. 920) schrieben über Basra, Mu'âfa ibn 'Imrân, einer der ersten Historiker unter den 'Abbâsiden-Kalifen (ab 750), über Mosul, und Bahschal (gest. 905 oder früher) verfaßte ein Werk über Wâsit, das eine Zeit lang Sitz des Gouverneurs war, wobei die Stadt allerdings nur kurz behandelt ist. Das Hauptaugenmerk gilt den dort ansässigen Gelehrten. Eine fragmentarisch erhaltene „Geschichte Bagdads" von Ibn Abî Tâhir aus Bagdad (aber von nordostiranischer Familie, gest. 893 in Bagdad) ist das älteste Werk seiner Art über die Haupt- und Residenzstadt der 'Abbâsiden-Kalifen.

Weniger zahlreich sind die Werke, die syrische und iranische Städte zum Inhalt haben. Ahmad ibn 'Isâ (gest. 2. Hälfte des 9. Jhs.) schrieb jedenfalls über Homs, und Ahmad ibn Sajjâr (gest. 881) über das nordostiranische Marw. Diesen gegenüber stehen Schriften zur Geschichte Ägyptens, wobei vom Autor Ibn 'Abd al-Hakam bereits in Zusammenhang mit den Büchern über Eroberungen die Rede war. Jahjâ ibn Ajjub (gest. 784), Asad ibn Mûsâ (gest. 827) und 'Uthmân ibn Sâlih (gest. 834) sind weitere Verfasser von Werken dieses Inhalts. Und nicht zuletzt wurden Bücher zur Eroberung und Geschichte des islamischen Spaniens verfaßt. Sa'îd ibn 'Ufair (gest. 840) schrieb – fragmentarisch erhaltene – „Nachrichten von Spanien", und mit der „Geschichte" von Ibn Habîb (aus der Gegend von Granada, gest. 853 in Cordoba) liegt die älteste erhaltene vollständige Geschichte Spaniens bis zur Zeit des Verfassers vor. Ibn Habîb intendiert mit seinem Buch eigentlich, eine Weltgeschichte zu verfassen, tatsächlich handelt es sich aber über weite Strecken um eine Geschichte Spaniens, die aber auch viel Sagenhaftes enthält. Nach seinem Tod ist sie von Epigonen fortgesetzt worden.

An Geschichtswerken zu Ländern und Gebieten außerhalb der islamischen Welt – für die das Interesse der arabischen Historiker, abgesehen von der vorislamischen Geschichte, relativ gering war – liegt eine Geschichte Äthiopiens vor, die Abû l-Tajjib al-Waschâ' (gest. Ende 9. Jh. ?) zum Verfasser hat.

Wie über einzelne Städte und Länder, wurden – in wesentlich geringerer Zahl – auch Schriften über Einzelpersonen verfaßt (wie ja auch zu Einzelereignissen, vgl. oben). Ein Bruder des bereits genannten Ibn 'Abd al-Hakam verfaßte eine Biographie des Umajjaden-Kalifen 'Umar II. (reg. 717 – 720), der als ganz besonders frommer Herrscher in die Geschichtsschreibung eingegangen ist. Und interessanterweise liegen gerade zu einem der im Jemen regierenden schiitischen Zaiditen-Imame, al-Hâdî I. (reg. 893 – 911) Schriften vor, so die „Biographie des Imams ... al-Hâdî ilâ l-hakk" von Ibn Sulaimân al-Kûfî, der den Imam auf seinen Feldzügen begleitet hat und sein Werk an der Wende vom 9. zum 10. Jahrhundert schreibt.

Aus dieser letztgenannten Zeit liegt auch schon die erste Geschichte einer bestimmten, politisch bedeutenden Personengruppe vor: nämlich ein „Buch der Wezire" von Ibn al-Dscharrâh. Der Verfasser, der aus Bagdad stammte und iranischer Herkunft war, hatte selbst – wenn auch nur kurz – politische Bedeutung. Er stand an der Spitze einer Verschwörung gegen den Kalifen und wurde noch im gleichen Jahre (908) in Bagdad hingerichtet. Einen Tag lang hat er als Wezir des Mannes fungiert, den er selbst für die gleiche kurze Zeitspanne zum Kalifen gemacht hat: Ibn al-Mu'tazz. Dieser Ein-Tages-Kalif Ibn al-Mu'tazz (er wurde 908 erdrosselt) hat sich aber vor allem einen Ruf als Gelehrter und Dichter gemacht. Unter seinen poetischen Biographien findet sich auch eine Biographie des Kalifen al-Mu'tadid (reg. 892 bis 902) in über 400 Versen.

Um sowohl auf die Reichs- und Welt- als auch auf die Ländergeschichten zurückzukommen: Es ist festzuhalten, daß mit dem Zusammenbruch der politischen Einheit des arabischen Reiches ab dem 9. Jahrhundert, dem Aufkommen von souveränen Dynastien im gesamten ehemals einheitlichen Reich und dem Entstehen unabhängiger „Staaten" auch Dynastiengeschichten in großem Umfange verfaßt werden. Dies alles ist jedoch eine Entwicklung, die sich erst ab dem 10. Jahrhundert durchsetzt.

V.

Abschließend seien noch einige ergänzende Bemerkungen zur früharabischen Geschichtsschreibung angebracht. Der frühe Islam kannte keine offizielle Historiographie. Die Geschichtsdarstellung ist zwar eng verbunden mit der allgemeinen Entwicklung des Lehrbetriebs im Islam, sie kann aber nicht als „hohe Gelehrsamkeit" gelten, die etwa neben der Theologie, der Koranexegese oder auch nur der arabischen Sprachwissenschaft gleichberechtigt gewesen wäre. Wenn die Autoren auch häufig mit theologischen Grundlagen ausgestattet waren, so ist die arabische Geschichtsschreibung dieser Zeit doch ein Werk von „Amateuren", das aber andererseits eine echt arabische Disziplin darstellt, ohne erst durch Übersetzungen auf griechischer Basis initiiert worden zu sein, wie dies für zahlreiche andere Wissenschaften (Philosophie, Medizin usw.) gilt. Allerdings mögen einzelne Tendenzen aus früherer persischer Geschichtsschreibung nicht ausgeschlossen werden, wie ja das starke iranische Element unter den Verfassern von Geschichtswerken (und auch von Werken anderer Disziplinen) durchaus bemerkenswert ist, nicht zuletzt, wenn man dagegen die äußerst bescheidene Rolle betrachtet, die etwa Nordafrika in dieser Hinsicht gespielt hat.

Wenn die arabisch-islamische Geschichtsschreibung dieser Periode also auch keine eigentliche Wissenschaft im engen Sinne des islamischen Verständnisses darstellt, so ist ihre Bedeutung doch unumstritten: Sie dient der Lebendigerhaltung – und nicht zuletzt natürlich der Glorifizierung – der Erinnerung an die islamische Frühzeit, eine Zeit, die im politischen Geschehen der späteren Jahrhunderte so gerne als die große Zeit, ja als „goldenes Zeitalter" der Araber verherrlicht wird. Dabei darf aber nicht übersehen werden, daß für die arabischen Historiker selbst nicht die Interpretation historischer Gegebenheiten das eigentliche Anliegen in ihren Darstellungen ist, sondern die ausführliche Aufzählung von Ereignissen. Der Drang zu Zusammenfassungen (im allgemeinen nicht als Kürzungen, sondern als Zusammenstellungen verschiedenster Berichte zu verstehen) und zu Systematisierungen, der für das gesamte arabische Schrifttum in späterer Zeit so typisch ist, hat sich auch in der frühen Geschichtsschreibung schon gezeigt. Er wird ein Kennzeichen für die umfangreiche arabische kompilatorische Literatur der Folgezeit werden.

Somit ist das eingangs genannte Geschichtswerk von al-Tabarî nur eine logische Weiterentwicklung aus einer umfangreichen früheren arabischen – in diesem Falle: historiographischen – Literatur, zu der auch die biographische Literatur zählt. al-Tabarîs Werk war ein gewaltiger Schritt in eine neue Periode des Abfassens von Werken, keineswegs aber der eigentliche Beginn der arabisch-islamischen Geschichtsbetrachtung und Geschichtsschreibung.

LITERATUR

C. Brockelmann, Geschichte der arabischen Literatur. 2 Bände u. 3 Supplement-Bände (2. Aufl. Leiden 1937 – 1949).

H. Busse, Arabische Historiographie und Geographie. In: Grundriß der Arabischen Philologie, Bd. II: Literaturwissenschaft, hrsg. v. Helmut Gätje (Wiesbaden 1987).

The Cambridge History of Arabic Literature, A. F. L. Beeston, T. M. Johnson et al. (Ed.): Arabic Literature to the End of the Umayyad Period (Cambridge 1983).

M. J. L. Young, J. D. Latham u. R. B. Serjeant (Ed.): Religion, Learning and Science in the 'Abbasid Period (Cambridge 1990).

A. Duri, The Rise of Historical Writing Among the Arabs. Ed. and tr. by Lawrence I. Conrad. Introd. by F. M. Donner (Princeton 1983).

The Encyclopaedia of Islam, New Ed. (Leiden – London 1960 ff.) Supplement (Leiden 1980 ff.) Indices 1979 ff.

Enzyklopaedie des Islam. Geographisches, ethnographisches und biographisches Wörterbuch der muhammedanischen Völker. 4 Bände (Leiden – Leipzig 1913 – 1934) Ergänzungsband 1938.

I. Goldziher, Historiography in arabic Literature, tr. by J. De Somogyi. In: I. Goldziher: Gesammelte Schriften, hrsg. v. Joseph Desomogyi, Bd. III (Hildesheim 1969).

B. Lewis, P. M. Holt et al. (Ed.), Historians of the Middle East (London 1962).

F. Pons Boigues, Los historiadores y geógrafos arábigo-espanoles, 800 – 1450 A. D. (Madrid 1898, Nachdr. Amsterdam 1972).

F. Rosenthal, A History of Muslim Historiography (2. Aufl. Leiden 1968).

F. Sezgin, Geschichte des arabischen Schrifttums. Bd. I: Qur'an-Wissenschaft, Hadîth, Geschichte, Fiqh, Dogmatik, Mystik bis ca. 430 H. (Leiden 1967).

J. de Somogyi, The development of Arabic historiography: J Sem St 3 (1958).

F. Wüstenfeld, Die Geschichtsschreiber der Araber und ihre Werke (Göttingen 1882, Nachdr. New York, o. J.).

WALTER SELB

CHRISTEN IN FRÜHISLAMISCHER ZEIT (BIS ZUM 9. JAHRHUNDERT)

Wer das Christentum des Vorderen Orients in islamischer Zeit betrachten will, sieht sich zunächst einmal nicht einer einzigen, sondern einer Vielfalt von Kirchen gegenüber. Der theologische Streit um die Natur Christi hatte nämlich seit dem Ende des dritten Jahrhunderts n. Chr. zu immer neuen Spaltungen geführt. Einige dieser Spaltungen blieben – begünstigt durch die politischen Verhältnisse – dauerhaft. So führte die Verurteilung der Lehre des Nestorios von den zwei getrennten Naturen Christi auf der Synode von Ephesos (431 n. Chr.) letztlich zur organisatorischen Loslösung der meisten Bistümer im persischen Herrschaftsbereich (Ostsyrer). Die Verwerfung der extremen theologischen Gegenposition von der einen Natur Christi auf der Synode von Chalkedon (451 n. Chr.) führte zur Abspaltung einer monophysitischen Kirche Ägyptens (Kopten), einer monophysitischen Kirche Syriens (Westsyrer oder Jakobiten) und letztlich auch einer eigenen Kirche Armeniens. Eine späte Folge der Streitigkeiten war auch die Loslösung der Maroniten um das Kloster des hl. Maron im Tal des Orontes. Daneben blieb im gesamten Raum die römisch-byzantinische (griechische) Reichskirche präsent. Unter dem Islam verlor sie freilich ihren griechischen Charakter. Als „Melkiten" (Kaiserliche) waren sie zwar noch immer byzantinisch, doch wurden sie gegenüber Byzanz organisatorisch eigenständig.

Die islamischen Herrscher sahen sich also nach ihrem Siegeszug, in dessen Verlauf der Kalif Umar 636 n. Chr. Antiochien, 638 n. Chr. Jerusalem eroberte und 642 n. Chr. Alexandrien einnahm, sechs verschiedenen Kirchen gegenüber, die alle die Rechtgläubigkeit für sich in Anspruch nahmen. Die Nestorianer mit ihrem Zentrum in Seleukeia-Ktesiphon am Tigris, später in Bagdad, feierten den Sieg des Islam als Befreiung von der persischen Verfolgung, die Westsyrer, Kopten und Maroniten wieder fühlten sich von Byzanz befreit. Die „kaisertreuen" Anhänger der griechischen Orthodoxie aber werden nun im Streit zwischen dem Islam und Byzanz zu den Verfolgten, bis die lateinischen Kreuzfahrer sie Ende des 11. Jahrhunderts n. Chr. für fast zwei Jahrhunderte von den islamischen Oberherren befreien. Seitdem begegnet der Islam auch noch einer lateinischen Reichskirche des Westens.

Es ist nun nicht möglich, ein einheitliches Bild des Verhältnisses zwischen diesen verschiedenen christlichen Kirchen und den islamischen Herren zu zeichnen. Dazu waren die geschichtlichen Verhältnisse in den verschiedenen Regionen und Zeiten viel zu mannigfaltig. Nicht selten waren die lokalen Herren so eigenständig, daß sie den Kirchen gegenüber ihre eigene Politik machten. Und oftmals gewährten innerkirchliche Streitigkeiten diesen Herren einen außergewöhnlichen Einfluß auf die kirchlichen Verhältnisse. Für die starke nestorianische Kirche und die Zeit vom 8. bis zum 12. Jahrhundert kann man noch am ehesten sichere Aussagen machen. Der nestorianische Patriarch war im Rahmen einer begrenzten personalen Autonomie theoretisch weltlicher Herr aller Christen und damit verfassungsmäßiges Organ des islamischen Staates. Daher bedurfte er auch der Anerkennung durch den Kalifen. Leben und Eigentum der Christen wurden so in einem Schutzbrief garantiert, der den Patriarchen üblicherweise nach der Wahlbestätigung ausgestellt wurde. Dafür wurden die Christen – wie andere nichtmoslemische Minderheiten auch – einer Kopfsteuer unterworfen. Starke Kalifen versuchten freilich, schon in die Wahl einzugreifen, wozu ihnen innerkirchliche Parteienkämpfe immer wieder Gelegenheit gaben. Die Einstellung der moslemischen Oberherren zum Christentum ist geprägt von großer Toleranz, von einigen Ausnahmen abgesehen. Chronisten berichten, daß immer wieder Verbote ausgesprochen wurden, Klöster und Kirchen zu bauen oder zu reparieren, Kreuze auf den Kirchen anzubringen, Kreuze auf der Straße zu tragen und unter Moslems zu missionieren. Auch von Diskriminierungen und lokalen Pogromen wird berichtet. Doch waren sie nicht selten nur die Folge dessen, daß die Kirchen in innerislamischen Streitigkeiten auf die später unterlegene Partei gesetzt hatten oder daß innerkirchliche Streitigkeiten mit Gewalt beendet werden mußten. Andererseits erfahren wir, daß Christen – ja selbst Kleriker – bis in die höchsten Staatsämter gelangten, daß Kirchen gebaut, erneuert und feierlich geweiht wurden und daß von den gesamten Verboten auch andere unbeachtet blieben.

Christen verschiedener Glaubensrichtung konnten nicht selten Einfluß am Hof in Bagdad oder bei lokalen Fürsten erlangen; selbst Kleriker finden sich unter ihnen. So hatte z. B. der Kalif al-Manṣūr einen christlichen Schatzmeister, Ibn aṭ-Ṭabbāḫ; der nestorianische Patriarch Išōʿbar Nūn wurde von christlichen Hofleuten zum Patriarchen gemacht; ein Nestorianer Gabriel, aus der Familie Boḫtīšōʿ, wurde 805 Hofarzt Harun al-Raschids; der westsyrische Patriarch Dionysios von Tellmaḥrē war beim Kalifen al-Muʿtasim hochgeehrt usw. Manche der als Ärzte und Sekretäre einflußreichen Christen am Hofe der toleranten abbasidischen Kalifen, besonders am Hof der Kalifen Al-Mahdi und Harun al-Raschid, wurden zu Kulturmittlern zwischen dem alten Griechenland und dem Islam und damit indirekt auch zum europäischen Mittelalter. Das hängt nicht zuletzt an der hohen Bildung vieler nestorianischer und westsyrischer Kleriker und an ihrer starken Tradition gerade in der griechischen Bildung oder Literaturkenntnis. Andererseits übersetzen vielsprachige christliche Autoren vom Arabischen ins Syrische, vom Mittelpersischen ins Syrische und Arabische und aus dem Arabischen auch einmal ins Griechische für einen byzantinischen Herrscher.

Die Vielsprachigkeit christlicher Gelehrter hatte ihren Grund in der Geschichte der Kirchen. Das östliche Christentum stand selbst in Mesopotamien literarisch in einer starken griechischen Tradition. Eine frühe christliche Literatur, die bei allen Kirchen noch gleichermaßen verbreitet ist, war griechisch geschrieben, in der Sprache des oströmischen, byzantinischen Reiches. Diese Literatur wurde bei der Übernahme in die eigenständigen Traditionen der Ostsyrer und Westsyrer zunächst in die aramäische Landessprache außerhalb der Städte, das Syrische übersetzt. Unter dem Islam drang dann bei allen Kirchen – Armenien ausgenommen – das Arabische als Kirchensprache vor. Von vielen dieser mit der alten Literatur vertrauten gebildeten Kleriker wissen wir, daß sie Griechisch, Syrisch und Arabisch gleichermaßen beherrschten. Ihre Sprachkenntnisse setzten sie nicht allein zur Übertragung christlich-griechischer Literatur ein. Vielmehr befaßten sie sich auch mit griechischer Philosophie im weitesten Sinne.

Ein treffendes Beispiel dafür ist der nestorianische Patriarch Timotheos (8. Jh. n. Chr.), von großem Einfluß am Hof in Bagdad, Zeitgenosse hervorragender nestorianischer Gelehrter, Kenner der griechischen Kirchenväter und deren philosophischer Grundlagen und leidenschaftlicher Sammler und Übersetzer alter Quellen. Es ist weitgehend unbekannt, daß es aus seiner Zeit, in der die nestorianische Kirche etwa 8 Millionen Gläubige – bis in die Mission nach China und Indien – umfaßte, Übersetzungen sogar aus dem Syrischen ins Chinesische und aus dem Persischen ins Syrische gab.

Am wichtigsten aber ist, daß das syrische Christentum der erwachenden moslemischen Hochkultur das Erbe der griechischen Antike in Übersetzungen nahebrachte. Von dort aus ist es in das christliche Abendland gelangt, hat dort die Mathematik und Physik, die Zoologie, die Astronomie, die Medizin und die Philosophie befruchtet. Hierzu ist als Beispiel der Nestorianer Ḥunain ibn Isḥāq (809/10 bis 876) zu nennen. Er ist aus einem christlichen Araberstamm hervorgegangen, konnte Arabisch und Syrisch, lernte auf einer Bildungsreise im fernen Byzanz Griechisch, wurde Arzt und Diakon, Dozent an einer ärztlichen Akademie in Bagdad und Leibarzt des Kalifen Al-Mutawakkil. Er ist uns u. a. als Übersetzer von Werken des Aristoteles, des Galenos und des „Eid des Hippokrates" ins Arabische bekannt. Auch Westsyrer können hier angeführt werden, etwa Jakob von Edessa (7./8. Jh. n. Chr.) mit einer Übersetzung der Kategorien des Aristoteles, der Araberbischof Georgios (7./8. Jh. n. Chr.) mit breiterer Übersetzung aus Aristoteles oder Mōšē bar Kēphā (9. Jh. n. Chr.) mit einem Kommentar zur aristotelischen Logik. Damit war die Suche nach einschlägigen Handschriften in Mesopotamien, Syrien und Palästina verbunden. In nicht geringem Umfang können auf diese Art und Weise über syrische und arabische Übersetzungen aus dem Griechischen heute verlorene griechische Originale rekonstruiert werden.

Die Begegnung des Christentums mit dem Islam war keine Einbahn. Eine Renaissance des Syrischen, das im Lauf der Zeit dem Arabischen als Kirchensprache gewichen war, führte seit dem 10. Jh. n. Chr. zu Übersetzungen aus dem Arabischen ins Syrische. Damit ist oft auch die Übernahme von islamischen Ideen verbunden. Die Mittlerstellung christlicher Übersetzer zeigt sich wohl deutlich beim Sindbad-Buch, das aus dem Persischen ins Arabische, dann ins Syrische und schließlich für einen byzantinischen Fürsten ins Griechische übersetzt wurde. Christliche Legenden zeigen nun islamischen Einfluß; am Ende wurde gar ein auf dem Sinai lebender Mönch Sargis zum Lehrer des Propheten Mohammed. Und islamisches Recht fand Eingang in die Rechtssammlungen der orientalischen Kirchen.

LITERATUR

ARAM PERIODICAL, Oxford, vol. 3 (1991): Proceedings of the Second International Conference: The Abbasids (mit zahlreichen Beiträgen zum Thema).

FOURTH INTERNATIONAL CONFERENCE OF ARAM: The Arab-Byzantine-Syriac Cultural Interchange during the Umayyad era in Syria (Oxford 1993); vorgesehen für Aram Band 5.

J. ASSFALG – P. KRÜGER (Hg.), Kleines Wörterbuch des christlichen Orients (Wiesbaden 1975) besonders unter den Stichwörtern „Abbasiden", „Umaiyaden", „Nestorianische Kirche", „Jakobitische Kirche", „Koptische Kirche", „Kirchenrecht orientalisches".

A. BAUMSTARK, Geschichte der syrischen Literatur (Bonn 1922).

G. GRAF, Geschichte der christlichen arabischen Literatur, Band I: Die Übersetzungen, Band II: Die Schriftsteller bis zur Mitte des 15. Jahrhunderts (Citta del Vaticano 1944, 1947).

W. SELB, Orientalisches Kirchenrecht Band I. Die Geschichte des Kirchenrechts der Nestorianer (Wien 1981).

DERS., Orientalisches Kirchenrecht Band II. Die Geschichte des Kirchenrechts der Westsyrer (Wien 1989).

Heinrich Gerhard Franz

ENTSTEHUNG UND ANFÄNGE EINER ISLAMISCHEN KUNST UNTER DER DYNASTIE DER OMAYYADEN

DER „SAKRALBAU"

Als die Araber und der Islam in die alten Kulturländer des Vorderen Orients und Ägyptens vordrangen, verfügten sie über keine nennenswerte Traditionen auf dem Gebiet der bildenden Kunst und der Baukunst. Die Lehren des Propheten Mohammed boten für die Entfaltung der Kunst zunächst keine unmittelbaren Ansatzpunkte. Die Religion des Islams war eine „nomadistische", wie man gesagt hat, aus der Vorstellungswelt der nomadischen Wüstenbewohner und Wanderhirten entwickelt und auf diese berechnet, mit strengen Geboten und Vorschriften für die persönlichen und sozialen Verhaltensweisen. Der Eintritt in die „imperistisch" strukturierte Welt der Stadtkulturen führte langsam und schrittweise zu einer Auseinandersetzung, bei der die sich bietenden Mittel der Kunst in unterschiedlicher Intensität aufgegriffen wurden. Wie indifferent der frühe Islam den sich ergebenden künstlerischen Aufgabenstellungen gegenüberstand, zeigt sich bereits, als sich die Notwendigkeit ergab, Versammlungsräume zur Abhaltung des vorgeschriebenen gemeinsamen Gebetes anzulegen. Hier stand kein „urbaner" Bautypus zur Verfügung, wie es für Palast, Schloß, Bad oder Kastell der Fall war. Die Kirchenräume der Christen eigneten sich nur bedingt für die Zwecke des Islams, nicht nur weil sie für eine „transzendente" und mystische Kulthandlung unter Ausrichtung des Gläubigen nach der Altarzone, sondern weil sie überhaupt für die Abhaltung liturgischer Handlungen angelegt waren.

Außerdem erschien der völlig abgeschlossene Gebetsraum der christlichen Kirche unbefriedigend. Die Moschee sollte nur als Versammlungsraum dienen. Die ersten Moscheen, die in Mesopotamien, im Irak, entstanden, waren reine Zweckbauten, und fast ein Jahrhundert dauerte es, bis erste monumentale Moscheen in Palästina und Syrien entstanden: 705 die Omayyadenmoschee in Damaskus und der Erweiterungsbau der Moschee von Medina. In den neu eroberten Provinzen hatten die islamischen Eroberer zunächst befestigte Militärlager für die gemeinsamen Gebetsversammlungen der arabischen Krieger angelegt, die zunächst nicht viel mehr als abgegrenzte große Hofräume waren und, als Vorstufen der Moscheen, als mehr oder weniger ungegliederte Platzräume zu bezeichnen sind. Erst sekundär wurden sie mit Formen und Motiven der „urbanen" Architektur verbunden, mit umlaufenden Arkaden- und Bogenhallen, für deren Gestaltung die römische und byzantinische Architektur das Vorbild lieferten. In Basra war um 635 die älteste Moschee lediglich als Versammlungsplatz abgegrenzt. Das Volk betete unter freiem Himmel ohne ein Gebäude. Auch in Kufa war 636 die erste Moschee ähnlich primitiv angelegt, lediglich durch einen Graben abgegrenzt; nur auf der Südseite war eine bedeckte Pfeilerhalle errichtet worden, die aber nach den Seiten völlig offen war. Als unter dem Eindruck der christlichen Länder Moscheen als monumentale Stein- oder Lehmziegelbauten errichtet wurden, hat sich die Hofanlage mit umlaufenden Säulenhallen und einer mehrschiffigen Gebetshalle auf einer Seite als dominierender Bautypus durchgesetzt. Sie war mit einer hohen Mauer umgeben, so daß sie gleichzeitig auch fortifikatorischen Zwecken dienen konnte. Darauf weisen die im Irak mit Vorliebe aufgesetzten abgetreppten Stufenzinnen hin, ein Element der iranischen Architektur, das sich über die Sasaniden bis in altpersisch-achämenidische Zeit zurückverfolgen läßt. Im Irak bildete sich damit eine eigene Tradition des Moscheebaues heraus. Auf der nach Mekka gerichteten Seite stand der Palast, der der Verwaltungssitz des Gouverneurs und Oberkommandierenden (Dar al-Imara) war. Die Verbindung von Moschee und Wohnsitz des Gouverneurs wurde auch in der Folgezeit fast zwei Jahrhunderte hindurch für den Bau der großen Moscheen beibehalten.

Über die erste Moschee in Jerusalem – vermutlich an der Stelle der heutigen al-Aqsa-Moschee – sind wir durch den Bericht des Pilgers Arculf informiert, der Jerusalem um 670 besuchte und eine Beschreibung des Platzes gibt, wo sich die Araber zum Gebet versammelten: „Auf dem angesehenen Platz, wo einst der Tempel in prächtiger Weise errichtet war, in unmittelbarer Nachbarschaft zur Mauer auf der Ostseite gelegen, besuchen jetzt die Sarazenen einen rechteckigen Gebetsplatz, den sie in der Weise angelegt haben, daß sie große Balken auf einige Reste der Ruinen aufgesetzt haben. Dieses Gebäude kann 3000 Menschen auf einmal fassen."

Nach der Eroberung von Ägypten 640/641 errichtete der Feldherr Amr in Fustat die älteste Moschee in Ägypten, die Uranlage der heutigen Amr-Moschee im Süden von Kairo. Zwar schon ein umbauter Raum, aber ein sehr kleiner, bestand sie nur aus einer überdachten Gebetshalle ohne einen Hof.

Bei der Ausgestaltung der Hofmoschee hat die Form des im Orient üblichen Hofhauses eine entscheidende Rolle gespielt, mit nach außen geschlossenen Mauern, an die innen die Wohnräume um einen Hof angelegt sind. Diese Konzeption zeigte auch das Haus Mohammeds in Medina. An die Mauer lehnten sich die Wohnräume für die Frauen des Propheten als einfache Lehmziegelhütten an. Im Hof versammelte sich die Gemeinde, die der Prophet in Medina gegründet hatte, zum gemeinsamen Gebet, so daß diese Hofanlage die erste Versammlungsstätte der islamischen „Urgemeinde" bildete. Um den Anwesenden Schutz gegen die Sonne zu bieten, wurde an eine Mauer des Hofes eine überdachte Halle aus Palmenstämmen angelehnt. Die so gewonnene Grundform der „Urmoschee" diente in der Folgezeit für die monumentale Hofmoschee als Ausgangspunkt.

An die Stelle des einfachen Hofhauses des Propheten war in Medina nach mehreren Umbauten zu Anfang des 8. Jahrhunderts unter dem Khalifen Abd al-Malik (685 – 705) eine große Hofmoschee mit Gebetshalle getreten, die unter Al-Walid (705 – 715) mit Mosaik- und ornamentaler Wanddekoration ausgestattet wurde. Dieser Bau ist nicht mehr in der ursprünglichen Form erhalten. Durch zahlreiche Umbauten wurde er in späterer Zeit verändert, und nur aufgrund zeitgenössischer Schilderungen läßt sich noch ein Bild vom ursprünglichen Aussehen gewinnen. In dem Hofhaus war auch der Prophet begraben, sein Grab wurde in die neu erbaute Moschee einbezogen.

In Damaskus entstand als vergleichbare Anlage nach diesem Muster 706 die Omayyadenmoschee, die aus einem auf drei Seiten von Bogenhallen umzogenen Hof und einer dreischiffigen Gebetshalle besteht. Während der Hofanlage die „nomadistische" Urform des freien Versammlungsplatzes zugrundeliegt, lehnt sich der geschlossene Raum der Gebetshalle betont an die urbane, „imperistische" Architektur an, wie sie in römischen und christlichen Bauten vorlag (Abb. 1; siehe auch Seite 147, Abb. 3).

Dazu gehört auch die Ausgestaltung der Wände mit mehrfarbigem Marmorbelag, mit Marmorsäulen und Kapitellen. Die transversalen Schiffe werden in Damaskus in der Mittelachse transeptartig von basilikal überhöhten longitudinalen Bogenreihen unterbrochen, und dieses „Querschiff" leitet auf die sogenannte Mihrab-Nische, die den Platz des Vorbeters (Imam) und zugleich die den Betern vorgeschriebene Blickrichtung nach Mekka angibt. Nach Mekka weist auch die an den Mihrab anschließende Längswand der Gebetshalle, die sogenannte „Richtungs"- (Qibla-)Wand. Der Transeptbau leitete sich vermutlich von den ein- oder dreischiffigen Thronsälen mit Apsis ab, wie sie in der „imperistischen" Architektur der Sasaniden üblich waren.

Mit der Anordnung der Kuppel als typisches architektonisches Hoheitssymbol herrscherlicher allumfassender Gewalt wird die „imperistische" Wurzel dieser Anlage vollends deutlich. In der Form der Kuppel lebt die Vorstellung vom Himmelsgewölbe weiter, unter dem sich im Zentrum, in der Mittelachse, der Thronsitz des Herrschers befindet, der im Zentrum der Welt als Weltherrscher regiert. Kuppel-

Abb. 1: Die Omayyadenmoschee (Große Moschee) in Damaskus. Blick vom Hof auf Transept und Kuppel (den sog. „Adler") in Richtung Süden.

und Thronraum gehören im römischen ebenso wie im byzantinischen und sasanidischen Bereich eng zusammen. Diese Bedeutungsvorstellung überträgt sich im christlichen Bereich auf die Herrscherfunktion Christi als Allherrscher, der im Zentrum der Kuppel thronend wiedergegeben ist. Im Islam fallen diese bildhaften Bezüge fort, aber die symbolische Rolle der Kuppel als Hoheitsmotiv lebt weiter. In der Moschee dominiert im allgemeinen in den räumlichen Ausmaßen der ungedeckte Freiraum des Hofes über den geschlossenen Hallenraum der Gebetshalle. Allerdings ist – und das erscheint sehr bezeichnend – immer wieder der Versuch gemacht worden, das Gebetshaus nach „nomadistischen" Gesichtspunkten auszuweiten und zu vergrößern, wie das etwa in der al-Aqsa-Moschee in Jerusalem der Fall ist. Diese bestand in der ursprünglichen Form aus einer Gebetshalle mit 15 Schiffen, die longitudinal hin zur Qibla-Wand verlaufen. Nach dem Erdbeben 747/748 sind nur die Mittelschiffe vom ursprünglichen Bau erhalten geblieben. Den Hof ersetzt hier der riesige Platzraum der Terrasse des von den Römern zerstörten herodianischen Tempels, auf dem der Kuppelbau des Felsendomes errichtet wurde. Die Moschee liegt am südlichen Rand dieses großen heiligen Platzes (Haram ash-Sharif) in der Achse des Felsendomes, auf den das verbreitete Mittelschiff bzw. die Mihrab-Achse orientiert ist. Der weite „heilige Bezirk" bildete gleichsam den Versammlungshof zur Gebetshalle.

Von den wenigen Moscheen, deren Anlage sich noch auf die Zeit der Omayyaden zurückführen läßt, folgt der überwiegende Teil dem Schema der Omayyadenmoschee in Damaskus bzw. der Moschee des Propheten in Medina, in denen eine Gebetshalle mit transversal verlaufenden Schiffen an den großen Hof anschließt und axial ein erhöhtes Schiff auf den Mihrab führt. Dem longitudinalen Schema der al-Aqsa-Moschee folgten nur Moscheen im Bereich des westlichen Islams, wo der 754 nach Spanien geflüchtete letzte Überlebende der Omayyaden Abd ar-Rahman (I.) die omayyadische Tradition weiterführte, nachdem die Dynastie in Damaskus gestürzt worden war. In der in Córdoba errichteten Großen Moschee sind offenbar die Traditionen der al-Aqsa-Moschee bewußt aufgegriffen worden. Das gleiche gilt auch für die Große Moschee in Kairuan in Tunesien, die allerdings ebenfalls erst nach dem Sturz der Omayyaden in Syrien ihre riesige, aus Arkadenreihen gebildete Gebetshalle erhielt.

Die ersten islamischen Moscheen besaßen noch kein Minarett. Der Gebetsrufer (Muezzin) stand hier auf dem Dach. In der Omayyadenmoschee in Damaskus diente der Eckturm der antiken Temenos-Mauer als Minarett für den Gebetsrufer. Der Name „Minarett" geht auf das arabische Wort „menara" (= Leuchtturm) zurück, vermutlich unter Anlehnung an den aus der Antike stammenden Leuchtturm, den Pharos bei Alexandria, ohne daß deshalb die Form von diesem abzuleiten wäre, wie das von der älteren Forschung angenommen wurde (Thiersch). Für die einfache Urform des Minaretts dienten die syrischen Kirchtürme der Zeit der 5. – 6. Jahrhunderts von kubisch geschlossener Form über quadratischem Grundriß als Vorbild.

DIE AUSSCHMÜCKUNG DER MOSCHEE

Im großen Hof der Omayyadenmoschee in Damaskus sind die Wände des Hofes ringsum mit reichem Goldmosaikschmuck versehen, der Darstellungen von Garten- und Landschaftsmotiven enthält.

Neben den rein ornamentalen Partien mit Akanthusranken, die sich vor allem in den Bogenlaibungen und im Mosaikschmuck des polygonalen Schatzhauses im Hof finden, sind in den Bogenzwickeln und an den Wänden der Umgänge naturnah erfaßte Motive angebracht, aber ohne die Wiedergabe von Mensch und Tier: Villen und Paläste, schematisierte, aber doch bildhaft geschlossene Stadtprospekte, in Baum- und Pflanzenwuchs eingebettet (Abb. 2).

Unter den Architekturlandschaften fällt vor allem an der Westmauer des Hofes eine Flußuferlandschaft auf, die zwischen acht hohen Bäumen Gebäudegruppierungen verschiedener Art enthält. In dem stark mit Licht und Schatten durchsetzten Kolorit scheinen Feinheiten spätrömischer Landschaftsmalerei wieder aufzuleben, in denen mit Hilfe toniger Farb-

Abb. 2: Eines der Mosaiken im westlichen Hofbereich der Omayyadenmoschee mit Darstellung von Architekturen, zwischen denen Bäume angeordnet sind.

abstufung atmosphärische Wirkungen gesucht werden. In die reiche Schattierung ist auch das Gold miteinbezogen, das etwa an den Baumstämmen Lichteffekte liefert.

Ein über halbkreisförmigem Grundriß errichtetes Gebäude, dem ein offener Säulengang vorgelegt ist, mit Brüstung zwischen den Säulen und Türen an der Rückwand, dürfte einen ländlichen Villenbau darstellen, der durch zwei Türme flankiert wird. Für die Wiedergabe der Baulichkeiten sind weder einheitliche Perspektive noch einheitlicher Maßstab angewandt. Die Bauten sind nach ihrer Bedeutung in verschiedenem Größenmaßstab gehalten.

Über den Sinn dieser Darstellungen im Rahmen eines Moscheehofes gibt es keine einhellige Meinung in der Forschung. Sind hier wichtige Stätten des Islams dargestellt? Oder sollen die „anmutigen" Garten- und Stadtlandschaften paradiesische Vorstellungen in dem Gläubigen erwecken, der aus den gleichförmigen und trockenen Wüstenstrichen kam? Der Khalif Al-Walif I. hatte mit der prunkvollen Ausstattung des Baues jedenfalls im Sinne, einen den Kirchenbauten der Christen gleichwertigen oder diese sogar noch übertreffenden Bau zu errichten. Die auf den Mosaiken dargestellten Stadtlandschaften, Villen und elysischen ländlichen Bauten sollten wohl Hinweise auf die ideale Paradieseswelt geben, die den Gläubigen im Jenseits erwartet und die ihm im Bereich der Moschee schon vor Augen treten sollte. Wenn diese Deutung Bestätigung fände, läge hier der Versuch einer islamischen bildlichen Ikonographie vor, in der Motive der spätantiken und byzantinischen Malerei übernommen sind. Diese „Ikonographie" ist im späteren Islam aber in dem Moscheebau nicht, oder wenigstens nicht bildlich weitergeführt worden.

Damit erweisen sich der Wille und das Bedürfnis, mit den „Urbanen" zu konkurrieren, als entscheidende Motive für die Entstehung einer islamischen Kunst. Im profanen Bereich führte der Herrschaftsanspruch zur demonstrativen Aneignung und Adaptierung des „imperistischen" Kunstgutes der Unterworfenen. Im religiösen Bereich werden die Widerstände und Hemmungen der konsequent „nomadistisch" Empfindenden gegen allen Prunk und Luxus im Moscheebau beiseitegestellt, um erfolgreich mit den anderen Religionsgemeinschaften in Wettbewerb treten zu können.

Die Einwirkung des „nomadistischen" Prinzips auf die Kunst des Islams zeigt sich im Falle der Moschee in der Betonung des Charakters als purer Versammlungsraum. Der Moschee wird die Eigenschaft eines sakralen, von mythischer Weihe erfüllten Baues abgesprochen. Mit dieser Bestimmung werden der künstlerischen Ausgestaltung Grenzen gesetzt. Bildliche Wiedergaben sind ohnehin ausgeschlossen, aber auch die schmuckhafte Ausstattung soll so gehalten sein, daß dem, der sich hier zum Gebet einfindet, nichts entgegentritt, was ihn ablenkt. Das Prinzip dieses Versammlungsraumes ist damit ein völlig anderes, als es dem Sakralbau der Christen zugrundeliegt, mit dem sich ein Vergleich fast zwingend aufdrängt.

Als das frühe Christentum mit der staatlichen Anerkennung unter Konstantin (312) die Möglichkeit erhielt, monumentale Kulträume zu bauen, verwendete man dazu nicht den künstlerisch durchgestalteten Tempel der Antike, sondern den schmucklosen Versammlungsbau der Basilika, die der Verwendung nach ein reiner Zweckbau war ohne jede kultische Funktion. Die christlichen Gemeinden hatten damit zunächst die Absicht verbunden, dem prunkhaften heidnischen Tempel mit seinem bildlichen Kult eine bildlose strenge Religionsausübung gegenüberzustellen. Die Basilika war nach außen als schmuckloser Ziegelbau gestaltet und wirkte innen zunächst nur durch die Weite des mehrschiffigen Raumes, dem ein einfacher hölzerner Dachstuhl oder eine hölzerne Decke aufgelegt war. In der Folgezeit wurde aber gerade dieser einfache Zweckbau zum Ausgang einer reichen künstlerischen Ausgestaltung, die in der gotischen Kathedrale, aber auch in den außen und innen mit Bildwerk überladenen Kirchen der Renaissance und des Barocks ihre Höhepunkte erlebte.

Der „nomadistischen" Moschee blieb eine derartige bildliche und ikonographische Ausgestaltung verwehrt. Die Thematik des Korans vermag keine

Anhaltspunkte für eine bildkünstlerische Ausgestaltung abzugeben, wie das im Christentum im Alten und Neuen Testament der Fall ist. Im Gegensatz zu den mit den Figuren von Christus und den Heiligen geschmückten christlichen byzantinischen Kirchen hatte es der islamische Künstler bzw. der im Dienst des Islams stehende schwer, die islamische Glaubenslehre visuell anschaulich zu gestalten.

DER FELSENDOM IN JERUSALEM
(Abb. 3 – 4)

Welche künstlerischen Möglichkeiten in Bild- und Schmuckkunst dem frühen Islam offen standen, zeigt der Felsendom zu Jerusalem, der vermutlich 691 – 692 errichtet wurde (Abb. 3). Hier erscheint im Islam erstmals der Kuppelbau neben der Hofmoschee als selbständiger Sakralraum, der gleichsam wie ein Ciborium über dem geheiligten Felsen des ehemaligen Tempelberges errichtet ist. Ein zweifacher polygonaler Umgang dient dem zeremoniellen Umschreiten (tawaf) des Felsens. Der Felsendom sollte als Bau wie auch durch seinen prächtigen Mosaikschmuck mit den prunkvollen christlichen Kirchenbauten, vor allem mit dem Kuppelmartyrium der Grabeskirche in Jerusalem konkurrieren. Seine Inschriften betonen dabei die Überlegenheit des islamischen über den christlichen Glauben.

Im Inneren des Felsendomes sind alle Wandflächen, im mittleren Kuppelraum wie in den Umgängen, mit Mosaik überzogen (Abb. 4). Auf Goldgrund entfaltet sich, in überdimensionale Maße gesteigert, ein Dekor, der aus Ranken- und Palmettenmotiven besteht, mit goldenen Gefäßen und Geräten, die mit eingelegten bunten Edelsteinen verziert sind. Hier sind in analoger Weise zu dem Schmuckwerk, das an den omayyadischen „Wüstenschlössern" im profanen Bereich begegnet, ornamentale Motive aus der spätantiken Schmuck- und Dekorationskunst ins Monumentale und Überdimensionale gesteigert – ein für die omayyadische Kunst bezeichnender Vorgang. Thematisch wird in rigoroser Konsequenz die Darstellung von Mensch und Tier vermieden. Die Wirkung dieses ornamentalen Schmuckwerkes ist ganz wesentlich durch die Tatsache bestimmt, daß alle Motive im Sinne der reifen byzantinisch-spätantiken Mosaikkunst plastisch greifbar und körperhaft in den Raum gestellt erscheinen. Licht und Schatten sind aufgeboten, um die bildhafte Wirkung illusionshaft zu steigern. Die Ranken und pflanzlichen Gebilde sind fleischig-üppig gebildet. In formaler Hinsicht handelt es sich somit noch nicht um konsequent islamische Kunst, hier bleiben die antiken Elemente der Anschaulichkeit bestimmend.

Die antiken Schmuckmotive treten nicht nur ihrer formalen Durchbildung nach als voluminöse Gebilde deutlich hervor, sie finden sogar noch eine demonstrative Steigerung. Riesenranken und Riesenpalmetten heben sich plastisch durchmodelliert vom Goldgrund ab, so daß der Betrachter nach dem Symbolwert fragen muß, der diesen Ornamentmotiven zukommt.

Die Ranken entfalten sich besonders eindrücklich in dem Rankenfries, der im Kuppelraum über den Arkaden angebracht ist (Abb. 4). Sie wachsen aus kostbaren Gefäßen und bedecken mit ihren Einrollungen gleichmäßig die Fläche. Die Ranke stand dem Künstler, der im Felsendom den Mosaikschmuck entwarf, damals noch in Beispielen auf spätantiken und byzantinischen Monumenten vor Augen. Er steigerte sie in ihrer Erscheinungsweise. Als dickstämmig gebildete Ranke überzieht sie mit ihren Einrollungen große Flächen, wie den zylindrisch umlaufenden Fries im Mittelraum, sie tritt als aufwachsender Rankenbaum auf, mit Blättern und Weintrauben, die aus den Einrollungen herauswachsen. Sie wird in ihrer plastischen Wirkung durch die Lichtführung noch besonders hervorgehoben.

Auch das Motiv der Palmette läßt der Mosaizist in einer monumental gesteigerten Form hervortreten. Er verfügte dabei in vollendeter Weise über die formalen Mittel, um seine „Erfindungen" in überzeugender Weise anschaulich zur Darstellung zu bringen. Mit Licht und Schatten vermag er Gebilde von höchster Illusionskraft zu gestalten. Auch die eigenwillige Kraft ist hervorzuheben, die gerade die kompositären Palmettengebilde erfüllt und durchzieht. In der Vehemenz der aufsteigenden, teilweise vom

Abb. 3: Der Felsendom in Jerusalem. Außenansicht.

Abb. 4: Innenansicht des Felsendomes in Jerusalem. Mosaikrankenzone oberhalb der Säulen und Arkaden.

Wind bewegten Blätter und Blattranken wird gleichsam das Wirken einer tieferen Macht sichtbar, das Wehen des Geistes spürbar, von dem der Künstler bei seinen Schöpfungen erfüllt scheint. Er scheint von dem neuen Gottesbild durchdrungen und geprägt, geradezu aufgewühlt, für das er den Innenraum des Felsendomes auszugestalten hat.

Der Künstler hat das Motiv der Palmette einer Formenanalyse unterworfen, um aus den zerfallenden Teilen, die um ein vielfaches vermehrt und durch Neubildungen ergänzt werden, ein kompositäres, ins Fantastische und Hypertrophe gesteigertes neues Kunstprodukt zu gestalten. Der Gedanke, überkommene ornamentale Typen einer solchen formalen Analyse zu unterwerfen, um daraus die Grundlagen für das „Komponieren" neuer, mit gesteigerter Ausdruckskraft ausgestatteter Gebilde zu gewinnen, dieser Gedanke weist bereits auf den „Formenzerfall", der in der Folgezeit ein für die islamische Kunst geradezu kennzeichnender Vorgang werden sollte.

In der Ausschmückung des Felsendomes suchte der Erbauer deutlich mit den reich mosaizierten christlichen Kirchenbauten zu wetteifern, er suchte aber dabei alles auszuschalten, was nach islamischer Anschauungsweise für die künstlerische Wiedergabe verpönt war: d. h. die Darstellung von lebendigen Wesen, deren Erschaffung allein dem universalen Schöpfergott Allah vorbehalten war, der in diesem Raum als unsichtbares bildloses Geistwesen verehrt wird.

Der leere, von der Kuppel abgeschlossene Innenraum des Felsendomes wird für den, der die Inschriften liest, zum glanzvollen Tempel der höchsten und erhabensten Inhalte der Gotteslehre des Islams, errichtet von dem Khalifen Abd al-Malik über dem altgeheiligten Platz des Felsens, wo der Überlieferung nach Gott sich bereits mehrfach den Menschen offenbart hat. So gesehen, gehört das Monument des Felsendomes zu den eindrucksvollsten und aufschlußreichsten des frühen Islams. Hier wird das Bemühen deutlich, für die aus einer „nomadistischen" Welt heraus konzipierten Glaubensinhalte mit den Mitteln einer urbanen oder im „imperistischen" Zusammenhang erwachsenen Kunst und Architektur ein Gesamtkunstwerk aus islamischem Geist zu gestalten.

Das theologische „Programm" sollte möglicherweise auch die bilderfeindlichen Vertreter der christlichen monophysitischen Ostkirche ansprechen, die vor allem im Orient ihre Anhänger besaß und die sich mit Nachdruck gegen die Wiedergabe und vor allen Dingen gegen die Verehrung von Wiedergaben göttlicher und heiliger Personen im Kirchenraum stellte. Diese mächtigen ikonoklastischen Strömungen hatten unter den Christen in den von den Arabern unterworfenen orientalischen Ländern eine starke Anhängerschaft, und es erscheint nicht ausgeschlossen, daß mit einem derartigen bilderfeindlichen Programm auch diese christlichen Kreise angesprochen werden sollten.

DIE PROFANE KUNST UNTER DEN OMAYYADEN IN SYRIEN UND PALÄSTINA

Der Entstehung einer „ersten islamischen Kunst" liegt die Ausbildung einer islamischen Oberschicht zugrunde, einer Herrenschicht, die sich um die neu entstandene Dynastie der Omayyaden gruppierte. Die omayyadischen Herrscher waren nicht nur die Nachfolger des Propheten Mohammed, „Khalifen", sondern sie fühlten sich auch als Erben des byzantinisch-römischen und sasanidischen Reiches. Sie führten deren Herrschaftsansprüche weiter und suchten die in deren Dienst stehende Kunst zu übernehmen, um sie als Instrument herrscherlicher Legitimation in ihrem Sinne, d. h. im islamischen Sinne, um- und auszugestalten. Dieser Aneignung einer „imperistischen" Kunst und ihrer gleichzeitigen Durchdringung mit einer „nomadistischen" Ästhetik verdankt die islamische Kunst ihre Entstehung.

Im profanen Bereich bildet die Kunst, die unter der Herrschaft der Omayyaden im 7. und 8. Jahrhundert in Syrien und Palästina entstand, eine Periode der Aneignung, in der Altes und Neues, traditionell Überkommenes und zu eigener künstlerischer Aussage Drängendes nebeneinander stehen. Hier haben die im Dienste der islamischen Herrscher stehenden Bau- und Schmuckkünstler Lösungen gefunden, in denen das islamische bzw. das als „nomadistisch" bezeichnete Kunstprinzip in vollendeter Weise zur Ausgestaltung gelangte.

Ein halbes Jahrhundert mußte dabei seit der Eroberung des Vorderen Orients vergehen, bis die ersten bedeutenden Leistungen einer „weltlich" orientierten Kunst entstanden, die der prunkvollen Ausgestaltung der Residenzen, der Paläste und Schlösser diente. Luxusbedürfnis und Machtdemonstration führten dazu, daß die vorgefundenen künstlerischen Traditionen wiedererweckt und von den Omayyaden in Dienst genommen wurden. Aus allen Teilen des Reiches wurden Kunsthandwerker aufgeboten, um die Paläste und Herrensitze der neuen Machtträger auszugestalten. Das bedeutet aber nicht, daß der Geist des Islamischen und Religiösen diese Kunst nicht durchdrungen hätte. Auch der Prunk- und Schmuckkunst des Hofes ist ein religiöses Element unüberseh- und unüberhörbar beigemengt, das den Geist, die „Stimmung" der islamischen Kunst beherrscht. Unter den Omayyaden bahnt sich diese „Islamisierung" der Kunst erst an, die dann in der Folgezeit immer konsequenter zur Durchführung gelangte.

Damit stehen wir vor der eigenartigen Tatsache, daß nicht die Religion, die im Islam wie in keiner zweiten der großen Hochkulturen die Grundlage des gesamten Lebens bildete, den schöpferischen Ansatzpunkt für die bildende Kunst lieferte, wie das etwa in der frühen christlichen Kunst der Fall gewesen ist. Die erste islamische Kunst entstand im Auftrag der neuen islamisch-arabischen Herrenschicht, der Großen und Mächtigen des Reiches, mit der Indienststellung der byzantinischen wie auch der koptischen und sasanidischen Werkstätten als betont herrschaftlicher Kunst. Diese Kunst hat sekundär auf die religiöse Sphäre übergegriffen, indem sie zur Ausschmückung der Moscheen herangezogen wurde.

Diese neue Kunst tritt in gesteigerten Dimensionen und unter höchster Prunk- und Luxusentfaltung auf. Ihren eigenen Charakter hat sie dadurch gefunden, daß sich ein „nomadistisches" Formengefühl, eine „nomadistische" Ästhetik bei der Übernahme der „imperialen" und „urbanen" Motive durchsetzte und Geltung verschaffte. Die hervorstechende Eigenart der neuen Kunst lag in der Bevorzugung des Ornamentalen und Dekorativen. Das Ornament überzieht Mauern und Wände der Bauten und löst deren materielle Schwere und Wucht auf. Eine Beschränkung auf das Ornamentale ergab das immer mehr sich durchsetzende Bilderverbot, mit dem Verbot der Darstellung menschlicher wie auch tierischer Lebewesen. Im profanen Bereich wurde es anfänglich nicht mit voller Strenge eingehalten, im sakralen Bereich, im Moscheebau hatte es absolute Geltung.

Der einseitigen Ausrichtung auf das Ornament kam bereits die spätantik-byzantinische Kunst in den Ländern des Orients und im koptischen Ägypten in mancher Hinsicht entgegen. Seit dem 6. Jahrhundert hatte sich eine verfeinerte, flächenfüllende, etwa die Architekturglieder, Kapitelle oder Gesimse überspinnende Ornamentik ausgebildet. Eine alte Tendenz der orientalischen Kunst, die der Flächenform den Vorzug gab und in der Stilisierung und Abstrahierung der Naturform ihr Ziel sah, verschaffte sich hier wieder Geltung. Die im Vorderen Orient, aber auch in Kleinasien, vor allem in Konstantinopel, wie im koptischen Ägypten seit dem 6. Jahrhundert, der Herrschaftszeit von Kaiser Justinian, zur Ausschmückung von Kirchen und Palästen entwickelte dekorativ-flächige Formensprache fand in der Schmuckkunst der frühislamischen Herrscher eine Fortsetzung bzw. ein Wiederaufleben und zugleich auch eine überdimensionale Steigerung.

Die omayyadischen Herren riefen damit eine Blüte der Baukunst und eine solche der Schmuckkunst ins Leben, an der wir die große und weitgespannte Phantasie bewundern, mit der die überkommenen Formen der spätantiken und byzantinischen Kunst von den Bau- und Kunsthandwerkern umgebildet und von einem neuen Stilempfinden durchdrungen werden. Der Sturz der Dynastie durch die Abbasiden 750 bedeutete das Ende dieser Kunst. Von den legitimierten Nachfolgern des Propheten wird das Khalifat aus Syrien/Palästina in den Irak verlegt. Die Mitglieder der alten Dynastie werden ausgerottet, und nur einem gelingt es, nach Spanien zu entfliehen und dort die Traditionen der Omayyaden weiterzuführen, auch die der omayyadischen Kunst. Im Vorderen Orient wurden die von den Omayyaden errichteten Bau- und Kunstdenkmäler durch den Fanatismus der Nachfolger vernichtet oder dem Verfall überlassen, so daß von ihren Palästen nichts geblieben ist. Gut erhalten haben sich nur die Bauwerke am Rande des Kulturlandes oder in der Wüstensteppe. Die dort angelegten befestigten Wohnsitze in Kastellform haben die besten Zeugnisse omayyadischer Kunst bewahrt. In den ausgegrabenen Ruinen kommt die prunkvolle, fast unwahrscheinlich reiche Kunst dieser Dynastie zutage, die ihre Paläste und Schlösser mit ornamentaler Kunst, mit Malerei, Mosaik, Skulptur, Relief, Stuck und Stein ausgestattet hatte. Die aus Ländern ohne bildliche Tradition gekommenen Eroberer übernahmen für ihre Luxusbauten die vorhandenen Bautypen, wie es besonders deutlich der für die Landsitze und „Wüstenresidenzen" adaptierte Kastelltypus erkennen läßt.

Mit der Übernahme dieses Bautyps zur Errichtung von „Wüstenresidenzen" und Niederlassungen im Wüstengürtel wird die kompakte Bauweise im Sinne des nomadischen Empfindens der arabischen Bauherren abgewandelt, die Wand durch flächenhafte Überspielung mit ornamentalen Mustern aufgelöst und das Materielle, Statische unstatisch gemacht. Damit wird die ornamentale Ausstattung zum entscheidenden Element der Omayyaden-Kunst. Auffallend ist an dieser um die Wende vom 7. zum 8. Jahrhundert im profanen Bereich ins Leben gerufenen monumentalen Schmuckkunst, daß sie einen eigenen Charakterzug, eine stilistische Haltung erkennen läßt, die eine islamische oder, vielleicht vorsichtiger ausgedrückt, eine „nomadistische" Kunstanschauung verrät, die sich hier geltend macht. Die Omayyaden haben den römischen bzw. byzantinischen Bautypus übernommen, für ihre Zwecke eingerichtet und nach ihrem künstlerischen Geschmack umgestaltet, das befestigte Kastell der „Limeskette", die die Römer und Byzantiner hier zur Abwehr andrängender Nomadenstämme wie auch gegen die persische Gefahr angelegt hatten.

Im städtischen Bereich sind die Paläste der Omayyaden verloren – der Haß ihrer Nachfolger, der 750 einsetzenden Abbasidendynastie, hat alle Spuren ihrer Vorgänger ausgetilgt. Von dem großen Palast, den die Omayyaden in Damaskus, an die große Moschee angelehnt, errichten ließen, wissen wir nur durch Beschreibungen aus abbasidischer Zeit, daß es sich um eine glanzvolle Anlage gehandelt haben muß. Dagegen haben sich die unter der Omayyaden-Dynastie im Wüstenland errichteten Schlösser noch in beachtlichen Resten erhalten. Durch Freilegung und Ausgrabungen hat sich eine ganze Reihe dieser Anlagen und ihre Ausstattung zurückgewinnen und rekonstruieren lassen. Ungefähr 20 derartige, vorwiegend als Mittelpunkte von künstlich bewässerten „agricultural sites" errichtete Paläste sind durch Ausgrabungen erschlossen worden. Die bedeutendsten sind Khirbat al-Minya, Khirbat al-Mafjar, Djebel-Usais, das westliche Qasr al-Hair, das östliche Qasr al-Hair, Kharaneh und Mshatta. Diese ausgesprochen aristokratischen Bauten waren von der neuen Herrenschicht angelegt, einige für die Khalifen selbst errichtet worden.

Den reichsten Dekor und gleichzeitig das berühmteste Beispiel omayyadischer Architektur bildet die mit Ranken überspannte Fassade des „Wüstenschlosses" in Mshatta. Diese wurde zu Beginn unseres Jahrhunderts nach Berlin überführt und dort wieder aufgebaut (Abb. 5). An der Eingangsfront überzieht den Sockel des unvollendet gebliebenen quadratischen Schloßbaues ein in große Dreiecke eingefaßter dichter Rankendekor, in Stein gehauen und locker hinterschnitten, in einer Technik, wie sie schon auf frühbyzantinischen Reliefs oder Kapitellen zur Anwendung gelangt war. Der Grund versinkt hinter dem Ornament im „Tiefendunkel" (Josef Strzygowski).

Die Mshatta-Fassade kann geradezu paradigmatisch die „nomadistische" Baugesinnung des frühen Islams deutlich werden lassen. Vermutlich hat ein syrischer Meister den Entwurf geliefert. Aus syrischer Tradition stammen die kontinuierlich durchlaufenden Gesimse, die die Dreieckfelder einrahmen. Ihr Verlauf läßt sich mit Gesimsen syrisch-römerzeitlicher Tempel, wie auch syrischer Kirchenbauten ver-

Abb. 5: Fassade des Wüstenschlosses von Mshatta (Jordanien), wie sie im Vorderasiatischen Museum von Berlin (Ost) aufgestellt werden konnte.

Abb. 6: Die vor dem Nationalmuseum von Damaskus rekonstruierte Eingangsfassade des Wüstenschlosses von Qasr al-Hayr al-Gharbi.

gleichen. Diese wurden über Portalen oder Fenstereinfassungen unmittelbar aus der Horizontalen in die Vertikale überführt und ziehen sich damit ohne Unterbrechung über die gesamte Fassade.

Eine Mshatta vergleichbare Fassadengestaltung zeigt die zweitürmige Eingangsfront des vom Khalifen Hisham (724 – 743) in der syrischen Wüste errichteten Qasr al-Heir al-Gharbi. Der bei den Ausgrabungen zutage gekommene Stuckdekor wurde am Eingangsportal des Nationalmuseums von Damaskus wieder aufgebaut (Abb. 6). Türme und Front bedecken in große Felder geteilte Flächenmuster mit „unendlichem Rapport", Rauten mit Blattfüllung, trilobe Motive u. a. Auch hier findet sich die für den frühen Islam charakteristische Übersetzung von ursprünglich kleinformatigen Mustern ins Überdimensionale.

Die ausgedehnteste Anlage wurde in Khirbet al-Mafjar bei Jericho freigelegt. Sie besteht aus Vorhof mit Schloß, Arkadenhöfen und dem Badegebäude. Ein Erdbeben hat den unter Khalif Hisham (724 – 743) begonnenen Bau stark in Mitleidenschaft gezogen, der dann mit dem Zusammenbruch der Omayyadenherrschaft 750 ungenutzt als Ruine liegen blieb. Aus den Fundstücken lassen sich hier nur Teile der Fassaden wiederherstellen, die aber auf das künstlerische Gesamtkonzept schließen lassen.

Die Gliederung besteht aus den typischen überdimensionierten omayyadischen Ornamentmotiven, Flechtbändern und aus Großmedaillons, die an der Fassade von Mshatta bereits entgegengetreten waren. In welcher Weise die Schmuckelemente im einzelnen an der Fassade verteilt waren, bleibt ungewiß. Die Bevorzugung ornamentaler Gliederungselemente für die Ausgestaltung der Fassaden führte dazu, daß Pfeiler und Säule als überkommene Architekturelemente zurücktraten und an Eigenwert verloren. Ein anderer Weg, um zu einer Auflockerung der Wand ins Unstatische zu gelangen, ergibt sich durch die Auflösung in Nischen, wie das in Khirbat al-Mafjar im großen Badesaal zu beobachten ist. In der spielerischen Verwendung der architektonischen Gliederformen kommt eine Architektur zum Durchbruch, deren Traditionen im Vorderen Orient weit

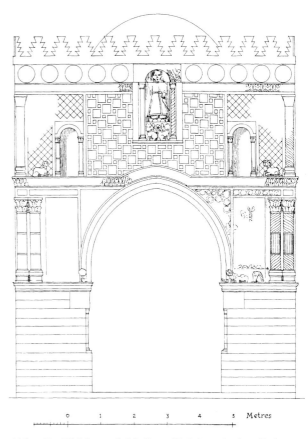

Abb. 7: Khirbat al-Mafjar. Zeichnerische Rekonstruktion der Fassade des Badetraktes mit dem Standbild des „Khalifen" (Abb. 8).

Abb. 8: Standbild des „Khalifen" von der Fassade des Badetraktes von Khirbat al-Mafjar (Abb. 7).

zurückzuverfolgen sind. Ihre Merkmale sind ein freies Umgehen mit den aus der griechisch-römischen Architektur hervorgegangenen Gliederungselementen. In freier Kombination fügen sich Säulen, Halbsäulen oder Viertelsäulen zu Gruppierungen zusammen, treten als Bündelpfeiler oder als gebündelte Wandvorlagen auf, die wieder mit Nischen verbunden werden oder auch als dekorative Zwergarchitekturen Verwendung finden. Eindrucksvoll sind vor allem die von radial umlaufenden Zwergarkaden eingefaßten Großmedaillons. Die spielerisch-dekorative Verwendung architektonischer Motive erweist sich auch hier als Ausdruck einer spezifisch unantiken und islamisch-„nomadistischen" Formgesinnung. Das Medaillon als richtungslos in sich kreisendes Architekturmotiv verbindet sich mit dem in eine überdimensionierte Form gesteigerten skulptierten Flechtband.

Die Eingangsfassade des Badegebäudes läßt sich aus den aufgefundenen Bruchstücken etwas genauer rekonstruieren (Abb. 7). Sie war im Oberteil mit einem in Stuck gearbeiteten Schachbrett- und Rautenmuster überzogen und von drei Nischen unterbrochen: in der mittleren stand das lebensgroße Stuckbild des „Khalifen" (Abb. 8). Hier hatte sich der Bauherr besonders unbekümmert über alle Bedenken gegen bildliche Wiedergaben des Menschen hinweggesetzt und die Kunst in den Dienst „imperistischer" Absichten gestellt.

In der Flechtband- und Medaillongliederung wird eine eigene, unantike Form der Fassadengestaltung gesucht, die keine Parallelen oder Vorbilder im spätantiken Bereich besitzt. Ansätze dazu finden sich eher im sasanidischen Bauen, wo aber nur geringe Spuren erhalten sind, wie überhaupt hier alte orientalische Grundauffassungen von Architektur wieder aufleben. Ansätze sind wohl auch im byzantinischen und koptischen Bereich zu finden. Die unstatische Aufgliederung der Flächen stellt eine aus „nomadistischem" Empfinden gewonnene Formgestaltung dar, Mauer und Wand werden mit der Verwendung des Ziermedaillons primär als Fläche zur Geltung gebracht. Das Medaillon tritt in der Folgezeit mit besonderer Vorliebe an der Oberwand der

Abb. 9: Khirbat al-Mafjar. Reste der Stuckdekoration an den Wänden der Eingangshalle zum Binnenhof, zusammengesetzt im Rockefeller-Museum in Jerusalem.

Moscheehöfe auf, wie es an drei Moscheen in Kairo aus dem 9. und 10. Jahrhundert zu verfolgen ist, an der Moschee des Ibn Tulun, der al-Azhar- und der al-Hakim-Moschee, an letzterer in rautenförmiger Gestalt.

ORNAMENTALER SCHMUCK
IN DEN INNENRÄUMEN

Auch in den Innenräumen der „Wüstenpaläste" waren die Wände mit Flächenschmuck überzogen, der ähnlichen Grundprinzipien wie an den Fassaden folgte, aber im einzelnen sehr unterschiedliche Motive aufweist. Die Ausgrabungen von Khirbat al-Mafjar haben einen überraschenden Formenreichtum ergeben. So finden sich aus dem Flechtband entwickelte flächenfüllende Stuckdekorationen, in die stilisierte Stuckköpfe eingesetzt waren, in der Eingangshalle zum Palast (Abb. 9). Diese heben sich von den anderen Stuckdekorationen ab, die nach dem „Teppichprinzip" gestaltet sind. Sie bestehen aus einem Grundmuster durchziehender Bandmotive, die ein gleichmäßiges Flächenmuster bilden. In die Zwischenräume sind als Sekundärmuster Blatt- oder Rosettenmotive eingesetzt. Rundum schließt eine Bordüre ab, die den teppichhaften Charakter der ornamentierten Wandfläche noch unterstreicht. Der Vergleich mit der textilen Struktur eines Teppichs kann den „nomadistischen" Charakter der Wandfüllung besonders deutlich vor Augen führen. Durch das Ornament scheinen die Wände unstatisch, ihrer Festigkeit beraubt. Das Muster kennt keine Begrenzungen, die Motive kehren immer wieder in sich zurück.

In den Fußböden im Badetrakt von Khirbat al-Mafjar ist das ornamentale Bodenmosaik in fantasiereicher Weise ausgestaltet. Verschlungene und verknotete Flechtbandbildungen wechseln mit kassettenartiger Aufteilung und radial verlaufenden Mustern. In den Flechtbandverschlingungen und Radialmustern des Mosaiks tritt die gleiche Auflösung der festen Begrenzungen als kennzeichnendes Prinzip „nomadistischer" Kunstgesinnung hervor. Dem Besucher scheint der Boden entzogen, er bewegt sich auf un-

Abb. 10: Fenster mit Stuckgitterzier aus dem Wüstenschloß von Qasr al-Hayr al-Gharbi. Nationalmuseum Damaskus, 1. Stock. Im Hintergrund das Fresko Abb. 12.

gewissem Grund. Auch hier wird die Vorliebe für das Unstatische, Unfeste, Fließende und Bewegliche spürbar. In Entsprechung dazu sind die Wände mit einer stark hinterschnittenen, ebenfalls unstatischen Rankenornamentik überzogen, die besonders im apsidalen Kuppelraum hervortritt. Die Blattranken scheinen vom Grund gelöst.

ORNAMENTALE FENSTERVERSCHLÜSSE UND SCHRANKEN

In die ornamentale Ausschmückung waren auch die meist in Flechtbandornamentik durchbrochenen Fenster und Schranken einbezogen. Den Fenstern im apsidalen Diwan-Raum in Khirbat al-Mafjar lassen sich zahlreiche, an anderen omayyadischen Bauten in Resten oder Bruchstücken aufgefundene Fenstergitter an die Seite stellen. Der Fensterverschluß mit solchen „transennae", auch „claustra" genannt, geht auf vorislamische Zeit zurück. In römisch-spätantiker und byzantinischer Zeit waren sie zunächst nur von Rundöffnungen oder Lochreihen durchbrochen, später nach dem gleichen Schema wie in den zur Abgrenzung der Altarzone aufgestellten Schrankenplatten in verfeinerte Durchbruchsarbeit aufgelöst. In der frühislamischen Kunst hat dann die einseitige Ausrichtung auf ornamentale Motive für die Stein- und Stuckgitter der Fensterfüllung eine außerordentliche Vielfalt der Formen entwickelt.

Vier vollständig erhaltene steinerne, ornamental

durchbrochene Fensterverschlüsse haben sich in der großen Moschee der Omayyaden in Damaskus erhalten. Sie zeigen verschiedenartige Durchbruchsmuster, alle jedoch aus dem Bandgeflecht entwickelt, das hier in einer streng einfachen und übersichtlichen Musterbildung vorliegt. Die Fenster müssen um 705 entstanden sein. Zahlreiche Reste ornamental durchbrochener Fensterfüllungen aus Stuck wurden im westlichen Qasr al-Hair bei den Ausgrabungen gefunden und im Nationalmuseum in Damaskus wieder zusammengesetzt (Abb. 10). Solche Fenstergitter aus Stuck waren im Qasr al-Hair al-Gharbi auch in die durchbrochenen Bogenfelder über den Türdurchgängen eingesetzt. Neben dem Flechtband sind auch vegetabilische Ranken- und Palmettenmotive als Durchbruchsmuster in Verwendung gewesen.

In die Öffnungen konnten farbige Gläser eingesetzt werden, womit eine Vorform der mittelalterlichen bleiverglasten Fenster geschaffen war. Die Stuckfassung ist im Abendland durch die „Bleiruten" ersetzt worden. Die islamische Kunst blieb beim Stuckfenster und bei dem rein ornamentalen Dekor, ohne bildliche und figürliche Darstellungen, während im Abendland das Figurenfenster bestimmend wurde. Nur die asketisch-bilderfeindlichen Zisterzienser griffen in der Anfangszeit des Ordens auf das in farblosem Grau gehaltene Ornamentfenster mit Flechtbandmotiv zurück und suchten eine im 12. Jahrhundert schon antiquierte Form des Fensters wiederzubeleben.

Eine besondere Fensterfüllung bildete das riesige Flechtbandrad im Binnenhof des Schlosses von Khirbat al-Mafjar mit einem Flechtbandknoten von mehr als 1 m Durchmesser, ein fast bizarr anmutendes Riesenmotiv (Abb. 11). Wieder erscheint hier ein Element der Schmuckkunst in kleinem Format in Großdimensionen übersteigert. Dieses Rundfenster muß an markanter Stelle eingelassen gewesen sein. Kennzeichnend ist auch hier die großformatige Steigerung des abstrakten Ornamentmotivs. Der islamische Künstler hat ein im urbanen Kunstkreis vorgefundenes kleinformatiges Schmuckmotiv in eine ihm an sich nicht zukommende Größe hinaufstili-

Abb. 11: Khirbat al-Mafjar. Großes Rundfenster mit Flechtband und Perlstabornamentik vom Obergeschoß des Innenhofes.

siert, wiederum ein für die neu sich herausbildende Kunst und die „nomadistische" Gesinnung der islamischen Kunst typischer Vorgang. Derartige großformatige Rundfenster in ornamentalen Formen gelten als Vorstufe für die im Mittelalter sich herausbildenden „Rosenfenster" der abendländischen Kirchenbaukunst. Die gleichen Musterbildungen wie die durchbrochenen Fensterfüllungen zeigen auch die Balustraden und Brüstungsplatten, die in großer Zahl als Bruchstücke im Binnenhof des Schlosses von Khirbat al-Mafjar ausgegraben und rekonstruiert wurden.

Flechtband- und Mäandermotive verbinden sich hier zu unendlichen Mustern, die Randbordüren sind mit Weinlaubranken und Rankenwellen – um Rosetten oder Blattmotive gewunden – verziert. Aus einem Bandgeflecht mit seinen Durchsteckungen und Durchschlingungen werden wiederum geometrische Figuren gebildet, die einander überlagern und in die verschieden gestalteten Rosetten, meist im Zusammenhang mit Swastiken, gesetzt sind. So sind auch hier wie in den durchbrochenen Fensterfüllungen die zwei Grundelemente des frühislamischen Ornamentschatzes in fantasievoller Abwandlung mitein-

Abb. 12: Wandmalereien vom Wüstenschloß Qasr al-Hayr al-Gharbi. Nationalmuseum Damaskus. Oben Musikantinnen, unten Jagdszene (vgl. Abb. 10).

ander verbunden und verschmolzen: die vegetabilische Ranke und das abstrakte Flechtband. Sie kommen aus syrischer und koptischer Tradition. Die eingestreuten kompositen Rosetten wie die Mäander können daneben auch auf sasanidische Vorbilder deuten. Diese divergierenden Formelemente (koptische, syrische, mesopotamische) sind zu so einheitlichen Stilbildungen vereinigt, daß sich die Formensprache der Omayyadenzeit in ihrem Gesamthabitus deutlich von der vorausgehenden Kunst und den Vorbildern abhebt.

FIGÜRLICHE PLASTIK UND WANDMALEREI

Die größte Überraschung bildete bei den Ausgrabungen der omayyadischen „Wüstenschlösser" das Vorhandensein einer figürlichen Kunst von teilweise monumentalen Ausmaßen: Großfigurige Freiplastik aus bemaltem Stuck und eine profane Wand- und Bodenmalerei, die sich im Themen- und Formenbestand eng an spätantike Vorbilder und Traditionen anlehnen. In Khirbat al-Mafjar wurde figürliche Plastik in reichem Ausmaß gefunden. Über dem Portal zum Badesaal stand das lebensgroße Bildnis des Erbauers des Palastes, „des Khalifen" (Abb. 7 – 8). Die Standfigur ist in einen langen Mantel gekleidet und in abstrahiert kantiger Form gebildet. Auch der zugehörige Kopf zeigt eine stilisierend vereinfachte Darstellungsweise und einen Stil, der nicht an römisch-hellenistische Traditionen anzuschließen ist, der vielmehr deutlich auf die Kunst verweist, die sich am Rande der hellenistischen Welt im parthischen und sasanidischen Bereich entwickelt hat. Dorthin weisen schon die starre Frontalität wie auch die wehenden Tuchzipfel der Krone. Die Darstellung dürfte sich an Vorbildern aus dem sasanidischen Kunstbereich orientiert haben.

Im Inneren des Badetraktes waren Tänzerinnen mit entblößtem Oberkörper dargestellt. Diese Figuren sind vielleicht die aufsehenerregendsten in dem islamischen Bau, da ihre Aufstellung am frappierendsten den Bilderverboten zu widersprechen scheint. Offenbar hat sich aber unter den Omayyaden die herrschende Schicht über derartige Verbote, wenigstens im profanen Bereich, hinwegzusetzen gewußt. Darstellungen von Menschen und Tieren in Stuck fanden besonders bei der dekorativen Ausgestaltung des kleinen apsidalen Kuppelraumes (Diwan) im Badetrakt Verwendung. Die Kuppel war mit durchbrochenen Rankenwulsten, mit plastischen Menschenköpfen, Tiermedaillons in den Hängezwickeln und mit einer sechsblättrigen Rosette ausgestaltet. In den Zwickeln standen lebensgroße Tragefiguren und geflügelte Pferde. Die stilistischen Wurzeln dieser Plastik aus Stuck finden sich in der Skulptur vorgebildet, der wir die Bezeichnung „parthisch" zu geben pflegen.

In den „Wüstenpalästen" der Omayyaden haben sich auch Überreste figürlicher Wandmalerei gefunden, von der jene aus dem um 730 erbauten Qasr al-Hair al-Gharbi besonders anzuführen ist. Zwei gut erhaltene Stücke konnten in das Nationalmuseum von Damaskus übertragen werden (Abb. 12 – 13).

Eines zeigt einen auf schwarzem Roß dahinsprengenden Prinzen bei der Antilopenjagd. Ein Tier liegt vor ihm zusammengebrochen, ein zweites, auf das er einen Pfeil anlegt, schaut sich nach dem Jäger um. Im unteren Feld, das schlechter erhalten ist, wird ein gehörntes Tier von einem Diener in ein Gehege geführt, während das obere Feld unter einer Doppelarkade zwei Musizierende enthält, der eine Gitarre, der andere Flöte spielend (Abb 12). Formal wie thematisch wird hier an die höfische Kunst der Sasaniden angeknüpft, an deren Bilderschatz vor allem der Reiter erinnert, der Darstellungen des sasanidischen Großkönigs entspricht. Das zweite Fresko enthält in einem riesigen Rundmedaillon das Bild der Erdgöttin Gaia mit einer Schlange um den Hals (Abb. 13). Im Thema wie im Typus und in der Darstellungsart ist hier die profane heidnisch-mythologische Figuralkunst weitergeführt, die im östlichen Kirchenbau bereits im 6. und 7. Jahrhundert Eingang gefunden hatte, wie das berühmte Mosaik mit der Darstellung der Göttin des Meeres („Thalassa") in Madaba beweist.

Besonders gut hat sich die figürliche Ausmalung im Badeschloß von Qusayr 'Amra erhalten. Der Bau wurde bereits um die Jahrhundertwende entdeckt und untersucht. Aus einem Badetrakt und einer ländlichen Palastvilla, einer villa rustica bestehend, liegt er in dem wüstenhaften Land östlich des Toten Meeres. Er vertritt als Badeschlößchen unter den „Wüstenschlössern" einen besonderen Bautypus, der auch in dem Hammam as-Sarakh genannten Schloß, aber ohne Malereien vorliegt.

In Qusayr 'Amra wurde erstmals deutlich, wie stark in omayyadischer Zeit noch Traditionen spätantiker und frühbyzantinischer figürlicher Wandmalerei weiterwirkten und wie im profanen Herrschaftsbereich allen religiösen Verboten und Einschränkungen zum Trotz eine „imperistische" Figuralkunst weiterleben konnte. Sie zeigt sich in den Badeszenen, den sportlichen und höfischen wie auch den Jagdszenen mit Rudeln von Wildpferden und Antilopen (Abb. 14 – 15). Die freie Beweglichkeit der Wildtiere ist ebenso bewundernswert wie die in ihrer natürlichen Bewegung erfaßten nackten Badefiguren. Hier arbeiten die gleichen Werkstätten, die im Jordanland die figürlichen Bodenmosaike in Madaba geschaffen haben.

Im Seitenflügel sind sechs frontal angeordnete Könige in zwei Reihen wiedergegeben und durch arabische und griechische Inschriften als der byzantinische Kaiser, der Sasanidenherrscher, der westgoti-

Abb. 13: Fresko aus Qasr al-Hayr al-Gharbi mit der Darstellung der Erdgöttin innerhalb eines Medaillons. Das Bildfeld oberhalb füllen Meereswesen. Nationalmuseum Damaskus.

333

Abb. 14: Freskoreste aus dem Badegebäude von Qusayr Amra mit Jagdszenen.

Abb. 15: Blick in den mit Wandmalereien versehenen Hauptraum des Badegebäudes von Qusayr Amra mit Badeszenen im Hintergrund. An der Stirnseite des Bogens Ädikulaarchitekturen mit figürlichen Darstellungen.

sche König Roderich und der Herrscher von Abessinien bezeichnet, die ihrem neuen Oberherrn, dem Khalifen, als Weltherrscher huldigen (siehe Seite 341 f., Abb. 8 – 10). Zwei nicht bezeichnete könnten der Kaiser von China und ein indischer oder türkischer Herrscher gewesen sein. Mit der Darstellung des im Jahre 711 in der Abwehrschlacht gegen die eindringenden Araber getöteten westgotischen Königs Roderich, der nur ein Jahr regierte, ist ein terminus post quem für die Entstehung der Bilder mit 711 festgelegt. Das 750 erfolgte Ende der omayyadischen Dynastie liefert eine zeitliche Eingrenzung nach unten.

Im Rahmen der repräsentativen und zeremoniellen Sphäre des Khalifenhofes konnte hier eine aus der Spätantike überkommene figürliche Malerei und Bildkunst ungeachtet der einschränkenden religiösen Gebote weiterleben. Die repräsentativ-feierliche und die naturnah erzählerische Szenerie stehen dabei unmittelbar nebeneinander. Diese Kunst bleibt aber auf die profanen Bereiche des Hofes beschränkt.

ZUSAMMENFASSUNG

Neben oder mit der religiösen Trennung bricht mit dem Ausgreifen des Islams im 7. Jahrhundert in die alten Kulturländer noch ein anderer Gegensatz auf, der für Kultur und Kunst dieser Religion von entscheidender Bedeutung wurde: der zwischen den Ländern des Orients und Vorderasiens und denen des Mittelmeergebietes. Die islamischen Eroberungen schneiden die orientalischen Länder von denen des Mittelmeerbereiches ab, die bis dahin im Rahmen des römischen und byzantinischen Reiches miteinander verbunden waren. Der Hellenismus hatte mit Alexanders des Großen Eroberungen und den kulturellen und politischen Folgeerscheinungen den Vorderen Orient und Mittelasien mit der griechischen Kulturwelt zu einer politischen und kulturellen Einheit zusammengeschlossen, und das Römische Reich hatte politisch eine noch engere Verbindung zwischen Orient und Mittelmeerländern zustandegebracht. Jetzt wurden diese Bindungen zerstört, und statt dessen wurden der Orient und der Iran eine Einheit. Ihre Kultur folgte einem Weg, der sich von dem der Mittelmeerländer vollständig trennte. Für den Islam wurden die kulturellen Verhaltensweisen der vorderasiatischen, der mesopotamischen und der iranischen Welt maßgebend. Diese traten in ihrer Eigenheit wieder unter der hellenistischen, römischen und byzantinischen Tünche hervor, wobei es innerhalb des Orients nochmals zu einem Zerfall in mesopotamisch-vorderasiatische und sasanidisch-persische Tradition kam.

Für den Islam wurde maßgebend, daß er in ein autokratisches Herrschaftssystem hineinwuchs, wie es durch die Sasaniden im asiatischen Raum in Weiterführung uralter orientalischer Herrschaftstraditionen ausgebaut worden war. Die Bindungen an die hellenistischen Traditionen wurden immer schwächer. So kann man etwa im Bereich der Philosophie verfolgen, wie seit ca. dem 10. Jahrhundert unter der religiösen Orthodoxie die philosophischen Traditionen, die aus der Antike und dem Hellenismus weiterlebten, endgültig zum Erliegen kamen.

Das Auftreten des Islams hat die asiatischen Länder aus der mittelmeerischen Kulturgemeinschaft herausgelöst und sie ganz auf das orientalisch-asiatische Erbe gestellt. Von entscheidender Bedeutung wurde dabei die Einbeziehung der mittelasiatischen Territorien, von denen neue richtungsweisende Elemente in die islamische Welt hineingetragen wurden.

Unter den Omayyaden bleiben noch wesentliche mediterrane Traditionen der antiken Kunst und Kultur am Leben, die mit der Verlegung des Reichszentrums unter der nachfolgenden Dynastie der Abbasiden seit 750 ausgeschaltet wurden. Die Zeit der Omayyaden (661 – 750) läßt sich so als mediterrane Epoche der Khalifen bezeichnen.

LITERATUR

K. A. C. Creswell, A Short Account of Early Muslim Architecture, ed. by J. W. Allan (Aldershot 1989).

H. G. Franz, Die Fensterrose und ihre Vorgeschichte in der islamischen Baukunst: ZKuWiss 10 (1956) 1/22.

Ders., Das Medaillon als Bauornament in der Kunst der Omayyadenzeit: ZDPV 72 (1956) 83/99.

Ders., Transennae als Fensterverschluß, ihre Entwicklung von der frühchristlichen bis zur islamischen Zeit: IstM 8 (1958) 65/81.

Ders., Wesenszüge omayyadischer Schmuckkunst. Beiträge zur Kunstgeschichte Asiens. In Memoriam Ernst Diez (Istanbul 1963) 70/86.

Ders., Palast, Moschee und Wüstenschloß (Graz 1979).

Ders., Wesenszüge der frühislamischen Kunst, 7. – 9. Jahrhundert, Kunsthist. Jb Graz 19/20 (1983/84) (Graz 1984).

Ders., Von Baghdad bis Córdoba (Graz 1984).

O. Grabar, L'art Omeyyade en Syrie, source de l'art islamique, in: La Syrie de Byzance à l'Islam VII – VIII siècles, hg. v. P. Canivet – J.-P. Rey-Coquais (Damas 1992) 187/93.

E. Kühnel, Die Arabeske (Wiesbaden 1949, Neuauflage Graz 1977).

Ders., Die Moschee (Nachdr. Graz 1974).

K. Otto-Dorn, The art and architecture of the Islamic World (Oxford 1992).

J. Sourdel-Thomine – B. Spuler, Die Kunst des Islam, Prop Kg 4 (Berlin 1973).

ABBILDUNGSNACHWEISE

Abb. 1 – 2, 5 – 6, 10, 12 – 15: Erwin M. Ruprechtsberger. – Abb. 3 – 4: Gerold Schneider, Linz. – Abb. 7: Nach R. W. Hamilton, Khirbat al-Mafjar (Oxford 1959). – Abb. 3 – 4, 8 – 9, 11: Verfasser.

BURCHARD BRENTJES

ZUR REFLEXION DER HERRSCHAFTSIDEE IN DER FRÜHISLAMISCHEN KUNST

Der Herrschaftsanspruch des aufsteigenden Islams unterschied sich nicht unwesentlich von dem totalen Anspruch auf Weltherrschaft der byzantinischen Kaiser. Schloß letzterer auch die Religion aller Untertanen ein und setzte ein abweichendes Bekenntnis als Ketzerei mit der Rebellion gleich, so war dem Muslim der Bekenner einer Buchreligion als Untertan akzeptabel, solange er die Herrschaft des muslimischen Herrschers anerkannte. Die vom Kalifen beherrschte Welt des Islams galt als „Haus des Friedens" im Unterschied zum „Haus des Krieges", in dem die Nochzubekehrenden lebten, die die Macht Allahs nicht anerkannten. Das islamische Selbstbewußtsein erkannte nicht nur den zeitlichen Vorausgang von Judentum und Christentum an, sondern akzeptierte deren Propheten als Gesandte Allahs und deren heilige Bücher als Wort Gottes, auch wenn sie durch die Priester verfälscht worden seien. Der Koran hingegen enthalte das unverfälschte Wort Gottes und somit die volle Wahrheit, unterhalb derer es aber auch andere Formen der Ergebung in Gottes Willen geben konnte. Die christliche Orthodoxie vertrat hingegen den totalen Anspruch auf Alleinbesitz der Wahrheit, neben oder unterhalb deren es nur Ketzer und Rebellen gab.

Diese Differenzen der Haltung zur eigenen Stellung in der Gesellschaft bestimmten auch die künstlerischen Widerspiegelungen des Anspruchs auf Herrschaft im christlichen und im islamischen Gebiet. Gipfelte letzterer im Konzept des „Apostelgleichen" oder des „deus in terris", ausgedrückt in der Hagia Sophia oder dem Petersdom, dem (jeweils) für alle verbindlichen Zentralheiligtum, so schloß der Islam die Nichtmuslime von seinem Hauptheiligtum, dem Haram von Mekka, aus, ohne den Christen, Juden oder Zoroastriern ihre Kirchen, Tempel oder Synagogen zu nehmen.

Sucht man nach Reflexionen der Weltherrschaftsansprüche in der frühislamischen Kunst, so muß man nach Demonstrationen der Vormachtstellung, der Vorherrschaft und der Wiedergabe des Anspruchs suchen, den vorhergegangenen Herrschern rechtmäßig gefolgt zu sein.

Diese Probleme sind teilweise bereits ausführlich erörtert worden, besonders im Vergleich zwischen Islam und Christentum, so beispielsweise von Oleg Grabar. Aber bislang wird die islamische Kunst in der Regel nur als Aufhebung der byzantinischen Kunst gesehen, während der das vorislamische Arabien prägende vorchristliche „alte" Orient und der Iran außer Betracht bleiben, obwohl das zentrale Heiligtum des Islams, die Kaaba, nichts mit Byzanz zu tun hat. Es ist ein traditionelles Turmheiligtum, eine Form, die sowohl Südarabien und Äthiopien wie das alte Palästina und der Iran kannten (Abb. 1). Die Vorstellung einer runden, radförmigen Welt mit einem rechteckigen Zentrum ist eine altiranische Vorstellung, die Karšvar-Welt der Sasaniden, deren erste Residenz Gur-Firuzabad sich kreisrund um einen Feuerturm, die „Weltenachse" legt (Abb. 2). Das zu umwandelnde Weltenzentrum ist altindoarisch und zeigt sich vor allem in Grabanlagen wie dem Stupa der Buddhisten, dessen runder Kernbau auf einem quadratischen Sockel steht und durch Umwandeln geehrt wird. Charakteristisch ist der gewaltige Aržan-Kurgan in Tuwa aus dem 8. – 7. Jahrhundert v. Chr. – ein in sieben Raumringe gefaßtes Doppelquadrat (Abb. 3).

Die Karšvar-Welt ist auch das gedankliche Vorbild der Anlage Baghdads durch die in iranisierender Weise regierenden Abbasiden als radförmige Stadt mit dem Kalifenpalast im Zentrum (Abb. 4). Letzterer und nicht die Moschee bildete hier die Weltenachse. In der Mitte des quadratischen Palastes saß

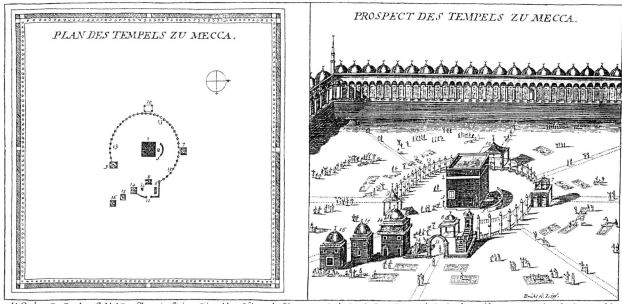

Abb. 1: Die Kaaba in Mekka nach einem Stich des 18. Jahrhunderts. Plan und Prospect: 1. Al Caaba. 2. Das Band von Gold. 3. Der schwarze Stein. 4. Die goldene Röhre oder Rinne. 5. Das Grab Ismaels. 6. Das Pult. 7. Die Station der Hanifiten. 8. Der Platz des Abraham und der Shafeiten. 9. Die Station der Hanbaliten. 10. Die Station der Malekiten. 11. Das alte Tor. 12. Die Stufen. 13. Der innere Einschluß, der bei Nacht mit Lampen erleuchtet wird. 14. Das Gebäude über dem Brunnen Zemzem. 15. Die Schatzkammer. 16. Die Cupola des al Abbas.

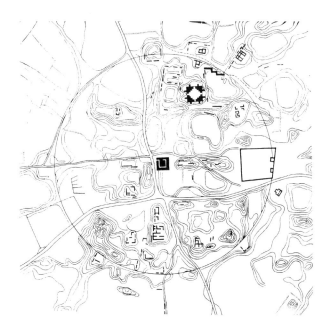

Abb. 2: Die erste sasanidische Residenz Gur-Firuzabad. 3. Jahrhundert n. Chr.

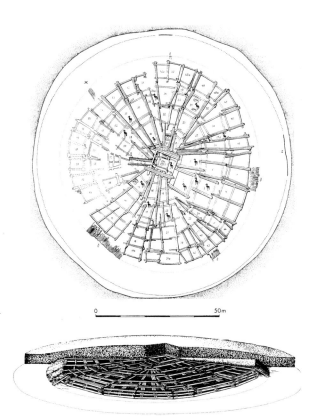

Abb. 3: Der Aržan-Kurgan in Tuwa, Südsibirien. 8./7. Jahrhundert v. Chr.

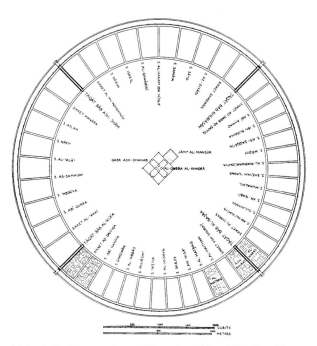

Abb. 4: Rekonstruierter Plan des abbasidischen Bagdads.

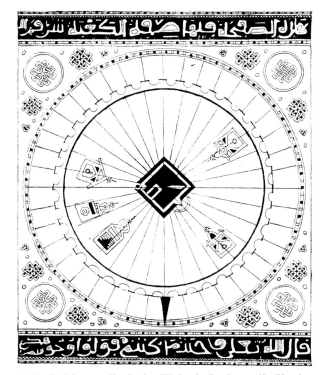

Abb. 5: Die muslimische Welt als Rad um die Kaaba nach dem Atlas des Ahmed Shafi aus Sfax, 1551.

der Kalif im Schnittpunkt von vier den Himmelsrichtungen folgenden Hallen in einem Kuppelsaal. Auch diese Palastform hatten die Abbasiden der zentralasiatischen Tradition entlehnt, kamen sie doch aus Merw, als sie den Irak eroberten. Ihr Vorbild waren choresmische, baktrische Paläste und auch sakische Anlagen wie das Mausoleum von Babisch-Mulla östlich des Aralsees. Die Kaaba ist der wichtigste Ausdruck des Herrschaftsanspruchs der Muslime in der Welt, eines Anspruches, der Allah die alleinige Herrschaft zuspricht, der sich der Gläubige nicht zuletzt in der wiederholten Umwandlung dieses Turmbaus unterwirft (Abb. 1). Diese Umwandlung ist im Hof der Kaaba durch Kreise im Plattenbelag vorgezeichnet und vergegenständlicht, die das Heiligtum in einen Ritualkreis mit rechteckigem Kern verwandeln, dessen „Dach" die Himmelskuppel selbst bildet. Die Kaaba wird damit zur Weltenachse in einem Abbild der „wirklichen" Welt, wie sie beispielsweise in dem Kartenideal Ahmad Sharfis aus Sfax 1551 dargestellt wird, in bewußter Abstraktion von der materiell existierenden Welt, die Ahmad Sharfi gleichfalls wiedergibt (Abb. 5). Zu seiner islamischen Welt zählen auch nur die islamischen Staaten, es ist die Welt Allahs.

Bezeichnend ist, daß die fatimidischen Kalifen in Tunesien als Demonstration ihres Anspruches auf Weltherrschaft ein „Anti"-Baghdad bauen ließen, das kreisrunde Sabra mit dem Sultanspalast in der Mitte (948/9). Deutlich wird der iranisierende Herrschaftanspruch der Abbasiden in dem unvollendeten Siegesdenkmal Heraqla bei Raqqa (Abb. 6 – 7). Harun ar-Rashid ließ nach dem Sieg über den byzantinischen Kaiser Nicephorus bei Herakleon (heute Eregli) im Jahre 801 ein gewaltiges Siegesmonument errichten, das offenbar bei seiner Abreise in den Iran im Jahre 808 noch nicht vollendet war. Da Harun im Iran starb, wurde der Bau abgebrochen. Erhalten ist ein fast quadratischer Bau aus Kalksteinblöcken. Es handelt sich offenbar nur um den Sockel des geplanten Baus. Die Räume sind mit Ziegeln zugesetzt, aber die Mauern zeichnen den Plan des vorgesehenen Gebäudes vor (Abb. 7). Auf einen Zentralraum von 5,11 x 5,38 m zu laufen jeweils von

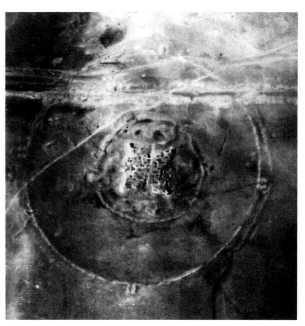

Abb. 6: Heraqla bei Raqqa, ein Weltbild als Siegesdenkmal. Luftaufnahme der Anlage.

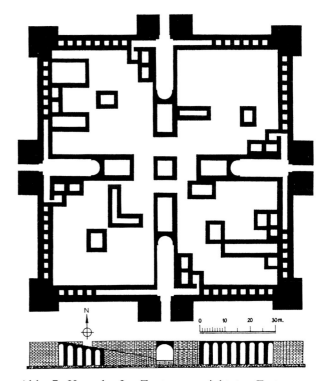

Abb. 7: Heraqla. Im Zentrum errichteter Festungsbau mit vier Toren und Ecktürmen.

der Mitte der Außenwände rechteckige Hallen aus. Nach außen schließen Iwane (vorn offene Hallen) ab. Jeweils links des Tores beginnt eine breite Treppe. Diese vier gleichgerichteten Aufgänge verleihen dem Gebäude einen „rotierenden" Aspekt. Eigenartig ist die Steigerung der Seitenlängen von 100 m mit 102, 104 und 106 m. Noch deutlicher auf verschlüsselte Zahlensymbole weisen die Formen der den äußeren Mauerring (von 500 m Durchmesser) durchbrechenden Tore (Abb. 6). Das Nordtor weist einen runden Torraum auf, das Südtor einen quadratischen Raum, das Westtor einen hexagonalen und das Osttor einen oktogonalen Raum. Der Kreis ist das Symbol Gottes, und das Quadrat repräsentiert die Materie und die beiden anderen Tore leiten vom Quadrat zum Kreis über eine „umgekehrte" Quadratur des Kreises, eine Versöhnung von Geist und Materie.

Heraqla und Baghdad sind natürlich für die Umaiyadenzeit nicht aussagefähig. Jedoch beweist bereits die Anlage der Kaaba auf das Vorliegen derartiger Weltsymbolismen in vorabbasidischer Zeit. Leider fehlen für den umaiyadischen Regierungssitz in Damaskus jegliche Unterlagen, und der Verweis auf die sogenannten Wüstenschlösser ist kaum zulässig. Sie repräsentieren ihre Bauherren – durchaus nicht immer Kalifen – als Stammesfürsten der jeweiligen Region oder Föderation. Jedoch kennen wir nur in einem Fall das Bildprogramm ihrer künstlerischen Ausgestaltung, die Wand- und Deckengemälde von Quseir al-Amra, die wahrscheinlich auf den später (743) zum Kalifen erhobenen Walid II. zurückgehen. Die Hauptfigur trägt keine Krone oder Herrschaftssymbole, so daß es sich um einen (noch?) nicht regierenden Prinzen handelt. Viel erörtert wurde eines der Bilder mit der Darstellung von sechs nichtarabischen Königen, aber Oleg Grabar hat zu Recht darauf verwiesen, daß sie Teil eines Gesamtprogramms der Bildwerke sind, die man zumeist mit leichter Ironie nur als Zeichen lasziver Lebensführung der Umaiyaden gesehen hat (Abb. 8 – 10).

Es ist nicht das iranische Vorbild, auf das K. Otto-Dorn hingewiesen hat, die das Schloß Walid I. zuschreibt, das Ideal des ritterlichen Lebens der Grundherren. Jagdszenen stehen neben Harems- und Hofszenen. Das hier interessierende Bild befindet sich am Südende der Westmauer. Sechs Könige schreiten auf eine in einem Zelt sitzende Frau zu, die auf die Südwestmauer gemalt ist. Neben ihrem Kopf steht der Prinz, und links über ihr steht eine Frau mit der Beischrift NHKH, Nike, die der Gesamtszene den Charakter einer Sieges- oder Triumphalszene gibt. Die sechs Könige kommen als Besiegte, und der Einwand Grabars, es handle sich um eine Darstellung des Umaiyaden als des Erben der Könige der Welt, ist zu ergänzen. Er beruft sich dabei auf einen von Mas'udi bewahrten Vers Yazids III.: „Ich bin der Sohn Kisras und mein Vater ist Merwan und der Qaysar ist mein Großvater und mein Großvater ist Khaqan."

Yazid stammte mütterlicherseits aus dem Hause der Sasaniden, so daß er sich zu Recht auf Kisra (Chosroe) und Marwan (den Umaiyaden) zurückführte. Aber die Berufung auf den Qaysar und den Khaqan spricht dafür, daß auch der von Grabar betonte Aspekt, alle Herrscher der Welt bildeten eine Familie – und Walid habe sich hier als den zur Weltherrschaft berechtigten Erben darstellen lassen, zu akzeptieren ist. Beide Aspekte widersprechen einander nicht. Sie vereinigen sich in dem Sinne des islamischen Selbstverständnisses, über die abschließende Offenbarung zu verfügen und daher zur Vorherrschaft über alle anderen Religionen und Regierungssysteme berufen zu sein. Durch Beischriften bezeichnet sind auf dem Gemälde aus Quseir al-Amra der Qaysar, der byzantinische Kaiser, der letzte Westgotenkönig Roderic, der Negus von Äthiopien und Kisra, der Repräsentant der Sasaniden. Enno Littmann hat auf dem Gewand der ersten Figur (links) den Namen Mukaukis gelesen, den Namen des letzten byzantinischen Statthalters von Ägypten. Die weiteren Figuren werden als Khaqan, als indischer König oder als Kaiser von China gedeutet.

Das Argument Grabars, es könne sich nicht um ein Triumphalbild handeln, da weder der Negus noch der Türkenherrscher oder die Herren Indiens und

Abb. 8: Quseir Amra, Jordanien: Badegebäude mit Wandfresken. Westwand der Audienzhalle: Badeszenen. Am linken Rand die stark beschädigten Darstellungen der Weltenherrscher, vgl. Abb. 9.

Chinas besiegt worden seien, geht an den „Realitäten" selbstbewußter Reklame vorbei.

Die Gebäude von Quseir al-Amra sind eine bescheidene kleine Halle und ein Bad, keine Residenz und schon gar nicht die Repräsentanz der Kalifenmacht in der Öffentlichkeit. Es war eine höchst private „Jagdhütte", und die Bilder dienten der Stabilisierung des Selbstbewußtseins eines Prinzen. Rückschlüsse auf den Kalifensitz in Damaskus können nicht gezogen werden, wohl aber erlauben die Gemälde die Rekonstruktion des umaiyadischen Selbstbewußtseins – die Herren der Welt im Namen Allahs zu sein, die Erben aller Könige und ihre Vollender.

Das repräsentativste Beispiel für die spezifische Form des islamischen Weltherrschaftsanspruchs stellt der sogenannte „Felsendom" in Jerusalem dar (Abb. 11). Das 691/2 vollendete Bauwerk ist keine Moschee. Diese Rolle spielt die gleichfalls auf der Tempelplattform stehende al-Aqsa. Ein hoher runder Kuppelbau wird von zwei verschieden breiten achteckigen Umgängen umgeben. Den Kuppelbau tragen vier Pfeiler und zwölf Säulen. Das Innere ist reich mit Marmor, Mosaik und Bronzereliefs verziert. Die Kuppel überdacht die Spitze des Berges Moriah. Drei der vorhandenen Inschriften, darunter der 240 m lange Haupttext, gehen noch in die Umaiyadenzeit zurück. Der Auftraggeber war der Kalif Abd al-Malik, der auf vielen Bereichen eine aktive Islamisierungspolitik betrieb.

Das als islamischer Kultbau (nahezu) einmalige Bauwerk hat eine Fülle von Studien hervorgerufen,

341

Abb. 9: Die Darstellungen der Weltenherrscher im heutigen Zustand, vgl. Abb. 8.

Abb. 10: Die Darstellungen Abb. 8 – 9 zur Zeit ihrer Entdeckung vor einem Jahrhundert. Reste der arabischen und griechischen Inschriften ermöglichen die Deutung der Figuren als Kaiser von Byzanz, Sasanidenherrscher, den Westgotenkönig Roderich, den Negus von Äthiopien und asiatische Kaiser oder Könige.

die zumeist einer einfachen positivistischen Erklärung für die Ursachen, die zum Bau dieses Kunstwerkes geführt haben, das Wort reden. Demnach habe Abd al-Malik den Bau als Ersatz für das zu dieser Zeit (685 – 692) von dem Gegenkalifen Ibn al-Zubair gehaltene Mekka gedacht, gewissermaßen als eine „Ersatzkaaba". Diese Theorie stellt dem Kalifen Abd al-Malik in herabsetzender Absicht ein geistiges Armutszeugnis aus und dürfte im Kern eine antiumaiyadische Propagandathese ihrer Erfinder sein, des heterodoxen Historikers Ya'qubi und des christlichen Priesters Eutyches. Eine zweite Erklärung sieht in dem „Felsendom" die Ehrung der „Masjid al-Aqsa", von der aus Mohammed seine Paradiesreise angetreten habe. Diese These ist kaum zu akzeptieren, wie Grabar überzeugend belegt. Sie ist spät, und zudem war die Lokalisierung der „Masjid al-Aqsa" stets umstritten. Außerdem läge die Identifizierung mit der al-Aqsa Moschee näher und liegt wohl auch der Namensgebung zugrunde.

Daß sich mit diesem prachtvollen Bau an einer so traditionsgeladenen Stelle im Laufe der Jahrhunderte viele Legenden verbunden haben, ist nicht erstaunlich, aber sie erklären kaum den Beweggrund des Bauherrn, diese Bauform, die Dekoration und den Inschriftentext zu wählen. Grabar ist zuzustimmen, daß es sich um eine vorwiegend an die Christen des Reiches gerichtete Demonstration der Vormachtstellung des Islams handelt, die sich im Bauplan der christlichen Formensprache bedient. Es ist die Übernahme der christlichen Rundkirche, die in Syrien und Transkaukasus als Martyrium und als Bischofs- oder Metropolitankirche diente, d. h. als zentrale Kultstätte einer übergeordneten Gemeinde. Genannt seien nur für das kaukasische Albanien Lekit, für Armenien Zvartnots, für Syrien Bosra und (als Martyrium) Seleucia Pieria, die Theotokoskirche von Garizim und eine Reihe von Baptisterien wie beispielsweise Der Séta oder Bejuk-Emili und Mamruch. Dem Plan am nächsten kommt die „Domus Aurea" von Antiochia. Das Konzept des „Felsendoms" entspricht dem der Grabeskirche in Jerusalem (Abb. 12), so daß er als Gegenstück zu diesem zentralen Heiligtum der Christen deutlich wird. Gra-

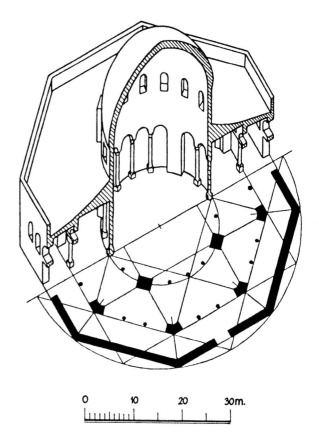

Abb. 11: Der Felsendom von Jerusalem. Axonometrische Darstellung.

bar hat seinerzeit darauf verwiesen, daß der Moriahberg zwar nicht im Zusammenhang mit dem Tempelbau Salomons verbunden wurde, aber seit dem frühen Mittelalter den Juden als der Omphalos (Nabel) der Welt galt, als das Grab Adams und als die Stelle der Erschaffung des ersten Menschen. Er galt als die Stelle des Abrahamopfers und als das Heiligste des Heiligen schlechthin.

In byzantinischer Zeit trat der Golgotha an die Stelle des Moriahberges, so daß kein zentrales christliches Heiligtum auf dem Moriah entstand, so sehr Jerusalem und bald noch stärker sein geistiges Abbild, das „himmlische Jerusalem", zum religiösen Zentrum des Reiches wurde.

Nach dem Fall Jerusalems 637 nahmen die Muslime Rücksicht auf die christliche Bevölkerung und knüpften offenbar an die jüdische Tradition an, die

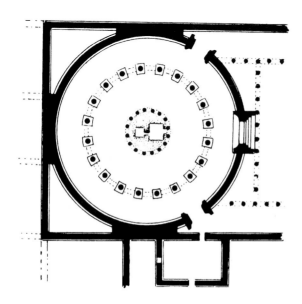

Abb. 12: Die Grabeskirche von Jerusalem. Grund- und Aufriß.

ihnen vermutlich durch die Juden Arabiens schon zuvor bekannt war, und folgten Mohammeds Interpretation Abrahams als des ersten Muslims. In Jerusalem hatten sie keine Rücksichten auf die Juden zu nehmen, und so wandte sich der auf dem Felsen entstehende Bau in erster Linie an die Christen. Daher heißt es in der Hauptinschrift des Felsendoms: „Bete für Deinen Propheten und Deinen Diener Jesus, den Sohn der Maria", während Bezüge auf jüdische Propheten, die im Koran durchaus anerkannt werden, fehlen.

Ein Element der Dekoration ist jedoch nicht aus der lokalen christlichen Tradition zu erklären, die Abbildung von iranischen Königskronen und von Geschmeide. Grabar verweist auf die Entsendung von Kronen unterworfener Herrscher in die Kaaba und nennt u. a. den Shah in Kabul und einen tibetanischen (?) König, erwähnt jedoch nicht, daß in der Thronhalle von Ktesiphon die Krone des regierenden Schahinschahs über dem Thron an einer goldenen Kette aufgehängt gewesen sein soll, wie auch, daß die Sasanidenkronen im Staatsschatz der Dynastie aufbewahrt wurden. Noch die Kreuzfahrerkönige übersandten nach ihrer Krönung ihre Krone in den Felsendom, da die Herrschaft nur Jesus Christus zustehe. Sie knüpften hiermit offenbar an ein dem Iranischen entlehntes Kronritual an. Daß schon im 9. Jahrhundert das doppelte Achteck des Felsendoms als Herrschaftssymbol angesehen wurde, zeigt die durch farblich gesonderte Säulenstellungen in der Moschee von Qairuwan symbolische Wiederholung des Felsendoms in der ansonsten die Aqsamoschee kopierenden Moscheenhalle (Abb. 13).

Vergleichbar ist die Nachbildung der Geburtskirche in Bethlehem in der Choranlage der Kirche Maria im Kapitol in Köln aus ottonischer Zeit. Hier wurde Bethlehem als Ort des Heils nach Köln „verlagert". Übertroffen wird diese Übertragung durch den Bau des achteckigen Schlosses Castel del Monte mit acht achteckigen Türmen durch Friedrich II., den „Araber" auf dem deutschen Kaiserthron (Abb. 14). Dem Hohenstaufen, der im ständigen Konflikt mit dem Papst selbst nach der Weltmacht griff, war sowohl der „Felsendom" wie die arabische Legendenwelt bekannt. Er kannte andererseits die oktogonale Pfalzkapelle von Aachen und die Darstellung des „Heiligen Jerusalem" in dem achteckigen Kronleuchter mit acht Türmen in dem Weihgeschenk seines Großvaters Friedrich I. nach Aachen.

Das Achteck im Kreis und im Quadrat erscheint auch nicht zufällig auf der Kalifenstandarte des Abu Ya'qub Yusuf II., die zu Lebzeiten Friedrichs (1212 bei Las Navas de Tolosa) von den Christen erbeutet wurde.

Friedrichs Castel del Monte (Abb. 14) ist sein „Felsendom" als Demonstration gegen den päpstlichen Anspruch und läßt damit indirekte Schlüsse auf das Vorbild zu. Schwerer zu analysieren sind die im Bauplan und dem Dekorationsprogramm des umaiyadischen Palastes Khirbet al-Mafjar verborgenen Sinngebungen. Es handelt sich anscheinend primär um Herrschaftssymbole schlechthin, so die Kopie eines Repräsentationskuppelzeltes und die iranisierenden Bildwerke neben postantiken Plastiken. Weitergehen könnte der Symbolwert des Mosaiks mit der Darstellung eines mächtigen Baumes, unter dem ein Löwe Gazellen verfolgt und eine von ihnen schlägt. Das erinnert an das Tympanon der Schir-Dor-Medrese in Samarkand, dessen vergleichbarer Schmuck sicher als ein Machtsymbol gedacht war. Der Löwe ist ein altorientalisches Zeichen ambivalenten Wertes, sowohl des zerstörerischen Aspekts wie des Sieges und der Macht. Der Baum könnte als Lebensbaum gedeutet werden. Aber Sicherheit ist nicht zu gewinnen.

Als sicher betrachtet der Verfasser für die frühislamische Zeit eine Weltherrschaftssymbolik, die Allah allein die Herrschaft zusprach. Der Kalif als Leiter der rechtgläubigen Gemeinde beansprucht die politische Herrschaft, nicht die geistige Kompetenz für alle Untertanen.

Die Formen der Bildsprache kamen aus dem byzantinischen Christentum, dem Iran und der altorientalischen Tradition in arabischer Version. Sie bauten auf den Grundelementen Kreis und Quadrat mit dem ritualisierenden Horizont als dem Rand der Welt und dem ritualisierten Wohnraum als dem geordneten Kosmos auf. Die Abstraktheit dieser Zeichen führte

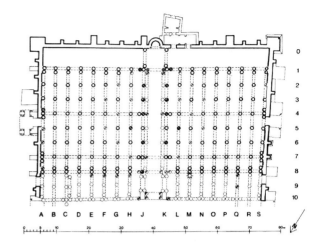

Abb. 13: Gebetshalle von Qairuwan, Tunesien, in deren Grundplan der Felsendom durch andersfarbige Säulen angedeutet wird.

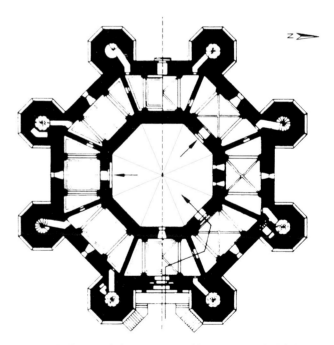

Abb. 14: Castel del Monte, Apulien. Burg Friedrichs II. Grundriß des Erdgeschosses mit Symmetrielinien.

zu einer Vielfalt dualer Symbolwerte, die durch überleitende Formen „versöhnt" wurden. Neben den „geometrischen" Formen standen – vielleicht mangels Erhaltung – nur wenige figurative Motive, Kronen, Thron- und Triumphalbilder, die gleichfalls älteren Traditionen entlehnt wurden.

LITERATUR

M. ALMAGRO, Qusayr 'Amra (Madrid 1975).
B. BRENTJES, Die Stadt des Yima. Weltbilder in der Architektur (Leipzig 1981).
DERS., Kirche oder iranischer Tempel?: AMI 23 (1990) 229/230.
C. EWERT – J. P. WISSHAK, Forschungen zur almohadischen Moschee, I. Vorstufen. Madrider Beitr 9 (Mainz 1981).
H. GÖTZE, Castel del Monte (München, 3. Aufl. 1991).
O. GRABAR, The Painting of the Six Kings at Qusayr 'Amrah: Ars Or 1 (1954) 185/187.
DERS., The Umayyad Dome of the Rock in Jerusalem: Ars Or 3 (1959) 34/62.
DERS., The Formation of Islamic Art (New Haven – London 1973).
D. HUFF, Der Takht-i Nishin in Firuzabad: AA 1972, 517/40.
B. LEWIS, The World of Islam (London 1976).
E. LITTMANN, Mukaukis im Gemälde von Kusair 'Amra: ZDMG 105 (NF 30) (1955).
A. MUSIL, Qusayr 'Amra, 2 Bde (Wien 1907).
K. OTTO-DORN, Das islamische Herrscherbild im frühen Mittelalter (8. – 11. Jahrhundert). In: M. Kraatz (Hg), Das Bildnis in der Kunst des Orients (1990) 61/71.
E. B. SMITH, The Dome, a study in the history of Ideas (Princeton 1950).
K. TOUEIR, Heraqlah, a unique victory monument of Harun ar-Rashid: World A 14/3 (1983) 296/304.
F. ZAYADINE, The Umayyad Frescoes of 'Amra: Archaeology 31/3 (1977) 19/29.

ABBILDUNGSNACHWEISE

Abb. 1: Nach einem Stich in: Der Koran. Oder insgemein so genannte Alcoran des Mohammeds, eingeleitet v. G. Sale, übersetzt v. Th. Arnold (1746). – Abb. 2: Nach D. Huff, Abb. 32. – Abb. 3: Nach M. P. Grjaznov, Der Großkurgan von Aržan in Tuva, Südsibirien: MAVA 23 (1984) 18 Abb. 3. – Abb. 4: Nach O. Grabar, 1973, Abb. 10. – Abb. 5: Umzeichnung nach dem Atlas Ahmad Sharifs von 1551 in: B. Lewis, The World of Islam (London 1976) 17 Abb. 41. Abb. 6: Nach K. Toueir, Il sogno di Harun di Harun ar-Raschid: A Viva 10/16 (1991) 28. – Abb. 7: Nach K. Toueir, 1983. Abb. 8 – 9: Erwin M. Ruprechtsberger, Linz. – Abb. 10: Nach J. Sourdel – B. Spuler, Die Kunst des Islam, Prop Kg 4 (Berlin 1973) Abb. VIII. – Abb. 11: Nach K. A. C. Creswell, A Short Account of Early Muslim Architecture (1989) 22 Abb. 5. – Abb. 12: Nach E. B. Smith, Abb. 1 – 2. – Abb. 13: Nach C. Ewert – J. P. Wisshak, Abb. 20. – Abb. 14: Nach H. Götze, Abb. 79.

Burchard Brentjes

EIN „SYRISCHES WÜSTENSCHLOSS" DER UMAIYADEN-ZEIT AM TALAS IN KASACHSTAN

An der nordöstlichen Peripherie islamisch-arabischen Einflusses fand sich vor nahezu hundert Jahren eine gewaltige Ruine, deren Einordnung seit ihrer Publikation umstritten ist. Es ist Akyr-Tasch bei Dshambul, der Nachfolgestadt des alten Talas (oder Taras), bekannt durch die Entscheidungsschlacht von 751 zwischen den Chinesen und Arabern, die China endgültig aus Zentralasien verdrängte.

Akyr-Tasch wurde nie vollendet, so daß auch keine Siedlungsreste vorhanden sind, die eine Datierung des Baues erlauben würden. Diese aus Steinquadern geschaffene Anlage kann nur aus ihrem Bauplan und ihren sich daraus ergebenden historischen Einordnungsmöglichkeiten datiert werden. Sie mißt 200 x 180 m. Ein klassisches Vieriwanschema beherrscht den Plan, der vier „Beits" einen Hof mit Pfeilerordnung zuordnet (Abb. 1). Dieser Plan und die Ausmaße stehen in Zentralasien allein, und zugleich ist der Plan charakteristisch islamisch, so daß seine Vorbilder nur in den „Kernländern" des Islams gesucht werden können. Dabei stößt man bald auf die „syrischen Wüstenschlösser" der Umaiyadenzeit, besonders auf Qasr al-Hayr as-Šarki, dessen „Große Einschließung" sich gut mit Akyr-Tasch vergleichen läßt. Sie hat zwar „nur" rund 170 m lange Seiten und besitzt zwölf statt vier „Beits", gruppiert um den Hof mit Säulenumgang, aber Plan und wahrscheinlich auch die Aufgabe beider Bauten waren die gleichen – eine befestigte Residenz in einer wirtschaftlich wichtigen Randzone zu stellen.

Qasr al-Hayr ist durch eine Bauinschrift des Umaiyadenherrschers Sulaiman b. Ubaid auf 728/729 datiert. H. Gaube hat den von Sauvaget geäußerten Gedanken, die „Wüstenschlösser" seien „Domänen"sitze gewesen, einer fundierten Kritik unterzogen. Nach ihm sind die umaiyadischen Anlagen seit der Regierungszeit Abd al-Maliks entstanden, der wie seine Nachfolger das Reich als Führer einer nachghassanidischen Stammesföderation Ostsyriens regiert habe. Folgerichtig seien daher demonstrative Residenzen im Gebiet der Stämme der Qais und der Kelb errichtet worden. Walid I., der Sohn einer Qais, habe dann seinen Hauptsitz im Zentrum der großen Stämme gehabt.

Die umaiyadischen Anlagen waren demnach politisch-strategische Anlagen, und zugleich kontrollierten sie sowohl die Beduinen sowie die Handelsstraßen vom Euphrat (von Rusafa) über Palmyra nach Damaskus und südwärts bis Qasr Bayir die Straße nach Mekka (Abb. 2). Zu diesen Anlagen gehörte das zwischen Rusafa und Palmyra gelegene Qasr al-Hayr. Eine ca. 16 km lange Mauer umschloß mehrere Baukomplexe, so die „kleine Umschließung" mit einer quadratischen Fläche von 70 m Seitenlänge, die den anderen Ribats Syriens gleicht. Die „große Umschließung" ist schon etwas Besonderes, offenbar eine Residenz des Kalifen in der Steppe am Karawanenweg zwischen Irak und Syrien (Abb. 3).

Versucht man nun einen Vergleich Akyr Taschs mit Qasr al-Hayr, auf deren Ähnlichkeit bisher anscheinend nur L.-J. Mankovskaja verwiesen hat, so ergeben sich zwei Fragen.

1. Wer konnte im Umaiyadenreich neben dem Kalifen eine derartige Residenz in Auftrag geben?
2. Weshalb wurde sie nie vollendet und erschien nicht unter den Karawanseraien entlang der über Talas nach Osten verlaufenden Handelsstraßen von Mittelasien in die Mongolei?

Akyr-Tasch liegt rund 40 km von Talas entfernt, d. h. einen Tagesmarsch von der Stadt, eine für Karawanseraien im Tiefland übliche Entfernung. Doch war das Talastal in frühislamischer Zeit mehr als ein Durchzugsgebiet des Fernhandels. Das südlich gele-

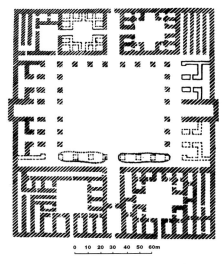

1. Das „syrische Wüstenschloß" am Talas, Akyr-Tasch, Kasachstan.

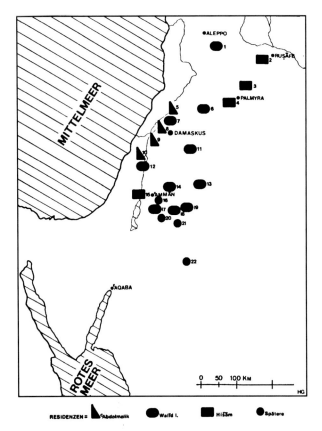

2. Die „syrischen" Wüstenschlösser der Umaiyadenzeit.

gene Bergtal war ein aktives Bergbauzentrum, und das nördlich gelegene „Delta" bot Wasser für eine blühende Agraroase (Abb. 4). Das Umfeld war in der Hand von turksprachigen Nomaden. Im späten 1. Jahrtausend waren es Stämme der Qarluqenföderation, die bis zur Schlacht bei Talas (751/752) zu den Chinesen hielten. Die Region wurde erst in abbasidischer Zeit durch den Übertritt der Qarluqen in der Schlacht auf die arabische Seite und durch ihre Islamisierung sicherer, während dieser äußerste Nordosten islamischen Einflußgebietes in umaiyadischer Zeit eigentlich nur einer Persönlichkeit die Möglichkeit geboten hat, hier in Nachbildung der Kalifenresidenz im syrischen Steppenraum ein eigenes Machtzentrum zu errichten und damit zu scheitern – dem ersten islamischen Eroberer dieser Region, Qutaiba ibn Muslim.

Unter dem Umaiyadenkalifen Abd al-Malik – der nach Gaube die „Wüstenschlösser" entwickelt hatte – leitete der Vizekönig des Irak, al-Haǧǧāǧ, die Expansionskriege im Osten. Seit dem Jahre 704 war sein General im Lande nördlich des Amu-Darja der erfahrene Soldat und Politiker Qutaiba ibn Muslim. Ihm gelang die Eroberung Bucharas, Samarkands und Schaschs (heute Taschkent). „Von dort aus stieß er nach Norden bis Isfidschab vor." Offenbar gelangte er noch weiter bis in die Talasregion. Er bereitete seine Armee auf den Angriff auf Kaschgar vor und war wohl der erfolgreichste Feldherr Abd al-Maliks. Er zog sich die erbitterte Feindschaft des Thronfolgers Sulaiman zu, weshalb er seine Familie aus dem Irak nach Merv kommen ließ. Offenbar hielt er sie für gefährdet. Daher liegt es nahe, ihn, der faktisch Herr des Landes von Merv bis Talas war, als Auftraggeber des befestigten Palastes Akyr-Tasch anzusehen. Offensichtlich stellte er sich auf die Zeit nach Abd al-Malik ein und suchte sich eine Zuflucht im fernen Nordosten aufzubauen, doch überschätzte er seinen Einfluß auf seine Truppen. Als sein Feind Sulaiman im Jahre 715 Kalif wurde, verweigerte Qutaiba dem neuen Souverän die Gefolgschaft, aber die arabischen Verbände seiner Armee rebellierten gegen den Feldherrn und erschlugen ihn samt vielen Mitgliedern seines Haushaltes,

die sich zu ihm geflüchtet hatten. Nur die soghdische Leibgarde hielt ihm die Treue bis in den Tod.
Den Tod des Generals beantworteten die unterworfenen Völker mit einem allgemeinen Aufstand. Sie wurden von den Türken unterstützt, so daß die Muslime bis zum Amu-Darja zurückgeworfen werden konnten. Erst zwanzig Jahre später gelang ihnen die Rückeroberung der Bucharaoase und Samarkands. Als die Muslime wiederkamen, standen nördlich des Syr Darja chinesische Truppen, die erst 751 bei Talas geschlagen werden konnten, nun bereits von abbasidischen Verbänden, die keinen Grund hatten, umaiyadische Residenzen nachzubauen.
So bleibt der Vergleich der Residenzen Sulaimans und seines Gegners Qutaiba, Qasr al-Hayr und Akyr-Tasch. Die Residenz des Siegers blieb bestehen, während der Versuch des Rebellen, eine Gegenresidenz zu errichten, scheiterte. Sein Palast blieb unvollendet, die Ruine Akyr-Tasch, die demnach in die Jahre zwischen 712 und 716 zu datieren wäre.

LITERATUR

A. M. Belenickij, I. B. Bentovič, O. G. Bolšakov, Srednevekovyj Gorod-Srednej Azii (Leningrad 1973).

H. Gaube, Die syrischen Wüstenschlösser. Einige wirtschaftliche und politische Gesichtspunkte zu ihrer Entstehung: ZDPV 95 (1979) 182/209.

O. Grabar, R. Holod, J. Knustad, W. Trousdale, City in the Desert, Qasr al-Hayr East (Cambridge 1978).

G. Hambly, Zentralasien, Fischer Weltgeschichte 16 (Frankfurt/Main 1966).

V. A. Lavrov, Gradostroitel'naja Kul'tura Sredney Azii (Moskau 1950).

L. J. Mankovskaja, Tipologičeskie Osnovy zodčestva Srednej Azii (IX – načalo XX v) (Taschkent 1980).

ABBILDUNGSNACHWEISE

Abb. 1: Nach V. A. Lavrov, Abb. 111. – Abb. 2: Nach H. Gaube, Karte 6. – Abb. 3: Nach J. D. Hoag, Islamic Architecture (NewYork 1977) Abb. 29. – Abb. 4: Nach A. M. Belenickij u. a., Abb. 86.

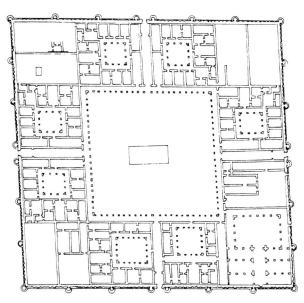

3. Die Residenz des Kalifen Sulaiman von 728/729 Qasr al-Hayr in der syrischen Steppe.

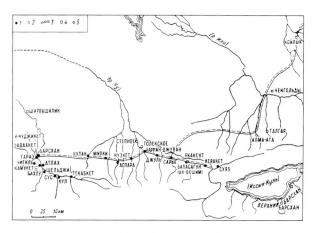

4. Die Städte im Talastal und im Siebenstromland mit der Karawanenstraße.

Kassem Toueir

SYRIEN UNTER ISLAMISCHER HERRSCHAFT

Der Prophet Mohammed proklamierte den Islam im Zentrum des Hedschas in Arabien.[1] Die Worte Gottes waren in Arabisch, der Sprache des Korans. Das Jahr 622 n. Chr. war entscheidend in der Geschichte der Menschheit: Damals emigrierte der Prophet Mohammed von Mekka nach Medina. Es ist auch das Datum, mit dem der bis zur heutigen Zeit verbindlich gebliebene arabisch-islamische Kalender begann.

Vor der islamischen Zeit war Syrien christlich und stand unter der Herrschaft des oströmischen (byzantinischen) Reiches. Die Syrer sprachen syrisch, einen späten aramäischen Dialekt. Der Unterschied zwischen Syrisch-Aramäisch und Arabisch ist viel geringer als der zwischen Spanisch und Französisch oder zwischen Englisch und Deutsch. Es sei noch hinzugefügt, daß die Mehrheit der Syrer der damaligen Zeit aus der yemenitischen Region, dem Hedschas und Najdi stammten.

Das Jahr 636 stellte einen Wendepunkt in der Geschichte Syriens dar, nachdem die Syrer von fremder (oströmischer) Herrschaft befreit worden waren. Diese Befreiung erlaubte es dem syrischen Volk, sich der vom Propheten Mohammed verkündeten Religion zu öffnen, einer göttlichen Nachricht, die bestimmt war, jene Verkündigungen sowohl des Christentums als auch des Judentums zu vervollständigen und die neue göttliche Gesetzgebung der Menschheit zu überliefern.

Im Gegensatz zur allgemeinen Betrachtungsweise, wonach der Islam keine neue Kultur hervorgebracht und sich nur auf Religion und Sprache beschränkt habe, glauben wir, daß neue Ansätze in allen Bereichen der materiellen Kultur im Islam seit dem Leben des Propheten Mohammed formuliert wurden. Ein Beispiel: Von seinem Beginn an gründete der Islam völlig neue Städte wie Basra, Kufa und Fustat; er fixierte auch dauerhafte Pläne für die Gotteshäuser, die Moscheen, die sich vom Plan einer Kirche, Synagoge oder eines Feuertempels[2] unterscheiden. Erstmals in der Geschichte der Kunst führte der Islam arabische Buchstaben und Kalligraphie als Hauptelemente anderen in Malerei und Zeichnung verwendeten hinzu – in Ergänzung zu vegetabilen, geometrischen und Tiermotiven. Die völlig neue künstlerische Sprache des Islams führte weit über einen bloß dekorativen Wert hinaus.

Anders als die übrigen monotheistischen und heidnischen Religionen vor dem Islam, waren dieser und seine arabische Botschaft die ersten universellen in der Geschichte der Menschheit. Es war das Schicksal Syriens mit seiner Hauptstadt Damaskus, das Zentrum des größten in der Geschichte jemals bekannten Reiches zu sein, das ein Jahrhundert andauerte (656 – 750). Dieses erstreckte sich von den Küsten des Atlantiks bis zu jenen Chinas, von der Steppe Zentralasiens bis zum Indischen Ozean. Die Herrscher dieser Periode und dieses Reiches stammten aus der Ummaya-Familie, deren Haupt Muawiya war. Trotz der Zerstörung eines Großteils der materiellen Kultur aus dieser Zeit besitzen wir Denkmäler, die bis heute bestehen blieben. Etwa die Große Ummayaden-Moschee im Zentrum von Damaskus, eines der Wunder der damaligen Welt, das die Stadt zum viertheiligsten Ort des Islams nach Mekka, Medina und Jerusalem machte. Andere Beispiele schließen Wüstenpaläste, Wasserdämme und lange Wasserkanäle ein, die alle von den Bemühungen des Islams zeugen, die Desertifikation aufzuhalten und die Steppe bewohnbar zu machen, indem man grundlegende Programme zu Seßhaftwerdung und Schaffung einer urbanen Kultur in den ariden Regionen durchführte.

Mit dem Wechsel der politischen Zentralmacht von

Damaskus nach Baghdad unter der Abbasiden-Familie erfolgte auch eine Änderung Syriens: Aus dem Zentrum eines Reiches wurde eine der Provinzen der islamischen Abbasidenherrschaft (750 – 1154). Allerdings erlangte Syrien seine Führungsposition 1154 unter den Sultanen Nur ad-Din und Salah ad-Din wieder. Unter ihrer und ihrer Nachfolger-Regierung schlug Syrien die zwei größten Invasionen seiner Geschichte zurück: Jene der Kreuzfahrer aus dem Westen und der Mongolen aus dem Osten. Nach seiner Befreiung begann Syriens zweite Blütezeit. Zahlreiche historische Monumente im Stadtzentrum von Damaskus: Madrasas (Schulen), Spitäler, Bäder und Moscheen wie auch die große Zitadelle, der Sitz des berühmten Sultans Salah ad-Din (Saladin), beweisen dies: Die Zitadelle wurde zum Symbol des syrischen Widerstandes gegen die Franken (die Kreuzfahrer) und die Mongolen. Historische Monumente aus der Zeit Nur ad-Dins (1154 – 1174), Salah ad-Dins, dessen Nachfolger (1174 – 1250) und der Mamluken (1250 – 1517) beschränken sich nicht nur auf Damaskus: Viele befinden sich noch heute an jedem Ort und in jeder Stadt Syriens.

Obwohl sich das politische Zentrum wiederum von Damaskus verlagerte – während des Islamisch-Ottomanischen Kaliphats (Reiches) 1517 – 1918 nach Istanbul – betrachteten die Ottomanischen Sultane von Istanbul Damaskus als eine besonders heilige Stadt, die sie Sham Sharif (Heiliges Damaskus) nannten. Deshalb befremdet es nicht, wenn auch heute noch an jedem Platz in Syrien – und besonders in Damaskus – schöne Beispiele der Architektur aus dieser Zeit, etwa die Takiyya des Sultans Sulayman (1554), die Sultan Salim Madrasa (1560), die Karawanserei des Asad Pascha in Damaskus und andere ähnliche Bauwerke erhalten blieben. Zum religiösen Aspekt kommt schließlich noch hinzu, daß Damaskus und nicht Istanbul zum Ausgangspunkt für die Pilgerfahrt der Muslims nach Mekka wurde. Pilger aus den äußersten Punkten des Westens und Ostens versammelten sich in Damaskus und brachen nach einer speziellen, offiziellen Zeremonie von da aus gemeinsam nach Mekka auf, nur um wieder einmal zurückzukehren, wenn die Pilgerreise beendet war.

Diese Funktion hatte einen sehr positiven, wirtschaftlichen, sozialen und politischen Effekt bei den Leuten.

Während all dieser früheren Perioden prägte Syrien mit seiner Hauptstadt Damaskus das kulturelle Niveau der Welt auf bemerkenswerte Weise. In Europa verwendete Kleider wurden zum Beispiel in Damaskus (Damask) erzeugt, ebenso der beste Stahl (die Damaszener Klinge). Die Moschee von Cordoba in Andalusien, die Millionen von Touristen bewundern, war von derselben Familie erbaut worden, die auch in Damaskus regierte. Die Giralda von Sevilla war das Abbild der Minarets der Großen Moschee von Damaskus. Schließlich sind zahlreiche arabische Wörter, die im heutigen Spanisch noch weiterleben, damaszenischen und syrischen Ursprungs.

(Übersetzung aus dem Englischen: Erwin M. Ruprechtsberger)

ANMERKUNGEN

[1] Unter dem Namen Hedschas (auch Heǧas) versteht man eine Region im nördlichen Saudi-Arabien. Wissenschaftlich wurde das Gebiet von Alois Musil erforscht, vgl. A. MUSIL, The Northern Heǧaz (New York 1926).

[2] Sogenannte Feuertempel (mit offenem Innenhof) waren im iranisch-parthischen Kulturkreis üblich. Diesbezüglich vgl. K. SCHIPPMANN, Die iranischen Feuerheiligtümer (Berlin 1971).

Michael Meinecke – Andreas Schmidt-Colinet

PALMYRA UND DIE FRÜHISLAMISCHE ARCHITEKTURDEKORATION VON RAQQA

Die Auseinandersetzung mit der Antike bildet ein Leitthema der islamischen Kunst. Das findet von den Residenzen der Umaiyadenkalifen der ersten Hälfte des 8. Jahrhunderts bis hin zu nordsyrischen und nordmesopotamischen Moscheebauten des 12. Jahrhunderts eine sichtbare Manifestation. Ein Schlüsselbeispiel für das Nachleben antiker Traditionen zur Zeit der frühen ᶜAbbāsiden ist die Stadt Raqqa am syrischen Euphrat, für die neuere Forschungen eine bewußte Rezeption des Architekturdekors von Palmyra nahelegen.

I. STUCKDEKORZYKLEN DES HARUN AL-RASCHID IN RAQQA

Siedlungsgeschichtlich geht die Euphratstadt Raqqa – wie die meisten syrischen Metropolen – auf antiken Ursprung zurück, nämlich auf das hellenistische Nikephorion, das mit der islamischen Eroberung von 639 in ar-Raqqa (die Flußniederung) umbenannt und mit einer Freitagsmoschee für den Islam adaptiert wurde. Westlich dieser Vorgängerstadt gründete der ᶜAbbāsidenkalif al-Manṣūr (754-775) im Jahr 772 eine zweite, ar-Rāfiqa (die Gefährtin [von ar-Raqqa]) genannte Großstadt, deren aufwendige Befestigungsanlage von ehemals über 4500 m Länge noch heute zusammen mit den Ruinen der zugehörigen Großen Moschee das äußerst monumentale Planungskonzept bezeugen. Gemeinsam übertrafen die Zwillingsstädte in der Ausdehnung bei weitem alle übrigen traditionsreichen syrischen Metropolen, bezeichnenderweise auch Damaskus, die vormalige Hauptstadt des umaiyadischen Großreiches. Den Höhepunkt der Stadtentwicklung von Raqqa leitete jedoch der Kalif Harun al-Raschid (786-809) ein, der 796 seinen Wohnsitz von Bagdad hierher nach Raqqa verlegte. In den zwölf Jahren, die der Kalif in Raqqa residierte, entwickelte sich nördlich der beiden urbanen Zentren eine Palaststadt von bislang unbezeugten Ausmaßen, die sukzessive eine Ausdehnung von annähernd zehn Quadratkilometern erreichte.

Diese größte islamische Ruinenstätte auf syrischem Territorium ist neuerdings aufgrund der boomartigen Stadtentwicklung Raqqas weitgehend von modernen Wohnvierteln überlagert worden. Zuvor konnten jedoch durch die Generaldirektion der Altertümer und Museen Syriens zwischen 1944 und 1970 in mehreren Grabungskampagnen insgesamt vier großflächige Palastanlagen (A/B/C/D) weitgehend freigelegt werden. Seit 1982 beteiligt sich auch die Station Damaskus des Deutschen Archäologischen Instituts an der Erforschung der frühislamischen Palaststadt. In insgesamt zehn Notgrabungskampagnen wurde die historische Bausubstanz der von Überbauung bedrohten Randbereiche untersucht. Damit können Architektur und Baudekor der Kalifenresidenz sowie die lokale Kunstproduktion als relativ gut erforscht gelten, obwohl heutzutage nur mehr die im Damaszener Nationalmuseum und im Museum von Raqqa in einer Auswahl ausgestellten Grabungsfunde einen schwachen Abglanz von der Blütezeit der Euphratmetropole unter Harun al-Raschid vermitteln können.

Trotz der unmittelbaren Nachbarschaft zu antiken wie zu umaiyadischen Baudenkmälern folgt die ᶜabbāsidische Architektur von Raqqa gänzlich anderen Gestaltungsprinzipien. So ist zum Beispiel bereits für die frühᶜabbāsidische Stadtgründung ar-Rāfiqa durch zeitgenössische Chroniken bezeugt, daß sich die Gesamtanlage keineswegs an lokalen syrischen Vorläufern, sondern vielmehr an der kurz zuvor für den Kalifen al-Manṣūr erbauten, heute vollkommen verlorenen Ursprungsanlage der zen-

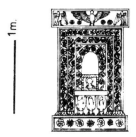  

Abb. 1: Palmyra, Baalshamintempel. Rekonstruktion der Kultnischen.

Abb. 2: Raqqa, Stuckfries aus Palast D.

Abb. 3: Palmyra, Bauornament vom Grab Nr. 36 (um 220 n. Chr.).

Abb. 4: Raqqa, Stuckfries (Kat. Nr. 101) aus Palast B.

Abb. 5: Palmyra, Textilmuster an einem Bankettrelief (ca. 240 n. Chr.).

Abb. 6: Raqqa, Stuckfries aus Palast C.

Abb. 7: Palmyra, Rankenfries eines Grabbaus (2. Jh. n. Chr.).

Abb. 8: Palmyra, Rankenfries vom Grab Nr. 36 (um 220 n. Chr.).

Abb. 9: Raqqa, Stuckfries (Kat. Nr. 103) aus Palast D.

Abb. 10 – 11: Palmyra, Pilasterdekoration am Grab Nr. 86 (sog. Grabtempel, ca. 220 n. Chr.).

Abb. 13: Palmyra, Textilmuster auf einem Wollfragment (1. – 2. Jh. n. Chr.).

Abb. 12: Raqqa, Stuckfries aus Palast C.

Abb. 14: Palmyra, Pilasterdekoration am Grab Nr. 86 (sog. Grabtempel, ca. 220 n. Chr.).

Abb. 15: Raqqa, Stuckfries aus Palast D.

Abb. 17: Palmyra, Pilasterdekoration vom Grab Nr. 36 (um 220 n. Chr.).

Abb. 16: Palmyra, Blattmotive mit „auberginenförmiger" Füllung vom Grab Nr. 36 (um 220 n. Chr.).

tralmesopotamischen Hauptstadt Bagdad orientierte. Entsprechend sind auch die gegenüber den Steinbauten der syrischen Vorgängerkulturen bautechnisch weniger ambitiösen Lehmbauten der Residenzstadt des Harun al-Raschid wiederum mesopotamischen Bautraditionen verpflichtet, die offenbar von eingewanderten Werkstätten nach Raqqa vermittelt wurden.

Überraschenderweise orientiert sich der Baudekor demgegenüber ganz wesentlich an antiken Vorbildern. Zwar dürfte die Bevorzugung von Stuckreliefs als primäre Dekorgattung wiederum mesopotami-

sche Gepflogenheiten der Zeit widerspiegeln, doch Dekorgliederung wie Ornamentik weisen auf eine andere Einflußrichtung. Entgegen der sonst allgemein in spätumaiyadischer wie früh‵abbāsidischer Zeit zu beobachtenden Tendenz zum Flächendekor, beschränken sich die Stuckdekorationen von Raqqa auf die Betonung funktional hervorgehobener Bauglieder, vor allem von Durchgängen in den Repräsentationstrakten der Paläste (Abb. 2, 4, 6, 9, 12) sowie von Betplätzen in allen Wohnbereichen (Abb. 15). Die ohne Ausnahme einheitlich lisenenartige Anordnung findet auffallenderweise an antiken Baudenkmälern Syriens eine enge Entsprechung.

Bei den Ornamentformen bildet die klassische Weinranke das Leitmotiv. Besonders häufig sind aufsteigende Wellenranken mit hängenden Trauben und stehenden Weinblättern, die in vielfältigen Variationen mit runden Einrollungen (Abb. 15) oder auch mit flacher Kurvenführung (Abb. 6) auftreten. Bei doppelten, gegenläufig aufsteigenden Ranken werden gelegentlich auch spitzovale Medaillons ausgebildet (Abb. 9). In einigen Fällen wird auf eine naturalistische Darstellung verzichtet, indem die Ranke in unzusammenhängende Einzelformen unterteilt erscheint, wodurch sich abstrakte Rankenstäbe bilden (Abb. 12). Seltener belegt sind Friese mit geometrischer Gliederung, deren Binnenfelder isolierte Elemente der Weinranke füllen (Abb. 2, 4). Zumeist werden diese Stuckdekorteile durch das stereotype Knotenband gerahmt, doch gelegentlich geben Rahmenstreifen mit Perlstäben (Abb. 18) eindeutig die Vorbildhaftigkeit antiker Dekorsysteme zu erkennen.

Die allenthalben an den Palastdekorationen von Raqqa zu beobachtende Distanz zur stärker stilisierten vegetabilen Ornamentik der islamischen Frühzeit deutet auf ein bewußtes Programm, das den zugewanderten mesopotamischen Stuckmeistern vorgegeben wurde. Das zentrale Hauptwerk dieses neuen antikisierenden Dekorstils dürfte in dem weitgehend verlorenen Palast des Kalifen Harun al-Raschid vermutet werden, für den nach einigen wenigen Grabungsfunden eine besonders reiche dekorative Ausstattung erschlossen werden kann. Der

Abb. 18: Raqqa, Stuckdekoration des Ostkomplexes, ausgegraben 1991.

dort wahrscheinlich in herrschaftlichem Auftrag entwickelte Dekorstil wurde offenbar in vereinfachenden Varianten auch auf alle übrigen Palastbauten der Residenzstadt übertragen.

Die in Raqqa nachvollziehbare Adaption antiker Formensprache findet in der kulturpolitischen Struktur der frühen ʿAbbāsidenzeit eine Entsprechung. Denn anders als die in Syrien residierenden Umaiyaden, die sich zunehmend um Unabhängigkeit von den lokalen vorislamischen Traditionen bemühten, standen die in Mesopotamien verwurzelten ʿAbbāsiden der klassisch antiken Kultur vergleichsweise aufgeschlossen gegenüber. So veranlaßte die Wertschätzung des antiken Erbes etwa auch zahlreiche Übersetzungen griechischer Literaturwerke ins Arabische, die bezeichnenderweise erst seit dem späten 8. Jahrhundert am Hofe der ʿAbbāsidenkalifen systematische Förderung erfuhren. Unter diesem Aspekt ist es keineswegs überraschend, wenn gleichzeitig auch bei den Ausstattungen der Residenzstadt des Harun al-Raschid auf antike Vorbilder zurückgegriffen wurde.

Da von der bereits in der Umaiyadenzeit überbauten hellenistischen Vorgängerstadt Nikephorion keine Großbauten erhalten waren, deren Dekor als vorbildhaft hätte gelten können, sind für die formalen Rückgriffe andere nahegelegene antike Denkmäler als Vorbilder in Betracht zu ziehen. Mit dem Architekturdekor der nur 50 Kilometer südwestlich von Raqqa gelegenen spätantiken Wallfahrtsstadt Ruṣāfa lassen sich auffallenderweise keine Parallelen aufzeigen. Dagegen finden sich an den prachtvollen Anlagen der antiken Wüstenstadt Palmyra in der lisenenartigen Gliederung wie im Formenkanon eng verwandte in Stein gearbeitete Dekorzyklen, die offenbar den in Raqqa tätigen Künstlern als Vorbilder dienten. Obwohl bei der Übertragung der Ornamentformen von Stein in das Stuckmaterial die abgestufte Modellierung der palmyrenischen Vorbilder weitgehend verlorenging und zusätzlich die Einzelmotive eine stärkere Stilisierung erfuhren, kann die Rezeption palmyrenischer Vorlagen in allen Details nachvollzogen werden.

Den überwältigenden Eindruck, den Palmyra auf muslimische Besucher machte, bezeugt noch für das späte 12. Jahrhundert der Historiograph as-Silafī (gest. 1180) in seiner Chronik: „Palmyra ist... von einer architektonischen Schönheit, wie man ihresgleichen niemals sonst sieht... Als ich Palmyra sah, sprach ich die folgenden Verse:

Manch einen Ort habe ich gesehen,
doch habe ich nichts so schön gegründet
und gebaut wie Palmyra gesehen.
Ein Ort ganz aus gemeißeltem Stein:
Betrachtet man ihn, jagt er einem Scheu ein.
Dem Gesetz nach gleichen Städte Körpern, Und
Palmyra ist wahrlich ihrer aller Haupt."
(Übersetzung Franz Rosenthal). Dieselbe Wertschätzung kann anhand des Stuckdekors von Raqqa auch vier Jahrhunderte zuvor für den ᶜAbbāsidenkalifen Harun al-Raschid erschlossen werden. (M. M.)

II. ANTIKE STEINDEKORATIONEN IN PALMYRA UND IHRE REZEPTION IN RAQQA

Es ist zu fragen, auf welche Vorbilder oder Vorlagen die für den Kalifen Harun al-Raschid in Raqqa um 800 n. Chr. tätigen Künstler bzw. Stuckmeister zurückgreifen konnten. Die Frage erscheint umso berechtigter, als von der antiken Vorgängerstadt Raqqas (Nikephorion) kein entsprechender Baudekor bekannt ist. Andererseits lassen sich die Stuckdekorationen aus Raqqa auch weder an ältere ᶜabbāsidische oder umaiyadische noch an sasanidische Vorbilder unmittelbar anschließen. Auch die spätantike Bauornamentik des nahegelegenen Ruṣāfa weist in Details und Ornamentsyntax einen anderen Formenkanon auf.

Erstaunlich enge formale Parallelen zu den Stuckfriesen aus Raqqa finden sich dagegen in der nur 180 km südwestlich gelegenen Wüstenmetropole Palmyra in der Bauornamentik des 2. und 3. Jahrhunderts n. Chr., und zwar gerade auch an Bauten, die zu Beginn des 9. Jahrhunderts noch weitgehend erhalten bzw. sichtbar waren, wie die Tempel des Bel und des Baalshamin, das große Bogentor am Beginn der Säulenstraße und der sog. Grabtempel am Ende der Säulenstraße. Die Analogien zur Bauornamentik gerade von Palmyra sind deshalb auffällig, weil sich die Architekturdekoration der Wüstenstadt von der gleichzeitig im kaiserzeitlichen Syrien üblichen Formensprache lokal absetzt. Natürlich ist bei der Gegenüberstellung der Stuckreliefs aus Raqqa mit der in Stein gearbeiteten Bauornamentik Palmyras neben Differenzen in Material und Qualität auch der ganz unterschiedliche Stil in Rechnung zu stellen, der beide zeitlich so weit auseinanderliegende Denkmälergruppen charakterisiert.

Die Übereinstimmung zwischen den Stuckfriesen aus Raqqa und der Architekturdekoration in Palmyra betrifft nicht nur die Anbringung des Dekors innerhalb der Architektur, sondern auch die Ornamentsyntax, einzelne Dekorationsmotive und deren Variationen.

Für die Anordnung der Ornamentik im Rahmen der Architektur ist für Raqqa wie für Palmyra charakteristisch, daß der Dekor auf Pilaster bzw. auf Tür- und Nischenrahmungen beschränkt ist: Durch reich dekorierte Rahmungen werden Rücksprünge und Öffnungen in der Wand besonders betont (Abb. 1). In der Ornamentsyntax kehren an beiden Orten dieselben Systeme identisch wieder, etwa der Wechsel von runden und quadratischen Medaillons, die jeweils von zwei glatten Stegen und einem dazwischen liegenden Perlband eingefaßt sind (Abb. 2 – 3). Auch der flächendeckende Dekor aus blattgefüllten Rauten, die durch gekreuzte Perlbänder voneinander getrennt sind, hat in Palmyra unmittelbare Vorläufer, etwa an Gewebemustern palmyrenischer Grabreliefs (Abb. 4 – 5). Die für Palmyra charakteristische Rahmung von Ornamentfeldern durch Perlschnüre bildet geradezu ein Leitmotiv der Stuckdekorationen aus Raqqa (Abb. 1 – 6, 8, 9, 12, 15, 17), auch wenn in Raqqa anderem Stilempfinden entsprechend die „Perlen" häufig als Negativform („Lochreihen") erscheinen. Dasselbe Phänomen läßt sich bei den ebenfalls als „Löchern" wiedergegebenen Weintrauben auf den Stuckreliefs erkennen (vgl. Abb. 6 – 10). Variationssysteme wie Verdoppelung, Verschränkung und Spiegelung einzelner Blattmotive und Rankensysteme sind für die Bauornamentik Palmyras ebenso charakteristisch wie für die Stuckfriese aus Raqqa (Abb. 9 – 11). Dasselbe gilt für die vertikale Staffelung symmetrisch angeordneter Blattmotive zu Blattstäben (Abb. 12 – 14). Die Rankenformen im allgemeinen, wie Weinblatt- und Rosettenranken (Abb. 6 – 8), aber auch motivische Details wie das gerippte „Efeublatt" (Abb. 6 – 9, 11), die fünfblättrige Blüte mit „auberginenförmiger" Füllung (Abb. 15 – 17) und die Punktbohrungen in den Blattzwickeln lassen sich von palmyrenischen Formen ableiten, die aber von den Stukkateuren in Raqqa auf eklektische Weise neu miteinander kombiniert worden sind.

Insgesamt erscheinen die Übereinstimmungen zwischen den Stuckreliefs in Raqqa und der Architekturdekoration Palmyras so eng, daß angenommen werden könnte, den Werkstätten in Raqqa hätten Musterzeichnungen palmyrenischer Bauornamentik als Vorlagen zur Verfügung gestanden. Es wäre dann zu fragen, ob sich hierin der programmatische Wille des Auftraggebers zu erkennen gibt. In jedem Fall muß man sich in diesem Zusammenhang auch die historische Situation Palmyras gegen Ende des 8. bzw. zu Beginn des 9. Jahrhunderts vergegenwärtigen. Auch wenn diese Epoche Palmyras insgesamt noch ungenügend bekannt ist, haben doch die jüngsten syrischen und polnischen Ausgrabungen Erkenntnisse geliefert, die in diesem speziellen Zusammenhang von besonderem Interesse sind: Nach einer kontinuierlichen Besiedlung bzw. Benutzung wurde die Große Säulenstraße in umaiyadischer Zeit in einen Sūq umgewandelt, später in ein Wohnquartier, das bis in das 8./9. Jahrhundert bewohnt geblieben und dann verlassen worden ist. Auch eine vornehme Villa des 2. Jahrhunderts im Stadtgebiet von Palmyra wurde in umaiyadischer Zeit umgebaut und blieb dann – mit den erhaltenen Stukkaturen an den Wänden! – bis in das 8./9. Jahrhundert hinein bewohnt, ehe auch sie verlassen wurde.

Es ist nicht auszuschließen, daß das archäologisch nachweisbare Verlassen der islamischen Wohnquartiere von Palmyra gegen Ende des 8. bzw. zu Beginn des 9. Jahrhunderts mit der Abwanderung der Bevölkerung nach Raqqa in die neue Residenz des Kalifen Harun al-Raschid zu erklären ist. Vor einem solchen historischen Hintergrund erschienen die zunächst frappierenden formalen Übereinstimmungen zwischen der kaiserzeitlichen Bauornamentik Palmyras und den ʿabbāsidischen Stuckreliefs aus Raqqa in neuem Licht und wären ein Beispiel mehr für die große Bedeutung des frühen Islams für Tradition und Rezeption der Antike. (A. S.-C.)

LITERATUR

T. ALLEN, A classical revival in Islamic architecture (1986).

KH. AL-ASʿAD – F. STEPNIOWSKI, The Umayyad Sūq in Palmyra: DaM 4 (1989) 205/23.

M. GAWLIKOWSKI, Fouilles récentes à Palmyre: CRAI 1991, 400/10.

M. KREBERNIK, Schriftfunde am Tall Biʾa 1990: MDOG 123 (1991) 41/70.

J. KRÖGER, Sasanidischer Stuckdekor (1982).

M. MEINECKE, Early Abbasid Stucco Decoration in Bilād al-Shām, in: M. A. al-Bakhit – R. Schick (Hrsg.), Bilād al-Shām during the ʿAbbasid Period. Proceedings of the fifth International Conference on the history of Bilād al-Shām 1990 (1991) 226/37.

DERS., ʿAbbāsidische Stuckdekorationen aus Raqqa, in: B. Finster (Hrsg.), Rezeption in der islamischen Kunst (im Druck).

DERS., Raqqa on the Euphrates: recent excavations at the residence of Harun er-Rashid, in: The Near East in Antiquity II, ed. by S. Kerner (1991) 17/32.

F. ROSENTHAL, Das Fortleben der Antike im Islam (1965).

A. SCHMIDT-COLINET, Das Tempelgrab Nr. 36 in Palmyra. Studien zur Palmyrenischen Grabarchitektur und ihrer Ausstattung, DaF 4 (1992).

DERS., East and West in Palmyrene Pattern Books, in: Palmyra and the Silk Road. International Symposium Palmyra 1992 (im Druck).

ABBILDUNGSNACHWEISE

Abb. 1: Nach M. Gawlikowski: Syria 56 (1980) 428 Abb. 8. – Abb. 2, 4, 6, 9, 12, 15: Inst. Neg. Damaskus (Anwar Abdel Ghafour). – Abb. 3, 5, 7, 8, 10, 11, 14, 17: Inst. Neg. Damaskus (A. Schmidt-Colinet). – Abb. 13: Zeichnung A. Stauffer. – Abb. 16: Zeichnung C. Müting-Zimmer. – Abb. 18: M. Meinecke.

Die abgebildeten Stuckfriese aus den Palästen B, C und D in Raqqa werden im Nationalmuseum von Damaskus aufbewahrt, zwei davon (Abb. 4, 9) sind in der Ausstellung zu sehen (Kat. Nr. 101, 103).

Khaled Assa'd
PALMYRA IN ISLAMISCHER ZEIT

Hinweise in Schriften zufolge wird die Gründung Palmyras Geistern (Jinn) zugeschrieben, und der ghassanidische Dichter Al-Nabigha al-Thubiani betonte, Gott habe Salomon befohlen: „Erhebe dich, geh in die Welt und erlöse sie von Irrtümern, verkünde den Geistern, daß ich sie Tadmor aus gehauenen Steinen und Säulen bauen lasse". Der arabische Kommandeur Khalif ben al-Walid belagerte die Stadt im Jahr 636, als er von einem Kriegszug im Iraq kam und die syrische Wüste querte, um am Yarmouk gegen die Byzantiner zu kämpfen. Die Bewohner Palmyras verließen sich auf den Schutz ihrer Mauern. Aus Zeitgründen gab al-Walid die Belagerung auf. Kurz darauf versöhnte er sich mit den Palmyrenern und ließ einige seiner Männer dort, die die neue Religion lehrten. Die Bedeutung Palmyras wuchs unter dem Khalifat der Omaijaden dank seiner Position zwischen den bemerkenswerten Palästen in Qasr al-Hair Ost und West, die vom Khalifen Hisham ben Abdul Malik 728 gegründet wurden. Im Grunde genommen waren es landwirtschaftliche Projekte. Wasser leitete man über eine Entfernung von 17 km vom Harbaqa-Staudamm bis Qasr al-Heir al-Gharbi (West), während Qasr al Heir al-Sharqi (Ost) mittels Leitungen aus dem ca. 30 km entfernten Dorf El-Khoum versorgt wurde. Wasser diente der Bewässerung eines Feldes von 3 x 6 km.

Aus dieser Zeit stammt der Markt von Palmyra mit ca. 100 Geschäften entlang der großen Kolonnade (Abb. 1). Das Baumaterial wurde von einem früheren Markt bezogen, der in die ersten drei Jahrhunderte n. Chr. datiert. Die in diesen Geschäften entdeckten Funde (Keramik, Tonfragmente, Glas) weisen alle in omaijadische Zeit. Die Ausgrabungen nahm die syrische Mission unter der Leitung des Verfassers von 1983–1987 vor.

Während der von A. Bounni und dem Verfasser 1968 geleiteten Ausgrabungen im sogenannten Caesareum stellte sich heraus, daß dieses antike Bauwerk in eine Moschee umgewandelt worden war, wobei Altmaterial (Spolien) Verwendung fand. Der ursprünglich quadratische Bau erfuhr dabei eine Umorientierung: Der Mirhab mußte nach Mekka gerichtet sein. Spuren der Nische und Umänderungen haben sich an den Mauern und beim Eingang deutlich erhalten. Die Moslems nutzten den Vorteil, daß eine Wasserleitung vorbeiführte, die übrigens noch heute in Funktion ist und die Felder bewässert.

Die polnische Mission legte im Westviertel einzelne alte Häuser frei, die in omaijadischer Zeit bewohnt waren, darunter auch eine kleine Moschee.

Ab dem Jahr 740 wurden die Paläste und fortifikatorischen Anlagen südlich von Palmyra (Khan Hallabat, El-Sukkarij, El-Bakhra) von einigen Omaijadenkhalifen und Prinzen saisonal als Residenzen verwendet. Dort verbrachten sie ihre Freizeit mit der Jagd. Al-Bakhra ist eine befestigte Stadt, die 24 km südlich von Palmyra liegt und eine Fläche von 200 x 200 m einnimmt. Khalif Walid ben Yazid wurde hier getötet. Die in Al-Bakhra vorhandene Moschee aus dieser Zeit besteht aus wiederverwendetem Material.

Im Jahr 745 rebellierten die dortigen Leute gegen den letzten Omaijadenkalifen Marwan II (die Leute kamen von Kahtan und Yemen und der Khalif war Kaysi), der deshalb einen Kriegszug unternahm und vielleicht Teile der Mauern zerstörte und ein Blutbad unter dem Großteil der Bewohner anrichtete.

Am Ende der Omaijadenzeit und zu Beginn der Abbassidenherrschaft schwand – mit der Verlegung der Hauptstadt nach Baghdad – die Bedeutung Palmyras wie jene der Levante (Bilad ash-Sham). Dies sollte bis zur Ayyubidenzeit (11. – 13. Jahrhundert) so bleiben. Erst dann nahm Palmyra an Bedeutung zu.

Abb. 1: Die omaijadischen Suqs an der Großen Kolonnadenstraße westlich des Tetrapylons. Die Mauern der kleinräumigen Geschäfte ruhen auf dem antiken Niveau.

Damals erbaute man die arabische Burg, und der Bel-Tempel wurde in ein befestigtes Dorf umgewandelt, das das Land gegen die Kreuzritter schützte. Die Cella des Tempels wurde nun zu einer Moschee. Arabische Inschriften erwähnen die großen Bemühungen des Gouverneurs Abou el-Hassan Yusef Ben-Firuz, die dem Bau und der Wiederherstellung von Mauern mit Bauteilen früherer Gebäude galten.

Einige Inschriften sind auf das Jahr genau datiert. In die Südwand der antiken Cella (Adytons) des Bel-Tempels tiefte man den Mihrab ein, der von einem Ornamentstukko bedeckt war (Abb. 2). Dieser ist nun im Nationalmuseum von Damaskus ausgestellt. Das islamische Fort überdeckt das Eingangsportal des einstigen Temenos des Bel-Tempels.

Durch die Ausgrabungen im Agora-Annex in den Jahren 1968 – 1970 und im Bad der Zenobia 1970 – 1975 wurden einige Werkstätten freigelegt: Darin fanden wir Glas- und Töpferöfen. Im Frigidarium und Caldarium (Kalt- und Warmbad) des Bades der Zenobia kamen viele Glas- und Tonfunde (Gefäße, Lampen) zum Vorschein.

Das signifikanteste Bauwerk dieser Zeit stellt zweifellos die arabische Burg auf dem Hügel dar, der die Stadt im Westen überragt (Abb. 3). Die Errichtung der Anlage wurde dem Prinzen Fakhr el-Din al-Ma'ni II (1590 – 1635) zugeschrieben, der als Gouverneur des Libanongebirges über ein bis zur syrischen Steppe reichendes Gebiet regierte. Er hat die Burg lediglich renoviert. Der Stil aber weist sie am ehesten der ayyubidischen Periode zu. Einige unter

Abb. 2: Südabschnitt der Cella des Bel-Tempels. In der Nische oberhalb der Stufen befindet sich die Gebetsnische der Moschee aus ayyubidischer Zeit.

der Leitung von Achmed Taha (Museum Palmyra) unternommene Sondierungen erbrachten eine große Menge an Keramik, die in ayyubidische Zeit (12. Jahrhundert) datiert. Die Burg erhebt sich 150 m oberhalb der Stadt, d. s. 550 m über dem Meeresspiegel. Die Erbauer verwendeten Steinmaterial vom Burggraben, der die Anlage umgibt. Eine Zugbrücke führte darüber, deren Pfeiler noch vorhanden sind. Im Inneren finden sich viele Räume, zahlreiche Hallen mit Fenstern und Schießscharten, eine Wasserzisterne und Vorratsräume, die für eine Militärgarnison ausreichen. Die Renovierungsarbeiten sind leicht festzustellen, besonders jene des Fakhr el-Din zu Beginn des 17. Jahrhunderts.

Die Antikenverwaltung deckte auf dem Gipfel des benachbarten Djebels al-Muntar ein im Jahre 88 n. Chr. errichtetes Heiligtum auf, das der Verehrung des Gottes Bel-Hammon und der Göttin Manat geweiht war. Später wurde es von Barghash ben Abdulla el-Fakfri auf eigene Kosten in ein Kloster im Jahre 1162 umgewandelt und hieß Ar-Rayyes. Der Bau überblickt die hl. Quelle (Efqa-Quelle), Spender des damaligen und heutigen Lebens in der Oase. Die Palmyrener verehrten in antiker Zeit den Gott der Quelle, den „Mitleidsvollen, Verdienstvollen und Wohltäter", von dem man hoffte, er würde sie ewig fließen lassen.

Nahe dem Eingang zum Bel-Tempel wurde eine Moschee errichtet, die den Namen Al-Fadl trägt. Al-Fadl, ein Beduinenstamm, pflegte in der Steppe von Palmyra im 12. und 14. Jahrhundert sein Lager aufzuschlagen und kontrollierte gänzlich die Steppe zwischen Salamiya und Palmyra. Einige Angehörige des Stammes ließen sich in Palmyra nieder und erbauten die Moschee, deren Reste noch offen zutage liegen. Darin sind ebenfalls Elemente früherer Bauten verwendet (Abb. 4).

Die Ostmauer der Cella des Bel-Tempels weist eine arabische Inschrift auf: ein Dekret, das die Abweidung in den Wäldern und nahe den Terebinthen in der Umgebung Palmyras untersagte und von Sultan Az-Zahir Baibars Ende des 13. Jahrhunderts herausgegeben worden war.

Im 15. Jahrhundert brachte der arabische Historiker Ibn Fadlalla el-Omari sein Erstaunen über die „wunderbaren Gärten Tadmors, dessen bemerkenswerte Gebäude und den prosperierenden Handel" zum Ausdruck. Die Eroberungszüge des Tamerlan (Timur-Läng) und dessen systematische Zerstörung der Städte des Euphratbeckens Ende des 14. Jahrhunderts führten zum kompletten Verfall Palmyras. Eine im Museum von Palmyra nun aufbewahrte Inschrift (Inv. A 8916/1478) erwähnt den Bau einer Moschee im Jahr 1671 (1082 n. H.) durch Hagg Ali ben Zaytun.

In ottomanischer Zeit (16. – 19. Jahrhundert) war

Abb. 3: Die arabische Burg oberhalb Palmyras. Wie eine antike Skulptur aus dem Stein geformt und modelliert geht sie eine Synthese aus Natur und menschlicher Architekturplastik ein, wie sie harmonischer und vollkommener nicht sein könnte – ein einmaliges und unerreichbares Zeugnis islamischer Baugestaltung.

Abb. 4: Blick in die Al-Fadl Moschee gegenüber dem Eingang zum Bel-Temenos.

Palmyra vollkommen isoliert, ignoriert und vergessen, ein Ziel für die Einfälle der Beduinen. Dies blieb so bis zum Beginn des 20. Jahrhunderts. Das Buch Selim Nameh erwähnt, daß Sultan Selim, der die Wüstenstraße benutzte, Tadmor passiert habe. Aus dieser Periode finden wir nur ein Gebäude: die ottomanische Karawanserei, die kürzlich renoviert wurde. Darin ist nun das Folklore-Museum für Palmyra und dessen Region untergebracht, das am 7. April. 1992 anläßlich des Symposiums „Palmyra und die Seidenstraße" eröffnet wurde.

(Übersetzung und Bearbeitung des englischen Textes sowie Bildauswahl: Erwin M. Ruprechtsberger)

LITERATUR

K. ASSA'D, Neue Entdeckungen islamischer Bauten in Palmyra, in: Palmyra, Geschichte, Kunst und Kultur der syrischen Oasenstadt, hg. v. E. M. Ruprechtsberger, Linz AF 16 (Linz 1987) 255/57.

K. ASSA'D – A. BOUNNI, Palmyra. Geschichte, Denkmäler, Museum (Damaskus 2. Aufl. 1990).

K. AL-AS'AD – F. M. STEPNIOWSKI, The Umayyad Suqs in Palmyra: Da M 4 (1989) 205/23.

A. BOUNNI, Antiquités Palmyriennes dans un texte arabe du moyen age: AAS 22 (1972) 192 (Resümee) und MUSJ 46 (1970) Fasc. 22.

O. GRABAR et al., City in the desert. Qasr al-Hayr East (1978).

D. SCHLUMBERGER, Qasr el-Heir el-Gharbi (Paris 1986).

ABBILDUNGSNACHWEIS

Sämtliche Aufnahmen: Erwin M. Ruprechtsberger.

Hermann Harrauer

PAPYRI, PERGAMENTE UND PAPIERE ALS ZEUGNISSE DES ALLTAGS

Mit einem Beitrag von Ulrike Horak

EINLEITUNG

Die Antike, deren Verständnis uns heute zur dringenden Notwendigkeit und nur selten richtig eingeschätzten Lebenshilfe wird und deren Darstellung und Erläuterung den in ihr Befangenen, oft gegen eine naive Starrsinnigkeit unter dem einfältigen Slogan „Wozu braucht man dies", vordringlichste Aufgabe ist, hat uns nicht nur die großen Werke der Literatur und Architektur hinterlassen, es ist jeder Lebensbereich in Funden vertreten. Eine intensive Befassung mit der Antike seit ihrer Wiederentdeckung in der Renaissance führt erst in unserem Jahrhundert verstärkt in den Alltag, in jenen Bereich, der nur verdeckt gleichsam in der großen Literatur zu Wort kommt, der uns aber in seiner Unmittelbarkeit, in seiner Unverfälschtheit ohne Umwege und ohne gelehrte Erklärungen anzusprechen und nicht selten auch betroffen zu machen versteht.

Die Materialien hier nennen zu wollen, wäre Müßigkeit pflegen. Viele von ihnen gestalten wesentliche Abschnitte dieser Ausstellung. Ebenso bedarf es keiner Darstellung, welche Position im kulturellen Leben generell die Schrift einnimmt. Etliche Faktoren sind für den Umstand zu nennen, daß Schriftliches hohen Alters und aus dem Alltag nur selten in Ausstellungen zu sehen ist. Denn die Schriftträger, von Stein und den Inschriften abgesehen, aus jener Epoche sind uns grosso modo nur aus Ägypten erhalten. Der Beschreibstoff der Antike war Papyrus. Ihn hat man im gesamten Mittelmeerraum verwendet, bis er im 10. Jahrhundert n. Chr. vom Papier abgelöst wurde.

Seit etwa 3000 v. Chr. schneiden die Ägypter das weiche Mark der Papyrusstaude in dünne Streifen, legen sie parallel nebeneinander und eine zweite Schichte in gleicher Weise, 90 Grad dazu, darauf. Die unverbundenen (nicht geflochtenen!) Streifen werden geklopft und gepreßt, wobei der dabei herausgedrückte Saft wegen seiner hohen Zellulosehältigkeit zugleich als Bindemittel fungiert. Das getrocknete Blatt kann noch mit einer Muschel oder einem Bimsstein geglättet werden. Dieses Naturprodukt zeichnet eine hohe Haltbarkeit aus. Voraussetzung ist allerdings, daß das einmal getrocknete Blatt nicht wieder feucht wurde. Diese Bedingung erfüllt der trockene Wüstenboden Ägyptens, von wo uns von der pharaonischen Zeit an Papyri erhalten sind. Dabei fand man das meiste Material in den Sebbach-Halden und -Plätzen der antiken Siedlungen, die ja, wie noch heute, in der Wüste angelegt sind. Diese Fundgegebenheiten brachten uns aber auch Zeugen anderer Beschreibstoffe.

Neben dem Massenprodukt Papyrus, das auch begehrter Exportartikel Ägyptens war, findet man auch Pergament. Zu einem wichtigen Beschreibstoff wurde Pergament dadurch, daß Eumenes II. in Pergamon nach dem Beispiel Alexandrias eine Bibliothek errichten wollte, durch ein Ausfuhrverbot für Papyrus von seiten der Ptolemäer aber beträchtlich behindert wurde, wie Plinius, nat. hist. 13, 12, 70 berichtet. Im Gegenzug griffen die Pergamener verstärkt zur Verwendung von Tierhäuten, dem Pergament. Für den Alltag konnte Pergament wegen seiner aufwendigen und kostenintensiven Herstellung kein Konkurrent für den Papyrus werden. Ja, es ist bezeichnend, daß man für kurze Texte des alltäglichen Bedarfs auch Abfallstücke (dreieckig, rhomboidförmig etc.) verwendet findet.

Der dritte, in der Geschichte wichtigste, ja letztlich bestimmende Beschreibstoff, das Papier, ist uns aus Ägypten in vielen Tausenden Stücken erhalten. Da es das jüngste Material ist – erst im 8. Jahrhundert gelangt das aus Hadern hergestellte Papier der Chinesen über Samarkand zu den Arabern –, findet man darauf zum überwiegenden Teil arabische Texte neben einem geringeren in der ägyptischen Nationalsprache der Zeit, in Koptisch.

Die Palette der von den Ägyptern benützten Beschreibstoffe ist noch nicht voll: Tonscherben, die zu nichts mehr tauglichen Reste zu Bruch gegangener einfacher Keramik, wurden mit Vorliebe für Steuerquittungen benützt; Holz- und Wachstafeln dienten Konzepten, Notizen, Entwürfen und dem Schüler. Wer wird nicht an die nach dem Zweiten Weltkrieg auch in unseren Breiten noch verwendeten Schiefertafeln erinnert!

Ein Wort noch zu Tinte und Schreibgerät: Die Tinte war durchwegs ein aus Ruß, Gummiarabikum (als Bindemittel, ein Saft einer Akazie) und Wasser hergestellter und von jedem Schreiber wohl auch rasch fabrizierbarer, sehr beständiger und vor allem den Schriftträger nicht schädigender Stoff. Eisenhältige, etwa ab dem 4. Jahrhundert n. Chr. in Gebrauch kommende Tinten bereiten den Konservatoren wegen des Tintenfraßes noch immer höchst anspruchsvolle Aufgaben. Die Rußtinte gestattet mit ihrer (relativen) Wasserbeständigkeit sogar, daß für das Glätten und Reinigen der durchwegs zerknitterten, verschmutzten Papyri das Material mit Wasser (und Methylzellulose) naß und dadurch geschmeidig gemacht werden kann, ohne daß dadurch die Tinte zu Schaden käme.

Das Schreibgerät war ein fester Binsenhalm und im besonderen das ganz und gar modern anmutende Schilfrohr mit gespaltener Spitze, das Haar- und Schattenstriche möglich machte, wie wir sie in unserer Elementarschule mühevoll in „Schönschreiben" gelernt haben.

Diese Kurzcharakteristik des Beschreibmaterials basiert auf Funden aus Ägypten. Solche Papyrussammlungen gibt es heute in vielen Ländern der Welt. Die weitaus größte mit etwa 170.000 Objekten befindet sich an der Österreichischen Nationalbibliothek in Wien. Nicht minder bedeutende bestehen in Berlin, Florenz, Oxford, London, Mailand, Heidelberg, München, Gießen, Leiden, Paris, Strasbourg, Michigan, Washington, New York, Durham, Philadelphia, Genf, Manchester, Macquarie (Sidney), Oslo, Hamburg, Prag, Tiflis, Cairo, Neapel (dort werden jene verkohlten Papyri aufbewahrt, die in Herculaneum am Fuße des Vesuvs gefunden wurden), Helsinki, Turku, Bologna, Graz, Athen.

Den Beginn nahm die „Papyrologie", die Wissenschaft, deren Aufgabe im Entziffern, Erklären und Übersetzen dieser Texte besteht, um etwa 1880, als in Ägypten Massenfunde solchen Materials gelangen und ein schlagartiges Interesse an diesem, bis dahin so gut wie unbekannten Material entstand. Papyrologie ist also eine junge Wissenschaft. Sie hat bis jetzt etwa 60.000 Texte entziffert. Doch niemand kann abschätzen, wieviel noch zu entziffern sein wird. Vor allem zeigen immer neue Funde, daß von noch vielen Generationen Arbeit zu leisten sein wird.

Wie schon angedeutet, wird durch die schriftlichen Funde aus Ägypten ein Zeitraum von etwa 3000 v. Chr. bis 1500 n. Chr. berührt. In diesen mehr als 4.000 Jahren treten in Ägypten durch historische Ereignisse bestimmt verschiedene Sprachen und Schriften auf. Hieroglyphen, Hieratisch, Demotisch und Koptisch; Griechisch, das von der Eroberung Ägyptens durch die Ptolemäer (ab ca. 285 v. Chr.) an bis zur Eroberung Ägyptens durch die Araber (641 n. Chr.) die offizielle Sprache des Landes war; Lateinisch, Aramäisch, Pehlewi, Syrisch und letztlich Arabisch. Entsprechend dieser breiten Sprachpalette fallen die wissenschaftlichen Aufgaben den Ägyptologen, Koptologen, Graezisten, Orientalisten, Arabisten zu. Doch diese Zuweisung ist nur aus der Sicht des Sprachlichen zutreffend. Inhaltlich berühren die Schriftzeugnisse alle Bereiche. Für die hier gewählte Thematik ist der Alltag in den Mittelpunkt gestellt. Ihn gilt es in den einzelnen Bereichen darzustellen.

Es bedarf noch eines Wortes, mit dem die Präsentation von Schriftzeugnissen aus Ägypten in einer Syrien gewidmeten Ausstellung gerechtfertigt werden soll. Syrien war die längste Zeit der Geschichte entweder Teil Ägyptens – so besaß Apollonios, der Finanzminister Ptolemaios II., in Syrien große Ländereien, wie wir aus den Akten seines Verwalters Zenon detailliert wissen – oder war wie Ägypten dem römischen bzw. dem byzantinischen Imperium zugehörig. Was uns die Papyrusfunde aus Ägypten lehren, gilt mutatis mutandis für Syrien.

1. RELIGION

Wie schon vorhin erwähnt, gab es in Ägypten syrische Bevölkerungsgruppen. Das zeigen uns bisher wenige Funde wie ein Blatt aus dem Neuen Testament in syrischer Übersetzung. Das Pergament wurde in einer syrisch-christlichen Gemeinde benützt. Wie sehr wir von den Zufälligkeiten der Fundsituation – das u. a. verbindet Papyrologie und Archäologie so untrennbar – gleichsam in unserem Bild „manipuliert" werden, kann man daran ablesen, daß die acht Schriftstücke in syrischer Sprache in der Wiener Papyrussammlung (Pap. 1) dem Syrisch nur wenig Bedeutung für die Geschichte Ägyptens zumessen würden, doch ändert sich das Bild schlagartig, wenn, wie die Tagesaktualität eben meldet, bei den gerade laufenden Ausgrabungen in der Großen Oase in Dakleh = Kellis zahlreiche syrische Schriftstücke gefunden wurden, darunter ein syrisch-koptisches Wörterbuch. Solch ein Wörterbuch hat nur eine Funktion, wenn es benützt wurde. Das besagt also ganz klar, daß in Dakleh noch im 4. Jahrhundert n. Chr. (so wird das Fundstück vorläufig datiert) Syrisch gesprochen wurde. Es sei nebenbei erwähnt, daß auch im Katharinenkloster auf dem Sinai syrisch beschriebene Papyri gefunden wurden[1]. Das frühe Christentum, das in Ägypten besonders schnell Verbreitung gefunden hatte, ist uns nicht nur durch die Verfolgungen und ihre Grausamkeiten nahegebracht, es schuf auch sehr frühe Zeugnisse des Glaubens: Abschriften der Evangelien. Zu den frühesten, die man kennt, zählt das Wiener Fragment des sogenannten Chester Beatty[2]-Papyruskodex (Pap. 2). Mit der gesicherten Datierung ins 3. Jahrhundert fällt der Papyrus eine beträchtliche Zeit vor das Toleranzedikt Kaiser Konstantins 313. Ein wohl noch für lange Zeit aktuelles und heftig geführtes Ge-

Papyrus 2

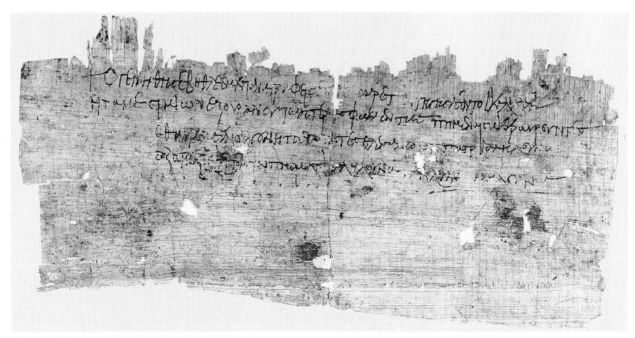

Papyrus 4

Papyrus 8

spräch wird man in der sogenannten Apokryphen Literatur finden. Es sind dies religiöse Texte, die von der offiziellen Kirche nicht anerkannt sind. Eine besondere Position nehmen darin die „außerkanonischen Evangelien" (Pap. 3) ein, Evangelientexte, die nicht zu den von der Kirche verkündeten zählen. Es ist wiederum ein kurzer Blick in die noch unveröffentlichten Texte zu werfen: Man kann wohl kaum abschätzen, was für dieses Gebiet noch an Überraschungen z. B. aus den Qumran-Funden sich ergeben mag. Das nach wie vor älteste liturgische Schriftstück (Pap. 4) gehört dem 4. Jahrhundert an und enthält Antiphonen, die der Chor als Refrain nach dem Eingangspsalm zur liturgischen Feier zu respondieren hatte. Auf der Vorderseite des Papyrus lesen wir die Antiphone zum Osterfest. Schon früh wurden die griechischen Bibeltexte in die nationalägyptische Sprache, ins Koptische, übersetzt. Ägypten ist aber auch die Wiege des Mönchstums. Pachomius schafft als erster die für alle Zeiten richtungweisenden Regeln für das Zusammenleben in Klostergemeinschaften um 320 n. Chr., sie übersetzt sogar Hieronymus 404 n. Chr. ins Lateinische. Das eine schwer richtig abschätzbare Blüte erreichende Mönchstum in Ägypten bringt unter anderem auch zahlreiche Märtyrerlegenden hervor, für die das Martyrium der Thekla und des Paese stehen sollen (Pap. 5). Wie bedeutsam für die Kopten, generell gesprochen, die bildliche Anschaulichkeit ist, mag an dem zitierten Pergament beachtet werden. Zugleich wird in diesem Zusammenhang auf den nachfolgenden Abschnitt über die Illumination aufmerksam gemacht.

641 n. Chr. ist die Eroberung Ägyptens durch die Araber unter ihrem Anführer Ibn al As abgeschlossen. Ab diesem Zeitpunkt treten nun von Tag zu Tag mehr und mehr arabische Schriftstücke auf, so auch die frühesten Korane wie auch andere religiöse Literatur. Unter den Koranen sehen wir nicht nur Moschee-Exemplare (Pap. 6), durch die besonders große Schrift markiert, sondern auch private Ausgaben (Pap. 7, 8). Der Koran führt uns bis zu Reiberdrucken (Pap. 9, 10).

2. MAGIE

Man kann im Grunde genommen die beiden Bereiche, Religion und Magie, nur dann getrennt betrachten, wenn man Religion als für jedermann zugänglich definiert, Magie dagegen nur für Auserwählte. Die Bedeutung der Magie für den Alltag so zu beurteilen, wie sie gebraucht und angewandt wurde, wird weiterhin eine Herausforderung darstellen. Einer der Aspekte, denen selbst in einer ausschließlich ihr zu widmenden Ausstellung nur in Auszügen nachgekommen werden könnte, ist die Reichhaltigkeit und wohl auch das, was man eine schier unerschöpfliche Kreativität, einen gleichsam nie versiegenden Einfallsreichtum bezeichnen dürfte. So besehen können die wenigen Vertreter nur Streiflichter andeuten, wobei der Hinweis auf die hier erstmals zu sehende magische Gemme (Kat. Nr. 16) anzubringen ist: Diese Gemme aus Glaspaste führt ein wesentliches Ingredienz der „praktischen Magie", der „angewandten Magie", vor Augen: Zur Steigerung der (erhofften) Wirkung bedient man sich des Geheimen. Auf dieser Gemme wird ein lateinischer Text mit griechischen Buchstaben geschrieben, und um die Wirkung noch um eine weitere Nuance zu erhöhen, wird das Stichwort zusätzlich in verkehrter Richtung, von hinten nach vorne, geschrieben. Wenn das nicht wirkt!

Die Magie ist in erster Linie ein Weg und ein Mittel, sich der Hilfe von Göttern, Dämonen und Geistern zu versichern, Schutz und Unterstützung dort zu finden. Der Weg dahin war vielfältig, führte aber vielfach über den Magier dorthin, der es verstand, der wußte, wie übernatürliche Mächte zu Hilfsinstitutionen werden konnten. Das wichtigste Instrument war dabei die Sprache, jedoch jene im besonderen, die eben nur der Eingeweihte, der mit den magischen Kräften Vertraute verstand. Und bald hatte man für die Sprache und alles durch sie Ausdrückbare, vornehmlich eben das Geheime, magisch Wirkende gleichsam eine, selbst wieder magisch anmutende Kurzformel gefunden: den ersten und den letzten Buchstaben des Alphabetes, zwischen denen alle weiteren Buchstaben stehen, mit denen alles aus-

Papyrus 13

drückbar ist, im Griechischen A – Ω. Hier begegnen wir diesem „kleinen Zauberspruch" in einer Gemme gegen Krankheit als das Heilmittel: s. Kat. Nr. 16. Und auch wir verwenden im Alltag diese Kurzformel, wenn wir bemerken, jemand wisse alles „von A bis Z".

Es fehlte nicht an magischen Sprüchen, die sich durch besonders vielfältige Anwendbarkeit hoher Beliebtheit erfreuen. Der Spitzenreiter darunter ist ohne jede Frage die sogenannte Sator-Formel (Pap. 11):

```
S A T O R
A R E P O
T E N E T
O P E R A
R O T A S
```

Von links nach rechts, von oben nach unten, von rechts nach links, von unten nach oben gelesen ergibt sich stets derselbe Text, er bildet gleichsam einen magischen Kreis. Er ist das erste Mal auf einer Wandinschrift in Pompeji gefunden, also 79 n. Chr., und besteht bis in unsere Tage hinein. Die Deutungen sind zahllose; auf eine, leicht sichtbare, sei im besonderen hingewiesen: Diese „Sprüchlein" ist eine verdeckte Schreibung für das Kreuz durch die Buchstaben in der Mitte. In diesem „Sator-Quadrat"

sehen wir einen Schnitt- und ganz engen Berührungspunkt von Heidentum und Christentum: Das Christentum distanziert sich einerseits bewußt von Merkmalen des Heidentums, indem es beispielsweise ihre religiösen Texte, die Bibel, nicht auf Rollen, sondern in Codexform schreibt; andererseits übernimmt es geschickt rein Heidnisches, adaptiert es – das „Anch-Zeichen" ☥, das Lebenszeichen im Ägyptischen wird zum ☥ im Christlichen[3]); auf zahllosen Grabsteinen der koptischen Christen wird es neben dem Kreuz verwendet. – Es war also selbst für Christen verwendbar. In gleicher Weise bedient man sich des heidnisch magischen Sator-Quadrates und gibt ihm eine neue Interpretation als getarnte „Kreuzes"-Schreibung. Besonders wirksam muß wohl ein solches gewesen sein, das zugleich in Geheimschrift aufgesetzt war (Pap. 12).

Es sind stets persönliche Dinge, die ein Amulett brauchen. Wie sehr hier gleichsam bedenkenlos Heidnisches mit Christlichem gemischt wird, kann ein kleiner, unscheinbarer Zettel zeigen (Pap. 13): Nach dem Staurogramm folgen drei in der wissenschaftlichen Literatur viel diskutierte griechische Buchstaben, die man oft am Beginn von allerlei Schriften aus dem Alltag antrifft: Es sind dies ΧΜΓ, die man bis vor etwa 10 Jahren als Χριστὸν Μαρία γεννᾷ, „Christus hat Maria geboren" auffaßte, also als Anrufung Mariens. Eine zweifellos klügere Entschlüsselung nimmt Bedacht auf die Stelle, wo sie verwendet wird: am Beginn von Briefen, Verträgen, Notarsunterschriften usw. Und es ist passend, wenn ein Christ zu Beginn Christus als Zeugen anruft: „Christus, sei mein Zeuge!" (Χριστὸς μάρτυς γένηται). Nach dieser doppelten christlichen Formulierung wird im Stile eines Briefanfanges schlicht gesagt, daß der Augenblick für die Bestrafung des Theodoros ungünstig sei, denn der Augenblick sei wirklich schlecht. Dahinter steht die Vorstellung der Magie, die ja vom Christentum abgelehnt wird – ja auf dem Konzil von Laodike 372 wurde das Tragen von Amuletten verboten –, daß man darüber Macht hat, was man kennt. Was man kennt, kann man in der Sprache (oder im Bild) ausdrücken. Man sieht in diesem kleinen Papyrusblatt, das von einem viel größeren, auf der anderen Seite vormals für einen Brief benützten Blatt abgeschnitten wurde, eine unbekümmerte Mischung aus christlichen (bezeichnenderweise auch in gleichsam magischem Erscheinungsbild) und heidnischen Elementen.

Man wird nicht ableugnen können, daß das folgende christliche Amulett besondere Eleganz der Komposition hat (Pap. 14): an den Beginn sind sieben[4]) siebenstrahlige Sonnenräder gestellt. Dieses Symbol ist schon bei den Phöniziern nachgewiesen, stellt also kein spezifisch christliches Symbol dar. Es folgen aus Psalm 90 (91); Paulus, Römerbrief 12, 1 f. und Johannesevangelium 2, 1 f. Die Hauptgedanken der drei fraglos mit Bedacht gewählten Stellen sind: Gott ist meine Zuflucht und Hoffnung – Gestaltet euren Körper als lebendige, edle Seele um – Am dritten Tag zur Hochzeit in Kanaa war Jesus mit seiner Mutter eingeladen. Das Amulett ist als christliches zu bezeichnen und mag aus Anlaß einer Verehelichung ausgedacht worden sein.

In der Zeit nach der Eroberung Ägyptens durch die Araber tritt nun auch die Magie, die die neuen Herren mitbringen, auf. Eine neue Quelle eröffnet sich. Vielfach und reich an Zahl sind Amulette mit bestimmten Stellen aus dem Koran, ohne daß sich am Wesen etwas geändert hätte. Im Mittelpunkt steht wie jeher das persönliche Wohl des Individuums (Pap. 15, 16). Zugleich scheint die Bildmagie stärkere Anwendung gefunden zu haben. Jedenfalls kennen wir aus keiner anderen Epoche soviel Amulette gegen den Skorpionstich wie aus der arabischen (Pap. 26).

3. LITERATUR

Bei der Skizze dieses Abschnittes ist zunächst daran zu erinnern, daß Alexandria in der Zeit des Hellenismus, und doch auch über diesen hinaus, das geistige Zentrum der Bildung war. Die Gelehrten Alexandrias genossen großen Ruf und großes Ansehen. Man hat neben der strategischen Klugheit der Ptolemäer in entsprechendem Maß die kulturelle Großtat zu würdigen. Denn obwohl sie ihre griechische Kultur in all ihren Facetten mit nach Ägypten brachten, legten sie ihre Herrschaft nicht auf die Beeinträchtigung der enchorischen Kultur an. Griechische Kultur und damit auch griechischer Einfluß hatten in Alexandria mit ihren Bibliotheken den Mittelpunkt, von dem aus eben auch literarische Texte in die Provinz hinausgelangten. Und nur von dort sind sie uns wieder erhalten. Es ist aber aufgrund der Machtstrukturen und des davon abhängigen Kulturbewußtseins richtig, wenn bis zur Eroberung des Landes 641 die griechische Literatur dominiert, wenngleich keinesfalls übersehen werden kann, daß gerade demotische literarische Texte in großer Zahl, von denen noch viele der Publikation harren, entstanden, abgeschrieben, vervielfältigt und gewiß auch gelesen worden sind. Neben Alexandreia, von wo uns ja so gut wie nichts mit Fundortangabe „Alexandria" erhalten ist, spielten selbstverständlich die Metropolen der Gaue eine wichtige Rolle. Die stärkste kommt unstreithaft der mittelägyptischen Stadt Oxyrhynchos zu. Aus keinem anderen Platz Ägyptens sind so viele literarische Texte erhalten wie aus der Stadt, die ihren Namen nach dem den Ägyptern heiligen Fisch Oxyrhynchos hat. Man kann bis jetzt ein Resümee derart ziehen, daß wir im ganzen aus Ägypten etwa 4000 literarische Papyri, zum überwiegenden Teil griechische, kennen. Sie sind nicht nur ein Spiegel des Bildungs- und Literaturinteresses der gebildeten und belesenen Schichte, sie zeigen uns auch, welche Literatur zu welchen Zeiten Anklang beim Leser fand. Die Bestsellerliste führt Homer überlegen an, wie man nicht anders erwartet. Und in einem ist zu erwähnen, daß an lateinischer Literatur – die Römer behielten ja als Landesherren nach 30 v. Chr. das Griechisch bei, wodurch Latein in Ägypten so gut wie „unwichtig" war – gerade jene Autoren begegnen, die bis zum Tage, auch in unserem Land, Pflichtlektüre für die Lateiner in den Mittelschulen sind: Cicero, Vergil, Livius, Sallust. Homer hat immer mit Schule zu tun. Es kann also nicht weiter verwundern, daß gerade die Papyrusfunde uns Quelle für authentische Nachrichten über den Unterricht in der Antike sind.[5]) Die immer wieder gestellte Frage „... und wie war er", läßt

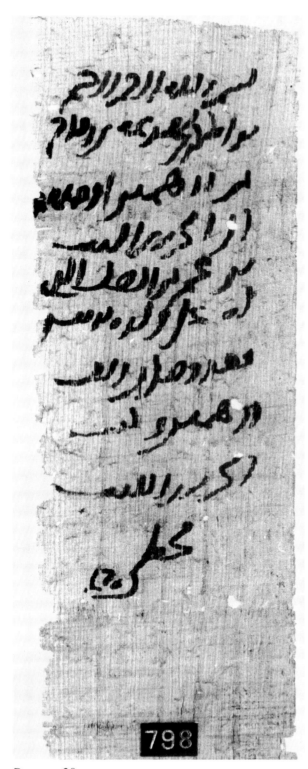

Papyrus 20

sich kurz beantworten: konservativ in uns heute staunend machendem Ausmaß. Eine der wichtigsten Phasen war das Üben der Konsonanten zusammen mit den Vokalen, und diese in der Folge ihres Auftretens im Alphabet. Es sind von Monotonie dominierte Syllabare. Sie gibt es in unveränderter Form vom 3. Jahrhundert v. Chr. bis in das 12. Jahrhundert n. Chr. Aber Papyri brachten uns nicht nur die frühesten schriftlichen Überlieferungsträger der griechischen Literatur, sondern auch so manches Unbekannte. Hier hat man als den „Star" unter all diesen die verlorenen Komödien des Menander, vor allem den „Menschenfeind" zu nennen. Dieser Papyruscodex befindet sich in der weltberühmten Sammlung Bodmer in der Schweiz, der erst 1953 bekannt wurde.

Es liegt eindeutig am noch weit hinter den anderen Sprachen nachhinkenden geringen Bearbeitungsstand der arabischen Funde, dies in allen Sammlungen der Welt, daß für die arabische Literatur so erstaunlich wenig, neben einer Vielzahl von Koranen, ans Licht kam. Um so mehr Wertschätzung wird man beispielsweise einem Liebesbrief entgegenbringen, in dem sogar von der Brieftaube die Rede ist (Pap. 17). Erst wenige arabische Schreibübungen sind als solche erkannt. So mag das Hauptaugenmerk auf einer Kurzschriftübung der Basmala liegen (Pap. 18), bei einer Multiplikationstabelle (Pap. 19) und bei einem ganz unscheinbaren, für die Geschichte der arabischen Zahlschreibung höchst bedeutsamen Schriftstück (Pap. 20). Im Katalog ist erläutert, daß die Araber überraschend lange die griechischen Ziffern verwenden. Dies ist eben wegen des jetzt zu besprechenden Fragmentes überraschend, denn dieser Papyrus aus dem Jahr 873/4 n. Chr. (Chalif Ahmed ibn Tulun), für die Jahreszahl (260 Hedschra) sind erstmals in der Geschichte von den Arabern ihre eigenen Ziffern verwendet. Präzise betrachtet sind dies die indischen Ziffern, die die Araber von den Indern übernommen haben. An dieser Stelle sei auf jenes historisch denkwürdige Dokument verwiesen: Das älteste arabische Schriftstück mit exaktem Datum (Pap. 49).

4. ILLUMINATIONEN
Von Ulrike Horak

Mit diesem Gebiet wird ein Bereich erstmals in der Öffentlichkeit in einem bisher nicht bekannten Ausmaß berührt. Die Beschäftigung mit Zeichnungen auf Papyrus (im weitesten Sinn) wurde nur so nebenbei und auch nur sporadisch betrieben. Jetzt liegt erstmals eine nur diesem Genre gewidmete Spezialstudie vor, aus der hier, ebenfalls erstmals, die eindrucksvollsten Objekte präsentiert werden.

Unter den erhaltenen Funden an Beschreibmaterial aus Ägypten befinden sich auch zahlreiche Stücke mit Zeichnungen oder Malerei. Die Thematik reicht hier vom einfachen Skizzenblatt von Schülerhand bis zum sorgfältig illuminierten Codexblatt.

Ist uns die hochentwickelte griechische Tafel- und Buchmalerei nahezu völlig verloren, sieht man von den wenigen erhaltenen Wandmalereien und den Nachklängen in Vasenmalerei und Mosaikkunst ab, so hat das trockene Klima Ägyptens auch Relikte dieses Genres bewahrt. Die frühesten Zeugnisse der Buchillumination kommen aus Ägypten.

Das Ausschmücken der Buchrollen mit Zeichnungen und Bildern besitzt in Ägypten eine sehr lange Tradition. Bereits in dynastischer Zeit nahmen in den Totenbüchern die Zeichnungen einen breiten Raum ein. Das Repertoire für diese Bilder lag dem Maler in Form von Musterbüchern vor, wie uns die zahlreichen ähnlichen Bildkompositionen zeigen. Neben den Totenbüchern gab es aber auch literarische Texte, die illuminiert sein konnten. Die älteste illuminierte Rolle, die um 2000 v. Chr. geschrieben wurde, kam bei Ausgrabungen im Ramesseum ans Licht.[6] Aus der 20. Dynastie sei auf den erotisch-satirischen Papyrus Turin 55.001 hingewiesen. Zeichnungen hatten aber auch im Alltag ihre Bedeutung. So wurde aus der 20. Dynastie z. B. ein Plan vom Grab Ramses IV. gefunden[7]). Auch mathematische Handbücher kannte man, in denen Aufgaben durch Zeichnungen erläutert wurden: So enthält der hieratisch geschriebene Rhind-Papyrus[8]) geometrische Figuren wie z. B. Dreiecke. Aber auch Skizzen und Entwürfe ägyptischer Künstler auf Papyrus sind neben deren zahlreichen Skizzen auf Ostraka, vor allem aus Theben, erhalten. Auf Berliner Papyri aus dem 3./2. Jahrhundert v. Chr. sind beispielsweise in einem roten Quadratnetz eine Sphinx, ein sitzender Löwe, ein Hahn und andere Tiere skizziert (P. Berol. 13.558)[9]).

Das früheste erhaltene griechische Zeugnis für Buchschmuck ist ein Papyrus aus Kairo (Pap. Cair. 65.445), eine Rolle mit Schulübungen, deren einzelne Kolumnen durch geometrisch verzierte Säulen getrennt werden. Nicht weniger renommiert sind ein Romanpapyrus mit Bildern zu einzelnen Abschnitten (Bibl. Nat. Paris, Cod. Suppl. 1294, 2. Jahrhundert n. Chr.), eine astronomische Rolle im Louvre (P. Louvre 1, 2. Jahrhundert v. Chr.) mit erläuternden Darstellungen sowie der „Traum des Nektanebos" (P. Leiden U I, 2. Jahrhundert v. Chr.) mit der einfachen Skizze eines Gefesselten.

Am leichtesten wurde die bildliche Darstellung integrierender Bestandteil in mathematischen Handschriften. Hier veranschaulicht in einfacher Weise eine Zeichnung, was schwieriger im Wort zu beschreiben ist. Es sei hier erwähnt, daß man unter den in Herculaneum am Fuße des Vesuvs gefundenen Papyrusrollen aus dem 1. Jahrhundert v. Chr. eine mit mathematischen Skizzen fand (P. Herc. 1061). Es ist gut einsichtig, daß naturkundliche Bücher an Anschaulichkeit beträchtlich gewinnen konnten, wenn sie das Beschriebene auch im Bild zeigen konnten: In zwei Papyri aus Tebtunis (P. Tebt. Tait 39 und P. Tebt. II 679, 2. Jahrhundert n. Chr.) sehen wir jeden Abschnitt über eine Pflanze mit einem farbigen Bild ausgestattet.

Populäre Themen der Literatur fanden als nächste ihre „bildliche Ergänzung". Die Heldentaten des Herakles waren, so scheint es, besonders geeignet: der nemeische Löwe wird in seiner Höhle aufgespürt und erwürgt, und in einem weiteren Bild trägt der Held das Löwenfell über dem Arm (P. Oxy. XXII 2331, 3. Jahrhundert n. Chr.). Ein Beispiel für anspruchsvolle Buchmalerei zeigt uns Hermes Psychopompos, den Seelengeleiter (PSI XIII 1368, 3. Jahrhundert n. Chr.). Die wenigen hier vorgestellten Beispiele sollen einerseits zeigen, eine wie verschiedenartige Fülle an Büchern in der Antike vorhanden gewesen sein muß, denn erhalten ist ja nur ein geringer Rest; andererseits wird damit deutlich gemacht, daß dieses Kapitel der Kulturgeschichte für diese frühe Epoche ausschließlich auf den Papyri basiert.

Die Wiener Papyrussammlung besitzt mit etwa 2000 Stück ein großes Konvolut mit Zeichnungen versehener Stücke. Darunter nehmen Codexblätter einen großen Raum ein, aber auch die anderen Gattungen, wie Skizzenblätter, Objekte magischen Inhalts, Mustervorlagen für Gewebe, Spiegelpergamente und -papiere sind zahlreich vertreten. Hält man die international etwa 400 bereits veröffentlichten illuminierten Stücke dagegen, dann befindet sich in Wien noch ein großer ungehobener Schatz.

Die einzelnen angeführten Gruppen unterscheiden sich vor allem durch den Zweck, für den sie bestimmt waren. Vorlagen für Webmuster, die als einfarbige braune oder schwarz-weiß schattierte Zeichnungen oder als farbige Malerei gestaltet sein konnten, dienten dem Wirker für die Anfertigung der bunt gemusterten Zierstücke der koptischen Wandbehänge und Tuniken. Skizzenblätter dagegen können Schülerarbeit, eine der Langeweile entsprungene Kritzelei oder eine schlichte Vorlage sein. Bei einfachen Zierleisten und Blättern mit Ornamenten, die als Buchschmuckelement Verwendung fanden, sowie naiv-einfachen Zeichnungen von Tieren oder menschlichen Figuren steht der dokumentierende Aspekt einsichtigerweise über dem künstlerischen.

Die Spiegelpergamente und -papiere dienten als Abdeckblätter, um die nach innen umgeschlagenen Ränder des Bucheinbandes zu verdecken. Neben zahlreichen Fragmenten mit Musterleisten haben sich auch einige mit figürlichem Schmuck erhalten: Pfau und Wachtel (Pap. 21) sind in der Antike und besonders im koptischen Kunstkreis beliebte Motive: Der Pfau war Attribut der Juno, wurde der Vogel der Apotheose der Kaiserinnen und fand als Symbol der Unsterblichkeit und des ewigen Lebens Eingang in die christliche Bildersprache. Es kann nicht überraschen, daß er groß auf einem besonders gut erhaltenen spätantiken Sarkophag aus Karara[10] an prominenter Stelle begegnet. Die Wachtel hatte schon in römischen Mosaiken, mit Vorzug in Tier- und Jagddarstellungen, und auf Geweben einen Fixplatz. Das Pergament weist darauf hin, daß es wohl Teil einer aufwendig gemachten Handschrift war.

Zu den wertvollsten und im Verständnis schillerndsten Objekten dieses Genres gehört fraglos die Darstellung des Bellerophon, der sein Flügelpferd Pegasus an der Quelle Peirene tränkt (Pap. 22). Bellerophon, mit weißer, am Hals blau eingefaßter Tunika bekleidet, steht vor dem Pferd. In seiner linken Hand hält er eine blaue Kugel. Diese Kugel ist bei Darstellungen des Helden ungewöhnlich. Üblicherweise ist er mit einem Speer bewaffnet, mit dem er die Chimaira, ein Ungeheuer mit Löwenkopf, Ziegenkopf am Rücken und Schlangenschwanz, in der traditionellen Sagenversion tötet. Es existiert aber eine ausgefallenere Sagenversion: Bellerophon tötet das Ungeheuer dadurch, daß er eine Bleikugel in dessen Rachen wirft; diese schmilzt durch das Feuer im Inneren des Tieres, so daß es daran zugrunde geht. Kurios, daß diese so wenig bekannte Geschichte auf dem Papyrusfragment erhalten ist. Eine andere Deutung der Kugel ergibt sich aus der Gleichsetzung in der christlichen Religion des Bellerophon mit Christus: Der Himmelsritt auf dem Flügelpferd enthält eine Parallele zur Himmelfahrt Christi. Der Kampf gegen das Böse konnte im christlichen Sinn mit dem Sieg über die Chimaira gleichgesetzt werden. Dann ist die Kugel als Weltkugel aufzufassen. Gerade in der Vielfalt des Verstehens liegt der Reiz des Papyrus. Ja man mag sich fragen, ob diese Vielschichtigkeit nicht erklärtes Ziel des Künstlers war. Die Kugel als Symbol liegt auch in der Hand des wichtigsten Soldatenheiligen, des hl. Sergius, der auf einem Pergamentblatt von Amulettcharakter dargestellt ist (Pap. 23). Es zeigt den Heiligen in stehender Haltung bekleidet mit Dalmatika und Paludamentum. Rechts neben dem Kopf, der von einem Nimbus umgeben ist, erkennt man die rote Beischrift [ὁ] ἅγιος [Σ]έργιος. Sergius war ein syrischer Offizier, der etwa zwischen 305 und 313 wegen seines christlichen Glaubens das Martyrium erlitt. Meist wurde er zusammen mit dem hl. Bacchus verehrt. Die Sergius-Verehrung verbreitet sich nach seinem Tode

Papyrus 22

sehr schnell. Die Figur des Heiligen auf dem Pergament wird seitlich von rot gezeichneten blattförmigen Bäumen flankiert, Symbolen für die Wiedergeburt des Lebens. Stilistisch ist die Figur der koptischen Kunst zugehörig. Kennzeichnend sind die großen runden Augen, das dreieckige Gesicht und die gedrungene Gestalt. Meist werden Sergius und Bacchus als Soldaten mit einem Schwert dargestellt. Die Kugel ist ein ungewöhnliches Attribut, das neben den weltlichen Herrschern und Christus auch von den Erzengeln Michael und Gabriel in der Hand gehalten wird. Vielleicht soll sie die Weltherrschaft des Christentums ausdrücken, vielleicht kann aber auch eine Parallele vom Soldaten Sergius zum Streiter Gottes Michael gezogen werden. Die am linken Rand des Pergaments erhaltene Schlaufe, zu der man rechts einen zweite ergänzen wird, diente dazu, daß man das Heiligenbild in der Funktion eines Amuletts um den Hals tragen konnte. Aufgrund der Schrift kann man das Pergament in das 7. Jahrhundert datieren. In Syrien wurden ihm neben dem Haupttheiligtum in Rusafa, das ihm später zu Ehren Sergiopolis genannt wurde, zwölf weitere Kirchen errichtet. In Ägypten wurde ihm in Alt-Kairo eine Kirche geweiht.

Die Vielfalt der Zeichnungen im magischen Bereich erlaubt nur einige Streiflichter auf dieses Gebiet. Wie schon oben dargestellt ist, hat die praktisch angewandte Magie ein Standbein in der „Wortmagie" und ihr zweites in der „Bildmagie". Dabei kann uns auch interessieren, daß sowohl Anleitungen zur Herstellung und Zweckbestimmung von Amuletten als auch Anweisungen zum Zeichnen magischer Dämonen erhalten blieben. Viele dieser Zauberfiguren sind nicht unter dem künstlerischen Aspekt zu betrachten, sondern vordringlich auf die beabsichtigte Aussage und Wirkung hin. Als schauerlich kann man die Zeichnung (Pap. 24) zweier zueinander kopf stehender magischer Figuren bezeichnen. Die linke Figur ist aus einem schwarzen Rechteck für den Körper und zwei froschartigen Glotzaugen, die unmittelbar an der oberen Rechteckkante angesetzt sind, gestaltet. Zwischen den Augen ragt ein Kreuz in die Höhe, rechts davon läßt sich ein flügelartiger Arm (?) erkennen. Die andere mit einem reichgemusterten Gewand bekleidete Figur ist sitzend dargestellt. Ein rechenartiger Arm – ähnlich gestaltet wie die Beine beider Figuren – ist seitlich vom Körper weggestreckt. Zwischen den beiden Figuren wird ein großes Kreuz erkennbar. Am rechten Blattrand sind zwei unregelmäßige Vierecke gezeichnet. Sie wurden mit X, die an den Enden mit Ringlein abgeschlossen sind, gefüllt. In diesen „X" lassen sich Zaubercharaktere erkennen, die auf zahllosen anderen magischen Texten begegnen. Die so dominierende geometrische Körperform der Figuren läßt sich natürlich aus dem Ungeschick des „Künstlers" verstehen, findet aber im besonderen im Typus des Kreuzes auf dem Kopf in etlichen anderen Papyri Vergleichbares (z. B. P. Lond. Or. 10414 oder P. Colon. 1470 sowie P. Vindob. K 20.611). Ganz der Bildmagie dient ein Zettel mit der Zeichnung eines Skorpions. Ihr Zweck ist leicht ersichtlich: Abwehr der Gefahr, Schutz vor dem Stachel (Pap. 25).

Eines der ältesten Fragmente einer arabischen Papierhandschrift (Pap. 26) stammt aus dem 9./10. Jahrhundert n. Chr. Die rechte Seite ist als Abschluß mit der Zeichnung eines Baumes geschmückt. Gelbgrün gemalt und mit rotbraunen Früchten behangen steht er in der Tradition der ägyptischen Kunst und läßt sich mit Sykomoren auf ägyptischen Wandmalereien vergleichen. Unterhalb der Sykomore erkennt man zwei stufenförmige, bislang als Hügel gedeutete Gebilde. Als neue Deutung seien hier stufenförmige Grabmäler in der Art der mehrstufigen Grabsteine auf koptischen Friedhöfen vorgeschlagen. Über den Inhalt des Textes hat die Forschung bisher nichts herausgefunden. Der fehlende Zusammenhang verwehrt uns auch das Verständnis für die Zeichnung eines auf den Hinterbeinen sitzenden Hundes, dessen Rasse man als Pariahund identifizieren könnte. Vor ihm steht ein sanduhrförmiger Tonkrug (Pap. 27). Es bleibt das Vergnügen der Betrachtung.

Illustration eines kriegswissenschaftlichen oder hippologischen Werkes war die Zeichnung eines im Galopp vorwärtsstürmenden Kriegers (Pap. 28). Darunter ist die Beischrift „Das Pferd mit dem heftig

Papyrus 27

Papyrus 28

Papyrus 30

Papyrus 32 (Bucheinband)

Angreifenden" zu lesen. Der Reiter, der die Zügel auf den Hals des Pferdes gelegt hat, reitet mit vorgeneigtem Oberkörper. In der linken Hand hält er einen Rundschild, in der rechten eine gesenkte Lanze. Auf der Rückseite wurden die Sure XI, 90, ein Flechtbandornament und die Signatur des Künstlers verewigt.

Auch wenn nur ein spärlicher Teil des Ganzen erhalten ist (Brust, Beine und die charakteristischen, naturalistisch gezeichneten lappigen Zehen), enthält die Darstellung eines Straußes auch einen naturkundlichen Aspekt, denn der Strauß, in Ägypten schon in pharaonischer Zeit in Wandmalereien zu finden, starb erst im 19. Jahrhundert aus (Pap. 29).

Ein besonders interessantes Blatt (Pap. 30) zeigt uns ein Pferd und Traglast. Das rotbraun und ockergelb gemalte Pferd ist mit einem Halfter gezäumt und hat um den Hals ein Amulett in Form einer langen Quaste, die man auf vielen Darstellungen aus arabischer Zeit wiederfindet. Auf dem Rücken trägt es eine Satteldecke und einen kegelförmigen Gegenstand, in dem sich die qubbah, ein kuppelförmiges Zelt mit einem heiligen Stein als Symbol der Macht und Unabhängigkeit des Araberstammes, erkennen läßt.

Ein überaus gängiges Motiv mit der Verbreitung von der antiken über die christliche bis in die arabische Kunst ist der einen Drachen tötende Reiter (Pap. 31). Der Ursprung des Motivs geht auf den siegreichen Kampf des König Salomo mit dem Drachen zurück. Es findet seine Fortsetzung in dem falkenköpfigen Gott Horus, der über ein Krokodil, den Gott Seth, reitet, um es mit seiner Lanze zu töten. In der koptischen und byzantinischen Kunst finden sich dann zahllose Reiterheilige, die ein schlangenartiges Ungeheuer oder einen menschlichen Dämon töten. In letzter Konsequenz läßt sich dann der hl. Georg in diese Reihe stellen. Interessant an diesem Papier ist auch, daß sich auf der anderen Seite die begonnene Skizze eines Pferdes befindet, die dem Künstler mißglückte, worauf er offensichtlich das Blatt einfach umdrehte.

Dem Kunsthandwerk haben wir auch die Gestaltung und Herstellung von Bucheinbänden zuzuzählen. Zu den ganz großen Raritäten zählt ein koptischer Prachteinband, der ziemlich einsam neben gut erhaltenen Gebrauchseinbänden, vor allem aus Nag Hammadi, steht (Pap. 32).

Die Arbeiten der Maler und Zeichner treten uns nicht nur in ihren eigentlichen Produkten entgegen, sondern auch in Texten alltäglichen Gepräges lesen wir von ihnen. So nennt ein Brief aus dem 4./5. Jahrhundert einen Herakleios, den Älteren, der ein Buch zum Ausschmücken übernommen hat und sich verpflichtet, die Arbeit innerhalb eines Monats durchzuführen (SB XIV 11858). In einem Brief aus dem 5./6. Jahrhundert wendet sich einer an einen Ausschmücker von Büchern (κοσμητής) mit der Bitte, kleine Verzierungen in dem geschickten Buch anzubringen (Enchoria 3, 1973, 53 ff.). Und in der berühmten Zenonkorrespondenz richtet ein arbeitsloser Maler die dringende Bitte an seinen Brötchengeber, ihm zu einem Auftrag zu verhelfen (PSI IV 407).

5. WIRTSCHAFT

Unendlich zahlreich sind die Schriftstücke, die wir dem Wirtschaftsleben zurechnen. Man kann berechtigter Weise sagen, daß es keinen Bereich gibt, für den nicht Papyri als Zeugen zitiert werden können. Wenn hier zunächst von Kaufverträgen die Rede ist, dann muß sich der Leser dessen bewußt werden, daß ein solcher Text nicht nur Quelle für die Wirtschaftsgeschichte ist, sondern in nicht minderem Maß auch für das Recht. Weiters sind notwendigerweise die Vertragspartner angegeben. Dies ist wiederum Quelle für die Namenskunde, die Berufe, die Funktionen und auch für die Ortskenntnis Ägyptens. Von den Kontrahenten gab man auch den Heimatort an. Diese globalen Hinweise sollen verdeutlichen, daß ein Schriftstück scheinbar banalen Inhalts eine erstaunliche Bandbreite an Informationswert besitzt. Doch nun soll vordringlich den wirtschaftlichen Seiten die Aufmerksamkeit gelten. Geldgeschäfte unterscheiden sich nicht wesentlich von den heutigen: Man konnte sich Geld ausborgen, bei Banken und Privaten. Darlehensverträge oder Schuldscheine (Pap. 33) dienten den Geldgebern als Sicherheit. Die

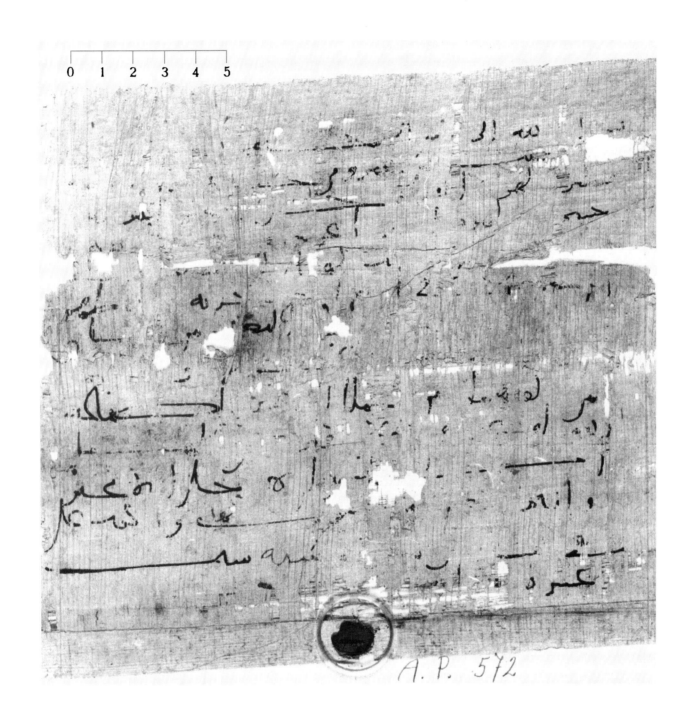

Papyrus 37

Zinsen bewegten sich zwischen 12 Prozent und bei Naturalien – man konnte sich z. B. auch Getreide ausborgen – bis zu 45 Prozent.

Mieten und Vermieten war ein reger Wirtschaftszweig. Häuser, Scheunen, Ställe, Wohnungen und Einzelzimmer, aber auch Tiere, Arbeitskräfte waren der Gegenstand. Beliebt war das Vermieten von Teilen von Häusern (Pap. 34). Ein beliebtes und durch Dokumente oft belegtes Handelsgeschäft lief mit Häusern ab. Dabei kommt man nicht selten bewegten Familiengeschichten auf die Spur, weil Häuser regelmäßig in der Erbmasse enthalten waren, oder erfährt vom wirtschaftlichen Niedergang oder Aufstieg (Pap. 35).

Ägypten lebte primär von seiner landwirtschaftlichen Produktion. Entsprechend oft begegnen wir Nachrichten jeglicher Art, deren Gegenstand Produkte der Landwirtschaft sind. Pachtverträge (Pap. 36) zählten zu einem der besonders rege gepflegten Wirtschaftszweige. Seit der Ptolemäerzeit war Ägyptens Wirtschaftsleben nachhaltig vom staatlichen Monopol geprägt. Alle wichtigen Produkte des Landes unterstanden rigoroser staatlicher Kontrolle, die beim Anbau der Frucht begann und ohne Unterbrechung beim Verkauf des Produktes endete. Nur die wichtigsten seien genannt: Öl. Aus dem Jahr 259 v. Chr. ist ein bis ins Detail reichendes Ölmonopolgesetz erhalten (z. B. mit Vorschriften, unter welchen Verdachtsmomenten Hausdurchsuchungen gestattet sind, um den Ölschmuggel und illegale Produktion zu verhindern; den Arbeitern in Ölmühlen war es nicht erlaubt, den Ort der Berufsausübung zur Zeit der Ernte zu verlassen oder in dieser Zeit Gefängnisstrafen zu verbüßen). Das Verlassen des Heimatortes und freie Bewegung im ganzen Land gab es ohne Wissen und Genehmigung der Behörde nicht. Das sehen wir in Reisepässen, die auf berechtigtes Verlangen hin ausgestellt wurden (Pap. 37). Diese Monopolisierung wurde in der arabischen Zeit weitergeführt (Pap. 38). Alles was mit Stoffen zu tun hatte (also auch die Schafzucht!), Gewürze, Bier, Honig, Bergwerk, Papyrus usw. war monopolisiert. Man kaufte bzw. verkaufte Ernteerträge schon Monate vor der Ernte. So galt dem Wein ein besonderes

Papyrus 36

Interesse. Und man staunt, wenn in solchen Kaufverträgen auch eine Qualitätsgarantie und eine Mindesthaltbarkeit bis zu einem vereinbarten Termin angeführt werden.

Neben der Bodenfrucht kommt der Tierhaltung nicht mindere Bedeutung zu. In dem Dorf Kerkesucha gab es einen regen Eselsmarkt. Daraus wird ersichtlich, daß dem Esel auch in Ägypten eine immense Bedeutung als Transporttier zukam, wie bis zum heutigen Tag. Seltenheiten stellen Kaufverträge über Kühe dar (Pap. 39). Ein Einblick in die Größe von Tierbeständen gibt uns ein Konfiskationsbericht über herrenlos gewordene Tiere (Pap. 40). Es sei auch erwähnt, daß Schafherden bis zu 6.000 Tieren durch Papyri bewiesen sind.

Reich ist auch das Repertoire, das uns durch Geschäftsbriefe den Blick in das Wirtschaftstreiben machen läßt. Darüber hinaus lehren uns Briefe, wie man untereinander verkehrte und welche Rolle dabei der Brief spielte. Es sind dies nicht große Berichte

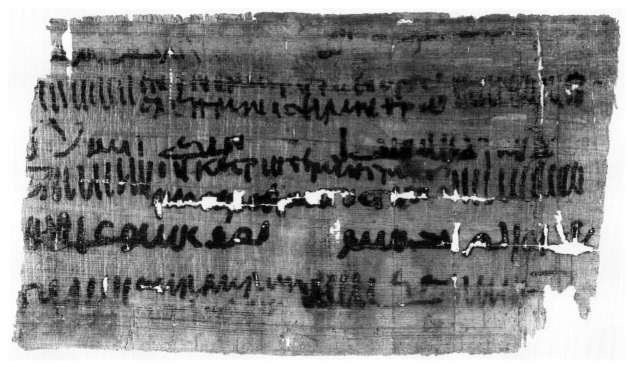

Papyrus 45

von Embargos oder Produktionen, es sind vielmehr die zahllosen Details, wie wir sie aus keiner Epoche und keinem Land sonst noch kennen. So erfahren wir aus einem schlichten Geschäftsbrief von den Kaufwünschen über einen Kamm, Sandalen und einen Bekleidungsgegenstand („Triberkion"), dessen Bedeutung noch unklar ist (Pap. 41). In einem aus arabischer Zeit stammenden Brief wird um die Übersendung einer Arznei in einem akuten Fall gebeten (Pap. 42), in einem weiteren urgiert der Briefschreiber die Übersendung eines Aloe-Extraktes (Pap. 43). Ein staatliches Amt bestellt Papyrus und macht dies mit einem sogar versiegelten Schriftstück, wofür es allerdings nur mehr Papyrus in Zweitverwendung benützen kann (Pap. 44). Die Bürokratie ist auch hier bestimmend. Papyrus war ein Monopolprodukt. Die staatliche Kontrolle wurde soweit verschärft, daß man schon im 2. Jahrhundert v. Chr., vor allem aber in der arabischen Periode, vor jede Papyrusrolle, die zum Verkauf kommen sollte,

ein „1. Blatt", – griechisch „πρῶτον κόλον", das „Protokollblatt" –, mit der staatlichen Autorisierung heftete (Pap. 45). Ein Verzeichnis verschiedener Waren führt uns mit zwei Angaben die Handelsbeziehungen Ägyptens mit Syrien punktuell vor Augen (Pap. 46).

6. STEUERWESEN

Von einzigartigem Wert sind die Papyrusfunde auch insofern, daß es darunter so viele Schriftstücke gibt, die unmittelbar und mittelbar mit dem Steuerwesen zu tun haben. Über kein Land der Antike können wir für das Steuerwesen soviel aussagen wie für jenes Ägyptens. Einen ersten Eindruck gewinne man daraus, daß wir aus den Papyri etwa 400 verschiedene Abgaben- und Steuerarten von der ptolemäischen bis in die arabische Zeit hinein in den Papyri angetroffen haben. Als Ulrich Wilcken, einer der bedeu-

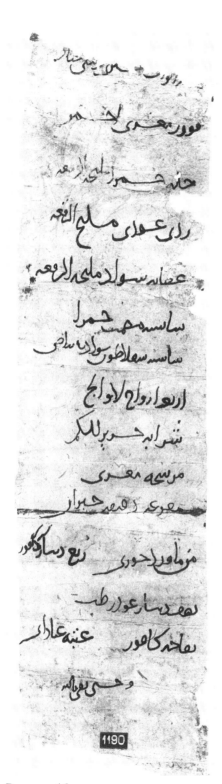

Papyrus 46

Papyrus 47

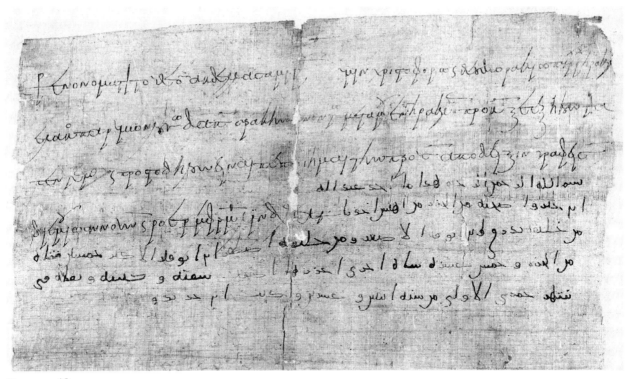

Papyrus 49

tendsten Papyrologen, um 1900 daranging, Ordnung und Überblick über das Steuerwesen zu schaffen, brauchte er die Beratung durch einen Fachmann der Finanzwissenschaft. Und was generell gesagt wurde, ist bei der Betrachtung von Steuerdokumenten im besonderen anzuwenden, denn man erfährt nicht nur die Höhe des Betrages und den Namen des Pflichtigen, sondern auch den Anlaß für die Steuer, und dies ist stets ein ökonomischer Faktor. Eine der wichtigsten Steuern war die Kopfsteuer, die man nur dafür zahlte, daß man bereits 14 Jahre und noch nicht 60 (bzw. 70) Jahre alt war (Pap. 47). Damit der Staat alle Steuerpflichtigen kannte, verlangte er (in ptolemäischer Zeit jährlich) in römischer Zeit alle 14 Jahre die Hausstandsmeldung, die den Namen des Haushaltsvorstandes, aller übrigen Familienmitglieder, eventueller Untermieter – alle mit Personsbeschreibung und Altersangabe kenntlich gemacht – und den Realbesitz enthielt, und dies gleich in sechsfacher Ausfertigung. Im konkreten Fall ist es bizarrerweise eine obdachlose Familie von Totengräbern; die weiblichen Mitglieder sind überdies arbeitslos (Pap. 48). Wie dies in Ländern, die von Fremdmächten erobert sind, bis zum heutigen Tage üblich, müssen die Eroberten zum Lebensunterhalt ihrer Eroberer beitragen. So geschah dies auch bei der arabischen Eroberung Ägyptens. Und einer in diesem Zusammenhang entstandenen Bestätigung für ein Dorf, daß die Dorfbevölkerung für die „Sarazenen", d. i. die arabische Besatzungseinheit, 65 Schafe geliefert hat, verdanken wir das früheste Schriftstück in arabischer Schrift, das auf den Tag genau datiert ist. Es gilt als das derzeit älteste Schriftdenkmal des Islams. Dabei beachte man, daß 641 die Eroberung Ägyptens abgeschlossen war und die zweisprachig abgefaßte Steuerbestätigung bereits zwei Jahre danach geschrieben wurde (Pap. 49).

7. RECHT

Die Schriftstücke aus diesem Bereich sind vielschichtig. Dem Personenrecht rechnen wir Schriftstücke zu, die bestimmende Einschnitte im Leben eines Menschen markieren; beispielsweise Heiratsverträge (Pap. 50). Es ist eine besondere Fügung, daß das älteste griechische Dokument auf Papyrus einen Ehevertrag aus dem Jahr 311 v. Chr. enthält. Ihn besitzt die Sammlung in Berlin. Die Heiratsverträge hatten in erster Linie ein gemeinsames Wirtschaften zum Ziel. Die Abmachungen über die Auflösung bzw. Beendigung der gemeinsamen Zeit sind ebenfalls festgelegt. Damit ein solcher Vertrag als Dokument mit Anspruch auf Rechtsgültigkeit hatte, gab es in ptolemäischer Zeit die Praxis, daß eine Person des gemeinsamen Vertrauens als „Urkundenverwahrer" im Vertrag genannt wurde. Ihm übergab man das Dokument zur Aufbewahrung. In römischer Zeit gab es das öffentliche Archiv, wo man solche Schriftstücke gegen Gebühr zur amtlichen Aufbewahrung deponieren konnte. In der Spätantike, also nach Diokletian, traten an die Stelle des staatlichen Archivs die öffentlichen Notare. Wie mit den Heiratsdokumenten verfuhr man auch mit Testamenten. Etwas an Familiengeschichte erleben wir, wenn wir den oben genannten Heiratsvertrag und das nachfolgende Testament (Pap. 51) studieren: Im Heiratsvertrag wird ein Testament genannt, demzufolge die Brautmutter Ländereien und Häuser besitzt. Eben diese Ländereien werden in dem Testament der Brautmutter vermacht. Das Testament wurde 125 n. Chr., der Heiratsvertrag elf Jahre später aufgesetzt. Selten sind aus der griechischen Ära Scheidungsurkunden, häufiger dagegen in arabischer Zeit, da das islamische Recht eine Scheidung leichter ermöglichte als das griechische (Pap. 52).

Wer das Recht verletzte, hatte mit teils strengen Strafen zu rechnen. Die schwerste war wohl die Verurteilung zur Strafarbeit im Bergwerk und Steinbruch. Die klimatischen Bedingungen zusammen mit der Schwere der Arbeit bedurften keiner weiteren Verschärfung. Die Überstellung dazu Verurteilter ließ der Staat gelegentlich durch eine Spezialeinheit durchführen: Aus der Zivilbevölkerung wurden Leute bestimmt, die einen Eid zu leisten hatten, daß sie die ihnen gestellte Aufgabe ausführen. Wenn nicht, hatten sie mit strengen Strafen zu rechnen. Diese Spezialtruppe setzte man ein, wenn es galt, Verbrecher, Deserteure und sonstige auf der Fahndungsliste Stehende zu finden oder Verurteilte zum Strafvollzug zu bringen (Pap. 53).

ANMERKUNGEN

[1]) D. Digbassanis, The Sinai Papyri, in: Proceedings of the XVIII International Congress of Papyrology. Athens 1988, I S. 75. Es werden neun Fragmente erwähnt.
[2]) Die Bezeichnung rührt daher, daß der „fehlende" Teil des

Papyrus 53

ganzen Kodex in der Chester Beatty-Library in Manchester aufbewahrt ist.

3) In einer Neuinterpretation fand man einen Weg, nicht auf das Ägyptische zurückgreifen zu müssen, sondern leitete das Zeichen vom Griechischen Wort für „Kreuz", σταυρός, in einer Kurzschreibung her: T, auf das ein P gesetzt ist und dessen Schlinge verkleinert ist. Andere Formen lehnten sich bildlich deutlicher an das Ägyptische an, ging in der Erklärung aber überaus versiert und durchdacht vor: in der Mitte stehen das T, am Anfang des waagrechten Balkens ein C (= griechisches „S"), ebenso an dessen Ende ein C, das nur seitenverkehrt geschrieben ist. Und in die Mitte wird neuerlich ein P (= griechisches „R") gesetzt. Das so christlich erklärte altägyptische Lebenszeichen erhält auch einen griechischen Namen, das Staurogramm (Kreuzzeichen):

$$\overset{P}{\underset{}{T}}$$

4) Die Bedeutung der Siebenzahl in vielen Bereichen bedarf heute keiner Erläuterungen mehr. Ihr Gewicht speziell in der Magie ist knapp und präzise zusammengestellt bei E. A. Wallis Budge, Amulets and Superstitions, London 1930 (Repr. New York 1978), 433.

5) Die Aufarbeitung des zum Unterrichtswesen gehörigen Materials war ein Schwerpunkt der papyrologischen Forschung. Es liegen nunmehr vor für den Koptisch-Unterricht M. Hasitzka, Neue Texte und Dokumentation zum Koptisch-Unterricht, Wien 1990 und zum Griechisch-Unterricht H. Harrauer, P. J. Sijpesteijn, Neue Texte zum antiken Unterricht, Wien 1985.

6) K. Sethe, Dramatische Texte zu altägyptischen Mysterienspielen, Leipzig 1928 (Untersuchungen zur Geschichte und Altertumskunde Ägyptens 10).

7) Plan vom Grab des Ramses IV; A. Gardiner, The Ramesseum Papyri, Oxford 1955, S. 17 Abb. 2.

8) A. B. Chace, The Rhind Mathematical Papyrus, Reston 1979 (Classics in Mathematics Education 8).

9) A. Erman, Zeichnungen ägyptischer Künstler griechischer Zeit, Amtliche Berichte aus den königl. Kunstsammlungen 30 (1908–09) S. 198ff.

10) H. Ranke, Koptische Friedhöfe bei Karara und der Amontempel Scheschonks I. bei El Hibe, Berlin, Leipzig 1926, Farbtaf. 1.

LITERATUR

Die in der Papyrologie üblichen Abkürzungen der gängigen Publikationsreihen sind nach der Normierung in der „Checklist of Editions of Greek Papyri and Ostraca," J. F. Oates, R. S. Bagnall, W. H. Willis, BASP Suppl. 1 (Missoula ²1978) zitiert. Man findet sie auch bei J. Hengstl (s. u.).

E. A. Wallis Budge, Amulets and Superstitions (London 1930, Nachdruck New York 1978).

A. B. Chace, The Rind Mathematical Papyrus, Classics in Mathematics Education 8 (Reston 1979).

D. Digbassanis, The Sinai Papyri, in: Proceedings of the XVIIIth International Congress of Papyrology (Athens 1988) I, 71–90.

W. Diem, Arabische Papyrusbriefe I, Corpus Papyrorum Raineri 16 (Wien 1993 [im Druck]).

A. Ermann, Zeichnungen ägyptischer Künstler griechischer Zeit: Amtl. Ber. Königl. Kunstsammlungen 30 (1908/9) 198 ff.

Führer durch die Ausstellung Papyrus Erzherzog Rainer (Wien 1894).

A. Gardner, The Ramesseum Papyri (Oxford 1955).

A. Grohmann, Protokolle, Corpus Papyrorum Raineri 3/2 (Wien 1924).

H. Harrauer – H. Loebenstein, Katalog der Sonderausstellung 100 Jahre Papyrus Erzherzog Rainer (Wien 1983, Nachdruck 1987).

H. Harrauer – P. J. Sijpestein, Neue Texte zum antiken Unterricht, Mitteilungen aus der Papyrussammlung der Österreichischen Nationalbibliothek <Papyrus Erzherzog Rainer>, Neue Serie 15 (Wien 1985).

M. R. M. Hasitzka, Neue Texte und Dokumentation zum Koptisch-Unterricht, Mitteilungen aus der Papyrussammlung der Österreichischen Nationalbibliothek <Papyrus Erzherzog Rainer>, Neue Serie 18 (Wien 1990).

J. Hengstl (Hg.), Griechische Papyri aus Ägypten (München 1978).

U. Horak, Illuminierte Papyri, Pergamente und Papiere I, Pegasus oriens 1 (Wien 1992).

J. v. Karabacek, siehe unter Führer durch die Ausstellung.

H. Loebenstein, Die Papyrussammlung der Österreichischen Nationalbibliothek. Katalog der ständigen Ausstellung (Wien ³1972).

H. Loebenstein – H. Harrauer, Katalog der Sonderausstellung 100 Jahre Papyrus Erzherzog Rainer (Wien 1983, Nachdruck 1987).

G. M. Parassoglou, A Book Illuminator in Byzantine Egypt: Byzantion 44 (1974) 362–366.

H. Ranke, Koptische Friedhöfe bei Karara und der Amontempel Scheschonks I. bei El Hibe (Berlin – Leipzig 1926).

K. Sethe, Dramatische Texte zu altägyptischen Mysterienspielen, Untersuchungen zur Geschichte u. Altertumskunde Ägyptens 10 (Leipzig 1928).

M. Weber, Zur Ausschmückung koptischer Bücher: Enchoria 3 (1973) 53 – 62.

K. Wessely, Textus Graeci papyrorum, qui in libro „Papyrus Erzherzog Rainer – Führer durch die Ausstellung Wien 1894" descripti sunt, Studien zur Paläographie u. Papyruskunde 20 (Leipzig 1921).

KONKORDANZ DER SIGNATUREN

	Inv. Nr.	Kat. Nr.		Inv. Nr.	Kat. Nr.
ACh	7.333	46	G	1.305	22
	8.072	29		1.355	21
	10.188	30		2.003	33
	11.276	19		2.005	50
	11.416	28		2.011	48
	12.150	10		2.052	34
	13.683	27		2.071	35
	16.071	25		2.075	53
	23.619	18		2.252	41
	25.612	26		2.312	14
	25.752	31		2.325	3
				2.326	4
AP	268	9		16.685	13
	572	37		17.195+…	51
	1.053	44		30.501	32
	1.176	36		30.515	24
	1.336V	42		31.974	2
	2.555	38		39.716	45
	3.165	52		39.726	49
	4.236	20		40.172	39
	6.058V	43		40.906	12
	6.327	16			
	8.080	16	K	2.434	11
	15.048	17		9.437	5
APerg	1	8	O.G.	556	47
	8	18			
	27	7	Syr.	5	1
	186	6			
			P.Vindob. Barbara	400	23

KATALOG DER AUSGESTELLTEN OBJEKTE

OBJEKTBESCHREIBUNGEN
Peter Bichler (P. B.)
Kurt Gschwantler
Wolfgang Hahn
Hermann Harrauer (H. H.)
Ulrike Horak (U. H.)
Stefan Nebehay
Erwin M. Ruprechtsberger (E. M. R.)

OBJEKTAUSWAHL
Jawdat Chehade
Erwin M. Ruprechtsberger
REDAKTION
Erwin M. Ruprechtsberger

2 GLASAMPHORISKOS
1. Jahrhundert
Aus dem Kunsthandel 1942
Damaskus, Inv. 4127, AN 59
H 6,7   Mdsdm 2,5 cm
Bräunliches Glas

Das Gefäß gehört zur Gruppe der sidonischen Reliefgläser. Der Körper der kleinen Glasampulle in Form einer Amphore ist mit Rippenbändern und spiralig ineinandergedrehten Ranken verziert. Die Henkel aus durchsichtigem Glas sind gesondert angesetzt. Gefäße dieser Art wurden an den Pilgerstätten mit heiligem Öl oder Wasser gefüllt verkauft.
Vgl.: Berlin – Antike Gläser, 39 Nr. 56 f. Kunstwerke der Antike, Auktion 70, Münzen- u. Medaillen A. G. Basel (1986) 27 Nr. 99 – 102, Abb.

U. H.

1 GLASBECHER
1. Jahrhundert
Geschenk 1919
Damaskus, Inv. 617, AN 61
H 13,8   Mdsdm 15,8   Stfldm 8,4 cm
Farbloses Glas

Der konisch zulaufende Becher besitzt einen breiten Standfuß. Der eine Henkel mit geriffelter Oberfläche ist gesondert angesetzt. Das Glas ist ein Stück guter Qualität in ausgewogener Form, das zeigt, weshalb Glasgefäße aus syrischen Werkstätten in der Antike sehr berühmt waren.
Vgl.: C. Isings, Roman Glass from dated finds (Groningen-Djakarta 1957) 57 f. Nr. 37 (one handled cup, l. Jh.) J. W. Hayes, Glass Ontario Museum, Taf. 14/192, 65 (Syrien, henkellos, 150 – 250 n. Chr.) vgl. die gedrungene Form Taf. 13 Nr. 203 (syr., um 100 n. Chr.) F. Fremersdorf, Römische Gläser aus Köln (Leipzig 1949) Abb. 8 (Becher aus blauem Glas mit Griffhenkel, l. Jh. n. Chr.)   U. H.

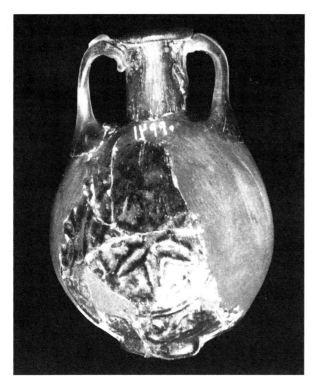 

3 GLASAMPULLE
1./2. Jahrhundert
Aus dem Kunsthandel 1962, vermutlich aus Homs
Damaskus, Inv. 13980, AN 50
H 8   B 5,6   Mdsdm 2,1 cm
Gelbes und braunes Glas, der Körper teilweise ergänzt

Das flache Fläschchen diente zur Aufnahme heiligen Wassers oder Öles aus einer der antiken Pilgerstätten. Der Körper ist mit einer in einen Kreis eingeschriebenen sechsteiligen spitzblättrigen Rosette verziert, die von einem Reliefstreifen, mit spiralig ineinandergedrehten Ranken verziert, eingefaßt wird. Die Henkel sind direkt am Gefäßrand angesetzt; kleiner Standring.
Vgl. F. Neuberg, Antikes Glas (Darmstadt 1962) Abb. 39 (ähnliches Dekor; aus Sidon, 200 n. Chr.) Antikenmuseum Berlin (Berlin 1988) 260 f. Nr. 16 (Syrien ?, 1. Jh. n. Chr.) Gläser der Antike 154 Nr. 436 (Syrien ?, 1. Jh. n. Chr.) Berlin – Antike Gläser, 40 Kat. Nr. 58.   U. H.

4 GLASAMPULLE
1./2. Jahrhundert
Aus dem Kunsthandel 1962, vermutlich aus Hama
Damaskus, o. Inv., AN 51
H 8   B 5,8   Mdsdm 1,7 cm
Blaues Glas mit braunem Muster

Ähnlich Kat. Nr. 3, allerdings sind die Henkel am Hals angesetzt, und die fünf Blätter der Zierrosette sind an den Enden abgerundet. Bei diesem Gefäß wurde die heiße Glasmasse in einen zweiteiligen, mit Muster versehenen Model geblasen, der sich als Relief auf der Glaswand abzeichnete.   U. H.

5 GLASBECHER
1./2. Jahrhundert
Aus dem Kunsthandel 1955
Damaskus, Inv. 7153, AN 65
H 8,3   Mdsdm 12,2 cm
Millefiori-Technik in Blau-, Rot- und Grüntönen. Innen abgedreht, Zapfen ansatzweise vorhanden

Der nach unten konisch zulaufende Glasbecher wird am Rand mit einem Wulst abgeschlossen. An ihn sind drei kleine Henkelösen aus aufgelegten Glasfäden aufgeschmolzen. Bei der Mille fiori-Technik wurden farbige Glasstäbe zusammengeschmolzen, in Scheiben zerschnitten, diese in eine Form nebeneinander gelegt und erneut aneinandergeschmolzen. Dadurch entstand ein mehrfarbiges blumenartiges Muster. In diesem Verfahren hergestelle Gefäße waren sehr kostbar und teuer.
Vgl. A. Negev (Hg.), Archäol. Bibellexikon (1986 bzw. 1991) Artikel „Glas" 160 ff., 162 Abb. 93 (1. Jh. n. Chr.) G. Weiß, Ullstein Gläserbuch (Berlin-Frankfurt a. M. 1966) 46 oben (Alexandria, l. Jh. n. Chr.; gefleckte Schale ohne Henkel) Berlin – Antike Gläser, 29.   U. H.

6 TROPFENBALSAMAR
2./3. Jahrhundert
Aus dem Kunsthandel 1953
Damas, Inv. 6747, AN 62
H 13   Mdsdm 6,5 cm
Farbloses Glas, teils dunkel überzogen

Der beutelförmige Körper ist mit Stacheln, die in kleinen Tropfen enden, überzogen. Der Hals, der in einer weit ausladenden trichterförmigen Öffnung endet, ist gesondert angesetzt. Gefäße dieser Art dienten für die Aufbewahrung kostbarer Öle oder Parfüms. Die verschiedenen Farben bzw. die Konsistenz der Gläser, ob sie durchsichtig oder opak waren, wurde durch die Beigabe von Metalloxyden bei deren Glasschmelze erreicht.   U. H.

Kat.Nr. 6). Auch dieses Balsamar diente zur Aufbewahrung kostbarer parfümierter Öle bzw. Essenzen. Vgl. F. Neuberg, Antikes Glas (Darmstadt 1962) Abb. 67 (gleicher Typus: Sprenkler aus Syrien, 200 – 300 n. Chr.) F. Fremersdorf, Römische Gläser mit Fadenauflage in Köln (Köln 1959) 44, Taf. 44 (Syrien) D. B. Harden, Glass of the Caesars (1987) 133 Nr. 62 (3. Jh.) Antikenmuseum Berlin (Berlin 1988) 262 f. Nr. 49 (Sprenkler, Syrien ?, 2. – 3. Jh. n. Chr.) U. H.

8 GLASGEFÄSS
4./5. Jahrhundert
Schenkung 1919
Damaskus, Inv. 645, AN 63
H 13,2   Mdsdm 6,6   Stfldm 5,6 – 5,8 cm
Opakes Preßglas

7 TROPFENBALSAMAR
2./3. Jahrhundert
Aus dem Kunsthandel 1947
Damaskus, Inv. 5443, AN 64
H 12,5   Mdsdm 6,3   Stfldm 5 cm
Farbloses bis bräunliches Glas

Dieser „Sprenkler" mit beutelförmigem Körper und weit ausladender Halsöffnung ist mit aufgelegten gekrümmten Glasfäden verziert, die diesem Gefäßtypus die Bezeichnung Schlangenfadenglas verleihen, ein Typus, der in Syrien und Ägypten entwickelt wurde. Bei diesem Gefäß sind wie bei Kat. Nr. 6 Hals und Körper gesondert geformt und dann zusammengeschmolzen. Die Reliefverzierung diente neben dem schmückenden Element auch dazu, um ein Aus-der-Hand-Gleiten des kleinen Gefäßes zu verhindern. (Vgl. die stachelartige Verzierung bei

Der Körper des unregelmäßig geformten Glasgefäßes ist sechseckig. Er ist mit Gitter- und Rautenmuster mit eingeschriebenen Kreisen verziert. Am Wulstrand der trichterförmigen Öffnung sind drei Henkel angesetzt. Preßglas wurde dadurch hergestellt, daß man die heiße Glasmasse in eine verzierte Metallform preßte. Diese Technik ist eine spezielle Errungenschaft der hervorragenden syrischen Glasmacher.

Vgl. J. W. Hayes, Glass Ontario Museum, 112 f. Nr. 426 – 427, Taf. 27 (syr.-palästinensisch; 4. Jh.) Age of Spirituality 386 ff. Nr. 354 – 356 (sechseckige Pilgerflaschen, 6./7. Jh.) D. Barag, Glass Pilgrim Vessels from Jerusalem I: Journ. of Glass Stud. 12 (1970) 58 Fig. 6 (kürzerer Hals) 59 Fig. 8. Berlin – Antike Gläser, 43 Kat. Nr. 68 (1. Hälfte 7. Jh.)

U. H.

9 GLASPOKAL
5./6. Jahrhundert
Palmyra, Gräberfeld beim Museum, 1968
Palmyra, Inv. 100/8110, P 1
H 10,8 Dm 9,5 cm
Glas, von einer Sandschicht überzogen, bis auf wenige Fehlstellen erhalten
Lit.: Kh. Assad – E. M. Ruprechtsberger, Palmyra (1987) 141 Abb. 5 links

Das beim Museum von Palmyra freigelegte Gräberfeld aus oströmischer/byzantinischer Zeit erwies sich hinsichtlich der in den Gräbern enthaltenen Beigaben als ergiebig. Von den beigelegten Gläsern sind Pokale erwähnenswert, wie sie für die Spätantike und byzantinische Zeit als charakteristisch gelten. Ob ihnen auch eine liturgische Funktion zugrundeliegt, läßt sich ohne schriftliche Nachrichten oder eindeutigen Fundkontext nicht beantworten, wenngleich ihre einstige Nutzung in christlichem Zusammenhang – in Palmyra gab es in der damaligen Zeit einige Kirchen und somit auch Leute christlichen Glaubens – nicht unwahrscheinlich wäre. Andererseits ist profaner Gebrauch, etwa als Weinpokal, nicht auszuschließen.

Die glockenförmige Kuppa – sie ruht auf einem verhältnismäßig kurzen Fuß – ist typisch für Kelche ab dem 4. Jahrhundert der Form Isings 111, die im Reichsosten und im Donauraum das Spektrum an Glasfunden bereichert.

Vgl. J. W. Hayes, Roman and Pre-Roman Glass in the Royal Ontario Museum (Toronto 1975) 105 Nr. 383, Fig. 11 M. Piccirillo, Madaba. Mt Nebo (Amman 1990) 33 Abb. Art and Holy Powers, 116 Nr. 45 C. Fiskovič, La mémoria et le cimetière paléochrétiens dans l'îlot de Majsan: Starohrvatska prosvjeta 13 (1983) 79/80, Abb. 18 f. A. Opait, Eine Rettungsgrabung in der antiken Stadt Ibida: StC Istor 42 (1991) 21/56, bes. 39 Fig. 11 rechts unten Berlin-Katalog 1992, 96 f. Nr. 21 a, S. 97 Abb. links C. G. Menis, Longobardi d'Italia (Udine 1990) 53 Abb. 50, 59 Abb. 63

E. M. R.

10 GLASPOKAL
5./6. Jahrhundert
Palmyra, Gräberfeld beim Museum, 1967
Palmyra, Inv. 90/8084, P 2
H 7,7   Dm 11 cm
Grünliches Glas
Lit.: Kh. Assad – E. M. Ruprechtsberger, Palmyra (1987) 141 Abb. 5 rechts

Diese eher seltenere Pokalform ist durch den ausladenden Schrägrand und die schüsselartige, relativ seichte Kuppa gekennzeichnet. Diese sitzt auf dem nach oben sich konisch verjüngenden Fuß des Pokals, der in einem der oströmischen/byzantinischen Gräber als Beigabe gehoben wurde.
E. M. R.

11 SPINDELBALSAMAR
5./6. Jahrhundert
Geschenk 1919
Damaskus, Inv. 1054, AN 60
H 28,2   Mdsdm 1,7 cm
Grünlich schimmerndes Glas mit farbigen Auflagen: unten braun, oben grau und rot. Spitze abgebrochen

Spindelbalsamar mit langem Hals und gedelltem Füllkörper, der in einen knaufartigen Ansatz übergeht. Aufgeschmolzene Wellenbandmanschetten – oben in grauen und roten Glasfäden, unten in braunem Farbton – verzieren Knauf und Halszone, während unterhalb der Dellen des Füllkörpers durch schmale Stege verbundene Ovalmotive den Dekor bilden.
Vgl.: J. W. Hayes, Glass Ontario Museum, 108 Nr. 401, Taf. 29 (syr.-paläst., 5./6. Jh.) U. Liepmann, Glas der Antike (Hannover 1982) 79 Nr. 91 (Balsamarium aus Berytus, langer Hals, 4. Jh. [mit weiteren Vergleichsbeispielen]).
U. H.

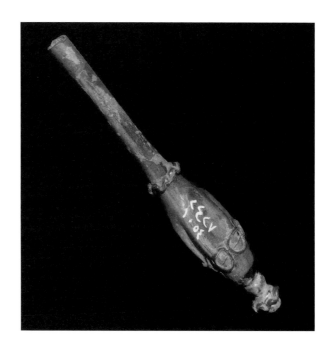

12 GLASFLASCHE
5./7. Jahrhundert
Palmyra, Gräberfeld beim Museum, 1970
Palmyra, Inv. 122/8264, P 3
H 51   Dm 2,6 – 9,2 cm
Grünlich-graues Glas, stellenweise irisierend
Lit.: Kh. Assad – E. M. Ruprechtsberger, Palmyra (1987) 142 Abb. 8

Dieses seltene Beispiel aus syrischer Glasproduktion überrascht durch seine Höhe von einem halben Meter und durch die eigenwillige Form, die an Spindelbalsamare anknüpft. Die Durchmesser von Trichterrand und Standfuß entsprechen einander, der Glaskörper des Balsamars weitet sich nach unten hin bis zum Wandknick.

E. M. R.

13 ALABASTERSCHALE
2./3. Jahrhundert
Wahrscheinlich aus Südsyrien (Hauran)
Aus dem Kunsthandel 1940
Damaskus, Inv. 3597, AN 66
H 9,8   Dm 16   Stfldm 5,5   D 0,5 – 0,6 cm
Heller Alabaster
Lit.: H. Harrauer – H. Taeuber, Inschriften aus Syrien: Tyche 8 (1993) 33 f.

Die geringfügig beschädigte Alabasterschale ist mit drei Ösenhenkeln versehen, die als Hängevorrichtung gedacht gewesen sein mochten. Auf der Höhe der Henkel verläuft ein Inschriftband, dessen sorgfältig ausgeführte Buchstaben mit an den Enden dreieckförmigen Verbreiterungen abgeschlossen sind. Die Inschrift, von der drei Buchstaben durch Beschädigung fehlen, lautet: ΧΗΟΛ ΥΝΠ ΙΩ […]Ω ΦΙΛΙΠΠΟ[Σ] d. i. χῆ Ὀλυμπίῳ [Θε]ῷ Φίλιππος: „Es gieße aus (spende) für den Olympischen Gott Philippos!" Mit dem „Olympischen Gott" ist Zeus, schon in Homers Ilias als „Olympios" apostrophiert, gemeint. Gewöhnlich heißt es Zeus Olympios oder Zeus ho Olympios, außerdem hoi Olympioi theoi (Insc. Olympia V 53, 4 aus 4. n.

Chr.) und theoi Olympioi (IG V 1, 447, 2 aus 161 – 169 n. Chr.). Demnach darf das Gefäß als Trankspendeschale des Philipp für den Olympischen Zeus betrachtet werden.

Vgl. H. Schwabl, Art. Zeus, in: RE Suppl 15 (1978) 993/1411, bes. 1468. H. H. – E. M. R.

14 TONSIEGEL (Gnostisches Emblem)
2./3. Jahrhundert
Ankauf aus dem Kunsthandel 1962
Damaskus, Inv. 13.872, AN 22
Dm 8,2 H 3,4 cm
Lit.: H. Harrauer, ΣΟΥΒΡΟΜ, Abrasax, Jahwe u. a. aus Syrien: Tyche 7 (1992) 42

Das aus festem rotbraunem Ton gearbeitete Siegel ist mit einer griechischen Inschrift versehen, deren vom Grund deutlich abgehobene Buchstaben sich dem Rund des Gegenstandes angleichen: IEHω ΑΡΧΙΓΕΝΗΣ.

Im inneren Kreis stehen die Buchstaben ΧΡΟΝω. Als Deutungsmöglichkeiten gibt es nicht viele. IEHω ist eine der Varianten für Allgott Iao. Er wird als ἀρχιγενής, „Hervorbringer, Schöpfer", bezeichnet. In der Mitte des Siegels stehen wie in einem Monogramm angeordnet die Buchstaben ΧΡΩΝΟ, die sich zu χρόνω(ν) oder (mit Annahme eines durchaus möglichen Fehlers) χώρων gruppieren lassen. Danach wäre der Allgott JAO = Jahwe als Erschaffer der Welt oder der Zeiten apostrophiert.

H. H.

15 ABRASAX-GEMME
2./3. Jahrhundert
Aus dem Kunsthandel 1954
Damaskus, Inv. 7089, AN 41
Dm 3,4 D 0,5 cm. Dunkelbraunes Glas
Lit.: H. Harrauer, ΣΟΥΒΡΟΜ, Abrasax, Jahwe u. a. aus Syrien: Tyche 7 (1992) 41 f.

Dargestellt ist auf der einen Seite der hahnenköpfige Abrasax mit der Beischrift links neben der Figur ΑΒΡΑΣ und rechts daneben ΑΞ, also Αβρασαξ.

Unter den Schlangenfüßen steht ΙΑΩ. Er trägt einen Chiton und ist gegürtet. Die Darstellung des Panzers, den er üblicherweise trägt, ist nicht gut gelungen. Der Rand des Panzers ist wulstartig geworden. Der Hahnenkopf ist mit fünf Strahlen gekrönt. In der Linken hält er einen Schild, in der Rechten eine Peitsche. Es ist dies ein weitverbreitetes Schema der Abrasax-Darstellung. ΙΑΩ wird vom hebräischen Jahwe hergeleitet und tritt besonders im 2./3. Jh. n. Chr. (und darüber hinaus) mit Vorliebe mit Abrasax auf. ΙΑΩ wird aber auch als eine Variante der Vokale gedeutet (in umgruppierter Abfolge sind das der erste, letzte und mittlere Vokal von Α ε η Ι ο ν Ω, also die „Säulen des Alphabets, der Welt"). Der isopsephische „Umrechnungswert" von Abrasax (oder Abraxas) mit 365 = das Jahr, das Weltenjahr ist hinlänglich besprochen. Auf der anderen Seite lesen wir ΜΙΧΑΗΛ / ΟΥΡΙΗΛ / ΣΑΒΑΩ(Θ). Michael und Uriel zählen zu den wichtigsten alttestamentlichen Erzengeln. Sabaoth (mit häufigem Wegfall des θ) ist eine Erweiterung des Jahwe-Namens, die die Universalität des Gottes betont.

Die Funktion der magischen Gemme, deren Komposition einem beliebten Schema folgt – man sprach von den „Abrasax-Gemmen" als einem eigenen Typus –, könnte etwa dem 2./3. Jh. n. Chr. angehören. Ihr Zweck ist nicht speziell definiert, wird also wohl dem Träger universellen Schutz (wie meist) verheißen haben.

War die Abbildung des Abrasax auf Gemmen also durchaus üblich, so muß in dem Zusammenhang auf eine 14,6 cm hohe Bronzestatuette aus Aventicum (Schweiz) hingewiesen werden, die als einziges bislang bekanntes Zeugnis der Kleinplastik den Hahnenköpfigen wiedergibt und deshalb besondere Beachtung verdient; vgl. H. Bögli, Aventicum. La ville romaine et le musée, Guides arch Suisse 19 (1984) 74 Fig. 91 = Spätantike und frühes Christentum, hg. v. H. Beck – P. C. Bol (Frankfurt 1983) 556 Nr. 160. Allgem. vgl. J. Engemann, Zur Verbreitung magischer Übelabwehr in der nichtchristlichen und christlichen Spätantike: Jb A Chr 18 (1975) 22/48 H. Harrauer, siehe oben mit weiteren Literaturangaben. H. H. – E. M. R.

16 GEMME
4./5. Jahrhundert
Aus dem Kunsthandel 1985
Damaskus, Inv. 7085, AN 42
H 3 B 2,2 D 0,4 cm. Grünlich gelbe Glasplatte mit kleiner Ausbruchstelle
Lit.: H. Harrauer, ΣΟΥΒΡΟΜ, Abrasax, Jahwe u. a. aus Syrien: Tyche 7 (1992) 40 f.

Auf der einen Seite sehen wir eine Figur nach links gewendet: Löwenhaupt mit Nimbus und 7 mal 2 Strahlen, nackter Oberkörper, kurzer Rock, Schlangenfüße, Schwert und Palmzweig in den Händen, Mondsichel. Diese Figur entspricht präzise der Gemme Nr. 101 bei Campbell Bonner (Studies in Magical Amulets Chiefly Graeco-Egyptian) und wird zu „Medical Amulets – Stomachic" gezählt. Der Palmzweig gilt, neben dem Siegerzeichen, auch als Symbol der Wiederkehr und des ewigen Lebens. Auf der anderen Seite ist der folgende Text gut zu lesen:

ΣΟΥΒ
ΡΟΜΟ
ΧΩΑΧΑ
ΝΟΝΝ
[..]Α

Der lateinische Text in griechischen Buchstaben ist zu lesen als subrom (= morbus!) hoc ω ac α non noceat. „Die Krankheit schade mit (Hilfe des) ω und

α nicht!" Das Stichwort morbus ist zur besonderen Tarnung und Steigerung der magischen Wirkung von hinten nach vorne geschrieben, ebenso das „Heilmittel", das „ω" und „α".
Vgl. Campell Bonner, Studies in Magical Amulets Chiefly Graeco-Egyptian, University of Michigan Studies. Humanistic Series 49, Nr. 101 (Ann Arbor 1950). H. H.

17 BRONZEGLOCKE
4./6. Jahrhundert
Aus dem Kunsthandel 1951, vermutlich aus Homs
Damaskus, Inv. 6159, AN 58
H 7,3 Dm 6,7 cm

Die gegossene halbkugelige Glocke besitzt einen ösenartigen Ring, an dem sie gehalten oder auch an einem Band befestigt werden konnte. Der Klöppel fehlt. Funktionen konnten mehrere mit diesem Klanginstrument verbunden sein, sie erfassen das Alltagsleben genauso wie Aberglauben, heidnischen oder christlichen Kult. Byzantinische Mosaikdarstellungen weisen auf die Tragweise von Glöckchen hin, die Tiere am Hals trugen. Einen interessanten Aspekt eröffnete ein archäologischer Befund in Gadara in der Dekapolis (Jordanien), wo die Beigabe von Glocken in frühchristlichen und frühislamischen Gräbern nachgewiesen werden konnte.
Vgl. E. M. Ruprechtsberger, Römerzeitliche Funde aus Ovilavis/Wels (I), Quellen und Darstellungen zur Geschichte von Wels 1 (Wels 1988) 36, 56 Anm. 192 – 200 (mit weiterer Literatur) T. Weber, Glockenketten aus einem frühchristlichen Grab zu Gadara in der Dekapolis: Jb Ö Byz 42 (1992) 249/85 G. Avni-U. Dahari, Christian burial caves from the Byzantine period at Luzit, in: Christian Archaeology in the Holy Land, Stud Bibl Franc Coll Maior 36 (Jerusalem 1990) 311 Fig. 10. H. P. L'Orange – P. J. Nordhagen, Mosaik. Von der Antike zum Mittelalter (München 1960) Taf. 78/A. S. Uenze, Die spätantiken Befestigungen von Sadivec (Bulgarien), MBV 43 (München 1992) Taf. 125/20. M.Al-Maqdissi – S. Hussami, Deux hypogées de l'époque byzantine (IVe -VIe s. après J.-C.) dans la région de Doumar: Syria 67 (1990) 465 f. Fig. 6. L'Eufrate e il tempo, 475 Kat. Nr. 406 E. M. R.

18 ALABASTERSPIEGEL
2. Jahrhundert
Palmyra, Grab des Yarhai, Ausgrabung 1935
Damaskus, Inv. 2961, AN 72
H 16,4 B 9 Ausnehmung für das Glas Dm 3,7 cm
Beinfarbener Alabaster

Der roh geformte Spiegelrahmen (die Ecken sind teilweise abgerundet, die Kanten ungleichmäßig geformt) läuft oben giebelartig zu. Der Rand ist mit eingeritzten Punktkreisen und an den Seiten mit Lebensbäumen verziert. Das Spiegelglas wurde in der runden Ausnehmung in der rechteckigen mittleren Vertiefung eingelassen. Die oberen Ecken weisen Löcher in den Einfuhrschlitzen auf, es entsteht der Eindruck, als ob darin eine Art Rahmen zur Befestigung des Spiegelglases eingeschoben wurde. Ein Loch in der Giebelspitze diente zum Aufhängen des Spiegels.

Vergleichbare Stücke aus Palästina sind in verschiedenen Formen ausgeführt und mit verschiedenen Darstellungen verziert. Sie waren auch Grabbeigaben, werden dem magischen Bereich zugeordnet und dienten vielleicht dazu, den Toten vor den Gefahren des Jenseits zu schützen (Selbstverzauberung des Bösen Blicks durch den Spiegel – Schutz vor dem Bösen Blick) – eine Deutung, die sich auch für dieses Stück annehmen läßt.

Das Hauptargument für die Datierung liefern die Fundumstände. Das freigelegte und im Keller des Nationalmuseums Damaskus in Partien wiederaufgebaute Grab des Yarhai wird dem 2. Jahrhundert zugeordnet, dem dann auch die dort aufgefundenen Grabbeigeben angehören. Andererseits wäre die Einbringung des Spiegels im Zuge einer späteren Benutzung des Grabes theoretisch möglich gewesen. Vgl. Art and Holy Powers, 218 Nr. 137 (Syrien/Palästina, 5. Jh.) Age of Spirituality, 388 f. Nr. 357 (Syrien/Palästina, 5. Jh.) Einfache ursprünglich bemalte Holzspiegel mit Griff: M.-H. Rutschowscaya, Catalogue des bois de l'Egypte copte (Paris 1986) 36, Abb. 38 a – c (Ägypten, röm. oder koptisch) Tonspiegel in verschiedenen Formen: F. Petrie, Objects

of Daily Use (London 1927) Taf. 29 (4./5. Jh.) L. Y. Rahmani, Mirror-plaques from a fifth-century A. D. tomb: IEJ 14 (1964) 50 ff., Fig. 4   U. H.

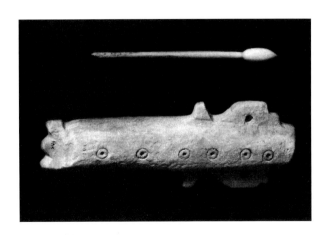

lich nicht überliefert, was auf kulturell bzw. lokal bedingte Verwendung schließen ließe.
Vgl. E. M. Ruprechtsberger, Die römischen Bein- und Bronzenadeln aus den Museen Enns und Linz, Linz AF 8 – 9 (Linz 1978 – 1979) 32 f; Nr. 199 – 222 M. T. Biro, Gorsium bone carvings: Alba Regia 23 (1987) 25/63 M. T. Biro, Bone carvings from Brigetio in the collection of the Hungarian National Museum: Acta Ant Hung 39 (1987) 153/92

U. H. – E. M. R.

19-20 SCHMINKBEHÄLTER
UND HAARNADEL
5./6. Jahrhundert bzw. 3./4. Jahrhundert
Geschenk 1925, vermutlich aus Homs
Damaskus, Inv. 182, AN 73, 74
Schminkbehälter: L 11,1 B 4 Mdsdm 1,1 cm
Alabaster
Haarnadel: L 8,4 D 0,3 cm
Bein

Der roh geformte röhrenförmige Behälter zur Aufbewahrung von dunkler Augenschminke ist mit zwei Ösengriffen zum Aufhängen versehen, sein Boden läuft in drei Zacken aus. Die Oberfläche schmücken eingeritzte Punktkreise.
Vgl. Berlin-Katalog 1992, 188 Nr. 100 a (Behälter aus Holz, 6./7. Jh.) M.-H. Rutschowscaya, Objets de toilette d'epoque copte: La Revue du Louvre et des Musée de France 26 (1976) 1 – 5, Abb. 1 – 3 L. Kötzsche, Reliquienbehälter oder Toilettegerät?: Gesta 18 (1979) 157 – 162, Abb. 1 – 11
Die beinerne Haarnadel – ihr Stiel ist ungleichmäßig ausgeführt – endet in einem spitzovalen, glatten Kopf. Derartige, auf einfache Weise hergestellte Nadeln, die nach Art unserer Haarnadel mit geschmückten Zierkämmen das Haar ordneten und verschönerten, finden sich in beinahe jeder antiken Siedlung, wo sie vor Ort von Beinschnitzern erzeugt wurden. Seltener allerdings sind Prunkstücke aus Gold oder Silber bezeugt, die reiche Damen trugen. Auf palmyrenischen Reliefs sind Haarnadeln bild-

21 ROSETTENFIBEL
2./3. Jahrhundert
Aus dem Kunsthandel 1936
Damaskus, Inv. 3099, AN 45
Dm 6,2 H 1,2 cm
Bronze mit roten und weißen Emaileinlagen aus Glasfluß

Gewandspangen in Rosettenform dürften wohl auf viele Benutzer und Betrachter ob ihrer Buntheit ansprechender gewirkt haben als die meisten der damals üblichen Fibeln, die in der wissenschaftlichen Literatur in zahlreiche Typen zusammengefaßt sind. Reliefdarstellungen palmyrenischer Damen überliefern ein reiches Repertoire an Schmuck und Schmuckformen, u. a. auch Rundbroschen vergleichbaren Aussehens, die Vorbildern aus Gold mit Edelsteineinlagen nachempfunden waren, in bestimmten Fällen aber durchaus auch mit Rosettenfi-

beln obiger Machart identifiziert werden könnten. Fibeln wurden in sämtlichen Randgebieten des Römischen Reiches häufig verwendet und spiegeln auch die Trachtengewohnheiten der jeweiligen Gebiete wider, wo sie getragen zu werden pflegten.
Vgl. E. Bonis – I. Sellye, Römerzeitliche emaillierte Gegenstände des Ungarischen Nationalmuseums (Budapest 1988) bes. Taf. 31, Abb. 1 – 2 J. Garbsch, Römischer Gewandschmuck in Bayern, Kalender der Bayerischen Handelsbank 1992, Blatt 1 (mit Erläuterungen) B. Deppert-Lippitz, Die Bedeutung der palmyrenischen Grabreliefs für die Kenntnis römischen Schmucks, in: Palmyra (1987) 179/92. J. Chehade, Zu Schmuckdarstellungen auf palmyrenischen Grabreliefs: Ebd. 193/99 (mit jeweils weiteren Literaturangaben).   E. M. R.

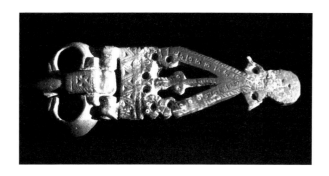

22 GÜRTELSCHNALLE
7. Jahrhundert
Palmyra, Ausgrabung im Diokletianslager 1978
Palmyra, Inv. 161/8791, P 6
L 7,2 B 3,3 cm
Bronze
Lit.: Kh. Assad – E. M. Ruprechtsberger, Palmyra (1987) 143 Abb. 11

Außer dem glatten, nierenförmigen Bügel sind die übrigen Teile des Beschlages verziert. Am Dornansatz bilden eine Reihe schräger Kerben und vier in Kreuzform angeordnete Dreiecke den Dekor, der am dreieckigen Gegenbeschlag die gesamte Oberfläche überzieht, bereichert um Zickzackmuster und Kreise, die auch am schmalen Zwischensteg angebracht sind. Das tropfenförmige Ende zeigt, gleichsam dem Dorn gegenübergestellt, wiederum eine zu einem Kreuz zusammengeschlossene Ornamentgruppe. Gürtelschnallen dieser Form – J. Werner hat sie erstmals zum Typus Korinth zusammengefaßt – kommen im östlichen Teil des byzantinischen Reiches, im Schwarzmeergebiet und auch auf Sizilien und Sardinien vor, ihre Herstellung erfolgte demnach in verschiedenen Werkstätten, von denen welche in Konstantinopel, Kleinasien und Syrien anzunehmen sind.
Vgl. J. Werner, Byzantinische Gürtelschnallen des 6. und 7. Jahrhunderts aus der Sammlung Diergardt: Köln Jb V Früh Gesch 1 (1955) 36/48, bes. 43, 47 Karte 2 (Verbreitung) O. v. Hessen, Byzantinische Schnallen aus Sardinien im Museo Archeologico zu Turin, in: Studien zur vor- und frühgesch. Archäologie, FS f. J. Werner II (München 1974) 545/57, bes. 550 Abb. 3, 555 M. Schulze-Dörlamm, Neuerwerbungen für die Sammlungen: Jb Z Mus Mainz 32 (1985) 731 Abb. 43 oben Mitte   E. M. R.

23 GÜRTELSCHNALLE
6. Jahrhundert
Tadmor/Neu-Palmyra nahe dem Museum bei Kanalgrabungen gefunden Palmyra, Inv. 109/7562, P 7
L 4,4 B 2,6 cm
Bronze
Lit.: Kh. Assad – E. M. Ruprechtsberger, Palmyra (1987) 143 Abb. 11 unten

Die Schnallenform zählt zu einer der am häufigsten belegbaren inner- und außerhalb des byzantinischen

Reichsgebietes. J. Werner hat sie unter der Bezeichnung „Sucidava-Schnallen" zusammengestellt und ihr Verbreitungsgebiet umrissen. Als Kennzeichen dieser Schnallen gilt die Schildform der Beschlagplatte samt Ausnehmungen, die den Umriß eines gleichschenkeligen Kreuzes, von Ellipsen, Kreisen oder des Halbmondes bilden.

Vgl. J. Werner, Gürtelschnallen, bes. 42 f., 46 Karte 1 (Verbreitung). R. R. Heitel, Die wichtigsten Ergebnisse der in der SW-Zone der Burg von Alba Iulia durchgeführten archäologischen Ausgrabungen: StC Istor 37 (1986) 233/48, bes. 236 Fig. 2/1, 4/3. I. Barnea, Les monuments paléochretiens de Roumaine (Roma 1977) 231 Fig. 89/5 – 9, 246 Fig. 99/3 – 6. N. Gudea, I. Ghiurco, Aus der Geschichte des Christentums bei den Rumänen (Oradea 1988) Taf. 18/1 – 5; 37/1 – 4, 13 – 15). Z. Vinski, Betrachtungen zu den Grabungen in Knin: Starohrvatska prosvjeta III 19 (Split 1989) 5/73, bes. 64 Taf. 15/5. Resafa I, Abb. 17/3, Taf. 9/14. A. Opait, Eine Rettungsgrabung in der antiken Stadt Ibida: StC Istor 42 (1991) 21/56, bes. 46 Fig. 18, 48 Fig. 19. V. Varsik, Byzantinische Gürtelschnallen im mittleren und unteren Donauraum im 6. und 7. Jahrhundert: Slov A 40 (1992) 77/108, 99 Taf. 1 (Dort als Niederdonau-Gruppe 1 bezeichnet). Verbreitungskarte 104 Taf. 6 J. Werner, Byzantinischer Trachtzubehör des 6. Jahrhunderts aus Heraclea Lyncestis und Caričin Grad: Starinar Beograd 40/41 (1989/90) 273/75, Abb. 1/2 = Ders., in: S. Uenze, Die spätantiken Befestigungen von Sadovec (Bulgarien), MBV 43 (München 1992) 589/94. U. Ibler, Pannonische Gürtelschnallen des späten 6. und 7. Jahrhunderts: AVes 43 (1992) 135/48, Typ 1, 136 Abb. 1/13   E. M. R.

24 GÜRTELSCHNALLE
6./7. Jahrhundert
Palmyra, Gräberfeld beim Museum, 1967
Palmyra, Inv. 133/8086, P 4
L 6,2   B 3,3 cm
Bronze mit Patina
Lit.: Kh. Assad – E. M. Ruprechtsberger, Palmyra (1987) 143 Abb. 10 links

Die bronzene Gürtelschnalle mit Kreisaugenzier und ovalem Bügel gibt einen Typus wieder, der in der östlichen Hälfte des byzantinischen Reiches im 6./7. Jahrhundert üblich war.

Vgl. I. P. Zasetzkaya, Relative Chronology of the Burials of Bosporus Necropolis. Late Classical-Early Medieval Period (4. – 7. Jh.): A Sbor Leningrad 30 (1990) 97/106, bes. 98/55 V. Varsik, Byzantinische Gürtelschnallen im mittleren und unteren Donauraum im 6. und 7. Jahrhundert: Slov A 40 (1992) 77/106, bes. 102 Taf. 4, Verbreitungskarte 105 Taf. 9 (Dort als Schnallen der pannonischen Gruppe 1 bezeichnet).   E. M. R.

tatsächlich entsprach, ist letztlich nicht beweisbar, wenngleich der frühmittelalterliche Tierstil eine seiner Komponenten im Osten hat. E. M. R.

26 SCHARNIERBESCHLAG
7. Jahrhundert
Aus dem Kunsthandel 1934
Damaskus, Inv. 2569, AN 46
L 5,6 B 1,9 H 1,15 cm. Versilberte Bronze

Das zungenförmige Beschlagstück war mittels eines Scharniers mit der Schnalle verbunden. Die gediegene Verzierung besteht aus Perlstabmotiven entlang des Randes und Spiralornamentik mit runden

25 GÜRTELSCHNALLE
6./7. Jahrhundert
Palmyra, Gräberfeld beim Museum, 1967
Palmyra, Inv. 132/8085, P 5
L 5 B 3,3 cm
Bronze mit stellenweise vorhandener Schmutzpatina
Lit.: Kh. Assad – E. M. Ruprechtsberger, Palmyra (1987) 143 Abb. 10 rechts

Mit einiger Phantasie könnte man im Schnallenbeschlag einen abstrahierten Tierkopf sehen, den – von der Kontur des Umrisses beurteilt – einer Raubkatze. Ob dies der Intention des Bronzegießers

Dolden, die in ihrer Komposition an Weintraubenmotive erinnern. Drei nebeneinander angeordnete Perlmedaillons umschreiben jeweils ein gleichschenkeliges Kreuz (ein sog. Weihekreuz), in dem seinerseits ein weiteres Kreuzmotiv eingraviert ist. Das untere Ende des Beschlagstückes markiert ein exzentrisch aufgelöteter Zierknopf.
Ausführung und Material weisen das christlich akzentuierte Beschlagstück den Vertretern der gehobenen Güteklasse zu. Formenkundlich betrachtet zählen dazu auch jene Bronzebeschläge, die besonders im ostmediterranen Raum vom 6. bis 8. Jahrhundert nachgewiesen werden können und durch gut

vergleichbare Exemplare des 7. Jahrhunderts aus Westanatolien vertreten sind.
Vgl. M. Schulze-Dörrlamm, Neuerwerbungen für die Sammlungen: Jb Z Mus Mainz 32 (1985) 730/33, bes. 731 Abb. 43 (unten rechts) Ebd. 36 (1989) 787 Abb. 78/3, 5. C. Balint, Kontakte zwischen Iran, Byzanz und der Steppe. Das Grab von Üc Tepe (Sowj. Azerbajdžan) und der beschlagverzierten Gürtel im 6. und 7. Jahrhundert, in: Awarenforschungen I, hg. v. F. Daim (Wien 1992) 309/496. J. Werner, Eine goldene byzantinische Gürtelschnalle in der Prähistorischen Staatssammlung München: BayVgBl 53 (1988) 301/8, Taf. 51 f. G. Zahlhaas, Schmuck der Antike aus einer norddeutschen Privatsammlung, Prähist Staatsslg München Kat. 20 (1991) 56 Nr. 76.   E. M. R.

Dieser Model diente zur Ausformung des tropfenförmigen Lampenoberteils. An der Stelle der Einfüllöffnung ist ein vierblättriges Kleeblatt erkennbar. Der Rand des Models ist mit einer Reliefleiste mit Kreisen mit Kreuzmotiv, Rauten mit Vierblatt und Rauten mit astartigen Pflanzen gefüllt, verziert. Unter den vielen erhaltenen Öllampen findet sich keine, die dasselbe Muster aufweist.
Vgl.: Land des Baal, 246 Nr. 227 (Lampenmodel mit anderer Musterung, 5./6. Jh.) A. Ennabli, Lampes chrétiennes de Tunisie (Paris 1976) (viele Beispiele für Öllampen mit verziertem Rand.)   U. H.

27 LAMPENMODEL
5./7. Jahrhundert
Aus dem Kunsthandel 1975
Damaskus, Inv. 24021, AN 26
L 14,9 H 5,5 cm. L der zu formenden Lampe 10,8, B 8 cm
Hellbrauner sandfarbener Ton
Lit.: Damas-Museum 2 (1976) 146. Damas-Concise guide 138

28 ÖLLAMPE
4./5. Jahrhundert
Aus dem Kunsthandel 1924, nahe von Nebk ca. 80 km nördlich von Damas gefunden
Damaskus, Inv. 442, AN 24
L 8,5 H 3,3 cm
Ton
Lit.: Damas-Museum 2 (1976) 145. J. Modrzewska, Studio iconologico delle lucerne siro-palestinesi del IV – VII sec. d. C., RdA Suppl. 4 (Roma 1988) 38, Taf. 43/1

Die ovale Öllampe ist um die Einfüllöffnung mit einem Mäanderband verziert. Oberhalb ist ein Kreuz mit gleichlangen Armen, in das ein weiteres mit gegabelten Enden eingeschrieben ist, zu sehen. Unten erkennt man ein stilisiertes ω. Damit wäre das Kreuz als Äquivalent für α, den Anfang, definiert.   U. H.

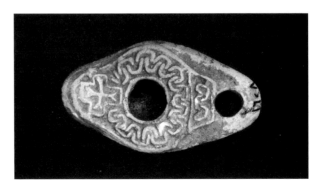

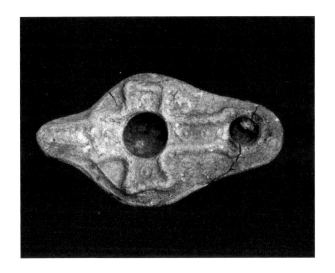 

29 ÖLLAMPE
4./5. Jahrhundert
Aus dem Kunsthandel 1954
Damaskus, Inv. 7126, AN 25
L 10,5   H 4,4 cm
Ton. Sprünge und Bruchstellen an der Dochtöffnung
Lit.: Damas-Museum 2 (1976) 145. Damas-Concise guide 138

Diese Lampe ist ebenfalls oval, der Griff wurde ausgeformt. Die Öffnung zum Einfüllen des Öls bildet den Mittelpunkt eines plastisch geformten Kreuzes, dessen Balken mit Punktkreisen verziert sind. Ein Kreuzbalken ist bis zur Dochtöffnung hin verlängert. Die Vergrößerung des Kreuzes zur objektdominierenden Darstellung ist bemerkenswert.
Vgl. F. Forrer, Die frühchristlichen Alterthümer aus dem Gräberfelde von Achmim-Panopolis (Straßburg i. E. 1893) Taf. 3/1.2.3.12.15 (Achmim-Panopolis, Öllampen mit unterschiedlichen Kreuzformen verziert, 4. – 6. Jh.) D. M. Bailey, Greek and Roman Pottery Lamps (Oxford 1972) Taf. 12 c (Ägypten, 3./4. Jh.) A. Ennabli, Lampes chrétiennes de Tunisie (Paris 1976) Taf. 61 f. (Verschiedene Kreuzformen als Schmuck, bes. Taf. 62 Nr. 1166: Großes Kreuz mit Ölöffnung als Mittelpunkt, 4./5. Jh.?)   U. H.

30 ÖLLAMPE
3./6. Jahrhundert
Ankauf in Alexandria
Stadtmus. Linz, Inv. 1993.22 (Schenkung H. Z.), Z 3
L 8,12   B 6,5   H 3,2 cm
Rotbrauner Ton. Keine Rußspuren feststellbar

Das vorliegende Exemplar zählt zur Gruppe der ägyptischen Froschlampen: Die Oberseite zeigt die abstrahierte Abbildung einer Kröte oder eines Frosches, dessen Körper durch parallele Punktreihen gekennzeichnet ist. Der Frosch galt im ägyptischen Kulturkreis als Symbol der Auferstehung, ansonst wurde er in eher pejorativem Sinn gesehen: P. Gerlach, Art. Kröte, Frosch: LCI 2 (1970 bzw. 1990) 678. Das Stück gehört zu jenen koptischen Lampen, deren Schnauze vom Füllbehälter markant abgesetzt ist.
Vgl. G. Ristow, Das Frosch- und Krötenmotiv auf koptischen Tonlampen in der frühchristlich-byzantinischen Sammlung: FuB 3/4 (1961) 60/9, bes. 65 Abb. 15. M. Kunze, Die Tonlampen im Ägyptischen Museum: FuB 14 (1972) 91/103, bes. Taf. 11 Nr. 26 – 28. L. A. Shier, Terracotta Lamps from Karanis, Egypt (1978). E. M. Ruprechtsberger, Die Archäologische Sammlung im Stift St. Florian (Linz 1986) 67 f. Nr. 161 (mit weiteren Hinweisen).   E. M. R.

31 ÖLLAMPE
3./6. Jahrhundert
Ankauf in Alexandria
Stadtmus. Linz, Inv. 1993.23 (Schenkung H. Z.), Z 4
L 7   B 5,86   H 3,1 cm
Brauner Ton orange überfangen. Am Dochtloch geringe Spuren einer Schmauchung

Ägyptische Froschlampe mit ähnlicher Reliefdarstellung wie Kat. Nr. 30   E. M. R.

32 LAMPENGRIFF IN KREUZFORM
6./7. Jahrhundert
Damaskus, Inv. 10.210, AN 21
L 4,7   B 3,8 cm

In Modeln hergestellte Tonlampen spätantiker/byzantinischer Zeit sind bisweilen mit Kreuzornamenten versehen oder haben einen Griff (Handhabe) in Form eines gleichschenkligen Kreuzes, das – wie das vorliegende – mit einem Reliefband gesäumt und im Inneren mit erhabener Kreis- und paarweise gesetzter Punktornamentik verziert ist. Eine vollständige Lampe mit sehr ähnlichem Kreuzaufsatz wurde im Hauran gefunden und in das 7. Jahrhundert datiert.

Vgl. Land des Baal, 245 Nr. 226 = I. Modrzewska, Studio iconologico delle lucerne siro – palestinesi del IV – VII sec. d. C., Rd A Suppl 4 (Roma 1988) Taf. 42/1 Zu syrischen Lampen allgemein: J. J. Dobbins, Terracotta Lamps of the Roman Province of Syria, 2 Bde (Diss. Ann Arbor, Michigan 1977) [1983].   E. M. R.

33 ÖLLAMPE
7. Jahrhundert
Ankauf in Alexandria
Stadtmus. Linz, Inv. 1993.24 (Schenkung H. Z.), Z 5
L 9,5   B 6,4   H 4,5 cm
Brauner Ton mit weißen Kalkeinschlüssen. Keine Rußspuren feststellbar

Spitzovale mit kurzem, knubbenartigem Griff versehene Lampe mit Punkt-, Rosetten- und Girlandendekor an der Oberfläche. Das Dochtloch liegt exzentrisch von der Symmetrieachse. Am Lampenboden sieht man ein einem Wulstkreis eingeschriebenes Krückenkreuz. Lampen gleicher Form und Verzierung wurden beim Menas-Heiligtum serienmäßig hergestellt, vgl. C. M. Kaufmann, Die hl. Stadt der Wüste (4. Aufl. Kempten 1924) 200, Abb. 174 (2. Reihe links), während Gerasa (Jordanien) und andere Orte den Bedarf an Lichtspendern aus Ton im arabisch-syrischen Raum abdeckten. Vgl. J. P. Sodini – E.Villeneuve et al., Le passage de la céramique Byzantine à la céramique Omeyyade, in: La Syrie de Byzance à l'Islam, ed. par P. Canivet – J.-P. Rey-Coquais (Damas 1992) bes. 210 f., Fig. 12/10. I. Modrzewska, Studio iconologico delle lucerne Siro-Palestinesi del IV – VII sec. d. C., RdA Suppl 4 (Roma 1988) Taf. 27/3.   E. M. R.

34 PFAUENLAMPE
5./6. Jahrhundert
Aus dem Kunsthandel 1950
Damaskus, Inv. 6131, AN 56
L 10 H 7,2 cm. Bronze
Lit.: Damas-Museum 2 (1976) 146. Damas-Concise guide 138

Zahlreiche Öllampen in Pfauenform haben sich erhalten. In der christlichen Ikonographie ist der Pfau ein Symbol der Unsterblichkeit, des ewigen Lebens. Der Vogel ist sorgfältig ausgeführt mit dem gedrungenen Körper, dem kleinen Kopf mit gekrümmtem Schnabel und Pfauenkrone. Die Flügelfedern und die Augen sind sehr naturalistisch durch Ritzung angegeben. Die Dochtöffnung ist im Schweif ausgespart. Lampen dieses Typus wurden entweder aufgehängt oder wie hier auf einem Bronzeständer aufgestellt. Der Deckel, der das Fülloch für das Öl verschloß, fehlt.
Vgl. J. Strzygowski, Koptische Kunst (Vienne 1904) Taf. 33. Frühchristliche und byzantinische Kleinkunst (Mainz 1954) Taf. 5 (4./5. Jh.) M. C. Ross, Byzantine Peacock Lamps: Archaeology 13 (1960) 134/136 Byz. and early mediaeval antiquities in the Dumbarton Oaks Collection I, Taf. 28 Nr. 41 (6./7. Jh.). Art and Holy Powers 67 Nr. 14 (6. Jh.). Land des Baal, 251 Nr. 233. Zum Pfau generell: H. Lother, Der Pfau in der altchristlichen Kunst (Leipzig 1929).
U. H.

35 BRONZELAMPE
5./6. Jahrhundert
Aus dem Kunsthandel 1950
Damaskus, Inv. 10325, AN 52
L 16 H 8,7 cm

Der schlanke Lampenkörper endet in einer runden Dochtöffnung. Der Deckel ist mit einem hohen gegliederten Knauf versehen. Elegant geschwungene, an den Enden spiralig eingedreht verbundene Henkel, die in der Mitte von einem schlanken Kreuz bekrönt werden, bilden den Griff. Der Griff ist Pflanzenranken nachempfunden; dieser Typus findet sich in verschiedenen Ausformungen. Die quadratische Ausnehmung am Boden zeigt, daß die Lampe ursprünglich auf einem Ständer aufgestellt war.
Vgl. Frühchristliche und koptische Kunst, 120 Nr. 352, Abb. 80 (5./6. Jh.) Byz. and early mediaeval antiquities in the Dumbarton Oaks Collection I, Taf. 28 Nr. 38 (Lampe mit zwei Dochtöffnungen und Lam-

penständer, 6. Jh.) Age of Spirituality 620 Nr. 556 (Syrien/Konstantinopel, Lampe mit zwei Dochtöffnungen, 5./6. Jh.) Art and Holy Powers 70 Nr. 16 (Lampe mit Rankenhenkel mit Vogel und Lampenständer, 5./6. Jh.). U. H.

36 BRONZELAMPE
5./6. Jahrhundert
Aus dem Kunsthandel 1941, vermutlich aus Hama Damaskus, Inv. 4067, AN 53
L 16 H 9 (mit Kreuz) Lampenkörper H 2,8 cm

Diese Lampe war auf einem Ständer aufgestellt, da sie eine quadratische Ausnehmung im Boden besitzt. Der Lampenkörper ist beidseitig mit zwei zangenartigen Gebilden geschmückt. Die Öffnung für den Docht befindet sich in einer konkaven Vertiefung. Das Einfüllloch ist mit einem flachen Deckel mit Knauf verschlossen. Den Griff verziert ein Kreuz mit sich verbreiternden Kreuzarmen, die an den Ecken mit kleinen Kreisen abgeschlossen werden.
Vgl. Byzantium at Princeton, ed. by S. Curčic u. A. St. Clair (Princeton 1986) 77 Nr. 58 (6. Jh.) A. de Waal, Altchristliche Bronzelampen: Röm Qu Schr. 9 (1895) 309 – 311, Taf. 5 – 6/A. C (C ebenfalls für Aufstellung auf Ständer). U. H.

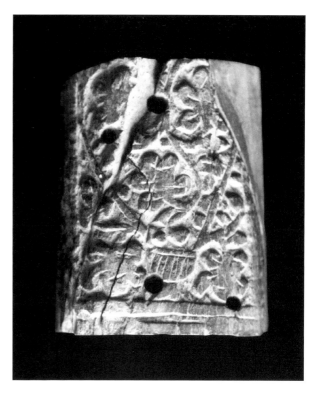

37 BRONZELAMPE
6. Jahrhundert
Aus dem Kunsthandel 1941, vermutlich aus Hama
Damaskus, Inv. 4068, AN 54
L 8   H 5   Lampenkörper H 2,3 cm

Auffallend an der kleinen Bronzelampe mit dem runden Körper ist der Deckel mit einem Knauf in Form eines Stierkopfes mit stark gebogenen Hörnern. Der Griff ist wiederum (vgl. Kat. Nr. 36) mit einem Kreuz verziert. Im Gegensatz zu dieser Lampe besitzt das hier beschriebene Stück allerdings zwei Dochtlöcher.
Vgl. Frühchristliche und byzantinische Kleinkunst (Mainz 1954) Taf. 4 (4./5. Jh.) Berlin-Katalog 1992, 100 Nr. 24.   U. H.

38 BEINBESCHLAG
6./7. Jahrhundert
Ankauf in Alexandria
Stadtmus. Linz, Inv. 1993.33 (Schenkung H. Z.), Z 13
H 7,7   B 6   D 0,3 – 0,6 cm

Aus einem Kantharos wachsendes, üppig wucherndes Ranken- und Blattwerk überzieht in flachem Relief die gesamte erhalten gebliebene Oberfläche des gewölbten Tierknochens. Vier runde Ausnehmungen dienten der ursprünglichen Fixierung an einer Unterlage. Das Motiv des Kantharos stellt die Beliebtheit eines Dekorelements unter Beweis, das die byzantinische Mosaikkunst genauso prägte wie Reliefs aus spätantiker und omaijadischer Zeit, vgl. Kat. Nr. 68, 97.   E. M. R.

39 BEINBESCHLAG
6./7. Jahrhundert
Ankauf in Alexandria
Stadtmus. Linz, Inv. 1993.34 (Schenkung H. Z.), Z 14
H 12   B 3,8   D 0,4 – 1 cm

Leicht gewölbter Tierknochen – das spongiose Gefüge wird an der Rückseite sichtbar – mit Ranken- und Weinblattdekor, der aus einem Kantharos emporwächst. Der Verwendungszweck des an einer Stelle rund durchbohrten Beinbeschlags kann nicht näher definiert werden. Möglicherweise verzierte er ein Möbelstück. E. M. R.

40 BEINBESCHLAG
6./7. Jahrhundert
Ankauf in Alexandria
Stadtmus. Linz, Inv. 1993.35 (Schenkung H. Z.), Z 15
H 11,1   B 2,8   D 0,4 – 0,5 cm

Von den beiden anderen hier gezeigten Beinbeschlägen unterscheidet sich dieser durch seinen allzu schematisch und oberflächlich ausgeführten Dekor, der in seinem oberen Abschnitt mehr eingeritzt als reliefiert ist. Die Verzierung in Form von breiten, Blätter umschließenden Girlanden beschränkt sich auf einen schmalen, von Stegen beidseitig begrenzten Bildstreifen. E. M. R.

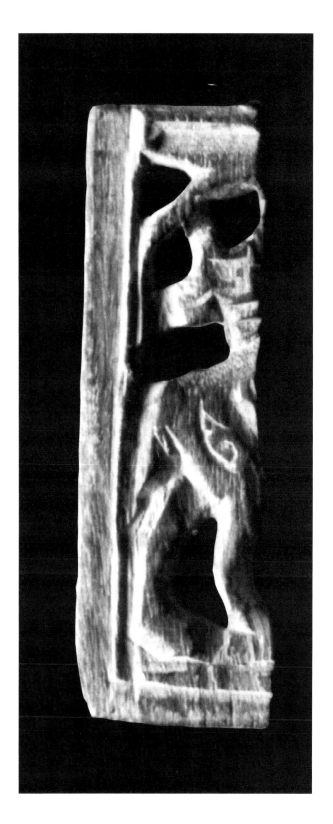

41 BEINBESCHLAG
6./7. Jahrhundert
Ankauf in Alexandria
Stadtmus. Linz, Inv. 1993.32 (Schenkung H. Z.), Z 12
H 6,2   B 2,1   D 0,2 – 0,6 cm

Das aus einem Tierknochen hergestellte Stück – es diente vielleicht als Beschlag auf Leder oder Holz – bildet einen rechteckigen Rahmen mit der Darstellung eines Maultiers oder Pferdes samt Reiter, dessen Arm nach oben abgewinkelt ist. Seine Hand hält einen dünnen, gebogenen Gegenstand. Der fragmentarische Zustand des Objekts läßt die vermutungsweise geäußerte Deutung, es könnte hier der reitende Christus abgebildet gewesen sein (vgl. Berlin-Katalog 1992, 179 f. Nr. 94), offen. Hinsichtlich der Funktion des Beinobjektes wäre eine solche als Gürtelbeschlag, wofür auch die Maße sprächen, nicht auszuschließen. Knochenschnallen wurden auf dem europäischen Kontinent etwa in Südfrankreich hergestellt, das leicht greifbare Material wurde sicherlich auch anderswo für diese und ähnliche Verwendungszwecke häufig genutzt: Vgl. J. Werner, Zu den Knochenschnallen und den Reliquiarschnallen des 6. Jahrhunderts, in: Die Ausgrabungen in St. Ulrich und Afra in Augsburg 1961 – 1968, hg. v. J. Werner, MBV 23 (München 1977) 275/351, Taf. 85 – 109. W. Menghin, Frühgeschichte Bayerns (Stuttgart 1990) Taf. 39.   E. M. R.

42 KAISERPORTRÄT
4. Jahrhundert
Aus Sfire, östlich von Aleppo in der Gegend von Antiochia, 1931
Damaskus, Inv. 1689, AN 82
H 56 B 33 cm
Marmor. Beschädigungen über größere Partien des Gesichtes. Rückseite schalenartig ausgehöhlt, das Schädeldach blieb unbearbeitet, da vom Betrachter aus nicht sichtbar
Lit.: J. Kollwitz: AAS 1 (1951) 201 Abb. 1–2

Die isolierte Stellung des überlebensgroßen Porträts aus Nordsyrien machte eine nähere stilistische Interpretation erforderlich, deren Ergebnisse Wilhelm Sydow Seite 158 ff. darlegt. Demnach läßt sich der Kopf – im Anschluß an die von J. Kollwitz seinerzeit geäußerte Meinung – als Porträt des Kaisers Theodosius I aus der Zeit um 380 n. Chr., allem Anschein nach als ein Werk örtlicher Provenienz interpretieren.

E. M. R.

43 GRABSTEIN MIT INSCHRIFT
24. 3. 535
Tadmor/Neu-Palmyra, Ostteil der Stadt 1965
Palmyra, Inv. A 1376/7931, P 8
H 64 B 51 D 13 – 14 cm
Grauer Kalkstein
Lit.: Z. Barkowski, A new Christian stela from Palmyra, in: Mélanges à K. Michalowski (Warszawa

1966) 311 f. H. Harrauer – H. Taeuber, Inschriften aus Syrien: Tyche 8 (1993) 32 f.

Die Oberfläche des Steines war rot überfärbt, Spuren davon haben sich noch erhalten. Das mittig eingemeißelte Astkreuz umgeben die ungelenken Buchstaben der auf den 24. 3. 535 datierten Inschrift des Symeon.

1	Συμε	ωνος	Συμεῶνος
2	Ιω	ανου	Ἰωάν(ν)ου
3	ο θεος	αναπαυσον	ὁ θεὸς ἀνάπαυσον
4	την ψ	υχην αυτον	τὴν ψυχὴν αὐτοῦ
5	εθαψ/μ̄Δυστρ/ δκ τ μς		ἐθάφ(θη) μη(νὶ) Δύστς(ου) δκ τ(οῦ) ζμ̄
6	ω ετους ινδικ/γι †		ω ἔτους ἰνδικ(τίωνος) γι †

„(Grab des) Symeon, Sohn des Johannes. Gott, gibt seiner Seele Ruhe. Eingeritzt im Monat Dystros am 24. im Jahr 846 Indiktion 13. †"

Die Namen Symeon und Johannes sind zwar kommune Namen der Zeit, selbst in anderen Teilen des byzantinischen Reiches. Aber in Syrien war dem hl. Symeon eine hochbedeutende Basilika geweiht, was sich auf die Verbreitung des Namens im Land ausgewirkt hat.

Die Wendung ὁ θεὸς ἀνάπαυσον τὴν ψυχὴν αὐτοῦ ist übliches Repertoire. Man erwartet als weitere Angabe noch das Todesdatum oder die Lebensjahre. Statt dessen ist hier, wenn Lesung und Deutung nicht in die Irre gehen, der Tag der Errichtung des Grabdenkmales angegeben.

Paläographisch höchst bemerkenswert ist die klare Kursivform des η. Sie weist vielleicht auf jemanden, der mit dieser Schrift gut umzugehen verstand, im Stein seine Probleme, materialbedingt, hat, sein Metier aber nicht verleugnen kann.

Δύστρου, in der krakeligen Schrift nicht sehr klar zu entziffern, ist ein makedonischer Monatsname. Der makedonische Kalender war in Syrien üblich: s. J. Jarry, Datierungsprobleme in Nordsyrien: Tyche 3 (1988) 129 – 134. Für die Jahreszählung (hier: „Jahr 846") bediente man sich in Syrien der seleukidischen Ära, die mit 312/311 v. Chr. anfing. Zusätzlich gab man als Jahreszahl auch das eben aktuelle Jahr des Steuerzyklus („Indiktionsjahr") an.

Die weiteren Details zur Inschrift werden in Tyche 8 (1993) besprochen. Das Astkreuz kann auf Grabstelen, Steinen, Ziegeln und anderen Materialien häufig nachgewiesen werden. Daß der Blick des einstigen Betrachters der Stele zuerst auf das Kreuz gelenkt wurde, machen die sorgfältige Ausführung und Position klar erkennbar: Balken und Enden des Kreuzes sind breiter und tiefer eingekerbt als die Buchstaben der Inschrift.

Vgl. M. Piccirillo, Un iscrizione imperiale alcune stele funerarie di Madaba e di Kerak: Lib A 39 (1989) 105/18, 113 Abb. U. Schwegler, Schalen- und Zeichensteine der Schweiz, Antiqua 22 (Basel 1992) 101 Tab. 8 Nr. 13. H. H. – E. M. R.

44 GRABSTEIN
6. Jahrhundert
Tadmor/Neu-Palmyra, Hauptstraße, während der französischen Mandatszeit gefunden
Palmyra, Inv. 3/A 5, P 9
H 50 B 37 D 13 cm
Grauer Kalkstein mit deutlichen Schrämspuren
Lit.: H. Harrauer – H. Taeuber, Inschriften aus Syrien: Tyche 8 (1993) 31 f.

Den oberen Abschnitt der Steinoberfläche nimmt ein eingeritzter Rahmen mit je einer spitzen Ausbuchtung an den Seiten ein. Diesem fehlt die obere Begrenzung, was auf eine frühere Verwendung hinweist. In der unteren Feldbegrenzung ist der Name der Toten eingemeißelt. Im Zentrum der Umrahmung befindet sich ein sorgfältig eingeritztes Astkreuz innerhalb zweier konzentrischer Kreise. Die Schrift ist an sich deutlich, wenngleich nicht gekonnt. Rundungen gelangen nicht, der Buchstabe O ist ein deutliches Quadrat. Umso mehr verblüfft die offensichtlich kursive Form des Eta (η) in der Gestalt des lateinischen „h". Nach dieser Form zu urteilen, ist eine Datierung vor dem fünften einerseits und nach dem 6. Jahrhundert andererseits auszuschließen. Nun zur Inschrift (für Lesehilfen bin ich Herrn Dr. Hans Taeuber, Wien, dankbar):

1 Μήκη Πρόβου
2 Κ̅ε̅ Κ̅ε̅ ἀνάπα-
3 υσον τῆς δο-
4 ύλης (σ)ου/

„Meke, Tochter des Probus, Herr, Herr, lasse deine Tochter ruhen!"

1. Μήκη. Ist ein Name, dessen Schreibung in dieser Form zwar scheinbar noch nicht attestiert ist; aber in dem in griechischen und koptischen Papyri Ägyptens nachgewiesenen Namen Μίκκη (man vgl. dazu das Maskulinum Μήκιος aus P. Flor. III 298, 12 aus dem 6. Jh. n. Chr.) liegt jene Grundform vor, deren graphische Variante Μήκη hier auftritt. S. Fr. Preisigke, Namenbuch.

2. Κ̅ε̅ Κ̅ε̅. Über den vier Buchstaben ist eine Linie eingemeißelt, die man gewiß nicht als nur zum Teil ausgeführte bzw. mißlungene Umrahmung deuten darf, sondern als Nomen sacrum-Markierung in ihrer üblichen Form. Die Anrufung scheint wiederholt zu sein. Die Lesung ist nicht ganz deutlich.

2 f. ἀνάπαυσον τῆς δούλης. Die Formel ist für gewöhnlich ἀνάπαυσον τὴν ψυχὴν δεῖνος. Man kann also einen Kasusfehler, durch eine Art der Verkürzung der Formel bzw. mit einer Unterdrückung von <τὴν ψυχὴν> nennen oder auf die Parallele in SB I 5020 (Grabstein aus Antinopolis aus byzantinischer Zeit) verweisen: Κύριε ἀνάπαυσον πης (i. d. τῆς) ψυχῆς αὐδτοῦ.

3 f. δουλησου 60 mit einer leicht einsichtigen Haplographie für δούλης <σ>ου.   H. H.

45 GRABSTEIN
4./6. Jahrhundert
Suweida, Inv. 312 (168), SUW 1
H 33,5   B 69   D 16 cm
Dunkler Basaltstein
Lit.: J.-M. Dentzer – J. Dentzer-Feydy, Le djebel al-'Arab (Paris 1991) 145 Nr. 9.07

Auf dem schwarzen Basaltblock ist der geriefelte Umriß einer Tabula ansata zu sehen, die eine Grabinschrift in griechischen Buchstaben aufweist, wobei einzelne Wörter auch außerhalb des eigentlichen rechteckigen Inschriftfeldes stehen:
Σεος τεχνίτης
☦ Ἀντίοχος πρ(εσβύτερος)
καὶ [...]οἰκοδό
μεσεν τὸ μνημῖον δε
κάτη μηνὸς·
Ἰουλίου
χρόνον δεκ(άτης) ἰνδικ(τιῶνος) ἔτος
„Seos, der Handwerker. ☦ Antiochos, Priester und [...] errichteten dieses Grabmal am 10. Tag des Monats Juli zur Zeit der 10. Indiktion des Jahres."

Da eine Angabe des Jahres nicht vorliegt, ist eine exakte Datierung der Grabinschrift nicht möglich, die Indiktion allein reicht dazu nicht aus. Hervorgehoben zu werden verdient die Namensnennung des Handwerkers, der den Stein bearbeitet hatte, wie des Priesters, der das Grabmal errichten ließ. Die hier gemachten Angaben, aber auch Zurichtung und Einteilung des Inschriftfeldes finden sich in ähnlicher Weise auf anderen Grabsteinen im Haurangebiet Südsyriens und in der einstigen Dekapolis, z. B. in Gadara: Vgl. Der Königsweg (1987) 263 Farbabb. unten (Block mit Tabula ansata)   E. M. R.

46 RELIQUIENSARKOPHAG
6. Jahrhundert
Damaskus, o. Inv. Nr., AN 84
L 87   GesH 73   Kasten H 50 cm
Heller Marmor

Die Schauseite des Sarkophagkastens trägt eine seine gesamte Breite einnehmende zweizeilige griechische Inschrift, die den Namen des hl. Theodoros überliefert und andere, nicht näher bezeichnete Heilige erwähnt:
ΛΕΙΨΑΝΑ ΤΟΥ ΑΓΙΟΥ ΘΕΟΔΩΡΟΥ
ΚΑΙ ΔΙΑΦΟΡΩΝ ΑΓΙΩΝ
Überreste des hl. Theodor und von bedeutenden Heiligen. Theodoros war ein in der christlichen Antike häufig verwendeter Name. Diesen trugen, um nur wenige prominente Persönlichkeiten anzuführen, der Bischof von Bosra, wie Inschriften aus der Zeit um 530 lehren, oder der melchitische Theologe des 8. Jahrhunderts Abu Qurrah. Wen genau die Sarkophaginschrift meint, läßt sich nicht mit Sicherheit beantworten. Es könnte jedoch Theodoros Tiro angesprochen sein, der um 300 n. Chr. den Bekennertod erlitt und weit über die Grenzen seiner Heimat in Kleinasien (Pontus) hinaus als Märtyrer Verehrung genoß, besonders eben im Orient. Das Katharinenkloster auf dem Sinai verwahrt eine Ikone mit der Darstellung des Theodoros Tiro, die in das 6. Jahrhundert datiert wird. Im Apsismosaik der Kirche

der Heiligen Kosmas und Damian zu Rom nimmt die Abbildung Theodors die zentrale Stelle ein. Die eine Seite des Reliquienkastens ist mit einem kleinen, an ein Lavabo erinnernden Behälter ausgestattet. Darin war Öl zum Benetzen, Salben oder Befüllen von Ampullen enthalten. Ein gleicher Behälter ist auf einem Reliquiensarkophag im Museum von Qalat Mudiq/Apamea vorhanden. Beide Sarkophage verbindet auch der Deckel in Giebelform mit seinen Eckakroteren.
Vgl. La Syrie de Byzance à l'Islam (Damas 1992) 359 s. v. Théodore. Encyclopedia of the Early Church 2 (1992) 822/27, bes. 822 (V. Saxer) C. Weigert, Art. Theodor, in: LCI 8 (1976 bzw. 1990) 447/51.
E. M. R.

von Märtyrern oder verehrungswürdigen Personen. Durch die kleine Öffnung (Dm 0,5 cm) im giebelförmig gestalteten und mit Eckakroteren versehenen Deckel wurde Öl eingegossen, das mit den Knochenpartikeln in Berührung kam und durch den tüllenartigen Ausfloß wieder ausfloß, um in Ampullen gefüllt zu werden. Ampullen mit „heiligem" Öl spielten im Pilgerwesen eine besondere Rolle – ihr Erwerb in den Pilgerzentren des Orients mußte professionell organisiert gewesen sein – und gelangten bis Europa. Der vermutlich aus Homs stammende Reliquienbehälter darf als weiterer Beweis für den Kult der Öl-Libation angeführt werden, die im Gebiet von Apamea durch größere Zeugnisse dieser Art (in den Museen von Apamea/Qalat Mudiq und Aleppo) greifbar und durch den archäologischen Befund in Huarte nachvollziehbar geworden ist: P. et M. T. Canivet, Huarte. Sanctuaire Chrétien d'Apamène (IV – VI s.) 2 Bde (Paris 1987).
Vgl. Spätantike und frühes Christentum (Frankfurt 1983) 567 f. Nr. 169 Byzantinische Mosaiken aus Jordanien (Wien 1986) 245 Nr. 42 M. Piccirillo, Madaba. Mt. Nebo (Amman 1990) 37 Abb. Spätantikes und Frühchristliches im Akad. Kunstmus. Bonn (Xerox-Heft, 1991) 9 f. Berlin-Katalog 1992, 146 Nr. 59. – J. Engemann, siehe Seite 169 ff.
E. M. R.

47 ALABASTERRELIQUIAR
6./7. Jahrhundert
Aus dem Kunsthandel 1961, wahrscheinlich aus Homs
Damaskus, Inv. 10978, AN 68
L 12 B 6,5 H 5,5 T 3,4 cm
Gelblicher Alabaster

Das antiken Kastensarkophagen nachempfundene Alabasterreliquiar barg vermutlich Knochenpartikel

48 ALABASTERRELIQUIAR
6./7. Jahrhundert
Ankauf 1958, wahrscheinlich aus Homs
Damaskus, Inv. 8153, AN 69
L 14,5 B 7,4 H 5,3 T 3,5 cm
Gelblicher Alabaster. Beschädigung am Kasten

Ausführung und Form schließen an das vorige Reliquiar (Kat. Nr. 47) an. Auf dem giebelförmigen Deckel mit Eckakroteren befindet sich die Einfüllöffnung (Dm 0,6 cm), die – dellenartig eingetieft – von einem doppelten Rillenkreis umschrieben wird. Die Art der Anbringung beweist, daß auf die Befüllung des Reliquiars mit Öl – es floß wie durch

einen Trichter in das Innere – großer Wert gelegt worden war. Wie bei dem anderen Exemplar konnte es durch einen tüllenartigen Ausguß abfließen und in Ampullen oder Fläschchen aufgefangen werden. Im Deckel des Reliquiars steckt der Stumpf eines Bleizapfens (L 1,7 cm). Welche Maßnahme damit zusammenhing – Zapfen und Klammern aus Blei wurden für Reparaturen von Gefäßen verwendet – entzieht sich unserer Kenntnis. Mit dem Alabasterreliquiar wird der Kult der Öl-Libation um ein weiteres archäologisches Belegstück aus der Apamene belegbar. E. M. R.

49 STEINRELIEF
5./6. Jahrhundert
Aus der Gegend von Hama
Hama, Inv. 1088, H 1
H 78 B 66 D 15 – 16 cm
Dunkler Basalt
Lit.: Damas-Museum 2 (1976) 145. I. Peña – P. Castellana – R. Fernández, Les Stylites Syriens, Stud Bibl Franc Coll min 16 (Milano 1975) 183 Fig. 32, Taf. 35/1. B. Brenk, Spätantike und frühes Christentum, Prop Kg Suppl 1 (1977) 232 Abb. 250.

Das roh gestaltete Relief, das unverkennbar die Züge eines provinziellen Künstlers aufweist, zeigt den heiligen Symeon Stylites auf seiner Säule, an die einer seiner Jünger eine Leiter gelehnt hat und im Begriff ist, zu ihm hinaufzusteigen. Oberhalb seines Kopfes kann man eine Taube, die einen Kranz im Schnabel trägt, erkennen. Beide Figuren sind bärtig, die auf der Leiter stehende ist mit einer spitzen Kopfbedeckung (wohl die Kapuze der Mönchskutte) und einem grobgewebten quergerippten Gewand bekleidet; in der Hand trägt sie ein Gefäß mit Henkel, ein Weihrauchgefäß, das den ausgeübten Kult für den Heiligen andeuten soll. Die Taube, ein Symbol für Christus, die christliche Kirche oder die erlöste Seele, und der Kranz als Symbol des Sieges (Attribut der Heiligen und Märtyrer) sind ebenfalls auf Darstellungen der Styliten häufig, da sie in ihrer Heiligkeit mit Märtyrern gleichgesetzt wurden. Das

Stylitentum, eine Sonderform des Mönchtums, entwickelte sich bereits am Anfang des 5. Jh. Symeon Stylites d. Ältere wählte als erster diese Form der Askese. Der Stylit lebte auf der Plattform einer

Säule, die oft mehr als 3 m hoch sein konnte (die des Symeon war zuletzt 20 m hoch). Die Plattform war so breit, daß sich der Säulenheilige hinlegen konnte – einen Schutz vor Wind und Wetter gab es nicht. Erkennen kann man auf dieser Darstellung, daß die Säule des Styliten oben mit einer Brüstung eingefaßt war (es ist nur der Kopf des Heiligen sichtbar), um ein Herabstürzen während des Schlafes zu verhindern. Nahrung sowie die Eucharistie wurden mittels einer Leiter hinaufgebracht. Der Stylit verbrachte die meiste Zeit im Stehen im Gebet, ihre Säulen wurden Pilgerstätten, wo viele Menschen ihre Predigten anhörten. In diesem Zusammenhang ist auf einen Papyrus aus Antinoe aus dem 6. Jh. zu verweisen (P. Turner 54): Dieser enthält einen Vertrag zwischen dem Styliten Apa Ioannes und Aurelios Theophilos, der sich bereit erklärt, über einen Zeitraum von sechs Monaten den Styliten mit täglich drei Lieferungen Wasser zu versorgen, wofür er ein Keration pro Tag erhält.

Vgl. V. H. Elbern, Eine frühbyzantinische Reliefdarstellung des älteren Simeon Stylites: JdI 80 (1965) 280/304 Berlin-Katalog 1992, 147 Nr. 60 (Schrankenplatte aus Qasr Abu Samra, 5./6. Jh.) Land des Baal, 252 Nr. 235 (Weihrauchgefäß ähnlich demjenigen, das der Mönch auf der Leiter hält, Homs/Kunsthandel, 6. Jh.) U. H.

50 – 51 EULOGIEN
5./6. Jahrhundert
Geschenk bzw. Ankauf aus dem Kunsthandel
Damaskus, Inv. 4046, 27.965 AN 11 – 12
Dm 2,8 – 2,9, D 1 cm

Beide aus dunkelbräunlichem Ton in Modeln erzeugte Eulogien zeigen die für diese Pilgerandenken üblichen Reliefdarstellungen: den heiligen Symeon auf der Säule, flankiert von zwei Engeln, die ihm Kränze darbieten. Den Fuß der Säule umlagern Menschen, die die Fürsprache des Säulenheiligen erbitten. Dieser sitzt – wie unten – oder steht auf der Plattform der Säule, zu der eine Leiter (oben) hinaufführt. Als Herkunftsgebiet der Pilgerandenken ist die Gegend um Qalat Siman namhaft zu machen, die serienmäßige Herstellungsweise in Modeln wird im unteren Stück gut faßbar: Die Rückseite der Eulogie trägt die Fingerabdrücke des Töpfers, der den einst weichen Ton abgestrichen bzw. zu glätten versucht und sich dabei verewigt hat. Das Thema der Darstellung überliefern nicht nur Eulogien, sondern in seltenen Fällen auch Gläser, wie D. B. Harden, Glass of the Caesars (1987) 176 Nr. 97 unlängst gezeigt hat.

Vgl. Land des Baal, 246 ff., Nr. 229 G. Vikan, „Guided by land and see". Pilgrim Art and Pilgrim Travel in Early Byzantium, in: TESSERAE. FS f. J. Engemann, Jb A Chr Ergbd 18 (1991) bes. 75 f., Taf. 8 a.
E. M. R.

52 VIER EULOGIEN
5./7. Jahrhundert
Aus Hadidi/Euphrat bzw. aus Qalat Siman, französische Ausgrabungen. Aleppo, Museum: Orientalische Abt. Inv. M 8546; Klassische Abt. Inv. 131, 134, 172 (Funddepot franz. Ausgrabungen), AL 4 – 7
Dm 2 – max. 3,3 D 0,5 – max. 1 cm
Basalt (links), die übrigen aus Ton
Lit.: J.-P. Sodini, siehe Seite 141 f.

Die abgebildeten Pilgerandenken (Eulogien) überliefern die auf derartigen Bildträgern jener Zeit üblichen Darstellungsweisen des Säulenstehers Symeon, wobei einige Unterschiede zu konstatieren sind. Je nach Abnutzung der Modeln, in denen Eulogien aus Ton hergestellt wurden, kommt auch das Relief mehr oder weniger deutlich zum Ausdruck. Bemerkenswert ist die Beobachtung, daß die Rückseite mancher auf diese Weise erzeugter Pilgerandenken aus Ton noch die Fingerspuren des Herstellers aufweist, wie eines der gezeigten Stücke (Inv. 172) beweist (in der Abbildung am rechten Rand). Die hier ausgestellten Eulogien bilden nur einen kleinen Bestand der anläßlich der französischen Ausgrabungen im Symeonsheiligtum 1985/86 zutage gekommenen Pilgerandenken und können dank freundlicher Unterstützung der Fachleute aus Frankreich (Prof. J.-P. Sodini, Paris) und Aleppo (Kuratorin: Aischa Sammar) erstmals der Öffentlichkeit präsentiert werden.   E. M. R.

53 EULOGIEN
6./7. Jahrhundert
Aus dem Kunsthandel
Damaskus, Inv. Nr. 3998, 4000, 4001, 4003, 4009 – 4011, 4013, 4014, 4016, 4017, AN 13 – 19
L zwischen 3,4 und 6,2 cm
Glasfritte dunkelbraun, gelbbraun, blau, grün
Lit.: Damas-Museum 2 (1976) 145

Die ovalen Glasplaketten zeigen den hl. Symeon Stylites in Frontalansicht auf der Säule stehend. Der Säulenschaft ist mit Schriftzeichen (palmyrenisch?) bedeckt. Auf einer Plakette ist eine kleine, vor der Säule stehende Figur abgebildet. Der Hals des Heiligen, der z. T. abnorm lang ausgeführt wurde, ist direkt am Säulenschaft angesetzt, der dadurch ein körperartiges Aussehen gewinnt. Die Gesichtszüge sind sehr einfach durch Striche und Kreise charakterisiert. Zweigartige Arme sind direkt an den Kanten der Säule angesetzt. Die Eulogien wurden vom Heiligen selbst oder nach seinem Tod bei der Pilgerstätte an die Pilger verkauft. Solche Andenken, unseren Devotionalien vergleichbar, wurden bei vielen Heiligen- und Märtyrergräbern verkauft und in vielerlei Formen hergestellt. Oft wurden derartige Plaketten (oder auch die Öl- oder Wassergefäße wie z. B. die Menas-Ampullen) mit Bildern geschmückt.
Vgl.: A. Grabar, Martyrium (Paris 1946) Taf. 63/1, 2 (Syrien), Medaillons mit dem hl. Simeon Stylites 344 Fn. 1 (weitere Beispiele) C. M. Kaufmann, Zur Ikonographie der Menas-Ampullen (Cairo 1910).   U. H.

54 MENASAMPULLE
6./7. Jahrhundert
Aus dem Menasheiligtum in Ägypten
Stadtmus. Linz, Inv. 1993.21 (Schenkung H. Z.), Z 2
H 7,9   B 5,8   D 3,4 cm
Sandfarbener Ton, Mundsaum und ein Henkel fehlen

Die Ampulle des nach C. M. Kaufmann kleinen Typus zählt zu den serienmäßig hergestellten Massenwaren, die im Menasheiligtum an die zahlreichen Pilger verkauft wurden und Öl oder Wasser enthielten. Die flach reliefierte Rückseite der Ampulle spricht diesen Aspekt in der innerhalb eines Blattkranzes befindlichen dreizeiligen griechischen Inschrift an: ΑΓΙΟΥ / ΜΗΝΑ / ΕΥΛΟΓ(ΙΑ) = Segenswunsch des hl. Menas. Die gewölbte Vorderseite überliefert im markant sich abhebenden Relief das Bild des nimbierten Heiligen in Gebetshaltung, flankiert von je einem am Boden liegenden Kamel.
Als besonders gut ausgeführtes Zeugnis dieses Bildtypus sei ein in Mailand (Castello Sforzesco) aufbewahrtes Elfenbeinrelief aus Alexandria angeführt, das in das frühe 6. Jahrhundert datiert wurde.

Vgl. G. Kaster, Art. Menas v. Ägypten: LCI 8 (1976 bzw. 1990) 3/7. C. M. Kaufmann, Zur Ikonographie der Menas-Ampullen (Cairo 1910). C. M. Kaufmann, Die hl. Stadt der Wüste (4. Aufl. Kempten 1924) Abb. 52, 62, 176. Age of Spirituality, 576 Nr. 515. Art and Holy Powers, 210 Nr. 131. Spätantike u. frühes Christentum (Frankfurt 1983) 575 ff. Nr. 175.

E. M. R.

55 GEWEBEEINSATZ
5./6. Jahrhundert
Ankauf aus dem Kunsthandel 1950
Damaskus, Inv. 5926, AN 7
12 × 12,5 cm

Erhalten sind das innere Kreismedaillon und Teile des umlaufenden Bildfeldes eines Gewebeeinsatzes. Das Außenfeld zeigt derbe Ranken mit klobigen Blättern. Auch das Pferd des Reiters ist von gedrungenem, ponyartigem Typus. Das Maul ist geöffnet, der Zügel andeutungsweise ausgeführt. Vom Reiter sind nur der Oberkörper mit dem nach rechts nachwehenden Mantel, der Kopf sowie der linke erhobene Arm ausgeführt. In der Hand hält er eine Kugel. Auffallend sind die großen Augen an Roß und Reiter, Kennzeichen in der koptischen Kunst, die Reiterdarstellungen als sehr beliebtes Motiv überliefert.

Der Reiter kann dabei eine Kugel in der Hand halten, bewaffnet sein, Tiere verfolgen, wobei ihn oft sein Hund begleitet, oder als Reiterheiliger ein sich vor ihm befindendes Ungeheuer oder einen menschlichen Dämon mit dem Speer durchbohren. Eine Kugel hält auch der Reiter auf einem quadratischen, allerdings sorgfältiger und naturalistischer ausgeführten Orbiculus im Musée Royaux d'Art et d'Histoire in Brüssel, der in das 5./6. Jh. datiert wird, in der Hand.

Ähnlich dem hier zu besprechenden Gewebe ist der quadratische Gewandbesatz mit einem Reiter und einem Hasen unter dem Pferd, der allerdings detailgetreuer ausgeführt wurde. Gut lassen sich der gedrungene Pferdekörper und die großen Augen des Tieres vergleichen.

Den ponyhaften Pferdetypus weist auch ein quadratisches Medaillon aus dem 4./5. Jh. in Liberec auf. Das Bildfeld ist mit Ranken und Punktreihen sowie einem schildartigen unter dem Pferdebauch zu erkennenden Gegenstand gefüllt. Diese Füllelemente finden sich auch auf dem hier ausgestellten Gewebe, nur sind sie bereits bis zur Unkenntlichkeit stilisiert und vereinfacht worden.

Die Vorbilder für die Darstellungen des Reiters kann man sowohl in den Herrscherdarstellungen der Spätantike als auch in Reiterheiligen finden. Ob die emporgehaltene Kugel als Herrscherattribut oder Wurfgegenstand zu verstehen ist, wie Kybalová (S. 99) meint, wird sich nicht klären lassen. M. E. würde zu einer Deutung als alles besiegender Herrscher oder Heiliger auch die Weltkugel gut passen.
Vgl. J. Lafontaine-Dosogne, Textiles Coptes des Musées royaux d'Art et d'Histoire (Bruxelles 1988) Abb. 19 A. Stauffer, Textilien aus Ägypten (Bern 1991) 120 Nr. 39 L. Kybalová, Die alten Weber am Nil. Koptische Stoffe (Prag 1967) 99 Abb. 49 f., S. Lewis, The Iconography of the Coptic Horseman in Byzantine Egypt: JARCE 10 (1973) 63.   U. H.

56 GEWEBE
7./8. Jahrhundert
Ankauf aus dem Kunsthandel 1950
Damaskus, Inv. 6061, AN 10
19 × 9 cm

Hellbraunes Gewebe mit einem Musterrapport aus roten und dunkelrotbraunen Schachbrettmustern, die

57 KINDERTUNIKA
6. Jahrhundert
Aus Ägypten, vielleicht aus Antinoë
Privatsammlung
57,5 × 21,5 cm
Wolle auf Leinen. Oberer Teil einer Kindertunika
Lit.: P. Bichler, Textilien, 60 Kat. Nr. 59, Abb. 7

durch je eine dunkelblau umrissene Fruchtschale unterbrochen werden. Darunter lassen sich noch Reste einer Bordüre aus Kreisen und anderen undefinierbaren Zierelementen (vielleicht Figuren) erkennen. Die Schalen stehen auf einem dreieckigen Fuß und sind mit einer Fülle von Früchten gefüllt, die allerdings zu einem bloßen farblich-ornamental gestalteten Bogen umfunktioniert wurden. Fruchtkelche als Musterrapport, über denen kleine Rhomben zu Pyramiden aufgeschichtet wurden, finden sich neben anderen Zierelementen auf einem Wandbehang im Israel Museum.
Vgl. A. Baginski – A. Tidhar, Textiles from Egypt 4th – 13th Centuries. C. E. (Tel Aviv 1980) 130 Nr. 194.   U. H.

In dieser äußerst feinen Arbeit spiegeln sich nicht nur qualitativ und technisch hochstehende Spinn- und Webkunst koptischer Werkstätten, sondern auch adäquate Mustergestaltung für individuelle Textilien wider. Dies beweist die „fröhlich-verspielte" Aufarbeitung von klassisch-ägyptisch-spätantiken Themen für diese Kindertunika.
Die beiden Ärmeleinsätze zeigen einen mit grüngelber Schärpe, Stiefeln und Kopfbedeckung bekleideten Musiker, der sein Instrument in der Linken hält. Die Tänzerin – sie trägt einen Kopfschmuck und ist in anmutig drehender Bewegung dargestellt – steht auf floralem Motiv. Schulter- und Halsausschnitt zeigen in arkadenartigen Nischen Fruchtbäume, Vögel und weibliche Figuren, die im Tanzgestus ihre Zöpfe beidhändig nach oben halten.
Vgl. Hali 42 (London 1988) mit einem themengleichen Fragment, datiert in das 4./5. Jahrhundert.
                                                      P. B.

58 TUNIKAEINSATZ
6. Jahrhundert
Aus Ägypten
Privatsammlung
21 × 20 cm
Wolle auf Leinen. Rechte Seite des Gewebes beschädigt.
Lit.: P. Pichler, Textilien, 19 f., Kat. Nr. 3, Abb. 9

Das für den koptischen Stil in typisch flächiger Weise wiedergegebene, in seiner Dynamik erstarrte Motiv des Reiters wird hier sichtbar. Der nimbierte Reiter sprengt über den am Boden kauernden Löwen, Symbol der Stärke, aber auch des Bösen, hinweg. Links vom Gesicht des Reiters ist ein Porträtmedaillon so angeordnet, daß es, obwohl fast auf gleicher Höhe befindlich, zu diesem aufblickt. Tierdarstellungen (Esel, Vogel, Fisch) umgeben das zentrale Motiv, den Heiligen zu Pferde, dessen ikonographische Wurzel in Herrscherdarstellungen der Antike zu sehen ist. In der koptischen Kunst werden daraus der heilige Georg, der Erzengel Michael oder der heilige Demetrius. Textilien aus London (Victoria und Albert Museum), Moskau, Zürich, Den Haag und Wien, um nur einige aufzuzählen, überliefern dasselbe, in Details allerdings unterschiedlich gestaltete Motiv des Reiterheiligen, der aus dem Bildrepertoire der (früh)christlichen Kunst nicht mehr wegzudenken wäre. Die beste Entsprechung in Stein innerhalb des Koptischen bietet das sogenannte Reiterheiligenrelief aus Akhmin, abgebildet und besprochen von L. Török, Zur Ikonographie der koptischen Kunst im 6. und 7. Jahrhundert: Wiss Z Berlin 20/3 (1971) 295 ff. Dazu nun H. Zaloscer, Die Koptische Kunst – der heutige Stand ihrer Erforschung: Enchoria 20 (1993) [erscheint 1994].

Vgl. Late antique and Byzantine Art. Victoria and Albert Museum. Ill. booklet 12 (London 1963) Fig. 13. G. Egger, Koptische Textilien (Wien 1967) 18, Taf. 25; 20, Taf. 45. Berlin-Katalog 1992, 162 Nr. 78. P. B. – E. M. R.

59 TUNIKAFRAGMENT
8./10. Jahrhundert
Aus Ägypten
Privatsammlung
34 × 24 cm
Wolle auf Leinen, helle Musterelemente in Leinen
Lit.: P. Bichler, Textilien, 48 Kat. Nr. 41, 49 Abb.

Die geringe Größe des Gewebes – es handelt sich um den Halsausschnitt mit Vorder- und Rückseite einer Tunika – läßt darauf schließen, daß diese von einem Kind getragen worden war. Die Verzierung besteht an den verlängerten Seiten aus Efeuranken und an Brust- und Rückenteil aus Tierdarstellungen. Die beiden fischgrätartigen Abflechtungen sind in roter Wolle gefertigt. P. B.

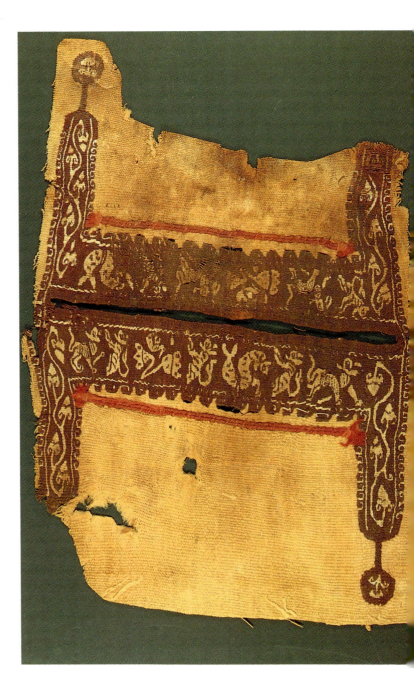

60 BEHANGFRAGMENT
5./6. Jahrhundert
Aus Ägypten, vielleicht aus Antinoë
Privatsammlung
28 × 19,5 cm
Leinengewebe mit Mustern aus Wolle in Noppentechnik, schwarz, rot und grün

Auf dem Behang ist eine Orantenfigur dargestellt gewesen, wie vor allem die erhobene rechte Hand schließen läßt. An der Figur dominieren die übergroßen Augen, die von den geschwungenen Brauenbögen überwölbt sind. Den Mund charakterisiert ein (zu) kurzer waagrechter Strich. Am linken Rand des Fragmentes sind eine Kreuzblüte und etwas unterhalb davon die Hand einer weiteren Orantenfigur sichtbar. Interesse beansprucht vor allem die koptische Beischrift, die nach der Übersetzung und Interpretation durch Frau Dr. M. Hasitzka die fajumische Form eines Personennamens – in Griechisch als Ἁρ(ο)υώθης – wiedergibt: Ein anderer Deutungsvorschlag geht von der Annahme aus, daß ein Satz angegeben war, für den zwei Übersetzungsmöglichkeiten anzuführen sind: „Du (Frau) bist heil" und „indem du (Frau) heil bist". Werden jedoch Wandfresken mit Heiligendarstellungen, deren Name sehr häufig oberhalb des Kopfes geschrieben steht, zum Vergleich herangezogen, dann verdient der erste Deutungsvorschlag den Vorzug. Demnach dürfte die Orantenfigur auf dem Behangstück als ἅγιος Ἁρ(ο)υώθης – heiliger Harouōthes – anzusprechen sein.

Vgl. O. Wulff – W. F. Volbach, Spätantike und koptische Stoffe (Berlin 1926) 39/42 A. F. Kendrick, Catalogue of Textiles from Burying Grounds in Egypt I (London 1920) Taf. 3/8; 7; 10. Frühchristliche und koptische Kunst (Wien 1964) Abb.103, 105 f. L. Kybalová, Die alten Weber am Nil. Koptische Stoffe (Prag 1967) 57 Nr. 6, 59 Nr. 7 f. P. Bichler, Textilien, 19 Nr. 1, Umschlagbild. M. H. Rutschowscaya, Coptic Fabrics (Paris 1990) 52. A. Stauffer, Textilien aus Ägypten (Bern 1991) 73 Nr. 2, 140 Nr. 55, 142 Nr. 56. U. H.

61 SILBEREIMER
7. Jahrhundert
Verwahrfund aus Kuczurmare, Ukraine, 1814
Kunsthistorisches Museum Wien-Antikensammlung, Inv. VIIA 95
H 28,5 Mdsdm 26,6 cm Gew. 2044 g
Silber geschmiedet, getrieben, nachziseliert und gepunzt. Wand zum Teil ausgebrochen. Der ursprünglich vorhandene Henkel fehlt.
Lit.: J. Arneth, Die antiken Gold- und Silber-Monumente des k. k. Münz- und Antiken-Cabinettes in Wien (Wien 1850) 78 f. Nr. 90, Taf. S VII R. Noll, Vom Altertum zum Mittelalter. Katalog der Antikensammlung I (Wien ²1974) 83P.

Der Silbereimer wurde zusammen mit sieben Schalen und einem Kessel zufällig entdeckt. Die einzelnen Gefäße gehörten ursprünglich nicht zusammen, bildeten aber später ein Ensemble, das vielleicht einem awarischen Fürsten als Service diente. Der Reliefdekor greift Figuren bzw. Szenen aus der antiken Mythologie auf. So sind Ares und Aphrodite, Apollon und Artemis, Herakles und Athena paarweise dargestellt. Fünf am Eimerboden befindliche Kon-

trollstempel – sie beziehen sich auf Kaiser Herakleios (610 – 641) – sichern dem Eimer eine gut eingrenzbare zeitliche Stellung. Dieser, dem Bildinhalt und dem Stil der Reliefdarstellungen gelten die Ausführungen von K. Gschwantler, Seite 175 ff.

E. M. R.

62 GOLDOHRGEHÄNGE
7. Jahrhundert
Grabfund in Linz-Zizlau (Grab 83), 1941
Stadtmus. Linz, Inv. C 2307, 2308
L 5 H 3,8 Gew. 6 bzw. 6,1 g
Lit.: H. Ladenbauer-Orel, Linz-Zizlau. Das baierische Gräberfeld an der Traunmündung (Wien 1960) 47, Taf. 7, 44. Katalog der Schausammlung Urgeschichte – Römerzeit – Frühgeschichte, Stadtmus. Linz (1975) 169 Abb., 170 D I 66. Baiernzeit in Oberösterreich, Oberösterreich. Landesmus. Kat. 96 (Linz 1977) 317 Nr. 390. E. M. Ruprechtsberger, Die archäologische Schausammlung. Ein Wegweiser (Linz 1981) 25 Abb. 30, 40. F. Mayrhofer – W. Katzinger, Geschichte der Stadt Linz, I (Linz 1990) 39 Abb.

Die mit Hakenverschluß ausgestatteten und am Rand von fünf aufgelöteten hohlkugeligen Aufsätzen gesäumten Goldohrgehänge in Halbmondform repräsentieren byzantinisches Kunsthandwerk auch im frühmittelalterlichen/baiernzeitlichen Fundgebiet und stehen für weitgespannte Handelsverbindungen, die von Byzanz nach dem Westen ausgriffen. Eine Kette formgleicher Ohrgehänge, darunter auch solche mit christlich ansprechbarer Ornamentik, belegt deren Verbreitung über die Balkanhalbinsel bis in den süddeutschen Raum. Das in Linz gefundene Ohrgehängepaar behauptet aufgrund seiner eigenwilligen Verzierung eine singuläre Stellung innerhalb dieser Gruppe byzantinischer Schmuckstücke.
Vgl.: K. W. Zeller, Kulturbeziehungen im Gräberfeld Linz-Zizlau, in: Baiernzeit in Oberösterreich (siehe oben) 78 f. H. Roth, Kunst der Völkerwanderungszeit, PrKgSuppl 4 (1979) 321, Abb. 314 a – b. Age of Spirituality 315 Nr. 290. Art and Holy Powers, 170 Nr. 95. Germanen, Hunnen und Awaren. Schätze der Völkerwanderungszeit hg. v. G. Bott (Nürnberg 1987) 257 Taf. 33, 275 Nr. 43 a. G. Zahlhaas, Schmuck der Antike aus einer norddeutschen Privatsammlung, Prähist Staatsslg München Kat. 20 (1991) 52 f. Nr. 69, Taf. 5 E. Riemer, Byzantinische Körbchen- und Halbmondohrringe im Römisch-Germanischen Museum Köln (Sammlung Diergardt): KölnJbV FrühGesch 25 (1992)

E. M. R.

63 SÄULENKAPITELL
6. Jahrhundert
Ankauf aus dem Kunsthandel 1940
Damaskus, Inv. 8047, AN 0
H 40   Deckplatte B 34,5 cm
Gelblicher bis weißlicher Kalkstein
Lit.: Damas-Museum 2 (1976) 150

Das Kapitell weist die für die byzantinische Zeit als charakteristisch geltende Auflösung seiner Oberfläche auf und steht am Ende einer mehr als tausendjährigen Entwicklungsreihe eines tragenden Architekturteils. Zahnschnittdekor und ein dichtes Netz von Flechtbandornamentik überziehen die Oberfläche, aus der das Kreismedaillon mit eingeschriebenem Kreuz sich reliefartig abhebt. Flechtbandornamentik und Kapitellform dürften von realen Vorbildern beeinflußt sein: Von geflochtenen Körben, wie sie der Boden Ägyptens manchmal unversehrt konserviert hat (z. B. in Karanis). Der Zahnschnittdekor läßt sich in analoger Ausführung in El Bara nachweisen, ein gleiches Kapitell ist im Museum von Apamea verwahrt, in dessen weiterer Umgebung jenes im Nationalmuseum Damas aufbewahrte hergestellt worden sein wird.

Vgl. Art and Holy Powers, 105 f. Nr. 42 f. R. Kautzsch, Kapitellstudien (Berlin – Leipzig 1936) Taf. 32 Nr. 522 f. u. ö. C. Strube, Die Kapitelle von Qasr ibn Wardan: Jb A Chr 26 (1983) 59/106, bes. Taf. 11a, 15c (El Anderin), 16 C. Strube, Baudekoration im Nordsyrischen Kalksteinmassiv I: Kapitell-, Tür- und Gesimsformen der Kirchen des 4. und 5. Jahrhunderts, Da F 5,1 (Mainz 1993) J. C. Balty, Guide d'Apamée (Bruxelles 1981) 133 Abb. 139.

E. M. R.

64 – 65 ZWEI SÄULEN
5./6. Jahrhundert
Ankauf 1931, vermutlich aus Maaret al-Noman
Damaskus, Inv. 1672, 1673, AN 77 – 78
H 118   Basis 18 × 18,5   Kapitellplatten Dm 14 bzw. 16 cm
Gelblicher Alabaster

Die beiden nach oben hin sich leicht verjüngenden Säulen gehörten, wie ihre identische Ausführung deutlich macht, zusammen und erfüllten ihre tragende Funktion wohl im Inneren eines Gebäudes, aufgrund ihrer geringen Höhe vielleicht als Fensterstützen in einer Kirche oder Kapelle. Vier Akanthusblätter bilden gleichsam das Kapitell, das nach oben hin von einer Deckplatte mit je vier mittig vorkragenden Ansätzen abgeschlossen wird. Die Herstellung dieses Kapitelltypus ist für Konstantinopel bezeugt, erfolgte aber auch in anderen Gebieten des östlichen Mittelmeerraumes: Vgl. J. Kramer – U. Peschlow, Corpus der Kapitelle der Kirche von S. Marco zu Venedig, hg. v. F. W. Deichmann (Wiesbaden 1981) bes. 67 Nr. 263, 96 Nr. 396 f. Der vermutliche Fundort liegt in einer an frühmittelalterlichen Denkmälern reichen Zone, aus der aufschlußreiche Mosaiken und syrische Inschriften vor kurzem bekanntgegeben wurden: Vgl. K. Chéhadé, Le musée de Maarat an-Nouman: Syria 64 (1987) 323/29. – A. Abu Assaf, Inscription Syriaque – au Musée de Maarat Al-No'man: AAS 40 (1990) 161 f.

E. M. R.

66 ARCHITEKTURSTÜCK
6./7 Jahrhundert
Suweida, Inv. 315 (157), SUW 2
H 28   B 90   D 39,5 cm
Dunkler Basaltstein
Lit.: J.-M. Dentzer – J. Dentzer-Feydy, Le djebel al-'Arab (Paris 1991) 144 Nr. 9.02, Taf. 23

Das wie ein Pilasterkapitell gearbeitete Architekturstück fungierte als Auflager für einen Bogen und weist eine durch Säulchen und Arkaden gegliederte Oberfläche auf. In den geriefelten Bögen der Arkaden stehen Kreuze, die durch Kreisornamente verziert sind. Eine Reihe kleiner Bögen schließt das Bildfeld nach unten hin ab.
Zur Verzierungsweise der Kreuze vgl. z. B. Art and Holy Powers, 168 Nr. 93 (Hängekreuz aus Ägypten) G. Avni – U. Dahari, Christian burial caves from the Byzantine period at Luzit, in: Christian Archaeology in the Holy Land, Stud Bibl Franc Coll Maior 36 (Jerusalem 1990) 311 Fig. 10 links   E. M. R.

67 MOSAIKAUSSCHNITT
6. Jahrhundert
Aus Gerasa (Jordanien). Ankauf 1925
Damaskus, Inv. 117, AN 75
Platte 66 x 69   Tesseragröße 1,3 – 1,5 cm
An Ecken und Rändern Beschädigungen
Lit.: Damas-Museum 2 (1976) 150

Diese Mosaikplatte, die direkt an Kat. Nr. 68 anschließt, ist Teil einer Komposition aus Weinranken, die sich zu Kreismedaillons verschlingen, mit Tieren im Inneren. Hier ist ein Hahn dargestellt, der majestätisch zwischen Weintrauben vorwärts schreitet. Die verwendeten Farbtöne sind Rot, Blau, Weiß, Ocker und Rotbraun.
Vgl. Byzantinische Mosaiken aus Jordanien (1986) 167 Abb. 135 (Khirbet al-Mukhayyat, Kapelle des Priesters Johannes, 562 n. Chr.), 240 Nr. 33 (Madaba, Kathedrale, 2. Hälfte 6. Jh.)   U. H.

68 MOSAIKAUSSCHNITT
6. Jahrhundert
Aus Gerasa (Jordanien). Ankauf 1925
Damaskus, Inv. 118, AN 76
Platte 69 x 70,   Tesseragröße 1,3 x 1,5 cm
An Ecken und oberem Rand Beschädigungen
Lit.: Damas-Museum 2 (1976) 150

Am Rand sind Hals und Schulter einer Amphore zu erkennen, aus der die Weinranken herauswachsen. In diesem Medaillon ist eine Gans dargestellt mit gebogenem Hals mit zwei weißen Streifen und gedrungenem Körper.
Vgl. Byzantinische Mosaiken aus Jordanien (1986) 236 Abb. 28 (Madaba, Saal des Hippolytos, Mitte des 6. Jh.)   U. H.

69 MOSAIKAUSSCHNITT
6. Jahrhundert
Aus Idlib
Museum Aleppo, Abt. Mosaiken, Inv. 6453, AL 1
H 110   B 84 cm

Rot- und Brauntöne dominieren in einem Mosaikausschnitt mit der Darstellung eines frühchristlichen Kirchenbaues mit deutlich überhöhtem Mittel- und angefügtem, wesentlich niedrigerem, von einem Pultdach bedecktem Seitenschiff. Die schmale Fassade ist von drei Fenstern im Giebelbereich und zwei weiteren in der darunterliegenden Zone durchbrochen. Vorbilder standen den Mosaizisten in ausreichender Anzahl vor Augen: zahlreiche Kirchen im nordsyrischen Kalksteinmassiv, von denen einige bis auf den heutigen Tag nahezu intakt blieben, etwa Mshabbak, Kharab Shems, Baqira u. a. Das die sakrale Architektur der Umgebung reflektierende Motiv ist kein Einzelfall: Mosaiken überliefern die Bilder von Kirchen oder ganzer Kirchenensembles, wie eine besonders aufschlußreiche musivische Darstellung aus Tayyibat al-Imam bei Hama unlängst gezeigt hat. Außer auf Mosaiken ist in diesem Zusammenhang auch auf eine Bronzelampe zu verweisen, die nach dem Typus einer frühchristlichen Basilika plastisch geformt worden war.

Vgl. A. Rizaq Zaqzuq, Les découvertes de Tayyibat al-Imâm: Syria 64 (1987) 330/32 A. Zaqzuq, Holy Scenes in Mosaics discovered in Hama region: AAS 40 (1991) 96 (arab. Teil) A. Grabar, Die Kunst im Zeitalter Justinians (München 1967) 322 Abb. 379 Age of Spirituality, 623 Nr. 559 J. P. Sodini, Les églises de Syrie du Nord, in: Archéologie et histoire de la Syrie II, ed. par. J.-M. Dentzer – W. Orthmann (Saarbrücken 1989) 360 Fig. 90 b A. Zaqzuq, Hama. Tourism Guide book (o. O, o. J., um 1990) 22 f. Abb.

E. M. R.

70 MOSAIKAUSSCHNITT
6. Jahrhundert
Mus. Aleppo, Abt. Mosaiken, o. Inv., AL 2
H 97   B 100 cm

Wie im vorhin vorgestellten Mosaikausschnitt (Kat. Nr. 69) wird in diesem ein architektonisches Thema weitergeführt, das nun das Innere eines Sakralraumes zum Inhalt hat. Auf vorwiegend in Brauntönen gehaltenem Grund sind mit schwarzen Mosaiksteinchen (tesserae) die Konturen zweier Säulen eines Baldachins und zweier Flügeltüren wiedergegeben. Zwischen den beiden säulenartigen Cippi führt eine Stufe zu einem Hocker, über dem ein Kreuz innerhalb eines Medaillons zu schweben scheint. Die gesamte Szenerie wird seitlich und unten von einem schwungvoll geführten Bogen mit Blattgebilden (am linken Rand) eingefaßt. Am unteren Bildrand sind ein Hase und Pflanzen zu erkennen. Ein sehr ähnliches Mosaik eines Baldachins (Pavillons) mit Schranken und Kreuz beschreibt P. Donceel-Voûte, die darin die Abbildung eines Bemas einer Kirche vermutet. Möglicherweise basieren die beiden Mosaiken – das zuletzt genannte tauchte im Antikenhandel in Beirut auf – auf einer gemeinsamen Vorlage, die in die Gegend um Aleppo bzw. nach Nordsyrien führt.

Vgl. P. Donceel-Voûte, Les pavements des églises byzantines de Syrie et du Liban (Louvain-la-Neuve 1988) 515 Fig. 461   E. M. R.

71 KALKSTEINPLATTE
6. Jahrhundert
Ankauf aus dem Kunsthandel
Damaskus, Inv. 9824, AN 23
11 x 11 cm

Diese Platte ist ein gutes Belegstück für die geometrische Konstruktion der Muster. Der Künstler stach mit dem Zirkel in der Mitte ein und zog einen kleinen Kreis im Zentrum des Kreuzes (um die Kraft im Kreuz zu konzentrieren), danach die Außenkreise. In diese Konstruktion wurde ein X eingeschrieben, das als Gerüst für die Bildung des Kreuzes diente. Auch alle übrigen Kreise wurden exakt konstruiert. Sodann wurde das Muster flach eingeritzt und mit roter Farbe in den Vertiefungen gefärbt. Vergleichbare Kreuzkonstruktionen finden sich in verschiedensten Variationen z. B. in der Klosteranlage von Esna. Die dort vorhandenen Kreuze sind im Unterschied zu der vorliegenden Kalksteinplatte – sie könnte als Wandverzierung in einer Kirche oder einem Kloster gedient haben, da an der Rückseite Verputzreste bzw. Gipsspuren erhalten blieben – aufgemalt.

Vgl.: S. Sauneron – J. Jaquet, Les Ermitages Chrétiens du désert d'Esna, I: Archéologie et Inscriptions (Cairo 1972) 64 ff., 69 Fig. 34   U. H.

72 SCHRANKENPLATTE
6. Jahrhundert
Aus Rasm al-Qanafez. Aus dem Kunsthandel 1947
Damaskus, Inv. 5299, AN 83
H 80 B 102 D 20 cm
Bräunliche Kalksteinplatte mit seitlicher Nut
Lit.: J. Nasrallah, Bas-reliefs chrétiens inconnus de Syrie: Syria 38 (1961) 35 ff. Taf. 3/3 Damas-Museum 2 (1976) 147 Damas-Concise Guide, 139

Die Platte gehörte einst zusammen mit anderen im Nationalmuseum von Damaskus nun ausgestellten zu einer Chorabschrankung, die die Anbetung der Magier, Engel, Jagd- und Opferszene sowie Tierdarstellungen bildlich überliefert.
Daniel, bekleidet mit koptischer Tunika, deren Clavusstreifen und eckige Orbicula der Bildhauer deutlich herausgearbeitet hat (vgl. die koptischen Besatzstücke in der Ausstellung Kat. Nr. 55, 58), die Arme zum Gebetsgestus erhoben, ist von Löwen – sie wenden sich ihm mit erhobenen Vordertatzen zu – und von Pfauen umgeben. Diese halten Trauben im Schnabel. Die Darstellungen wirken schematisiert und derb, an den Figuren dominieren die großen Augen. Der Bildrahmen weist an drei Seiten Zickzackmotive und Kerbdreiecke, am oberen Rand vier parallele Kerbreihen auf. Am rechten Rand der Platte befindet sich eine Nut, die zur Verankerung der angrenzenden Reliefplatte diente.   U. H.

73 SCHRANKENPLATTE
6./7. Jahrhundert
Halabiye, Ausgrabung der Antikenverwaltung 1939
Damaskus, Inv. 4908, AN 80
H 86 B 73 D 10 cm
Grauer Kalkstein, geringfügige Beschädigung am Relief
Lit.: J. Lauffray, Halabiyya-Zenobia. Place forte du Limes Oriental et la Haute-Mésopotamie au VIe siècle, II (Paris 1991) 155 Fig. 35, Taf. 42/b

Ein Rahmen umgibt die schematisch ausgeführte und relativ flache Reliefdarstellung eines nach rechts springenden Löwen, dessen Mähne durch flammenartige Gebilde plastisch hervorgehoben ist. Hinter dem Raubtier wird eine Pflanze mit schlaufenförmigen Blüten sichtbar. Die Oberfläche des Steins – sie zeigt die deutlichen Spuren des Schrämeisens – dürfte ursprünglich mit feinem Stuck überzogen und bemalt gewesen sein.   U. H.

74 SCHRANKENPLATTE
6./7. Jahrhundert
Grabung Halabiye/Zenobia 1945
Damaskus, Inv. 4904, AN 81
H 92 B 67 D 12 – 13 cm
Grauer Kalkstein
Lit.: J. Lauffray, Halabiyya-Zenobia. Place forte du Limes Oriental et la Haute-Mesopotamie au VIe siècle, II (Paris 1991) 156, 159 Fig. 159 b, Taf. 43/b

Die Verzierung der Schrankenplatte, an deren Randleisten sich die Spuren des Meißels besonders deutlich erhalten haben, umfaßt vier Rechteckfelder mit verschiedenen Ornamenten, die teils in Kerbschnitttechnik, teils erhaben gearbeitet, dem Auge verschiedene Möglichkeiten der Bildauflösung bieten. Dieses für das spätantike Kunsthandwerk als charakteristisch geltende ornamentale Spiel mit der Oberfläche, auch an Kleingegenständen oftmals sichtbar, hat A. Riegl in seiner grundlegenden Strukturanalyse überzeugend gedeutet.
Rosetten-, Zierornamente und Kreuzmotive sind den hochrechteckigen Bildfeldern eingeschrieben, die durch eine große kreuzförmige Leiste mit Kerbzier voneinander getrennt sind. Die gleiche Art der Verzierung mit einzelnen, nahezu identischen Ornamenten innerhalb von Bildfeldern überliefert ein Türflügel aus Basalt, der nun im Museumsgarten von Idlib aufgestellt ist. Beide Stücke scheinen denselben Werkstattzusammenhang anzudeuten, der regional näher faßbar sein müßte.
Innerhalb der Mauern der am Ufer des Euphrats von Kaiser Justinian befestigten Grenzfestung Zenobia liegen zwei Kirchenruinen. In einer davon finden sich Schrankenplatten mit Rosetten- und Kreisdekor in situ.   E. M. R.

75 SCHRANKENPLATTE
8. Jahrhundert (?)
Aleppo, Ausgrabung der Antikenverwaltung 1939
Damaskus, Inv. 3483, AN 79
H 88 B 68 D 7 – 8 cm
Hellbeige-bräunlicher Kalkstein

In einem breiten profilierten Rahmen ist die flach ausgeführte, ornamentalisierte Reliefdarstellung eines Pfaues – auf dem Kopf trägt er die Pfauenkrone, den Schnabel hält er leicht geöffnet – zu sehen. Die Befiederung des Körpers bringen Reihen dreieckiger Kerben und – am Flügel – Riffelungen zum Ausdruck. Beachtung verdient der als Blatt mit Mittelrippe gestaltete Schweif. Zwischen den ungelenk und steif ausgeführten Beinen erkennt man den konisch sich verjüngenden Stengel einer Pflanze, die das rechte Bildfeld ausfüllt. Die Rippen der Blätter sind fischgrätartig herausgearbeitet, kleine Würfelornamente gliedern die Blütenknospe, deren Äußeres beinahe einem Pinienzapfen gleicht. U. H.

76 – 82 SIEBEN GOLDGLASPLATTEN
10./12. Jahrhundert
Vermutlich aus der Gegend von Ma'arrata im Gebiet des Djebels Baricha
Damaskus, Inv. 2962–2964; 3171–3174, AN 34–40
8,4 x 8,6 (kleinste Platte) 8,5 x 9 cm (größte Platte)
Lit.: Damas-Museum 2 (1976) 146. Damas-Concise guide 138

Die Platten wurden in der Technik des opus musivum hergestellt. Dazu wurde das dunkle Glas mit dreieckiger Goldfolie so belegt, daß in der Mitte ein Kreuz mit sich verbreiternden Armen auf dunklem Rhombengrund entstand. Die Restfläche wurde ebenfalls mit Goldauflage versehen. Dann wurde eine weitere Schicht farbloses pulverisiertes Glas aufgeschmolzen. Diese Technik findet sich zuerst bei den römischen Goldgläsern, die der Kennzeichnung der Loculi in den römischen Katakomben dienten und in zahlreichen Exemplaren erhalten sind. Stücke mit völlig gleicher Musterung befinden sich im British Museum und in der Frühchristlichen Sammlung der Staatlichen Museen in Berlin-Dahlem. Eine Provenienzangabe haben nur die Platten im Metropolitan Museum, die laut dortiger Kartei aus Djabal Balusha in Syrien stammen und in das 10./12. Jh. datiert werden. Die Platten im British Museum werden hingegen in das 6. Jh. gestellt, was m. E. aber sicher zu früh ist. Kleine Glastesserae (ca. 0,6 – 1 cm groß) wurden bei Grabungen im Jeremiaskloster in Saqqara gefunden. Sie sind aus bernsteingelbem oder flaschengrünem Glas mit Goldblattauflage, die mit einer durchsichtigen Glasschichte abgedeckt wurde. Die Größe der syrischen Platten deutet am ehesten auf eine Verwendung für Glasfenster hin, vielleicht als ornamentale Außenumrahmung eines figural gestalteten Mittelmotivs.
Vgl. R. Pillinger, Studien zu römischen Zwischengoldgläsern I. Denkschriften Wien 110 (Wien 1984) 56, Taf. 58 f. Farbtaf. 21 Abb. 130 J. C. Quibell, Excavations at Saqqara 3 (Le Caire 1909) British Museum Inv. 1971, 10-2, 3 – 5 New York, Metropolitan Museum, Inv. 46.174 Berlin-Dahlem, Inv. 15/65. U. H.

439

83 SCHÖPFGEFÄSS
5./6. Jahrhundert
Aus dem Kunsthandel 1932
Damaskus, Inv. 2165, AN 67
H 7,5   Dm 12,5   D 0,8 – 1,3 cm
Heller, sandfarbener Ton. Stiel abgebrochen

Das kleine Gefäß ist mit einfacher Ritzzeichnung geschmückt. Die Oberfläche ist rot überfangen. An der Außenseite der Wandung, die dem Stielansatz gegenüberliegt, sind zwei Vertikalstriche eingeritzt und dazwischen ein Kreuz, dessen Balken durch kurze Striche abgeschlossen werden. Rechts neben dem Kreuz sind Linien zu erkennen, die sich vielleicht als α (das allerdings annähernd dreieckig gestaltet wurde) und einem Bogen rechts oben, den man als ω ansehen kann, interpretieren lassen. In die übrige Außenfläche sind vertikale Linien, von denen schräge Parallellinien ausgehen, und isolierte Vertikallinien eingeritzt. In diesen Linien kann man vielleicht die einfachen Lebensbaumdarstellungen, die sich auch auf Wänden als Kritzeleien wiederfinden lassen, erkennen. Das Kreuz deutet auf eine Verwendung des Gefäßes in liturgischem Kontext hin. Die grobe Machart läßt als Erzeuger auf eine Person schließen, die mit der Anfertigung von grobem Gebrauchsgeschirr vertraut war, mit der Erzeugung von Gefäßen besserer Art und ihrer Verzierung jedoch nicht.   U. H.

84 TONPYXIS
6./7. Jahrhundert
Aus dem Kunsthandel 1948
Damaskus, Inv. 5546, AN 70
H 6,2   Dm 8,2 cm
Heller, weißlicher Ton

Die Pyxide ruht auf drei plumpen Standfüßen. Die Außenwand ist mit plastisch gestalteten Blättern im Mittelstreifen, einem gegitterten Band oben sowie einem Fischgrätzierstreifen unten geschmückt. Das Gefäß ist zwar derb, aber dennoch sorgfältig ausgeführt. Als Vorbilder könnten vielleicht aus Metall getriebene Gefäße gedient haben, deren Oberfläche häufig mit kunstvollem plastischen Oberflächenschmuck versehen wurden. Da solche Gefäße überaus viel kosteten, war es nur naheliegend, ähnliches in einem preiswerteren und leichter zu bearbeitenden Material nachzuahmen. Die Art der Dekoration und auch die Ausführung könnte ihren Ursprung im orientalischen Bereich haben, römisch-byzantinisch wirkt sie nicht. Eine Verwendung für Räucherwerk o. ä. liegt im Bereich des Möglichen.
Vgl. Frühchristliche und koptische Kunst, 135 Nr. 407, Abb. 77.   U. H.

85 RÄUCHERBECKEN
6./7. Jahrhundert
Aus Ägypten
Stadtmus. Linz, Inv. 1993.29 (Schenkung H. Z.), Z 9
H 6,6 – 7   Dm 8,6 – 9   D 0,9 cm
Steatit

Das aus Steatit herausgearbeitete Räucherbecken ruht auf vier Eckpfeilern. Die dadurch in vier Segmente gegliederte Außenseite des Beckens weist ebenso viele Tierdarstellungen auf, die in einer Mischung von Schnitz- und Relieftechnik sich vom Grund etwas abheben. Steatit wurde bereits im 4. Jahrtausend v. Chr. zur Gefäßherstellung verwendet (vgl. Land des Baal, 79 f. Nr. 71 f.). Größere Vorkommen gibt es z. B. im südlichen Iran und in Südarabien, woher im Mittelalter viele Gegenstände aus Steatit bezogen wurden: R. Khouri, Petra, Wadi Rum, Aqaba (Amman 1989) 59. Das Stück ist koptischer Provenienz.
Vgl. z. B. W. F. Volbach, Das christliche Kunstgewerbe der Spätantike und des frühen Mittelalters im Mittelmeergebiet, in: H. Th. Bossert (Hg.), Geschichte des Kunstgewerbes aller Zeiten und Völker 5 (Berlin 1932) 100 f. mit Abb.   E. M. R.

86 WEIHRAUCHFASS
5./6. Jahrhundert
Aus dem Kunsthandel 1941
Damaskus, Inv. 4066, AN 49
Gesamte L mit Haken 32   FaßH 5,1 bzw. 7 cm mit Löwenfigur
Löwe: L 3,2   H 2,6 cm
Bronze
Lit.: Damas-Museum 2 (1976) 146. Damas-Concise guide 138

Der Rand des kreisförmigen Weihrauchbehälters ist außen von einem Ring mit eingeritzter Fischgrätverzierung umgeben. An diesen Ring ist ein Zierstreifen angesetzt, der aus kunstvoll verschlungenen stark stilisierten Tier- und Menschenfiguren besteht, die teilweise mit Punktkreisen verziert sind. Eine Aufsatzfigur in Form eines Löwen dient als zusätzlicher Schmuck. Am Rand des Gefäßes sind drei Ösen angesetzt, durch die Ketten gezogen sind, die in einem Haken zum Aufhängen enden. Innerhalb des Randes liegt ein flacher Ring, der vielleicht als Aufsatz für einen durchbrochenen Deckel diente.

U. H.

Vgl. die grundlegende Arbeit von C. Billod Lochmann, Un encensoir oriental dans les Grisons?: Helv A 20 (1989) 123/37, bes. 124 Fig. 2 oben Age of Spirituality, 342 Nr. 323 Der Königsweg (1987) 358 Nr. 371 Entre Byzance et l'Islam (Genève 1992) 18 Fig. 12 f. Berlin-Katalog 1992, 127 Nr. 46, 176 Abb. 89.

E. M. R.

87 RÄUCHERPFANNE
7. Jahrhundert
Ausgrabung Resafa/Sergiupolis 1954
Damaskus, o. Inv., AN 55
H 6,6 Gesamtlänge 14,5 Becken H 3 cm
Bronze
Lit.: Damas-Museum 2 (1976) 146. Damas-Concise guide 138

Die auf drei Füßen ruhende Pfanne mit langem Griff bedeckt ein abnehmbarer, in Durchbruchsornamentik gestalteter Deckel, der an seinem knaufförmigen Aufsatz gehoben werden kann. Die Funktion von Räucherpfannen oder -fässern war nicht ausschließlich liturgischen Handlungen in sakralem Kontext vorbehalten, sondern erstreckte sich auch auf den häuslichen Bereich, wo man Räucherwerk wie Weihrauch besonders schätzte. Welche Bedeutung dem Räucherwerk für den Grabkult beigemessen wurde, kommt in schriftlichen Quellen gelegentlich und im archäologischen Material immer wieder zum Ausdruck.

Eine ähnliche Art der Verzierung zeichnet spätantike-byzantinische Lampenkörbe und Kerzenhalter aus, während Räucherpfannen wie die vorliegende formenkundliche und zeitliche Entsprechungen in omajjadischem Milieu finden. Daß dieses gerade in Sergiupolis durch Funde und Bauwerke in ausreichender Dichte zu erwarten ist, haben die dortigen Ausgrabungen bereits erkennen lassen.

88 WEIHRAUCHKESSEL
8./9. Jahrhundert
Aus dem Kunsthandel 1946
Damaskus, Inv. 5042, AN 57
H 5 Mdsdm 8,7 Boden Dm 3,7 cm
Bronze

Die halbkugelige, gut erhaltene Schale mit kleinem Standfuß konnte an den drei am Rand angeschmiedeten Ösen aufgehängt werden. Die zugehörigen Ketten, die in einem Haken enden, sind ebenfalls erhalten. Auch dieses Stück wurde im Gottesdienst verwendet.

Vgl. C. Billod Lochmann, Un encensoir oriental dans les Grisons?: Helv A 20 (1989) 124 Fig. 2 (Mitte re) J. Strzygowski, Koptische Kunst (Vienne 1904) 282 Nr. 9111, Taf. 32.

U. H.

89 BISCHOFSIEGEL
9./10. Jahrhundert
Schenkung 1942
Damaskus, Inv. 4101, AN 44
Dm 2,2 – 2,5   D 0,5 cm
Hellgrüne Glaspaste mit Reliefbüste und umlaufender Inschrift. Wulstartiger Rand.
Lit.: H. Harrauer, ΣΟΥΒΡΟΜ, Abrasax, Jahwe u. a. aus Syrien: Tyche 7 (1992) 42 f.

In der Mitte eine reliefierte männliche bärtige Büste mit vollem Haar, großen und tiefen Augenhöhlen. Die Büste hält in der Rechten ein etwas schief gestelltes Kreuz und in der Linken ein gelungen vertikal ausgerichtetes. Das Gesicht der Büste wirkt abgegriffen. Die umlaufende Beischrift ist wegen etlicher verschwundener Buchstaben nicht ganz eindeutig zu lesen: Μυνίχου ἐπαρχε(ω)τ(ικοῦ) ἐπισ[κό]π(ου), „(Siegel des) Mynichos, Provinzialbischofs".
Ein ἐπαρχιώτης, ἐπαρχεώτης (ἐπίσκοπος) ist, wie Lampe, Patristic Greek Lexikon sagt, ein Bischof einer Provinz. Unter den Belegstellen werden auch die Konzilsakten von Ephesus 431 (can. 2) zitiert. Ein Bischof namens Mynichos findet sich nicht bei H. Munier, Recueil des listes épiscopales de l'Église Copte (Le Caire 1943) und P. B. Gams, Series episcoporum ecclesiae Catholicae (Leipzig ²1931). Der Name selbst ist bei Pape, Benseler, Wörterbuch der griechischen Eigennamen, nachgewiesen.   H. H.

90 MONOGRAMMSIEGEL
9./10. Jahrhundert
Schenkung 1931
Damaskus, Inv. 1749, AN 43
Dm 2,4 – 2,5   D 0,3 cm
Gelblichgrüne Glaspaste. Wulstartiger Rand
Lit.: H. Harrauer, ΣΟΥΒΡΟΜ, Abrasax, Jahwe aus Syrien. Tyche 7 (1992) 44.

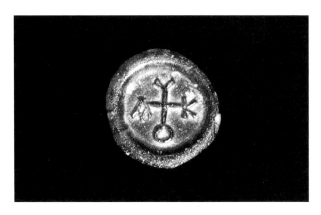

Der erste, links stehende Buchstabe scheint ein A mit dem charakteristisch gebrochenen Mittelbalken zu sein. Wir haben zur Findung des richtigen Namens folgende Buchstaben zur Verfügung: A K O Y. Möglich ist auch, daß in dem Kreuz ein „I" und ein „T" mitzulesen sind. In der unbefangensten Lesung hat man den Namen Ακου(ς), den man aus den Papyri Ägyptens kennt. (Preisigke, NB; Foraboschi, Onom. alt. papyrol.). Die Verbindung der Buchstaben durch ein Kreuz ist nicht Konvention, sondern Ausdruck der konfessionellen Haltung. – G. Schlumberger stellt die Hypothese auf, es handle sich bei solchen Gegenständen um „poids de verre étalons monétiforme d'origine byzantine", und der Name nenne jeweils einen Eparchen.
Vgl. G. Schlumberger, Poids de verre étalons monétiforme d'origine byzantine: Revue des Études Grecques 8 (1895) 68 Nr. 15 ein gleiches Objekt in Nachzeichnungen mit denselben Buchstaben, wohl aber keine Identität der Objekte. Gleiche als Glasgewichte beschriebene Gegenstände bei K. Wessel, Art. Gewichte: RBK 2 (1971) 799 f. Abb. 7.   H. H.

91 BRUSTKREUZ (ENKOLPION)
10./12. Jahrhundert
Beschlagnahme 1932
Damaskus, Inv. 2315, AN 47
H 7,1   B 4,3 cm

Schalenartig gegossene Hälfte eines aufklappbaren Reliquienkreuzes mit deutlich lesbarer armenischer Inschrift, deren Lesung Prof. Dr. Renatus G. Solta (Wien) verdankt wird: KRIKOROE, „was soviel wie lateinisch Gregori est = gehört dem Gregor, bedeutet" (Briefl. Mitteilung vom 2. 6. 1992). Demnach wird sich die Inschrift an der Innenseite des Reliquienkreuzes auf dessen Eigentümer bzw. Träger bezogen haben, zumal Gregorian ein in Armenien häufig bezeugter Name ist. Daß andererseits Reliquien einem Heiligen zugeschrieben und die im Brustkreuz aufbewahrten Partikel inschriftlich erfaßt, gewissermaßen also etikettiert worden wären, dürfte als eine weitere Deutungsmöglichkeit eher auszuschließen sein. Sowohl Bischöfe als auch Märtyrer namens Gregorian sind aus Armenien bekannt geworden. Eine in Jerusalem unlängst entdeckte Mosaikinschrift in Armenisch dokumentiert die Präsenz armenischer Christen, die dort auch ein Kloster und eine Kirche seit Mitte des 7. Jahrhunderts hatten.
Vgl. L. Kolmer, Armenier im Westen des 10. und 11. Jahrhunderts, in: Armenien, hg. v. E. M. Ruprechtsberger, Linz AF 18 (Linz 1990) 66/76. S. R. Wolff, Archaeology in Israel: AJA 97 (1993) 160 Fig. 33.

E. M. R.

92 MEDAILLON
9./10. Jahrhundert
Ausgrabung Resafa/Sergiupolis 1961
Damaskus, Inv. 12829, AN 48
Dm 2,8   B 4 cm
Bronze
Lit.: H. Harrauer, ΣΟΥΒΡΟΜ, Abrasax, Jahwe u. a. aus Syrien: Tyche 7 (1992) 43.

Das Bronzemedaillon mit zur Schauseite querstehenden Ösen überliefert folgende Inschrift:

+
TOY EKKΛS
ZENΩNOC
TOY AΓIOY
CEPΓIOY

τοῦ ἐκκλ(ησιαστοῦ)/Ζένωνος/τοῦ ἁγίου/Σεργίου.
„Des Kirchenleiters Zenon von (der Kirche) des heiligen Sergios."
Das Medaillon, wohl ein Ehren- oder Erinnerungszeichen, ist insofern höchst bedeutsam, da es eine konkrete historische Persönlichkeit der Kirche des hl. Sergius zu Resafa/Sergiupolis nennt, die dort vorliegenden inschriftlichen Nachrichten – sie wurden von P.-L. Gathier und T. Ulbert dokumentiert – ergänzt und das durch die deutschen Ausgrabungen erarbeitete Wissen um das mittelalterliche Sergiupolis um ein weiteres historisch-kirchengeschichtlich interessantes Detail erweitert.
Vgl. T. Ulbert, Seite 112 – 127 (mit weiteren Literaturangaben).

H. H.

93 BRUSTKREUZ (ENKOLPION)
10./11. Jahrhundert
Ankauf aus dem Kunsthandel 1985
Damaskus, Inv. 29398, AN 20
H 7,5 B 4,6 cm

Das an einigen Stellen von grüner Patina überzogene, schalenartig gegossene Bronzekreuz war mittels Scharnieren mit ursprünglich dazugehörender Kette und aufklappbarer Rückseite verbunden. In dem zwischen Vorder- und Rückseite entstandenen Hohlraum konnten Reliquienpartikel aufbewahrt werden. Die in die Oberfläche eingravierte Darstellung zeigt den heiligen Georg, als den ihn die griechische Inschrift nennt: Ο ΗΑΓΙΟC ΓΕΟΡ–ΓΙΟC. Der bekannte und beliebte Reiterheilige ist in der seit spätantiker/byzantinischer Zeit geläufigen Orantenhaltung – frontal und mit erhobenen Armen zum Betrachter gerichtet – abgebildet. Qualitätvoller ausgeführte Kreuze dieser Art weisen Niello- oder auch Emaileinlagen auf. Die Beliebtheit der als kleine Reliquienbehälter bzw. Staurotheken getragenen Brustkreuze illustrieren deren großes Verbreitungsgebiet hauptsächlich im byzantinischen Osten und das breite zeitliche Spektrum, das vom 6. Jahrhundert bis zum späten Mittelalter währt.

Vgl. A. Effenberger (Hg.), Metallkunst von der Spätantike bis zum ausgehenden Mittelalter (Berlin 1982). Darin die Beiträge von A. Tschilingirov, Eine byzantinische Goldschmiedewerkstatt des 7. Jahrhunderts, 76/89 und Z. Lovag, Die Einflüsse der byzantinischen Pektoralkreuze auf die Bronzekunst Ungarns im 11./12. Jahrhundert, 159/65 A. Effenberger, Frühchristliche Kunst und Kultur (München – Leipzig 1986) Abb. 177 – 180 Iatrus-Krivina III (Berlin 1986) 179 f. Nr. 667 – 669, Taf. 70 a – c F. Winkelmann – G. Gomolka-Fuchs, Die byzantinische Kultur (1988) 93 Abb. 57 – 59 L. Dončeva-Petkova, Croix avec images de saints et des inscriptions: A Sof 33 (1991) 11/19 F. Schweizer, L'art du niellage à l'époque byzantine: Mus Gènève 321 (1992) 10/13. G. Marjanović-Vujović, Originals and copies: A pendant reliquary cross type: Starinar Beograd 40/41 (1989/90) 303/7. L. Dončeva-Petkova, Problèmes lors de la production des croix-encolpions: A Sof 34 (1992) 1/12. E. M. R.

94 ALABASTERKREUZ
Mittelalterlich?
Ankauf 1955
Damaskus, Inv. 7449, AN 71
H 7,8 B 7,1 D 1,5 cm
Heller Alabaster

Das Alabasterkreuz mit quadratischem Mittelschild, auch quadriertes Kreuz bezeichnet, trägt an beiden Seiten erhaben gearbeiteten Dekor und eine Inschrift, die von den Sprachforschern derzeit nicht gedeutet werden kann. Daß es sich weder um syrische noch um äthiopische Schrift handelt, hat Prof. Renatus G. Solta (Wien) mitgeteilt (Brief vom 13. 6. 1992). Ob ein indischer Schrifttypus zugrundeliegt, soll noch geklärt werden.

Ein ungefähr vergleichbares, jedoch höheres Kreuz aus Marmor mit blütenartiger Verzierung kam in einer in El-Quweisma unlängst ausgegrabenen Kirche aus byzantinischer-frühislamischer Zeit zutage: Vgl. R. Schick – E. Suleiman, Preliminary report of the excavations of the lower church at El-Quweisma, 1989: ADAJ 35 (1991) 325/40, bes. 339 Taf. 4/1.

E. M. R.

95 PILASTERKAPITELL
7. Jahrhundert
Anjjar, Libanon
Stadtmus. Linz, Inv. 1990.30 (Schenkung I. S.)
H 20   B 28   T 18 cm
Heller Kalkstein

Das als Pilasterkapitell, möglicherweise auch als Auflager für einen Bogen verwendet gewesene Architekturstück – die eine Seite zeigt eine Bruchstelle – wird von reliefierten, miteinander verknoteten Ranken mit Blatt- und Blütenmotiven verziert. Als auffällig erweisen sich die breiten, bandartig gearbeiteten Stege der Ranken. Die Oberfläche trug ursprünglich Bemalung. Die Ornamentik steht in der Tradition omajjadischer Bauplastik, die wie der Stuck von Türlünetten, Fenstern und Platten aus Repräsentationsbauten dieser Zeit verdeutlicht, durch Geometrisierung und in gewissem Sinne auch Verflachung und Auflösung der Oberfläche in das Ornamenthafte gekennzeichnet ist.   E. M. R.

96 TONPLAKETTE
Mittelalterlich
Ankauf in Alexandria
Stadtmus. Linz, Inv. 1993.20 (Schenkung H. Z.), Z 1
H 6,9   B 6,7   D 1 cm
Sandfarbener feiner Ton

Die am Rand gezinnte Plakette ist mit einer Reiterdarstellung versehen, deren Relief sich ca. 0,2 cm hoch vom Grund abhebt. Es gibt einen nimbierten Reiter wieder, der – zum Betrachter gewandt – in der Rechten einen Kreuzstab und mit der hinter dem Hals des gezäumten Pferdes verdeckten Linken die Zügel hält. Auffällig ist die mit Punkten und Kerben charakterisierte Kleidung, in der man vielleicht die Panzerung oder den überdimensionierten Besatz sehen könnte, wie ihn in vergleichbarer Weise Solidi aus der Komnenenzeit wiedergeben. Als störend wird das Mißverhältnis zwischen Oberkörper und Beine des Reiters empfunden, dessen Darstellung sich der Ikonographie der Reiterheiligen einfügt, etwa des hl. Georg oder, um in Ägypten zu bleiben, des Menas, der auch zu Pferde abgebildet wurde – auf Eulogien und z. B. einem Relief in Alexandria. Die Verwendung der Tonplakette als Eulogie, als Andenken an eine Pilgerreise mag zuerst erwogen werden, andererseits wäre es durchaus vorstellbar, daß damit auch der Teig von Brot, Gebäck oder Kuchen signiert wurde, wenngleich ein Griff oder eine Handhabe – sie fehlen der Plakette – den Vorgang wesentlich erleichtert hätte.

Vgl. C. M. Kaufmann, Die hl. Stadt der Wüste (4. Aufl. Kempten 1924) Abb. 100. W. F. Volbach – J. Lafontaine-Dosogne, Byzanz und der Christliche Osten, PKg 3 (Berlin 1968) Abb. 100, 103 f. (11./12. Jh.) H. Zaloscer, Die Kunst im christlichen Ägypten (Wien-München 1974) Abb. 105. Zum Thema Reiterheiliger siehe U. Horak, Illuminierte Papyri, Pergamente und Papiere I (Wien 1992) bes. 190/94 (mit weiteren Hinweisen). E. M. R.

Abb. 97

97 RELIEFPLATTE
8. Jahrhundert
Aus Qasr al-Hair al-Gharbi, Bad. Ausgrabung 1936 – 1938
Damaskus, Inv. 17988, AN 103
H 45,6 B 22,7 D 1,7 cm
Grauer Marmor
Lit.: Land des Baal, 272 ff., Nr. 245

Die zur Innenausstattung, wohl einem Türrahmen, gehörende Marmorplatte ist durch die strenge Symmetrie ihrer Blattornamentik charakterisiert. Zwischen den oben sich gabelnden Blattspitzen befindet sich ein Kantharosmotiv, das auch Mosaiken häufig überliefern. Das Relief stellt den „Ausstattungsluxus" frühislamischer Thermen unter Beweis, die in der Raumfolge den antiken Bädern entsprachen.
E. M. R.

98 FRAUENBÜSTE
8. Jahrhundert
Qasr al-Hair al-Gharbi, Ausgrabung 1936 – 1938, Palast
Damaskus, o. Inv., AN 85
H 40,7 cm
Stuck
Lit.: Land des Baal, 268 Nr. 239

Während der Freilegungsarbeiten im Palast des Kalifen Hisham wurden zahlreiche Fragmente aus Stuck geborgen, der Fassade und Außenmauern der Anlage verzierte. Relieffiguren – sie stellten Angehörige aus dem Personenkreis um den Kalifen dar – saßen, wie die vor dem Nationalmuseum von Damaskus wiederaufgebaute Palastfassade verdeutlicht, in den Zwickeln der Blendnischen. Die vom Hintergrund sich plastisch abhebende Büste zeigt eine Frau mit mauerkronenartiger Kopfbedeckung und langen geflochtenen Zöpfen, die die massiven Bommelohrgehänge unbedeckt lassen. In der Linken hält die Frau eine Taube, die Rechte hält einen der Zöpfe lose umklammert. Der äußerst auffällige, stechende Blick aus fast überdimensionierten Augen

wirkt zwar furchterregend auf den in der Nähe befindlichen heutigen Betrachter, nicht aber auf jenen, der unten vor dem Portal stand und nach oben schaute.

E. M. R.

99 MÄNNERFIGUR
8. Jahrhundert
Qasr al-Hair al-Gharbi, Ausgrabung 1936 – 1938, Palast
Damaskus, Inv. 4709, 2665, AN 86
H 54 cm
Stuck
Lit.: Land des Baal, 268, 271, Nr. 241

In welchen Bildzusammenhang das Relief eines Mannes zu bringen ist, konnte bislang noch nicht geklärt werden. Der angedeuteten Bewegung der Figur nach zu schließen, könnte sie auf andere bezogen, vielleicht auch Teil einer Gruppe (?) gewesen sein. Haar- und Barttracht sowie das Gewand – es entspricht einer Toga – lassen ermessen, daß die figürliche Kunst der Antike auch in späterer Zeit noch nachwirkte.

E. M. R.

100 STUCKFRIES
7. Jahrhundert
Qasr al-Hair al-Gharbi
Palmyra, Inv. 927/8470, P 10
L 70 H 28 D 7 cm
Weißlicher Stuck

Ranken mit eingerollten Blättern und Blüten bilden die Dekorzone des Stuckfrieses, den eine Zierleiste mit Eierstabmotiven nach einer Seite hin abschließt. Vorlagen für die elegante Verzierungsweise lieferte die Bauplastik der Tempel und öffentlichen Gebäude in Palmyra zur Genüge, so daß der omajjadenzeitliche Kunsthandwerker Anregungen erhalten haben mochte, die er nach Willen und Geschmack der neuen Bauherren und nach eigenen Vorstellungen weiterverarbeiten und formulieren konnte.
Vgl. den Beitrag von M. Meinecke – A. Schmidt-Colinet, Seite 352.   E. M. R.

101 STUCKRELIEF
9. Jahrhundert
Aus Raqqa, Ausgrabung
Damaskus, o. Inv., AN 104
H 69 B 59 D ca. 4 cm
Dreieckiges, aus einigen Teilen bestehendes Stuckfragment

Stuck zierte sowohl das Innere als auch die Fassaden omajjadischer und abbassidischer Bauwerke, von welch letzteren in Raqqa, der einstigen Hauptstadt des Abbassidenreiches, einige durch Ausgrabungen erschlossen wurden. Die von einer Zierleiste gesäumte Dekorzone wird in quadratische Felder mit Blatt- bzw. Blütenornamenten unterteilt.   E. M. R.

102 STUCKRELIEF
9. Jahrhundert
Aus Raqqa, Ausgrabung
Damaskus, Inv. 8, AN 105
H 150 B 27 D ca. 3,3 cm

Das längliche Stuckrelief war, wie zahlreiche andere aus Raqqa, im Inneren eines Gebäudes angebracht. Blattgirlanden und Zierleisten an den Rändern bilden auch hier das wesentliche Gestaltungselement frühislamischer Stukkaturen.
Vgl. Damas-Museum 3 (1976) 168 f., Fig. 65 f.   E. M. R.

103 STUCKRELIEF
9. Jahrhundert
Aus Raqqa, Ausgrabung
Damaskus, Inv. 3, AN 106
H 101   B 61   D ca. 3 cm

Die Reliefplatte zeigt annähernd symmetrische Bildgestaltung, deren Motive die Kunsttradition früherer Zeit weiterführen: Etwa die der Girlanden und der Weintraube, die in einer gleichsam neuen Fassung dem Zeitgeschmack und dem Verständnis der neuen Bauherren der Abbassidenstadt Raqqa entsprachen. Von dem nach oben sich entwickelnden Rankendekor werden paarweise gesetzte Blattgruppen rahmenhaft eingefaßt, an die Zierleisten anschließen.
Vgl. Damas-Museum 3 (1976) 168 f., Fig. 64.

E. M. R.

104 GLASBECHER
9. Jahrhundert
Aus Raqqa, Ausgrabung
Damaskus, Inv. 16022, AN 102
H 6,5   Mdsdm 8,1   D 0,15 cm
Milchig bis durchsichtiges Glas mit brauner Verzierung. Zirka ein Drittel des Glaskörpers ist ergänzt.

Die Dekorzone des aus Raqqa stammenden zylindrischen Glasbechers besteht aus Rechteckstreifen mit Dreieckdekor und Punktgruppen sowie Blumenbündeln, die alternierend vorkommen. Frühislamische Glaserzeugung wurde in Raqqa archäologisch konkret faßbar, vgl. Land des Baal, 276 f. Nr. 251 L'Eufrate e il tempo, 481 Kat. Nr. 438.   E. M. R.

105 GLASBALSAMAR
10./11. Jahrhundert
In Alexandria zusammen mit Münzen fatimidischer Zeit gefunden
Stadtmus. Linz, Inv. 1993.26 (Schenkung H. Z.), Z 11
H 7   Mdsdm 2,8   Stfldm 3,6 cm
Farbloses Glas mit stellenweise irisierender Oberfläche

Das kleine Balsamar gibt eine in der Antike sehr geläufige Form nahezu unverändert wieder. Es enthielt Öle oder wohlriechende Essenzen.   E. M. R.

106 GLASIERTER POKAL
Mittelalterlich
Stadtmus. Linz, Inv. 1993.25 (Schenkung H. Z.), Z 6
H 9,4   Mdsdm 11,6   Stfldm 6,2   D 0,4 cm
Bräunlicher Ton mit Glasurmalerei in Schwarz-, Blau-, Grün- und Brauntönen

Der vollständig erhaltene, aus mehreren Bruchstücken zusammengefügte Pokal mit niedrigem Standfuß weist eine blaue Randverzierung und einen in demselben Farbton gehaltenen Arkadendekor mit Blattmotiven auf. Fünfblättrige Blüten mit teils langen Zweigen füllen die Zone zwischen Rand und Arkaden. Der Herstellungsort des Pokals führt in das an Nordsyrien anschließende Gebiet.   E. M. R.

107 GLASIERTE SCHALE
12./13. Jahrhundert
Stadtmus. Linz, Inv. 1993.31 (Schenkung H. Z.), Z 10
H 7,1   Mdsdm 12,7   Stfldm 4,8   D 0,5 cm
Bräunlicher Ton mit Glasurmalerei in Blau-, Grün- und Brauntönen

Die etwa zur Hälfte erhaltene Fußschale ist außen und innen verziert. Zwischen den mit dickerem Pinselstrich angegebenen Dekorfeldern dominieren Punkt-, Strich- und Spiralmotive. Eine annähernd vergleichbare Gefäßform und Ornamentik ist in Raqqa nachgewiesen: Vgl. z. B. H. Glück, Islamisches Kunstgewerbe, in: Geschichte des Kunstgewerbes aller Zeiten und Völker 4, hg. v. H. Th. Bossert (1930) 388, Abb. 2 = W. Hein, Frühe islamische Keramik im österreichischen Museum für Angewandte Kunst in Wien, Denkschriften Wien 83 (1963) Taf. 4 (Ke 6570). J.-Ch. Heusch – M. Meinecke, Die Residenz des Harun al-Raschid in Raqqa (Damaskus 1989) Abb. (o. S.) mit Datierung in ayyubidische Zeit. L'Eufrate e il tempo, 481 Kat. Nr. 441 (dat. 13. Jh.). N. Logar, Die Kleinfunde aus dem Westhofbereich der Großen Basilika von Resafa: DaM 6 (1992) 417/79, bes. 423, Abb. 15.

E. M. R.

108 GLASIERTE SCHALE
Mittelalterlich
Stadtmus. Linz, Inv. 1993.27 (Schenkung H. Z.), Z 7
H 5,6   Mdsdm 14   Standringdm 6,4   D 0,45 cm
Grauer Ton mit Glasurmalerei

Die auf hellem Grund gesetzte, in Blau-, Braun- und Grüntönen gehaltene Ornamentik füllt sowohl die Außen- als auch die Innenseite der glasierten Schale. Im Inneren bildet eine Blütenrosette das zentrale Motiv, um das Blätter und Blüten gruppiert sind. Ein blauer Blattkranz und darüber ein grüner Streifen schließen die Dekorzone nach oben hin ab. Die Außenseite zeigt eine ähnliche Verzierungsweise, die sich zwischen dem unten angebrachten Blütenkranz und dem blauen Abschlußstreifen oben entfaltet. Dichte Ornamentkomposition und ausgewogene Farbgebung machen die Schale zu einem Meisterwerk islamischer Keramik früher sogenannter Kutayya-Ware.

E. M. R.

109 GLASIERTE VASE
13./14. Jahrhundert
Qasr al-Heir al-Sharqi, 1971
Palmyra, Inv. 1335/8310, P 12
H 30   Mdsdm 10,5   Stfldm 10 cm
Rand stellenweise ausgebrochen, Glasur meist stark abgescheuert

Die türkis glasierte Vase ist mit einer dunkelblauen arabischen Inschrift, die innerhalb von parallelen Streifen auf der Bruchzone der Vase angebracht ist, versehen. Standfläche und Mündung sind annähernd gleich groß, im mittleren Teil verbreitert sich der Vasenkörper sehr stark. Ähnliche Keramik dieser Art wurde in Damas, Raqqa und Hama hergestellt.
Vgl.: A Concise Guide, 233 Nr. 2, Fig. 103 (13./14. Jh.). Damas-Museum 3 (1976) 249 Nr. 2 Fig. 140, Schutzumschlag. L'Eufrate e il tempo, 484 Kat. Nr. 465.   U. H.

110 GLASIERTE LAMPE
9./13. Jahrhundert
Aus Ägypten
Stadtmus. Linz, Inv. 1993.28 (Schenkung H. Z.), Z 8
L 11   H 8,3   Stfldm 5 cm
Bräunlicher Ton mit blaugrüner Glasur. Kleine Ergänzung am Ausguß. An der Unterseite moosgrüne, porös wirkende glasierte Stellen.

Die Lampe verkörpert den in islamischer Zeit üblichen Typus, der mit gleichen Beispielen auch in Raqqa oftmals vertreten ist.   E. M. R.

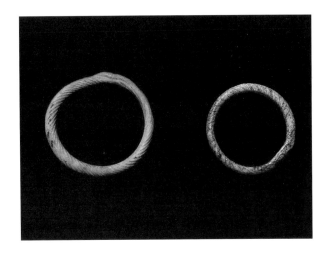 

111 – 112 ZWEI GLASARMREIFEN
7./12. Jahrhundert
Qasr al-Hair al-Sharqi 1970
Palmyra, Inv. 113/8195, P 13 – 14
Links: Dm 6,5 – 7 cm   D 0,6-0,8 cm. Helles Glas
Rechts: Dm 5,9   D 0,7 cm. Grünlich-blaues Glas

Die Stelle, wo die beiden Enden des tordierten Glasstabes zusammengefügt wurden, ist durch eine Verdickung des Armreifens markiert. Die einfache und schnelle Herstellung dürfte den Preis eines solchen Schmuckstückes erschwinglich gemacht haben, dessen Form einen breiten chronologischen Rahmen – etwa von frühislamischer Zeit bis zum Hochmittelalter (13. Jahrhundert) – offenläßt.
Vgl. die Erörterungen von M. Mackensen, Resafa I, 59, bes. Taf. 32/20. H. Boosen, Antike Gläser, Staatl. Kunstsammlungen Kassel (2. Aufl. 1984) 91 Nr. 191 a – b. N. Logar, Die Kleinfunde aus dem Westhofbereich der Großen Basilika von Resafa: DaM 6 (1992) 417/79, bes. 424, Abb. 18/1, 3, 5 – 6, 9, 13 – 14, 16.

113 MARMORPLATTE mit Inschrift
8. Jahrhundert
Qasr al-Hair al-Gharbi, Ausgrabung 1936 – 1938, Palast
Damaskus, Inv. A 17978, AN 88
H 7,8   B 6,4   D 1,5 cm
Grauer Marmor
Lit: Land des Baal, 266 Nr. 236

Das mit schwarzer Tusche beschriftete Marmorfragment ist das älteste bisher bekannte Steindokument dieser Art aus islamischer Zeit. Die mit einer Rohrfeder aufgetragene Schrift, eine Variante des altertümlichen Arabischen (Kufi), läßt nur soviel erkennen, daß hier der Anfang eines Briefes des Kalifen Hisham vorliegt, der das Schreiben mit dem üblichen Quranvers „Im Namen Gottes..." einleitete. Das oben genannte Wüstenschloß wurde vom Kalifen 727 erbaut.   E. M. R. (nach M. Meinecke)

114 GRABSTEIN
11. Jahrhundert
Aus Ain Dara, Grabung der Antikenverwaltung
Inv. K 1607, AN 87
H 62   B 43,5   D 7 cm
Grauer Kalkstein
Lit.: A. Abu Assaf, Der Tempel von Ain Dara (o. O., o. J.) [Damaskus 1992] Abb. 4 (Vorder- und Rückseite)

Der ca. 70 km in nordwestlicher Richtung von Aleppo entfernte, am Flusse Afrin liegende Siedlungshügel von Ain Dara wurde von der Antikenverwaltung Syriens unter der Leitung von A. Abu Assaf systematisch erforscht. Sechs dokumentierte Siedlungsschichten umfassen einen Zeitraum vom Ende des 2. Jahrtausends v. Chr. bis zum 12./13. Jahrhundert n. Chr. Der im Bereich des Tells geborgene Grabstein beansprucht aufgrund der beidseitigen sorgfältigen Bearbeitung erhöhtes Interesse: Auf der einen Seite ist es das Kreuz, auf der anderen die arabische Inschrift, in der einer der letzten Verse des Qurans, Sure 112, zitiert wird: „Im Namen Allahs, des Erbarmers, des Barmherzigen! Sprich: Er ist der eine Gott, 2. Allah, der Alleinige; 3. er zeugt nicht und wird nicht gezeugt, 4. und keiner ist ihm gleich." (Nach der Übersetzung von M. Henning, hg. v. E. Werner – K. Rudolph, Wiesbaden, o. J., 575).

Die andere Seite des Steines ist kreisförmig ausgeschält; im Rund hebt sich das aus vier gleichseitigen Dreiecken komponierte Kreuz samt Stütze positiv vom Grund ab. Die Balkenenden sind mit kleeblattartigen Ornamenten versehen, wie sie an Fassaden und Wänden mittelalterlicher armenischer Kirchen oder an Kreuzsteinen in ähnlicher, meist gediegenerer und detaillierterer Ausführung vorkommen; vgl. B. Brentjes, S. Mnazakanjan, N. Stepanjan, Kunst des Mittelalters in Armenien (Wien – München 1982) Abb. 110, 163 f. u. ö. Kreuzdarstellung und arabische Inschrift des Grabsteins wurzeln einerseits im christlich-armenischen Milieu, andererseits im muslimischen Glauben. Daß sie unter ökumenischen Gesichtspunkten gleichzeitig entstanden, dürfte als eher unwahrscheinlich gelten. Die neuerliche Nutzung eines bereits verwendeten Grabsteins würde eine plausible Erklärung liefern. Dennoch ist bemerkenswert, daß christliche Bildsymbolik im muslimisch geprägten Umfeld bewußt erhalten blieb.

E. M. R.

115 KERAMIKTOPF
1. Hälfte 13. Jahrhundert
Ausgrabung Resafa/Sergiupolis 1982
Damaskus, Inv. 31530, AN 33
H 31,7   Mdsdm 16   D 1,2 cm
Hartgebrannter heller Ton mit dunkelgrüner, dicker Glasur. Oberfläche stellenweise beschädigt
Lit.: T. Ulbert, Resafa III, 7, Abb. 4, Taf. 12 a – c

Das bauchige Gefäß barg die liturgischen Geräte Kat. Nr. 115 – 119, diente also als Behälter für die vor den herannahenden Mongolen versteckten liturgischen Geräte. Um diese leichter in den Topf legen zu können, wurde ein Teil des Gefäßbodens herausgebrochen. Machart und Verzierung entsprechen der Gefäßkeramik des 11. – 13. Jahrhunderts, die Fundumstände engen den Topf allerdings zeitlich ein und machen dessen Entstehung in den ersten Jahrzehnten des 13. Jahrhunderts wahrscheinlich.

E. M. R. (nach T. Ulbert)

116 KELCH
12./13. Jahrhundert
Ausgrabung Resafa/Sergiupolis 1982
Damaskus, Inv. 29311, AN 29
H 20,9   Kuppa-Dm 13,5 – 14,5   Fußdm 14,1 cm
Gew. 271 g
Silberblech, teilweise feuervergoldet
Treibarbeit mit Gravierung und Nielloverzierung
Lit.: T. Ulbert, Resafa III, 21 ff., Abb. 17 f., Taf. 3 f., 21 ff.

Die ausgewogenen Proportionen von Fuß, Nodus und Kuppa sowie die gediegene Herstellung rücken den prunkvollen Kelch in die Nähe abendländischer Sakralkunst, während Inschrift und figürliche Darstellungen auf syrisch-mesopotamische, ja vielleicht sogar örtliche Herkunft schließen lassen. Östliche und westliche Traditionen gehen in dem Kunstwerk eine Synthese ein, wie sie sich in einer überzeugenderen Form nur in ganz wenigen Beispielen mittelalterlicher Kleinkunst manifestiert.
Die Verzierung der Kuppa konzentriert sich auf die Randzone und besteht aus Vergoldung und Niello. Das Inschriftband unterhalb des Randes wird durch vier Goldmedaillons mit Christusbüsten unterbrochen: Jesus Christus wird durch die griechischen Buchstaben IC XC beiderseits der Schultern der Büste inschriftlich genannt. Das von einer Goldschicht überzogene Innere des Kelches zeigt die auf dem Thron sitzende und von den Erzengeln Michael (links vom Betrachter aus) und Gabriel (rechts) flan-

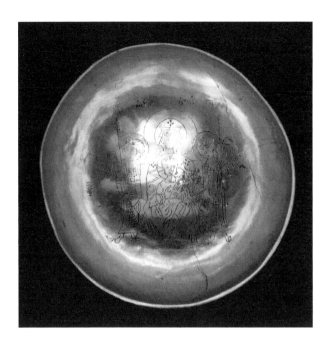

kierte Mutter Gottes mit dem Jesuskind, alle drei durch die ungelenk eingravierten griechischen Beischriften in üblicher Kurzdiktion als solche genannt (Der Erzengel Michael – Mutter Gottes – der Erzengel Gabriel). Die Komposition – das Thema selbst ist seit der byzantinischen Zeit nicht nur in der Kleinkunst, sondern auch auf Mosaiken in Sakralbauten überliefert – wird durch die feinen Umrißlinien bestimmt, die, in Niello ausgelegt, eine Kontrastwirkung erzeugten.

Den Kelchfuß zieren vier eingravierte gleichschenkelige Kreuze, die in axialem Bezug zu den Christusmedaillons der Kuppa stehen, deren altsyrische Inschrift in der Übersetzung folgendermaßen lautet (nach R. Degen): „Zur Ehre des Kelches, den du deinen Schülern als Pfand gegeben hast, hat gestiftet dies, das deinem Blut vorbehalten ist, o Gnadenbringer, der Iwannis. Und siehe: Er trägt dich als Stiftung. Empfange (ihn) und vergelte gemäß deinem Versprechen und Opfer (dem) Priester."

E. M. R. (nach T. Ulbert)

117 PATENE
12./13. Jahrhundert
Ausgrabung Resafa/Sergiupolis 1982
Damaskus, Inv. 29312, AN 28
Dm 13 H 1,1 cm Gew. 49,5 g
Silberblech, teilweise feuervergoldet
Lit.: T. Ulbert, Resafa III, 42 ff., Abb. 29, Taf. 6, 36 ff.

„Die Oberseite der Patene wird durch ihren Dekor und durch den Kontrast zwischen dem silbernen Grund und die es umgebenden Kreisbögen stark hervorgehoben" (T. Ulbert, S. 42). Innerhalb des im Zentrum des Bodens befindlichen Medaillons ist die rechte Hand Gottes vor einem Kreuz dargestellt. Der punktverzierte Wulst vor der Hand wird als Gewandsaum gedeutet. Um den Patenenrand verläuft eine Inschrift in Altsyrisch, die in der Übersetzung lautet: „Gestiftet hat diese Patene (der) Hasnon, der Sohn des verstorbenen Habel (Abel), der Edessener,

der Kirche des Mar Sergios von Resafa. Jeder, der (das) liest, möge für den Stifter beten" (Übersetzung: R. Degen).

Als Herkunftsgebiet der Patene könnten Deutschland, Frankreich und England erwogen werden. Die Herstellungszeit wäre auch im ausgehenden 12. Jahrhundert gut möglich. Die Deponierung der an das Sergiosgrab gestifteten Patene fällt in die Zeit vor dem Mongoleneinfall der Jahre 1258 bis 1260 (T. Ulbert, S. 50).   E. M. R. (nach T. Ulbert)

118 WAPPENPOKAL

12./13. Jahrhundert
Ausgrabung Resafa/Sergiupolis 1982
Damaskus, Inv. 29313/15, AN 30
H 8,5   Schalendm 15,7 – 16,1   Fußdm 8,7 cm
Gew. der Schale 197 g, des Fußes 43 g
Silberblech, teilweise feuervergoldet
Treibarbeit mit Gravierungen
Lit.: T. Ulbert, Resafa III, 50 ff., Abb. 30 – 32, Taf. 7 f., 39 ff.

Bei der Auffindung lagen Kuppa und Fuß voneinander getrennt, was – wie dann die späteren, minutiös durchgeführten Restaurierungs- und Konservierungsarbeiten bestätigten – auf zwei ursprünglich nicht zusammengehörende, durch Reparaturen allerdings dann aneinandergefügte und einander angepaßte Teile schließen läßt, die sich auch materiell unterscheiden. Einer späteren Reparaturphase wurde desgleichen die arabische Inschrift am Rand der Kuppa zugeordnet: „Dies hat Zayn ad-Dar, die Tochter des Meisters Abu Durra, der Kirche des beschützten Qal'at Gab'ar gestiftet." Die Außenseite der Kuppa prägen Schuppendekor und Wappenfelder, die auch das von einer einheitlichen Goldschicht überzogene Innere der Kuppa bestimmen: In deren Zentrum liegt, einer Rosettenkomposition eingeschrieben, das Mittelwappen. Um dieses sind die übrigen zehn Wappenfelder gruppiert. Die genaue heraldische Untersuchung sollte sich dann als ausschlaggebend für die Herkunft des Pokals erweisen, wie der französische Gelehrte H. de Pinoteau gezeigt hat.

Der Pokalfuß trägt als Dekor Lanzenblätter und sphärische Dreiecksfelder und – als unteren Abschluß – eine tremblierte Wellenlinie. Wie der äußere Kupparand ist dieser Bereich des Pokalfußes vergoldet, während die Partie dazwischen Silbergrund zeigt. Die „Geschichte" des Wappenkelches konnte dank mühsamer Gelehrtenarbeit rekonstruiert werden. Ursprünglich in Nordfrankreich hergestellt, befand sich das Stück im Besitz der picardischen Familie Couzy, deren Angehöriger, ver-

mutlich Raoul I, Sire de Couzy, den Pokal in den Orient mitnahm, wo Raoul während des 3. Kreuzzuges 1191 in Akko den Tod fand. Das Stück gelangte danach – die näheren Umstände wissen wir nicht – in den Besitz der Christin Zayn ad-Dar, die ihren Namen samt Widmungstext am Pokalrand anbringen ließ. In dieser Zeit dürften auch jene Ausbesserungen am Gefäß vorgenommen worden sein, die durch die wissenschaftliche Analyse bezeugt sind. Zuletzt im Besitz der Kirche von Sergiupolis, wurde der nun zum liturgischen Bestand gehörende Pokal zwischen 1243 und 1258/59 vor den drohenden Mongoleneinfällen im Boden versteckt.

E. M. R. (nach T. Ulbert)

119 HÄNGEAMPEL
Um 1200
Ausgrabung Resafa/Sergiupolis 1982
Damaskus, Inv. 29316, AN 31
H 8,2 Dm 11,5 – 11,8 Fußdm 6,7 cm
Gew. 117,5 Kupfereinsatz 62,8 Kette 33 Kettenverteiler 9 g
Silberblech, teilweise feuervergoldet. Treibarbeit und Nielloverzierung. Einsatz aus Kupfer
Lit.: T. Ulbert, Resafa III, 7 ff., Abb. 5 ff., Taf. 1f., 13 ff.

Der gediegene Dekor entfaltet sich an der Außenseite des schalenartigen, aus dünnem Silberblech getriebenen Gefäßes, dessen Inneres unvergoldet blieb. Die obere, reichhaltige Bildzone gestalten vier Reliefmedaillons und dazwischen liegende Niellogruppen ähnlicher Thematik: In den Medaillons sind es teils antithetisch angeordnete Tiere, wahrscheinlich Füchse oder Schakale, und Raubvögel, die Enten erbeutet haben; in den Nielloflächen antithetische Sphingenpaare und regelmäßig aufgebaute Rankenornamente mit Blättern. Den Übergang von Gefäßwand zum Fuß markiert eine schmale niellierte Frieszone mit Rankendekor und Tieren (Hund, Gazelle, Reh?, Hund, Hasen, Leopard, Schakal).

Zu einem späteren Zeitpunkt wurde das Gefäß zu einer Lichtampel umfunktioniert, indem man drei Ösen am Rand anbrachte, an denen drei 30 cm lange Silberketten befestigt sind. Diese dienten als Aufhängevorrichtung, zu der noch der aus Silberblech bestehende hutförmige Verteiler und ein Silberring gehören.

Ausführung, formale und dekorative Gestaltung des Gefäßes ordnen es rein islamischer Werkstatttradition ein und legen seine Entstehung im syrischen oder ostanatolischen Raum nahe, wobei auch lokale Provenienz nicht ausgeschlossen ist. In seiner Erstverwendung befand sich die Schale, so darf vermutet werden, im Besitz eines Angehörigen der muslimischen Oberschicht. Nach der Umarbeitung der Schale zu einer Ampel oder auch zu einem Weihrauchgefäß – die Gründe dafür bleiben wohl für immer verborgen – gelangte das Stück als Stiftung in den Besitz der Kirche von Resafa/Sergiupolis.

E. M. R. (nach T. Ulbert)

120 KELCHFUSS
Um 1200
Ausgrabung Resafa/Sergiupolis 1982
Damaskus, Inv. 29314, AN 32
H 7,4 Dm 12,8 cm Gew. 92 g
Silberblech, teilweise feuervergoldet
Lit.: T. Ulbert, Resafa III, 36 ff., Abb. 24 f., Taf. 5, 32 ff.

Die Oberfläche des getriebenen Kelchfußes zieren Blattreihen unterschiedlicher Form und Größe, wo-

bei der Wechsel der Farben Gold und Silber als ein weiteres Element dekorativen Gestaltens einbezogen wurde. Der durch Rippenbänder und Stege plastisch gebildete Nodus zeigt außerdem noch gitterartigen Ritzdekor, der auch die beiden Manschetten ober- und unterhalb des Nodus umfaßt, und ist feuervergoldet.

Die detaillierten Vergleichsstudien T. Ulberts führten Beispiele aus dem westlichen Europa an, wo der Kelchfuß samt nicht mehr vorhandener Kuppa entstanden sein dürfte. Daß der Kelch als liturgisches Gerät im Gepäck eines die Kreuzfahrer begleitenden Priesters seinen Weg in den Orient fand, mag als naheliegende und überzeugende Annahme gelten.

E. M. R. (nach T. Ulbert)

KATALOG DER AUSGESTELLTEN PAPYRI

AUS DER PAPYRUSSAMMLUNG
DER ÖSTERREICHISCHEN
NATIONALBIBLIOTHEK IN WIEN

BESCHREIBUNGEN
Hermann Harrauer
Ulrike Horak

AUSWAHL
Erwin M. Ruprechtsberger

Pap. 2

Pap. 1
NEUES TESTAMENT
Markus 6, 20 – 26 und 27 – 35
Österreichische Nationalbibliothek, Papyrussammlung, P. Vindob. Syr. 5.
12 × 14 cm
Syrisch. Pergament
Lit.: H. Loebenstein, H. Harrauer, Katalog der Sonderausstellung 100 Jahre Papyrus Erzherzog Rainer (Wien 1983, Nachdruck 1987) Nr. 23.

Schrift etwas verblassend, unter Ultraviolett-Licht aber deutlich lesbar.

Pap. 2
FRAGMENT MIT NEUEM TESTAMENT
Matthaeus 25, 41 – 26, 18; 26, 19 – 39
3. Jahrhundert
Österreichische Nationalbibliothek, Papyrussammlung, P. Vindob. G 31974
21 × 5 cm
Griechisch. Papyrus
Lit.: H. Gerstinger, Ein Fragment des Chester Beatty-Evangelienkodex in der Papyrussammlung der Nationalbibliothek in Wien: Aegyptus 13 (1933) 67 – 72; H. Loebenstein, Die Papyrussammlung der Österreichischen Nationalbibliothek (Wien 1972) Nr. 34.

Vor der Veröffentlichung der Papyri der Schweizer Privatsammlung Bodmer, wo Bibeltexte des 2. und 3. Jahrhunderts n. Chr. aufbewahrt sind, galten die Chester Beatty-Papyri (aufbewahrt in Dublin, Irland) als die ältesten Bibelhandschriften. Man sieht an diesen frühen christlichen Papyri, daß der Wechsel von der Buchform der Rolle zur Kodexform, dem Buch nach heutiger Gestalt, schon im 2. Jahrhundert n. Chr. stattfand, während profane Literatur noch bis ins 4. Jahrhundert in Rollenform kopiert wurde. Der Wechsel hat nicht nur mit der praktischeren Handhabung zu tun, die frühen Christen wollten auch in der Form des Buches eine deutliche Unterscheidung zur profanen Welt bekennen.

Pap. 3
FRAGMENT EINES
AUSSERKANONISCHEN EVANGELIUMS
3. Jahrhundert
Österreichische Nationalbibliothek, Papyrussammlung, P. Vindob. G 2325
4,3 × 3,5 cm
Griechisch. Papyrus
Lit.: Papyrus Erzherzog Rainer. Führer durch die Ausstellung (Wien 1895) Nr. 541 (K. Wessely); G. Bickell, Das nichtkanonische Evangelienfragment: Mittheilungen aus der Papyrussammlung Erzherzog Rainer, Wien 1 (1887) 53 – 61; E. Hennecke, B. Schneemelcher, Neutestamentliche Apokryphen in deutscher Übersetzung (Tübingen ³1959) I, 74; H. Loebenstein, Die Papyrussammlung der Österreichischen Nationalbibliothek (Wien 1972) Nr. 31.

„Beim Herausführen, da er sprach: [Alle in dieser] Nacht werdet ihr Anstoß nehmen wie geschrieben ist: Ich werde schlagen den Hirten und die Schafe werden zerstreut werden. Also gesprochen hatte Petrus: Und wenn alle, ich nicht, sprach Jesus: Bevor der Hahn zweimal krähen wird, wirst du mich dreimal heute verleugnen." Der Papyrus wird als Exzerpt oder als Fragment eines nicht bekannten Evangeliums aufgefaßt.

Pap. 4
ÄLTESTER LITURGISCHER PAPYRUS
4. Jahrhundert
Österreichische Nationalbibliothek, Papyrussammlung, P.Vindob. G 2326
11 × 26 cm
Griechisch. Papyrus
Lit.: G. Bickell: Mittheilungen aus der Papyrussammlung Erzherzog Rainer 2/3 (1887) 1 ff.

Vorderseite: „Der du geboren warst in Bethlehem und auferzogen in Nazareth, der du gewohnt hast in Galilaea, wir haben ein Zeichen vom Himmel gesehen; die im Freien übernachtenden Hirten staunten über die erschienenen Sterne. Niederfallend sprachen sie: Ehre sei dem Vater, Alleluia! Ehre sei dem Sohne und dem Heiligen Geiste. Alleluia!"

Pap. 5
MARTYRIUM DER THEKLA UND DES PAESE
9./10. Jahrhundert
Österreichische Nationalbibliothek, Papyrussammlung, P. Vindob. K 9437
31 × 25,3 cm
Koptisch. Pergament
Lit.: K. Wessely, Studien zur Palaeographie und Papyruskunde (Leipzig 1914) XV Nr. 247; W. Till, Koptische Heiligen- und Märtyrerlegenden, Orientalia Christiana Analecta 102 (Rom 1935) 71 – 94; H. Loebenstein, H. Harrauer, Katalog der Sonderausstellung 100 Jahre Papyrus Erzherzog Rainer (Wien 1983, Nachdruck 1987) Nr. 18.

Und so ging er (= Paese) ins Prätorium und rief: „Ich

bekenne mich offen als Christ." Der Dux sagte zu ihm: „Weshalb kamst du hierher?" Der Selige sagte zu ihm: „Mein Herr hat mich gerufen, damit ich in seinen heiligen Kampf eintrete." Der Dux sagte: „Opfere! Stirb nicht kläglich!" – (Paese verweigert die Opferung an die heidnischen Götter) – Als der Dux dies hörte, erzürnte er heftig und sagte zu ihm: „Du schmähst unsere Herren, die Könige, und die geehrten Götter. Beim Heil Apolls! Ich werde deinen Leib verbrennen, ihn zu Asche machen und ihn ins Meer werfen, bis ich erkenne, welcher Gott dich retten kann aus meinen Händen." – Paese wird vom Feuerbett und aus dem Feuerofen durch die Erzengel Raphael und Michael gerettet. Zuletzt wird er mit seiner Schwester Thekla als Märtyrer enthauptet.

Pap. 6
KORAN. Sure 32, 26 – Sure 33, 6
Ende 8. Jahrhundert
Österreichische Nationalbibliothek, Papyrussammlung, P. Vindob. APerg. 186
38,5 × 28 cm
Arabisch. Pergament
Lit.: H. Loebenstein, Koranfragmente auf Pergament aus der Papyrussammlung der Österreichischen Nationalbibliothek (Wien 1982) Nr. 9.

Die Größe des Pergamentes und der Schrift deuten darauf hin, daß wir ein Moschee-Exemplar vorliegen haben. Keine Vokalzeichen. Auf der Rückseite steht Sure 33, 6 – 16.

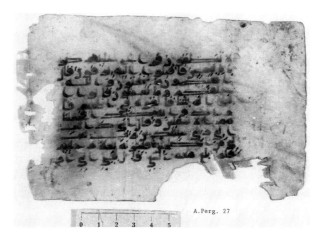
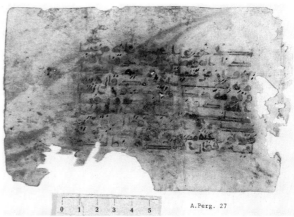

Pap. 7
KORAN. Sure 37, 92 – 102
Mitte – Ende 8. Jahrhundert
Österreichische Nationalbibliothek, Papyrussammlung, P. Vindob. APerg. 27
10,5 × 15,9 cm
Arabisch. Pergament
Lit.: H. Loebenstein, Koranfragmente auf Pergament aus der Papyrussammlung der Österreichischen Nationalbibliothek (Wien 1982) Nr. 5.

Dieses Blatt aus einem Handexemplar im charakteristischen Querformat ist in Maschqschrift geschrieben. Rote Punkte dienen der Vokalisierung, grüne als Lesezeichen. Gelbe Farbe dient für Fünferversteiler, grüne für Zehnerversteiler. Auf der anderen Seite = Vorderseite steht Sure 37, 80 – 92.

Pap. 8
KORAN. Sure 19, 67 – 98
7./8. Jahrhundert
Österreichische Nationalbibliothek, Papyrussammlung, P. Vindob. APerg. 1
11 × 15,5 cm
Arabisch. Pergament
Lit.: Papyrus Erzherzog Rainer. Führer durch die Ausstellung (Wien 1895) Nr. 728 (J. v. Karabacek); H. Loebenstein, Koranfragmente auf Pergament aus der Papyrussammlung der Österreichischen Nationalbibliothek (Wien 1982) Nr. 16.

Ein Koran kleinen Formats in altertümlicher Zierschrift und Schreibweise. Keine Versteilung. Keine diakritischen Punkte. Vokal- und Lesezeichen sind durch rote Punkte angegeben. Sekundär wurden gelbe bzw. blaugelbe Punkte als Verszähler eingesetzt. Bedeutsam ist dieses Exemplar, trotz des ramponierten Zustands, wegen seines hohen Alters.

Pap. 9
BLATT AUS EINEM GEBETBUCH
9. Jahrhundert
Österreichische Nationalbibliothek, Papyrussammlung, P. Vindob. AP 268.
16 × 10 cm
Arabisch. Papyrus
Lit.: Führer durch die Ausstellung Papyrus Erzherzog Rainer (Wien 1894) Nr. 734 (J. v. Karabacek); N. Abbott, Studies in Arabic Literary Papyri I (Chicago 1957) 32 – 37.

Es enthält Gebete im koranischen Stil, doch ohne koranische Perikopen. Als Interpunktation dient O.

Pap. 10
KORAN, Reiberdruck = Blockdruck
10. Jahrhundert
Österreichische Nationalbibliothek, Papyrussammlung, P. Vindob. ACh 12150
11 × 10,5 m
Arabisch. Papier
Lit.: Führer durch die Ausstellung Papyrus Erzherzog Rainer (Wien 1894) Nr. 946 (J. v. Karabacek); A. Grohmann, Arabische Paläographie I (Wien 1967) Taf. 16, 1.

Das gezeigte Blatt ist nur einseitig bedruckt, diente wahrscheinlich als Talisman. Es enthält Sure 34, 1 – 6. Es ist die übliche punktierte Zierschrift der Korankalligraphen in ein Holz eingeschnitten. Dieser Arbeitsgang ist nicht besonders gelungen. Von solchen Reiberdrucken sind mehrere erhalten, finden sich alle aber nur auf Papier, nicht auf Papyrus oder Pergament. Das überaus Bemerkenswerte an diesem Druck ist, daß die Verbreitung des Koran auf dem Weg des Druckes statt der handschriftlichen Vervielfältigung gegen den Koran selbst verstößt. Karabacek berichtet, daß im Jahre 1727 in Konstantinopel die erste türkische Druckerei eingerichtet werden sollte, was letztlich unter der Auflage gestattet wurde, daß kein Koran und keine anderen kanonischen Texte gedruckt würden. Offensichtlich gab es im 10. Jahrhundert diese Bedenken nicht in dieser Intensität oder man sah die händische Arbeit, die beim Schneiden zu leisten war, als geziemend für die handschriftliche Verbreitung des Koran an.

Pap. 11
SATOR-QUADRAT
10. – 11. Jahrhundert
Österreichische Nationalbibliothek, Papyrussammlung, P. Vindob. K 2434
5 × 4 cm
Koptisch. Pergament
Lit.: Papyrus Erzherzog Rainer. Führer durch die Ausstellung (Wien 1895) Nr. 193 (J. Krall); V. Stegemann, Die koptischen Zaubertexte der Sammlung PER in Wien (Heidelberg 1934) 28.

Pap. 12
SATOR IN GEHEIMSCHRIFT
Nach dem 5. Jahrhundert
Österreichische Nationalbibliothek, Papyrussammlung, P. Vindob. G 40906
12,3 × 6 cm
Griechisch (oder auch koptisch). Papyrus
Lit.: H. Harrauer, Die Sator-Formel in Geheim-

schrift, in: Römische Geschichte, Altertumskunde und Epigraphik. Festschrift für A. Betz zur Vollendung seines 80. Lebensjahres. Hrsg. v. E. Weber und G. Dobesch (Wien 1985) 299 – 301.

Insgesamt sechsmal steht die Satorformel auf diesem Papyrus. Das verwendete Geheimschriftsystem war in der Antike relativ weit verbreitet. Man ging dabei folgendermaßen vor: Im Griechischen haben die Buchstaben auch Zahlwert (A = 1, B = 2, Γ = 3 usw.) zu denen nur ς (Stigma = 6), Ϙ (Koppa = 90) und ⋀ (Sampi = 900) dazukamen. Man bildete drei Gruppen und gab den einzelnen Buchstaben in gegenläufiger Richtung den entsprechenden Lautwert:

geschrieben wurde: A B Γ Δ E ς Z H Θ
der Lautwert war: Θ H Z ς E Δ Γ B A

Man „verdunkelte" dabei das E dadurch, daß es nur mit drei waagrechten, das N, daß man es nur mit drei senkrechten Strichen schrieb.

Vgl. Zur Sator-Formel generell siehe die erschöpfende Darstellung von H. Hofmann, in: RE Suppl. 15 (1978) 477 – 565.

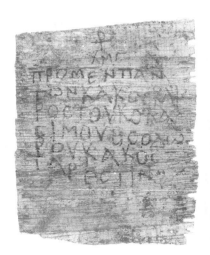

Pap. 13
CHRISTLICHES AMULETT
5. Jahrhundert
Österreichische Nationalbibliothek, Papyrussammlung, P. Vindob. G 16685
6 × 5 cm
Griechisch. Papyrus
Lit.: H. Harrauer, Strafaufschub: Zeitschrift für Papyrologie und Epigraphik 30 (1978) 209 – 210.
„☧ Christus sei mein Zeuge! Vor allem ist es ein schlechter Augenblick für die Bestrafung des Theodoros. Der Augenblick nämlich ist wirklich schlecht."

Pap. 14
CHRISTLICHES AMULETT
FÜR JUNGVERHEIRATETE
6. Jahrhundert
Österreichische Nationalbibliothek, Papyrussammlung, P. Vindob. G 2312
6 × 14,9 cm
Griechisch. Papyrus
Lit.: K. Wessely, Textus Graeci papyrorum, qui in libro „Papyrus Erzherzog Rainer. Führer durch die Ausstellung Wien 1894" descripti sunt (Leipzig 1921) Nr. 294.

Sieben siebenstrahlige Sonnensterne sind über die Zeilenlänge in gleichen Abständen verteilt. Es folgt aus Psalm 90 (91): „Wer im Schutze des Höchsten wohnt, wird im Schatten des Himmelsgottes lagern; er wird sagen zum Herrn: Mein Beschützer bist du und meine Zuflucht. Er ist mein Gott, ich werde auf ihn hoffen." Paulus, Römerbrief 12, 1 – 2 (mit leicht verändertem Text): „Ich ermahne euch, Brüder, bei der Barmherzigkeit Gottes, den Körper zu gestalten als heile Seele, tugendhaft, als geistiger Gottesdienst und nicht als nur gleich gekleidete." Johannes, Evangelium 2, 1 – 2 (auch mit Textadaptierung): „Und am dritten Tag fand eine Hochzeit in Kanaa in Galiläa statt. Geladen wurde Jesus und seine Mutter mit ihm". An den Schluß gestellt sind übliche magische Zeichen und Elemente der jüdischen Religion: Anrufungen von Adonai und Sabaoth.

Pap. 15
ARABISCHES AMULETT
MIT SCHUTZGEBETEN
9. Jahrhundert
Österreichische Nationalbibliothek, Papyrussammlung, P. Vindob. APerg. 8
7 × 15 cm
Arabisch. Pergament
Lit.: Führer durch die Ausstellung Papyrus Erzherzog Rainer (Wien 1894) Nr. 790 (J. v. Karabacek). Karabacek sagt noch vor der Übersetzung: „Ein für die Entzifferung schwierigstes Schriftstück."

„Im Namen Gottes des Barmherzigen, des Erbarmenden! Wahrlich, euer Herr ist Gott, der da geschaffen die Himmel und die Erde in sechs Tagen und sich dann auf seinen Thron setzte. Er macht, daß die Nacht den Tag verhüllt, und eiligst folgt jene diesem. Er schuf Sonne, Mond und Sterne, welche ganz seinem Befehl untertan sind. Gehört nicht ihm die ganze Schöpfung und die Herrschaft über sie? Gelobt sei Gott, der Weltenherr!" (Sure 7, 52) – „Gott ist Gott, außer ihm gibt es keinen Gott. Er ist der Lebendige, der Ewige, ihn ergreift weder Schlaf noch

Schlummer. Sein ist, was im Himmel ist; sein ist, was auf Erden ist. Wer kann bei ihm Vermittler sein ohne seinen Willen? Er weiß, was da war und was da sein wird, und die Menschen begreifen seine Allwissenheit nur insoferne, als er will. Über Himmel und Erde ist sein Thron ausgedehnt, und die Überwachung beider ist ihm keine Bürde. Er ist ja der Erhabene und Mächtige." (Sure 2, 256) – „Hätten wir diesen Koran auf einem Berg geoffenbart, so würdest du gesehen haben, wie derselbe sich demütige und spalte aus Furcht vor Gott. Diese Gleichnisse stellen wir für die Menschen auf, damit sie nachdenken mögen. Er ist Gott, und außer ihm gibt es keinen Gott. Er ist König, der Heilige." (Sure 59, 22, 24) – „Die Religion Gottes haben wir, und was ist besser als Gottes Lehre? Ihm dienen wir." (Sure 2, 132) „Darum dienet Gott und fürchtet ihn, und gehorchet mir." (Sure 71, 3).

Pap. 16
ARABISCHES AMULETT
ZUM PERSÖNLICHEN SCHUTZ UND HEIL
DES JAHJA IBN FADHLA
9. Jahrhundert
Österreichische Nationalbibliothek, Papyrussammlung, P. Vindob. AP 6327
8,5 × 12 cm
Arabisch. Papyrus
Lit.: Führer durch die Ausstellung Papyrus Erzherzog Rainer (Wien 1894) Nr. 791 (J. v. Karabacek).

Vergleichbar dem Hochzeitsamulett (oben Pap. 14) wird dieses mit sechs Pentagonen (el-muchámmas = „Siegel mit fünf Ecken") eingeleitet. Nach der Basmala: „Im Namen Gottes des Barmherzigen, des Erbarmenden! Gott ist Gott, außer ihm gibt es keinen Gott. Er ist der Lebendige, der Ewige, ihn ergreift weder Schlaf noch Schlummer. Sein ist, was im Himmel ist; sein ist, was auf Erden ist. Wer kann bei ihm Vermittler sein ohne seinen Willen? Er weiß, was da war und was da sein wird, und die Menschen begreifen seine Allwissenheit nur insoferne, als er will. Über Himmel und Erde ist sein Thron ausgedehnt, und die Überwachung beider ist ihm keine Bürde. Er ist ja der Erhabene und Mächtige." (Sure 2, 256) – „Hätten wir diesen Koran auf einem Berg geoffenbart, so würdest du gesehen haben, wie derselbe sich demütige und spalte aus Furcht vor Gott. Diese Gleichnisse stellen wir für die Menschen auf, damit sie nachdenken mögen. Er ist Gott, und außer ihm gibt es keinen Gott. Er kennt die geheime Zukunft und die offenbare Gegenwart. Er, der Allbarmherzige. Er ist Gott und außer ihm gibt es keinen Gott. Er ist König, der Heilige, der Mächtige, der Starke und Hocherhabene. Gott ist hocherhaben über den Götzen, welche sie ihm zugesellen. Er ist Gott, der Schöpfer, der Verfertiger, der Bildner. Er hat die herrlichsten Namen. Ihn preiset, was im Himmel und was auf Erden ist. Ihn, den Allmächtigen, den Allweisen." (Sure 59, 21 – 25). „Es ist kein Gott außer Gott, Mohammed ist der Gesandte Gottes, dem Gott Segen und Heil verleihen möge."

Pap. 17
LIEBESBRIEF
9. Jahrhundert
Österreichische Nationalbibliothek, Papyrussammlung, P. Vindob. AP 8080
6,5 × 7,5 cm
Arabisch. Papyrus
Lit.: Führer durch die Ausstellung Papyrus Erzherzog Rainer (Wien 1894) Nr. 639 (J. v. Karabacek); A. Grohmann, From the World of Arabic Papyri (Cairo 1952) 181 f.

Der schwer beschädigte Papyrus läßt vom eigentlichen Inhalt nur mehr wenig erkennen: Der Briefschreiber sagt, er sei an Herz und Seele krank. Als Postskriptum wird hinzugefügt, daß dieser Brief an der Brieftaube befestigt sei und all seine Hoffnung darin liege, daß der geflügelte Bote sich in die Hände des Mädchens niedergelassen habe. Auch wenn die Brieftaube für diesen Liebesbrief kaum konkret genommen werden darf, allein die Tatsache, daß sie erwähnt wird, weist nach, daß es die Brieftaube gab. In späterer Zeit bediente man sich ja bekanntlich der Taubenpost in soweit erweitertem Umfang, daß man ein spezielles dünnes Papier, das sogenannte „Vogelpapier", für diesen Zweck herstellen ließ.

Pap. 18
KURZSCHRIFTÜBUNG DER BASMALA
10. Jahrhundert
Österreichische Nationalbibliothek, Papyrussammlung, P. Vindob. ACh 23619.
8 × 10 cm
Arabisch. Papier
Lit.: Führer durch die Ausstellung Papyrus Erzherzog Rainer (Wien 1894) Nr. 1071 (J. v. Karabacek).

Die in „allen" arabischen Schriftstücken am Beginn stehende Formel „Im Namen Gottes des Allbarmherzigen, des Allerbarmenden" wird auf dem vorliegenden Papier in einer Art Kurzschrift, wie sie in den Kanzleien gebraucht wurde, geübt. Der Zweck liegt zweifellos in einer angestrebten Schreibökonomie, dem Wesen jeder Kurzschrift.

Pap. 19
MULTIPLIKATIONSTABELLE
11. Jahrhundert
Österreichische Nationalbibliothek, Papyrussammlung, P. Vindob. ACh 11276.
16 × 15 cm
Arabisch. Papier
Lit.: H. Harrauer, Mathematik, in: M. R. M. Hasitzka, Neue Texte und Dokumentation zum Koptisch-Unterricht (Wien 1990) 256 – 257, Nr. 311.

Auf ihr wird in schulmäßigem System, aber in sehr versierter Schrift, die Kunst des Multiplizierens in einfacher Form geübt. Dabei benützen, was eine etwas überraschende Erkenntnis ist, die Araber noch im 11. Jahrhundert (und sogar noch später) für die Zahlen die griechischen Buchstaben. Im Griechischen haben die Buchstaben nicht nur Lautwert, sondern auch Zahlwert ($\alpha = 1$, $\beta = 2$, $\gamma = 3$, $\delta = 4$, $\epsilon = 5$, $\varsigma = 6$, $\zeta = 7$, $\eta = 8$, $\theta = 9$, $\iota = 10$, $\kappa = 20$, $\lambda = 30$, $\mu = 40$, $\nu = 50$, $\xi = 60$, $o = 70$, $\pi = 80$, $\varqoppa = 90$, $\rho = 100$, $\sigma = 200$, $\tau = 300$, $\upsilon = 400$, $\varphi = 500$, $\chi = 600$, $\psi = 700$, $\omega = 800$, $\lambda\!\!\!/ = 900$, $,\alpha = 1.000$, $,\beta = 2.000$ usw., $\mu^\alpha = 10.000$, $\mu^\beta = 20.000$ (μ steht für $\mu\nu\rho\iota\alpha\varsigma = 10.000$; man schreibt also „2 Zehntausender" für 20.000 usw.). Die Araber übernahmen, als sie Ägypten eroberten, nicht nur das dort vorgegebene Verwaltungssystem, sondern auch die griechischen Zahlen, die sie auch in sonst rein arabisch geschriebenen Texten (wie Geschäftsbriefen) verwenden. Diese Adaptierung der griechischen Zahlbuchstaben geht natürlich nicht ab ohne große Einflüsse auf das Erscheinungsbild der Zahlen. Diejenigen, die sich mit griechischen Texten bis zur Eroberung Ägyptens durch die Araber befassen, haben beim Erkennen der griechischen Ziffern aus der arabischen Epoche Ägyptens deshalb größte Probleme.

Es besteht also für die Araber Anlaß genug, die griechischen Zahlen zu erlernen. Daß man dies auch mit Multiplikationsübungen tun kann und dabei neben der Zahlschreibung auch noch eine wichtige mathematische Fertigkeit, die im Alltag gebraucht wird, erlernt, weist auf ein wohl durchdachtes Lehrsystem hin. Auf dem hier gezeigten Papier wird schlicht $2 \times 1 = 2$, $2 \times 2 = 4$, $2 \times 3 = 6$ usw. geübt. Der arabische Text ist bis jetzt nicht entziffert.

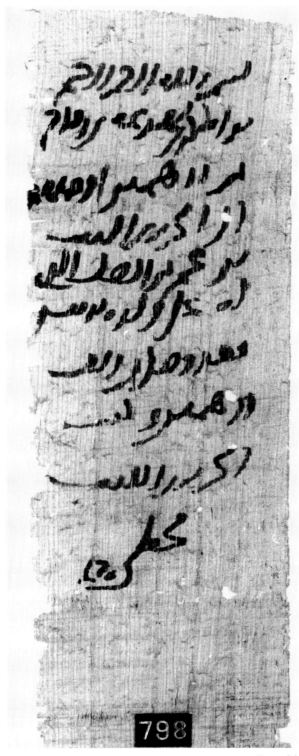

Pap. 20

Pap. 20
EMPFANGSBESTÄTIGUNG
ÜBER DIE BEZAHLUNG EINER GELDSCHULD
VON 1 DINAR
873/74 n. Chr.
Österreichische Nationalbibliothek, Papyrussammlung, P. Vindob. AP 4236
6 × 16,5 cm
Arabisch. Papyrus
Lit.: Führer durch die Ausstellung Papyrus Erzherzog Rainer (Wien 1894) Nr. 798 (J. v. Karabacek); A. Grohmann, Texte zur Wirtschaftsgeschichte Ägyptens in arabischer Zeit, Archiv Orientální 7 (1935) 453 f.

Der Empfänger ist ein Al Harith ibn al Leith. Das Jahresdatum, 260. Jahr nach der Hedschra = 873/4 n. Chr., ist mit arabischen Ziffern geschrieben, womit uns das älteste Zeugnis für arabische Zahlen vorliegt. Es stellt dieser dem Inhalt nach ganz und gar anspruchslose und kaum aufregende Text deshalb ein historisches Denkmal besonderer Art dar.

Pap. 21
SPIEGELPERGAMENT
MIT DER DARSTELLUNG EINES PFAUES
UND EINER WACHTEL
8./9. Jahrhundert
Österreichische Nationalbibliothek, Papyrussammlung, P. Vindob. G 1355
17,2 × 5,5 cm
Pergament
Lit.: U. Horak, Illuminierte Papyri, Pergamente und Papiere (Wien 1992) Ed. Nr. 25.

Vielleicht war außer Pfau und Wachtel ursprünglich auch ein Lebensbaum dargestellt. Schwarze Tinte mit roter Farbe.
Vgl. allgemein zur Ikonographie des Pfaus in der christlichen Kunst: H. Lother, Der Pfau in der altchristlichen Kunst (Leipzig 1929); zu Spiegelpergamenten: A. Grohmann, T. W. Arnold, Denkmäler islamischer Buchkunst (München 1929) 50 ff.

Pap. 22
BELLEROPHON UND SEIN FLÜGELPFERD
PEGASUS AN DER QUELLE PEIRENE
4. Jahrhundert
Österreichische Nationalbibliothek, Papyrussammlung, P. Vindob. G 1305 + 30507
Papyrus
10,5 × 11,5 cm
Lit.: K. Weitzmann, Illustrations in Roll and Codex (Princeton 1947) 56. H. Harrauer, Vom Wüstensand bewahrt, in: Ein Weltgebäude der Gedanken. Die Österreichische Nationalbibliothek (Graz 1987) 33, Abb. IVc; U. Horak, Illuminierte Papyri, Pergamente und Papiere (Wien 1992) Ed. Nr. 18.

Rot ausgemaltes Medaillon mit der Darstellung des Bellerophon, der sein Flügelpferd Pegasus an der Quelle Peirene tränkt. Vorzeichnung mit schwarzer Tinte, mehrfarbige Malerei.

Pap. 23
AMULETT MIT DEM HL. SERGIUS
7. Jahrhundert
Privatsammlung Wien, P. Vindob. Barbara 400.
6,3 × 5,2 cm
Griechisch. Pergament
Lit.: U. Horak, Ein Pergament mit dem hl. Sergius aus Ägypten, Analecta Papyrologica 2 (1990) 145 ff.

Vorzeichnung mit schwarzer Tinte, Nimbus, Haare, Tunika und Mantel ockergelb; Mantelfalten, Halsausschnitt, Gürtel, Beischrift und flankierende Lebensbäume rot.
Siehe die Ausführungen zu diesem Amulett von Ulrike Horak, Seite 149 f.

Pap. 24
MAGISCHE SKIZZE
7./8. Jahrhundert
Österreichische Nationalbibliothek, Papyrussammlung, P. Vindob. G 30515
15 × 8 cm
Griechisch. Papyrus
Lit.: U. Horak, Illuminierte Papyri, Pergamente und Papiere (Wien 1992) Ed. Nr. 55.

Die Schauseite ist die Rückseite (Verso) des Papyrus. Auf der Rektoseite stehen drei Zeilen mit griechischen Zahlen und Reste einer Zeichnung mit schwarzer Tinte. Die Zahlen sind eine wichtige Hilfe für die Datierung.

Pap. 24

478

Pap. 25
AMULETT GEGEN SKORPIONSTICH
10. Jahrhundert
Österreichische Nationalbibliothek, Papyrussammlung, P. Vindob. ACh 16071.
6 × 9,5 cm
Arabisch. Papier

Das Papier zeigt einen Skorpion mit breitem flachem Körper, der mit Wellenlinien verziert ist. Die Scheren sind halbmondförmig, die drei seitlichen Beinpaare am Ende gegabelt. Die Segmente des schwanzartigen Hinterleibes sind durch 7 ovale schwarze Knoten dargestellt. Auch der Stachel ist erkennbar. Vor und hinter dem Skorpion ist je ein Hexagramm gezeichnet. Die Zeichnung wird oben und unten von je einer Zeile arabisch eingefaßt. Dieses Amulett läßt sich etwa in das 10. Jahrhundert datieren. Da in der Antike wirksame Heilmittel gegen Stich eines Skorpions fehlten, kam der vorbeugenden Wirkung durch ein Amulett umso größere Bedeutung zu. Das Bild des Tieres soll apotropäisch wirken, d. h. es soll die Gefahr abwehren.
Vgl. generell zu Darstellungen von Skorpionen auf Papyrus, Pergament und Papier: U. Horak, Illuminierte Papyri, Pergamente und Papiere, Wien 1992, Ed. Nr. 61 (Pegasus oriens 1).

Pap. 26
SCHLUSSVIGNETTE
9./10. Jahrhundert
Österreichische Nationalbibliothek, Papyrussammlung, P. Vindob. ACh 25612
14,6 × 15,8 cm
Arabisch. Papier
Lit.: A. Grohmann, T. W. Arnold, Denkmäler islamischer Buchkunst (München 1929) 3 f., Taf. I; U. Horak, Illuminierte Papyri, Pergamente und Papiere (Wien 1992) Ed. Nr. 44 Add.

Doppelblatt aus einer arabischen Papierhandschrift. Text mit brauner Tinte geschrieben, hellgrün gemalte, gelb umrissene Äste ohne Vorzeichnung, rotbraune Früchte, grün umrissene, gelb ausgemalte mit grünen Mustern geschmückte Stufenpyramiden.

Pap. 27
SITZENDER HUND VOR EINER VASE
10. Jahrhundert
Österreichische Nationalbibliothek, Papyrussammlung, P. Vindob. ACh 13683
5,5 × 8 cm
Arabisch. Papier
Lit.: A. Grohmann, T. W. Arnold, Denkmäler islamischer Buchkunst (München 1929) 8 f., Taf. 4 a.

Bruchstück aus einer illuminierten Papierhandschrift: Schwarze Tinte zur Umrißzeichnung des Hundes, rote, weiße, graue und ocker Farbe.

Pap. 28
REITER MIT LANZE UND RUNDSCHILD
10. Jahrhundert
Österreichische Nationalbibliothek, Papyrussammlung, P. Vindob. ACh 11416
10,4 × 8 cm
Arabisch. Papier
Lit.: A. Grohmann, T. W. Arnold, Denkmäler islamischer Buchkunst (München 1929) 7 ff., Abb. 4, 5; Papyrus Erzherzog Rainer. Führer durch die Ausstellung (Wien 1894) Nr. 954 (J. v. Karabacek).

Schwarze Federzeichnung aus einer illuminierten Papierhandschrift.

Pap. 29

Pap. 29
ZEICHNUNG EINES STRAUSSES
12. Jahrhundert
Österreichische Nationalbibliothek, Papyrussammlung, P. Vindob. ACh 8072
17,4 × 9,5 cm
Arabisch. Papier.
Zeichnung in schwarzer Tinte
Lit.: U. Horak, Illuminierte Papyri, Pergamente und Papiere (Wien 1992) Ed. Nr. 64.

Auf der anderen Seite acht Zeilen arabischer Text. Das Papier steht für die Zeichnung des Straußes, also in Zweitverwendung.

Pap. 30
PFERD MIT QUBBAH
12./13. Jahrhundert
Österreichische Nationalbibliothek, Papyrussammlung, P. Vindob. ACh 10188
11,4 × 15,4 cm
Arabisch. Papier
Lit.: U. Horak, Illuminierte Papyri, Pergamente und Papiere (Wien 1992) Ed. Nr. 65.

Vorzeichnung mit schwarzer Tinte, rotbraune und ockergelbe Farbe. Eine vergleichbare Darstellung findet sich in der Keir Collection in New York aus dem 13./14. Jahrhundert. Das Wiener Papier ist älter.

Pap. 31

Pap. 31
REITER
10./11. Jahrhundert
Österreichische Nationalbibliothek, Papyrussammlung, P. Vindob. ACh 25752
7,7 × 8 cm
Arabisch. Papier
Lit.: U. Horak, Illuminierte Papyri, Pergamente und Papiere (Wien 1992) Ed. Nr. 66.

Die ungelenk ausgeführte Zeichnung zeigt einen Reiter, der sich anschickt, über einen Drachen, in den er seinen Speer stößt, zu reiten. Der Drache mit Schlangenkopf hat einen dicken rot gestreiften Körper. Das Pferd ist ebenfalls rotbraun mit hell ausgesparten Fesselgelenken. Auf der Rückseite (= Verso) steht eine begonnene, aber nicht vollendete Pferdeskizze. Vorzeichnung mit schwarzer Tinte, rote Farbe.
Vgl. zum Reitermotiv in der koptischen Kunst: S. Lewis, The Iconography of the Coptic Horseman in Byzantine Egypt: JARCE 10 (1973) 27 ff.

Pap. 32
BUCHEINBAND
8. Jahrhundert
Österreichische Nationalbibliothek, Papyrussammlung, P. Vindob. G 30501.
32 × 54 cm
Griechisch-koptischer Bucheinband
Lit.: A. Grohmann, Th. W. Arnold, Denkmäler islamischer Buchkunst (München 1929) 40 – 41.

Über Papyruskartonage ist purpurrotes Leder gezogen. Der Grund des Mittelfeldes und des Rückens ist vergoldet. Die Ornamente sind aus dünnen roten Lederstreifen in Applikationsarbeit gefertigt. Die einstige Pracht dieses Einbandes macht es verständlich, daß man Bücher sogar als Pfandstücke einsetzen konnte. Durch die bedeutenden Funde von Nag

Hammadi sind zwar komplette Bücher bzw. Handschriften in ihren originalen Einbänden auf uns gekommen. Die Einbände sind jedoch schlichte Gebrauchsbände, während dieses Objekt, ein Prachteinband, wegen seines Alters zu den Raritäten zu zählen ist.

Pap. 33
SCHULDSCHEIN
110 n. Chr.
Österreichische Nationalbibliothek, Papyrussammlung, P. Vindob. G 2003
9,5 × 21,3 cm
Griechisch. Papyrus
Lit.: Führer durch die Ausstellung Papyrus Erzherzog Rainer (Wien 1894) Nr. 217 (K. Wessely); K. Wessely, Textus Graeci papyrorum, qui in libro „Papyrus Erzherzog Rainer. Führer durch die Ausstellung Wien 1894" descripti sunt (Leipzig 1921) Nr. 3.

Ein [Am]mon, Sohn eines Horion, Angehöriger der Perser-Nachkommen (das sind Söldner, die unter den Ptolemäern in Ägypten angesiedelt wurden und als ständige Truppe einsatzbereit waren), bestätigt einem Ammonios, Sohn eines Hilarion, daß er im ganzen nun mehr als 1100 (genaue Summe ist nicht erhalten) Drachmen, zu drei verschiedenen Zeitpunkten aufgenommen, schuldet.

Pap. 35

Pap. 34
MIETVERTRAG
30. 8. 246 n. Chr.
Österreichische Nationalbibliothek, Papyrussammlung, P. Vindob. G 2052
27 × 8 cm
Griechisch. Papyrus

Lit.: Führer durch die Ausstellung Papyrus Erzherzog Rainer (Wien 1894) Nr. 267 (K. Wessely); K. Wessely, Textus Graeci papyrorum, qui in libro „Papyrus Erzherzog Rainer. Führer durch die Ausstellung Wien 1894" descripti sunt (Leipzig 1921) Nr. 53.

Der Gemeinderat der Stadt Herakleopolis, Aurelios Kallinikos, Sohn eines Nemesion, vermietet an einen Weber einen Teil seines Hauses, erhält dafür eine Jahresmiete von 160 Drachmen, zahlbar in vier Raten, gestattet dem Mieter aber nicht, im Pylon (= Vorhalle des Hauses – diese wollte der Besitzer nicht verwüsten lassen) zu weben. Außerdem darf er für gewerbsmäßige Webearbeiten maximal drei Gehilfen beschäftigen. Produziert er aber für den Eigenbedarf, darf er vier Helfer haben.

Pap. 35
KAUFVERTRAG
271 n. Chr.
Österreichische Nationalbibliothek, Papyrussammlung, P. Vindob. G 2071
20 × 104 cm
Griechisch. Papyrus
Lit.: Führer durch die Ausstellung Papyrus Erzherzog Rainer (Wien 1894) Nr. 286 (K. Wessely); K. Wessely, Textus Graeci papyrorum, qui in libro „Papyrus Erzherzog Rainer. Führer durch die Ausstellung Wien 1894" descripti sunt (Leipzig 1921) Nr. 72.

Aurelios Nikon, alias Aniketos, Sohn des Eudaimon,

Gemeinderat in Hermupolis, hat sukzessive Schulden auf sein Haus aufgehäuft: Im Jahre 265 n. Chr. waren es 1500 Drachmen, 269 dann 1200 Drachmen und 270 nochmals 1500 Drachmen. Und jetzt im Jahre 271 n. Chr. ist sein Schuldenstand auf 4200 Drachmen angestiegen. 3000 Drachmen ist der Kaufpreis, um den er eine Frau namens Aurelia Sarapias, Tochter des Trimoros und der Leda (ein sehr seltener Frauenname!), erwirbt. Wir sehen hier, wie gerade Frauen als Hausbesitzerinnen keine geringe Rolle im Wirtschaftsleben spielten.

Wenn in Ägypten ein Stück Land besitzerlos wurde – durch Tod, Verschuldung, Flucht u. ä. – konfiszierte es der Staat und behielt es, wenn es bessere Qualität und Ertragslage bot. Diese Grundstücke wurden verpachtet und sicherten dem Staat Einnahmen. Dieses wenig auffällige Papyrusfragment erhält eine zusätzliche historische Bedeutung, weil auf ihm, und nur auf ihm, ein aus den sonstigen historischen Quellen nicht genannter Statthalter in Ägypten, Abu Damra Muhammed ibn Sulayman (159 – 161 Hedschra = 776 – 778 n. Chr.), bezeugt ist.

Pap. 36
ENTWÜRFE FÜR EINEN PACHTVERTRAG
776 – 778 n. Chr.
Österreichische Nationalbibliothek, Papyrussammlung, P. Vindob. AP 1176
11,5 × 8 cm
Arabisch. Papyrus
Lit.: Führer durch die Ausstellung Papyrus Erzherzog Rainer (Wien 1894) Nr. 610 (J. v. Karabacek); W. Diem, Einige frühe amtliche Urkunden aus der Sammlung Papyrus Erzherzog Rainer (Wien): Le Muséon 97 (1984) 126 – 130.

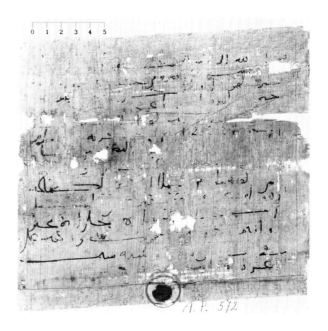

Pap. 37
REISEPASS
734 n. Chr.
Österreichische Nationalbibliothek, Papyrussammlung, P. Vindob. AP 572
19 × 21 cm
Arabisch. Papyrus mit Tonsiegel
Lit.: Führer durch die Ausstellung Papyrus Erzherzog Rainer (Wien 1894) Nr. 602 (J. v. Karabacek); W. Diem, Einige frühe amtliche Urkunden aus der Sammlung Papyrus Erzherzog Rainer (Wien): Le Muséon 97 (1984) 141 – 146.

Der Beamte 'Amr ibn H- erlaubt dem Hor-, der als

plattnasig, korpulent, bartlos, hinkend beschrieben wird, sich an einen bestimmten Ort zu begeben. Der Schreiber war 'Ali. Der schwer beschädigte Zustand des Papyrus, der noch mit dem Originalsiegel ausgestattet ist, gibt weitere Einzelheiten nicht mehr zu erkennen.

Pap. 38
PACHTVERTRAG
821 n. Chr.
Österreichische Nationalbibliothek, Papyrussammlung, P. Vindob. AP 572
37,5 × 20,5 cm
Arabisch. Papyrus
Lit.: Führer durch die Ausstellung Papyrus Erzherzog Rainer (Wien 1894) Nr. 698 (J. v. Karabacek); Y. Ragheb, Contrat d'affermage d'un pressoir à huile en 205/821: Studia Iranica 11 (1982) 293 – 299.

Usfur, ein Freigelassener des Statthalters von Ägypten, Muhammad ibn as-Sari, jetzt Verwalter der Güter seines ehemaligen Herrn im Fajum, verpachtet eine Ölpresse ohne Drehtiere und ohne Futtervorräte für solche. Die Urkundenform ist die eines Pachtofferts, eine Form, die es schon im 3. Jh. n. Chr. gibt. Wir sehen, daß Bewährtes erhalten bleibt, auch in anderen Kulturen.

Pap. 39
KAUFVERTRAG
2. Jahrhundert
Österreichische Nationalbibliothek, Papyrussammlung, P. Vindob. G. 40172
11 × 7,8 cm
Griechisch. Papyrus
Lit.: D. Hobson, P. Rainer Cent. 62, in: Festschrift zum 100jährigen Bestehen der Papyrussammlung der Österreichischen Nationalbibliothek Papyrus Erzherzog Rainer (Wien 1983) D. Hagedorn: Zeit-

schrift für Papyrologie und Epigraphik 53 (1983) 235 f.

Aieos, Tochter des Hekysis, verkauft die Kühe mit dem Namen „Telelis" und „Tayris" an einen Apynchis, Sohn des Apynchis. Die Spezialität dieses unauffälligen Stückes liegt darin, daß wir aus Namen der Partner auf ihre ägyptische Nationalität schließen können und daß uns hier in „Telelis" und „Tayris" – sonst zwei ganz übliche Frauennamen – die ältesten, durch ein Dokument bezeugten Kuhnamen vorliegen.

Pap. 40
KONFISKATIONSBERICHT
8. Jahrhundert
Österreichische Nationalbibliothek, Papyrussammlung, P. Vindob. AP 15048
24 × 29 cm
Arabisch. Papyrus
Lit.: Führer durch die Ausstellung Papyrus Erzher-

zog Rainer (Wien 1894) Nr. 600 (J. v. Karabacek) A. Grohmann: Études de papyrologie 1 (1936) 90 W. Diem, Drei amtliche Schreiben aus frühislamischer Zeit: Jerusalem Studies in Arabic and Islam 12 (1989) 157 – 165.

„Im Namen Gottes, des Barmherzigen, des Erbarmenden! An Abu Ismail – Gott erweise sich ihm gnädig – von Hilal und Abd el Kerim. Friede über Dich! Wir preisen gegen Dich Gott, außer dem es keinen Gott gibt! Und weiter: Gott erweise Dir Wohltaten, beschütze Dich und vollende seine Gnaden an Dir! Ich benachrichtige Dich – Gott erhalte Dich am Leben! – daß, nachdem die Kunde zu uns gelangte, Georgios sei verschwunden, wir uns in sein Dorf begaben, um den Tierbestand sicherzustellen. Wir fanden bei ihm 162 Schöpse, 62 Lämmer, 25 junge und alte Rinder, 7 Saumtiere, 3 Kamele, 1 junges Kamel und 5 junge und alte Esel. Ferner bringen wir Dir zur Kenntnis, daß wir niemanden von den Dienstleuten antrafen. Gib daher dieserwegen uns Deine Meinung kund, schreib uns Deinen Rat bezüglich der Tiere. In seiner Wohnung fanden wir nichts. Ich bete zu Gott für Dich um den Beistand und den Schutz in dieser und jener Welt. Und Friede sei über Dir und die Barmherzigkeit Gottes!" Weshalb dieser Georgios floh, wird unklar bleiben. Wirtschaftliche Not war es bei solchem Tierbesitz kaum.

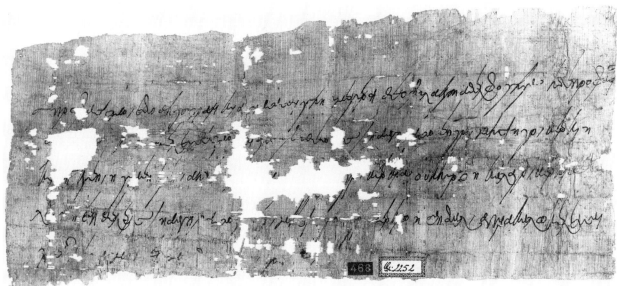

Pap. 41

Pap. 41
GESCHÄFTSBRIEF
6. – 7. Jahrhundert
Österreichische Nationalbibliothek, Papyrussammlung, P. Vindob. G 2252
14 × 35,5 cm
Griechisch. Papyrus
Lit.: Führer durch die Ausstellung Papyrus Erzherzog Rainer (Wien 1894) Nr. 468 (K. Wessely); K. Wessely, Textus Graeci papyrorum, qui in libro „Papyrus Erzherzog Rainer. Führer durch die Ausstellung Wien 1894" descripti sunt (Leipzig 1921) Nr. 234.

„Mir wurde Anlaß gegeben, zu schreiben und eure gottbeschützte Brüderlichkeit zu küssen. Der Anlaß war folgender: Du hast mir befohlen durch den Sohn des Theon, daß ich um 1 Trimesion ein „Triberkion" und einen Kamm kaufe. … Schöne „Triberkia" habe ich nicht gefunden. Also, wenn du willst, daß ich um ein Trimesion Sandalen aus „Triberkia" kaufe, dann veranlasse bitte, daß mir diesbezüglich nach Memphis geschrieben wird."

Pap. 42
BITTSCHRIFT
9. Jahrhundert
Österreichische Nationalbibliothek, Papyrussammlung, P. Vindob. AP 1336 Verso
25,3 × 11,8 cm
Arabisch. Papyrus
Lit.: W. Diem, Arabische Papyrusbriefe I (Wien 1993) Nr. 24.

„Im Namen Gottes, des Barmherzigen und Gnädigen! Gott beschütze und erhalte Dich und gebe an Dir Freude! Ich nahm an, daß Du die bewußte Medizin einnimmst; so möge Dir denn Gott durch sie Nutzen geben und Dir mit ihr Gesundheit schenken! Mein Bruder! Ich hatte Dir mitgeteilt, daß meine Familie heute die Medizin einnehmen wollte. Hierbei wurden sie so mitgenommen, daß ich schon glaubte, ihr Tod stünde unmittelbar bevor. Ich suchte den Arzt auf und schilderte ihm ihre Erkrankung, worauf er Lattich und Psyllium und das Einflößen von Phoinix erwähnte. Wenn Du also der Meinung bist – Gott beschütze Dich – mir einen Trank aus Psyllium und Phoinix zu übersenden, dann tue dies bitte! Gott beschütze und erhalte Dich und gebe an Dir Freude!" Jemand nahm Medizin, die ihm nicht bekam. Der konsultierte Arzt empfahl ein anderes Medikament,

Pap. 43
URGENZSCHREIBEN
9. Jahrhundert
Österreichische Nationalbibliothek, Papyrussammlung, P. Vindob. AP 6058 Verso
33,3 × 17 cm
Arabisch. Papyrus
Lit.: Führer durch die Ausstellung Papyrus Erzherzog Rainer (Wien 1894) Nr. 806 (J. v. Karabacek)

um dessen Zusendung der Apotheker (oder Gewürzhändler) mit diesem Brief gebeten wird. Der Arzt empfiehlt Lattich (Kopfsalat), Psyllium (Flohkraut) und Blütenscheide der Palme. Lattich diente seit alters her als einschläferndes und schmerzstillendes Mittel, Flohkraut hatte reinigende Wirkung und über die medizinischen Kräfte der Blütenscheide der Palme muß man die Pharmazie noch konsultieren.

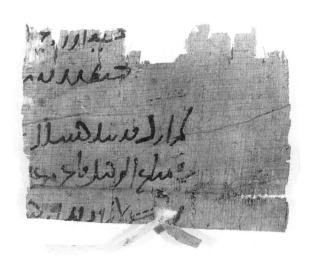

W. Diem, Arabische Papyrusbriefe I (Wien 1992) Nr. 25.
Der Briefschreiber urgiert mit diesem Schreiben die immer wieder verzögerte Sendung eines Aloe-Extraktes. Er berichtet dem Säumigen, daß er es selbst abzuholen kam, doch der Briefempfänger war verreist nach Sadamant. Jetzt sendet er einen Boten mit dem Brief und dem Auftrag, das Extrakt abzuholen. Sabir ist ein eingedickter Saft aus den Blättern mehrerer Arten der Gattung Aloe, der abführend wirkt.

Pap. 44
BESTELLUNG VON PAPYRUS
24. 5. 812 n. Chr.
Österreichische Nationalbibliothek, Papyrussammlung, P. Vindob. AP 1053
7 × 10 cm
Arabisch. Papyrus
Lit.: Führer durch die Ausstellung Papyrus Erzherzog Rainer (Wien 1894) Nr. 668 (J. v. Karabacek).
Den offiziellen Charakter des Schriftstückes unter-

streicht das versiegelte Stück Papyrus und das exakte Datum 24. Mai 812 n. Chr. Den tatsächlichen Bedarf nach Papyrus zeigt nachhaltig der Umstand, daß man für die Bestellung einen vorher auf der anderen Seite beschriebenen Papyrus, der jetzt nur mehr Alt-Papyrus ist, verwendet hat.

Pap. 45
GRIECHISCH-ARABISCHES PROTOKOLL
707/708 n. Chr.
Österreichische Nationalbibliothek, Papyrussammlung, P. Vindob. G 39716
21 × 38,5 cm
Griechisch und arabisch. Papyrus
Lit.: Führer durch die Ausstellung Papyrus Erzherzog Rainer (Wien 1894) Nr. 77 (J. v. Karabacek) A. Grohmann, Protokolle (Wien 1924) Nr. 37 (Corpus Papyrorum Raineri, III 2. Teil) H. Loebenstein, Die Papyrussammlung der Österreichischen Nationalbibliothek. Katalog der Ausstellung (Wien ³1976) Nr. 49.

Es ist lehrreich zu bedenken, daß schon 685 in Ägypten in den Kanzleien die Verwendung der griechischen Sprache verboten wurde. Aber der Kalif ʿAbd-al-Malik verfügte 693 (oder 695), daß diese Protokolltexte zweisprachig lauten sollten. Für den arabischen Text verwendete man braune, sehr aggressive Tinte, die den Papyrus zerfressen hat.

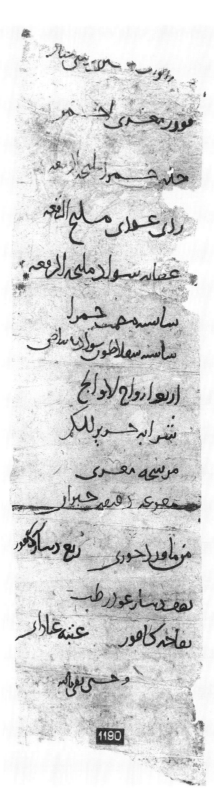

Pap. 46

Pap. 46
WARENLISTE
11. Jahrhundert
Österreichische Nationalbibliothek, Papyrussammlung, P. Vindob. ACh 7333
31,5 × 9 cm
Arabisch. Papier

Lit.: Führer durch die Ausstellung Papyrus Erzherzog Rainer (Wien 1894) Nr. 1190 (J. v. Karabacek).

„1 rotes Kopftuch aus der Fabrik von Ma'arrat-al-
   No'mân in Syrien
1 rotes Unterkleid von feiner Qualität
1 aloeholzartig gefärbter (= rosa) Mantel feiner
   Qualität
1 schwarze Turbanbinde gleicher Qualität
1 roter Turbanstoff aus festem Muslin
1 Turbanstoff aus weißem, schwarz dessiniertem
   Siklatûn
1 seidener Scharâbe-Stoff für Ärmel
1 Sattelschweißtuch aus Ma'arrat-al-No'mân in
   Syrien
1 dünne Peitsche für das Vieh
Rosenwasser aus Gûr in Persien
frisches Aloeholz um ½ Dînâr
Kampfer um ¼ Dînâr"
Die meisten der genannten Gegenstände sind Stoffe. Auch die übrigen Dinge passen in den Kompetenzbereich einer Frau; es liegt nahe, eine Mitgiftliste darunter zu verstehen. Die Nennung von Orten in Syrien und Persien als Herkunft mancher Stoffe wie auch manche Ware (Scharâbe-Stoff ist ein persisches Produkt) unterstreicht die weitreichenden Handelsbeziehungen.

Pap. 47
KOPFSTEUERQUITTUNG
6. Juni 45 n. Chr.
Österreichische Nationalbibliothek, Papyrussammlung, O. Vindob. G 556
10,4 × 11 cm
Griechisch. Ostrakon (Ton)

Lit.: Griechische Texte VII. Hrsg. v. M. Hasitzka [u. a.] (Wien 1986) Nr. 34 (H. Taeuber).

Soros, Sohn des Pachompos, hat für die Kopfsteuer im fünften Jahr des Tiberius Claudius Caesar Augustus Germanicus Imperator, am 11. Payni sechzehn Drachmen Silber, d. i. 16 Dr. gezahlt. Amonios, Sohn des Amonios, hat (die Quittung) geschrieben.

Pap. 48
HAUSSTANDSMELDUNG
23. Juli 175 n. Chr.
Österreichische Nationalbibliothek, Papyrussammlung, P. Vindob. G 2011
Griechisch. Papyrus
29 × 5,5 cm
Lit.: Führer durch die Ausstellung Papyrus Erzherzog Rainer (Wien 1894) Nr. 225 (K. Wessely) K. Wessely, Textus Graeci papyrorum, qui in libro „Papyrus Erzherzog Rainer. Führer durch die Ausstellung Wien 1894" descripti sunt (Leipzig 1921) Nr. 11.

Peteamunis, Sohn des Peteamunis und der Mutter Tamasis, Totengräber aus dem Dorf Moithymis,

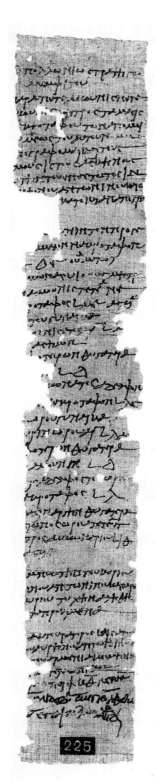

meldet sich und die Seinen als Obdachlose im gegenwärtigen 14. Jahr des Kaisers Mark Aurel. Es sind dies:

Peteamunis selbst, Totengräber, 75 Jahre alt, Narbe auf der Stirn

Ammonas, Sohn der verstorbenen Mutter Senamunis, Totengräber, 45 Jahre alt, ohne besonderes Mal

dessen Frau Isis, Tochter des Isas, arbeitslos, 40 Jahre alt, ohne besonderes Kennzeichen

deren gemeinsame Tochter, 4 Jahre alt

der Bruder (des Peteamunis) Ammonas

Horos, Totengräber, 36 Jahre alt

die Frau des Horos, Taoris, Tochter des Horos, arbeitslos, 31 Jahre alt

deren Tochter Amunis 4 Jahre alt

-is, Bruder des Horos, Totengräber, 30 Jahre alt

-asis, arbeitslos, Tochter des verstorbenen Pasion, Sohn des Horos, und der Mutter Ammonarion, 19 Jahre alt, ohne besondere Kennzeichen. Diese Angaben werden unter Hinzufügung des Eides gemacht.

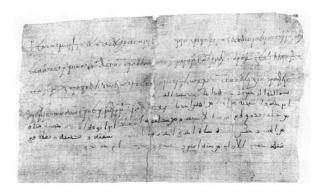

Pap. 48

Pap. 49
QUITTUNG
25. 4. 643 n. Chr.
Österreichische Nationalbibliothek, Papyrussammlung, P. Vindob. G 39726
23 × 36 cm
Griechisch und arabisch. Papyrus
Lit.: Führer durch die Ausstellung Papyrus Erzherzog Rainer (Wien 1894) Nr. 558 (J. v. Karabacek)

A. Grohmann, Aperçu de papyrus: Études de papyrologie 1 (1932) 40 ff. A. Grohmann, From the World of Arabic Papyri (Kairo 1952) 113 ff.

'Abdallâh ibn Gâbir, Kommandant arabischer Einheiten, bestätigt den Pagarchen der Stadt Herakleopolis, Christophoros und Theodorakios, den Empfang von 65 Schafen als Truppenverpflegung. Diese Bestätigung ist griechisch für die Bevölkerung der Stadt bzw. für ihre Verwaltung und arabisch geschrieben.

Es handelt sich um das älteste bislang bekannte Schriftzeugnis des Islam.

Pap. 50
HEIRATSVERTRAG
16. August 136 n. Chr.
Österreichische Nationalbibliothek, Papyrussammlung, P. Vindob. G 2005
21 × 13,5 cm
Griechisch. Papyrus
Lit.: Führer durch die Ausstellung Papyrus Erzherzog Rainer (Wien 1894) Nr. 219 (K. Wessely) K. Wessely, Textus Graeci papyrorum, qui in libro „Papyrus Erzherzog Rainer. Führer durch die Ausstellung Wien 1894" descripti sunt (Leipzig 1921) Nr. 5.

Suchammon, Sohn des Suchos, ca. 20 Jahre alt, und Aphrodite, Tochter des Neilos, ca. 44 Jahre alt und mit einer Narbe an der rechten Stirn, mit ihrem Bruder als Rechtsvormund, erklären, daß Suchammon für Aphrodeitus, Tochter der Aphrodite, noch Jungfrau, als Mitgift erhalten hat: ³/₄ Gold in Schmuck: 2 Paar Ohrgehänge, 2 Ringe, 200 Drachmen Bargeld, Kleider im Wert von 100 Drachmen, 3 Aruren Land (1 Arure = 2756 m²) beim Dorf Metrodoron, die Hälfte eines Hauses und Hofes auf dem Platz in der Hauptstadt Arsinoe; darüber hinaus gehört der Tochter die zweite Hälfte des Hauses auf Grund des Testamentes des Vaters; die Hälfte eines anderen Hauses in der Bithynier-Straße, in der Gegend von Kerkesucha 5 Aruren Land und 1 Arure Ölpflanzung mit Garten und ½ Arure Palmenhain. Die Mutter erhält dafür auf Lebenszeit das Wohnrecht im Haus auf dem Platz und den Zinsgenuß daran wie den halben Zinsgenuß an den 3 Aruren Land beim Dorf Metrodoron. Die Tochter anerkennt die Besitzrechte der Mutter. Die Mutter wird im ersten Jahr (der Ehe) den Eheleuten eine bestimmte Menge Getreide in ihr Haus in der Stadt liefern.

Suchammon, der Bräutigam, verpflichtet sich, alle Lebensbedürfnisse der Frau wie Kleidung, und was sonst dazugehört, zu erfüllen, das von seinem Vater geerbte Landstück wie die 3 Aruren bei Metrodoron und die anderen Aruren zu bebauen und die Steuern ab dem laufenden Jahr zu bezahlen und auch für die Ländereien, die der Braut Aphroditus gehören, soferne sie sich in der Ehe ohne Vorwurf verhält. Wenn es aber zur Differenzen kommt und der Mann die Frau entläßt, muß er die Mitgift, Schmuck und 200

Drachmen sofort zurückgeben. Wenn die Frau Aphroditus ihren Mann Suchammon verläßt, hat die Rückgabe der Mitgift binnen 30 Tagen zu erfolgen. Das in diesem Heiratsvertrag genannte Testament des Vaters ist der nächste, hier beschriebene Text.

Pap. 51
TESTAMENT
21. Februar 125 n. Chr.
Österreichische Nationalbibliothek, Papyrussammlung, P. Vindob. G 17195 + 19817 + 20131 + 20456.
21 × 41,5 cm
Griechisch. Papyrus
Lit.: Griechische Texte III (Wien 1978) Nr. 1 (S. M. E. van Lith).

„Im neunten Jahr des Kaisers Trajan am 27. Xandikos-Mecheir in Ptolemais Euergetis im Arsinoitischen Gau. Dieses Testament setzte auf im Vollbesitz seiner geistigen Kräfte Ammonios, Sohn des Apion ... Es sei mir vergönnt, gesund und wohlbehalten meinen Besitz verwalten zu können durch Verkauf, Verpfändung oder Änderung des Testaments und meine Güter zu bewirtschaften, wie es mir beliebt. Wenn ich aber etwas Menschliches erleide (– man vermeidet zu sagen: Wenn ich sterbe! –), mache ich zu meinen Erben meine Frau Aphroditus ... (es werden jene Besitztümer genannt, die im vorigen Heiratsvertrag seiner Tochter als Mitgift aufscheinen). Meine Frau muß für mein Begräbnis sorgen und die Einbalsamierung gemäß einheimischer Sitte, wofür sie 400 Silberdrachmen verwenden soll. (Es folgen weitere Regelungen, die Bargeld, das auf einer Bank liegt, betreffen, und ein Darlehen, das er gewährt hat.). Sechs Zeugen werden genannt, die auch eigenhändig unterschreiben und auf dem Originaldokument (das Original blieb im öffentlichen Archiv; das vorliegende ist eine amtliche Abschrift für den Testamentar) mit einem Siegel die Authentität bekräftigen.

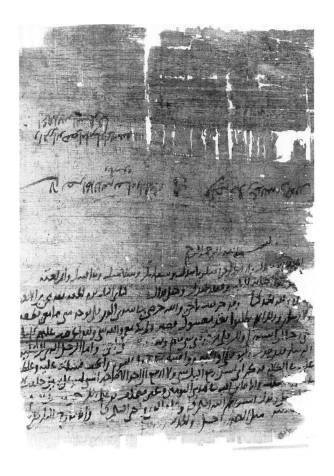

Pap. 52
SCHEIDUNGSBRIEF
2. 10. 909 n. Chr.
Österreichische Nationalbibliothek, Papyrussammlung, P. Vindob. AP 3165
32 × 23,5 cm
Arabisch. Papyrus
Lit.: Führer durch die Ausstellung Papyrus Erzherzog Rainer (Wien 1894) Nr. 886 (J. v. Karabacek).

Sechs Zeugen bestätigen, daß Severos, Sohn des Abschâda, seine Frau Kasidak, Tochter des Mönches Georgios, auf Grund dreimaliger Scheidung unwiderruflich entlassen hat und daß eine Rückkehr dem Gesetz nach nur erlaubt ist, wenn sie inzwischen die Frau eines anderen war und von diesem geschieden worden sei. Wir registrieren, daß Severos und Georgios zwar griechische Namen sind, Georgios aber der koptischen Bevölkerung zuzurechnen ist und koptischer Mönch war; Severos wäre ein Fall für den in Ägypten so oft zu beobachtenden „ethnischen" Namenswechsel, denn sein Vater trägt einen arabischen Namen. Aus den Personennamen auf die Nationalität zu schließen, ist in Ägypten eine der schwierigsten Fragen der Forschung.

Pap. 53
ÜBERSTELLUNG VON STRÄFLINGEN
Zwischen 293 und 304 n. Chr.
Österreichische Nationalbibliothek, Papyrussammlung, P. Vindob. G 2075
13,7 × 7,8 cm
Griechisch. Papyrus
Lit.: Führer durch die Ausstellung Papyrus Erzherzog Rainer (Wien 1894) Nr. 290 (K. Wessely) K.

499

Wessely, Textus Graeci papyrorum, qui in libro „Papyrus Erzherzog Rainer. Führer durch die Ausstellung Wien 1894" descripti sunt (Leipzig 1921) Nr. 76.

Apollonios, Sohn des Pekysis, erklärt dem Gemeinderat Bassianos von Hermupolis, daß er vor dem 25. Februar 6 Arbeiter zur Arbeit in den Bergwerken bringen wird, wo er sie spätestens am 4. März den Vorständen der Bergwerke übergibt. Es folgen Namen und Alter (zwischen 20 und 35 Jahren) dieser Leute. Weiters verbürgt er sich dafür, daß diese Leute bis zu ihrer Ablöse bleiben werden. Die Sträflinge werden als Arbeiter bezeichnet. Daß sie Sträflinge sind, geht aus dem Funktionstitel, den Apollonios trägt, hervor: „Räuberfänger".

Muhammad El-Kholi

NEUE ASPEKTE ZU ARABO-BYZANTINISCHEN MÜNZEN MIT KAISERBILD

Die folgenden Ausführungen verstehen sich als Beitrag zu einem Thema, das durch die wichtige Arbeit „Damascus Issues in the Early Muslim Era" von M. L. Bates unlängst behandelt wurde.

Die in Syrien aufgefundenen Münzen wurden etwa von J. Walker und anderen Fachleuten bearbeitet. In diesem Rahmen soll das Thema auf die arabo-byzantinischen Münzen mit Kaiserbild beschränkt werden. Dies aus zwei Gründen: Um das Material als Ganzes zu reorganisieren und um eine plausible Chronologie zu erstellen, und um gewisse Züge ikonographisch zu interpretieren.

Das erste Ziel betrifft meiner Meinung nach Münzen, die in einer Weise klassifiziert werden könnten, die eher der islamischen Kultur entspricht und die mit der traditionellen Information über das frühe Bilad ash-Sham übereinstimmt. Ein zusammenfassendes Verständnis hinsichtlich der Kunst des Prägens in der vorislamischen Levante wäre nützlich. Dieses könnte nämlich die Datierung des frühislamischen Materials unterstützen. So wissen wir, daß die Prägepraktiken sich änderten, nachdem der Islam die Kontrolle über die Region übernommen hatte. Bekanntlich unterhielt die neue Autorität Beziehungen mit ihrem Widersacher, dem Byzantinischen Reich, und sie empfand auch die Reaktionen ihrer Bevölkerung. Bilad ash-Sham wurde zum Zentrum der Omajjadischen Welt und es blieb Nachbar des Byzantinischen Reiches. Als ehemalige Domäne der byzantinischen Verwaltung hinterließ Byzanz sein wirtschaftliches Gefüge in Syrien bis in die omajjadische Zeit. Veränderungen wurden stufenweise eingeführt, indem man die Akzeptanz der neuen Autorität bei der Bevölkerung prüfte.

Auf diesen Fakten habe ich die arabo-byzantinischen Münzen mit Kaiserbild in vier zeitliche Phasen eingeteilt und die inneren Entwicklungen innerhalb jeder Phase chronologisch angeordnet:

PHASE 1

Sie umfaßt typisch byzantinische Münzen, die weiterhin zirkulierten. Die regionale Prägung dieser Phase ist gut bekannt als Prototyp-Prägung. Sie dauerte, bis die Muslime mit der Öffnung der Bilad ash-Sham um das Jahr 13 n. H. begannen.

PHASE 2

Sie umfaßt drei Typen:

1. Prägungen des Heraclius ohne den Namen der Prägestätte in Nachahmung byzantinischer Gußformen – die Bilder oft roh und fehlerhaft. Diese Münzen dürften ohne speziellen Auftrag geprägt worden sein, um die Einwohner zu versorgen. Eine Prägestätte dafür wird in Damascus zu lokalisieren sein – wir wissen nicht, wo genau – bis die islamischen Stadtprägungen begannen.

2. Wiederprägungen bereits zirkulierender Münzen, deren neue Bilder ebenfalls roh und fehlerhaft sind.

3. Gegengestempelte bereits zirkulierende byzantinische Münzen mit arabischen Monogrammen und regionalen Ortsnamen. Diese Münzen waren vielleicht schon dafür gedacht, die Reaktion der Bevölkerung um 13 – 14 n. H. zu testen, als es für die Muslime noch nicht feststand, ob sie die Kontrolle über das Gebiet behielten oder nicht. Deshalb beschränkt sich das islamisierende Element auf den Gebrauch einzelner arabischer Wörter (Abb. 1 – 4).

PHASE 3

Sie umfaßt rohe, allgemeine Bilder von Personen auf Münzen, etwa ähnlich jenen auf byzantinischen

Prägungen, und mit einem grundlegenden Versuch, arabische Inschriften in die Gußform einzuschließen. Einige Zeit nach 14 n. H. wurde eine Prägestätte eingerichtet – sie kann nicht näher lokalisiert werden – woher diese Münzen kamen. Die Münzbilder sind von nicht besonderer Qualität, und einige Wörter stehen seitenverkehrt. Diese Münzen wurden oft als Prototypen der städtischen Prägungen identifiziert (Abb. 9 – 12).

PHASE 4

Neue Prägestätten wurden eingerichtet, zunächst in Dimashq (Damascus) oder Baysan, kurz darauf in Taybariya, al-Quds, Amman, Mekka, Madina, Baalbek, Tartus und Hims (Homs). Zwei Stufen lassen sich Phase 4 zuweisen.
1. Als es offenkundig war, daß die islamische Autorität ihre Kontrolle über die Region nach 14 n. H. gesichert hatte, dürfte der Wunsch bestanden haben, sich von der Währungsautorität von Byzanz zu lösen. So wurden Bilder bestimmter byzantinischer Kaiser verwendet (oft zusammen mit einem oder zwei anderen Familienmitgliedern). Dadurch versicherte man sich des Wohlwollens der örtlichen Christen. Klugerweise wurden jene Herrscher ausgewählt, die zu Lebzeiten des Propheten regierten, und solche Münzen hätten von Muhamad selbst benutzt worden sein können. Sie sagten deshalb auch der einheimischen muslimischen Bevölkerung zu.
Es scheint, daß nur zwei Städte in diesem ersten Stadium geprägt haben, Damascus und Baysan. Jede verwendete das Bild eines anderen Kaisers: Damascus das Bild des Tiberius, der zur Zeit der Jugend des Propheten regierte (578 – 602), Baysan jenes des Justin II. und der Sophia, die zur Zeit der Geburt des Propheten regierten (565 – 578). Die Prägestätte war bisweilen in Arabisch, bisweilen in Griechisch angegeben.
Aufgrund seines seltenen Vorkommens dürfte meiner Meinung nach dieser Münztyp abgelehnt worden sein. Die zweite Stufe der Phase 4 ist durch die Rückkehr zur Prägung des Heraclius-Bildes gekennzeichnet, häufig auch zusammen mit den Bildern an-

derer Familienmitglieder. Es gibt jedoch islamisierende Züge wie die Anzeichen einer Dechristianisierung, die Einbeziehung des Ortsnamens der Prägestätte, um hervorzuheben, daß die Münzen auf muslimischem Territorium hergestellt wurden, später unter Einschluß arabischer Redewendungen.

DAMASKUS

Stufe 1: Tiberius (Abb. 13 – 15).
Stufe 2: Heraclius-Typ (Abb. 16 – 32).

BAYSAN

Stufe 1: Justin II. und Sophia (Abb. 33 – 36).

TAYBARIYA

Heraclius-Typ (Abb. 37 – 40).

AL-QUDS

Heraclius-Typ (Abb. 41).

AMMAN

Nur zwei Prägetypen, die offensichtlich durch frühe Heraclius-Doppelfigurenmünzen wie jene von Damascus beeinflußt sind. Nur Heraclius-Typ (Abb. 42 – 43).

MEKKA

Bis jetzt läßt sich die Verwendung des Ortsnamens Mekka einzig in der Gegenstempelung von Münzen, die ich in Phase 2 gestellt habe, nachweisen. Es wurde deshalb nie der Vorschlag gemacht, daß es dort eine Prägestätte gab. In der Münzensammlung von Damascus ist jedoch ein Exemplar, das auf eine Prägestätte in Mekka hinzuweisen scheint. Nur Heraclius-Typ (Abb. 44).

MADIAN

Eine andere Münze mit ungewöhnlichen Zügen und einem neuen Prägenamen. Nur Heraclius-Typ (Abb. 45).

BAALBEK

Es gibt vier verschiedene Heraclius-Typen, geprägt auf Folles, drei davon mit zwei Figuren, einer mit Einzelfigur (Abb. 46 – 49).

TARTUS

Nur Heraclius-Typ mit Büste (Abb. 50 – 51).

HIMS (HOMS)

Die ersten Prägungen scheinen von jenen in Damascus hergestellten beeinflußt zu sein, aus dessen Erfahrungen man Gewinn zog. Nur Heraclius-Typ (Abb. 52 – 59).

Übersetzung und Bearbeitung des englischen Textes: Erwin M. Ruprechtsberger)

LITERATUR

D. R. SEAR, Byzantine Coins and their Values (London 1974, 2. Aufl. 1987).
J. WALKER, A catalogue of the Arab-Byzantine and post-reform Umayyad coins (Catalogue of the Muhammadan coins in the British Museum 2) (London 1956).

KATALOG DER AUSGESTELLTEN MÜNZEN

BEARBEITUNG
Wolfgang Hahn – Stefan Nebehay

MÜNZSTÄTTE ANTIOCHIA

1. Leontius I., Solidus 484, MIRB 1; Galvano nach Ex. Paris BN
2. Anastasius I., Follis (40 Nummien) 517/18, MIB 57
3. Anastasius I., ¹/₁₆ Follis (Minimus) 491/518, MIB 64
4. Justinus I. & Justinianus I., ¹/₈ Follis (5 Nummien) 527, MIB 13
5. Justinianus I., Follis (40 Nummien) J. 22 (548/49), MIB 145 a
6. Justinianus I., Follis (40 Nummien) J. 29 (555/56), MIB 147
7. Justinus II., ¹/₂ Follis (20 Nummien) J. 10 (574/75), MIB 60 b
8. Tiberius II., Follis (40 Nummien) J. 8 (581/82), MIB 47 mit Kontermarke (Heracliusmonogramm) von ca. 630
9. Phocas, ¹/₄ Follis (10 Nummien) J. 3 (604/05), MIB 87
10. Heraclius, Follis (40 Nummien) J. 14 (623/24), MIB X 43

REIN IMITATIVE PHASE

11. Solidus vom Heraclius-(Zweibüsten-)Typ, Fund v. Daphne 66 (Museum Notes 1980); Galvano nach dem Ex. in der American Numismatic Society
12. Follis vom Constans II.-(Büsten-)Typ, zu MIB X 21
13. Follis vom Constans II.- (steh.) Typ, Qedar pl. 4, 5 mit arab. Kontermarke

ARABISCH-IMITATIV

14. Solidus vom Heraclius- (dreifigürigen) Typ, Bates pl. 31, 4; Galvano nach dem Ex. in der American Numismatic Society
15. Emesa (Homs), Kupfer Fals, Walker 67 var.
16. Emesa (Homs), Kupfer Fals, Walker 31 var.
17. Baalbek, Kupfer Fals, Walker 35 ff.
18. Amman, Kupfer Fals, Qedar pl. 6, 18

ABD-AL-MALIK, ÜBERGANGSPHASE

19. Solidus J. 75 (594), Bates pl. 31, 10; Galvano nach dem Exemplar in der American Numismatic Society
20. Iliya (Jerusalem), Kupfer Fals, Lavoix 47
21. Qinasrin (Chalkis), Kupfer Fals, Walker 132 ff.
22. Halab (Aleppo), Kupfer Fals, Walker 106 ff.

OMAIJADISCHE MÜNZEN AB 696

23. Gold Dinar, östliche (zentrale) Münzstätte, J. 79 (698), Walker 189
24. Silber Dirham, Münzstätte Wasit, J. 120 (738), Walker 570
25. Kupfer Fals, östliche Münzstätte, J. 116 (735), Walker 954

ANMERKUNG DES HERAUSGEBERS
Zu den Prägestätten und Literaturhinweisen siehe den Beitrag Seite 196 ff.

KATALOG FRÜHISLAMISCHER OBJEKTE (Ergänzung)

Nach Abschluß der Redaktionsarbeiten wurde von syrischer Seite die Möglichkeit eingeräumt, einige für Ausstellungen in Italien und Frankreich reservierte Objekte aus islamischer Zeit der Exposition in Linz, Schallaburg und Klagenfurt zu integrieren. Diese Funde werden in Ergänzung zum Objektkatalog (Seite 391 ff.) in einem Anhang hier vorgelegt.

STUCKRELIEF
8. Jahrhundert
Aus Qasr al-Hair al-Gharbi
Damaskus, Inv. 10 T
H 75   B 30 cm

Stuckrelief mit floralen Motiven und spiralenförmiger Rankenornamentik zwischen den Randleisten.

FIGÜRLICHES STUCKRELIEF
8. Jahrhundert
Aus Qasr al-Hair al-Gharbi
Damaskus, Inv. 13
H 36 B 25 D 7 – 8 cm

Der Torso eines Stuckreliefs gibt eine männliche Figur in langem, gegürtetem Gewand wieder, deren auffällige Haltung auf eine bestimmte Aktion hinzuweisen scheint.

MARMORKAPITELL
9. Jahrhundert
Damaskus, Inv. 1110
Aus Raqqa/Rafiqa
L 30 H 23 cm

Kapitell mit Akanthusblätterdekor, der die gesamte Oberfläche überzieht.
Lit.: Damas-Museum 3 (1976) 255 Nr. 19 (dort als Fundort Resafa angegeben).

MERLON
8. Jahrhundert
Aus Qasr al-Hair al-Gharbi
Damaskus, Inv. 11 T
H 67 B 55 cm

Stufenzinnen dieser Art – verschiedene Blattornamente entfalten sich kunstvoll an der Oberfläche – saßen über den Gesimsen von Gebäuden und Fassaden. Sie zählen zu den typischen architektonischen Elementen vorderorientalischer Baukunst, die in Syrien über eine lange, Jahrtausende zurück verweisende Tradition verfügt.
Vgl. A. Northedge, Studies on Roman and Islamic ʿAmman I (1992) Fig. 39 – 41, 56.

TONROHR
7. Jahrhundert
Aus Djebel Usais
Damaskus, Inv. 16.175
L 34 Dm 25,5 cm

HOLZTAFEL
8. Jahrhundert
Aus Qasr al-Hair al-Gharbi, Palast, Ausgrabung 1936 – 1938
Damaskus, Inv. 16.582
L 39,2 B 9,5 D ca. 2 cm
Reliefiertes Holz mit Vergoldung und blauer Bemalung
Lit.: Land des Baal, 271 f. Nr. 242

Die vom blau bemalten Grund des Holzes sich abhebende Reliefverzierung, Weinblätter an Ranken, war einst vergoldet. Spuren der Vergoldung haben sich stellenweise noch erhalten.

HOLZTAFEL
9. Jahrhundert
Aus Raqqa/Rafiqa, Palast B, Ausgrabung 1952
Damaskus, Inv. 16.063
L 52,5 B 10 – 11 D 3,5 cm
In Schwarz- und Brauntönen bemalte Holztafel. An der Rückseite Ausnehmungen für eine mit dem Stück verbundene andere Holztafel.
Lit.: Land des Baal, 275 Nr. 248

Die bemalte Tafel – sie stammt aus einem der Repräsentationsräume der palastartigen Anlage (B) von Raqqa – zeigt aufsteigende Rankenornamentik ähnlich den Stuckreliefs, die als Verkleidungsplatten Verwendung fanden.

AMPHORE
7./8. Jahrhundert
Aus Djebel Usais
Damaskus, Inv. 16.159
H 40 Mdsdm 10,5 cm

Heller, beiger Ton mit brauner Bemalung in Form von Zweig- bzw. Blattmotiven und Kreisornamenten. Die Form der Bauchamphore gilt als typisch für die omajjadische Zeit.
Vgl. M.-A. Haldimann, Les implantations Omeyya-

des dans la Balqa: L'apport d'Umm-el-Walid: AAJ 36 (1992) 315 Fig. 7/14. A. Northedge, Studies on Roman and Islamic Amman 1 (1992) Fig. 131/4 – 5. J.-P. Sodini – E. Villeneuve, Le passage de la céramique Byzantine à la céramique Omeyyade, in: La Syrie de Byzance à l'Islam (1992) Fig. 2/6.

AMPHORE
7./8. Jahrhundert
Aus Djebel Usais
Damaskus, Inv. 15.542
H 53,3   Bauchdm 31,3 cm

Teilweise erhaltener Wasserkrug mit schräg geführten und senkrechten Kanneluren.

KERAMIKSCHALE
9. Jahrhundert
Aus Raqqa/Rafiqa
Damaskus, Inv. 16.081
H 16,6   Dm 23,2 cm

Zylindrische Schale mit dünn eingraviertem Zickzackdekor.

GLASNAPF
7./8. Jahrhundert
Aus Djebel Usais
Damaskus, Inv. 15.552
H 12   Mdsdm 19,2 cm

Grünliches, stellenweise ergänztes Glas.

ÖLLAMPE
8./10. Jahrhundert
Aus dem Haurangebiet (Südsyrien)
Damaskus, Inv. 568
L 11   B 6,5   H 5,6 cm

Hellbrauner, sandfarbener Ton mit Schmauchung im Bereich des Dochtloches und arabischer Inschrift an der Oberfläche.

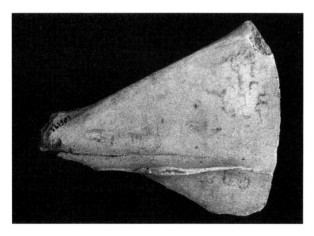

BESCHRIFTETER TIERKNOCHEN
7./8. Jahrhundert
Aus Resafa,
Palast des Kalifen Hisham Abd Al-Malik
Damaskus, Inv. 15.416

Dreieckförmiges Schulterblatt eines Tieres mit darauf befindlicher beidseitiger arabischer Aufschrift, von der nur der Ortsname Damascus lesbar ist.

AMPHORE
12./13. Jahrhundert
Damaskus, Inv. 15.194
H 28   Mdsdm 6,4 cm

Amphore aus rotbraunem Ton mit Sinterflecken. Das auffällige Proportionsverhältnis wird durch die beiden Henkel und den länglichen weiten Hals bestimmt. Die Form ist im ayyubidischen Keramikspektrum nachgewiesen.
Vgl. L'Eufrate e il tempo, 483 Nr. 453, 413 Abb.

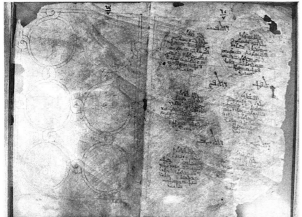

DREI SYRISCHE MANUSKRIPTE
8. Jahrhundert
Damaskus, Inv. 33.129 – 33.131
L 24 B 15; L 23 B 18; L 25 B 19 cm

Die mit schwarzer und roter Tinte geschriebenen Manuskripte in Syrisch (Estrangelo) enthalten Gebete an Gott.

SECHS MÜNZEN
7./8. Jahrhundert
Damaskus, Inv. 13.683, 10.301, 1745, 17.182, 30.176, 30.226

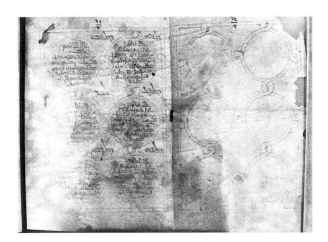

Die in Homs geprägte Münze Inv. 13.683 zeigt das Bild des Kalifen Abd Al-Malik und die Legenden „Befehlshaber der Gläubigen", „Es gibt nur einen Gott", „Mohammed der Apostel Gottes". Die anderen Münzen beziehen sich auf den Kalifen Al Walid Ben Abd Al-Malik (705 – 715), den Erbauer der Omajjadenmoschee in Damaskus (Inv. 1745), auf die Kalifen Omar Ben Abd Al-Aziz (717 – 720; Inv. 30.226) und Hisham Ben Abd Al-Malik (724 – 743; Inv. 17.182). Eine weitere Münze (Inv. 30.176) wurde in Homs geprägt, eine andere stammt aus omajjadischer Zeit (Inv. 10.301) und weist eine Reiterdarstellung auf.
Lit.: Damas-Museum 3 (1976) 180 f.

GLASMOSAIK
8. Jahrhundert
In Qasr al-Hair al-Gharbi vor dem Haupttor des Palastes gefunden
Damaskus, o. Inv.
Ca. 5,5 x 5,5 cm, Mosaik mit Goldglasstückchen, deren Größe 0,7 – 1 cm beträgt.

Das Innere von Repräsentationsräumen frühislamischer Bauwerke war nicht nur mit Stuckreliefs und Fresken, sondern auch mit Mosaiken kunstvoll verziert.

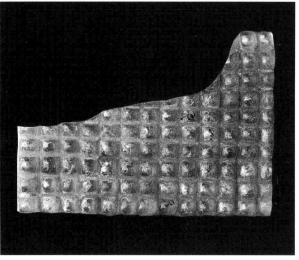

GLASPLATTE
9. Jahrhundert
Aus Raqqa/Rafiqa, Palast B, Ausgrabung 1950
Damaskus, Inv. 16.037
L 16,3   B 11,4 cm
Aus mehreren Fragmenten zusammengesetzte grünliche Glasplatte mit genoppter Unterseite.
Lit.: Land des Baal, 276 Nr. 250

Die Glasplatte bildete mit zahlreichen anderen den Fußbodenbelag in einem der Räume des Südtraktes des abbasidischen Palastes B von Raqqa. Diese sonst nirgendwo nachgewiesene Art der Bodendekoration mittels Glasfliesen ergänzt freskierte Böden, Wände oder Mosaiken, die die Repräsentationsräume in frühislamischen Palästen prunkvoll gestalteten.

LITERATUR- UND ABKÜRZUNGSVERZEICHNIS

Abkürzungen von Zeitschriften und Schriftenreihen entsprechen den Richtlinien des Deutschen Archäologischen Instituts (vgl. Archäologische Bibliographie 1992, Berlin 1993, IX – XL) oder erfolgen, insofern dort nicht aufgelistet, nach diesen.

AUSSERDEM VERWENDETE ABKÜRZUNGEN

Age of Spirituality. Late Antique and Early Christian Art, 3rd – 7th Century, ed. by K. Weitzmann (New York 1979).

Art and Holy Powers = E. Dauterman Maguire – H. P. Maguire – M. J. Duncan-Flowers, Art and Holy Powers in the Early Christian House, Illinois Byz Stud 2 (Urbana-Chicago 1989).

Berlin – Antike Gläser = G. Platz-Horster, Antike Gläser (Berlin 1976).

Berlin – Katalog 1992 = A. Effenberger – H. G. Severin, Das Museum für Spätantike und Byzantinische Kunst – Staatliche Museen zu Berlin (Mainz 1992).

P. Bichler, Antike koptische Textilien aus österreichischem Privatbesitz, Niederöst. Landesmus. Kat. 233 (Schallaburg 1989).

Byz. and early mediaeval antiquities in the Dumbarton Oaks Collection I = M. C. Ross, Catalogue of the Byzantine and early mediaeval antiquities in the Dumbarton Oaks Collection I (Washington 1962).

Byzantium at Princeton, ed. by S. Curcic – A. St. Clair (Princeton 1986).

Damas – Museum 1 (1976) = A. Joundi, Musée National de Damas. Départment des antiquités Syro-Orientales (Damas 1976).

Damas – Museum 2 (1976) = B. Zouhdi, Musée National de Damas. Départment des antiquités Syriennes aux époques Grecque, Romaine et Byzantine (Damas 1976).

Damas – Museum 3 (1976) = M. Abu-l-Faraj Al-Ush, Musée National de Damas. Départment des antiquités Arabes Islamiques (Damas 1976).

Damas – Concise Guide = M. Abu-l-Faraj Al-Ush – A. Joundi – B. Zouhdi, A Concise Guide to the National Museum of Damascus (Damas, o. J.) [1980].

L'Eufrate e il tempo. Le civiltá del medio Eufrate e della Gezira siriana, hg. v. O. Rouault – M. G. Masetti-Rouault (Milano 1993).

Frühchristliche und koptische Kunst (Wien 1964).

Gläser der Antike = A. v. Saldern – B. Nolte – P. La Baume – Th. E. Haevernick, Gläser der Antike, Sammlung Erwin Oppenheimer (Mainz 1974).

J. W. Hayes, Roman and Pre-Roman Glass in the Royal Ontario Museum. A Catalogue (Toronto 1975).

C. Isings, Roman Glass from dated finds, A Traiectina 2 (Djakarta – Groningen 1957).

Der Königsweg. 9000 Jahre Kunst und Kultur in Jordanien und Palästina (Mainz 1987).

Land des Baal. Syrien – Forum der Völker und Kulturen, hg. v. K. Kohlmeyer – E. Strommenger (Mainz 1982).

Musée Genève = Entre Byzance et l'Islam. Umm er-Rasas et Umm el-Walid. Fouilles génevoises en Jordanie (Genève 1992).

Palmyra. Geschichte, Kunst und Kultur der syrischen Oasenstadt, hg. v. E. M. Ruprechtsberger (Linz 1987).

Resafa I = M. Mackensen, Eine befestigte spätantike Anlage vor den Stadtmauern von Resafa (Mainz 1984).

Resafa II = T. Ulbert, Die Basilika des Heiligen Kreuzes in Resafa – Sergiupolis (Mainz 1986).

Resafa III = T. Ulbert, Der kreuzfahrerzeitliche Silberschatz aus Resafa – Sergiupolis (Mainz 1990).

J. Werner, Byzantinische Gürtelschnallen des 6. und 7. Jahrhunderts aus der Sammlung Diergardt: Köln Jb V Früh Gesch 1 (1955) 36/48.

LEIHGEBER

Museum Aleppo
Nationalmuseum Damaskus
Museum Hama
Museum Palmyra
Museum Suweida
Institut für Antike Numismatik Universität Wien
Kunsthistorisches Museum Wien, Antikensammlung
Österreichische Nationalbibliothek Wien, Papyrussammlung
Stadtmuseum Linz
Österreichische Privatsammlungen

FOTOGRAFISCHE AUFNAHMEN

Museumsfoto Damaskus (M. Muslimani):
Kat. Nr. 113
Kunsthistorisches Museum Wien, Antikensammlung
(Inge Kitlitschka-Strempel): Kat. Nr. 61
Österreichische Nationalbibliothek, Papyrussammlung: Pap. 1 – 53
Ulrike Horak: Pap. Nr. 21, 22, 24, 25, 26, 27, 28, 29, 30, 31, 32, 35
Stadtmuseum Linz (Max Koller):
Kat. Nr. 38 – 41, 54, 57 – 59, 62, 95, 106 – 108.
Erwin M. Ruprechtsberger:
Kat. Nr. 9 – 10, 22 – 25, 42 – 46, 49, 52, 66,
69 – 70, 72, 96 – 104, 109 – 112, 115.

ALLE ÜBRIGEN AUFNAHMEN
Christian Kuranda

FOTOAUSARBEITUNGEN
Franz Michalek, Max Koller